장고 마스터하기

장고 마스터하기

장고 전문가가 되기 위한
핵심 가이드

나이젤 조지 지음
정사범 옮김

Packt> 에이콘

| 지은이 소개 |

나이젤 조지 Nigel George

일반적인 비즈니스 문제를 해결하기 위해 오픈소스 기술을 전문으로 활용하는 비즈니스 시스템 개발자다. 중소기업을 위한 데이터베이스 응용 프로그램 작성부터 호주 뉴캐슬대학교 University of Newcastle 의 분산 센서 네트워크에 대한 백엔드 Backend 및 UI 개발에 이르기까지 소프트웨어 개발 분야에서 광범위한 경험을 보유하고 있다.

또한 15년 넘게 비즈니스 목적을 가진 기술 분야의 글을 써왔다. 기업 및 호주 정부 부처를 위해 여러 가지 교육 매뉴얼과 수백 가지 기술 절차서를 작성했다. 버전 0.96부터 장고 Django 를 사용하고 있으며 C, C#, C++, 비주얼베이직, VBA, HTML, 자바스크립트, 파이썬 및 PHP로 응용 프로그램을 작성했다.

장고에 관련된 『Beginning Django CMS』(에이프레스, 2015)를 저술했다. 현재 호주 뉴사우스 웨일스 주 뉴캐슬에 거주한다.

| 감사의 말 |

무엇보다 먼저 장고 책의 저자인 애드리언 홀로바티$^{Adrian\ Holovaty}$와 제이콥 케플란 모스 $^{Jacob\ Kaplan\ Moss}$에게 감사한다. 이분들은 나에게 장고에 대한 신판$^{new\ edition}$을 쓰는 즐거움 을 줬다.

장고 커뮤니티에도 감사한다. 역동적이고 협업적인 장고 커뮤니티는 수년 전에 처음으로 "웹 프레임워크 블록에 새로운 아이$^{new\ kid\ on\ the\ webframework\ block}$"를 알게 된 냉소적이고 늙 은 사업가에게 큰 충격을 줬다. 장고를 이렇게 위대하게 만든 것은 바로 여러분이다. 감 사한다.

| 옮긴이 소개 |

정사범(sabumjung@hotmail.com)

데이터를 이용한 의사 결정과 최적화 방법론에 관심이 많다. 세상에 존재하는 다양한 데이터를 이용해 여러 가지 문제를 해결하는 일을 하고 있다. 또한 다양한 책과 현장 경험을 통해 데이터 수집, 정제, 분석, 보고 방법에 대한 지식을 얻는 것에 감사하고 있다. 에이콘출판에서 출간한 『RStudio 따라잡기』(2013), 『The R book(Second Edition) 한국어판』(2014), 『예측 분석 모델링 실무 기법』(2014), 『데이터 마이닝 개념과 기법』(2015), 『파이썬으로 풀어보는 수학』(2016), 『데이터 스토리텔링』(2016), 『R에서 객체 지향 프로그래밍 사용하기』(2016), 『파이썬 프로그래밍 개론』(2016), 『산업인터넷(IIOT)과 함께하는 인더스트리 4.0』(2017)을 번역했다.

파이썬이 이 세상에 나온 이후 여러 사람의 헌신적 노력으로 다양한 분야에 활용되고 있다. 예를 들어, 파이썬 웹 프레임워크에는 장고가 있고, 데이터 분석 도구에는 판다스가 있으며, 이외에도 수많은 유용한 도구들이 파이썬 사용자를 지원하고 있다.

이 책은 파이썬 웹 개발 프레임워크인 장고를 배우려는 사람들을 위한 기본서다. 장고는 파이썬 언어로 작성된 빠른 응용 프로그램 개발 프레임워크로, 웹 프로그램 개발자가 신속하게 웹 응용 프로그램을 만드는 데 도움을 준다. 따라서 이 책의 내용을 학습하면 여러분은 웹 프로그램을 좀 너 효율적이고 효과적으로 개발할 수 있을 것이다.

우리는 프로그램을 개발하는 과정에 있어 기존에 이미 누군가가 개발했던 내용을 그대로 가져와서 재활용하거나 좀 더 개선하기를 희망한다. 그 이유는 소프트웨어 개발 측면에서 효율성과 신뢰성을 확보할 수 있기 때문일 것이다. 특히 웹 프로그램을 개발하는 경우에는 좀 더 절실하다. 이러한 목적을 갖고 나오게 된 것이 웹 프레임워크이고, 이것은 다양한 웹 프로그램들을 손쉽게 만드는 기반인 플랫폼이 되는 것이다. 따라서 이러한 도구를 활용한다면 복잡한 웹 프로그램을 상대적으로 적은 노력을 들여 빠르게 만들 수 있다. 장고는 초보 개발자의 입장에서 볼 때 무엇보다 배우기 쉬운 파이썬 언어에 기반을 두고 있다는 것이 큰 장점으로 보인다.

웹 개발 경험은 다양한 측면에서 많은 도움이 된다고 생각한다. 대용량의 웹 데이터 분석, 해킹, 웹 보안과 같은 업무를 수행하는 데 있어 웹 개발 경험은 필수라고 생각한다. 따라서 다른 언어에 비해 진입 장벽이 상대적으로 낮은 파이썬을 기반으로 하는 장고를 학습해 보다 다양한 경험을 할 수 있는 기반을 마련하길 바란다.

| 차례 |

지은이 소개 4

감사의 말 5

옮긴이 소개 6

옮긴이의 말 7

들어가며 39

1장   장고 소개 및 시작하기   45

개요 45

　　장고의 역사 47

　　장고 설치하기 49

　　파이썬 설치하기 50

　　　　파이썬 버전 50

　　　　설치 51

　　파이썬 가상 환경 설치하기 54

　　장고 설치하기 57

　　데이터베이스 설정하기 58

　　프로젝트 시작하기 59

　　　　장고 설정 61

　　　　개발 서버 62

　　MVC 설계 패턴 64

2장에서 무엇을 설명하는가? 66

2장   뷰와 URLconfs   67

첫 번째 장고 웹 페이지: Hello World 67

　　첫 번째 뷰 68

첫 번째 URLconf 69

정규 표현식 74

404 오류에 대한 간단한 참조 사항 75

웹 사이트 루트에 대한 퀵 노트 77

장고가 요청을 처리하는 방법 77

두 번째 뷰: 동적 콘텐츠 79

URLconfs 및 약결합 81

세 번째 뷰: 동적 URL 82

장고의 깔끔한 오류 웹 페이지 87

3장에서 무엇을 설명하는가? 91

3장   템플릿   **93**

템플릿 시스템 기초 94

템플릿 시스템 사용 97

템플릿 객체 만들기 98

템플릿 렌더링 99

딕셔너리 및 콘텍스트 100

다중 콘텍스트, 동일한 템플릿 102

콘텍스트 변수 조회 103

메서드 호출 비헤이비어 107

잘못된 변수 처리 방법 108

기본 템플릿 태그 및 필터 109

태그 109

if/else 109

for 112

ifequal / ifnotequal 117

주석 119

필터 119

철학과 한계 121

뷰에서 템플릿 사용 124

템플릿 로딩 126

템플릿 디렉터리 127

render( ) 131

템플릿 하위 디렉터리 132

내장 템플릿 태그 133

템플릿 상속 135

4장에서 무엇을 설명하는가? 141

4장   모델   **143**

뷰에서 데이터베이스 쿼리를 수행하는 "현명하지 않은" 방법 144

데이터베이스 구성 145

첫 번째 앱 146

파이썬에서 모델 정의하기 148

　　첫 번째 모델 150

　　모델 설치 152

기본 데이터 액세스 157

　　모델 문자열 표현 추가 159

　　데이터 삽입 및 업데이트 161

　　객체 선택 163

　　데이터 필터링 165

　　단일 객체 검색 166

　　데이터 정렬 167

　　룩업 체이닝(Chaining lookups) 170

　　데이터 조각내기 170

　　하나의 명령문으로 여러 객체 업데이트 171

　　객체 삭제 173

5장에서 무엇을 설명하는가? 174

5장   장고 관리자 웹 사이트   **177**

관리자 웹 사이트 사용하기 178

　　개발 서버 시작하기 179

　　관리자 웹 사이트 들어가기 179

admin 웹 사이트에 모델 추가 184

필드를 선택적으로 만들기 186

날짜 및 숫자 필드를 선택적으로 만들기 187

필드 레이블 사용자 정의 189

사용자 모델 관리 클래스 190

변경 목록 사용자 정의 190

편집 양식 사용자 정의 197

사용자, 그룹 및 사용 권한 201

관리 인터페이스를 사용하는 시점과 이유 및 사용하지 않는 시점 203

6장에서 무엇을 설명하는가? 204

6장   폼   **205**

요청 객체로부터 데이터 얻기 205

URL에 대한 정보 206

요청에 대한 기타 정보 207

제출된 데이터에 대한 정보 209

간단한 폼-처리 예제 209

쿼리 문자열 파라미터 212

간단한 폼 처리 예제 개선하기 214

간단한 검증 217

연락처 양식 만들기 220

첫 번째 양식 클래스 221

양식 객체를 뷰로 묶기 225

필드 렌더링 방법 변경하기 227

최대 길이 설정 228

초깃값 설정 229

사용자 지정 유효성 검사 규칙 230

레이블 지정 231

양식 설계 사용자 정의 232

7장에서 무엇을 설명하는가? 234

7장   고급 뷰와 URLconfs   **237**

URLconf 팁 및 요령 237

함수 임포트 합리화 238

디버그 모드의 특수 케이스 URL 239

명명된 그룹 미리 보기 239

　　　일치/그룹화 알고리즘 242

URLconf가 검색하는 대상 242

캡처된 인수는 항상 문자열이다 242

뷰 인수에 대한 기본값 지정 243

성능 245

오류 처리 245

다른 URL 환경 포함 245

캡처 파라미터 247

뷰 함수에 추가 옵션 전달 248

include( )에 추가 옵션 전달 249

URL 반전 해결 250

예제 251

URL 패턴 이름 지정 253

URL 네임 스페이스 253

네임 스페이스 URL 반전 254

URL 네임 스페이스 및 포함된 URLconfs 255

8장에서 무엇을 설명하는가? 257

8장　고급 템플릿 　　　　　　　　　　　　　　　　　　**259**

템플릿 언어 검토 260

요청 콘텍스트 및 콘텍스트 프로세서 261

auth 265

디버그 266

i18n 266

MEDIA 267

static 267

csrf 267

Request 267

messages 267

자체 콘텍스트 프로세서 작성 지침 268

자동 HTML 빠져나가기 269

    끄는 방법 270

    개별 변수 271

    템플릿 블록 271

    필터 인수에서 문자열 리터럴의 자동 이스케이프 처리 273

내부 템플릿 로드 중 274

    DIRS 옵션 274

    로더 유형 275

        Filesystem 로더 275

        앱 디렉터리 로더 275

        기타 로더기 276

템플릿 시스템 확장 277

    코드 레이아웃 277

    템플릿 라이브러리 만들기 278

맞춤 템플릿 태그 및 필터 280

    사용자 정의 템플릿 필터 작성 281

        사용자 정의 필터 등록 282

    문자열을 예상하는 템플릿 필터 283

        필터 및 자동 이스케이프 283

        필터 및 표준 시간대 287

    사용자 정의 템플릿 태그 작성 288

        간단한 태그 289

        Inclusion 태그 291

        과제 태그 294

고급 사용자 정의 템플릿 태그 294

    간략한 개요 294

    컴파일 기능 작성 295

    렌더러 작성하기 297

    자동 이스케이프 고려 사항 298

    스레드 안전 고려 사항 299

    태그 등록하기 301

    태그에 템플릿 변수 전달하기 302

    콘텍스트에서 변수 설정 303

콘텍스트의 가변 범위 ································· 304

다른 블록 태그까지 구문 분석하기 ···················· 306

다른 블록 태그까지 파싱하고 내용을 저장 ·············· 307

9장에서 무엇을 설명하는가? ························ 308

9장   고급 모델   **309**

관련 객체 ······································· 309

외래 키 값 액세스 ······························· 311

다대일 값 액세스 ······························· 312

관리자 ·· 312

여분의 관리자 메서드 추가 ························ 313

초기 관리자 QuerySets 수정 ······················· 315

모델 메서드 ···································· 317

딕셔너리 정의된 모델 메서드 오버라이드 ············· 318

원시 SQL 쿼리 실행 ································ 320

원시 쿼리 수행 ··································· 320

모델 테이블 이름 ······························· 321

모델 필드에 쿼리 필드 매핑 ······················ 322

색인 조회 ···································· 323

모델 필드 지연 ································ 323

특수 효과 추가하기 ····························· 324

파라미터를 raw( )에 전달 ························· 325

사용자 정의 SQL 직접 실행하기 ····················· 326

연결 및 커서 ································· 327

추가 관리자 메서드 추가 ························· 328

10장에서 무엇을 설명하는가? ······················ 330

10장   일반 뷰   **331**

객체의 일반 뷰 ··································· 332

"친숙한" 템플릿 콘텍스트 만들기 ···················· 335

추가 콘텍스트 추가 ································ 336

객체의 하위 집합 보기 337

동적 필터링 338

추가 작업 수행 340

11장에서 무엇을 설명하는가? 342

11장   장고에서 사용자 인증   343

개요 344

장고 인증 시스템 사용 345

사용자 객체 345

슈퍼 유저 만들기 345

사용자 만들기 346

암호 변경 346

허가 및 권한 부여 347

기본 권한 348

그룹 348

프로그래밍 방식으로 사용 권한 만들기 349

권한 캐싱 349

웹 요청의 인증 350

사용자 로그인 방법 351

사용자 로그아웃하는 방법 352

로그인한 사용자에 대한 접근을 제한 352

원시적 방법 352

login_required 데커레이터 353

테스트를 통과한 로그인한 사용자에 대한 액세스 제한 355

permission_required( ) 데커레이터 356

비밀번호 변경 시 세션 무효화 357

인증 뷰 358

로그인 359

로그아웃 360

Logout_then_login 361

Password_change 362

Password_change_done 363

Password_reset 363

Password_reset_done 366

Password_reset_confirm 366

Password_reset_complete 367

redirect_to_login 도우미 함수 368

내장 양식 368

템플릿의 데이터 인증 369

사용자 369

권한 370

admin에서 사용자 관리 371

사용자 민들기 371

암호 변경 373

장고의 암호 관리 374

장고 암호 저장 방법 374

장고와 함께 Bcrypt 사용하기 376

BCryptPasswordHasher를 사용한 암호 정리 377

기타 Bcrypt 구현 377

작업 요소 증가 378

암호 업그레이드 379

사용자의 암호를 수동으로 관리하기 379

장고에서 인증 사용자 정의하기 380

기타 인증 소스 380

인증 백엔드 지정 381

인증 백엔드 작성 382

사용자 정의 백엔드에서 권한 부여 처리 384

익명 사용자에 대한 권한 부여 385

비활성 사용자에 대한 권한 부여 385

객체 사용 권한 처리 386

사용자 지정 권한 386

기존 사용자 모델 확장 387

사용자 정의 모델 대체 389

12장에서 무엇을 설명하는가? 390

테스트 소개 391

자동화된 테스트 소개 392

자동 테스트란 무엇인가? 392

그렇다면 왜 테스트해야 하는가? 393

기본 테스트 전략 393

테스트 작성하기 394

테스트 만들기 396

테스트 실행 중 397

테스트 도구 398

테스트 클라이언트 399

제공된 TestCase 클래스 399

간단한 테스트 케이스 400

트랜잭션 테스트 사례 400

TestCase 401

LiveServerTestCase 401

테스트 케이스 기능 402

기본 테스트 클라이언트 402

고정물 로딩 403

오버라이드 설정 404

settings( ) 405

modify_settings( ) 405

override_settings( ) 406

modify_settings( ) 407

어설션 408

전자 메일 서비스 410

관리 명령 411

테스트 건너뛰기 412

테스트 데이터베이스 412

다른 테스트 프레임워크 사용 413

13장에서 무엇을 설명하는가? 414

프로덕션을 위한 코드 베이스 준비하기 416
  배포 체크리스트 416
중요 설정 417
  SECRET_KEY 417
  디버그 417
환경별 설정 418
  ALLOWED_HOSTS 418
  캐시 418
  데이터베이스 419
  EMAIL_BACKEND 및 관련 설정 419
  STATIC_ROOT 및 STATIC_URL 419
  MEDIA_ROOT 및 MEDIA_URL 419
HTTPS 419
  CSRF_COOKIE_SECURE 420
  SESSION_COOKIE_SECURE 420
성능 최적화 420
  CONN_MAX_AGE 420
  템플릿 421
오류 보고 421
  로깅 421
  ADMIN 및 관리자 421
  기본 오류 보기 사용자 정의 421
virtualenv 사용하기 422
프로덕션에 다른 설정 사용 423
프로덕션 서버에 장고 배포 425
아파치와 mod_wsgi로 장고 배포하기 426
  기본 구성 426
  mod_wsgi 데몬 모드 사용하기 427
  파일 제공 428
  관리자 파일 검색 429
  여러분이 UnicodEncodError를 얻는다면 430
프로덕션에서 정적 파일 제공 431

동일한 서버에서 웹 사이트 및 정적 파일 제공.................................431

전용 서버에서 정적 파일 제공.................................432

클라우드 서비스 또는 CDN에서 정적 파일 검색.................................433

스케일링.................................**434**

단일 서버에서 실행.................................435

데이터베이스 서버 분리하기.................................435

별도의 미디어 서버 실행.................................437

로드 균형 조정 및 중복 구현.................................438

크게 만들기.................................439

성능 튜닝.................................**441**

많은 RAM 외의 대안은 없다.................................441

Keep-Alive 끄기.................................442

Memcached를 사용한다.................................442

Memcached를 자주 사용한다.................................442

대화에 참여한다.................................442

14장에서 무엇을 설명하는가?.................................**443**

14장   비HTML 콘텐츠 생성   445

기본 사항: 뷰 및 MIME 유형.................................**446**

CSV 제작.................................**447**

대용량 CSV 파일 스트리밍.................................448

템플릿 시스템 사용.................................**449**

기타 텍스트 기반 형식.................................**451**

PDF 생성.................................**451**

ReportLab 설치.................................**451**

뷰 작성.................................**452**

복잡한 PDF.................................**453**

추가 리소스.................................**455**

다른 가능성.................................**455**

신디케이션 피드 프레임워크.................................**456**

높은 수준의 프레임워크.................................**457**

개요.................................457

피드 클래스 457

간단한 예 457

복잡한 예 461

피드 유형 지정 463

인클로저 464

언어 464

URL 464

Atom 및 RSS Feeds를 함께 게시하기 464

하위 수준 프레임워크 466

Syndication 피드 클래스 466

SyndicationFeed.__ init __( ) 467

SyndicationFeed.add_item( ) 468

SyndicationFeed.write( ) 469

SyndicationFeed.writeString( ) 469

맞춤 피드 생성기 470

SyndicationFeed.root_attributes(self,) 470

SyndicationFeed.add_root_elements(self, handler) 470

SyndicationFeed.item_attributes(self, item) 470

SyndicationFeed.add_item_elements(self, handler, item) 471

Sitemap 프레임워크 471

설치 472

초기화 472

웹 사이트 맵 클래스 473

간단한 예 473

사이트 맵 클래스 참조 474

항목 474

위치 475

lastmod 475

changefreq 476

우선순위 476

프로토콜 477

i18n 477

바로 가기 477

예제 477

정적 뷰의 사이트 맵 478

웹 사이트 맵 색인 만들기 479

템플릿 사용자 정의 481

콘텍스트 변수 481

    색인 482

    웹 사이트 맵 482

구글 핑하기 483

    django.contrib.syndication.ping_google( ) 483

    manage.py를 통해 구글에 핑하기 484

15장에서 무엇을 설명하는가? 484

15장   장고 세션 485

세션 활성화 486

세션 엔진 구성 486

데이터베이스 기반 세션 사용 487

캐시된 세션 사용 487

파일 기반 세션 사용 488

쿠키 기반 세션 사용 488

뷰에서 세션 사용하기 490

flush( ) 491

set_test_cookie( ) 491

test_cookie_worked( ) 491

delete_test_cookie( ) 491

set_expiry(값) 491

get_expiry_age( ) 492

get_expiry_date( ) 492

get_expire_at_browser_close( ) 493

clear_expired( ) 493

cycle_key( ) 493

세션 객체 지침 493

세션 직렬화 494

번들 직렬화 494

    serializers.JSONSerializer 494

serializer.PickleSerializer ·· 495

나만의 직렬 변환기를 작성하기 ································ 495

테스트 쿠키 설정 ·· 496

뷰에서 세션 사용 ·· 496

세션 저장 시 ·· 498

웹 브라우저-길이 세션 vs. 영구적 세션 ·················· 499

세션 저장소 지우기 ··· 500

16장에서 무엇을 설명하는가? ······························· 500

16장   장고 캐시 프레임워크   501

캐시 설정 ·· 502

Memcached ·· 503

데이터베이스 캐싱 ··· 505

캐시 테이블 만들기 ·· 506

다중 데이터베이스 ·· 507

파일 시스템 캐싱 ·· 508

로컬-메모리 캐싱 ·· 509

더미 캐싱(개발용) ··· 509

사용자 정의 캐시 백엔드 사용 ································· 510

캐시 인수 ·· 511

웹 사이트별 캐시 ··· 512

뷰별 캐시 ·· 514

URLconf에 per-view 캐시 지정하기 ························ 515

템플릿 조각 캐싱 ··· 516

저수준 캐시 API ·· 519

캐시 액세스 ··· 519

기본 사용법 ··· 520

캐시 키 프리픽스 ·· 523

캐시 버전 관리 ··· 523

캐시 키 변환 ·· 525

캐시 키 경고 ·· 525

다운 스트림 캐시 ··· 526

다양한 헤더 사용 527

캐시 제어: 다른 헤더 사용 530

17장에서 무엇을 설명하는가? 533

17장 장고 미들웨어   535
_____

미들웨어 활성화 536

후크 및 응용 프로그램 주문 536

자신의 미들웨어 작성하기 537

　process_request 537

　process_view 538

　process_template_response 539

　process_response 539

　　스트리밍 응답 다루기 540

　process_exception 541

　__init__ 541

　　미들웨어를 미사용으로 표시 542

　추가 지침 542

사용할 수 있는 미들웨어 542

　캐시 미들웨어 542

　일반적인 미들웨어 543

　GZip 미들웨어 544

　조건부 GET 미들웨어 545

　로케일 미들웨어 545

　메시지 미들웨어 545

　보안 미들웨어 546

　　HTTP 엄격한 전송 보안 546

　　X-content-type-options: nosniff 547

　　X-XSS- 보호 548

　　SSL 리다이렉트 549

　세션 미들웨어 550

　웹 사이트 미들웨어 550

　인증 미들웨어 550

　CSRF 보호 미들웨어 551

X-Frame-options 미들웨어 551

미들웨어 주문 551

18장에서 무엇을 설명하는가? 552

18장 국제화   553

정의 554

국제화 554

현지화 554

로케일 이름 554

언어 코드 555

메시지 파일 555

번역 문자열 555

형식 파일 555

번역 555

국제화: 파이썬 코드 556

표준 번역 556

번역기에 대한 코멘트 559

문자열을 No-Op로 표시 559

복수화 560

문맥 기호(contextual markers) 562

지연 번역 563

모델 필드 및 관계 564

상세한 이름 지정 모델화 565

모델 메서드 short_description 속성 값 565

지연 번역 객체로 작업하기 566

지연 번역 및 복수형 567

문자열 조인: string_concat( ) 568

지연된 번역에서의 지연의 다른 사용 568

현지화된 언어 이름 569

국제화: 템플릿 코드에서 569

트랜스 템플릿 태그 570

blocktrans 템플릿 태그 571

태그 및 필터에 전달된 문자열 리터럴 574

       템플릿에서 번역기에 대한 코멘트 575

       템플릿에서 언어 전환 576

       다른 태그 577

국제화: 자바스크립트 코드 579

       javascript_catalog 뷰 579

       자바스크립트 번역 카탈로그 사용 581

       성능에 대한 참조 사항 582

국제화: URL 패턴 584

       URL 패턴의 언어 접두사 584

       번역된 URL 패턴 586

       템플릿 반전 587

지역화: 언어 파일을 만드는 방법 588

       메시지 파일 588

       메시지 파일 컴파일 591

       자바스크립트 소스 코드에서 메시지 파일 만들기 592

       윈도우상의 gettext 592

       makemessages 명령 사용자 정의 593

명시적으로 활성화 언어 설정 594

뷰와 템플릿 외부에서의 번역 사용 595

구현 정보 596

       장고 번역 전문 596

       장고가 언어 선호도를 찾아내는 방법 597

       장고가 번역을 찾는 방법 600

19장에서 무엇을 설명하는가? 601

19장 장고 보안   603

장고의 내장된 보안 기능 604

       XSS 보호 604

       교차 웹 사이트 요청 위조 보호 605

          사용 방법 606

          AJAX 607

          기타 템플릿 엔진 609

데커레이터 메서드 610

거부된 요청 611

　　어떻게 작동하는가? 611

캐싱 612

테스트 613

제한사항 613

엣지 케이스 614

유틸리티 614

　　django.views.decorators.csrf.csrf_exempt(뷰) 614

　　django.views.dccorators.csrt.requires_csrf_token(뷰) 615

　　django.views.decorators.csrf.ensure_csrf_cookie(view) ... 616

기여(Contrib) 및 재사용할 수 있는(reusable) 앱 616

CSRF 설정 617

SOL 삽입 보호 617

클릭 재킹 보호 617

클릭 재킹의 예 618

클릭 재킹 방지 618

사용 방법 619

　　모든 응답에 대한 X-프레임 설정 옵션 619

　　뷰별로 X-프레임 옵션 설정하기 620

제한사항 620

X-Frame-Options를 지원하는 웹 브라우저 621

SSL / HTTPS 621

HTTP 엄격한 전송 보안 622

호스트 헤더 유효성 검사 623

세션 보안 624

사용자가 업로드한 콘텐츠 624

추가 보안 팁 625

보안 문제의 아카이브 626

암호화 서명 626

SECRET_KEY 보호 626

저수준 API 사용하기 627

salt 인수 사용하기 628

타임 스탬프 값 확인 629

복잡한 데이터 구조 보호 629

보안 미들웨어 631

20장에서 무엇을 설명하는가? 631

20장 장고 설치에 대한 추가 정보   **633**

다른 데이터베이스 실행하기 633

장고 수동 설치 635

장고 업그레이드 636

장고의 이전 버전을 제거한다 636

배포판 전용 패키지 설치 636

개발 버전 설치 637

21장에서 무엇을 설명하는가? 638

21장 고급 데이터베이스 관리   **639**

일반적인 메모 639

영구 연결 640

연결 관리 640

주의사항 641

부호화 641

postgreSQL 노트 642

postgreSQL의 설정 최적화 642

격리 수준 642

varchar 및 text 열의 인덱스 643

MySQL 노트 643

버전 지원 643

스토리지 엔진 644

MySQL DB API 드라이버 645

mySQLdb 645

mySQLclient 646

mySQL 커넥터/python 646

표준 시간대 정의 646

데이터베이스 만들기 646

　데이터 정렬 설정 647

데이터베이스에 연결 649

표 만들기 650

테이블 이름 651

Savepoints 651

특정 분야에 대한 주의사항 651

　문자 필드 651

　time 및 datetime 필드에 대한 분수 초 지원 652

　TIMESTAMP 열 652

　Queryset.Select_For_Update( )로 행 잠금 652

　자동 형 변환은 예기치 않은 결과를 초래할 수 있다 653

SQLite 노트 653

하위 문자열 일치 및 대소 문자 구분 653

이전 SQLite 및 CASE 표현식 654

최신 버전의 SQLite DB-API 2.0 드라이버 사용 654

데이터베이스 잠김 오류 655

　지원하지 않는 queryset.Select_For_Update( ) 655

　지원되지 않는 원시 쿼리의 pyformat 파라미터 스타일 656

　connection.queries에서 인용되지 않은 파라미터 656

오라클 노트 656

데이터베이스에 연결 658

스레드 옵션 659

INSERT ··· RETURNING INTO 659

이름 지정 문제 660

NULL 및 빈 문자열 661

텍스트 필드 제한사항 661

다른 회사 데이터베이스 백엔드 사용 661

장고와 레거시 데이터베이스의 통합 662

장고에 데이터베이스 파라미터를 설정한다 662

모델 자동 생성 663

핵심 장고 테이블 설치하기 664

생성된 모델 정리 664

테스트 및 조정 666

다음에는 무엇을 설명하는가? 666

부록 A 모델 정의 참조   667

필드 667
필드 이름 제한 668
FileField notes 671
    FileField FileField.upload_to 671
    FileField.storage 672
    FileField 및 FieldFile 673
        FieldFile.url 673
        FieldFile.open(mode='rb') 673
        FieldFile.close( ) 673
        FieldFile.save(name, content, save = True) 674
        FieldFile.delete(save=True) 674
범용 필드 옵션 675
필드 속성 참조 677
필드의 속성 677
    field.auto_created 677
    Field.concrete 677
    Field.hidden 677
    Field.is_relation 677
    Field.model 678
Attributes for fields with relations 678
    Field.many_to_many 678
    Field.many_to_one 678
    Field.one_to_many 678
    Field.one_to_one 678
    Field.related_model 679
Relationships 679
외래 키 679
    데이터베이스 표현 680
    Arguments 680
        limit_choices_to 680

related_name 681

related_query_name 682

to_field 682

db_constraint 682

on_delete 683

swappable 683

ManyToManyField 684

데이터베이스 표현 684

Arguments 684

related_name 684

related_query_name 685

limit_choices_to 685

symmetrical 685

through 685

through_fields 686

db_table 686

db_constraint 686

swappable 687

OneToOneField 687

parent_link 688

모델 메타 데이터 옵션 689

부록 B 데이터베이스 API 참조   691

객체 만들기 692

객체에 대한 변경 사항 저장하기 693

ForeignKey 및 ManyToManyField 필드 저장하기 693

객체 검색 695

모든 객체 검색하기 695

필터를 사용해 특정 객체 가져오기 696

필터 연결 696

필터링된 쿼리 세트는 고유하다 697

QuerySets은 늦다 697

get을 사용해 단일 객체 검색 698

기타 QuerySet 방법 698

제한된 QuerySet 699

필드 조회 700

관계를 포괄하는 조회 702

　　다중값 관계 확장 703

필터는 모델의 필드를 참조할 수 있다 705

pk 조회 바로 가기 706

LIKE문에서 백분율 기호 및 밑줄 이스케이프 707

캐싱과 QuerySet 708

　　Queryset이 캐시되지 않은 경우 709

Q 객체를 사용한 복잡한 조회 710

객체 비교하기 712

개체 삭제 712

모델 인스턴스 복사 714

한 번에 여러 객체 업데이트 715

관련 객체 717

일대다 관계 717

　　포워드(Forward) 717

　　백워드 관계를 따라 하기 719

　　사용자 지정 역방향 관리자 사용 720

　　관련 객체를 처리하기 위한 추가 메서드 720

다대다 관계 721

일대일 관계 722

관련 객체에 대한 질의 723

원래 SQL로 돌아가기 724

부록 C 일반 뷰 참조   **725**

일반 뷰에 대한 공통 인수 726

단순 일반 뷰 727

템플릿 렌더링 - 템플릿 뷰 727

다른 URL로 리디렉션 728

　　속성 729

　　　url 729

pattern_name 729

permanent 730

query_string 730

메서드 730

List/detail 일반 뷰 730

객체 목록 731

상세 뷰 732

날짜 기반 일반 뷰 733

ArchiveIndexView 733

YearArchiveView 735

MonthArchiveView 736

WeekArchiveView 739

DayArchiveView 741

TodayArchiveView 743

DateDetailView 744

클래스 기반 뷰를 사용한 폼 핸들링 745

기본 폼 746

모델 폼 747

모델 및 request.user 750

AJAX 예제 751

부록 D 설정   753

설정 파일이란 무엇인가? 753

기본 설정 754

변경한 설정 보기 754

파이썬 코드에서 설정 사용하기 755

런타임 시 설정 변경 755

보안 756

나만의 설정 만들기 756

DJANGO_SETTINGS_MODULE 756

django-admin 유틸리티 757

서버(mod_wsgi) 757

설정 없이 설정 사용하기 758

　　　사용자 정의 기본 설정 758

　　　configure 또는 DJANGO_SETTINGS_MODULE이 필요하다 759

사용할 수 있는 설정 760

　　핵심 설정 761

　　인증 설정(Auth) 766

　　메시지 설정(Messages) 766

　　세션 설정(Sessions) 767

　　웹 사이트 설정(Sites) 768

　　정적 파일 설정(Static files) 768

부록 E 내장 템플릿 태그와 필터 　　　　　　　　　　　　　　　　769

내장 태그 769

　　자동 이스케이프 769

　　블록 770

　　코멘트 770

　　csrf_token 771

　　주기 771

　　debug 772

　　extends 772

　　filter 773

　　firstof 773

　　for 773

　　for⋯ empty 774

　　if 775

　　　　Boolean operators 775

　　　　복잡한 표현식 776

　　　　Filters 777

　　ifchanged 777

　　ifequal 777

　　ifnotequal 778

　　include 778

　　load 778

　　lorem 779

now 780

regroup 780

spaceless 781

templatetag 781

url 782

verbatim 782

widthratio 782

with 783

내장 필터 783

add 783

addslashes 783

capfirst 784

center 784

cut 784

date 784

default 785

default_if_none 785

dictsort 786

dictsortreversed 786

divisibleby 786

escape 786

escapejs 787

filesizeformat 787

first 787

floatformat 788

get_digit 788

iriencode 788

join 788

last 788

length 788

length_is 789

linebreaks 789

linebreaksbr 789

linenumbers 789

ljust 789

lower 790

make_list 790

phone2numeric 790

pluralize 790

pprint 791

random 791

rjust 791

safe 791

safeseq 791

slice 792

slugify 792

stringformat 792

striptags 792

time 792

timesince 793

timeuntil 793

title 793

truncatechars 793

truncatechars_html 793

truncatewords 794

truncatewords_html 794

unordered_list 794

upper 794

urlencode 794

urlize 794

urlizetrunc 795

wordcount 795

wordwrap 795

yesno 795

Internationalization tags and filters 796

i18n 796

l10n 796

tz 796

다른 태그 및 필터 라이브러리 797

   static 797

   get_static_prefix 798

   get_media_prefix 798

부록 F 요청 및 응답 객체   799

HttpRequest 객체 800

   속성 800

   Methods 804

QueryDict 개체 808

   메서드 808

HttpResponse 객체 813

   사용법 813

   속성 815

   Methods 816

   HttpResponseRedirect 819

JsonResponse Objects 821

   사용법 821

StreamingHttpResponse 객체 822

   성능 고려 사항 822

   속성 823

FileResponse 객체 824

오류 뷰 824

   404(웹 페이지를 찾을 수 없음) 뷰 824

   500(서버 오류) 뷰 825

   403(HTTP 금지) 뷰 825

   400(잘못된 요청) 뷰 826

사용자 정의 오류 뷰 827

부록 G 비주얼 스튜디오로 장고 개발하기   829

비주얼 스튜디오 설치 830

　　　　PTVS 및 Web Essentials 설치 833
장고 프로젝트 만들기 835
　　　　장고 프로젝트 시작하기 836
비주얼 스튜디오에서 장고 개발 838
　　　　장고 관리 명령 통합 839
　　　　파이썬 패키지의 쉬운 설치 840
　　　　새로운 장고 응용 프로그램을 쉽게 설치할 수 있다 840

찾아보기 842

▌ 이 책에 필요한 것

필요한 프로그래밍 지식

이 책의 독자는 프로시저 및 객체 지향 프로그래밍의 기본 사항(if, while 또는 for와 같은), 데이터 구조(목록, 해시 / 사전), 변수, 클래스 및 객체와 같은 구조를 이해할 수 있어야 한다. 웹 개발 경험은 기대했던 바대로 매우 유용하지만 이 책을 이해하는 데 필요하지는 않다. 이 책에서는 경험이 부족한 독자들을 위해 웹 개발의 모범 사례를 소개하려고 한다.

필요한 파이썬 지식

장고는 파이썬^{Python} 프로그래밍 언어로 작성된 라이브러리 모음이다. 장고를 사용해 웹사이트를 개발하려면 이러한 라이브러리를 사용하는 파이썬 코드를 작성해야 한다. 장고를 배우는 목적은 파이썬으로 프로그래밍하고, 장고 라이브러리가 어떻게 작동하는지 이해하는 것이다. 파이썬 프로그래밍 경험이 있다면 무작정 시도해보는 것을 두려워하지 말아야 한다. 장고 코드는 마술처럼 모든 것을 알아서 구현해주지 않는다. 즉, 프로그래밍 구현 내용이 설명하기 어렵거나 이해하기 어려운 마술 같은 것이 아니다. 장고를 배운다는 것은 여러분이 장고의 규칙과 API를 배운다는 것을 의미한다.

파이썬 프로그래밍 경험이 없다면 오히려 좀 더 쉽게 파이썬을 배울 수 있는 좋은 위치에 있는 것이다. 파이썬은 배우기 쉽고 사용하기가 편하다. 이 책에는 파이썬 튜토리얼을 모두 포함하고 있지는 않지만 파이썬의 특징과 기능을 적절하게 강조하고 있다. 특히 책에 있는 코드를 즉시 이해할 수 없는 경우에도 이러한 점을 이해하고 읽기 바란다. 그래도 공식 파이썬 튜토리얼을 읽는 것이 좋다(좀 더 자세한 내용은 http://docs.python.org/tut/ 참조). 나는 마크 필그림[Mark Pilgrim]의 무료 책인 『Dive Into Python』(에이프레스, 2004)을 추천한다. 이 책은 http://www.diveintopython.net/에서 온라인으로 볼 수 있다.

필요한 장고 버전

이 책은 Django 1.8 LTS를 다룬다. 이는 장고의 장기 지원 버전으로, 2018년 4월까지 전폭적으로 지원한다.

장고의 초기 버전을 사용한다면 최신 버전인 Django 1.8 LTS로 업그레이드하는 것이 좋다. 이 책의 인쇄 시점(2016년 7월)에서 Django 1.8 LTS의 가장 최신 버전은 1.8.13이다.

여러분이 최신 버전의 장고를 설치했을 경우, 이전 버전에서 개발한 프로그램이 호환되지 않을 수 있음을 알아두기 바란다. 장고 개발자는 가능한 최신 버전과 호환성을 유지하도록 프로그램을 개발하지만, 모든 내용이 호환되지 않음을 이해하자.

각각의 릴리스 변경 사항은 항상 https://docs.djangoproject.com/en/dev/releases/에서 볼 수 있는 릴리스 노트에서 다룬다.

모든 검색은 http://masteringdjango.com에서 실행해보자.

▌ 이 책의 대상 독자

이 책은 여러분이 인터넷과 프로그래밍에 대한 기본적인 지식이 있다고 가정한다. 파이썬이나 장고에 관련된 경험은 장점이라고 말할 수 있지만, 반드시 필요한 것은 아니다. PHP, Java 및 dotNET을 기반으로 하는 빠르고, 안전하며, 확장 가능하고, 유지보수가 쉬운 대체 웹 개발 플랫폼을 찾는 초급 및 중급 프로그래머에게 이상적이다.

▌ 편집 규약

이 책에는 다양한 종류의 정보를 구분하는 다양한 텍스트 스타일이 있다. 다음은 이러한 스타일 예제와 그 의미에 관한 설명이다.

내용 속의 코드 단어, 데이터베이스 테이블 이름, 폴더 이름, 파일 이름, 파일 확장자 이름, 경로 이름, 더미 URL, 사용자 입력 및 트위터^{Twitter} 처리는 다음과 같이 나타냈다.

"명령 프롬프트(또는 OS X의 application/utility/terminal)에 **Python**을 입력한다."

코드 블록은 다음과 같이 지정해 놓았다.

```
from django.http import HttpResponse
def hello(request):
return HttpResponse("Hello world")
```

명령 행 입력이나 출력은 다음과 같이 나타냈다.

```
Python 2.7.5 (default, June 27 2015, 13:20:20)
[GCC x.x.x] on xxx
Type "help", "copyright", "credits" or "license" for more information.
>>>
```

새로운 용어와 중요한 단어는 볼드체로 표시했다. 예를 들어, 메뉴나 대화 상자에서 화면에 표시되는 단어는 "You should see the text **Hello world**--the output of your Django view(그림 2-1)."와 같은 텍스트로 나타냈다.

경고나 중요 노트는 이와 같이 박스로 나타냈다.

 팁과 트릭은 이와 같이 나타냈다.

█ 독자 의견

독자 여러분의 의견은 언제나 환영한다. 이 책에 대해 어떤 부분이 좋고 또는 싫은지 알려주면 좋겠다. 독자의 피드백은 우리가 정말로 최대한 활용할 수 있는 책을 만드는 데 도움이 되므로 매우 중요하다. 일반적인 피드백은 feedback@packtpub.com으로 전자메일을 보내면 되고, 메시지의 제목에 책 이름을 적으면 된다. 전문 지식이 있고 책을 쓰거나 출간하는 데 관심이 있다면 저자 가이드(www.packtpub.com/authors)를 참조하기 바란다.

█ 고객 지원

이제 여러분은 팩트출판사 서적의 자랑스러운 소유자가 됐으므로 구매를 통한 혜택을 최대한 누릴 수 있도록 여러 가지 방법을 제공하고자 한다.

▌ 오탈자

콘텐츠의 정확성을 기하기 위해 많은 노력을 기울였지만, 실수가 있을 수 있다. 팩트출판사의 책에서 코드나 텍스트상의 실수를 발견해 알려준다면 매우 감사하게 생각할 것이다. 그런 참여를 통해 다른 독자를 혼동시키지 않고도 이 책의 후속 버전을 개선할 수 있을 것이다. 오자를 발견한다면 http://www.packtpub.com/submit-errata를 방문해 이 책을 선택하고 **정오표 제출 양식**을 링크를 클릭한 후 해당 세부 정보를 입력하기 바란다. 수정 내용이 검증되면 제출물을 수락하고 정오표를 웹 사이트에 업로드하거나 해당 서적의 정오표 섹션에 그 내용이 추가될 것이다.

이전에 제출한 정오표를 보려면 https://www.packtpub.com/books/content/support로 이동해 검색 필드에 책 이름을 입력하기 바란다. 필요한 정보가 정오표 섹션에 나타날 것이다.

한국어판은 에이콘출판사의 도서정보 페이지 http://www.acornpub.co.kr/book/mastering-django-core에서 찾아볼 수 있다.

▌ 저작권 침해

인터넷상의 저작권 자료 불법 복제는 모든 미디어에서 진행되고 있는 문제다. 팩트출판사는 저작권 및 라이선스 보호를 매우 중요하게 생각한다. 인터넷상의 어떤 형태로든 우리 작품의 불법 복제물을 발견하면 구제 조치를 취할 수 있도록 해당 주소나 웹 사이트 이름을 즉시 알려주기 바란다.

저작권 침해가 의심되는 자료에 대한 링크를 알고 있다면 관련 정보를 copyright@packtpub.com으로 보내주길 바란다.

저자를 보호하고 귀중한 콘텐츠를 제공할 수 있는 능력에 도움을 준 것에 감사한다.

▌ 질문

이 책에 관련된 질문이 있다면 questions@packtpub.com으로 연락해주기 바란다. 우리는 최선을 다해 질문에 답해드리겠다. 한국어판에 관한 질문은 이 책의 옮긴이나 에이콘출판사 편집 팀(editor@acornpub.co.kr)으로 문의해주길 바란다.

01

장고 소개 및 시작하기

▌ 개요

오픈소스 소프트웨어는 항상 개발자들이 해결해야 할 문제를 갖고 있거나 가용한 효과적인 솔루션을 갖고 있지 않기 때문에 도입하기가 어렵다. 장고도 예외가 아니다. 애드리언과 제이콥은 프로젝트에서 은퇴한 지 오래됐다. 하지만 이들의 철학이 여전히 장고에 깃들어 있다. 오늘날 장고가 성공한 것은 실제 경험에 기반한 견고함에 있다고 볼 수 있다. 이들의 공헌을 인정해 장고를 다음과 같은 원본 책에서 편집 및 재형식화해 두 사람의 언어로 소개하는 것이 가장 좋다고 생각한다.

By Adrian Holovaty and Jacob Kaplan–Moss – December 2009

초기에 웹 개발자들은 수작업으로 모든 웹 페이지를 작성했다. 웹 사이트를 갱신하기 위해 HTML을 편집했다. 즉, 모든 개별 웹 페이지에 대해 일일이 재작업해야 한다는 것을 의미했다. 웹 사이트가 성장하고 좀 더 확장하게 됨에 따라 대상 웹 페이지에 대한 접근은 까다롭고, 시간이 많이 소모되며, 궁극적으로는 처리가 불가능할 정도가 됐다.

NCSA(최초의 그래픽 웹 브라우저인 모자이크를 개발)의 진취적인 해커 그룹은 웹 서버가 동적으로 HTML을 생성할 수 있는 외부 프로그램을 생성하도록 함으로써 이 문제를 해결했다. 그들은 이 프로토콜을 CGI라고 부르며, 웹을 영원히 바꿔 놓았다. 지금은 이 당시에 출현한 CGI가 무엇이었는지 상상하기 어렵다. HTML 웹 페이지를 디스크의 단순한 파일로 취급하는 대신 CGI를 사용하면 당신의 웹 페이지를 필요에 따라 동적으로 생성된 리소스로서 생각할 수 있도록 해준다.

CGI의 개발은 1세대 동적 웹 사이트를 선도했다. 하지만 CGI는 자체적으로 문제를 안고 있다. 즉, CGI 스크립트는 많은 반복적인 상용구 코드를 포함해야 하며, 코드 재사용을 어렵게 만들고, 처음 보는 개발자가 작성하거나 이해하기가 어려울 수 있다.

PHP는 이러한 많은 문제를 해결했으며, 폭풍처럼 세상에 태어났다. 이제는 동적 웹 사이트를 만드는 데 가장 많이 사용되는 도구이며, 이와 유사한 수십 개의 언어(ASP, JSP 등)가 PHP의 설계를 면밀히 따른다. PHP의 주요 혁신사항은 "사용 편의성"이다. PHP 코드는 일반 HTML에 간단히 포함된다. 이미 HTML을 알고 있는 사람에게는 학습 곡선이 매우 얕다.

하지만 PHP에는 자체적인 문제가 있다. 즉, 사용하기가 매우 쉽고 반복적이며 엉성한 코드를 조장한다. 이보다 나쁜 점은 PHP가 프로그래머를 보안상의 취약성으로부터 보호하는 데 그다지 도움이 되지 않기 때문에 많은 PHP 개발자는 너무 늦은 경우에만 보안에 대해 배우는 것을 알아차렸다.

이러한 좌절감은 현재의 3세대 웹 개발 프레임워크 개발에 직접적으로 기여했다. 웹 개발의 새로운 폭발 증가로 야망이 더욱 커졌다. 웹 개발자는 매일 더 많은 업무를 수행할 것으로 예상된다.

장고는 이러한 새로운 야망을 만족시키기 위해 개발됐다.

장고의 역사

장고는 미국 캔자스 주 로렌스의 웹 개발 팀이 만든 응용 프로그램에서 비롯됐다. 2003년 가을 로렌스 저널-월드 신문사 Lawrence Journal-World newspaper에서 애드리언 홀로바티와 사이먼 윌슨 Simon Willison이 응용 프로그램을 개발하기 위해 파이썬을 사용하기 시작했다.

여러 지역 뉴스 웹 사이트의 제작 및 유지보수를 담당하는 월드 온라인 팀은 저널 마감 시한을 맞춰야 하는 개발 환경에서 번창하게 됐다. LJWorld.com, Lawrence.com 및 KUsports.com과 같은 웹 사이트에 대해 기자(관리자)는 여러 기능들을 추가해야 하고, 전체 응용 프로그램은 대개 며칠 또는 한 시간만에 매우 빠른 일정으로 구축해야만 했다. 따라서 사이먼과 애드리언은 시간을 절약할 수 있는 웹 개발 프레임워크 개발이 필요했다. 이는 극한의 마감 시간 내에 유지보수가 가능한 응용 프로그램을 구축할 수 있는 유일한 방법이었다.

2005년 여름에 대부분의 월드 온라인 웹 사이트를 효율적으로 강화하는 시점까지 프레임워크를 개발한 이후 현재 제이콥 케플란 모스가 있는 이 팀은 이 프레임워크를 오픈소스 소프트웨어로 공개하기로 결정했다. 이들은 재즈 기타리스트인 장고 레인하트 Django Reinhardt의 이름을 따서 "장고 Django"라고 명명했다.

이러한 역사는 다음 두 가지 주요한 사항을 설명하는 데 도움이 되므로 알아둘 필요가 있다. 첫째, 장고의 "스윗스폿 sweet spot"이다. 장고는 웹의 뉴스를 알리는 환경하에서 탄생했기 때문에 5장에서 다룰 "Django Admin Site"와 같은 관리 웹 사이트의 몇 가지 특징을 제공한다. 특히 Amazon.com, craigslist.org 및 washingtonpost.com과 같은 "콘텐츠" 웹 사이트에 적합한 여러 기능(예: 동적 및 데이터베이스 제공)을 제공한다.

장고는 특히 이와 같은 특정 분야의 웹 사이트를 개발하는 데 유용하다. 또한 모든 종류의 역동적인 웹 사이트를 구축하는 데 있어 효과적인 도구가 될 수 있다. 다른 웹 개발툴과 같이 몇몇 경우에는 효과가 있지만, 다른 경우에는 효과가 미미한 경우도 있다.

두 번째로 주목해야 할 것은 장고는 오픈소스 커뮤니티의 문화를 형성한 방법이라는 것이다. 장고는 학업이나 상업용 제품이 아닌 실제 코드에서 추출됐으므로 장고 개발자가 직면한 그리고 계속 직면하게 될 웹 개발 문제를 해결하는 데 중점을 두고 있다. 결과적으로 장고 자체는 거의 매일 개선됐다. 이러한 프레임워크의 관리자는 장고가 개발자의 시간을 절약하고, 유지보수가 용이하며, 일정 부하에서 잘 작동하는 응용 프로그램을 생성하는 데 관심이 있다.

장고를 사용하면 아주 짧은 시간에 깊고 역동적이며 흥미로운 웹 사이트를 구축할 수 있다. 장고는 반복적인 데이터의 고통을 덜어주면서 재미있고 흥미로운 부분에 집중할 수 있도록 고안됐다. 이를 통해 일반적인 웹 개발 패턴에 대한 높은 수준의 추상화, 빈번한 프로그래밍 작업의 단축화 및 문제 해결 방법에 대한 분명한 규칙을 제공한다. 이와 동시에 여러분의 방식에서 벗어나 필요에 따라 프레임워크의 범위 밖에서 작업할 수 있도록 한다.

우리가 이 책을 쓴 이유는 장고가 웹 개발을 더 잘할 수 있도록 해준다고 믿기 때문이다. 이 책은 장고 프로젝트를 신속하게 진행할 수 있도록 설계했으며, 궁극적으로 자랑스러워할 웹 사이트를 성공적으로 설계, 개발 및 배포하기 위해 알아야 할 모든 것을 소개하고자 한다.

시작하기

장고를 시작하기 위해 해야 할 두 가지 중요한 것들이 있다.

1. 장고를 설치한다.
2. MVC(모델-뷰-제어)의 디자인 패턴을 이해한다.

첫째, 장고 설치는 이 장의 첫 번째 부분에서 매우 간단하고 자세히 설명했다. 둘째, 프로그램을 처음 배우는 사람이거나 웹이 표시된 방법과는 이면에 놓여 있는 데이터와 로직을 명확하게 구분하지 않는 프로그래밍 언어를 사용하는 경우에 중요하다. 장고의 철학은 느슨한 결합을 기반으로 한다. 이것은 MVC의 기본 철학이다. 앞으로 이 책에서 느슨한 결합과 MVC에 대해 좀 더 자세하게 논의할 것이다. 하지만 MVC를 이해하면 장고를 훨씬 더 쉽게 이해할 수 있기 때문에 MVC에 대해 아는 바가 없다면 이 책의 후반부를 건너뛰지 않는 것이 좋다.

장고 설치하기

장고 사용 방법을 배우기 전에 먼저 컴퓨터에 소프트웨어를 설치해야 한다. 다행히도 이것은 다음과 같은 간단한 3단계 프로세스로 구성된다.

1. 파이썬을 설치한다.
2. 파이썬 가상 환경을 설치한다.
3. 장고를 설치한다.

설치하는 것이 익숙하지 않더라도 걱정하지 말라. 이 장에서는 여러분이 이전에 명령 줄에서 소프트웨어를 설치한 적이 없다고 가정하고 단계별로 안내해줄 것이다.

이 섹션은 윈도우^{Windows} 사용자를 대상으로 작성했다. 장고에 대한 강력한 nix 및 OSX 사용자 기반이 있지만, 대부분의 신규 사용자는 윈도우를 기반으로 한다. 맥 또는 리눅스 사용자라면 인터넷에 활용 가능한 많은 자료들이 있다. 장고의 설치 지침을 얻기에 가장 좋은 곳이다. 더 자세한 정보는 https://docs.djangoproject.c0m/en/1.8/topics/install/을 방문하기 바란다.

윈도우 사용자는 최신 버전(Vista, 7, 8.1 또는 10)을 사용할 수 있다. 이 장에서는 여러분이 데스크톱이나 랩톱에 장고를 설치한다고 가정한다. 그리고 이 책에서는 컴퓨터와 개발 서버 및 SQLite를 사용해 모든 예제 코드를 실행한다. 이것이 여러분이 처음 시작할 때 장고를 설정하는 가장 쉬운, 최고의 방법이다.

장고의 고급 설치를 알려면 "13장, 장고 배포", "20장, 장고 설치에 대한 추가 정보", "21장, 고급 데이터베이스 관리"를 살펴보면 된다.

윈도우 사용자라면 모든 장고 개발을 위해 비주얼 스튜디오(Visual Studio)를 사용해보는 것이 좋다. 마이크로소프트는 파이썬 및 장고 프로그래머를 지원하는 데 많은 투자를 했다. 따라서 비주얼 스튜디오는 파이썬/장고에 대한 완벽한 인텔리센스(IntelliSense) 지원과 장고의 모든 명령 행 도구를 VSIDE에 통합하는 기능을 포함하고 있다.

가장 좋은 것은 완전히 자유로운 것이다. 그 누가 MS에서 이러한 지원을 해줄 것으로 기대했을까? 하지만 이것은 사실이다.

비주얼 스튜디오 커뮤니티 2015(Visual Studio Community 2015)의 전체 설치 안내서는 '부록 G, 비주얼 스튜디오로 장고 개발하기'에 있는 몇 가지 팁을 참조하라.

파이썬 설치하기

장고 자체는 순전히 파이썬으로 작성됐으므로 프레임워크를 설치하는 첫 번째 단계는 파이썬을 설치했는지 확인하는 것이다.

파이썬 버전

장고 버전 1.8 LTS는 파이썬 버전 2.7, 3.3, 3.4 및 3.5에서 작동한다. 파이썬의 각 버전에는 최신 마이크로 릴리즈(A. B. C)만 지원된다.

장고를 시험해 보기만 할 것이라면 파이썬 2 또는 파이썬 3를 사용하는 것은 그다지 중요하지 않다. 그러나 최종적으로 라이브 웹 사이트에 코드를 배포할 계획이라면 파이썬 3을 가장 먼저 선택하는 것이 좋다. 파이썬 위키(좀 더 자세한 내용은 https://wiki.python. org/moin/Python2orPython 3에서 확인할 수 있다)에서 이에 대한 이유를 간결하게 설명하고 있다.

간략 버전: Python 2.x는 유산이며, Python 3.x는 현재와 미래의 언어다. Python 2(예: 기존 라이브러리)를 사용해야 하는 충분한 이유가 없다면 Python 3를 사용해야한다.

참조: 이 책의 모든 코드 샘플은 Python 3로 작성했다.

설치

Linux 또는 Mac OS X 사용자는 이미 파이썬을 설치했을 것이다. 명령 프롬프트(또는 OS X의 응용 프로그램 / 유틸리티 / 터미널)에서 파이썬을 입력하자. 다음과 같은 것을 발견했다면 Python이 설치된 것이다.

```
Python 2.7.5 (default, June 27 2015, 13:20:20)
[GCC x.x.x] on xxx
Type "help", "copyright", "credits" or "license" for more
information.
```

 앞의 예제에서 파이썬 대화식 모드는 Python 2.7을 실행 중이란 것을 보여준다. 이것은 경험이 없는 사용자에게는 Python 3를 실행하지 못하게 하는 문제가 될 수도 있다. Linux 및 Mac OS X 시스템에서는 Python 2 및 Python 3가 모두 설치되는 것이 일반적이다. 이와 같은 시스템의 경우 Python 3에서 장고를 실행하기 위해 파이썬이 아닌 모든 명령 앞에 Python 3를 입력해야 한다.

파이썬이 시스템에 설치돼 있지 않다면 먼저 설치 프로그램을 다운로드해야 한다. https://www.python.org/downloads/로 이동해 Download Python 3.x.x라는 노란색 버튼을 클릭한다.

이 책을 저술할 시점에 파이썬의 최신 버전은 3.5.1이었지만, 여러분이 이 책을 읽을 즈음에는 업데이트됐을 수 있다. 따라서 번호가 약간 다를 수도 있다.

이는 파이썬의 이전 버전이므로 2.7.x를 다운로드하지 않도록 한다. 이 책의 모든 코드는 Python 3로 작성됐으므로 Python 2에서 코드를 실행하려고 하면 컴파일 오류가 발생한다.

파이썬 설치 프로그램을 다운로드했으면 다운로드 폴더로 이동해 python-3.x.x.msi 파일을 두 번 클릭해 설치 프로그램을 실행한다. 설치 과정은 다른 윈도우 프로그램과 동일하므로 이전에 소프트웨어를 설치한 경우에는 문제가 없을 것이다. 하지만 설치 과정 중에서 사용자 지정 옵션 선택은 매우 중요한 내용이므로 주의하기 바란다.

 이 다음 단계는 윈도우에서 pythonpath(Python 설치를 위한 중요한 변수)의 잘못된 매핑으로 인해 발생하는 대부분의 문제를 해결하는 것이라는 사실을 잊지 않도록 한다.

기본적으로 파이썬의 실행 파일은 윈도우의 PATH문에 추가되지 않는다. 하지만 장고가 제대로 작동하려면 파이썬이 PATH문에 있어야 한다. 다행히도 이것은 쉽게 해결할 수 있는 문제다.

- Python 3.4.x에서 설치 프로그램이 사용자 정의 창을 열어 Add python.exe to Path 옵션이 선택되지 않은 상태에 있다면 [그림 1.1]과 같이 Will be installed on local hard drive로 변경하면 된다.

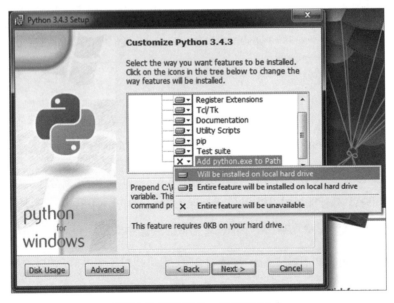

[그림 1.1] PATH에 Python 추가(버전 3.4.x).

- Python 3.5.x에서는 설치하기 전에 PATH에 Add Python 3.5가 선택돼 있는지 확인한다([그림 1.2]).

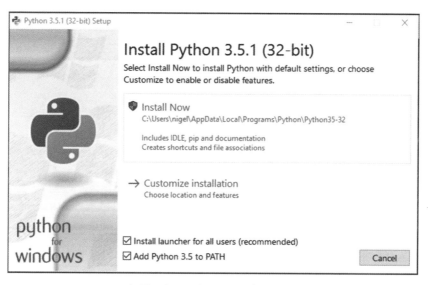

[그림 1.2] PATH에 Python 추가(버전 3.5.x).

파이썬이 설치되면 명령 창을 다시 열고 명령 프롬프트에 python을 입력해 다음과 같은 내용을 얻어낼 수 있다.

```
Python 3.5.1 (v3.5.1:37a07cee5969, Dec 6 2015, 01:38:48)
[MSC v.1900 32 bit (Intel)] on win32
Type "help", "copyright", "credits" or "license" for more
information.
>>>
```

이 경우에 여러분이 해야 할 중요한 일이 한 가지 더 있다. CTRL + C로 파이썬을 종료한 후 명령 프롬프트에서 다음을 입력하고 Enter를 누른다.

```
python-m pip install-U pip
```

결과는 다음과 같을 것이다.

```
C:\Users\nigel>python -m pip install -U pip
Collecting pip
    Downloading pip-8.1.2-py2.py3-none-any.whl (1.2MB)
        100% |############################| 1.2MB 198kB/s
Installing collected packages: pip
Found existing installation: pip 7.1.2
Uninstalling pip-7.1.2:
Successfully uninstalled pip-7.1.2
Successfully installed pip-8.1.2
```

이 명령이 현재 무엇을 하는지 정확히 이해할 필요는 없다. 간단히 말해 pip는 파이썬 패키지 관리자다. 즉, 파이썬 패키지를 설치하는 데 사용된다. pip는 실제로 Pip Installs Packages의 재귀적 약어다. Pip는 설치 프로세스의 다음 단계에서 중요하지만 먼저 이 명령이 수행하는 것과 동일한 최신 버전의 pip(작성 시점에서 8.1.2)를 실행해야 한다.

파이썬 가상 환경 설치하기

 비주얼 스튜디오를 사용하려면 여기서 멈추고 "부록 G, 비주얼 스튜디오로 장고 개발하기"로 이동하기 바란다. VS는 파이썬을 설치하면 된다. VS는 IDE(Integrated Development Environment)의 내부에서 수행된다.

컴퓨터의 모든 소프트웨어는 상호 의존적으로 작동한다. 각 프로그램에는 의존하는 소프트웨어의 다른 비트(종속성이라고 한다)와 실행에 필요한 파일 및 기타 소프트웨어(환경 변수라고 한다)를 찾는 데 필요한 설정이 있다.

여러분이 새로운 소프트웨어 프로그램을 작성할 때, 다른 소프트웨어가 의존하는 종속성 및 환경 변수를 수정하는 것이 가능하다. 게다가 이러한 것은 일반적인 관행이다. 다만 이로 인해 많은 문제가 발생할 수 있으므로 피해야 한다.

파이썬 가상 환경은 새로운 소프트웨어가 필요로 하는 모든 종속성과 환경 변수를 컴퓨터의 나머지 소프트웨어와는 구분된 파일 시스템으로 묶어 이 문제를 해결한다.

 이미 다른 자습서를 본 여러분 중 일부는 이 단계가 종종 선택사항이라는 것을 알 것이다. 이 것은 내가 맞다고 할 수 있는 관점은 아니며, 많은 장고의 핵심 개발자들도 옳다고 하지 않는 견해라고 볼 수 있다.

 가상 환경 내에서 파이썬 응용 프로그램(장고는 하나다)을 개발할 경우 얻을 수 있는 이점은 분명하며 여기서는 다루지 않는다. 초보자가 장고 개발을 위한 가상 환경을 실행하는 것은 선택할 만한 사항이 아니다.

파이썬의 가상 환경 도구는 virtualenv라고 불리며, pip를 사용해 명령 행에서 설치한다.

```
pip install virtualenv
```

명령 창에서 출력되는 내용은 다음과 같다.

```
C:\Users\nigel>pip install virtualenv
   Collecting virtualenv
   Downloading virtualenv-15.0.2-py2.py3-none-any.whl (1.8MB)
100% |############################| 1.8MB 323kB/s
Installing collected packages: virtualenv
Successfully installed virtualenv-15.0.2
```

virtualenv가 설치되면 다음을 입력해 프로젝트의 가상 환경을 만들어야 한다.

```
virtualenv env_mysite
```

 인터넷상의 대부분의 예제는 환경 이름으로 env를 사용한다. 이는 좋은 방법이 아니다. 서로 다른 구성을 테스트하기 위해 여러 개의 가상 환경을 설치하는 것이 일반적이기 때문에 env 는 그다지 적합한 명칭이 아니다. 예를 들어, 여러분은 Python 2.7 및 Python 3.4에서 실 행해야 하는 응용 프로그램을 개발 중일 수도 있다. env_someapp_python 27 및 env_ someapp_Python 34라는 환경은 이름을 env 및 env1로 지정한 경우보다 훨씬 구별하 기가 쉽다.

이 예에서는 프로젝트에 대해 하나의 가상 환경을 사용하기 때문에 간단하게 처리했다. 따라서 env_mysite를 사용했다. 명령의 출력은 다음과 같다.

```
C:\Users\nigel>virtualenv env_mysite
Using base prefix
'c:\\users\\nigel\\appdata\\local\\programs\\python\\Python 35-32'
New python executable in
C:\Users\nigel\env_mysite\Scripts\python.exe
Installing setuptools, pip, wheel...done.
```

virtualenv가 여러분의 새로운 가상 환경 설정을 완료하면 윈도우 탐색기를 열고 virtualenv가 생성한 것을 살펴본다. 홈 디렉터리에 \env_mysite라는 폴더(또는 가상 환 경에 부여한 이름)가 나타난다. 폴더를 열면 다음과 같이 나타난다.

```
\Include
\Lib
\Scripts
\src
```

virtualenv는 다른 소프트웨어와 별개로 완벽한 파이썬 설치를 했으므로 시스템의 다른 소프트웨어에 영향을 미치지 않고 프로젝트에 대한 작업을 할 수 있다.

이 새로운 파이썬 가상 환경을 사용하려면 이것을 활성화해야 하므로 명령 프롬프트로 되돌아가서 다음과 같이 입력해야 한다.

```
env_mysite\scripts\activate
```

이 명령은 가상 환경의 \scripts 폴더에서 activate 스크립트를 실행한다. 여러분은 명령 프롬프트가 변경됐음을 알 수 있다.

```
(env_mysite) C:\Users\nigel>
```

명령 프롬프트의 시작 부분에 있는 (env_mysite)를 사용하면 가상 환경에서 실행 중이라는 것을 알 수 있다. 다음 단계는 장고를 설치하는 것이다.

장고 설치하기

이제 우리는 파이썬을 갖고 있으며, 가상 환경을 실행하고 있다. 따라서 장고를 설치하는 것은 어렵지 않다. 다음 명령을 입력해보자.

```
pip install django==1.8.13
```

이것은 가상 환경에 장고를 설치하기 위한 pip 명령이다. 명령의 결과는 다음과 같아야 한다.

```
(env_mysite) C:\Users\nigel>pip install django==1.8.13
Collecting django==1.8.13
    Downloading Django-1.8.13-py2.py3-none-any.whl (6.2MB)
```

```
   100%  |##############################|  6.2MB 107kB/s
Installing collected packages: django
Successfully installed django-1.8.13
```

이 경우 pip가 Django 1.8 LTS의 최신 버전인 Django 1.8.13을 설치하도록 명시적으로 말하고 있다. 여러분이 장고를 설치하는 경우, 장고 프로젝트 웹 사이트에서 Django 1.8 LTS의 최신 버전을 확인하는 것이 좋다.

 혹시 궁금한 점이 있을 경우, pip install django를 입력하면 장고의 최신 버전이 설치된다. 장고의 최신 개발 릴리스 설치에 대한 정보는 "20장. 장고 설치에 대한 추가 정보"를 참조하라.

설치 후 긍정적인 피드백을 얻으려면 제대로 설치되었는지 테스트해야 한다. 가상 환경 명령 프롬프트에서 python을 입력하고 Enter를 눌러 파이썬 대화식 인터프리터를 시작한다. 설치가 성공적으로 완료되면 장고 모듈을 임포트할 수 있다.

```
(env_mysite) C:\Users\nigel>python
Python 3.5.1 (v3.5.1:37a07cee5969, Dec 6 2015, 01:38:48)
[MSC v.1900 32 bit (Intel)] on win32
Type "help", "copyright", "credits" or "license" for more
information.
>>> import django
>>> django.get_version()
1.8.13'
```

데이터베이스 설정하기

이 단계는 이 책의 예제를 완료하는 데 필요하지 않다. 장고는 기본적으로 SQLite가 설치돼 있다. 따라서 SQLite는 사용자가 별도로 구성할 필요가 없다. PostgreSQL, MySQL

또는 오라클Oracle과 같은 대형 데이터베이스 엔진을 사용하려면 "21장, 고급 데이터베이스 관리"를 참조하라.

프로젝트 시작하기

파이썬, 장고 및 데이터베이스 서버/라이브러리를 설치하면 프로젝트를 생성해 장고 응용 프로그램을 개발하는 첫 번째 단계를 수행할 수 있다.

프로젝트는 장고의 인스턴스에 대한 설정 모음이다. 장고를 처음 사용하는 경우에는 초기 설정을 해야 한다. 즉, 데이터베이스 구성, 장고 특정 옵션 및 응용 프로그램별 설정을 포함하는 장고 인스턴스에 대한 설정 모음인 장고 프로젝트를 설정하는 코드를 자동 생성해야 한다.

나는 이 단계에서 이전 설치 단계에서 가상 환경을 실행하고 있다고 가정한다. 그렇지 않은 경우, 다음을 사용해 다시 시작해야 한다.

```
env_mysite\scripts\activate\
```

가상 환경 명령 행에서 다음 명령을 실행한다.

```
django-admin startproject mysite
```

그러면 현재 디렉터리(이 경우 \env_mysite\)에 mysite 디렉터리가 만들어진다. 루트가 아닌 디렉터리에서 프로젝트를 작성하려면 새 디렉터리를 작성한 후 해당 디렉터리로 변경하고 그곳에서 startproject 명령을 실행해야 한다.

경고!

내장된 파이썬이나 장고 컴포넌트를 사용한 후에 프로젝트의 이름을 지정해서는 안 된다. 특히 "django"(Django 자체와 충돌) 또는 "test"(내장된 파이썬 패키지와 충돌)와 같은 이름을 사용하면 안 된다.

startproject가 생성한 것을 살펴보자.

```
mysite/
    manage.py
    mysite/
        __init__.py
        settings.py
        urls.py
        wsgi.py
```

이러한 파일은

- 외부 mysite/root 디렉터리에 있다. 이 디렉터리는 여러분의 프로젝트를 위한 컨테이너일뿐이다. 장고에서 디렉터리명은 중요하지 않다. 여러분은 이것을 원하는 이름으로 바꿀 수 있다.

- manage.py는 다양한 방법으로 장고 프로젝트와 상호작용할 수 있는 명령 행 유틸리티다. 장고 프로젝트 웹 사이트에서 manage.py에 대한 내용을 모두 볼 수 있다(좀 더 자세한 내용은 https://docs.djangoproject.com/en/1.8/ref/django-admin/ 참조).

- 내부 mysite/ 디렉터리다. 이것은 여러분의 프로젝트를 위한 파이썬 패키지다. 그 안에 무엇이든 가져오기 위해 사용할 이름이다(예: mysite.urls).

- mysite/__init__.py 파일은 파이썬에게 이 디렉터리가 파이썬 패키지로 간주돼야 한다는 것을 알려주는 빈 파일이다(여러분이 파이썬 초급자인 경우, https://

docs.python.org/tutorial/modules.html#packages에서 공식 파이썬 문서의 패키지에 대해 자세히 읽어보라).

- 장고 프로젝트에 대한 `mysite/settings.py`, `settings/configuration`이다. "부록 D, 설정"에서는 설정에 따른 작동 방식을 설명한다.

- `mysite / urls.py`, 장고 프로젝트에 대한 URL 선언이다. 여러분의 장고-활용 웹 사이트의 콘텐츠 테이블은 "2장, 뷰와 URLconfs"와 "7장, 고급 뷰와 URLconfs"에서 URL에 대해 좀 더 상세히 읽어볼 수 있다.

- `mysite / wsgi.py`, 프로젝트에 제공할 WSGI 호환 웹 서버의 진입점이다. 좀 더 자세한 내용은 "13장, 장고 배포"를 참조하라.

장고 설정

이제 `mysite/settings.py`를 편집한다. 이는 장고 설정을 나타내는 모듈-수준 변수가 있는 일반적인 파이썬 모듈이다. `settings.py`를 편집하는 첫 단계는 TIME_ZONE을 사용자의 시간대로 설정하는 것이다. 파일 상단의 **INSTALLED_APPS** 설정에 유의해야 한다. 이 장고 인스턴스에서 활성화된 모든 장고 응용 프로그램의 이름이 있다. 앱은 여러 프로젝트에서 사용할 수 있으며, 프로젝트의 다른 사람들이 사용할 수 있도록 패키지하고 배포할 수 있다. 기본적으로 **INSTALLED_APPS**는 장고와 함께 제공되는 다음 앱을 포함한다.

- `django.contrib.admin`: 관리자 웹 사이트
- `django.contrib.auth`: 인증 시스템
- `django.contrib.contenttypes`: 콘텐츠 유형에 대한 프레임워크
- `django.contrib.sessions`: 세션 프레임워크
- `django.contrib.messages`: 메시징 프레임워크
- `django.contrib.staticfiles`: 정적 파일을 관리하기 위한 프레임워크

이러한 응용 프로그램은 일반적인 경우, 편의를 위해 기본적으로 포함돼 있다. 응용 프로그램 중 일부는 적어도 하나 이상의 데이터베이스 테이블을 사용하기 때문에 사용하기

전에 테이블을 만들어야 한다. 이를 수행하려면 다음 명령을 실행해야 한다.

```
python manage.py migrate
```

migrate 명령은 INSTALLED_APPS 설정을 보고 settings.py 파일의 데이터베이스 설정
및 앱과 함께 제공되는 데이터베이스 마이그레이션에 따라 필요한 데이터베이스 테이블
을 만든다(이에 대해서는 나중에 다룰 예정이다). 여러분은 적용되는 각 마이그레이션에 관련
된 메시지를 보게 될 것이다.

개발 서버

장고 프로젝트가 작동하는지 확인해보자. 외부 mysite 디렉터리로 변경하자. 아직 여러
분이 실행하지 않았다면 다음 명령을 실행해보자.

```
python manage.py runserver
```

명령줄에 아래 내용이 출력된다.

```
Performing system checks... 0 errors found
June 12, 2016-08:48:58
Django version 1.8.13, using settings 'mysite.settings'
Starting development server at http://127.0.0.1:8000/
Quit the server with CTRL-BREAK.
```

여러분은 순전히 파이썬으로 작성된 경량 웹 서버인 장고 개발 서버를 시작했다. 이 기능
은 장고에 포함시켰으므로 여러분은 제작 준비가 될 때까지 신속하게 개발할 수 있다.

이제 주목하기 좋은 시점이다. 프로덕션 환경과 유사한 환경에서는 이 서버를 사용하지
않도록 하자. 이는 개발 중에 사용하기 위한 것이다.

이제 서버가 실행 중이므로 여러분의 웹 브라우저에서 http://127.0.0.1:8000/을 방문하자. 여러분은 쾌적하고 밝은 파란의 파스텔 색상을 가진 "Welcome to Django" 웹 페이지를 볼 수 있다([그림 1.3]). 제대로 실행됐다.

runserver의 자동 재로드
개발 서버는 필요에 따라 각 요청마다 파이썬 코드를 자동으로 다시 로드한다. 코드 변경 사항을 적용하려면 서버를 다시 시작할 필요가 없다. 그러나 파일 추가와 같은 일부 작업은 재시작을 실행하지 않으므로 이러한 경우 서버를 다시 시작해야 한다.

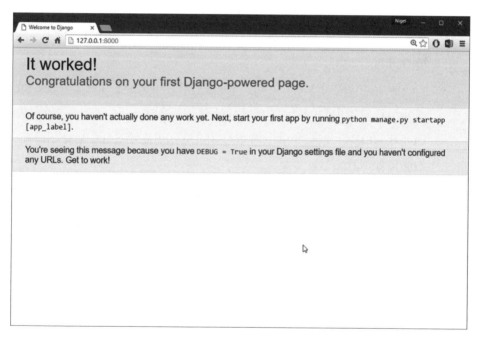

[그림 1.3] 장고의 환영 웹 페이지

MVC 설계 패턴

MVC는 오랫동안 개념으로 사용돼 왔지만, 클라이언트–서버 응용 프로그램을 설계하는 가장 좋은 방법이기 때문에 인터넷의 출현 이후 기하급수적으로 증가했다. 모든 최고의 웹 프레임워크는 MVC 개념을 기반으로 한다. 상호 비방의 위험을 무릅쓰더라도 나는 여러분이 웹 응용 프로그램을 설계하기 위해 MVC를 사용하지 않는다면, 여러분이 잘못하고 있다고 단언한다. 개념적으로 MVC 디자인 패턴은 이해하기 쉽다.

- Model(M)은 데이터의 모델 또는 표현이다. 이것은 실제 데이터가 아니라 데이터에 대한 인터페이스다. 이 모델을 사용하면 기본 데이터베이스의 복잡성을 모른 채 데이터베이스에서 데이터를 가져올 수 있다. 모델은 대개 데이터베이스와 함께 추상화 계층도 제공하므로 여러 데이터베이스를 갖는 동일한 모델을 사용할 수 있다.
- View(V)는 여러분이 보는 것이다. 이것은 여러분의 모델에 대한 프레젠테이션 레이어다. 컴퓨터에서 뷰는 웹 앱에 대한 웹 브라우저 또는 데스크톱 앱에 대한 UI에서 여러분이 보는 것이다. 이 뷰는 사용자 입력을 수집하기 위해 인터페이스도 제공한다.
- 컨트롤러(C)는 모델과 뷰 사이의 정보 흐름을 제어한다. 프로그래밍된 논리로 모델을 이용해 데이터베이스에서 가져온 정보와 뷰로 전달되는 정보를 결정한다. 또한 뷰를 통해 사용자로부터 정보를 가져오고 비즈니스 로직을 구현한다. 뷰를 변경하거나, 모델을 통해 데이터를 수정하거나, 두 가지를 모두 사용해 비즈니스 로직을 구현한다.

어려워지는 부분은 각 계층에서 실제로 일어나는 것과는 크게 다른 해석이 있다. 즉, 서로 다른 프레임워크가 서로 다른 방식으로 동일한 기능을 구현한다. 한 프레임워크 전문가는 특정 기능이 뷰에 속한다고 말하고, 반면 또 다른 전문가는 컨트롤러에 있어야 할 필요성을 열렬히 방어할 수 있다고 말한다.

해당 항목을 실행하는 신진 프로그래머인 여러분은 궁극적으로는 문제가 되지 않기 때문에 걱정할 필요는 없다. 장고가 MVC 패턴을 실행하는 방법을 이해한다면 여러분은 자유롭게 진행하고 실제로 작업이 진행되도록 할 수 있다. 코멘트 스레드^{comment thread}에 대한 내용을 보는 것은 매우 흥미 있는 일이 될 수 있지만 말이다.

장고는 MVC 패턴을 면밀히 따르지만, 구현 시 자체 로직을 사용한다. C는 프레임워크 자체에 의해 처리되고 장고의 대부분은 모델, 템플릿 및 뷰에서 발생하기 때문에 장고는 종종 MTV 프레임워크라고 한다.

MTV 개발 패턴

- M은 데이터 액세스 계층인 "모델"을 나타낸다. 이 계층에는 데이터에 대한 모든 것(데이터 액세스 방법, 데이터 유효성 검사 방법, 데이터가 갖는 비헤이비어^{behavior}* 및 데이터 간의 관계)을 포함한다. 우리는 장고의 모델을 "4장 모델"에서 자세히 살펴볼 것이다.
- T는 프레젠테이션 계층인 "템플릿"을 나타낸다. 이 레이어에는 프레젠테이션 관련 결정 사항(웹 페이지 또는 다른 유형의 문서에 뭔가를 표시하는 방법)을 포함한다. "3장, 템플릿"에서 장고의 템플릿을 살펴본다.
- V는 비즈니스 로직 계층인 "View"를 나타낸다. 이 계층은 모델에 액세스하고 적절한 템플릿으로 연결되는 논리를 포함한다. 모델과 템플릿 사이의 다리라고 생각할 수 있다. 다음 장에서는 장고의 뷰를 살펴본다.

장고의 뷰는 MVC의 컨트롤러와 더 유사하고 MVC의 뷰는 실제로 장고의 템플릿이기 때문에, 이것은 장고에서 유일하게 불행한 명칭 부여 방식이다. 처음에는 조금 혼란스럽지만, 프로그래머가 실제로 업무를 수행할 때는 거의 신경 쓰지 않을 것이다. 이것을 가르쳐야만 하는 우리에게는 문제가 된다. 아! 물론 열정적인 분들은 신경을 쓰게 될 것이긴 하다.

---

* 웹 문서에 삽입된 이미지나 텍스트와 같은 여러 가지 요소에 동작을 부여해 능동적으로 움직이게 만드는 코드-옮긴이

▌ 2장에서 무엇을 설명하는가?

이제 모든 것을 설치하고 개발 서버를 실행했으므로 장고의 뷰로 이동해 장고로 웹 페이지를 제공하는 기본 사항을 배울 것이다.

02

뷰와 URLconfs

1장에서는 장고 프로젝트를 설정하고 장고 개발 서버를 실행하는 방법을 설명했다. 2장에서는 장고로 동적 웹 페이지를 만드는 기본 사항을 배운다.

▌ 첫 번째 장고 웹 페이지: Hello World

첫 번째 목표로 유명한 예제 메시지인 "Hello World"를 출력하는 웹 페이지를 만들어보자. 웹 프레임워크 없이 단순한 "Hello World" 웹 페이지를 게시했다면 텍스트 파일에 "Hello World"를 입력하고 hello.html이라고 부르며 웹 서버의 어딘가에 있는 디렉터리에 업로드하면 된다. 이 프로세스에서 웹 페이지에 대한 두 가지 중요한 정보인 내용("Hello world" 문자열)과 URL(예: http://www.example.com/hello.html)을 설정했다. 장고를 사용하면 동일한 두 정보를 다른 방식으로 설정한다. 웹 페이지의 내용은 view 함수에 의해 생성되고, 해당 URL은 URLconf에 지정한다. 먼저 "Hello World" 보기 기능을 작성해보자.

첫 번째 뷰

마지막 장에서 작성한 mysite 디렉터리에 views.py라는 빈 파일을 작성한다. 이 파이썬 모듈은 이 장의 뷰를 포함한다. Hello World 뷰는 간단하다. 다음은 전체 함수와 함께 import문을 추가한 것이며 이 명령문은 views.py 파일에 입력해야 한다.

```
from django.http import HttpResponse

def hello(request):
    return HttpResponse("Hello world")
```

한 번에 한 줄씩 이 코드를 단계별로 살펴보자.

- 먼저 django.http 모듈에 있는 HttpResponse 클래스를 임포트한다. 나중에 코드에서 사용하기 때문에 이 클래스를 임포트해야 한다.
- 다음으로 hello라는 함수, 즉 뷰 함수를 정의한다.

각 뷰 함수는 규칙에 의한 요청request by convention이라는 매개변수를 하나 이상 사용한다. 이 함수는 뷰를 트리거한 현재 웹 요청에 대한 정보가 들어 있는 객체이며, django.http.HttpRequest 클래스의 인스턴스다.

이 예에서는 요청에 대해 아무것도 하지 않지만, 뷰의 첫 번째 매개변수여야 한다. 뷰 함수의 이름은 중요하지 않다. 즉, 장고가 이것을 인식할 수 있도록 특정한 방식으로 이름을 지정할 필요는 없다. 이름이 뷰의 요지를 분명하게 나타내주기 때문에 여기서는 "hello"라고 한다. 하지만 hello_wonderful_beautiful_world나 상반되는 이름을 붙일 수 있다. 다음 섹션인 "Your First URLconf"는 장고가 이 기능을 어떻게 찾았는지 알려준다.

이는 단순한 한 줄짜리 함수다. 즉, 이 함수는 텍스트 Hello World로 인스턴스화된 Http Response 객체를 리턴한다.

여기서 주요 교훈은 다음과 같다. 뷰는 파이썬 함수로서 HttpRequest를 다음과 같이 취한다. 첫 번째 매개변수로 HttpResponse을 취한 후 HttpResponse 인스턴스를 반환한다. 파이썬 함수가 장고 뷰가 되려면 이 두 가지를 수행해야 한다(예외는 나중에 설명한다).

첫 번째 URLconf

이 시점에서 python manage.py runserver를 다시 한 번 실행하면 Welcome to Django 메시지가 표시되며, Hello World 뷰는 어디에도 없다. 그 이유는 mysite 프로젝트가 아직 hello 뷰에 대해 알지 못하기 때문이다. 즉, 우리는 장고에게 명시적으로 특정 URL에서 이 뷰를 활성화한다고 말할 필요가 있다. 이전에 정적 HTML 파일을 게시하는 비유를 계속하면서 이 시점에서는 HTML 파일을 만들었지만, 아직 서버의 디렉터리에 업로드하지 않았다.

장고로 뷰 함수를 특정 URL에 연결하려면 URLconf를 사용해야 한다. URLconf는 장고 기반 웹 사이트의 목차 테이블과 같다. 기본적으로 URL과 해당 URL에 대해 호출해야 하는 뷰 함수 간의 매핑이다. 이것이 장고에게 말하는 방법이다. 이 URL에 대해서는 이 코드를 호출하고 해당 URL에 대해서는 해당 코드를 호출한다.

예를 들어, 누군가가 /foo/ URL을 방문하면 파이썬 모듈 view.py에 있는 뷰 함수 foo_ view()를 호출한다. 1장에서 django-admin 시작 프로젝트를 실행하면 해당 스크립트는 자동으로 URLconf인 urls.py 파일을 생성한다.

기본적으로 다음과 같다.

```
"""mysite URL 설정
urlpatterns 리스트는 URL을 뷰에 라우트한다. 좀 더 상세한 정보는 다음 웹 사이트 참조하라.
https://docs.djangoproject.com/en/1.8/topics/http/urls/

예제:
함수 뷰
    1. 임포트를 추가한다. from my_app import views
    2. urlpatterns에 URL을 추가한다.  url(r '^ $', views.home, name = 'home')
클래스 기반 뷰
    1. import를 추가한다. from other_app.views import Home
    2. urlpatterns에 URL을 추가한다. url(r '^ $', Home.as_view(), name = 'home')
또 다른 URLconf 포함하기
    1. import를 추가한다. from blog import urls as blog_urls
    2. urlpatterns에 URL을 추가한다. url(r '^ blog /', include(blog_urls))
"""
from django.conf.urls import include, url
from django.contrib import admin
 urlpatterns = [
      url(r'^admin/', include(admin.site.urls)),
]
```

파일의 맨 위에 있는 문서 주석을 무시하면 URLconf의 핵심은 다음과 같다.

```
from django.conf.urls import include, url
from django.contrib import admin

urlpatterns = [
      url(r'^admin/', include(admin.site.urls)),
]
```

한 번에 한 줄씩 이 코드를 단계별로 살펴보자.

- 첫 번째 행은 django.conf.urls 모듈에서 2개의 함수(include, url)를 임포트한다. 전체 파이썬 import 경로를 또 다른 URLconf 모듈에 포함할 수 있도록 하는 include와 정규 표현식을 사용해 웹 브라우저의 URL을 장고 프로젝트의 모듈과 패턴을 일치시키는 URL이다.
- 두 번째 행은 django.contrib 모듈에서 admin 함수를 호출한다. 이 함수는 장고 관리자 웹 사이트에 URL을 로드하기 위해 include 함수에 의해 호출된다.
- 세 번째 행은 url() 인스턴스의 간단한 목록인 urlpatterns이다.

여기서 주목해야 할 것은 장고가 URLconf 모듈에서 찾을 변수 urlpatterns이다. 이 변수는 URL과 해당 URL을 처리하는 코드 간의 매핑을 정의한다. URL과 뷰를 URLconf에 추가하고 URL 패턴과 뷰 함수 간 매핑을 추가하면 된다. hello 뷰에 연결하는 방법은 다음과 같다.

```
from django.conf.urls import include, url
from django.contrib import admin
from mysite.views import hello

urlpatterns = [
    url(r'^admin/', include(admin.site.urls)),
    url(r'^hello/$', hello),
]
```

여기에서는 두 가지 사항을 변경했다.

- 먼저, 우리는 모듈-mysite / views.py에서 hello 뷰를 임포트했고, 이것은 파이썬 import 구문 내 mysite.views로 변환된다(이 경우 mysite/views.py가 파이썬 경로상에 있다고 가정한다).
- 다음으로 url(r'^ hello/$', hello) 행을 urlpatterns에 추가했다. 이 행을 URLpattern이라고 한다. url() 함수는 장고에게 여러분이 설정하는 URL을 다

루는 방법을 알려준다. 첫 번째 인수는 패턴 일치 문자열(정규 표현식, 좀 더 자세히)이며, 두 번째 인수는 해당 패턴에 사용할 뷰 함수다. url( )은 다른 선택적 인자도 취할 수 있다. 이에 대해서는 "7장, 고급 뷰와 URLconfs"에서 더 자세히 설명한다.

여기서 소개했던 중요한 세부사항 중 하나는 정규 표현식 문자열 앞에 있는 r 문자다. 파이썬에서 해당 문자열은 원래 문자열이라는 것을 알려준다. 즉, 해당 내용은 "백슬래시 backslash를 해석해서는 안 된다"는 것을 알려준다.

일반적인 파이썬 문자열에서 백슬래시는 \n과 같은 특수 문자를 이스케이프하는 데 사용된다. \n은 개행을 포함하는 한 문자로 된 문자열이다. r을 추가해 원시 문자열로 만들면 파이썬은 백슬래시를 이스케이프 처리하지 않으므로 r'\n'은 리터럴 백슬래시와 소문자 n이 포함된 2개의 문자열이다.

파이썬의 백슬래시 사용과 정규 표현식의 백슬래시 사이에는 자연스러운 차이가 있으므로 장고에서 정규 표현식을 정의할 때마다 원래 문자열을 사용하는 것이 가장 좋다.

간단히 말해, URL/hello/에 대한 모든 요청을 hello 뷰 함수가 처리해야 한다는 것을 장고에게 알리는 것이다.

아직은 명확하지 않기 때문에 URL 패턴의 구문을 논의해보자. 우리는 URL/hello와 일치시켜보기를 원하지만 실제 패턴은 이것과는 조금 다르다. 그 이유는 다음과 같다.

- 장고는 URL 패턴을 검사하기 전에 모든 URL 앞의 슬래시를 제거한다. 즉, URLpattern은 /hello/에 선행하는 슬래시를 포함하지 않는다는 것을 의미한다. 처음에는 어색해보일 수도 있지만, 이러한 요구사항은 다른 URLconfs 내에 URLconfs를 포함시키는 것과 같이 일을 단순화한다. 이에 대해서는 "7장, 고급 뷰와 URLconfs"에서 다룬다.
- 패턴은 캐럿(^)과 달러 기호($)를 포함한다. 이것은 정규 표현 문자로, 특별한 의미를 갖는다. 즉, 캐럿은 해당 패턴이 문자열의 시작과 일치해야 한다는 것을 의

미하고, 달러 기호는 패턴이 문자열의 끝과 일치해야 한다는 것을 의미한다.

이 개념은 예제를 통해 가장 잘 설명할 수 있다. 패턴 ^hello/(끝에 달러 기호가 없다)를 사용했다면 / hello/로 시작하는 모든 URL(/hello/foo와 /hello/bar)이 되지만, /hello/는 아니다.

이와 마찬가지로 초기 캐럿 문자(hello/$와 같이)를 생략하면 장고는 hello/로 끝나는 모든 URL(예: foo/bar/ hello/)을 일치하는 것으로 판단한다.

단순히 hello/를 사용했다면 /foo/hello/ bar와 같이 hello/를 포함하는 모든 URL이 일치하는 것으로 판단한다.

따라서 우리는 캐럿과 달러 기호를 모두 사용해 URL/hello/matches만을 일치하는 것으로 판단한다. 대부분의 URL 패턴은 캐럿으로 시작해 달러 기호로 끝나지만, 좀 더 정교하게 일치 여부를 판단할 수 있는 유연성을 갖는 것이 좋다.

뒤에 슬래시가 없는 경우와 같이 URL/hello를 요청하면 어떤 일이 발생하는지 궁금할 수 있다. URL 패턴은 후행 슬래시가 필요하므로 해당 URL은 일치하지 않는다고 판단한다. 그러나 기본적으로 URL 패턴과 일치하지 않고 슬래시로 끝나지 않는 URL에 대한 모든 요청은 후행 슬래시가 있는 동일한 URL로 리디렉션된다(이 점은 "부록 D, 설정"에서와 같이 APPEND_SLASH 장고 설정에 의해 규정돼 있다).

이 URLconf에 대해 주목해야 하는 또 다른 점은 해당 함수를 호출하지 않고 객체로 hello 뷰 함수를 전달했다는 점이다. 이것은 파이썬을 포함한 다른 동적인 언어의 특징이다. 즉, 함수는 첫 번째 클래스 객체로 모든 다른 변수와 마찬가지로 전달할 수 있다는 것이다. 이러한 기능은 참 멋지지 않은가?

URLconf에 대한 변경 사항을 테스트하려면 "1장, 장고 소개 및 시작하기"에서 실행했던 것처럼 python manage.py runserver 명령을 실행해 장고 개발 서버를 시작해야 한다(여러분은 서버가 실행되도록 내버려두면 된다. 개발 서버가 자동으로 파이썬 코드의 변경을 감지하고 필요에 따라 다시 로드하므로 변경 간에 서버를 다시 시작할 필요는 없다). 개발용 서버의 주소는

http://127.0.0.1:8000/이므로 웹 브라우저를 열고 http://127.0.0.1:8000/hello/로 이동한다. 장고 뷰의 출력 결과로 Hello World 텍스트를 볼 수 있다([그림 2.1]).

[그림 2.1] 만세! 첫 번째 장고 뷰

정규 표현식

정규 표현식(또는 정규 표현식)은 텍스트에서 패턴을 지정하는 간결한 방법이다. 장고 URLconfs는 강력한 URL 매칭을 위해 임의의 정규 표현식을 허용하지만 실제로는 몇 가지 정규식 기호만 사용한다. [표 2.1]은 일반적인 기호를 나열한 결과다.

[표 2.1] 일반적인 정규식 기호

기호	일치 유무 검색 대상
.(dot)	모든 단일 문자
\d	모든 단일 숫자

74

기호	일치 유무 검색 대상
[A–Z]	A에서 Z까지의 모든 문자(대문자)
[a–z]	a에서 z까지의 모든 문자(소문자)
[A–Za–z]	a에서 z까지의 모든 문자(대소 문자 구분)
+	이전 표현 중의 하나 이상(예: \d+는 1개 이상의 숫자가 일치하는지 알아낸다.)
[^/]+	슬래시(/)까지 1개 이상의 문자(슬래시는 포함하지 않는다.)
?	이전 표현 중의 0개 또는 1개(예: \d?는 0개 또는 1개의 숫자가 일치하는지 알아낸다.)
*	이전 표현 중의 0개 또는 그 이상(예: \d*는 0개 또는 1개 이상의 숫자가 일치하는지 알아낸다.)
{1,3}	이전 표현 중의 1과 3(포함) 사이(예: \d{1,3}은 1개, 2개 또는 3개의 숫자가 일치하는지 알아낸다.)

정규식에 대한 좀 더 자세한 내용은 웹 사이트(https://docs.python.org/3.4/library/re.html)의 파이썬 정규식 설명서를 참조하라.

404 오류에 대한 간단한 참조 사항

이 시점에서 URLconf는 URL/hello/에 대한 요청을 처리하는 URL 패턴 하나만을 정의한다. 다른 URL을 요청하면 어떻게 될까? 이에 대해 알려면 장고 개발 서버를 실행한 후 http://127.0.0.1:8000/goodbye/ 웹 페이지를 방문해보자.

"Page not found" 메시지([그림 2.2])를 볼 수 있을 것이다. 장고가 URLconf에 정의돼 있지 않은 URL을 요청했기 때문에 이 메시지가 나타난다.

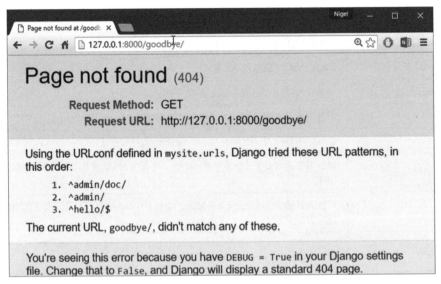

[그림 2.2] 장고의 404 웹 페이지

이 웹 페이지의 유틸리티는 기본 404 오류 메시지를 뛰어넘는다. 즉, URLconf Django 가 URLconf 내에서 어떤 것을 사용했는지와 모든 패턴을 정확하게 알려준다. 이 정보를 통해 여러분은 요청된 URL이 404를 던진 이유를 알 수 있다.

당연히 이 정보는 웹 개발자에게 중요한 정보다. 이 웹 사이트가 인터넷상에 실시간으로 배포된 프로덕션 웹 사이트인 경우, 해당 정보를 일반인에게 공개하고 싶지 않을 것이다. 따라서 장고 프로젝트가 **디버그 모드**^{debug mode}인 경우에만 **"Page not found"** 웹 페이지가 나타난다.

디버그 모드를 비활성화하는 방법은 나중에 설명한다. 지금은 여러분이 장고 프로젝트를 처음 생성할 때 항상 디버그 모드에 있고, 프로젝트가 디버그 모드에 있지 않다면 장고는 다른 404 응답을 출력한다는 점을 알아두기 바란다.

웹 사이트 루트에 대한 퀵 노트

마지막 섹션에서 설명했듯이 웹 사이트 루트 —http://127.0.0.1:8000/을 보면 404 오류 메시지가 나타난다. 장고는 마술처럼 웹 사이트 루트에 아무것도 추가하지 않는다. 어쨌든 이 URL은 특별한 경우가 아니다.

URLconf의 다른 모든 항목과 마찬가지로 URLpattern에 지정하는 것은 전적으로 여러분에게 달려 있다. 하지만 웹 사이트 루트와 일치하는 URL 패턴은 약간 직관적이지 않으므로 이를 설명할 필요가 있다.

웹 사이트 루트에 대한 뷰를 구현할 준비가 되면 빈 문자열과 일치하는 URLpattern ^ $ 를 사용한다. 이에 대한 사례는 다음과 같다.

```
from mysite.views import hello, my_homepage_view

urlpatterns = [
    url(r'^$', my_homepage_view),
    # ...
```

장고가 요청을 처리하는 방법

두 번째 뷰 기능을 계속하기 전에, 장고가 어떻게 작동하는지 좀 더 배우기 위해 잠시 살펴보자. 특히 웹 브라우저에서 http://127.0.0.1:8000/hello/를 방문해 Hello World 메시지를 볼 때 장고는 무엇을 하고 있을까? 장고가 하는 업무는 모두 설정 파일에서 시작한다.

python manage.py runserver를 실행하면 스크립트는 내부 mysite 디렉터리의 settings.py 파일을 찾는다. 이 파일은 특정한 장고 프로젝트(모두 대문자로 TEMPLATE_DIRS, DATABASES 등이 있다)를 위한 모든 종류의 설정을 포함하고 있다. 가장 중요한 설정은

ROOT_URLCONF다. ROOT_URLCONF는 장고에게 이 웹 사이트의 URLconf로 어떤 파이썬 모듈을 사용해야 하는지 알려준다.

django-admin startproject가 settings.py와 urls.py 파일을 만들었던 때를 기억하는가? 자동으로 생성된 settings.py에는 자동으로 생성된 urls.py를 가리키는 ROOT_URLCONF 설정을 포함하고 있다. settings.py 파일을 열고 직접 살펴보자. 다음과 같이 나타나야 한다.

```
ROOT_URLCONF = 'mysite.urls'
```

이것은 mysite/urls.py 파일에 해당한다. 특정 URL, 즉 /hello/−Django에 대한 요청이 들어오면 ROOT_URLCONF 설정이 가리키는 URLconf가 로드된다. 그런 다음, URLconf의 각 URL 패턴을 순서대로 검사해 일치하는 URL을 찾을 때까지 요청된 URL을 한 번에 하나씩 패턴과 비교한다.

일치하는 패턴을 찾으면 패턴과 연관된 뷰 함수를 호출해 첫 번째 매개변수로 HttpRequest 객체를 전달한다(HttpRequest는 나중에 상세히 다룬다). 첫 번째 뷰 예제에서 살펴봤듯이, 뷰 함수는 HttpResponse를 리턴해야 한다.

일단 이렇게 하면 장고는 나머지를 수행해 파이썬 객체를 적절한 HTTP 헤더와 본문(즉, 웹 페이지의 내용)으로 구성된 적절한 웹 응답으로 변환한다. 요약하면 다음과 같다.

- 하나의 요청이 /hello/에 온다.
- 장고는 ROOT_URLCONF 설정을 보고 루트 URLconf를 결정한다.
- 장고는 /hello/와 일치하는 첫 번째 패턴을 찾기 위해 URLconf의 모든 URL 패턴을 찾는다.
- 일치하는 것을 찾으면 관련 뷰 함수를 호출한다.
- view 함수는 HttpResponse를 반환한다.
- 장고는 HttpResponse를 적절한 HTTP 응답으로 변환해 웹 페이지를 만든다.

이제 여러분은 장고로 구동되는 웹 페이지를 만드는 방법의 기초를 알게 됐다. 이 방법은 매우 간단하다. 실제로 뷰 함수를 작성하고 해당 함수를 URLconfs를 통해 URL에 매핑한다.

▌ 두 번째 뷰: 동적 콘텐츠

Hello World 뷰는 장고가 어떻게 작동하는지에 대한 기초를 보여줬지만, 동적인 웹 페이지의 예는 아니다. 왜냐하면 웹 페이지의 내용이 항상 같기 때문이다. 여러분이 /hello/를 볼 때마다 동일한 내용을 보게 될 것이다. 이것은 정적인 HTML 파일에서도 동일하기 때문에 정적 HTML 파일일 수도 있다.

우리의 두 번째 견해를 위해 현재의 날짜와 시간을 보여주는 좀 더 역동적인 웹 페이지를 만들어보자. 데이터베이스나 사용자 입력(서버의 내부 클럭의 출력만 포함한다)을 포함하지 않기 때문에 이 단계는 간단하다. Hello World보다 좀 더 흥미진진할 뿐이지만, 몇 가지 새로운 개념을 보여줄 것이다. 이 뷰는 두 가지 작업을 수행해야 한다. 첫째, 현재 날짜와 시간을 계산하고, 둘째 해당 값을 포함하는 HttpResponse를 반환한다. 여러분이 파이썬에 대한 경험이 있다면, 파이썬에는 날짜를 계산하기 위한 datetime 모듈이 포함돼 있다는 것을 알고 있을 것이다. 이 모듈의 사용법은 다음과 같다.

```
>>> import datetime
>>> now = datetime.datetime.now()
>>> now
datetime.datetime(2015, 7, 15, 18, 12, 39, 2731)
>>> print(now)
2015-07-15 18:12:39.002731
```

위 내용은 충분히 간단하며 장고와는 아무런 관련이 없다. 단순히 파이썬 코드다(우리는 여러분이 어떤 코드가 단순한 파이썬인지와 장고와 관련된 코드인지를 알아야 한다는 것을 강조하고 싶다. 장고를 배울 때, 반드시 장고를 사용하지 않는 다른 파이썬 프로젝트에 여러분의 지식을 적용할 수 있길 바란다). 현재 날짜와 시간을 표시하는 장고 뷰를 만들려면 datetime.datetime. now() 명령문을 뷰에 연결하고 HttpResponse를 반환해야 한다. 업데이트된 views.py의 내용은 다음과 같다.

```python
from django.http import HttpResponse
import datetime

def hello(request):
    return HttpResponse("Hello world")

def current_datetime(request):
    now = datetime.datetime.now()
    html = "<html><body>It is now %s.</body></html>" % now
    return HttpResponse(html)
```

---

current_datetime 뷰를 수용하기 위해 views.py의 변경 사항을 살펴보자.

- 모듈 상단에 import datetime을 추가해 날짜를 계산할 수 있다.
- 새로운 current_datetime 함수는 현재 날짜 및 시간을 datetime.datetime 객체로 계산하고, 이를 현재 로컬 변수로 저장한다.
- 뷰 내의 두 번째 코드 행은 파이썬의 format-string 기능을 사용해 HTML 응답을 구성한다. 문자열 내의 %s은 자리표시자이며, 문자열 뒤에 오는 백분율 기호는 다음 문자열 내의 %s를 변수의 값으로 변경한다. now 변수는 기술적으로 datetime.datetime 객체이며 문자열이 아니다. 하지만 %s 형식의 문자는 해당 날짜와 시간 정보를 "2015-07-15 18: 12: 39.002731"과 같은 문자열 표현으로 변환한다. 이렇게 하면 "<html><body> It is now 2015-07-15 18:12:39.002731. </body></ html>"과 같은 HTML 문자열이 된다.
- 마지막으로 뷰는 hello에서 했던 것처럼 생성된 응답을 포함하는 HttpResponse 객체를 반환한다.

view.py에 추가한 후 URL 패턴을 urls.py에 추가해 장고에게 이 뷰를 처리해야 하는 URL을 알려준다. /time/와 같은 것이라고 보면 된다.

```
from django.conf.urls import include, url
from django.contrib import admin
from mysite.views import hello, current_datetime

    urlpatterns = [
        url(r'^admin/', include(admin.site.urls)),
        url(r'^hello/$', hello),
        url(r'^time/$', current_datetime),
    ]
```

우리는 여기서 두 가지를 변경했다. 첫째, current_datetime 함수를 맨 위에서 가져 왔다. 둘째, (더 중요한) URL/time/을 새 뷰에 매핑하는 URLpattern을 추가했다. 이제 뷰를 작성하고 URLconf를 업데이트한 상태에서 runserver를 실행하고 http://127.0. 0.1:8000/time/을 방문하자. 여러분은 현재 날짜와 시간이 나타나는 것을 보게 될 것 이다. 현지 시간이 나타나지 않으면 settings.py의 기본 시간대가 UTC로 설정돼 있기 때문일 수 있다.

URLconfs 및 약결합[*]

이제 URLconfs와 Django에 깔려 있는 핵심 철학, 즉 약결합 원칙을 강조할 좋은 시점 이다. 간단히 말해, 약결합Loose coupling은 부분 조각을 상호 교환할 수 있게 만드는 것이 의미가 있다는 것을 나타내는 소프트웨어 개발 접근법이다. 코드 조각 2개가 느슨하게 결합된 경우, 조각 중 하나의 변경 사항은 다른 조각에 거의 영향을 미치지 않는다.

---

[*] 모듈 간 의존성이 없고, 설령 의존성이 있더라도 정확하게 정의된 방식으로만 의존성을 갖는 것을 의미한다. 대규모 웹 응용 프 로그램의 모듈 구현에 객체지향이 사용되면 일부분의 시스템 변화가 다른 부분에 어떠한 영향을 미칠 것인지 파악하기가 쉬워 진다.—옮긴이

장고의 URLconfs는 실제로 이 원칙의 좋은 예다. 장고 웹 응용 프로그램에서 호출한 URL 정의와 뷰 함수는 느슨하게 결합된다. 즉, 지정된 함수에 대한 URL은 무엇인지 결정하는 것과 함수 자체의 구현은 2개의 별도 위치에 존재한다.

예를 들어, current_datetime 뷰를 고려해보자. 응용 프로그램의 URL을 변경하고 싶다면(예: /time/to/current-time/로 이동하려면 뷰 자체에 대해 걱정할 필요 없이 URLconf를 빠르게 변경할 수 있다. 이와 유사하게 뷰 함수를 변경하고 싶다면(로직을 변경하고 싶다면), 함수가 연결된 URL에 아무런 영향을 미치지 않고 그것의 논리를 변경하면 된다. 게다가 현재의 날짜 기능을 여러 URL에 공개하고 싶다면 뷰 코드를 터치하지 않고도 URLconf를 편집해 쉽게 처리할 수 있다.

이 예제에서 current_datetime은 2개의 URL에서 사용할 수 있다. 이것은 고안된 예제이지만, 이 기법은 유용하게 사용할 수 있다.

```
urlpatterns = [
    url(r'^admin/', include(admin.site.urls)),
    url(r'^hello/$', hello),
    url(r'^time/$', current_datetime),
    url(r'^another-time-page/$', current_datetime),
]
```

URLconfs 및 뷰는 약결합이다. 나는 이 책 전체에 걸쳐 중요한 철학의 예를 계속 언급할 것이다.

세 번째 뷰: 동적 URL

current_datetime 뷰에서 웹 페이지의 내용(현재 date/time)은 동적이지만, URL(/time/)은 정적이었다.

하지만 대부분의 동적 웹 응용 프로그램에서 URL은 웹 페이지 출력에 영향을 미치는 매개변수를 포함하고 있다. 예를 들어, 온라인 서점은 각 책에 대해 /books/243/ 및 /books/81196/과 같은 자체 URL을 제공할 수 있다. 현재 date 및 time 오프셋을 특정 시간 단위로 표시하는 세 번째 뷰를 만들어보자. 이 경우, 웹 페이지 /time/plus/1/은 date/time을 앞으로 1시간으로 표시하고, 웹 페이지 /time/plus/2/는 앞으로 2시간으로 표시하며, 웹 페이지 /time/plus/3/는 앞으로 3시간으로 표시하는 방식의 웹 사이트를 만들어 내는 것이다. 초보자는 각 시간 오프셋에 대해 별도의 뷰 기능을 코딩하는 것으로 생각할 수 있다. 이것은 다음과 같은 URLconf가 될 수 있다.

```
urlpatterns = [
    url(r'^time/$', current_datetime),
    url(r'^time/plus/1/$', one_hour_ahead),
    url(r'^time/plus/2/$', two_hours_ahead),
    url(r'^time/plus/3/$', three_hours_ahead),
]
```

분명히 이 행의 생각은 오류가 있다. 이것은 중복 뷰 함수가 될 뿐만 아니라 해당 응용 프로그램은 기본적으로 1시간, 2시간 또는 3시간과 같이 사전에 정의된 시간 범위만 지원하는 것으로 제한된다.

앞으로 4시간을 표시하는 웹 페이지를 작성하기로 결정했다면, 별도의 뷰와 URLconf 라인을 만들어 복제를 향상시켜야 한다.

그렇다면 임의의 시간 오프셋을 처리하기 위해 응용 프로그램을 어떻게 설계할 수 있을까? 이에 대한 핵심은 와일드 카드 URL 패턴을 사용하는 것이다. 앞에서 언급했듯이, URLpattern은 정규 표현식이다. 따라서 정규 표현식 패턴 \d+를 사용해 하나 이상의 숫자를 일치시킬 수 있다.

```
urlpatterns = [
    # ...
    url(r'^time/plus/\d+/$', hours_ahead),
    # ...
]
```

(이 예제에서 정리한 다른 URL 패턴이 있을 수 있다는 것을 암시하기 위해 # ...을 사용한다) 이 새로운 URLpattern은 /time/plus/2/, /time/plus/25/ 또는 /time/plus/100000000000/이다. 이 패턴을 대상으로 허용된 최대 오프셋은 합당한 값이 되도록 제한하자.

예제에서는 \d{1,2}로 변환되는 정규 표현식 구문에서 하나 또는 두 자리 숫자만 허용함으로써 최대 99시간을 설정한다.

```
url(r'^time/plus/\d{1,2}/$', hours_ahead),
```

이제 URL에 와일드 카드를 지정했으므로 임의의 시간 오프셋에 대해 단일 뷰 함수를 사용할 수 있도록 와일드 카드 데이터를 뷰 함수에 전달하는 방법이 필요하다. 저장하려는 URL 패턴의 데이터 주변에 괄호를 배치해 이 작업을 수행한다. 이 예제에서는 URL에 입력된 모든 숫자를 저장하기 원하므로 다음과 같이 \d{1,2}를 괄호로 묶도록 하자.

```
url(r'^time/plus/(\d{1,2})/$', hours_ahead),
```

여러분이 정규 표현식에 익숙하다면 쉽게 이해할 수 있을 것이다. 우리는 괄호를 사용해 일치하는 텍스트에서 해당 데이터를 포착한다. 앞의 두 가지 뷰를 포함해 최종 URLconf는 다음과 같다.

```
from django.conf.urls import include, url from django.contrib import admin
from mysite.views import hello, current_datetime, hours_ahead
```

```
urlpatterns = [
    url(r'^admin/', include(admin.site.urls)),
    url(r'^hello/$', hello),
    url(r'^time/$', current_datetime),
    url(r'^time/plus/(\d{1,2})/$', hours_ahead),
]
```

 여러분이 다른 웹 개발 플랫폼 경험이 있다면 "쿼리 문자열 파라미터를 사용하자!"라고 생각할 수도 있다. 예를 들어, /time/plus?hours=3과 같이 URL 쿼리 문자열('?' 다음에 오는 부분)에서 시간은 hours 파라미터로 설정한다. 여러분은 장고로 이것을 실행할 수 있다("7장, 고급 뷰와 URLconfs"에서 설명한다). 하지만 장고의 핵심 철학 중 하나는 URL이 보기 좋게 하는 것이다. URL/time/plus/3/은 훨씬 깔끔하고, 간단하며, 읽기 쉽고, 누군가에게 말로 전달하기 쉬우며 쿼리 문자열보다 훨씬 더 보기 좋다. 이렇게 보기 좋은 URL은 양질의 웹 응용 프로그램의 특징이다. 장고의 URLconf 시스템은 깔끔한 URL을 쉽게 사용하도록 해 이러한 URL을 권장한다.

앞에서 언급한 것을 고려해 hours_ahead 뷰를 작성해보자. hours_ahead는 앞에서 작성한 current_datetime 뷰와 매우 유사하다. 주요 차이점은 오프셋의 시간인 추가 인수가 필요하다는 점이다. 뷰 코드는 다음과 같다.

```
from django.http import Http404, HttpResponse
import datetime

def hours_ahead(request, offset):
    try:
        offset = int(offset)
    except ValueError:
        raise Http404()
    dt = datetime.datetime.now() + datetime.timedelta(hours=offset)
    html = "<html><body>In %s hour(s), it will be %s.
            </body></html>" % (offset, dt)
    return HttpResponse(html)
```

이 코드를 자세히 살펴보자.

view 함수, hours_ahead는 2개의 매개변수인 request와 offset를 취한다.

- Hello, current_datetime에서와 마찬가지로 request는 HttpRequest 객체다. 다시 말하면 각 뷰는 항상 첫 번째 매개변수로 HttpRequest 객체를 사용한다.
- offset은 URLpattern에서 괄호로 캡처한 문자열이다. 예를 들어, 요청된 URL 이 /time/plus/3/이면 offset은 문자열 '3'이 되고, /time/plus/21/이면 '21'이 된다. 캡처된 값은 문자열이 '21'과 같이 숫자만으로 구성된 경우에도 항상 정수 가 아닌 유니코드 객체가 된다.

변수 offset을 호출하기로 했지만, 유효한 파이썬 식별자라면 무엇이든 호출할 수 있다. 변수 이름은 중요하지 않다. 중요한 것은 요청 후 함수에 대한 두 번째 인수다(URLconf의 위치, 인자 대신 키워드를 사용할 수도 있다. 이에 대해서는 "7장, 고급 뷰와 URLconfs"에서 다룬다).

함수 내에서 가장 먼저하는 일은 offset에서 int()를 호출하는 것이다. 이 작업을 통해 유니코드 문자열값이 정수로 변환된다.

문자열 foo와 같이 정수로 변환될 수 없는 값에 대해 int()를 호출하면 파이썬은 ValueError 예외를 발생시킨다. 이 예에서 ValueError가 발생하면 jango.http.Http404 예외가 발생한다. 이 예외는 예상한 대로 404 Page not found 오류가 된다.

독창적인 생각을 갖고 있는 독자라면 "URLpattern-(\d{1,2})에서 정규 표현식은 숫자 만 캡처하므로 오프셋은 숫자로 구성된 문자열일뿐이라는 것을 가정한다면 어떻게 우리 는 ValueError 사례에 도달할 수 있을까?"라고 생각할 것이다. 이에 대한 답은 "도달할 수 없다"이다. 왜냐하면 URLpattern은 적당하지만 유용한 수준의 입력 유효성 검사를 제공하기 때문이다. 하지만 뷰 함수가 다른 방식으로 호출될 경우에는 ValueError를 계 속 확인할 것이다.

뷰 매개변수에 대한 가정을 하지 않도록 뷰 기능을 구현하는 것이 좋다. "약결합"을 기억 하자.

함수의 다음 행에서 현재 날짜/시간을 계산하고 적절한 시간을 추가한다. 우리는 이미 current_datetime 뷰에서 datetime.datetime.now( )를 봤다. 여기서 새로운 개념은 datetime.timedelta 객체를 만들고 datetime.datetime 객체에 추가해 date/time 계산을 수행할 수 있다는 것이다. 결과는 변수 dt에 저장한다.

또한 이 행은 offset에서 int( )를 호출한 이유를 보여준다. datetime.timedelta 함수는 hour 매개변수가 정수가 되도록 요구한다.

다음으로, 우리는 current_datetime에서 했던 것처럼 뷰 함수의 HTML 출력을 구성한다. 이전 행과 현재 행의 작은 차이점은 파이썬의 format-string 기능을 단지 한 가지가 아닌 두 가지 값으로 사용한다는 것이다. 따라서 문자열에는 2개의 %s 기호와 삽입할 값(offset, dt)이 있다.

마지막으로 HTML의 HttpResponse를 반환한다.

해당 뷰 함수와 URLconf를 작성하고, 장고 개발 서버를 시작한 후(아직 실행 중이 아닌 경우), http://127.0.0.1:8000/time/plus/3/을 방문해 작동하는지 확인한다.

다음으로 http://127.0.0.1:8000/time/plus/5/를 시도하고, 그 다음으로 http://127.0.0.1:8000/time/plus/24/를 시도한다.

마지막으로 http://127.0.0.1:8000/time/plus/100/를 방문해 여러분의 URLconf의 패턴이 1개 또는 2개의 숫자만 허용하는지 확인한다. 이전에 설명한 "404 오류에 대한 간단한 정보" 절에서 봤듯이, 이 경우에 장고는 "Page not found" 오류를 표시해야 한다.

URL http://127.0.0.1:8000/time/plus/(시간 지정이 없다)도 404를 표시해야 한다.

장고의 깔끔한 오류 웹 페이지

지금까지 작성한 훌륭한 웹 응용 프로그램에 감탄해보자. 다음과 같이 hours_ahead 뷰에서 offset = int (offset) 행을 주석 처리해 의도적으로 views.py 파일에 파이썬 오류를 유발시키자.

```
def hours_ahead(request, offset):
    # try:
    # offset = int(offset)
    # except ValueError:
    # raise Http404()
    dt = datetime.datetime.now() + datetime.timedelta(hours=offset)
    html = "<html><body> In %s hour(s), it will be %s.
                </body></html>" % (offset, dt)
    return HttpResponse(html)
```

개발 서버를 로드하고 /time/plus/3/로 이동하자. 여러분은 맨 위에 표시되는 TypeError
메시지 "unsupported type for timedelta hours component:str"([그림 2.3])를 포함해 상당
량의 정보가 포함된 오류 웹 페이지를 보게 될 것이다.

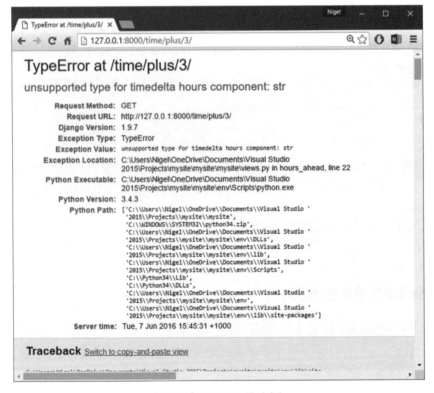

[그림 2.3] 장고의 오류 웹 페이지

어떻게 된 것일까? `datetime.timedelta` 함수는 hours 매개변수가 정수일 것으로 예상하고, 오프셋을 정수로 변환한 코드를 주석으로 처리했다. 이로 인해 `datetime.timedelta`가 TypeError를 발생시켰다. 이것은 모든 프로그래머가 어느 시점에서 실행하는 일반적인 유형의 작은 버그다. 이 예제에서는 장고의 오류 웹 페이지를 보여줬다. 시간을 내어 오류 웹 페이지를 탐색하고 이것이 제공하는 다양한 정보를 알아보자. 이때 주의해야 할 사항은 다음과 같다.

- 웹 페이지 상단에서 예외에 대한 주요 정보를 얻는다. 예를 들어, 예외의 유형, 예외에 대한 매개변수(이 경우 지원되지 않는 유형의 메시지), 예외가 발생한 파일 및 제기된 행 번호가 있다.

- 주요 예외 정보 아래쪽에 해당 웹 페이지는 이 예외에 대한 전체 파이썬 추적을 표시한다. 이것은 파이썬의 명령 행 인터프리터에서 얻을 수 있는 표준 추적과 유사하다. 단, 대화식 방식이 더 낫다. 스택의 각 레벨(프레임)에 대해 장고는 파일 이름, 함수/메서드명, 행 번호 및 해당 행의 소스 코드를 표시한다.

- 짙은 회색의 소스 코드 행을 클릭하면 해당 내용을 제공하기 위해 오류 행 앞뒤에 여러 줄이 표시되는 것을 볼 수 있다. 해당 프레임에서 예외가 발생한 코드의 정확한 지점에 있는 모든 로컬 변수 및 해당 값의 테이블을 보기 위해 스택의 모든 프레임에 있는 **Local vars**를 클릭한다. 이 디버깅 정보는 큰 도움이 된다.

- Traceback 헤더 아래의 'Switch to copy-and-paste view' 텍스트를 주목하자. 해당 단어를 클릭하면 traceback는 쉽게 복사해 붙여 넣을 수 있는 대체 버전으로 전환된다. Django IRC 대화방이나 장고 사용자 메일링 리스트 내의 사람들과 같이 기술 지원을 받기 위해 다른 사람들과 예외 traceback를 공유하고 싶을 때 이것을 사용하라.

- **Share this traceback on a public web site** 버튼은 클릭 한 번으로 여러분을 위해 이 작업을 실행한다. 그것을 클릭하면 다른 사람들과 공유할 수 있는 고유한 URL을 얻게 될 dpaste(좀 더 자세한 내용은 http://www.dpaste.com/ 참조)에 대한 추적을 게시한다.

- 다음으로 Request information 섹션은 GET 및 POST 정보, 쿠키 값 및 CGI 헤더와 같은 메타 정보와 같이 오류를 생성하게 된 입력 웹 요청에 대한 풍부한 정보가 포함돼 있다. "부록 F, 요청 및 응답 객체"는 요청 객체에 포함된 모든 정보를 완벽하게 참조하라.
- Request information 섹션에 이어, Settings 섹션은 장고 설치를 위한 모든 설정을 나열한다. 사용할 수 있는 모든 설정은 "부록 D, 설정"에 자세히 설명돼 있다.

장고 오류 웹 페이지는 템플릿 구문 오류와 같은 특별한 경우에 좀 더 자세한 내용을 표시할 수 있다. 장고 템플릿 시스템을 설명할 때 이러한 내용을 설명한다. 지금은 offset = int (offset) 라인의 주석 처리를 해제해 뷰 함수가 제대로 작동하게 하라.

장고 오류 웹 페이지는 주의 깊게 배치된 print문을 사용해 디버그하기 좋아하는 프로그래머 유형이라면 정말 유용하다.

뷰의 모든 시점에서 오류 웹 페이지를 발생시키기 위해 assert False를 일시적으로 삽입한다. 그런 다음, 프로그램의 로컬 변수와 상태를 볼 수 있다. 다음은 hours_ahead 뷰를 사용한 예제다.

```
def hours_ahead(request, offset):
    try:
        offset = int(offset)
    except ValueError:
        raise Http404()
    dt = datetime.datetime.now() + datetime.timedelta(hours=offset)
    assert False
    html = "<html><body>In %s hour(s), it will be %s.
            </body></html>" % (offset, dt)
    return HttpResponse(html)
```

마지막으로, 이 정보의 대부분은 매우 민감한 내용이다. 이 정보는 파이썬 코드와 장고 설정의 내부를 노출하므로 공용 인터넷상에서 정보를 표시하는 것은 어리석은 일이다. 악의적인 사람이 이 정보를 사용해 웹 응용 프로그램을 리버스 엔지니어링하고 불쾌한 일을 시도할 수 있다. 이런 이유로 장고 오류 웹 페이지는 장고 프로젝트가 디버그 모드일 때만 나타난다. "13장, 장고 배포"에서 디버그 모드를 비활성화하는 방법을 설명한다. 지금 당장은 모든 장고 프로젝트가 시작될 때 자동으로 디버그 모드에 있다는 것을 알아둬야 한다(익숙하게 들리는가? 1장에서 설명한 "웹 페이지를 찾을 수 없음^{Page not found}" 오류는 이와 같은 방식으로 작동한다).

3장에서 무엇을 설명하는가?

지금까지 우리는 HTML로 파이썬 코드에 직접 하드코딩해 뷰 함수를 작성했다. 핵심 개념을 시연하는 동안 일을 단순하게 유지했다. 하지만 현실 세계에서 이것은 거의 항상 좋지 않은 생각이다. 장고는 단순하지만 강력한 템플릿 엔진이 함께 제공돼 웹 페이지의 설계를 기본 코드와 분리할 수 있다. 3장에서는 장고의 템플릿 엔진에 대해 배운다.

03

템플릿

2장의 예제 보기에서 텍스트를 반환하는 방법과 관련해 특이한 것을 발견할 수 있었다. 즉, HTML은 다음과 같이 파이썬 코드에서 직접 하드코딩*했다.

```
def current_datetime(request):
    now = datetime.datetime.now()
    html = "It is now %s." % now
    return HttpResponse(html)
```

이 기술은 뷰가 작동하는 방식을 설명하기에 편리하지만 뷰에서 직접 HTML을 하드코딩 하는 것은 좋지 않다.

---

* 　개발 속도를 단축시켜주는 외부 라이브러리를 사용하지 않고 백지 상태에서부터 하나하나 손으로 구현하는 것을 말한다. 웹상 에서는 직접 .html 파일에 하나하나 손으로 적는 것을 말한다.—옮긴이

- 그 이유는 웹 페이지 디자인을 변경하려면 파이썬 코드를 변경해야 하기 때문이다. 웹 사이트 디자인은 기본 파이썬 코드보다 훨씬 자주 변경되는 경향이 있으므로 파이썬 코드를 수정하지 않고도 디자인을 변경할 수 있다면 편리할 것이다.

- 이것은 아주 간단한 예일뿐이다. 일반적인 웹 페이지 템플릿에는 수백 줄의 HTML과 스크립트가 있다. 이러한 엄청난 내용물에서 프로그램 코드를 풀어헤치거나 문제를 해결한다는 것은 끔찍한 일이다(PHP).

- 파이썬 코드를 작성하고 HTML을 디자인하는 것은 다른 분야이며, 대부분의 전문 웹 개발 환경은 이러한 책이라는 것을 개별 담당자들(또는 별도의 부서)로 구분했다. 설계자와 HTML/CSS 프로그램 코딩 담당자는 파이썬 코드를 편집해 작업을 완료해야 한다.

- 프로그래머가 파이썬 코드로 작업할 수 있고, 디자이너가 파이썬과 HTML을 모두 포함하는 하나의 파일을 템플릿에서 동시에 편집할 수 있다는 것이 가장 효율적이다.

이러한 이유로 웹 페이지의 설계를 파이썬 코드 자체와 분리하는 것이 훨씬 깔끔하고 유지보수가 용이하다. 3장에서 논의할 장고의 템플릿 시스템이 이러한 것을 가능하도록 만들어준다.

▌ 템플릿 시스템 기초

장고 템플릿은 문서의 표시를 데이터와 분리하기 위한 텍스트 문자열이다. 템플릿은 문서를 표시하는 방법을 조절하는 자리표시와 기본 로직(템플릿 태그)의 다양한 비트를 정의한다. 일반적으로 템플릿은 HTML을 생성하는 데 사용되지만, 장고 템플릿은 모든 텍스트 기반 형식을 생성할 수 있다.

장고 템플릿에 깔려 있는 철학

프로그래밍에 대한 배경 지식이 있거나 프로그래밍 코드를 HTML에 직접 섞어 놓은 언어에 익숙하다면 장고 템플릿 시스템은 단순히 HTML 내에 포함된 파이썬이 아니라는 것을 명심해야 할 것이다. 이것은 의도적으로 설계된 것이다. 즉, 템플릿 시스템은 프로그램 논리가 아닌 표현하기 위한 것이다.

간단한 예제 템플릿부터 시작해보자. 이 장고 템플릿은 회사에 주문한 사람에게 감사하는 HTML 웹 페이지다. 양식 편지로 생각하자.

```
<html>
<head><title>Ordering notice</title></head>
<body>

<h1>Ordering notice</h1>

<p>Dear {{ person_name }},</p>

<p>Thanks for placing an order from {{ company }}. It's scheduled to ship
on {{ ship_date|date:"F j, Y" }}.</p>
<p>Here are the items you've ordered:</p>
<ul>
{% for item in item_list %}<li>{{ item }}</li>{% endfor %}
</ul>

{% if ordered_warranty %}
    <p>Your warranty information will be included in the packaging.</p>
{% else %}
    <p>You didn't order a warranty, so you're on your own when
    the products inevitably stop working.</p>
{% endif %}
<p>Sincerely,<br />{{ company }}</p>

</body>
</html>
```

이 템플릿은 기본 HTML이며, 일부 변수와 템플릿 태그가 포함돼 있다. 단계별로 살펴보자.

- 예를 들어, {{person_name}}과 같이 중괄호로 묶인 텍스트는 변수다. 이것은 "주어진 이름을 갖는 변숫값을 삽입함"을 의미한다. 우리는 변숫값을 어떻게 지정할까? 우리는 잠시 후에 변숫값을 지정해볼 것이다. 중괄호와 백분율 기호로 둘러싸인 텍스트(예: {% if ordered_warranty %})는 템플릿 태그다. 태그의 정의는 매우 광범위하다. 즉, 어떤 태그는 템플릿 시스템에 "뭔가를 하도록" 지시한다.

- 이 예제 템플릿은 for 태그({item_list% 내의 item에 대한 %})와 if 태그({% if ordered_warranty %})를 포함한다. for 태그는 파이썬의 for문과 매우 흡사하게 작동하므로 시퀀스의 각 항목을 반복할 수 있다.

- 예상대로 if 태그는 논리적인 if문으로 작동한다. 이러한 특별한 경우에서 태그는 ordered_warranty 변수의 값이 True인지 여부를 확인한다. 이 경우 템플릿 시스템은 {% if ordered_warranty %}와 {% else %} 사이의 모든 것을 표시한다. 그렇지 않다면 템플릿 시스템은 {% else %}와 {% endif %} 사이에 모든 것을 표시한다. {% else %}은 선택사항이라는 것을 알아두자.

- 마지막으로 이 템플릿의 두 번째 단락에는 필터의 예제가 포함돼 있다. 이 예제는 변수의 서식을 변경하는 가장 편리한 방법이다. 이 예에서 {{ship_date | date : "F j, Y"}}는 ship_date 변수를 날짜 필터에 전달해 날짜 필터에 "F j, Y" 인수를 필터링한다. 날짜 필터는 해당 인수에 지정된 날짜 형식을 지정한다. 필터는 Unix 파이프에 대한 참조로 파이프 문자(|)를 사용해 연결된다.

각 장고 템플릿은 여러 개의 내장 태그와 필터에 액세스할 수 있으며, 그중 많은 부분은 다음 섹션에서 설명한다. "부록 E, 내장 템플릿 태그 및 필터"에는 태그 및 필터의 전체 목록이 포함돼 있으며, 가능한 목록을 알기 쉽게 이 목록을 숙지하는 것이 좋다. 자신의 필터와 태그를 만들 수도 있다. 이 내용은 "8장, 고급 템플릿"에서 다룬다.

템플릿 시스템 사용

장고 프로젝트는 하나 또는 여러 개의 템플릿 엔진으로 구성될 수 있다(심지어 템플릿을 사용하지 않는 경우에도 0이다). 장고는 DTL^{Django Template Language} 자체 템플릿 시스템을 위한 빌트인 백엔드**를 제공한다. Django 1.8은 또한 인기 있는 대안인 Jinja2에 대한 지원을 포함한다(좀 더 자세한 내용은 http://jinja.pocoo.org/ 참조). 다른 백엔드를 선택할 이유가 없다면 DTL을 사용해야 한다. 특히 플러그형 응용 프로그램을 작성하고 템플릿을 배포하려는 경우에는 DTL을 사용해야 한다. django.contrib.admin과 같은 템플릿을 포함하는 장고의 contrib 앱은 DTL을 사용한다. 3장의 모든 예제는 DTL을 사용한다. 다른 회사 템플릿 엔진 구성을 포함해 고급 템플릿 항목은 "8장, 고급 템플릿"을 참조하면 된다. 뷰에서 장고 템플릿을 구현하기 전에 DTL 내부를 먼저 파고들어가 어떻게 동작하는지 볼 수 있다. 장고의 템플릿 시스템을 파이썬 코드로 사용할 수 있는 가장 기본적인 방법은 다음과 같다.

1. 원시 템플릿 코드를 문자열로 제공해 템플릿 객체를 만든다.
2. 주어진 번수 세트를 사용해 템플릿 객체의 render() 메서드를 호출한다. 이렇게 하면 완전히 렌더링된 템플릿이 문자열로 반환되며, 모든 변수와 템플릿 태그는 콘텍스트에 따라 계산된다.

코드에서는 다음과 같은 모양이 된다.

```
>>> from django import template
>>> t = template.Template('My name is {{ name }}.')
>>> c = template.Context({'name': 'Nige'})
>>> print (t.render(c))
My name is Nige.
>>> c = template.Context({'name': 'Barry'})
>>> print (t.render(c))
My name is Barry.
```

** 프로그램의 뒷부분에 해당되는 서버, 프로그램의 기능 등 영역을 의미한다.—옮긴이

다음 섹션에서 각 단계를 자세히 설명한다.

템플릿 객체 만들기

템플릿 객체를 생성하는 가장 쉬운 방법은 직접 인스턴스화하는 것이다. 템플릿 클래스는 django.template 모듈에 있으며, 생성자는 원시 템플릿 코드인 하나의 인수를 취한다. 파이썬 대화식 인터프리터에 들어가 코드에서 어떻게 작동하는지 살펴보자. "1장, 장고 소개 및 시작하기"에서 만든 mysite 프로젝트 디렉터리에서 python manage.py shell을 입력해 대화식 인터프리터를 시작한다.

템플릿 시스템의 기본 원리를 살펴보자.

```
>>> from django.template import Template
>>> t = Template('My name is {{ name }}.')
>>> print (t)
```

대화식으로 실행하면 다음과 같은 메시지가 나타난다.

```
<django.template.base.Template object at 0x030396B0>
```

0x030396B0은 매번 다르며 관련성이 없다. 이것이 파이썬의 특성이다(꼭 알아야 하는 경우, 템플릿 객체의 Python "ID"가 된다).

템플릿 객체를 만들 때, 템플릿 시스템은 원시 템플릿 코드를 렌더링 준비가 된 내부의 최적화된 형식으로 컴파일한다. 그러나 템플릿 코드에 구문 오류가 있는 경우, Template( )을 호출하면 TemplateSyntaxError 예외가 발생한다.

```
>>> from django.template import Template
>>> t = Template('{% notatag %}')
Traceback (most recent call last):
```

```
  File "", line 1, in ?
  ...
django.template.base.TemplateSyntaxError: Invalid block tag: 'notatag'
```

여기에서 "블록 태그"라는 용어는 {% notatag %}를 참조하라. '차단 태그'와 '템플릿 태그'
는 동의어다. 다음과 같은 경우, 시스템에서 TemplateSyntaxError 예외가 발생한다.

- Invalid tags

- Invalid arguments to valid tags

- Invalid filters

- Invalid arguments to valid filters

- Invalid template syntax

- Unclosed tags (for tags that require closing tags)

템플릿 렌더링

템플릿 객체가 있으면 콘텍스트 정보를 지정해 데이터를 전달할 수 있다. 콘텍스트 정보
는 단순히 템플릿 변수 이름 및 관련 값의 집합이다. 템플릿은 이것을 이용해 변수를 채
우고 태그를 계산하는 데 사용한다. 콘텍스트는 장고에서 django.template 모듈에 있는
콘텍스트 클래스에 의해 표현된다. 생성자는 변수 이름을 변숫값에 매핑하는 딕셔너리인
선택적 인수를 취한다.

템플릿을 채우기 위해 콘텍스트를 사용해 템플릿 객체의 render() 메서드를 호출한다.

```
>>> from django.template import Context, Template
>>> t = Template('My name is {{ name }}.')
>>> c = Context({'name': 'Stephane'})
>>> t.render(c)
'My name is Stephane.'
```

■ 딕셔너리 및 콘텍스트

파이썬 딕셔너리는 알려진 키와 변숫값 사이의 매핑이다. 콘텍스트는 딕셔너리와 유사하지만 콘텍스트는 "8장, 고급 템플릿"에서 설명한 대로 추가 기능을 제공한다.

변수 이름은 문자(A–Z 또는 a–z)로 시작해야 하며, 더 많은 문자, 숫자, 밑줄 및 점을 포함할 수 있다. (도트는 우리가 잠시 동안 알아보게 될 특별한 경우다). 변수 이름은 대소 문자를 구별한다. 다음은 3장의 시작 부분에 있는 예제와 유사한 템플릿을 사용하는 템플릿 컴파일 및 렌더링의 예다.

```
>>> from django.template import Template, Context
>>> raw_template = """<p>Dear {{ person_name }},</p>
...
```

```
... <p>Thanks for placing an order from {{ company }}. It's scheduled to
... ship on {{ ship_date|date:"F j, Y" }}.</p>
...
... {% if ordered_warranty %}
... <p>Your warranty information will be included in the packaging.</p>
... {% else %}
... <p>You didn't order a warranty, so you're on your own when
... the products inevitably stop working.</p>
... {% endif %}
...
... <p>Sincerely,<br />{{ company }}</p>"""
>>> t = Template(raw_template)
>>> import datetime
>>> c = Context({'person_name': 'John Smith',
...             'company': 'Outdoor Equipment',
...             'ship_date': datetime.date(2015, 7, 2),
...             'ordered_warranty': False})
>>> t.render(c)
u"<p>Dear John Smith,</p>\n\n<p>Thanks for placing an order from Outdoor
Equipment. It's scheduled to\nship on July 2, 2015.</p>\n\n\n<p>You
didn't order a warranty, so you're on your own when\nthe products
inevitably stop working.</p>\n\n\n<p>Sincerely,<br />Outdoor Equipment
</p>"
```

- 먼저 django.template 모듈에 있는 템플릿과 콘텍스트 클래스를 가져온다.
- 템플릿의 raw 텍스트를 raw_template 변수에 저장한다. 여러 줄에 걸쳐 있기 때문에 문자열을 지정하기 위해 삼중 따옴표를 사용한다. 이와 반대로 작은 따옴표 내의 문자열은 여러 줄로 묶을 수 없다.
- 다음으로, 우리는 템플릿 클래스 생성자에 raw_template을 전달해 템플릿 객체인 t를 만든다.
- 다음과 같은 명령에서 필요하기 때문에 파이썬의 표준 라이브러리에서 날짜 모듈을 가져온다.

- 다음으로 콘텍스트 객체인 c를 만든다. 콘텍스트 생성자는 변수 이름을 값으로 매핑하는 파이썬 딕셔너리를 사용한다. 예를 들어, 여기에서 우리는 person_name는 "John Smith", 회사는 "아웃 도어 장비" 등과 같다.
- 마지막으로 템플릿 객체에서 render() 메서드를 호출해 이것을 콘텍스트에 전달한다. 실행 결과는 렌더링된 템플릿을 반환한다. 즉, 템플릿 변수를 실제 변숫값으로 바꾸고, 모든 템플릿 태그를 실행한다.

ordered_warranty 변수가 False로 계산됐으므로 보증 단락이 표시되는 것을 명령하지 않았다는 점에 주목하자. 또한 형식 문자열 "F j, Y"에 따라 표시되는 2015년 7월 2일의 날짜를 기록하다(우리는 날짜 필터에 대한 형식 문자열을 잠시 설명한다).

만약, 여러분이 파이썬을 처음 사용하는 경우, 줄 바꿈을 표시하는 대신 출력에 줄 바꿈 문자("\ n")가 포함돼 있는지 궁금할 것이다. 이런 일은 파이썬 대화형 인터프리터의 미묘함 때문에 일어났다. t.render(c)를 호출하면 문자열이 반환되고 대화형 인터프리터는 기본적으로 문자열의 출력값이 아닌 문자열의 표현을 표시한다. "\ n" 문자가 아닌 실제 줄 바꿈으로 표시되는 줄 바꿈 문자열을 보려면 print (t.render (c)) 함수를 사용해야 한다.

이것은 장고 템플릿 시스템을 사용하는 기본이다. 즉, 템플릿 문자열을 작성하고 템플릿 객체를 생성하고 Context를 생성하고 render() 메서드를 호출하면 된다.

다중 콘텍스트, 동일한 템플릿

템플릿 객체를 얻으면 이를 통해 여러 콘텍스트를 렌더링할 수 있다. 예제는 다음과 같다.

```
>>> from django.template import Template, Context
>>> t = Template('Hello, {{ name }}')
>>> print (t.render(Context({'name': 'John'})))
```

```
Hello, John
>>> print (t.render(Context({'name': 'Julie'})))
Hello, Julie
>>> print (t.render(Context({'name': 'Pat'})))
Hello, Pat
```

이와 같은 여러 콘텍스트를 렌더링하기 위해 동일한 템플릿 소스를 사용할 때마다 템플릿 객체를 한 번 생성한 후 render( )를 여러 번 호출하는 것이 좀 더 효율적이다.

```
# 나쁨
for name in ('John', 'Julie', 'Pat'):
    t = Template('Hello, {{ name }}')
    print (t.render(Context({'name': name})))

# 좋음
t = Template('Hello, {{ name }}')
for name in ('John', 'Julie', 'Pat'):
    print (t.render(Context({'name': name})))
```

장고의 템플릿 파싱은 꽤 빠르다. 대부분의 구문 분석은 배후에서 하나의 정규식 호출을 통해 발생한다. 이것은 XML 파서의 오버 헤드를 초래하고 장고의 템플릿 렌더링 엔진보다 훨씬 느린 경향이 있는 XML 기반 템플릿 엔진과 완전히 대조된다.

콘텍스트 변수 조회

지금까지 예제에서는 콘텍스트에서 간단한 값(대부분 문자열)과 datetime.date 예제를 전달했다. 그러나 템플릿 시스템은 리스트, 딕셔너리 및 사용자 지정 개체와 같은 좀 더 복잡한 데이터 구조를 잘 처리한다. 장고 템플릿에서 복잡한 데이터 구조를 탐색하는 핵심은 점 문자(".")다.

객체의 딕셔너리 키, 속성, 메서드 또는 색인에 액세스하려면 점을 사용해야 한다. 이 것은 몇 가지 예를 통해 가장 잘 설명된다. 예를 들어, 파이썬 딕셔너리를 템플릿에 전 달한다고 가정해보자. 딕셔너리 키로 해당 딕셔너리의 값에 접근하려면 점을 사용해야 한다.

```
>>> from django.template import Template, Context
>>> person = {'name': 'Sally', 'age': '43'}
>>> t = Template('{{ person.name }} is {{ person.age }} years old.')
>>> c = Context({'person': person})
>>> t.render(c)
'Sally is 43 years old.'
```

이와 유사하게 도트는 객체 속성에 대한 액세스를 가능하게 한다. 예를 들어, 파이썬 datetime.date 객체는 year, month, day 속성을 갖고 있으며, 점을 사용해 장고 템플릿 의 속성에 액세스할 수 있다.

```
>>> from django.template import Template, Context
>>> import datetime
>>> d = datetime.date(1993, 5, 2)
>>> d.year
1993
>>> d.month
5
>>> d.day
2
>>> t = Template('The month is {{ date.month }} and the year is {{ date.year }}.')
>>> c = Context({'date': d})
>>> t.render(c)
'The month is 5 and the year is 1993.'
```

이 예제는 사용자 정의 클래스를 사용해 변수 점dot은 임의 객체에 대한 속성 접근을 가능하게 한다는 점을 보여준다.

```
>>> from django.template import Template, Context
>>> class Person(object):
... def __init__(self, first_name, last_name):
... self.first_name, self.last_name = first_name, last_name
>>> t = Template('Hello, {{ person.first_name }} {{ person.last_name }}.')
>>> c = Context({'person': Person('John', 'Smith')})
>>> t.render(c)
'Hello, John Smith.'
```

점은 객체의 메서드를 참조할 수도 있다. 예를 들어, 각 파이썬 문자열은 upper()와 isdigit() 메서드를 갖고 있으며, 같은 점dot 구문을 사용해 장고 템플릿에서 호출할 수 있다.

```
>>> from django.template import Template, Context
>>> t = Template('{{ var }} -- {{ var.upper }} -- {{ var.isdigit }}')
>>> t.render(Context({'var': 'hello'}))
'hello -- HELLO -- False'
>>> t.render(Context({'var': '123'}))
'123 -- 123 -- True'
```

메서드 호출에는 괄호를 포함하지 않는다는 것을 알아두자. 또한 메서드에 인수를 전달할 수도 없다. 따라서 여러분은 필수 인수가 없는 메서드만 호출할 수 있다(3장의 뒷부분에서 이러한 철학을 설명한다). 마지막으로 점은 리스트 색인에 접근하는 데 사용한다. 예제는 다음과 같다.

```
>>> from django.template import Template, Context
>>> t = Template('Item 2 is {{ items.2 }}.')
>>> c = Context({'items': ['apples', 'bananas', 'carrots']})
```

```
>>> t.render(c)
'Item 2 is carrots.'
```

음수 리스트 색인은 허용되지 않는다. 예를 들어, 템플릿 변수 {{items.-1}}는 Template SyntaxError를 발생시킨다.

 파이썬 리스트
주의사항: 파이썬 리스트는 0-기반 인덱스를 갖고 있다. 첫 번째 항목은 인덱스 0에 있고, 두 번째 항목은 1에 있다.

도트 조회는 다음과 같이 요약할 수 있다. 템플릿 시스템이 변수 이름에서 점을 발견하면 순서대로 다음 조회를 시도한다.

- Dictionary lookup(예: foo["bar"])
- Attribute lookup(예: foo.bar)
- Method call(예: foo.bar( ))
- List-index lookup(예: foo[2])

시스템은 첫 번째 룩업lookup 유형을 사용한다. 이것은 단락 로직short-circuit logic이다. 점 조회는 여러 수준으로 깊게 중첩될 수 있다. 예를 들어, 다음 예제는 {{person.name. upper}}를 사용하는데, 이는 딕셔너리dictionary 룩업(person ['name'])과 다음으로 메서드 호출(upper( ))로 변환된다.

```
>>> from django.template import Template, Context
>>> person = {'name': 'Sally', 'age': '43'}
>>> t = Template('{{ person.name.upper }} is {{ person.age }} years old.')
>>> c = Context({'person': person})
>>> t.render(c)
'SALLY is 43 years old.'
```

메서드 호출 비헤이비어

메서드 호출은 다른 룩업 유형보다 약간 더 복잡하다. 유의해야 할 몇 가지 사항은 다음과 같다.

- 메서드 룩업을 하는 동안 메서드가 예외를 발생시킬 경우, 이 예외의 값이 True인 속성 silent_variable_failure을 갖지 않는다면 예외는 전파된다. 예외가 silent_variable_failure 속성을 갖는다면 해당 변수는 엔진의 string_if_invalid 구성 옵션 값(기본적으로 빈 문자열)으로 렌더링된다. 이에 대한 예제는 다음과 같다.

```
>>> t = Template("My name is {{ person.first_name }}.")
>>> class PersonClass3:
... def first_name(self):
... raise AssertionError("foo")
>>> p = PersonClass3()
>>> t.render(Context({"person": p}))
Traceback (most recent call last):
...
AssertionError: foo
>>> class SilentAssertionError(Exception):
... silent_variable_failure = True
>>> class PersonClass4:
... def first_name(self):
... raise SilentAssertionError
>>> p = PersonClass4()
>>> t.render(Context({"person": p}))
'My name is .'
```

- 메서드 호출은 메서드가 필수 인수를 갖지 않는 경우에만 작동한다. 그렇지 않으면 이 시스템은 다음 룩업 유형(리스트-인덱스 룩업)으로 이동한다.

- 설계에 따라 장고는 템플릿에서 사용할 수 있는 논리 처리량을 의도적으로 제한하므로 템플릿 내에서 접근하는 메서드 호출에 인수를 전달할 수 없다. 데이터는 뷰에서 계산된 다음 화면 표시를 위해 템플릿으로 전달돼야 한다.
- 분명히 어떤 방법은 부작용이 있으며, 템플릿 시스템이 액세스할 수 있게 하는 것이 가장 좋을 뿐만 아니라 보안상의 허점일 수도 있다.
- 예를 들어, delete( ) 메서드가 있는 BankAccount 객체가 있다고 가정해보자. 템플릿에 BankAccount 객체인 {{account.delete}}와 같은 것을 포함하면 템플릿이 렌더링될 때 객체가 삭제된다. 따라서 이를 방지하려면 메서드에 함수 속성 alters_data를 설정해야 한다.

```
def delete(self):
# 계정 삭제
delete.alters_data = True
```

- 템플릿 시스템은 이 방법으로 표시된 메서드를 실행하지 않는다. 앞의 예제에서 템플릿이 {{account.delete}}를 포함하고 delete( ) 메서드가 alters_data = True이면, 템플릿이 렌더링될 때 delete( ) 메서드가 실행되지 않고, 그 대신 엔진이 해당 변수를 string_if_invalid으로 교체한다.
- 주의사항: 장고 모델 객체에서 동적으로 생성된 delete( ) 및 save( ) 메서드는 alters_data = true를 자동으로 설정한다.

잘못된 변수 처리 방법

일반적으로 변수가 없으면 템플릿 시스템은 엔진의 string_if_invalid 구성 옵션 값을 삽입한다. 이 옵션은 기본적으로 빈 문자열이다. 예제는 다음과 같다.

```
>>> from django.template import Template, Context
>>> t = Template('Your name is {{ name }}.')
```

```
>>> t.render(Context())
'Your name is .'
>>> t.render(Context({'var': 'hello'}))
'Your name is .'
>>> t.render(Context({'NAME': 'hello'}))
'Your name is .'
>>> t.render(Context({'Name': 'hello'}))
'Your name is .'
```

인적 오류가 복구될 수 있기 때문에 이 동작은 예외를 발생시키는 것보다 낫다. 이 경우, 변수 이름이 잘못된 사례나 이름을 갖고 있어 모든 조회가 실패했다. 현실 세계에서는 웹 사이트가 작은 템플릿 구문 오류로 인해 액세스할 수 없게 되는 것은 용납할 수 없는 일 이다.

▌ 기본 템플릿 태그 및 필터

이미 언급했듯이 템플릿 시스템에 기본 제공 태그와 필터가 함께 제공된다. 다음 섹션에 서는 가장 일반적인 태그와 필터의 개요를 설명한다.

태그

if/else

{% if %} 태그는 변수를 평가하고, 해당 변수가 True이면(즉, 존재하고 공백이 아니면 거짓 부울 값이 아님) 시스템은 {% if %}와 { % endif %} 사이를 표시한다. 예제는 다음과 같다.

```
{% if today_is_weekend %}
    <p>Welcome to the weekend!</p>
{% endif %}
```

{% else %} 태그는 선택 사양이다.

```
{% if today_is_weekend %}
    <p>Welcome to the weekend!</p>
{% else %}
    <p>Get back to work.</p>
{% endif %}
```

if 태그는 하나 또는 여러 개의 {% elif %} 절도 사용할 수 있다.

```
{% if athlete_list %}
    Number of athletes: {{ athlete_list|length }}
{% elif athlete_in_locker_room_list %}
    <p>Athletes should be out of the locker room soon! </p>
{% elif ...
...
{% else %}
    <p>No athletes. </p>
{% endif %}
```

{% if %} 태그는 and, or 또는 not을 사용해 여러 변수를 테스트하거나 주어진 변수를 무효화한다. 예제는 다음과 같다.

```
{% if athlete_list and coach_list %}
    <p>Both athletes and coaches are available. </p>
{% endif %}

{% if not athlete_list %}
    <p>There are no athletes. </p>
{% endif %}

{% if athlete_list or coach_list %}
    <p>There are some athletes or some coaches. </p>
```

```
{% endif %}

{% if not athlete_list or coach_list %}
    <p>There are no athletes or there are some coaches. </p>
{% endif %}

{% if athlete_list and not coach_list %}
    <p>There are some athletes and absolutely no coaches. </p>
{% endif %}
```

동일한 태그 내에서 and와 or 절을 모두 사용할 수 있으며, 예제의 경우 and는 or보다 상대적으로 높은 순위를 갖는다.

```
{% if athlete_list and coach_list or cheerleader_list %}
```

는 다음과 같이 해석된다.

```
if (athlete_list and coach_list) or cheerleader_list
```

 주의사항: if 태그에서 실제 괄호 사용은 잘못된 구문이다.

우선순위를 나타내기 위해 괄호가 필요한 경우, 중첩된 if 태그를 사용해야 한다. 운영 조작 순서 제어에 괄호를 사용하는 것은 지원되지 않는다. 괄호가 필요하면 템플릿 외부에서 논리를 수행하고 그 결과를 전용 템플릿 변수로 전달하는 것을 고려한다. 또는 다음과 같이 중첩된 {% if %} 태그를 사용한다.

```
{% if athlete_list %}
    {% if coach_list or cheerleader_list %}
```

```
    <p>We have athletes, and either coaches or cheerleaders! </p>
  {% endif %}
{% endif %}
```

동일한 논리 연산자를 여러 번 사용하는 것은 좋지만, 다른 연산자를 결합할 수는 없다. 예제는 다음과 같다.

```
{% if athlete_list or coach_list or parent_list or teacher_list %}
```

각 {% if %}을 {% endif %}으로 닫아야 한다. 그렇지 않으면 장고는 TemplateSyntax Error를 발생시킨다.

for

{% for %} 태그를 사용하면 시퀀스의 각 항목을 반복할 수 있다. 파이썬의 for문에서와 마찬가지로 구문은 Y의 X에 대한 것이고, Y는 반복할 시퀀스이며, X는 루프의 특정 사이클에 사용할 변수 이름이다. 루프를 통과할 때마다 템플릿 시스템은 {% for %}와 {% endfor %} 사이의 모든 것을 렌더링한다. 예를 들어, 변수 athlete_list가 있는 선수 리스트를 표시하려면 다음과 같이 사용해야 한다.

```
<ul>
{% for athlete in athlete_list %}
    <li>{{ athlete.name }}</li>
{% endfor %}
</ul>
```

반대 방향으로 리스트를 반복하려면 태그에 반전을 추가해야 한다.

```
{% for athlete in athlete_list reversed %}
```

```
...
{% endfor %}
```

{% for %} 태그를 중첩할 수 있다.

```
{% for athlete in athlete_list %}
    <h1>{{ athlete.name }}</h1>
    <ul>
    {% for sport in athlete.sports_played %}
        <li>{{ sport }}</li>
    {% endfor %}
    </ul>
{% endfor %}
```

리스트의 리스트를 반복해야 하는 경우, 각 하위 리스트의 값을 개별 변수로 압축 해제할 수 있다.

예를 들어, 콘텍스트에 점이라고 불리는 (x, y) 좌표 리스트가 있으면, 다음을 사용해 점 리스트를 출력할 수 있다.

```
{% for x, y in points %}
    <p>There is a point at {{ x }},{{ y }}</p>
{% endfor %}
```

딕셔너리의 항목에 액세스해야 하는 경우에도 유용할 수 있다. 예를 들어, 콘텍스트에 딕셔너리 데이터가 포함되면 다음 명령은 딕셔너리의 키와 값을 표시한다.

```
{% for key, value in data.items %}
    {{ key }}: {{ value }}
{% endfor %}
```

일반적인 패턴은 반복하기 전에 리스트의 크기를 확인하고, 해당 리스트가 비어 있는 경우 특수 텍스트를 출력한다.

```
{% if athlete_list %}

{% for athlete in athlete_list %}
    <p>{{ athlete.name }}</p>
{% endfor %}

{% else %}
    <p>There are no athletes. Only computer programmers.</p>
{% endif %}
```

이 패턴은 매우 일반적이므로 for 태그는 해당 리스트가 비어 있는 경우, 출력할 내용을 정의할 수 있는 선택적 {% empty %} 절을 지원한다. 이 예제는 이전 예제와 동일하다.

```
{% for athlete in athlete_list %}
    <p>{{ athlete.name }}</p>
{% empty %}
    <p>There are no athletes. Only computer programmers.</p>
{% endfor %}
```

루프가 끝나기 전에 루프가 끊어지는 것을 지원하지 않는다. 이 작업을 수행하려면 반복할 값만 포함하도록 반복할 변수를 변경해야 한다.

마찬가지로 루프 프로세서가 루프의 앞쪽으로 즉시 되돌아가도록 지시하는 continue문을 지원하지 않는다(이 디자인 결정에 대한 이유는 3장의 뒷부분에 있는 '철학과 한계' 절 참조).

각 {% for %} 루프 내에서 forloop라는 템플릿 변수에 액세스할 수 있다. 이 변수에는 루프의 진행 상황에 대한 정보를 제공하는 몇 가지 속성이 있다.

- forloop.counter는 항상 루프가 입력된 횟수를 나타내는 정수로 설정된다. 이것에는 하나의 색인이 붙어 있기 때문에 처음으로 루프를 돌 때 forloop. counter가 1로 설정된다. 다음 예를 살펴보자.

```
{% for item in todo_list %}
    <p>{{ forloop.counter }}: {{ item }}</p>
{% endfor %}
```

- forloop.counter0은 인덱스가 0인 것을 제외하고는 forloop.counter와 유사하다. 이 값은 처음으로 루프를 통해 0으로 설정된다.

- forloop.revcounter는 항상 루프의 나머지 항목 수를 나타내는 정수로 설정된다. 루프를 처음 실행할 때 forloop.revcounter는 순회 중인 시퀀스의 총 항목 수로 설정된다. 루프를 마지막으로 통과하면 forloop.revcounter가 1로 설정된다.

- forloop.revcounter0은 forloop.revcounter와 유사하지만 인덱스가 0인 것만 다르다. 루프를 처음 실행할 때 forloop.revcounter0은 시퀀스의 요소 개수에서 1을 뺀 수로 설정된다. 루프를 마지막으로 거치면 0으로 설정된다.

- forloop.first는 루프를 처음 실행할 경우, 부울 값을 True로 설정한다. 이 점은 특수 케이싱에 편리한 기능이다.

```
{% for object in objects %}
    {% if forloop.first %}<li class="first">
{% else %}<li>{% endif %}
    {{ object }}
    </li>
{% endfor %}
```

- forloop.last는 루프를 마지막으로 통과한 경우, 부울 값이 True로 설정된다. 이에 대한 일반적인 용도는 링크 리스트 사이에 파이프 문자를 넣는 것이다.

```
{% for link in links %}
    {{ link }}{% if not forloop.last %} | {% endif %}
{% endfor %}
```

- 위의 템플릿 코드는 다음과 같이 출력할 수 있다.

```
Link1 | Link2 | Link3 | Link4
```

- 이것의 또 다른 일반적인 용도는 목록에서 단어 사이에 쉼표를 넣는 것이다.

```
Favorite places:
{% for p in places %}{{ p }}{% if not forloop.last %},
    {% endif %}
{% endfor %}
```

- forloop.parentloop는 중첩 루프의 경우 부모 루프에 대한 forloop 객체에 대한 참조다. 예제는 다음과 같다.

```
{% for country in countries %}
    <table>
    {% for city in country.city_list %}
        <tr>
        <td>Country #{{ forloop.parentloop.counter }}</td>
        <td>City #{{ forloop.counter }}</td>
        <td>{{ city }}</td>
        </tr>
    {% endfor %}
    </table>
{% endfor %}
```

forloop 변수는 루프 내에서만 사용할 수 있다. 템플릿 파서가 {% endfor %}에 도달하면 forloop가 사라진다.

콘텍스트 및 forloop 변수

{% for %} 블록 내에서 forloop 변수를 덮어 쓰지 않도록 기존 변수를 제거한다. 장고는 forloop.parentloop에서 이 이동된 콘텍스트를 노출한다. 일반적으로 걱정할 필요는 없지만, forloop라는 이름의 템플릿 변수를 제공하면 {% for %} 블록 내에서 forloop.parent loop라는 이름이 지정된다.

ifequal / ifnotequal

장고 템플릿 시스템은 본격적인 프로그래밍 언어가 아니므로 임의의 파이썬 구문을 실행할 수 없다(철학 및 제한 섹션에서 자세히 설명한다).

그러나 2개의 값을 비교해 동일하면 화면에 표시하고, 이러한 목적을 위해 장고가 {% ifequal %} 태그를 제공한다는 것은 꽤 일반적인 템플릿 요구사항이다.

{% ifequal %} 태그는 두 값을 비교해 값이 동일하면 {% ifequal %}와 {% endifequal %} 사이의 모든 것을 표시한다. 이 예제에서는 템플릿 변수 user 및 currentuser를 비교한다.

```
{% ifequal user currentuser %}
    <h1>Welcome!</h1>
{% endifequal %}
```

인수는 작은 따옴표나 큰 따옴표로 하드코딩된 문자열일 수 있으므로 다음이 유효하다.

```
{% ifequal section 'sitenews' %}
    <h1>Site News</h1>
{% endifequal %}

{% ifequal section "community" %}
    <h1>Community</h1>
{% endifequal %}
```

{% if %}와 같이 {% ifequal %} 태그는 선택적 {% else %}를 지원한다.

```
{% ifequal section 'sitenews' %}
    <h1>Site News</h1>
{% else %}
    <h1>No News Here</h1>
{% endifequal %}
```

템플릿 변수, 문자열, 정수 및 십진수만 {% ifequal %}에 대한 인수로 사용할 수 있다. 다음은 유효한 사용 예다.

```
{% ifequal variable 1 %}
{% ifequal variable 1.23 %}
{% ifequal variable 'foo' %}
{% ifequal variable "foo" %}
```

파이썬 딕셔너리, 리스트 또는 불린과 같은 다른 유형의 변수는 {% ifequal %}에 하드코드될 수 없다. 다음은 잘못된 사용 예다.

```
{% ifequal variable True %}
{% ifequal variable [1, 2, 3] %}
{% ifequal variable {'key': 'value'} %}
```

뭔가가 true인지 또는 false인지 테스트해야 하는 경우, {% ifequal %} 대신 {% if %} 태그를 사용하라.

ifequal 태그에 대한 대안은 if 태그와 "==" 연산자를 사용하는 것이다.

{% ifnotequal %} 태그는 ifequal 태그와 동일하지만 2개의 인수가 동일한지의 여부를 테스트한다는 점만 다르다. ifnotequal 태그의 대안은 if 태그와 "! =" 연산자를 사용하는 것이다.

주석

장고 템플릿 언어는 HTML이나 파이썬과 마찬가지로 주석Comments을 허용한다. 주석을 지정하려면 {# #}을 사용해야 한다.

```
{# 이것은 주석이다 #}
```

템플릿이 렌더링될 때 주석은 출력되지 않는다. 이 구문을 사용하는 주석은 여러 줄에 걸쳐 있을 수 없다. 이 제한사항은 템플릿 구문 분석 성능을 향상시킨다.

다음 템플릿에서 렌더링된 출력은 템플릿과 똑같이 보인다(즉, 주석 태그는 주석으로 파싱되지 않는다).

```
This is a {# 이것은 주석이 아니다 #}
test.
```

여러 줄 주석을 사용하려면 {% comment %} 템플릿 태그를 시용해야 한다.

```
{% comment %}
This is a
multi-line comment.
{% endcomment %}
```

주석 태그는 중첩될 수 없다.

필터

3장의 앞부분에서 설명한 것처럼 템플릿 필터는 변수가 표시되기 전에 변수의 값을 변경하는 간단한 방법이다. 필터는 다음과 같이 파이프 문자를 사용한다.

```
{{ name|lower }}
```

텍스트를 소문자로 변환하는 하위 필터를 통해 필터링한 후 {{name}} 변수의 값을 표시한다. 필터는 연결될 수 있다. 즉, 한 필터의 출력이 다음 필터에 적용되도록 함께 사용할 수 있다.

다음은 리스트의 첫 번째 요소를 대문자로 변환하는 예제다.

```
{{ my_list|first|upper }}
```

일부 필터는 인수를 사용한다. 필터 인수는 콜론(:) 뒤에 오며 항상 큰 따옴표로 묶인다. 예제는 다음과 같다.

```
{{ bio|truncatewords:"30" }}
```

이것은 바이오 변수의 처음 30개 단어를 표시한다. 다음은 가장 중요한 몇 가지 필터다. "부록 E, 내장 템플릿 태그 및 필터"에서 나머지 부분을 다룬다.

- addslashes: 백슬래시, 작은 따옴표 또는 큰 따옴표 앞에 백슬래시를 추가한다. 이렇게 하면 이스케이프 문자열에 유용하다. 사용 예제는 다음과 같다.

  ```
  {{ value|addslashes }}
  ```

- date: 매개변수에 지정된 형식 문자열에 따라 date 또는 datetime 객체를 형식화한다. 예제는 다음과 같다.

  ```
  {{ pub_date|date:"F j, Y" }}
  ```

- 형식 문자열은 "부록 E, 내장 템플릿 태그 및 필터"에 정의돼 있다.
- `length`: 값의 길이를 리턴한다. 리스트의 경우 요소 개수를 반환하고, 문자열의 경우 문자 수를 반환한다. 변수가 정의되지 않은 경우 길이는 0을 반환한다.

▌ 철학과 한계

이제 DTL에 대해 알게 됐으므로 기본 설계 철학을 설명할 시점이다. 무엇보다도 DTL에 대한 제한은 의도적인 것이다.

장고는 대량으로 끊임없이 변화하는 온라인 뉴스 룸 환경에서 개발됐다. 장고의 원래 제작자는 DTL을 작성하는 데 있어 철저한 철학을 갖고 있었다.

이러한 철학이 오늘날 장고의 핵심이다.

1. 프레젠테이션에서 분리된 로직임
2. 중복성을 고려하지 않음
3. HTML과 분리됨
4. XML을 템플릿 언어로 사용해서는 안 됨
5. 디자이너의 능력을 가정함
6. 공백을 명확하게 처리함
7. 프로그래밍 언어를 발명하지 않음
8. 안전과 보안을 보장함
9. 확장할 수 있음

다음은 이에 대한 설명이다.

1. 프레젠테이션에서 분리된 로직임

   템플릿 시스템은 프레젠테이션과 프레젠테이션 관련 로직을 제어하는 도구일 뿐이다. 이 템플릿 시스템은 기본 목적을 넘어서는 기능을 지원해서는 안 된다.

2. 중복성을 고려하지 않음

   대다수의 동적 웹 사이트는 공통된 머리글, 바닥글, 탐색 모음 등과 같은 일종의 일반적인 웹 사이트 전체 디자인을 사용한다. 장고 템플릿 시스템은 중복된 코드를 제거해 이러한 요소를 단일 위치에 쉽게 저장해야 한다. 이것이 템플릿 상속의 철학이다.

3. HTML과 분리됨

   템플릿 시스템은 HTML만 출력하도록 설계하면 안 된다. 다른 텍스트 기반 형식이나 일반 텍스트를 생성할 때도 이와 똑같이 잘 맞아야 한다.

4. XML을 템플릿 언어로 사용해서는 안 됨

   XML 엔진을 사용해 템플릿을 구문 분석하면 템플릿을 편집할 때 완전히 새로운 인적 오류가 발생할 수 있으며, 템플릿 처리에서 허용할 수 없는 수준의 오버 헤드가 발생한다.

5. 디자이너의 능력을 가정함

   템플릿 시스템은 드림위버^{Dreamweaver}와 같은 위지윅^{WYSIWYG} 편집기에서 템플릿이 보기 좋게 표시되도록 설계해서는 안 된다. 위지윅 편집기는 너무 제한적이며 해당 구문이 깔끔하게 표시되지 않도록 한다. 장고는 템플릿 작성자가 HTML을 직접 편집하는 것이 편리할 것이라고 가정한다.

6. 공백을 명확하게 처리함

   템플릿 시스템은 공백으로 마술적인 일을 해서는 안 된다. 템플릿에 공백이 포함돼 있으면 시스템은 공백을 텍스트를 처리하는 것처럼 처리해야 한다. 템플릿 태그에 없는 공백은 모두 표시돼야 한다.

7. 프로그래밍 언어를 발명하지 않음

   템플릿 시스템은 의도적으로 다음을 허용하지 않는다.

   - 변수에의 할당
   - 고급 로직

목표는 프로그래밍 언어를 발명하는 것이 아니라 프레젠테이션 관련 결정을 내리는 데 필수적인 분기 및 루핑과 같은 프로그래밍에 민감한 기능을 제공하는 것이다.

장고 템플릿 시스템은 템플릿을 프로그래머가 아니라 디자이너가 가장 자주 작성한다는 것을 인식해야 하므로 파이썬을 잘 알고 있다는 가정을 해서는 안 된다.

8. 안전과 보안을 보장함

템플릿 시스템은 기본적으로 데이터베이스 레코드를 삭제하는 명령과 같은 악의적인 코드의 포함을 금지해야 한다. 이것은 템플릿 시스템이 임의의 파이썬 코드를 허용하지 않는 또 다른 이유다.

9. 확장할 수 있음

템플릿 시스템은 고급 템플릿 작성자가 기술을 확장할 수 있다는 것을 알고 있어야 한다. 이것은 사용자 정의 템플릿 태그 및 필터의 철학이다.

지난 수년간 다양한 템플릿 시스템을 사용해본 결과 나는 DTL^{Django Template Language}과 이것이 설계된 방식이 장고 프레임워크의 주요 장점 중 하나라는 점에서 이 접근법을 진심으로 지지한다.

일을 끝내도록 압력이 가해지고 디자이너와 프로그래머 모두가 의사소통을 하고 막바지 작업을 모두 마쳤으면 장고는 방해가 되지 않도록 각 팀이 자신이 잘하고 있는 것에 집중할 수 있게 해준다.

실제 사례를 통해 이러한 사실을 경험한다면 장고가 마감일을 지닌 완벽주의자를 위한 프레임워크라는 이유를 매우 빨리 알게 될 것이다.

이 모든 것을 염두에 두고 보면 장고는 유연하다. DTL을 사용할 필요가 없다. 템플릿 구문은 웹 응용 프로그램의 다른 구성 요소보다 매우 주관적이며 프로그래머의 의견도 매우 다양하다. 파이썬만 하더라도 수백 가지는 아니지만, 오픈소스 템플릿 언어 구현이 수

십 가지가 있다는 사실이 이 점을 뒷받침한다. 개발자는 기존의 모든 템플릿 언어가 부적절하다고 판단했기 때문에 각각을 만들었을 가능성이 크다.

장고는 웹 개발자가 생산성을 높이는 데 필요한 모든 부분을 제공하는 풀 스택 웹 프레임워크이기 때문에 대부분 DTL을 사용하는 것이 더 편리하지만 어떤 면에서는 엄격한 요구사항이 아니다.

▐ 뷰에서 템플릿 사용

여러분은 템플릿 시스템 사용의 기본 사항을 배웠다. 이제 이 지식을 사용해 뷰를 만들어보자.

2장에서 시작한 mysite.views에서 current_datetime 뷰를 호출하자. 다음은 그 내용이다.

```python
from django.http import HttpResponse
import datetime

def current_datetime(request):
    now = datetime.datetime.now()
    html = "<html><body>It is now %s.</body></html>" % now
    return HttpResponse(html)
```

장고의 템플릿 시스템을 사용하기 위해 이 뷰를 변경하자. 처음에는 다음과 같이 생각할수도 있다.

```python
from django.template import Template, Context
from django.http import HttpResponse
import datetime
```

```
def current_datetime(request):

    now = datetime.datetime.now()
    t = Template("<html><body>It is now {{ current_date }}.
        </body></html>")
    html = t.render(Context({'current_date': now}))
    return HttpResponse(html)
```

물론 템플릿 시스템을 사용하지만 3장의 소개에서 지적한 문제는 해결되지 않는다. 즉, 템플릿은 여전히 파이썬 코드에 포함돼 있으므로 데이터와 표현의 진정한 분리가 이뤄지지 않는다. 이 뷰를 로드할 별도의 파일에 템플릿을 넣어 수정하자.

먼저 파일 시스템 어딘가에 템플릿을 저장하고 파이썬의 내장 파일 열기 기능을 사용해 템플릿의 내용을 읽을 수도 있다. 템플릿이 /home/djangouser/templates/mytemplate.html 파일로 저장됐다고 가정하면 다음과 같다.

```
from django.template import Template, Context
from django.http import HttpResponse
import datetime

def current_datetime(request):

    now = datetime.datetime.now()
    # 파일 시스템의 템플릿을 사용하는 간단한 방법
    # 누락된 파일을 고려하지 않았기 때문에 이것은 좋지 않다.
    fp = open('/home/djangouser/templates/mytemplate.html')
    t = Template(fp.read())
    fp.close()

    html = t.render(Context({'current_date': now}))
    return HttpResponse(html)
```

그러나 이러한 접근 방식은 다음과 같은 이유로 부적합하다.

- 누락된 파일의 경우는 처리하지 않는다. `mytemplate.html` 파일이 없거나 읽을 수 없는 경우, `open( )` 호출은 `IOError` 예외를 발생시킨다.
- 이러한 접근 방식은 템플릿 위치를 하드코드한다. 모든 뷰 기능에 이 기술을 사용하려면 템플릿 위치를 복제해야 한다. 말할 것도 없이 많은 타이핑이 필요하다.
- 이 접근 방식은 지루한 보편적인 코드를 포함한다. 템플릿을 로드할 때마다 `open( )`, `fp.read( )` 및 `fp.close( )`에 대한 호출을 작성하는 것보다 더 나은 작업이 있다.

이러한 문제를 해결하기 위해 템플릿 로드 및 템플릿 디렉터리를 사용한다.

▎ 템플릿 로딩

장고는 템플릿 로딩 호출과 템플릿 자체에서 중복성을 제거하기 위해 파일 시스템에서 템플릿을 로드하기 위한 편리하고 강력한 API를 제공한다. 이 템플릿 로딩 API를 사용하려면 먼저 템플릿을 저장할 프레임워크에 알려야 한다. 이 작업을 수행할 수 있는 곳은 설정 파일이다. 이 파일은 2장에서 `ROOT_URLCONF` 설정을 도입했을 때 언급한 `settings.py` 파일이다. 계속 살펴보려면 `settings.py`를 열고 템플릿 설정을 찾아보라. 템플릿 설정은 각 엔진마다 하나씩 구성된 리스트다.

```
TEMPLATES = [
    {
        'BACKEND': 'django.template.backends.django.DjangoTemplates',
        'DIRS': [],
        'APP_DIRS': True,
        'OPTIONS': {
            # ... 몇 가지 옵션 ...
        },
```

```
        },
]
```

BACKEND는 장고의 템플릿 백엔드 API를 구현하는 템플릿 엔진 클래스에 대한 점으로 구분된 파이썬 경로다. 내장 백엔드는 `django.template.backends.django.DjangoTemplates` 및 `django.template.backends.jinja2.Jinja2`다. 대부분의 엔진은 파일에서 템플릿을 로드하므로 각 엔진의 최상위 구성에는 세 가지 공통 설정이 있다.

- `DIRS`는 엔진이 템플릿 소스 파일을 검색할 순서로 검색해야 하는 디렉터리 리스트를 정의한다.
- `APP_DIRS`는 엔진이 설치된 응용 프로그램 내에서 템플릿을 찾아야 하는지의 여부를 알려준다. 규약에 따라 `APPS_DIRS`가 True로 설정되면 장고 템플릿은 각 `INSTALLED_APPS`에서 "templates" 하위 디렉터리를 찾는다. 이렇게 하면 `DIRS`가 비어 있는 경우에도 템플릿 엔진에서 응용 프로그램 템플릿을 찾을 수 있다.
- `OPTIONS`는 백엔드 관련 설정을 포함한다.

드문 경우지만, 동일한 백엔드의 여러 인스턴스를 다양한 옵션으로 구성할 수 있다. 이 경우, 각 엔진마다 고유한 `NAME`을 정의해야 한다.

템플릿 디렉터리

DIRS는 기본적으로 비어 있는 목록이다. 장고 템플릿–로딩 메커니즘에 템플릿을 찾을 위치를 알려주려면 템플릿을 저장하고 DIRS에 추가할 디렉터리를 선택해야 한다. 예제는 다음과 같다.

```
'DIRS': [
        '/home/html/example.com',
        '/home/html/default',
    ],
```

다음 사항에 유의해야 한다.

- 앱이 없는 매우 간단한 프로그램을 만드는 경우가 아니라면 DIRS를 비워두는 것이 좋다. 기본 설정 파일은 APP_DIRS를 True로 구성하므로 장고 앱에서 템플릿 하위 디렉터리를 사용하는 것이 좋다.

- 예를 들어, mysite/templates와 같은 프로젝트 루트에 마스터 템플릿 집합을 원한다면 DIRS를 다음과 같이 설정해야 한다.

```
'DIRS': [os.path.join(BASE_DIR, 'templates')],
```

- 템플릿 디렉터리는 '템플릿'이라 부르지 않아도 된다. 장고는 사용하는 이름에 제한을 두지 않는다. 하지만 규칙을 준수한다면 프로젝트 구조를 훨씬 쉽게 이해할 수 있다.

- 기본값을 사용하지 않거나 어떤 이유로든 할 수 없는 경우, 웹 서버가 실행되는 사용자 계정에서 해당 디렉터리의 템플릿을 읽을 수 있는 한 원하는 모든 디렉터리를 지정할 수 있다.

- 윈도우 사용자인 경우, 드라이브 문자를 포함하고 다음과 같이 백슬래시 대신 Unix 스타일의 슬래시를 사용한다.

```
'DIRS': [
'C:/www/django/templates',
]
```

장고 응용 프로그램을 아직 만들지 않았으므로 앞의 예제와 같이 DIRS를 [os.path.join (BASE_DIR, 'templates')]로 설정해 다음 코드가 예상대로 작동하도록 해야 한다. DIRS가 설정되면 다음 단계는 템플릿 경로를 하드코딩하는 대신 장고의 템플릿 로드 기능을 사용하도록 뷰 코드를 변경한다. current_datetime 뷰로 되돌아가서 다음과 같이 변경해보자.

```
from django.template.loader import get_template
from django.template import Context
from django.http import HttpResponse
import datetime

def current_datetime(request):
    now = datetime.datetime.now()
    t = get_template('current_datetime.html')
    html = t.render(Context({'current_date': now}))
    return HttpResponse(html)
```

이 예제에서는 파일 시스템에서 템플릿을 수동으로 로드하는 대신 django.template. loader.get_template() 함수를 사용한다. get_template() 함수는 템플릿 이름을 인수로 사용해 템플릿이 파일 시스템에 있는 위치를 파악하고, 해당 파일을 열고, 컴파일된 템플릿 객체를 반환한다. 이 예제의 템플릿은 current_datetime.html이지만, 그 .html 확장자에 특별한 것은 없다. 응용 프로그램의 확장 기능이 무엇이든 템플릿을 제공하거나 확장 기능을 완전히 생략할 수 있다. 파일 시스템에서 템플릿의 위치를 결정하기 위해 get_template()은 순서대로 찾아볼 것이다.

- APP_DIRS가 True로 설정돼 있고, DTL을 사용 중이라고 가정하면 현재 앱에서 템플릿 디렉터리를 찾는다.
- 현재 응용 프로그램에서 템플릿을 찾지 못하면 get_template()은 DIRS의 템플릿 디렉터리를 get_template()에 전달한 템플릿 이름과 결합하고 템플릿을 찾을 때까지 각 단계를 순서대로 수행한다. 예를 들어, DIRS의 첫 번째 항목이 '/home/django/mysite/templates'로 설정된 경우, 위의 get_template() 호출은 /home/django/mysite/templates/current_datetime.html 템플릿을 찾는다.
- get_template()가 지정된 이름의 템플릿을 찾을 수 없으면 TemplateDoesNotExist 예외가 발생한다.

템플릿 예외가 어떻게 보이는지 살펴보려면 장고 프로젝트 디렉터리에서 python manage
.py runserver를 실행해 장고 개발 서버를 다시 시작해야 한다. 다음으로 웹 브라우저
에서 current_datetime 보기를 활성화하는 웹 페이지(예: http://127.0.0.1:8000/time/)를
가리킨다. DEBUG 설정이 True로 설정돼 있고 current_datetime.html 템플릿을 아직 만
들지 않았다면 장고 오류 웹 페이지에서 TemplateDoesNotExist 오류를 강조 표시해야
한다([그림 3.1]).

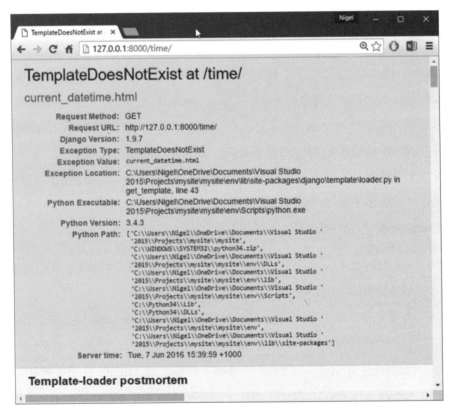

[그림 3.1] 누락된 템플릿 오류 웹 페이지

이 오류 웹 페이지는 "2장, 뷰와 URLconfs"에서 디버깅 정보의 추가 부분(Template-
loader postmortem 섹션)으로 설명한 것과 유사하다. 이 섹션은 장고가 로드하려고 시도한

130

템플릿과 각 시도가 실패한 이유(예: 파일이 존재하지 않는다)를 알려준다. 이 정보는 템플릿-로딩 오류를 디버그할 때 매우 중요하다. 계속 진행해 다음 템플릿 코드로 current_datetime.html 파일을 만든다.

```
It is now {{ current_date }}.
```

이 파일을 mysite / templates에 저장하자(템플릿 디렉터리를 아직 만들지 않았다면 만들자). 웹 브라우저에서 웹 페이지를 새로 고치면 완전히 렌더링된 웹 페이지가 나타나는 것을 알 수 있다.

▌ render()

지금까지 템플릿을 로드하고, 콘텍스트를 채우고 HttpResponse 객체를 렌더링한 템플릿의 결과로 반환하는 방법을 살펴봤다. 다음 단계는 하드코딩 템플릿과 템플릿 경로 대신 get_template()를 사용하도록 최적화하는 것이다. 장고 템플릿이 로드되고 여러분이 웹 브라우저에 렌더링되는 방법을 이해했는지 확인하기 위해 이 과정을 경험해보도록 했다.

실제로, 장고는 이것을 실행하기 위한 훨씬 쉬운 방법을 제공한다. 장고 개발자는 이것이 매우 일반적인 관용어이기 때문에 장고는 한 줄의 코드로 모든 작업을 수행할 수 있는 단축 비법이 필요하다고 생각했다. 이러한 바로 가기는 render()라는 함수로, django.shortcuts 모듈에 있다.

대부분의 경우, 사용자는 고용주가 작성한 총 코드 줄로 작업을 판단하지 않는 한 템플릿을 로드하고 Context 및 HttpResponse 객체를 수동으로 만드는 대신 render()를 사용한다.

다음은 현재 current_datetime 예제가 render( )를 사용하도록 다시 작성한 것이다.

```
from django.shortcuts import render
import datetime

def current_datetime(request):
    now = datetime.datetime.now()
    return render(request, 'current_datetime.html',
                        {'current_date': now})
```

어떤 차이가 있을까? 코드 변경을 단계별로 살펴보자.

- get_template, Template, Context 또는 HttpResponse를 더 이상 임포트할 필요가 없다. 그 대신 django.shortcuts.render를 임포트한다. 임포트 날짜는 그대로 유지된다.
- current_datetime 함수 내에서 여전히 계산하고 있지만, 템플릿 로딩, 콘텍스트 생성, 템플릿 렌더링 및 HttpResponse 생성은 모두 render( ) 호출로 처리된다. render( )는 HttpResponse 객체를 반환하기 때문에 단순히 뷰에서 그 값을 반환할 수 있다.

render( )의 첫 번째 인수는 요청이고, 두 번째 인수는 사용할 템플릿 이름이다. 세 번째 인수가 주어진다면 해당 템플릿에 대한 콘텍스트를 만드는 데 사용할 딕셔너리여야 한다. 세 번째 인수를 제공하지 않으면 render( )는 빈 딕셔너리를 사용한다.

▌ 템플릿 하위 디렉터리

모든 디렉터리를 하나의 디렉터리에 저장하는 것은 다루기 어려울 수 있다. 아마도 여러분은 템플릿 디렉터리의 하위 디렉터리에 템플릿을 저장하는 것을 원할 수도 있다.

사실, 그렇게 하는 것이 좋다. "10장, 일반 뷰"에서 다루는 일반 뷰 시스템과 같은 일부 고급 장고 기능은 이 템플릿 레이아웃을 기본 규칙으로 기대한다.

템플릿 디렉터리의 하위 디렉터리에 템플릿을 저장하는 것은 쉽다. get_template()을 호출할 때, 템플릿 이름 앞에 하위 디렉터리명과 슬래시를 다음과 같이 포함시키자.

```
t = get_template('dateapp/current_datetime.html')
```

render()는 get_template()을 둘러싼 작은 래퍼이므로 다음과 같이 render()의 두 번째 인수와 동일한 작업을 수행할 수 있다.

```
return render(request, 'dateapp/current_datetime.html',
                    {'current_date': now})
```

하위 디렉터리 트리의 깊이에는 제한이 없다. 여러분이 원하는 만큼 많은 하위 디렉터리를 자유롭게 사용할 수 있다.

 윈도우 사용자의 경우, 백슬래시 대신 슬래시를 사용해야 한다. get_template()은 유닉스 스타일의 파일 이름 지정을 가정한다.

▌ 내장 템플릿 태그

템플릿 로딩 메커니즘에 대해 살펴봤으므로 이번에는 {% include %} 태그를 사용하는 내장 템플릿 태그를 소개한다. 이 태그를 사용하면 다른 템플릿의 내용을 포함할 수 있다. 태그에 대한 인수는 포함^{include}할 템플릿 이름이어야 하며, 템플릿 이름은 작은 따옴표나 큰 따옴표로 변수 또는 하드코딩된(인용된) 문자열이 될 수 있다.

언제든지 여러 템플릿에 동일한 코드가 있으면 {% include %}를 사용해 중복을 제거하는 것이 좋다. 이 두 가지 예제는 nav.html 템플릿의 내용을 포함한다. 예제는 동등하며, 작은 따옴표나 큰 따옴표를 사용할 수 있다.

```
{% include 'nav.html' %}
{% include "nav.html" %}
```

이 예제에는 템플릿 includes/nav.html의 내용이 포함돼 있다.

```
{% include 'includes/nav.html' %}
```

이 예제에는 template_name 변수에 이름이 들어 있는 템플릿의 내용이 포함돼 있다.

```
{% include template_name %}
```

get_template( )에서와 마찬가지로, 템플릿의 파일 이름은 현재 장고 앱의 템플릿 디렉터리에 경로를 추가하거나(APPS_DIR이 True인 경우) DIRS의 템플릿 디렉터리를 요청된 템플릿 이름에 추가해 결정한다. 포함된 템플릿은 해당 템플릿을 포함하는 템플릿의 콘텍스트로 평가된다.

예를 들어, 다음 두 가지 템플릿을 고려해보자.

```
# mypage.html
<html><body>
{% include "includes/nav.html" %}
<h1>{{ title }}</h1>
</body></html>
# includes/nav.html

<div id="nav">
```

```
    You are in: {{ current_section }}
</div>
```

mypage.html을 current_section을 포함한 콘텍스트로 렌더링하면 예상대로 변수는 포함된 템플릿에서 사용할 수 있다.

{% include %} 태그에서 주어진 이름의 템플릿이 발견되지 않으면 장고는 다음 두 가지 중 하나를 수행한다.

- DEBUG가 True로 설정되면 장고 오류 웹 페이지에 TemplateDoesNotExist 예외가 나타난다.
- DEBUG를 False로 설정하면 해당 태그는 기능을 제대로 실행하지 못해 태그 대신 아무것도 나타나지 않는다.

 포함된 템플릿 사이에는 공유 상태가 없다. 각각의 include는 완전히 독립적인 렌더링 과정이다. 블록은 포함되기 전에 평가를 실행한다. 즉, 다른 템플릿의 블록을 포함하는 템플릿은 예를 들어, 확장 템플릿으로 오버라이드할 수 있는 블록이 아닌 이미 평가되고 렌더링된 블록을 포함한다.

▌ 템플릿 상속

지금까지의 템플릿 예제는 아주 작은 HTML 스니펫이었지만, 실제 환경에서는 장고의 템플릿 시스템을 사용해 전체 HTML 웹 페이지를 만들게 될 것이며, 일반적인 웹 개발 시 문제가 된다. 즉, '웹 사이트에서 전체 탐색과 같은 공통 웹 페이지 영역의 중복을 어떻게 줄일 수 있을 것인가?'라는 문제를 해결하는 일반적인 방법은 HTML 웹 페이지에 포함할 수 있는 서버 측 includes 명령을 사용해 하나의 웹 페이지를 다른 웹 페이지에 포함시키는 것이다. 실제로 장고는 방금 설명한 {% include %} 템플릿 태그를 사용해 이러한 접근 방식을 지원한다.

하지만 장고로 이 문제를 해결하는 가장 좋은 방법은 templateinheritance라는 좀 더 괜찮은 전략을 사용하는 것이다. 본질적으로 템플릿 상속을 사용하면 웹 사이트의 모든 공통 부분을 포함하는 기본 뼈대 템플릿을 작성하고 자식 템플릿에서 "블록"을 재정의^{override}할 수 있다. current_datetime 뷰에 대한 완전한 템플릿을 만들고, current_datetime.html 파일을 편집한 예제를 살펴보자.

```
<!DOCTYPE HTML PUBLIC "-//W3C//DTD HTML 4.01//EN">
<html lang="en">
<head>
      <title>The current time</title>
</head>
<body>
      <h1>My helpful timestamp site</h1>
      <p>It is now {{ current_date }}.</p>

      <hr>
      <p>Thanks for visiting my site.</p>
</body>
</html>
```

괜찮아 보이지만, 다른 뷰(예: "2장, 뷰와 URLconfs"의 hours_ahead 뷰)에 대한 템플릿을 만들 때 어떤 일이 발생할까? 우리가 멋지고, 유효하며, 완전한 HTML 템플릿을 다시 만들고 싶다면 다음과 같이 만들 것이다.

```
<!DOCTYPE HTML PUBLIC "-//W3C//DTD HTML 4.01//EN">
<html lang="en">

<head>
      <title>Future time</title>
```

136

```
    </head>

<body>
    <h1>My helpful timestamp site</h1>
    <p>In {{ hour_offset }} hour(s), it will be {{ next_time }}.</p>

    <hr>
    <p>Thanks for visiting my site.</p>
</body>
</html>
```

분명히, 우리는 방금 많은 HTML을 복사했다. 탐색 바, 몇 개의 스타일 시트, 자바스크립트 등 일부 전형적인 웹 사이트가 있다고 가정하면, 모든 종류의 중복 HTML을 각 템플릿에 넣을 수 있다.

이 문제에 대한 서버 측 포함 솔루션(server-side include solution)은 두 템플릿의 공통 비트를 분석해 각 템플릿에 포함된 개별 템플릿 스닛펫에 저장하는 것이다. 템플릿의 최상위 비트를 header.html이라는 파일에 저장하는 것이 좋다.

```
<!DOCTYPE HTML PUBLIC "-//W3C//DTD HTML 4.01//EN">
<html lang="en">
<head>
```

그리고 아마도 여러분은 호출된 footer.HTML 파일에 하단 비트(bottom bit)를 저장할 것이다.

```
    <hr>
    <p>Thanks for visiting my site.</p>
</body>
</html>
```

포함-기반 전략(include-based strategy)을 사용하면 머리말과 꼬리말을 쉽게 만들 수 있다.

이것은 지저분한 중간 지점이다. 이 예에서는 두 웹 페이지 모두 제목−My helpful timestamp site−이 있지만, 두 웹 페이지의 제목이 다르므로 해당 제목은 header.html에 적합하지 않다. 헤더에 h1을 포함시키면 제목도 포함시켜야 하므로 웹 페이지별로 맞춤 설정을 할 수 없다.

장고의 템플릿 상속 시스템은 이러한 문제를 해결한다. 서버 측 포함의 내외부 버전으로 생각할 수 있다. 일반적인 스니펫을 정의하는 대신 다른 스니펫을 정의한다.

첫 번째 단계는 자식 템플릿이 나중에 채우게 될 웹 페이지의 기본 템플릿인 기본 템플릿을 정의하는 것이다. 현재 진행 중인 예제에 대한 기본 템플릿은 다음과 같다.

```
<!DOCTYPE HTML PUBLIC "-//W3C//DTD HTML 4.01//EN">
<html lang="en">

<head>
     <title>{% block title %}{% endblock %}</title>
</head>

<body>
     <h1>My helpful timestamp site</h1>
     {% block content %}{% endblock %}
     {% block footer %}
     <hr>
     <p>Thanks for visiting my site.</p>
     {% endblock %}
</body>
</html>
```

base.html이라는 이 템플릿은 웹 사이트의 모든 웹 페이지에 사용할 간단한 HTML 뼈대 문서를 정의한다.

자식 템플릿의 작업은 블록의 내용을 재정의하거나, 추가하거나, 그대로 남겨두는 것이다. 계속 진행 중이라면 이 파일을 base.html로 템플릿 디렉터리에 저장한다.

138

우리는 이전에 보지 못했던 템플릿 태그인 {% block %} 태그를 사용하고 있다. {% block %} 태그의 역할은 자식 템플릿이 템플릿의 해당 부분을 재정의할 수 있다는 것을 템플릿 엔진에 알리는 것뿐이다.

기본 템플릿을 만들었으므로 기존 current_datetime.html 템플릿을 수정해 사용할 수 있다.

```
{% extends "base.html" %}

{% block title %}The current time{% endblock %}

{% block content %}
<p>It is now {{ current_date }}.</p>
{% endblock %}
```

이제는 3장의 hours_ahead 뷰에 대한 템플릿을 작성해보자(여러분이 코드를 따라 한다면 나는 하드코딩한 HTML 대신 템플릿 시스템을 사용하기 위해 여러분이 hours_ahead를 변경하도록 할 것이다). 이를 실행하면 다음과 같이 나타난다.

```
{% extends "base.html" %}

{% block title %}Future time{% endblock %}

{% block content %}

<p>In {{ hour_offset }} hour(s), it will be {{ next_time }}.</p>
{% endblock %}
```

아름답지 않은가? 각 템플릿은 해당 템플릿에 고유한 코드만 포함한다. 중복이 필요 없다. 웹 사이트 전체의 디자인을 변경해야 하는 경우 base.html을 변경하면 다른 모든 템플릿에 즉시 변경 내용이 반영된다.

다음은 이러한 내용이 작동하는 방식이다. current_datetime.html 템플릿을 로드하면 템플릿 엔진은 {% extends %} 태그를 보고, 이 템플릿이 자식 템플릿이라는 것을 알게 된다. 이 엔진은 즉시 부모 템플릿(이 경우 base.html)을 로드한다.

이 시점에서 템플릿 엔진은 base.html에 있는 3개의 {% block %} 태그를 확인하고 해당 블록을 자식 템플릿의 내용으로 바꾼다. 따라서 {% block title %}에서 정의한 제목은 {% block content %}와 같이 사용된다.

자식 템플릿은 바닥글 블록을 정의하지 않으므로 템플릿 시스템에서는 부모 템플릿의 값을 대신 사용한다. 상위 템플릿의 {% block %} 태그 내 콘텐츠는 항상 예비fall-back로 사용된다.

상속은 템플릿 콘텍스트에 영향을 미치지 않는다. 즉, 상속 트리의 모든 템플릿은 콘텍스트의 모든 템플릿 변수에 액세스할 수 있다. 필요한 만큼 많은 수준의 상속을 사용할 수 있다. 상속을 사용하는 일반적인 방법 중 하나는 다음 3수준의 접근이다.

1. 웹 사이트의 주요 모양과 느낌을 갖도록 하는 base.html 템플릿을 만든다. 이것은 거의 변하지 않는 내용이다.
2. 웹 사이트의 각 섹션에 base_SECTION.html 템플릿을 만든다(예: base_photos.html 및 base_forum.html). 이 템플릿은 base.html을 확장하고 섹션 관련 styles/design을 포함한다.
3. 포럼 웹 페이지 또는 사진 갤러리와 같은 각 유형의 웹 페이지에 대한 개별 템플릿을 만든다. 이 템플릿은 해당 섹션 템플릿을 확장한다.

이 접근법은 코드 재사용을 극대화하고 섹션-전체 탐색과 같은 공유 영역에 항목을 쉽게 추가할 수 있게 한다. 다음은 템플릿 상속을 사용하기 위한 몇 가지 지침이다.

- 템플릿에서 {% extends %}를 사용하는 경우, 해당 템플릿에서 첫 번째 템플릿 태그여야 한다. 그렇지 않으면 템플릿 상속이 작동하지 않는다.
- 일반적으로 기본 템플릿에 {% block %} 태그가 많을수록 좋다. 자식 템플릿child

templates은 모든 부모 블록을 정의할 필요가 없으므로 여러 블록에서 적절한 기본 값을 채운 후 자식 템플릿에 필요한 템플릿만 정의한다. 적은 수의 후크hook보다 더 많은 후크를 갖는 것이 좋다.

- 여러 템플릿에서 코드를 복사하는 경우에는 해당 코드를 부모 템플릿의 {% block %}으로 이동해야 한다.

- 상위 템플릿에서 블록의 콘텐츠를 가져와야 하는 경우에는 {{block.super}}를 사용한다. 이 변수는 상위 템플릿의 렌더링된 텍스트를 제공하는 "마법" 변수다. 이 변수는 부모 블록의 내용을 완전히 오버라이드하는 대신 추가하려는 경우에 유용하다.

- 동일한 템플릿에 같은 이름의 여러 {% block %} 태그를 정의할 수는 없다. 블록 태그가 "양쪽" 방향으로 작동하기 때문에 이러한 제한이 있게 된다. 즉, 블록 태그는 채울 구멍만을 제공하는 것이 아니라 부모의 구멍을 채우는 내용도 정의한다. 템플릿에 유사하게 이름이 지정된 2개의 {% block %} 태그가 있다면 해당 템플릿의 부모는 사용할 블록 콘텐츠가 어느 것인지 알 수 없다.

- 여러분이 {% extends %}에 전달한 템플릿 이름은 get_template( )이 사용하는 것과 같은 방법을 사용해 로드된다. 즉, 템플릿 이름이 DIRS 설정 또는 현재 장고 앱의 "templates" 폴더에 추가된다.

- 부분의 경우 {% extends %}에 대한 인수는 문자열이지만, 런타임까지 상위 템플릿 이름을 모르는 경우에는 변수가 될 수 있다. 이렇게 하면 멋지고 역동적인 작업을 할 수 있다.

▮ 4장에서 무엇을 설명하는가?

이제 장고의 템플릿 시스템에 대한 기본 지식을 알게 됐다. 다음으로 무엇을 할까? 대부분의 현대 웹 사이트는 데이터베이스 기반이다. 웹 사이트의 내용은 관계형 데이터베이스에 저장된다. 이렇게 하면 데이터와 로직을 깔끔하게 분리할 수 있다(뷰와 템플릿은 로직과 디스플레이를 분리하는 것과 같은 방식이다). 다음 장에서는 장고가 데이터베이스와 상호작용할 수 있는 도구를 설명한다.

04

모델

"2장, 뷰와 URLconfs"에서 장고로 동적 웹 사이트를 구축하는 기본 사항인 뷰와 URLconfs를 설정하는 방법에 대해 다뤘다. 앞에서 설명한 것처럼 뷰는 임의의 논리를 수행한 후 응답을 반환하는 역할을 한다. 예제 중 하나로 임의의 논리는 현재 날짜와 시간을 계산하는 것이 있었다.

현대 웹 응용 프로그램에서 임의 논리는 종종 데이터베이스와 상호작용한다. 화면의 뒤에서는 데이터베이스 기반 웹 사이트가 데이터베이스 서버에 연결돼 일부 데이터를 검색하고 해당 데이터를 웹 페이지에 표시한다. 이 웹 사이트는 웹 사이트 방문자가 스스로 데이터베이스를 채울 수 있는 방법을 제공할 수도 있다.

많은 복잡한 웹 사이트가 이 두 가지 조합을 제공한다. 예를 들어, www.amazon.com 은 데이터베이스 중심 웹 사이트의 좋은 예다. 개별 제품 웹 페이지는 본질적으로 HTML

로 형식으로 구성된 아마존^{Amazon}의 제품 데이터베이스에 대한 쿼리이며, 여러분이 고객 리뷰를 게시하면 고객 의견 데이터베이스에 삽입된다.

장고는 파이썬을 사용해 데이터베이스 쿼리를 수행하기 위한 쉽고 강력한 도구와 함께 제공되므로 데이터베이스 중심 웹 사이트를 만드는 데 적합하다. 이 장에서는 장고의 데이터베이스 계층을 설명한다.

 장고의 데이터베이스 레이어를 사용하려면 기본적인 관계형 데이터베이스 이론과 SQL을 꼭 알아야 할 필요는 없지만, 적극 추천한다. 이러한 개념에 대한 소개는 이 책의 범위에 어긋나지만, 데이터베이스 초보자라면 계속 읽도록 하라. 아마도 여러분은 콘텍스트를 기반으로 하는 개념을 파악할 수 있을 것이다.

■ 뷰에서 데이터베이스 쿼리를 수행하는 "현명하지 않은" 방법

"2장, 뷰와 URLconfs"에서와 같이 뷰에서 직접 텍스트를 하드코딩함으로써 뷰 내에서 출력을 생성하는 "현명하지 않은" 방법에서와 같이 데이터베이스에서 데이터를 검색하는 "현명하지 않은" 방법이 있다. 이 방법은 간단하다. 기존의 파이썬 라이브러리를 사용해 SQL 쿼리를 실행하고 그 결과로 뭔가를 해보라. 이 예제 뷰에서는 MySQLdb 라이브러리를 사용해 MySQL 데이터베이스에 연결하고, 일부 레코드를 검색한 후 웹 페이지로 표시할 수 있도록 템플릿에 해당 레코드를 제공한다.

```
from django.shortcuts import render
import MySQLdb

def book_list(request):
    db = MySQLdb.connect(user='me', db='mydb', passwd='secret',
host='localhost')
    cursor = db.cursor()
```

```
cursor.execute('SELECT name FROM books ORDER BY name')
names = [row[0] for row in cursor.fetchall()]
db.close()
return render(request, 'book_list.html', {'names': names})
```

이 방법은 효과적이지만, 몇 가지 즉시 해결돼야 하는 부분이 있다.

- 우리는 데이터베이스 연결 인수를 하드코딩하고 있다. 이상적으로 이러한 인수는 장고 설정 사항으로 저장돼야 한다.
- 우리는 보편적인 코드를 작성해야 한다. 즉, 연결 생성, 커서 생성, 명령문 실행 및 연결 닫기 등의 작업을 수행한다. 이상적으로 우리는 원하는 결과를 지정하면 된다.
- 이것은 우리를 MySQL과 연결시켜준다. MySQL에서 PostgreSQL로 전환하면 우리는 대부분 코드를 다시 작성해야 할 것이다. 이상적으로 데이터베이스 서버는 추상화돼 있어 해당 데이터베이스 서버 변경은 한곳에서 이뤄질 수 있다(이 기능은 특히 나음과 같이 가능하면 많은 사람들이 사용하기 원하는 오픈소스 장고 응용 프로그램을 구축하고자 하는 경우와 관련돼 있다).

예상대로 장고의 데이터베이스 계층은 이러한 문제를 해결해준다.

▌ 데이터베이스 구성

이러한 철학을 염두에 두고 장고의 데이터베이스 레이어를 탐색해보자. 먼저 응용 프로그램을 만들 때 settings.py에 추가된 초기 구성을 살펴보자.

```
# 데이터베이스
#
DATABASES = {
```

```
    'default': {
        'ENGINE': 'django.db.backends.sqlite3',
        'NAME': os.path.join(BASE_DIR, 'db.sqlite3'),
    }
}
```

기본 설정은 매우 간단하다. 다음은 각 설정의 요약이다.

- ENGINE: 장고에게 사용할 데이터베이스 엔진을 알려준다. 이 책의 예제에서는 SQLite를 사용하기 때문에 기본 django.db.backends.sqlite3로 남겨둔다.
- NAME: 장고에 데이터베이스 이름을 알려준다. 예를 들면, 'NAME': 'mydb'과 같다.

우리는 SQLite를 사용하고 있기 때문에 startproject는 데이터베이스 파일에 대한 완전한 파일 시스템 경로를 생성했다. 이는 기본 설정을 위한 것이다.

이 책에서는 코드를 실행하기 위해 아무것도 변경할 필요가 없다. 장고에서 데이터베이스를 구성하는 방법을 간단하게 설명하기 위해 이 코드를 포함시켰다. 장고에서 지원하는 다양한 데이터베이스를 설정하는 방법에 대한 자세한 설명은 "21장, 고급 데이터베이스 관리"를 참조하라.

▌첫 번째 앱

이제 연결이 작동하고 있다는 것을 확인했으므로 단일 파이썬 패키지에 공존하고 장고 응용 프로그램 전체를 표현하는 장고 코드(모델 및 뷰 포함)의 번들인 장고 응용 프로그램을 만들어야 한다. 이것은 초보자에게 어려운 부분이므로 여기에서 용어를 설명할 필요가 있다. 우리는 "1장, 장고 소개 및 시작하기"에서 소개 프로젝트를 만들었다. 프로젝트와 앱의 차이점은 무엇일까? 차이점은 구성 대 코드와 같다.

- 프로젝트는 특정 장고 앱 세트의 인스턴스와 해당 앱의 구성이다. 기술적으로 프로젝트의 유일한 요구사항은 설정 파일을 제공한다는 것이다. 이 파일은 데이터베이스 연결 정보, 설치된 앱, DIRS 등을 정의한다.
- 앱은 휴대 가능한 장고 기능 세트로, 일반적으로 단일 파이썬 패키지에 공존하는 모델 및 뷰를 포함한다.

예를 들어, 장고에는 자동 관리 인터페이스와 같은 여러 가지 응용 프로그램이 있다. 이 앱에 대해 알아야 할 핵심사항은 여러 프로젝트에 이식성이 있고 재사용할 수 있다는 점이다.

장고 코드를 이러한 구도에 맞추는 방법에 대한 매우 까다로운 규칙은 거의 없다. 여러분이 간단한 웹 사이트를 만드는 경우, 하나의 앱만 사용할 수 있다. 여러분이 전자 상거래 시스템 및 게시판과 같이 관련 없는 부분으로 구성된 복잡한 웹 사이트를 구축하는 경우, 이를 개별적인 앱으로 구분해 나중에 개별적으로 재사용할 수 있다.

사실, 이 책에서 지금까지 작성한 예제 뷰 기능에 의해 입증된 것처럼 앱을 만들 필요가 없다. 이 경우에는 views.py라는 파일을 작성하고, 뷰 기능으로 채운 후 해당 기능에서 URLconf를 지적했다. 이 경우 어떠한 앱도 필요하지 않았다.

그러나 "장고의 데이터베이스 레이어(모델)를 사용하는 경우에는 장고 앱을 만들어야 한다."와 같은 앱 규칙에 관련된 한 가지 요구사항이 있다. 따라서 모델 작성을 시작하려면 새로운 앱을 만들어야 한다. mysite 프로젝트 디렉터리(mysite app 디렉터리가 아닌 manage.py 파일이 있는 디렉터리)에 다음과 같은 명령을 입력해 books 앱을 만든다.

```
python manage.py startapp books
```

이 명령은 출력을 생성하지 않지만, mysite 디렉터리 내에 books 디렉터리를 만든다. 이 디렉터리의 내용을 살펴보자.

```
books/
    /migrations
    __init__.py
    admin.py
    models.py
    tests.py
    views.py
```

이 파일은 이 앱의 모델과 뷰를 포함하고 있을 것이다. 좋아하는 텍스트 편집기에서 `models.py` 및 `views.py`를 살펴보라. `models.py`의 주석과 `import`를 제외하고 두 파일 모두 비어 있다. 이는 장고 앱을 위한 빈 슬레이트다.

▌ 파이썬에서 모델 정의하기

"1장, 장고 소개 및 시작하기"에서 논의했듯이 MTV의 M은 Model의 약자다. 장고 모델은 데이터베이스의 데이터에 대한 설명이며, 파이썬 코드로 표현된다. 데이터 레이아웃은 SQL 대신 파이썬에 있는 것을 제외하고는 SQL CREATE TABLE문과 같다. 게다가 데이터베이스 열 정의 이상을 포함하고 있다.

장고는 모델을 사용해 SQL 코드를 실행하고 데이터베이스 테이블의 행을 표시하는 편리한 파이썬 데이터 구조를 반환한다. 장고는 SQL이 반드시 처리할 수 없는 상위 개념을 표현하기 위해 모델을 사용한다.

만약, 여러분이 데이터베이스에 익숙하다면 "SQL 대신 파이썬으로된 데이터 모델을 정의하는 것이 중복된 작업은 아닐까?"라고 생각할 수 있다. 장고는 다음과 같은 이유 때문에 작동한다.

- 인트로스펙션^{Introspection}은 오버 헤드를 필요로 하며 불완전하다. 장고는 편리한 데이터-접근 API를 제공하기 위해 데이터베이스 레이아웃을 어떻게 해서든 알

필요가 있고, 이를 달성하기 위한 두 가지 방법이 있다. 첫째, 파이썬의 데이터를 명시적으로 설명하는 것이다. 둘째, 데이터 모델을 결정하기 위해 실행 시 데이터베이스를 살펴보는 것이다.

- 이 두 번째 방법은 테이블에 대한 메타 데이터가 한곳에만 있기 때문에 상대적으로 명확해 보이지만, 몇 가지 문제가 발생한다. 첫째, 런타임 시 데이터베이스를 살펴볼 때는 분명히 오버 헤드가 필요하다. 해당 프레임워크가 요청을 처리할 때마다 데이터베이스를 살펴보거나 심지어 웹 서버가 초기화된 경우에도, 허용할 수 없는 수준의 오버 헤드가 발생한다(일부 사람들은 오버 헤드 수준이 받아들여질 수 있다고 생각하지만 장고 개발자는 가능한 한 많은 프레임워크 오버 헤드를 줄이려고 한다). 둘째, 일부 데이터베이스, 특히 이전 버전의 MySQL은 정확하고 완전한 검사를 위한 충분한 메타 데이터를 저장하지 않는다.

- 파이썬을 작성하는 것은 재미있고, 파이썬에서 모든 것을 유지하게 되면 여러분의 두뇌가 "상황 전환^{context switc}"을 해야 하는 횟수를 제한하게 만든다. 여러분 스스로 가능한 한 오랫동안 단일 프로그래밍 환경/사고방식을 유지하면 생산성 향상에 도움이 된다. SQL을 작성한 후 파이썬을 작성하고 다시 SQL을 작성하면 방해를 받게 된다.

- 데이터 모델을 데이터베이스가 아닌 코드로 저장하면 버전 제어하에 모델을 좀 더 쉽게 유지할 수 있다. 이렇게 하면 데이터 레이아웃의 변경 사항을 쉽게 추적할 수 있다.

- SQL은 데이터 레이아웃에 관한 일정 수준의 메타 데이터만 허용한다. 예를 들어, 대부분의 데이터베이스 시스템은 장고 모델과 달리 전자 메일 주소나 URL을 나타내는 특수한 데이터 유형을 제공하지 않는다. 상위 수준 데이터 유형의 장점은 높은 생산성과 재사용할 수 있는 코드다.

- SQL은 데이터베이스 플랫폼 간에 일관성이 없다. 예를 들어, 웹 응용 프로그램을 배포하는 경우 MySQL, PostgreSQL 및 SQLite용 CREATE TABLE문을 별도로 설정하는 것보다 데이터 레이아웃을 설명하는 파이썬 모듈을 배포하는 것이 훨씬 실용적이다.

그러나 이 접근법의 단점은 파이썬 코드가 실제로 데이터베이스에 있는 것과 실제로 동기화되지 않을 가능성이 있다는 것이다. 장고 모델을 변경한 경우, 데이터베이스와 모델을 일관되게 유지하려면 데이터베이스 내에서 동일한 변경을 수행해야 한다. 이 장의 뒷부분에서 마이그레이션에 대해 논의할 때 이 문제를 처리하는 방법을 설명한다.

마지막으로 장고에는 기존 데이터베이스를 검토해 모델을 생성할 수 있는 유틸리티가 포함돼 있다. 이 유틸리티는 레거시 데이터^{legacy data}를 빠르게 시작하고 실행할 때 유용하다. 이에 대해서는 "21장, 고급 데이터베이스 관리"에서 다룬다.

첫 번째 모델

이 장과 다음 장에서 진행되는 예제로서 기본 서적/저자/출판사 데이터 레이아웃에 중점을 둘 것이다. 책, 저자 및 출판사 간의 개념적 관계가 잘 알려져 있으며 입문용 SQL 교과서에서 사용되는 일반적인 데이터 레이아웃이기 때문에 이 예제를 사용한다. 여러분은 저자가 저술하고 출판사에서 제작한 책을 읽는 중이다.

다음 개념, 필드 및 관계를 가정한다.

- 저자는 이름^{name}, 성^{last name} 및 전자 메일 주소^{email address}를 갖고 있다.
- 출판사^{Publisher}는 이름^{name}, 거리 주소^{street address}, 시^{city}, 주/도^{state/province}, 국가^{country} 및 웹 사이트^{website}를 갖고 있다.
- 책에는 제목^{title}과 발행일^{publication date}이 있다. 또한 하나 이상의 작성자(작성자와 다대다 관계)와 단일 게시자(일대다 관계 – 일명 외부 키 – 게시자)가 있다.

장고와 데이터베이스 레이아웃을 사용하기 위한 첫 번째 단계는 데이터베이스를 파이썬 코드로 표현하는 것이다. startapp 명령으로 작성된 models.py 파일에서 다음을 입력하라.

```
from django.db import models

class Publisher(models.Model):
    name = models.CharField(max_length=30)
    address = models.CharField(max_length=50)
    city = models.CharField(max_length=60)
    state_province = models.CharField(max_length=30)
    country = models.CharField(max_length=50)
    website = models.URLField()

class Author(models.Model):
    first_name = models.CharField(max_length=30)
    last_name = models.CharField(max_length=40)
    email = models.EmailField()

class Book(models.Model):
    title = models.CharField(max_length=100)
    authors = models.ManyToManyField(Author)
    publisher = models.ForeignKey(Publisher)
    publication_date = models.DateField()
```

기본을 다루기 위해 이 코드를 빠르게 살펴보자. 먼저 주목해야 할 점은 각 모델은 django.db.models.Model의 하위 클래스인 파이썬 클래스로 표현된다는 것이다. 상위 클래스인 모델은 이러한 객체가 데이터베이스와 상호작용할 수 있게 하는 데 필요한 모든 기계를 포함하고 있으며, 우리의 모델이 깔끔하고 단순한 구문으로 필드를 정의하는 역할만 수행한다.

믿거나 말거나, 이것이 장고에서 기본적인 데이터 액세스를 위해 작성해야 하는 모든 코드다. 각 모델은 일반적으로 단일 데이터베이스 테이블에 해당하며, 모델의 각 속성은 일반적으로 해당 데이터베이스 테이블의 열에 해당한다. 속성 이름은 열의 이름과 일치하고 필드 유형(예: CharField)은 데이터베이스 열 유형(예: varchar)에 해당한다. 예를 들어, Publisher 모델은 PostgreSQL CREATE TABLE 구문을 가정할 때 다음 표와 같다.

```
CREATE TABLE "books_publisher" (
    "id" serial NOT NULL PRIMARY KEY,
    "name" varchar(30) NOT NULL,
    "address" varchar(50) NOT NULL,
    "city" varchar(60) NOT NULL,
    "state_province" varchar(30) NOT NULL,
    "country" varchar(50) NOT NULL,
    "website" varchar(200) NOT NULL
);
```

잠시 후에 살펴볼 수 있듯이, 실제로 장고는 CREATE TABLE문을 자동으로 생성할 수 있다. 데이터베이스 테이블당 1개의 클래스 규칙에 대한 예외는 다대다 관계인 경우다. 예제 모델에서 Book은 authors라는 ManyToManyField를 갖고 있다. 이 책은 하나 이상의 저자가 있지만, Book 데이터베이스 테이블에는 authors 열이 없다. 오히려 장고는 저작자와 책의 매핑을 처리하는 추가 테이블(다대다 조인 테이블)을 생성한다.

필드 유형 및 모델 구문 옵션의 전체 목록은 "부록 B. 데이터베이스 API 참조"를 참고하라. 마지막으로, 우리는 이 모델에서 기본 키를 명시적으로 정의하지 않았다는 것을 알아두기 바란다. 달리 지시하지 않는 한, 장고는 모든 모델에 id라는 자동 증가 정수 기본 키 필드를 자동으로 부여한다. 각 장고 모델은 단일-열 기본 키[primary key]를 갖고 있어야한다.

모델 설치

코드를 작성했으므로 이제 데이터베이스에 테이블을 만들자. 이를 수행하기 위한 첫 번째 단계는 장고 프로젝트에서 이러한 모델을 활성화하는 것이다. 설정 파일에서 books 앱을 설치된 앱 목록에 추가해 이를 수행한다. settings.py 파일을 다시 편집하고 INSTALLED_APPS 설정을 찾는다. INSTALLED_APPS는 장고에게 특정 프로젝트에 대해 활성화된 앱을 알려준다. 기본적으로 다음과 같다.

```
INSTALLED_APPS = (
'django.contrib.admin',
'django.contrib.auth',
'django.contrib.contenttypes',
'django.contrib.sessions',
'django.contrib.messages',
'django.contrib.staticfiles',
)
```

books 앱을 등록하려면 INSTALLED_APPS에 'books'를 추가해야 한다. 그러면 설정이 다음과 같이 끝난다('books'는 우리가 작업하는 books 앱을 말한다).

```
INSTALLED_APPS = (
'django.contrib.admin',
'django.contrib.auth',
'django.contrib.contenttypes',
'django.contrib.sessions',
'django.contrib.messages',
'django.contrib.staticfiles',
'books',
)
```

INSTALLED_APPS의 각 앱은 전체 파이썬 경로에 의해 나타난다. 즉, 파이썬 경로는 점으로 구분된 패키지 경로이자 앱 패키지에 이르는 경로다. 이제 장고 앱이 설정 파일에서 활성화됐으므로 데이터베이스에 테이블을 만들 수 있다. 먼저 다음 명령을 실행해 모델의 유효성을 검사하자.

```
python manage.py check
```

check 명령은 장고 시스템 검사 프레임워크(장고 프로젝트의 유효성 검사를 위한 정적 검사 세트)를 실행한다. 모두 정상이면 "system check is no issues(0 silenced)" 메시지가 나타난다. 그렇지 않다면 모델 코드를 올바르게 입력했는지 확인하자. 오류 출력은 코드의 문제점에 대한 유용한 정보를 제공한다. 언제든지 모델에 문제가 있다고 생각하면 python manage.py check를 실행하자. 이 명령은 모든 일반적인 모델 문제를 잡아주는 경향이 있다.

모델이 유효하다면 다음 명령을 실행해 장고에게 모델을 약간 변경했다는 것을 알리자 (이 경우에는 새 모델을 작성했다).

```
python manage.py makemigrations books
```

다음과 유사한 내용이 나타난다.

```
Migrations for 'books':
   0001_initial.py:
       -Create model Author
       -Create model Book
       -Create model Publisher
       -Add field publisher to book
```

마이그레이션은 장고가 모델(및 데이터베이스 스키마)에 변경 사항을 저장하는 방법이며, 디스크에 있는 파일일뿐이다. 이 예제에서 books 앱의 "이전migrations" 폴더에 "0001_initial.py"라는 파일 이름이 있다. migrate 명령은 최신 마이그레이션 파일을 가져와서 데이터베이스 스키마를 자동으로 업데이트한다. 하지만 우선 마이그레이션이 실행할 SQL을 살펴보자. sqlmigrate 명령은 마이그레이션 이름을 사용하고 SQL을 리턴한다.

```
python manage.py sqlmigrate books 0001
```

다음과 유사한 내용이 표시돼야 한다(가독성을 위해 다시 형식화된다).

```
BEGIN;

CREATE TABLE "books_author" (
    "id" integer NOT NULL PRIMARY KEY AUTOINCREMENT,
    "first_name" varchar(30) NOT NULL,
    "last_name" varchar(40) NOT NULL,
    "email" varchar(254) NOT NULL
);
CREATE TABLE "books_book" (
    "id" integer NOT NULL PRIMARY KEY AUTOINCREMENT,
    "title" varchar(100) NOT NULL,
    "publication_date" date NOT NULL
);
CREATE TABLE "books_book_authors" (
    "id" integer NOT NULL PRIMARY KEY AUTOINCREMENT,
    "book_id" integer NOT NULL REFERENCES "books_book" ("id"),
    "author_id" integer NOT NULL REFERENCES "books_author" ("id"),
    UNIQUE ("book_id", "author_id")
);
CREATE TABLE "books_publisher" (
    "id" integer NOT NULL PRIMARY KEY AUTOINCREMENT,
    "name" varchar(30) NOT NULL,
    "address" varchar(50) NOT NULL,
    "city" varchar(60) NOT NULL,
    "state_province" varchar(30) NOT NULL,
    "country" varchar(50) NOT NULL,
    "website" varchar(200) NOT NULL
);
CREATE TABLE "books_book__new" (
    "id" integer NOT NULL PRIMARY KEY AUTOINCREMENT,
    "title" varchar(100) NOT NULL,
    "publication_date" date NOT NULL,
    "publisher_id" integer NOT NULL REFERENCES
    "books_publisher" ("id")
);
```

```
INSERT INTO "books_book__new" ("id", "publisher_id", "title",
"publication_date") SELECT "id", NULL, "title", "publication_date" FROM
"books_book";

DROP TABLE "books_book";

ALTER TABLE "books_book__new" RENAME TO "books_book";

CREATE INDEX "books_book_2604cbea" ON "books_book" ("publisher_id");

COMMIT;
```

다음 사항에 유의하자.

- 테이블 이름은 앱 이름[books]과 모델의 소문자 이름(publisher, book, author)을 결합해 자동으로 생성된다. "부록 B, 데이터베이스 API 참조"에 설명한 대로 이러한 동작을 무시할 수 있다.
- 이전에 언급했듯이, 장고는 각 테이블에 대한 기본 키(id 필드)를 자동으로 추가한다. 여러분은 이를 무시할 수도 있다. 규약에 따르면, 장고는 외래 키[ForeignKey] 필드 이름에 "_id"를 추가한다. 짐작하는 바와 같이 이 동작도 무시할 수 있다.
- 외부 키 관계는 REFERENCES문에 의해 명시적으로 작성된다.

이러한 CREATE TABLE문은 사용 중인 데이터베이스에 맞게 조정되므로 auto_increment(MySQL), serial(PostgreSQL) 또는 integer primary key(SQLite)와 같은 데이터베이스 관련 필드 유형이 자동으로 처리된다. 열 이름을 인용할 때도 마찬가지다(예: 큰따옴표 또는 작은따옴표를 사용할 경우). 이 예제 출력은 PostgreSQL 구문인 경우다.

sqlmigrate 명령은 실제로 테이블을 만들거나 데이터베이스에 접근하지 않는다. 단지 화면에 결과를 출력해 요청하면 장고가 어떤 SQL을 실행하는지를 볼 수 있도록 해준다. 원한다면 이 SQL을 복사해 데이터베이스 클라이언트에 붙여 넣을 수 있지만, 장고는 SQL을 데이터베이스에 좀 더 쉽게 커밋할 수 있는 방법을 제공한다. migrate

명령은 다음과 같다.

```
python manage.py migrate
```

이 명령을 실행하면 다음과 같은 내용이 나타난다.

```
Operations to perform:
    Apply all migrations: books
Running migrations:
    Rendering model states... DONE
    # ...
    Applying books.0001_initial... OK
    # ...
```

장고는 처음으로 마이그레이션을 실행할 때인 모든 추가 기능이 무엇인지 궁금해할 때
(주석 처리), 장고가 내장된 응용 프로그램에 필요한 모든 시스템 테이블을 작성한다. 마이
그레이션은 장고가 데이터베이스 스키마에 변경한 내용을 모델에 전파(필드 추가, 모델 삭
제 등)하는 방식이다. 대부분 자동으로 설계됐지만, 몇 가지 주의사항이 있다(좀 더 자세한
내용은 "21장, 고급 데이터베이스 관리" 참조).

■ 기본 데이터 액세스

모델을 생성하고 나면 장고는 자동으로 이들 모델 작업을 위한 고급 파이썬 API를 제공
한다. python manage.py shell을 실행한 후 다음과 같이 입력해보자.

```
>>> from books.models import Publisher
>>> p1 = Publisher(name='Apress', address='2855 Telegraph Avenue',
... city='Berkeley', state_province='CA', country='U.S.A.',
... website='http://www.apress.com/')
```

```
>>> p1.save()
>>> p2 = Publisher(name="O'Reilly", address='10 Fawcett St.',
... city='Cambridge', state_province='MA', country='U.S.A.',
... website='http://www.oreilly.com/')
>>> p2.save()
>>> publisher_list = Publisher.objects.all()
>>> publisher_list
[<Publisher: Publisher object>, <Publisher: Publisher object>]
```

이 몇 줄의 코드는 꽤 일부분을 실행한다. 주요 특징은 다음과 같다.

- 우선, publisher 모델 클래스를 임포트한다. 이를 통해 publishers가 포함된 데 이터베이스 테이블과 상호작용할 수 있다.
- 각 필드 name, address 등의 값으로 인스턴스화해 Publisher 객체를 만든다.
- 객체를 데이터베이스에 저장하려면 save() 메서드를 호출해야 한다. 이 경우, 장고는 SQL INSERT문을 실행한다.
- 데이터베이스에서 publishers를 검색하려면 Publisher.objects 특성을 사용 해야 한다. 이 특성은 모든 publishers의 집합으로 생각할 수 있다. Publisher. objects.all()문을 사용해 데이터베이스의 모든 Publisher 객체 목록을 가져 온다. 이면에서는 장고가 SQL SELECT문을 실행한다.

이 예제에서 명확하지 않은 경우에 대비해 한 가지 언급할 필요가 있다. 장고 모델 API를 사용해 객체를 만들 때 장고는 save() 메서드를 호출할 때까지 객체를 데이터베이스에 저장하지 않는다.

```
p1 = Publisher(...)
# 이 시점에서 p1은 데이터베이스에 아직 저장되지 않았다.
p1.save()
# 이제 저장됐다.
```

객체를 작성하고 단일 단계로 데이터베이스에 저장하려면 objects.create() 메서드를 사용하라. 이 예제는 위와 동일하다.

```
>>> p1 = Publisher.objects.create(name='Apress',
... address='2855 Telegraph Avenue',
... city='Berkeley', state_province='CA', country='U.S.A.',
... website='http://www.apress.com/')
>>> p2 = Publisher.objects.create(name="O'Reilly",
... address='10 Fawcett St.', city='Cambridge',
... state_province='MA', country='U.S.A.',
... website='http://www.oreilly.com/')
>>> publisher_list = Publisher.objects.all()
>>> publisher_list
[<Publisher: Publisher object>, <Publisher: Publisher object>]
```

당연히 장고 데이터베이스 API를 사용하면 상당히 많은 작업을 수행할 수 있다. 하지만 먼저 작은 불편을 해결해보자.

모델 문자열 표현 추가

Publishers 목록을 인쇄할 때, Publisher 객체를 구분하기가 어려워지는 유용하지 않은 표시가 있다.

```
[<Publisher: Publisher object>, <Publisher: Publisher object>]
```

Publisher 클래스에 __str__()이라는 메서드를 추가하면 이 문제를 쉽게 해결할 수 있다. __str__() 메서드는 사람이 읽을 수 있는 객체 표현을 표시하는 방법을 파이썬에게 알려준다. 다음 세 가지 모델에 __str__() 메서드를 추가하면 결과를 볼 수 있다.

```
from django.db import models

class Publisher(models.Model):
    name = models.CharField(max_length=30)
    address = models.CharField(max_length=50)
    city = models.CharField(max_length=60)
    state_province = models.CharField(max_length=30)
    country = models.CharField(max_length=50)
    website = models.URLField()

    def __str__(self):
        return self.name

class Author(models.Model):
    first_name = models.CharField(max_length=30)
    last_name = models.CharField(max_length=40)
    email = models.EmailField()

    def __str__(self):                  return u'%s %s' %
                                           (self.first_name, self.last_name)

class Book(models.Model):
    title = models.CharField(max_length=100)
    authors = models.ManyToManyField(Author)
    publisher = models.ForeignKey(Publisher)
    publication_date = models.DateField()

    def __str__(self): return self.title
```

보시다시피 __str__() 메서드는 객체 표현을 반환하기 위해 수행해야 하는 작업을 모두 실행할 수 있다. 여기서 Publisher와 Book의 __str__() 메서드는 각각 객체의 이름과 제목을 반환하지만 Author에 대한 __str__()은 약간 더 복잡하다. 즉, first_name 및 last_name 필드를 공백으로 구분해 함께 묶는다. __str__()에 대한 유일한 요구사항은 문자열 객체를 반환한다는 것이다. __str __()이 문자열 객체를 반환하지 않으면 (예: 정수를 반환하는 경우), 파이썬은 다음과 같은 메시지와 함께 TypeError를 발생시킨다.

```
TypeError: __str__ returned non-string (type int).
```

__str __() 변경 사항을 적용하려면 파이썬 셸을 종료하고 파이썬 manage.py 셸을 사용해 다시 입력해야 한다. 이것은 코드 변경을 적용하는 가장 간단한 방법이다. 이제 Publisher 객체 리스트를 훨씬 쉽게 이해할 수 있다.

```
>>> from books.models import Publisher
>>> publisher_list = Publisher.objects.all()
>>> publisher_list
[<Publisher: Apress>, <Publisher: O'Reilly>]
```

대화형 인터프리터를 사용할 때 자신의 편의뿐만 아니라 장고가 객체를 표시해야 할 때 여러 장소에서 __str__() 출력을 사용하기 때문에 정의한 모델에 __str__() 메서드가 있는지 확인하자. 마지막으로 __str __()은 모델에 비헤이비어를 추가하는 좋은 예제다. 장고 모델은 하나의 객체에 대한 데이터베이스 테이블 레이아웃 이상의 것을 보여준다. 또한 객체가 실행하는 방법에 대해 알고 있는 모든 기능을 설명한다. __str__()은 이러한 기능에 대한 한 가지 예제다. 즉, 모델은 자신이 표시되는 방법을 알고 있다.

데이터 삽입 및 업데이트

데이터베이스에 행을 삽입하려면 가장 먼저 다음과 같이 키워드 인자를 사용해 모델의 인스턴스를 만든다.

```
>>> p = Publisher(name='Apress',
...address='2855 Telegraph Ave.',
```

```
...city='Berkeley',
...state_province='CA',
...country='U.S.A.',
...website='http://www.apress.com/')
```

위에서 언급한 것처럼, 모델 클래스를 인스턴스화하는 이 작업은 데이터베이스에 영향을 미치지 않는다. 다음과 같이 save( )를 호출할 때까지는 레코드가 데이터베이스에 저장되지 않는다.

```
>>> p.save( )
```

SQL에서 이 내용은 대략 다음과 같이 변환할 수 있다.

```
INSERT INTO books_publisher
     (name, address, city, state_province, country, website)
VALUES
     ('Apress', '2855 Telegraph Ave.', 'Berkeley', 'CA',
      'U.S.A.', 'http://www.apress.com/');
```

출판사 모델은 자동 증가 기본 키 id를 사용하기 때문에 save( )에 대한 초기 all은 한 가지 이상의 업무를 수행한다. 즉, 레코드의 기본 키 값을 계산하고, 이를 인스턴스의 id 특성으로 설정한다.

```
>>> p.id
52       # 이 결과는 여러분의 데이터에 따라 다르다.
```

이후에 save( )를 호출하면 신규 레코드를 만들지 않고 레코드를 저장한다. 즉, INSERT 대신 SQL UPDATE문을 실행한다.

```
>>> p.name = 'Apress Publishing'
>>> p.save( )
```

앞의 save( )문은 대략 다음 SQL을 생성한다.

```
UPDATE books_publisher SET
    name = 'Apress Publishing',
    address = '2855 Telegraph Ave.',
    city = 'Berkeley',
    state_province = 'CA',
    country = 'U.S.A.',
    website = 'http://www.apress.com'
WHERE id = 52;
```

변경된 필드뿐만 아니라 모든 필드가 업데이트될 것이다. 응용 프로그램에 따라 경쟁 조건이 발생할 수 있다. 이와 같이 약간 다른 쿼리를 실행하는 방법을 알려면 다음과 같은 하나의 명령으로 여러 객체를 업데이트하는 방법을 살펴보라.

```
UPDATE books_publisher SET
    name = 'Apress Publishing'
WHERE id=52;
```

객체 선택

데이터베이스 레코드를 만들고 업데이트하는 방법을 알고 있어야 하지만 만들 웹 응용 프로그램이 새로운 객체를 만드는 것보다 기존 객체를 더 많이 쿼리하게 될 가능성이 있다. 주어진 모델에 대한 모든 레코드를 검색하는 방법은 이미 살펴봤다.

```
>>> Publisher.objects.all()
[<Publisher: Apress>, <Publisher: O'Reilly>]
```

이것은 다음과 같은 SQL로 변환된다.

```
SELECT id, name, address, city, state_province, country, website
FROM books_publisher;
```

 참고는 데이터를 찾을 때 SELECT *를 사용하지 않고 모든 필드를 명시적으로 나열한다. 이는 의도적인 것이다. 어떠한 환경에서 SELECT *는 느려질 수 있고, 게다가 더욱 중요한 점은 필드를 목록화하는 작업은 파이썬의 Zen에 대한 한 가지 교리(명시적인 것이 암묵적인 것보다 낫다)와 밀접한 관계가 있다. 파이썬의 Zen에 대한 좀 더 자세한 내용을 알아보려면 파이썬 프롬프트에서 import this를 입력해야 한다.

이 Publisher.objects.all() 행의 각 부분을 자세히 살펴보자.

- 먼저 우리는 이미 정의한 모델 Publisher를 갖고 있다. 놀랄 만한 일이 아니다. 여러분은 데이터를 검색하고자 할 때, 해당 데이터에 모델을 사용한다.

- 다음으로 우리는 objects 속성을 갖는다. 이를 매니저^{manager}라고 한다. 이 매니저는 "9장, 고급 모델"에서 자세히 설명한다. 지금 당장 알아야 하는 것은 매니저가 가장 중요한 데이터 조회를 포함해 데이터에 대한 모든 테이블 수준의 작업을 처리한다는 점이다. 모든 모델은 자동으로 객체 관리자를 얻는다. 여러분은 언제든지 모델 인스턴스를 검색할 때 매니저를 사용할 수 있다.

- 마지막으로 all()이 있다. 이것은 데이터베이스의 모든 행을 반환하는 객체 관리자의 메서드다. 이 객체는 리스트처럼 보이지만, 실제로는 데이터베이스의 특정 행 집합을 나타내는 객체인 QuerySet이다(좀 더 자세한 내용은 "부록 C, 일반 뷰 참조" 참고). 이 장의 나머지 부분에서는 에뮬레이트하는 리스트처럼 취급할 것

이다. 모든 데이터베이스 조회는 이러한 일반적인 패턴을 따를 것이다. 즉, 쿼리할 모델에 연결된 관리자의 메서드를 호출한다.

데이터 필터링

당연히 데이터베이스에서 모든 것을 한꺼번에 선택하기는 거의 불가능하다. 대부분의 경우 데이터의 하위 집합을 처리해야 할 것이다. 장고 API에서 filter() 메서드를 사용하면 데이터를 필터링할 수 있다.

```
>>> Publisher.objects.filter(name='Apress')
[<Publisher: Apress>]
```

filter()는 적절한 SQL **WHERE** 절로 변환되는 키워드 인수를 사용한다. 앞의 예는 다음과 같이 변환된다.

```
SELECT id, name, address, city, state_province, country, website
FROM books_publisher
WHERE name = 'Apress';
```

filter()에 여러 개의 인수를 전달해 세부사항을 좁힐 수 있다.

```
>>> Publisher.objects.filter(country="U.S.A.", state_province="CA")
 [<Publisher: Apress>]
```

이러한 여러 인수는 SQL **AND** 절로 변환된다. 따라서 코드 스니펫의 예제는 다음과 같이 변환된다.

```
SELECT id, name, address, city, state_province, country, website
FROM books_publisher
```

```
WHERE country = 'U.S.A.'
AND state_province = 'CA';
```

기본적으로 조회는 정확한 일치 검색을 수행하기 위해 SQL = 연산자를 사용한다. 다른 조회 유형도 가능하다.

```
>>> Publisher.objects.filter(name__contains="press")
[<Publisher: Apress>]
```

name과 contains 사이에 2개의 밑줄이 있다. 장고는 파이썬과 마찬가지로 2개의 밑줄(__) 을 사용해 마술이 일어나고 있다는 것을 알린다. 여기에서 __contains 부분은 장고에 의 해 SQL LIKE문으로 변환된다.

```
SELECT id, name, address, city, state_province, country, website
FROM books_publisher
WHERE name LIKE '%press%';
```

icontains(유사한 내용을 모두 검색하는 LIKE), startswith와 endswith, range(SQL BETWEEN 쿼리) 등의 다른 많은 유형의 조회가 가능하다. "부록 C, 일반 뷰 참조"에서는 이러한 모 든 검색 유형을 자세히 설명한다.

단일 객체 검색

위의 filter() 예제는 모두 리스트처럼 취급할 수 있는 QuerySet을 반환했다. 때로는 리스트와 달리 하나의 객체만 가져오는 것이 더 편리하다. 이것이 get() 메서드가 필요 한 이유다.

```
>>> Publisher.objects.get(name="Apress")
<Publisher: Apress>
```

리스트(오히려 QuerySet) 대신 하나의 객체만 반환된다. 이 때문에 여러 객체를 가져오는 쿼리는 예외를 발생시킨다.

```
>>> Publisher.objects.get(country="U.S.A.")
Traceback (most recent call last):
  ...
MultipleObjectsReturned: get() returned more than one Publisher -- it
returned 2! Lookup parameters were {'country': 'U.S.A.'}
```

어떤 객체도 반환하지 않는 쿼리도 예외를 발생시킨다.

```
>>> Publisher.objects.get(name="Penguin")
Traceback (most recent call last):
...
DoesNotExist: Publisher matching query does not exist.
```

DoesNotExist 예외는 모델의 클래스인 Publisher.DoesNotExist의 특성이다. 여러분의 응용 프로그램에서는 다음과 같이 이러한 예외를 잡아두길 원할 것이다.

```
try:
    p = Publisher.objects.get(name='Apress')
except Publisher.DoesNotExist:
    print ("Apress isn't in the database yet.")
else:
    print ("Apress is in the database.")
```

데이터 정렬

앞의 예를 살펴보면 객체가 임의의 순서로 반환된다는 것을 알 수 있다. 여러분은 이러한 기능을 상상하지 못했을 것이다. 지금까지는 결과를 정렬하는 방법을 데이터베이스에 알려주지 않았으므로 단순히 데이터베이스가 선택한 임의의 순서로 데이터를 가져오는 것이었다. 장고 응용 프로그램에서는 알파벳순으로 특정 값에 따라 결과를 정렬하기 원할 것이다. 이렇게 하려면 order_by( ) 메서드를 사용해야 한다.

```
>>> Publisher.objects.order_by("name")
[<Publisher: Apress>, <Publisher: O'Reilly>]
```

이것은 이전의 all( ) 예제와 크게 다르지 않지만, SQL은 이제 특정 순서를 포함한다.

```
SELECT id, name, address, city, state_province, country, website
FROM books_publisher
ORDER BY name;
```

다음과 같이 모든 필드를 대상으로 정렬할 수 있다.

```
>>> Publisher.objects.order_by("address")
[<Publisher: O'Reilly>, <Publisher: Apress>]

>>> Publisher.objects.order_by("state_province")
[<Publisher: Apress>, <Publisher: O'Reilly>]
```

여러 필드(두 번째 필드는 첫 번째 필드가 동일한 경우, 순서를 명확하게 하기 위해 사용된다)를 기준으로 정렬하려면 여러 인수를 사용해야 한다.

```
>>> Publisher.objects.order_by("state_province", "address")
[<Publisher: Apress>, <Publisher: O'Reilly>]
```

필드 이름의 접두사를 "–"(빼기 문자)로 지정해 역순을 지정할 수도 있다.

```
>>> Publisher.objects.order_by("-name")
[<Publisher: O'Reilly>, <Publisher: Apress>]
```

이와 같은 유연성이 쓸모가 있지만, 항상 order_by()를 사용하면 상당히 반복적일 수 있다. 대부분의 경우, 일반적으로 정렬하기 원하는 특정한 분야가 있다. 이러한 경우, 장고에서는 모델에서 기본 순서를 지정할 수 있다.

```
class Publisher(models.Model):
    name = models.CharField(max_length=30)
    address = models.CharField(max_length=50)
    city = models.CharField(max_length=60)
    state_province = models.CharField(max_length=30)
    country = models.CharField(max_length=50)
    website = models.URLField()

    def __str__(self):
        return self.name

    class Meta:                     ordering = ['name']
```

여기에서는 새로운 개념을 도입했다. class Meta는 Publisher 클래스 정의에 포함된 클래스다(즉, class Publisher 내에 들여쓰기돼 있다). 모든 모델에서 이 Meta 클래스를 사용해 다양한 모델별 옵션을 지정할 수 있다. Meta 옵션에 대한 전체 참조는 "부록 B, 데이터베이스 API 참조"에서 활용할 수 있지만, 지금은 정렬 옵션에 대해 관심이 있다. 정렬 옵션을 지정하면 order_by()로 명시적으로 순서를 지정하지 않을 경우, 장고는 데이터베이스 API로 검색할 때마다 모든 Publisher 객체를 name 필드로 정렬해야 한다고 명시적으로 알려준다.

룩업 체이닝(Chaining lookups)

여러분은 데이터를 필터링하는 방법과 주문 방법을 봤다. 흔히 두 가지 작업을 모두 수행해야 한다. 이 경우, 룩업을 함께 연결하면 된다.

```
>>> Publisher.objects.filter(country="U.S.A.").order_by("-name")
[<Publisher: O'Reilly>, <Publisher: Apress>]
```

예상대로 WHERE와 ORDER BY가 있는 SQL 쿼리로 변환된다.

```
SELECT id, name, address, city, state_province, country, website
FROM books_publisher
WHERE country = 'U.S.A'
ORDER BY name DESC;
```

데이터 조각내기

또 다른 공통 요구사항은 고정된 수의 행만 검색하는 것이다. 데이터베이스에 수천 명의 게시자가 있지만, 여러분이 첫 번째 게시자만 표시하려 한다고 가정해보자. 파이썬의 표준 목록 구분 구문을 사용하면 이 작업을 수행할 수 있다.

```
>>> Publisher.objects.order_by('name')[0]
<Publisher: Apress>
```

이렇게 하면 대략 다음과 같이 변환된다.

```
SELECT id, name, address, city, state_province, country, website
FROM books_publisher
ORDER BY name
LIMIT 1;
```

마찬가지로 파이썬의 범위 슬라이싱 구문을 사용해 특정 데이터 하위 집합을 검색할 수 있다.

```
>>> Publisher.objects.order_by('name')[0:2]
```

이렇게 하면 대략 2개의 객체가 반환되고 다음과 같이 변환된다.

```
SELECT id, name, address, city, state_province, country, website
FROM books_publisher
ORDER BY name
OFFSET 0 LIMIT 2;
```

음수를 이용한 자르기는 지원하지 않는다.

```
>>> Publisher.objects.order_by('name')[-1]
Traceback (most recent call last):
...
AssertionError: Negative indexing is not supported.
```

그러나 이것은 쉽지 않다. 다음과 같이 order_by( )문을 변경하라.

```
>>> Publisher.objects.order_by('-name')[0]
```

하나의 명령문으로 여러 객체 업데이트

우리는 모델 삽입 및 업데이트 섹션에서 model save( ) 메서드가 행의 모든 열을 업데이트한다는 것을 지적했다. 응용 프로그램에 따라 여러분은 일부 열만 업데이트할 수 있길 원할 수 있다. 예를 들어, 이름을 'Apress'에서 'Apress Publishing'으로 변경하기 위해 Apress Publisher를 업데이트한다고 가정해보자. save( )를 사용하면 다음과 같을 것이다.

```
>>> p = Publisher.objects.get(name='Apress')
>>> p.name = 'Apress Publishing'
>>> p.save( )
```

이것은 대략 다음 SQL로 변환된다.

```
SELECT id, name, address, city, state_province, country, website
FROM books_publisher
WHERE name = 'Apress';

UPDATE books_publisher SET
      name = 'Apress Publishing',
      address = '2855 Telegraph Ave.',
      city = 'Berkeley',
      state_province = 'CA',
      country = 'U.S.A.',
      website = 'http://www.apress.com'
WHERE id = 52;
```

(이 예제에서는 Apress의 게시자 ID가 52라고 가정한다) 이 예제에서 장고의 save( ) 메서드는 name 열뿐만 아니라 모든 열값을 설정한다는 것을 알 수 있다. 일부의 다른 프로세스로 인해 데이터베이스의 다른 열이 바뀔 수 있는 환경에 있다면 변경해야 하는 열만 변경하는 것이 더 좋다. 이렇게 하려면 QuerySet 객체에서 update( ) 메서드를 사용해야 한다. 예제는 다음과 같다.

```
>>> Publisher.objects.filter(id=52).update(name='Apress Publishing')
```

SQL 변환은 훨씬 효율적이며, 경쟁 조건은 없다.

```
UPDATE books_publisher
SET name = 'Apress Publishing'
WHERE id = 52;
```

update( ) 메서드는 모든 QuerySet에서 작동한다. 즉, 여러 쿼리를 대량으로 편집할 수 있다. 각 Publisher 레코드의 country를 U.S.A에서 USA로 변경하는 방법은 다음과 같다.

```
>>> Publisher.objects.all( ). update (country = 'USA')
2
```

update( ) 메서드는 반환값, 즉 변경된 레코드의 수를 나타내는 정수를 갖는다. 위의 예에서 우리는 2를 갖는다.

객체 삭제

데이터베이스에서 객체를 삭제하려면 객체의 delete( ) 메서드를 호출해야 한다.

```
>>> p = Publisher.objects.get(name="O'Reilly")
>>> p.delete( )
>>> Publisher.objects.all( )
[<Publisher: Apress Publishing>]
```

QuerySet의 결과에 대해 delete( )를 호출해 대량으로 객체를 삭제할 수도 있다. 이는 이전 섹션에서 살펴본 update( ) 메서드와 유사하다.

```
>>> Publisher.objects.filter(country='USA').delete( )
>>> Publisher.objects.all( ).delete( )
```

```
>>> Publisher.objects.all()
[]
```

데이터 삭제에 주의하자. 장고는 특정 테이블의 모든 데이터를 삭제하는 것에 대한 예방책으로서 테이블의 모든 것을 지우고 싶을 때 명시적으로 all()을 사용해야 한다. 예를 들어, 다음은 작동하지 않을 것이다.

```
>>> Publisher.objects.delete()
Traceback (most recent call last):
    File "", line 1, in
AttributeError: 'Manager' object has no attribute 'delele'
```

그러나 all() 메서드를 추가하면 작동한다.

```
>>> Publisher.objects.all().delete()
```

데이터의 하위 집합을 삭제하는 경우, all()을 포함할 필요가 없다. 이전 예를 반복하려면 다음과 같이 수행해야 한다.

```
>>> Publisher.objects.filter(country='USA').delete()
```


▌ 5장에서 무엇을 설명하는가?

4장 학습을 통해, 여러분은 기본 데이터베이스 응용 프로그램을 작성할 수 있는 장고 모델에 대한 충분한 지식을 갖게 됐다. "9장, 고급 모델"에서는 장고의 데이터베이스 레이어의 고급 사용법에 대한 정보를 제공한다. 여러분이 모델을 정의한 후에는 데이터베이스에 데이터를 채우는 작업을 해야 한다. 여러분은 레거시 데이터를 갖고 있을 것이다.

이 경우에는 "21장, 고급 데이디베이스 관리"에서 레거시 데이터베이스와의 통합에 관련된 조언을 얻기 바란다. 여러분의 데이터를 제공하기 위해 웹 사이트 사용자에게 의존할 수도 있다. 이 경우 "6장, 폼"은 사용자 제공 양식의 데이터를 처리하는 방법을 알려준다. 그러나 경우에 따라 여러분 또는 팀이 수동으로 데이터를 입력해야 할 수도 있다. 이 경우 데이터를 입력하고 관리하기 위한 웹 기반 인터페이스가 있다면 도움이 된다. 다음 장에서는 이러한 용도에 필요한 장고의 admin 인터페이스를 설명한다.

05

장고 관리자 웹 사이트

대부분의 최신 웹 사이트에서 관리 인터페이스[admin interface]는 인프라의 핵심 부분이다. 이 웹 사이트는 신뢰할 수 있는 웹 사이트 관리자만 사용할 수 있는 웹 기반 인터페이스로서 웹 사이트 콘텐츠의 추가, 편집 및 삭제를 가능하게 한다. 몇 가지 일반적인 예제로는 블로그에 게시하는 데 사용하는 인터페이스, 백엔드 웹 사이트 관리자가 사용자가 생성한 댓글을 검토하는 데 사용하는 인터페이스, 구축된 웹 사이트의 보도 자료를 고객이 업데이트하는 데 사용하는 도구가 있다.

하지만 관리자 인터페이스에는 문제가 있다. 즉, 이러한 것을 만드는 데 작업이 지루하다는 점이다. 공용으로 보는 기능을 개발할 때 웹 개발은 재미있지만, 관리 인터페이스를 빌드하는 것은 항상 동일하다. 여러분은 사용자 인증, 양식 표시 및 처리, 입력 유효성 검사 등을 수행해야 한다. 이것은 지루하고 반복적인 업무가 된다.

그렇다면 지루하고 반복적인 작업에 대한 장고의 접근 방식은 무엇일까? 장고는 당신을 위해 모든 것을 해결해준다는 점이다.

장고를 사용하면 관리 인터페이스를 만드는 것이 해결된다. 5장에서는 장고의 자동 관리 인터페이스를 살펴볼 것이다. 모델에 편리한 인터페이스를 제공하는 방법과 우리가 할 수 있는 다른 유용한 것들을 살펴보기 바란다.

▌ 관리자 웹 사이트 사용하기

"1장, 장고 소개 및 시작하기"에서 django-admin startproject mysite를 실행할 때, 장고는 기본 관리자 웹 사이트를 만들고 구성했다. 여러분은 관리 사용자(슈퍼 유저)를 생성한 후 관리자 웹 사이트에 로그인하면 된다.

 만약, 비주얼 스튜디오를 사용한다면 명령 행에서 다음 단계를 실행할 필요가 없다. 여러분은 비주얼 스튜디오 Project 메뉴 탭에서 슈퍼 유저를 추가할 수 있다.

관리자 계정을 만들려면 다음 명령을 실행해야 한다.

```
python manage.py createsuperuser
```

원하는 사용자 이름을 입력하고 Enter를 누른다.

```
Username: admin
```

다음으로 원하는 전자 메일 주소를 묻는 메시지가 나타난다.

```
Email address: admin@example.com
```

178

마지막 단계는 비밀번호를 입력하는 것이다. 암호를 두 번 입력하라는 메시지가 나타나고, 두 번째로는 첫 번째 입력한 암호를 확인하는 메시지가 나타난다.

```
Password: **********
Password (again): *********
Superuser created successfully.
```

개발 서버 시작하기

Django 1.8에서 장고 관리자 웹 사이트는 기본으로 활성화된다. 개발 서버를 시작하고 탐색해보자. 4장에서 개발 서버를 다음과 같은 명령으로 시작했다는 것을 기억하자.

```
python manage.py runserver
```

이제 웹 브라우저를 오픈하고 로컬 도메인상의 /admin/으로 이동히지. 에를 들어, http://127.0.0.1:8000/admin 웹 사이트로 이동하자. 여러분은 [그림 5.1]과 같이 관리자 로그인 스크린을 보게 될 것이다.

번역은 기본으로 설정돼 있기 때문에 여러분의 웹 브라우저 설정과 장고가 이 언어에 해당하는 번역 내용을 갖고 있는지의 여부에 따라 로그인 스크린은 사용자 언어로 나타난다.

관리자 웹 사이트 들어가기

이제 앞 단계에서 생성한 슈퍼 유저 계정으로 로그인해보자. 여러분은 [그림 5.2]와 같이 장고 관리자 인덱스 웹 페이지를 보게 될 것이다.

편집 가능한 콘텐츠로 그룹 및 사용자라는 두 가지 유형이 나타난다. 이것들은 장고가 제공한 인증 프레임워크인 `django.contrib.auth`에 의해 제공된다. 관리자 웹 사이트는 비기술 사용자가 사용하도록 설계됐으므로 자체 설명이 있어야 한다. 그럼에도 불구하고 기본 기능에 대해 간략하게 살펴보자.

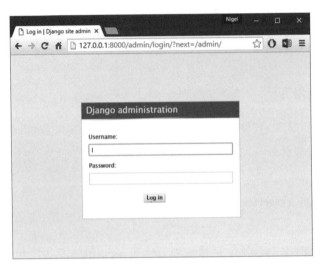

[그림 5.1] Django administrator 로그인 화면

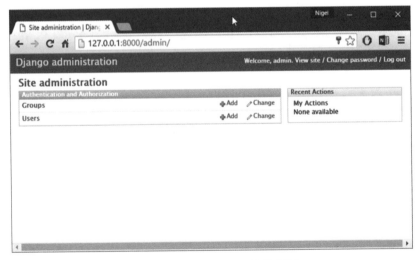

[그림 5.2] Django administrator 홈 웹 페이지

180

장고 관리자 웹 사이트의 각 유형 데이터에는 변경 목록과 편집 양식이 있다. 변경 목록
은 데이터베이스에서 사용할 수 있는 모든 개체를 표시하고, 편집 양식을 사용해 데이터
베이스의 특정 레코드를 추가, 변경 또는 삭제할 수 있다. Users 행의 Change 링크를 클
릭해 사용자에 대한 변경 목록 웹 페이지를 로드한다([그림 5.3]).

[그림 5.3] 사용자 변경 목록 웹 페이지

이 웹 페이지는 데이터베이스의 모든 사용자를 표시한다. 여러분은 SELECT * FROM
auth_user의 prettied-up 웹 버전, 즉 SQL 쿼리라고 생각할 수 있다. 현재 진행 중인 예
를 따라 한다면 하나만 추가했다고 가정할 때 여기에 1명의 사용자만 나타나지만, 더 많
은 사용자가 있으면 필터링, 정렬 및 검색 옵션이 유용할 것이다.

필터링 옵션이 오른쪽이다. 정렬은 열 머리글을 클릭하면 가능하며, 상단의 검색 상자는
사용자 이름으로 검색할 수 있다. 여러분이 생성한 사용자의 사용자 이름을 클릭하면 해
당 사용자의 편집 양식이 나타난다([그림 5.4]).

이 웹 페이지에서는 이름/성 및 다양한 권한과 같은 사용자 속성을 변경할 수 있다. 사용
자의 암호를 변경하려면 해시된 코드를 편집하는 대신 암호 필드에서 change password
form을 클릭해야 한다.

여기서 주목해야 할 것은 다른 유형의 필드는 다른 위젯을 갖는다는 점이다. 예를 들어, 날짜 / 시간 필드는 달력 컨트롤이 있고, 부울 필드에는 체크 박스가 있으며, 문자 필드에는 간단한 텍스트 입력 필드가 있다.

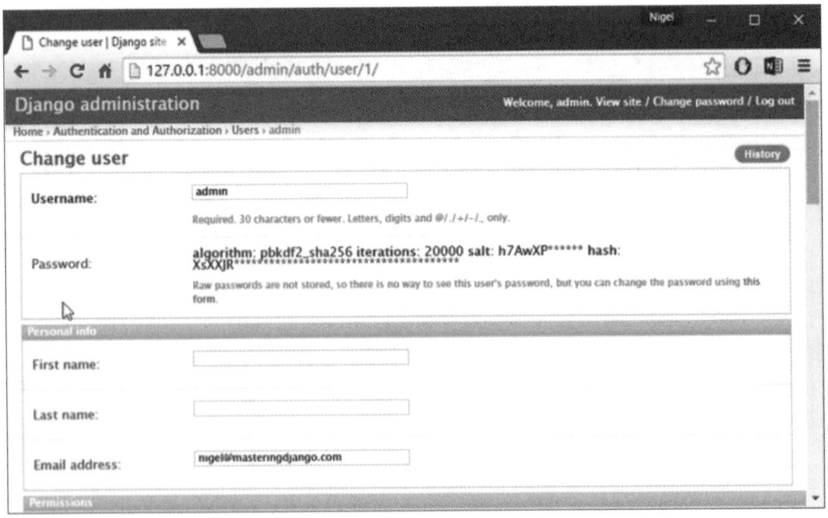

[그림 5.4] 사용자 편집 양식

편집 양식의 왼쪽 하단에 있는 **삭제** 버튼을 클릭해 레코드를 삭제할 수 있다. 이 경우 여러분은 확인 웹 페이지로 이동해야 하며, 경우에 따라 삭제될 종속 개체가 나타난다. 예를 들어, 여러분이 출판사를 삭제하면 해당 출판사가 포함된 모든 도서도 삭제된다.

관리자 홈 웹 페이지의 해당 열에서 **Add**를 클릭해 레코드를 추가할 수 있다. 이렇게 하면 빈 버전의 편집 웹 페이지가 제공돼 여러분이 작성할 수 있다. 또한 관리자 인터페이스는 입력 유효성 검사를 처리한다. 필수 필드를 비워두거나 유효하지 않은 날짜를 날짜 필드에 넣으면 [그림 5.5]와 같이 저장하려고 할 때 오류가 나타난다.

기존 개체를 편집하면 창의 오른쪽 위 모서리에 기록 링크가 나타난다. 관리자 인터페이스를 통해 이뤄진 모든 변경 사항이 기록되며, History 링크를 클릭하면 이 로그를 검사할 수 있다([그림 5.6] 참조).

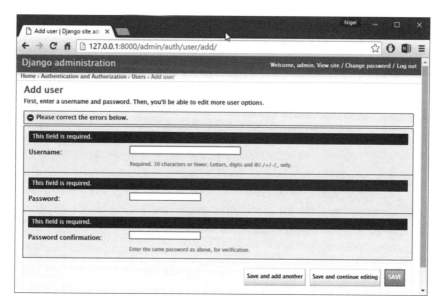

[그림 5.5] 오류를 표시하는 편집 양식

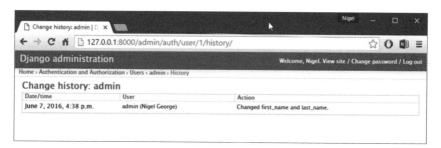

[그림 5.6] 객체 히스토리 웹 페이지

관리자 웹 사이트 작동 방법

화면 뒤에서 admin 웹 사이트는 어떻게 작동할까? 꽤 간단하다. 장고는 서버 시작 시 로드될 때, admin.autodiscover() 함수를 실행한다. 장고의 이전 버전에서는 urls.py에서 이 함수를 호출하기 위해 사용했지만, 이제 장고는 자동으로 이 함수를 실행한다. 이 함수는 INSTALLED_APPS 설정을 반복하고, 설치된 각 앱에서 admin.py라는 파일을 찾는다. 만약, admin.py가 특정 앱에 존재하면 해당 파일의 코드를 실행한다.

booksapp의 admin.py에서 admin.site.register( )를 호출하면 주어진 모델을 admin으로 등록한다. 이 admin 웹 사이트는 명시적으로 등록된 모델에 대해서만 편집/변경 인터페이스를 표시한다. django.contrib.auth 앱은 자체 admin.py를 포함하고 있으며, 이 파일이 사용자와 그룹이 admin에서 자동으로 표시되는 이유다. django.contrib.redirects와 같은 다른 django.contrib 앱은 여러분이 웹에서 다운로드할 수 있는 많은 다른 회사 장고 응용 프로그램과 같이 관리자에게도 추가된다.

이외에도 Django admin 웹 사이트는 자체 모델, 템플릿, 뷰 및 URL 패턴을 포함하는 장고 응용 프로그램이다. 여러분 자신의 뷰에서 연결하는 것처럼, URLconf에 Django admin 웹 사이트를 연결해 응용 프로그램에 추가한다. 장고 코드 베이스의 복사본에서 django/contrib/admin을 둘러봄으로써 템플릿, 뷰 및 URL 패턴을 검사할 수 있다. 하지만 여러분이 admin 웹 사이트 작동 방법을 변경할 수 있는 많은 연결고리가 있기 때문에 직접 모든 내용을 변경하려고 하지 말아야 한다.

장고 admin 응용 프로그램을 둘러보기로 결정했다면 모델에 대한 메타 데이터를 읽는 데 다소 복잡한 작업을 수행해야 하므로 코드를 읽고 이해하는 데 많은 시간이 걸릴 것이다.

▮ admin 웹 사이트에 모델 추가

우리가 아직하지 못한 한 가지 중요한 부분이 있다. admin 웹 사이트에 자체 모델을 추가함으로써 괜찮은 인터페이스를 사용해 사용자 정의 데이터베이스 테이블에서 객체를 추가, 변경 및 삭제할 수 있다. 세 가지 모델(Publisher, Author, Book)을 정의한 "4장, 모델"에서부터 Book 예제를 계속 이어갈 것이다. 단순히 코드의 다음 줄에 자신과 유형을 만들하지 않을 경우, book 디렉터리(mysite/books) 내에서 startapp은 admin.py라는 파일을 생성할 것이다.

```
from django.contrib import admin
from .models import Publisher, Author, Book
admin.site.register(Publisher)
admin.site.register(Author)
admin.site.register(Book)
```

이 코드는 징고 관리 웹 사이트에 이 모델 각각에 대한 인터페이스를 제공한다. 이 작업을 완료하면 웹 브라우저(http://127.0.0.1:8000/admin/)에서 관리자 홈 웹 페이지로 이동하고, Authors, Books, Publishers에 대한 링크를 갖는 Books 섹션이 나타난다(변경사항을 적용하려면 개발 서버를 중지했다가 다시 시작해야 할 수도 있다). 이제 이 세 가지 모델 각각에 대해 완전한 기능을 갖춘 admin 인터페이스를 갖게 됐다. 이 작업은 간단하다.

레코드를 추가 및 변경하고, 데이터를 데이터베이스에 채우려면 시간이 필요하다. "4장, 모델"에서 Publisher 객체를 생성하는 예제(여러분이 삭제하지 않은 경우)를 수행한 경우, 여러분은 출판사 변경 목록 웹 페이지에서 해당 레코드를 이미 볼 수 있다.

여기서 언급할 가치가 있는 기능 하나는 admin 웹 사이트에서 외래 키를 처리하고 다대다 관계를 유지하는 것이다. 둘 다 **Book** 모델에 나타난다. 상기시켜주는 Book 모델은 다음과 같다.

```python
class Book(models.Model):
    title = models.CharField(max_length=100)
    authors = models.ManyToManyField(Author)
    publisher = models.ForeignKey(Publisher)
    publication_date = models.DateField()

    def __str__(self):
        return self.title
```

장고 관리자 웹 사이트의 Add book 웹 페이지(http://127.0.0.1:8000/admin/books/book/add/)에서 출판사(ForeignKey)는 선택 상자로 나타나고, authors 필드(다대다 필드)는 다중-선택 상자로 나타난다. 두 필드는 해당 유형의 관련 레코드를 추가할 수 있는 녹색 더하기 기호 아이콘 옆에 있다.

예를 들어, Publisher 필드 옆에 있는 녹색 더하기 기호를 클릭하면 출판사를 추가할 수 있는 팝업 창이 나타난다. 팝업 창에서 출판사를 성공적으로 생성하면 Add book 양식이 새로 생성된 출판사로 업데이트된다.

▌ 필드를 선택적으로 만들기

한동안 관리자 웹 사이트를 둘러본 후에는 제한사항에 주의해야 한다. 편집 양식을 사용하려면 모든 입력란을 작성해야 하지만 대부분의 경우 특정 입력란을 선택사항으로 지정해야 한다. 예를 들어, 작성자 모델의 전자 메일 필드를 선택적으로 설정하려는 경우, 빈 문자열을 허용해야 한다고 가정해보자. 현실 세계에서는 모든 저자 데이터에 대해 전자 메일 주소가 없을 수도 있다.

전자 메일 필드가 선택사항이라는 것을 지정하려면 작성자 모델을 편집해야 한다("4장, 모델"에서 다시 볼 수 있듯이 mysite/books/models.py에 있다). 다음과 같이 전자 메일 필드에 blank = True를 추가하면 된다.

```
class Author(models.Model):
    first_name = models.CharField(max_length=30)
    last_name = models.CharField(max_length=40)
    email = models.EmailField(blank=True)
```

이것은 저자의 전자 메일 주소에 빈 값이 실제로 허용된다는 것을 알려준다. 기본적으로, 모든 필드는 blank = False이며, 공백값은 허용되지 않는다.

여기서 흥미로운 점이 있다. 지금까지 __str __() 메서드를 제외하면 우리 모델은 데이터베이스 테이블에 대한 정의로 사용됐다. 즉, 기본적으로 Pythonic 표현식은 SQL CREATE TABLE문이다. Blank = True를 추가하면서, 우리는 데이터베이스 테이블이 어떻게 생겼는지에 대한 간단한 정의 이상으로 모델을 확장하기 시작했다.

이제 우리 모델 클래스는 Author 객체가 무엇이고, 무엇을 할 수 있는지에 대한 풍부한 지식을 축적하기 시작했다. 전자 메일 필드는 데이터베이스의 VARCHAR 열로 표현될 뿐만 아니라 장고 관리자 웹 사이트와 같은 콘텍스트의 선택적 필드이기도 하다.

blank = True를 추가했다면 Add author 편집 양식(http://127.0.0.1:8000/admin/books/author/add/)을 다시 로드하고 해당 필드의 label-Email은 더 이상 볼드체가 아니라는

것을 알게 될 것이다. 이는 필수 필드가 아니라는 것을 의미한다. 이제 전자 메일 주소를 제공할 필요 없이 작성자를 추가할 수 있다. 만약, 필드가 비어 있는 경우, 여러분은 This field is required 메시지를 더 이상 받지 않을 것이다.

날짜 및 숫자 필드를 선택적으로 만들기

Blank = True와 관련된 일반적인 문제는 날짜와 숫자 필드와 관련이 있다. 하지만 상당히 많은 양의 배경 설명이 필요하다. SQL에는 공백값을 지정하는 고유한 방법이 있다. 이 값은 NULL이라는 특수값이다. NULL은 "알 수 없음", "유효하지 않음", 기타 응용 프로그램별 의미를 나타낼 수 있다. SQL에서 NULL 값은 빈 문자열과 다르다. 특수 파이썬 객체인 None은 빈 파이썬 문자열(" ")과 다르다.

즉, 특정 문자 필드(예: VARCHAR 열)에 NULL 값과 빈 문자열값을 모두 포함시킬 수 있다. 이것은 불필요한 애매모호함과 혼동을 일으킬 수 있다. 이 레코드는 NULL을 갖고 있지만, 다른 레코드는 빈 문자열을 갖는가? 어떤 차이가 있는가? 아니면 방금 입력한 데이터가 일관성이 없는 것인가? 빈 값을 갖는 모든 레코드를 얻으려면 어떻게 해야 하는가? NULL 레코드와 빈 문자열을 모두 찾아야 하는가? 아니면 빈 문자열을 갖는 해당 레코드만 선택해야 하는가?

장고가 자동으로 생성한 **CREATE TABLE** 명령("4장, 모델" 참조)은 이러한 모호성을 피하기 위해 각 열 정의에 명시적인 **NOT NULL**을 추가한다. 예를 들어, 다음은 "4장, 모델"에서 Author 모델에 대해 생성한 명령이다.

```
CREATE TABLE "books_author" (
    "id" serial NOT NULL PRIMARY KEY,
    "first_name" varchar(30) NOT NULL,
    "last_name" varchar(40) NOT NULL,
    "email" varchar(75) NOT NULL
);
```

대부분의 경우, 이 기본 동작은 응용 프로그램에 가장 적합하며, 데이터 불일치 문제를 방지할 것이다. 그리고 문자 필드를 비워둘 때 빈 문자열(NULL 값이 아닌)을 삽입하는 Django admin 웹 사이트와 같은 장고의 나머지 부분과 잘 작동한다.

그러나 빈 문자열을 유효한 값(예: 날짜, 시간 및 숫자)으로 허용하지 않는 데이터베이스 열 유형과 관련된 예외가 있다. 빈 문자열을 날짜 또는 정수 열에 삽입하려고 하면 여러분이 사용 중인 데이터베이스에 따라 데이터베이스 오류가 발생할 수 있다(엄격한 PostgreSQL은 여기에서 예외를 발생시키며, MySQL은 여러분이 사용하는 버전, 시간 및 달의 위상에 따라 허용 여부를 결정할 수 있다).

이 경우, 빈 값을 지정하는 유일한 방법은 NULL이다. 장고 모델에서는 null = True를 필드에 추가해 NULL을 허용하도록 지정할 수 있다. 날짜 필드(예: DateField, TimeField, DateTimeField) 또는 숫자 필드(예: IntegerField, DecimalField, FloatField)에서 빈 값을 허용하려면 null = True와 blank = True를 모두 사용해야 할 필요가 있다.

예를 들어, 공백 publication_date를 허용하도록 Book 모델을 변경해보자. 수정된 코드는 다음과 같다.

```
class Book(models.Model):
    title = models.CharField(max_length=100)
    authors = models.ManyToManyField(Author)
    publisher = models.ForeignKey(Publisher)
    publication_date = models.DateField(blank=True, null=True)
```

null = True는 데이터베이스의 의미를 변경하기 때문에 null = True를 추가하면 blank = True를 추가하는 것보다 복잡하다. 즉, CREATE TABLE문을 변경해 publication_date 필드에서 NOT NULL을 제거한다. 이 변경을 완료하려면 데이터베이스를 업데이트해야 한다. 장고는 여러 가지 이유로 데이터베이스 스키마에 대한 변경을 자동화하지 않으므로 모델을 변경할 때마다 python manage.py migrate 명령을 실행해야 한다. 이것을 다시 admin 웹 사이트로 가져오면 Add book 편집 양식은 비이 있는 게시 날짜값을 허용해야 한다.

▐ 필드 레이블 사용자 정의

관리자 웹 사이트의 편집 양식에서 각 필드의 레이블은 모델 필드 이름에서 생성된다. 알고리즘은 간단하다. 장고는 밑줄을 공백으로 대체하고 첫 번째 문자를 대문자로 바꾼다. 예를 들어, Book 모델의 publication_date 필드는 Publication date 레이블을 갖는다.

그러나 필드 이름이 항상 좋은 admin field 레이블에 적합하지는 않으므로 어떤 경우에는 레이블을 사용자가 정의하려는 경우가 있다. 해당 모델 필드에 verbose_name을 지정해 이 작업을 수행할 수 있다. 예를 들어, Author.email 필드의 레이블을 하이픈을 갖는 전자 메일로 변경하는 방법은 다음과 같다.

```
class Author(models.Model):
    first_name = models.CharField(max_length=30)
    last_name = models.CharField(max_length=40)
    email = models.EmailField(blank=True, verbose_name ='e-mail')
```

이것을 변경한 후 서버를 다시 로드하면 작성자 편집 양식에 해당 필드의 새 레이블이 나타난다. 항상 대문자로 나타내지 않는 한 verbose_name의 첫 문자는 대문자를 사용해서는 안 된다(예: "USA state"). 장고는 필요할 때 자동으로 대문자로 표시하며, 대문자 사용이 필요하지 않은 다른 곳에서는 정확한 verbose_name 값을 사용한다.

■ 사용자 모델 관리 클래스

지금까지 우리가 변경한 내용에 해당하는 blank = True, null = True 및 verbose_name은 실제로 모델 수준의 변경사항이지만, 관리자 수준의 변경사항은 아니다. 즉, 이러한 변경 사항은 근본적으로 모델의 일부이며, 관리자 웹 사이트에서 사용한다. 이들에 대한 특정 관리자는 없다.

이외에도 장고 관리자 웹 사이트에는 특정 모델에 대한 관리자 웹 사이트 작동 방식을 사용자 정의할 수 있는 다양한 옵션이 있다. 이러한 옵션은 ModelAdmin classes에 있다. 이러한 ModelAdmin classes는 특정 관리자 웹 사이트 인스턴스의 특정 모델에 대한 구성을 포함하는 클래스다.

변경 목록 사용자 정의

Author model의 변경 목록에 표시된 필드를 지정해 admin 사용자 정의를 살펴보자. 기본적으로 변경 목록에는 각 객체에 대한 __str __() 결과가 나타난다. "4장, 모델"에서는 이름과 성을 함께 표시하도록 Author 객체에 대한 __str__() 메서드를 정의했다.

```
class Author(models.Model):
    first_name = models.CharField(max_length=30)
    last_name = models.CharField(max_length=40)
    email = models.EmailField(blank=True, verbose_name ='e-mail')

    def __str__(self):
        return u'%s %s' % (self.first_name, self.last_name)
```

결과적으로 Author 객체의 변경 목록은 [그림 5.7]에서 볼 수 있듯이 서로의 이름과 성을 함께 표시한다.

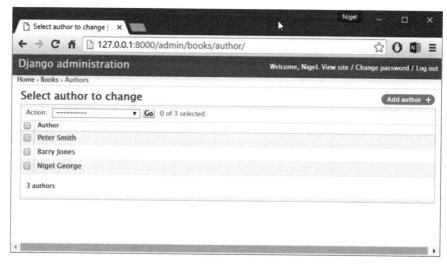

[그림 5.7] author은 목록 웹 페이지를 변경한다.

변경 목록 표시에 몇 가지 다른 필드를 추가하면 기본 동작을 개선할 수 있다. 예를 들어, 이 목록에 있는 각 작성자의 전자 메일 주소를 확인하는 것이 편리할 것이며, 이름과 성으로 정렬할 수 있으면 좋을 것이다. 이를 위헤 Author 모델에 ModelAdmin 클래스를 정의한다. 이 클래스는 admin을 사용자 정의하는 데 있어 핵심 요소이며, 변경 목록 웹 페이지에 표시할 필드 목록을 지정하는 것이 가장 기본적인 것 중 하나다. 변경 사항을 적용하려면 admin.py를 수정해야 한다.

```
from django.contrib import admin
from mysite.books.models import Publisher, Author, Book

class AuthorAdmin(admin.ModelAdmin): list_display = ('first_name',
'last_name', 'email')

admin.site.register(Publisher)
admin.site.register(Author, AuthorAdmin)
admin.site.register(Book)
```

다음은 우리가 수행한 일이다.

- 우리는 `AuthorAdmin` 클래스를 만들었다. 이 클래스는 `django.contrib.admin.`
  `ModelAdmin`을 하위 클래스로 하며, 특정 관리 모델에 대한 사용자 정의 구성을
  보유한다. 하나의 `customization`인 `list_display`만을 지정했다. 이 목록은 변
  경 목록 웹 페이지에 표시할 필드 이름의 튜플로 설정한다. 물론 이 필드 이름은
  모델에 존재해야 한다.

- 우리는 `admin.site.register()` 호출을 변경해 작성자 다음에 `AuthorAdmin`을
  추가했다. 여러분은 이것을 다음과 같이 읽을 수 있다.
  `AuthorAdmin` 옵션으로 `Author` 모델을 등록하시오.

- `admin.site.register()` 함수는 `ModelAdmin` 하위 클래스를 선택적인 두 번째
  인수로 사용한다. 두 번째 인수를 지정하지 않으면(`Publisher`와 `Book`의 경우와 같
  이), 장고는 해당 모델에 대한 기본 admin 옵션을 사용한다.

이 변경 사항을 적용한 후 작성자 변경 목록 웹 페이지를 다시 로드하면 이름, 성 및 전자
메일 주소라는 3개의 열이 나타난다. 또한 각 열은 열 머리글을 클릭해 정렬할 수 있다
([그림 5.8] 참조).

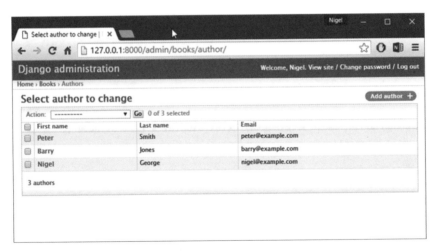

[그림 5.8] list_display가 추가된 후의 저자 변경 목록 웹 페이지

다음으로 간단한 검색 창을 추가해보자. 다음과 같이 AuthorAdmin에 search_fields를 추가한다.

```
class AuthorAdmin(admin.ModelAdmin):
    list_display = ('first_name', 'last_name', 'email')
    search_fields = ('first_name', 'last_name')
```

웹 브라우저에서 웹 페이지를 새로 고침하면 상단에 검색 창이 보인다([그림 5.9] 참조). 우리는 admin 변경 목록 웹 페이지에 first_name 및 last_name 필드를 검색하는 검색 창을 포함하도록 했다. 사용자가 예상할 수 있듯이, 대소 문자를 구분하지 않고 두 필드를 모두 검색해 문자열 바를 검색하면 이름이 Barney인 작성자와 Hobarson인 작성자를 모두 찾을 수 있다.

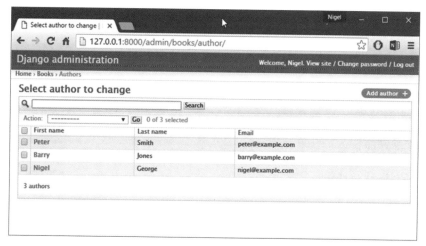

[그림 5.9] search_fields가 추가된 후 저자 변경 목록 웹 페이지

다음으로 Book 모델의 변경 목록 웹 페이지에 날짜 필터를 추가해보자.

```
from django.contrib import admin
from mysite.books.models import Publisher, Author, Book
```

```
class AuthorAdmin(admin.ModelAdmin):
    list_display = ('first_name', 'last_name', 'email')
    search_fields = ('first_name', 'last_name')

class BookAdmin(admin.ModelAdmin): list_display = ('title', 'publisher',
'publication_date') list_filter = ('publication_date',)

admin.site.register(Publisher)
admin.site.register(Author, AuthorAdmin)
admin.site.register(Book, BookAdmin)
```

여기서는 다른 옵션 집합을 다루기 때문에 별도의 ModelAdmin 클래스인 BookAdmin을 만들었다. 가장 먼저 변경 목록을 약간 더 괜찮게 보이도록 하기 위해 list_display를 정의했다. 다음으로 변경 목록 웹 페이지의 오른쪽에 필터를 만드는 데 사용할 필드의 튜플로 설정된 list_filter를 사용했다. 날짜 필드의 경우, 장고는 목록을 오늘, 지난 7일, 이번 달 및 올해로 필터링하는 바로 가기를 제공한다. 이러한 바로 가기는 장고 개발자가 날짜별로 필터링하는 일반적인 경우다. [그림 5.10]은 어떤 모습인지 보여준다.

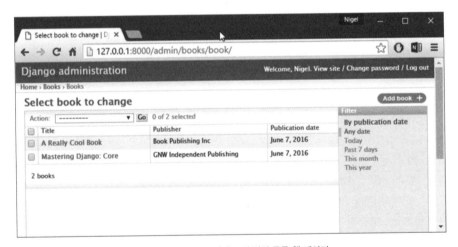

[그림 5.10] list_filter 뒤의 도서 변경 목록 웹 페이지

list_filter는 DateField뿐만 아니라 다른 유형의 필드에서도 작동한다(예를 들어, BooleanField와 ForeignKey 필드로 시도해보자). 선택할 필터가 2개 이상 있는 한 필터가 나타난다. 날짜 필터를 제공하는 또 다른 방법은 다음과 같이 date_hierarchy admin 옵션을 사용하는 것이다.

```
class BookAdmin(admin.ModelAdmin):
    list_display = ('title', 'publisher','publication_date')
    list_filter = ('publication_date',)
    date_hierarchy = 'publication_date'
```

이를 통해 [그림 5.11]과 같이 변경 목록 웹 페이지의 목록 상단에 날짜 드릴 다운 탐색 모음이 나타난다. 사용할 수 있는 연도 목록으로 시작한 후, 달 및 개별 날짜로 드릴 다운한다.

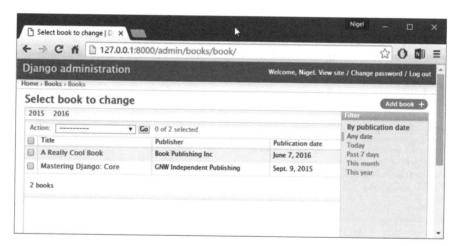

[그림 5.11] date_hierarchy 뒤의 도서 변경 목록 웹 페이지

date_hierarchy는 하나의 날짜 필드만 사용해 계층을 만들 수 있기 때문에 튜플이 아니라 문자열을 사용한다. 마지막으로 변경 목록 웹 페이지의 책이 항상 발행 날짜순으로 내림차순으로 정렬되도록 기본 순서를 변경해본다. 기본적으로 변경 목록은 Meta 클래스

내에서 모델 순서에 따라 개체를 정렬한다("4장, 모델"에서 다뤘다). 그러나 이 순서값을 지정하지 않으면 순서가 정의되지 않는다.

```
class BookAdmin(admin.ModelAdmin):
    list_display = ('title', 'publisher','publication_date')
    list_filter = ('publication_date',)
    date_hierarchy = 'publication_date'
    ordering = ('-publication_date',)
```

이 관리 주문 옵션은 모델 클래스 Meta의 순서와 정확히 동일하지만 목록의 첫 번째 필드 이름을 사용할 만하다는 점만 다르다. 필드 이름의 목록 또는 튜플을 전달하고 내림차순 정렬을 사용하려면 필드에 빼기 기호를 추가해야 한다. 이 작업이 실행되는 것을 보려면 책 변경 목록을 다시 로드해야 한다. Publication date 머리글에는 이제 레코드가 정렬되는 방법을 나타내는 작은 화살표가 포함된다([그림 5.12] 참조).

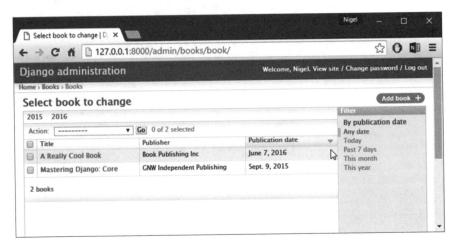

[그림 5.12] 주문 후 도서 변경 목록 웹 페이지

여기에서는 주요 변경 목록 옵션을 다뤘다. 이러한 옵션을 사용하면 몇 줄의 코드만으로 매우 강력하고 프로덕션에 적합한 데이터 편집 인터페이스를 만들 수 있다.

편집 양식 사용자 정의

변경 목록을 사용자 정의할 수 있는 것처럼, 편집 양식은 다양한 방법으로 사용자 정의할 수 있다. 먼저 필드의 순서를 사용자 정의하라. 기본적으로 편집 양식의 필드 순서는 모델에서 정의된 순서와 일치한다. 우리는 ModelAdmin 하위 클래스의 fields 옵션을 사용해 변경할 수 있다.

```
class BookAdmin(admin.ModelAdmin):
    list_display = ('title', 'publisher', 'publication_date')
    list_filter = ('publication_date',)
    date_hierarchy = 'publication_date'
    ordering = ('-publication_date',)
    fields = ('title', 'authors', 'publisher', publication_date')
```

이러한 변경 후 책의 수정 양식은 필드에 대해 지정된 순서를 사용한다. 책 제목 뒤에 저자를 갖고 있는 것이 좀 더 자연스럽다. 물론 필드 순서는 데이터 입력 워크플로에 따라 달라진다. 모든 양식이 서로 다르다.

fields 옵션으로 할 수 있는 또 다른 유용한 기능은 특정 필드가 완전히 편집되지 않도록 제외하는 것이다. 제외하려는 필드를 빼놓기만 하라. 여러분의 관리 권한 사용자가 데이터의 특정 세그먼트를 편집할 수 있거나 일부 필드가 일부 외부, 자동화 프로세스에 의해 변경된 경우 이 옵션을 사용할 수 있다.

예를 들어, book 데이터베이스에서 publication_date 필드를 편집 가능으로 숨길 수 있다.

```
class BookAdmin(admin.ModelAdmin):
    list_display = ('title', 'publisher','publication_date')
    list_filter = ('publication_date',)
    date_hierarchy = 'publication_date'
    ordering = ('-publication_date',)
    fields = ('title', 'authors', 'publisher')
```

결과적으로, 책의 편집 양식은 공개 날짜를 지정하는 방법을 제공하지 않는다. 이것은 저자가 출판 날짜를 연기하지 않길 바라는 편집자인 경우에 유용하다(이것은 순전히 가설 사례다). 사용자가 불완전한 양식을 사용해 새 책을 추가하면 장고는 publication_date를 None으로 설정하기만 하므로 필드에 null = True가 있는지 확인하라.

일반적으로 사용되는 또 다른 편집 양식 사용자 정의는 다대다 필드와 관련이 있다. 책의 편집 양식에서 살펴봤듯이, 관리자 웹 사이트는 각 ManyToManyField를 다중-선택 상자로 나타내며, 이는 가장 논리적인 HTML 입력 위젯으로 사용되지만, 여러 개의 선택 상자는 사용하기 어려울 수 있다. 여러 항목을 선택하려면 윈도우의 **Ctrl** 또는 Mac의 **Command**를 누르고 있어야 한다.

관리자 웹 사이트는 이것을 설명하는 텍스트를 유용하게 삽입한다. 하지만 필드가 수백 가지 옵션을 포함하고 있다면 여전히 다루기 힘들어진다. 관리자 웹 사이트의 솔루션은 filter_horizontal이다. 이것을 BookAdmin에 추가하고 이것이 무엇을 하는지 살펴보자.

```python
class BookAdmin(admin.ModelAdmin):
    list_display = ('title', 'publisher','publication_date')
    list_filter = ('publication_date',)
    date_hierarchy = 'publication_date'
    ordering = ('-publication_date',)
    filter_horizontal = ('authors',)
```

(만약, 여러분이 지금까지 따라 하고 있다면 편집 폼의 모든 필드를 표시하기 위해 fields 옵션을 제거하기도 했다는 점을 알아두기 바란다) books의 편집 폼을 다시 로드하면 여러분은 Authors 섹션이 이제 멋진 자바스크립트 필터 인터페이스를 사용해 여러분으로 하여금 해당 옵션을 동적으로 검색하고 특정 작성자를 사용할 수 있는 작성자에서 선택한 작성자 박스로 이동시키거나 그 반대로 이동시킬 수 있다.

[그림 5.13] filter_horizontal을 추가한 후의 book 편집 폼

10개 이상의 항목이 있는 ManyToManyField에 대해서는 filter_horizontal을 사용하는 것이 좋다. 단순한 다중 선택 위젯보다 사용하기가 훨씬 쉽다. 또한 여러 필드에 대해 filter_horizontal을 사용할 수 있다. 튜플의 각 이름을 지정하면 된다.

ModelAdmin 클래스는 또한 filter_vertical 옵션을 지원한다. 이것은 filter_horizontal과 똑같은 방식으로 작동하지만 결과 자바스크립트 인터페이스는 수평 대신 2개의 상자를 세로로 쌓는다. 이것은 개인적인 취향의 문제다.

filter_horizontal 및 filter_vertical은 ForeignKey 필드가 아닌 ManyToManyField 필드에서만 작동한다. 기본적으로 관리자 웹 사이트는 ForeignKey 필드에 대해 간단한 <select> 상자를 사용하지만 ManyToManyField의 경우 드롭 다운에 표시할 모든 관련 개체를 선택해야 하는 오버 헤드가 발생하지 않기를 원하는 경우가 있다.

예를 들어, 수천 개의 출판사가 포함되도록 book 데이터베이스가 커지면 <select> 상자에 표시하기 위해 모든 출판사를 로드해야 하기 때문에 Add book 양식은 로드하는 데시간이 걸릴 수 있다.

이 문제를 해결하는 방법은 raw_id_fields라는 옵션을 사용하는 것이다.

```
class BookAdmin(admin.ModelAdmin):
    list_display = ('title', 'publisher','publication_date')
    list_filter = ('publication_date',)
    date_hierarchy = 'publication_date'
    ordering = ('-publication_date',)
    filter_horizontal = ('authors',)
    raw_id_fields = ('publisher',)
```

이것을 ForeignKey 필드 이름의 튜플로 설정하면 해당 필드는 관리자에게 <select> 대신 간단한 텍스트 입력 상자(<input type = "text">)로 나타난다([그림 5.14] 참조).

[그림 5.14] add_raw_id_fields 후의 북 편집 폼

이 입력란에 무엇을 입력하는가? 출판사의 데이터베이스 ID다. 사람이 일반적으로 데이터베이스 ID를 암기하지 않는다는 것을 감안할 때, 돋보기 아이콘을 클릭하면 팝업 창을 띄울 수 있다. 여기에서 추가할 출판사를 선택할 수 있다.

■ 사용자, 그룹 및 사용 권한

슈퍼 유저로 로그인했기 때문에 모든 객체를 생성, 편집 및 삭제할 수 있다. 자연스럽게 서로 다른 환경에서는 다른 권한 시스템이 필요하다. 모든 사람이 슈퍼 유저일 수 있거나 슈퍼 유저여야 하는 것은 아니다. 장고의 관리자 웹 사이트는 특정 사용자에게 필요한 인터페이스 부분에만 액세스할 수 있는 권한 시스템을 사용한다. 이 사용자 계정은 관리 인터페이스에서 사용하기 위한 것이지만, 지금은 관리 사용자 계정으로 취급할 것이다.

"11장, 장고에서 사용자 인증"에서는 장고의 인증 시스템을 사용해 웹 사이트 전체(즉, 관리자 웹 사이트가 아닌)에서 사용자를 관리하는 방법에 대해 다룬다. 다른 객체와 마찬가지로 관리자 인터페이스를 통해 사용자 및 사용 권한을 편집할 수 있다. 5장의 앞부분에서 관리자의 사용자 및 그룹 섹션을 갖고 다양한 실행을 해봤다.

사용자 객체에는 관리자 인터페이스에서 사용자가 수행할 수 있는 작업을 정의하는 필드 세트와 함께 예상되는 표준 사용자 이름, 비밀번호, 전자 메일 및 실제 이름 필드가 있다. 먼저 세 가지 부울 플래그 집합이 있다.

활성 플래그는 사용자 활성 상태 여부를 제어한다. 이 플래그가 꺼져 있고 사용자가 로그인을 시도하면 유효한 암호가 있어도 로그인할 수 없다.

스태프 플래그는 사용자가 관리 인터페이스에 로그인할 수 있는지 여부(즉, 해당 사용자가 조직의 스탭 멤버인지 여부)를 제어한다. 이 동일한 사용자 시스템을 사용해 공용(즉, 비관리자) 웹 사이트("11장, 장고에서 사용자 인증" 참조)에서 이 플래그는 일반 사용자와 관리자를 구분한다.

슈퍼 유저 플래그는 사용자에게 관리자 인터페이스의 항목을 추가, 작성 및 삭제할 수 있는 권한을 부여한다. 사용자가 이 플래그를 설정하면 해당 사용자에 대한 모든 일반 사용 권한(또는 해당 사용 권한 부족)이 무시된다.

일반 관리자(즉, 슈퍼 유저가 아닌 직원)는 할당된 권한을 통해 관리자 액세스 권한이 부여된다. 관리자 인터페이스(예: 책, 저자, 출판사)를 통해 편집할 수 있는 각 객체에는 작성, 편집 및 삭제라는 세 가지 권한이 있다. 사용자에게 권한을 할당하면 사용자 권한이 해당 권한으로 설명된 것을 수행할 수 있는 권한을 부여한다. 사용자를 만들 때 해당 사용자는 사용 권한이 없으며 사용자에게 특정 사용 권한을 부여하는 것은 사용자의 몫이다.

예를 들어, 사용자에게 출판사를 추가하고 변경할 수 있는 권한을 부여할 수 있다. 하지만 출판사를 삭제할 수 있는 권한은 부여할 수 없다. 이러한 사용 권한은 개체별이 아니라 모델별로 정의되므로 John은 모든 책을 변경할 수 있다고 말한다. 하지만 John은 에이프레스에서 게시한 모든 책을 변경할 수 있다. 후자의 기능, 개별 개체별 권한은 좀 더 복잡하며 이 책의 범위를 벗어나지만, 장고 문서에서 다룬다.

경고!

사용자 및 권한을 편집하기 위한 액세스도 이 권한 시스템에 의해 제어된다. 사용자를 편집할 수 있는 권한을 부여하면 여러분이 원하는 권한이 아닌 자신의 권한을 수정할 수 있다. 편집할 수 있는 권한을 사용자에게 부여하면 기본적으로 사용자를 슈퍼 유저로 변환한다.

여러분은 또한 사용자를 그룹에 지정할 수도 있다. 그룹은 단순히 해당 그룹의 모든 구성원에게 적용할 수 있는 간단한 사용 권한 집합이다. 그룹은 사용자의 하위 집합에 동일한 권한을 부여하는 데 유용하다.

▋ 관리 인터페이스를 사용하는 시점과 이유 및 사용하지 않는 시점

5장을 마친 후에 장고의 관리자 웹 사이트를 사용하는 방법에 대해 잘 알고 있어야 한다. 하지만 저자는 언제 왜 사용하고 싶은지와 언제 사용하고 싶지 않은지를 다루고 싶어한다.

장고 관리자 웹 사이트는 일반 사용자가 데이터를 입력할 수 있을 때 특히 유용하다. 결국 이것이 해당 기능에 깔려 있는 목적이다. 장고가 처음 개발된 신문에서 전형적인 온라인 기능(예: 시립 물 공급 품질에 대한 특별 보고서) 개발은 다음과 같이 진행된다.

- 프로젝트 담당 기자는 개발자 중 1명과 만나 데이터를 설명한다.
- 개발자는 이 데이터에 맞도록 장고 모델을 설계한 후 관리자 웹 사이트를 리포터에게 공개한다.
- 리포터는 관리자 웹 사이트를 점검해 누락된 필드나 외부 필드를 지적한다. 개발자는 모델을 반복적으로 변경한다.
- 모델이 합의되면 리포터는 관리자 웹 사이트를 사용해 데이터를 입력하기 시작한다. 이와 동시에 프로그래머는 공개적으로 액세스할 수 있는 뷰/템플릿(재미있는 부분) 개발에 집중할 수 있다.

다시 말해, 장고의 관리자 인터페이스가 존재한다는 것은 콘텐츠 제작자와 프로그래머가 동시에 작업할 수 있게 해준다. 그러나 이러한 명백한 데이터 입력 작업 외에도 관리자 웹 사이트는 몇 가지 다른 경우에 유용하다.

- 데이터 모델 검사: 몇 가지 모델을 정의한 후에는 관리 인터페이스에서 모델을 호출하고 더미 데이터를 입력하는 것이 좋다. 경우에 따라 모델에 대한 데이터 모델링 실수 또는 기타 문제가 있을 수 있다.
- 획득된 데이터 관리: 외부 소스(예: 사용자 또는 웹 크롤러)에서 오는 데이터에 의존하는 응용 프로그램의 경우, 관리자 웹 사이트에서 이 데이터를 쉽게 검사하거

나 편집할 수 있다. 데이터베이스의 명령 행 유틸리티의 덜 강력하지만 더 편리한 버전이라고 생각할 수 있다.

- 빠르고 지저분한 데이터 관리 응용 프로그램: 관리자 웹 사이트를 사용해 경비를 추적할 수 있는 매우 간단한 데이터 관리 응용 프로그램을 만들 수 있다. 공공 소비를 위한 것이 아니라 자신의 필요에 맞게 뭔가를 제작하는 경우, 관리자 웹 사이트를 통해 많은 것을 얻을 수 있다. 이러한 의미에서 스프레드 시트의 관계형 버전이라고 생각하면 된다.

그러나 관리자 웹 사이트는 전부가 아니며 끝이 아니다. 데이터에 대한 공용 인터페이스가 아니며 데이터의 정교한 정렬 및 검색을 허용하지도 않는다. 이 장의 초반부에서 말했듯이, 신뢰할 수 있는 웹 사이트 관리자를 위한 것이다. 이 점을 염두에 두는 것이 효과적인 관리자 웹 사이트 사용의 열쇠다.

▌ 6장에서 무엇을 설명하는가?

지금까지 몇 가지 모델을 만들고 데이터 편집을 위한 최고 수준의 인터페이스를 구성했다. 다음 장에서는 양식 개발 및 가공과 같은 웹 개발의 실제 내용을 알아보자.

06

폼

HTML 양식은 구글 단일 검색 박스의 단순성에서부터 유비 쿼터스 블로그 의견 제출 양식, 복잡한 맞춤형 데이터 입력 인터페이스에 이르는 대화형 웹 사이트의 핵심이다.

6장에서는 장고를 사용해 사용자가 제출한 양식 데이터에 액세스하고, 유효성을 검사하고, 뭔가를 수행하는 방법을 설명한다. 그 과정에서 HttpRequest와 Form 객체를 다룬다.

▌요청 객체로부터 데이터 얻기

처음에 뷰 기능을 다뤘을 때, "2장, 뷰와 URLconfs"에서 HttpRequest 객체를 소개했지만, 그 당시에는 해당 기능에 대해 별로 언급하지 않았다. 개별 뷰 함수는 hello( ) 뷰에서와 같이 HttpRequest 객체를 첫 번째 파라미터로 사용한다는 것을 상기하자.

```
from django.http import HttpResponse

def hello(request):
    return HttpResponse("Hello world")
```

여기서 변수 요청과 같이 **HttpRequest** 객체는 무엇이 가능한지 알 수 있도록 여러 가지 흥미로운 속성과 메서드가 있다. 이 속성을 사용해 뷰 기능이 실행될 때 현재 요청에 대한 정보(즉, 장고가 있는 웹 사이트의 현재 웹 페이지를 로드하는 사용자/웹 브라우저)를 얻을 수 있다.

URL에 대한 정보

HttpRequest 객체는 현재 요청된 URL에 대한 몇 가지 정보를 포함한다([표 6.1] 참조).

[표 6.1] HttpRequest 메서드와 속성

속성/메서드	설명	예제
request.path	전체 경로, 도메인을 포함하지 않고 선행 슬래시를 포함	"/hello/"
request.get_host()	호스트(즉, "도메인", 공통 용어)	"127.0.0.1:8000" 또는 "www.example.com"
request.get_full_path()	경로와 쿼리 문자열(사용할 수 있는 경우)	"/hello/?print=true"
request.is_secure()	요청이 HTTPS를 통해 이뤄진 경우 True 다. 그렇지 않으면 False다.	True 또는 False

뷰에서 URL을 하드코딩하는 대신 항상 이 속성/메서드를 사용하라. 이것은 다른 장소에서 재사용할 수 있는 좀 더 유연한 코드를 만든다. 단순한 예제를 살펴보자.

```
# 나쁨!
def current_url_view_bad(request):
```

```
        return HttpResponse("Welcome to the page at /current/")

# 좋음
def current_url_view_good(request):
        return HttpResponse("Welcome to the page at %s" % request.path)
```

요청에 대한 기타 정보

request.META는 사용자의 IP 주소와 사용자 에이전트(일반적으로 웹 브라우저의 이름과 버전)
를 포함해 지정된 요청에 대해 사용할 수 있는 모든 HTTP 헤더를 포함하는 파이썬 딕셔
너리다. 사용할 수 있는 헤더의 전체 목록은 사용자가 보낸 헤더와 웹 서버가 설정하는
헤더에 따라 달라진다. 이 딕셔너리에 일반적으로 사용할 수 있는 키는 다음과 같다.

- HTTP_REFERER: 참조 URL(있는 경우). REFERER의 철자 오류가 있다는 것에 유의
  한다.
- HTTP_USER_AGENT: 사용자 웹 브라우저의 사용자 에이전트 문자열(있는 경우). 이
  것은 다음과 같다. "Mozilla/5.0(X11; U; Linux i686; fr-FR; rv:1.8.1.17)
  Gecko/20080829 Firefox/2.0.0.17"
- REMOTE_ADDR: 클라이언트의 IP 주소(예: "12.345.67.89")다. 해당 요청이 프록시
  를 통과한 후, 쉼표로 구분된 IP 주소 목록(예: "12.345.67.89,23.456.78.90")일 수
  있다.

request.META는 기본 파이썬 딕셔너리일 뿐이므로 존재하지 않는 키에 액세스하려면
KeyError 예외가 발생한다. HTTP 헤더는 외부 데이터, 즉 사용자의 웹 브라우저에 의해
제출된 데이터이므로 신뢰할 수 없어야 하며, 특정 헤더가 비어 있거나 존재하지 않는 경
우 항상 정상적으로 작동하지 않도록 응용 프로그램을 설계해야 한다. 정의되지 않은 키
의 대소 문자를 처리하려면 try/except 절이나 get( ) 메서드를 사용해야 한다.

```
# 나쁨!
def ua_display_bad(request):
    ua = request.META['HTTP_USER_AGENT'] # 키에러 오류를 발생시킬 가능성이 있다.
    return HttpResponse("Your browser is %s" % ua)


# 좋음(버전 1)
def ua_display_good1(request):
    try:
        ua = request.META['HTTP_USER_AGENT']
    except KeyError:
        ua = 'unknown'
    return HttpResponse("Your browser is %s" % ua)

# 좋음(버전 2)
def ua_display_good2(request):
    ua = request.META.get('HTTP_USER_AGENT', 'unknown')
    return HttpResponse("Your browser is %s" % ua)
```

모든 요청을 표시하는 작은 보기를 작성하는 것이 좋다. META 데이터를 통해 어떤 정보가 있는지 알 수 있다. 뷰는 다음과 같이 나타난다.

```
def display_meta(request):
    values = request.META.items()
    values.sort()
    html = []
    for k, v in values:
        html.append('<tr><td>%s>/td><td>%s</td></tr>' % (k, v))
    return HttpResponse('<table>%s</table>' % '\n'.join(html))
```

요청 객체에 포함된 정보의 종류를 확인하는 또 다른 좋은 방법은 시스템을 중단할 때 장고 오류 웹 페이지를 자세히 살펴보는 것이다. 여기에는 모든 HTTP 헤더 및 기타 요청 객체(예를 들어, request .path)를 포함한 유용한 정보가 있다.

208

제출된 데이터에 대한 정보

HttpRequest 객체는 요청에 대한 기본 메타 데이터 외에도 사용자가 제출한 정보인 request.GET 및 request.POST를 포함하고 있는 두 가지 속성이 있다. 이 두 가지 모두 GET 및 POST 데이터에 액세스할 수 있는 딕셔너리형 객체다.

일반적으로 POST 데이터는 HTML <form>에서 제출되며, GET 데이터는 <form> 또는 웹 페이지 URL의 쿼리 문자열에서 가져올 수 있다.

딕셔너리형 객체

request.GET 및 request.POST이 딕셔너리형 객체라고 할 때, 표준 파이썬 딕셔너리와 같이 동작하지만 기술적으로는 딕셔너리가 아니다. 예를 들어, request.GET과 request.POST는 모두 get(), keys() 및 values() 메서드를 갖고 있으며, request.GET에서 key를 사용해 해당 key를 대상으로 반복할 수 있다. 그렇다면 왜 request.GET과 request.Post를 딕셔너리와 구별하는가? request.GET 및 request.POST에는 일반 딕셔너리에 없는 추가 메서드가 있기 때문이다. 우리는 잠시 후에 이에 대해 살펴볼 것이다. 여러분은 read() 와 같이 몇 가지 기본 메서드를 갖는 파이썬 객체와 유사한 용어 파일을 발견했을 것이다. 이 객체는 "실제" 파일 객체의 독립 실행형으로 직동한다.

■ 간단한 폼-처리 예제

books, authors 및 publishers의 예를 계속 사용해 사용자가 book 데이터베이스를 제목으로 검색할 수 있도록 간단한 보기를 만들어보자. 일반적으로 양식 개발에는 HTML 사용자 인터페이스와 제출된 데이터를 처리하는 백엔드 뷰 코드의 두 부분이 있다. 첫 번째 부분은 쉽다. 검색 양식을 표시하는 보기를 설정해보자.

```
from django.shortcuts import render

def search_form(request):
    return render(request, 'search_form.html')
```

"3장, 템플릿"에서 배웠듯이, 이 뷰는 파이썬 경로의 어느 곳에서나 존재할 수 있다. 인수는 books/views.py에 넣도록 한다. 수반되는 템플릿, search_form.html은 다음과 같다.

```html
<html>
<head>
    <title>Search</title>
</head>
<body>
    <form action="/search/" method="get">
        <input type="text" name="q">
        <input type="submit" value="Search">
    </form>
</body>
</html>
```

이 파일을 "3장, 템플릿"에서 만든 mysite/templates 디렉터리에 저장한다. 또는 books/templates 폴더를 새로 만들 수 있다. 설정 파일에서 'APP_DIRS'이 True로 설정돼 있는지 확인하자. urls.py의 URL 패턴은 다음과 같다.

```python
from books import views

urlpatterns = [
    # ...
    url(r'^search-form/$', views.search_form),
    # ...
]
```

(from mysite.views import search_form과 같은 것 대신 view 모듈을 직접 가져온다는 점을 알아두라. "7장, 고급 뷰와 URLconfs"의 "임포트 접근" 참조) 이제 개발 서버를 실행하고 http://127.0.0.1:8000/search-form/을 방문하면 검색 인터페이스가 나타난다. 매우 간단하다. 하지만 양식을 제출하면 Django 404 오류가 발생한다. 이 양식은 아직 구현되지 않은

URL/search/를 가리킨다. 두 번째 뷰 함수로 이것을 수정하자.

```python
# urls.py

urlpatterns = [
    # ...
    url(r'^search-form/$', views.search_form),
    url(r'^search/$', views.search),
    # ...
]

# books/views.py

from django.http import HttpResponse

# ...

def search(request):
    if 'q' in request.GET:
        message = 'You searched for: %r' % request.GET['q']
    else:
        message = 'You submitted an empty form.'
    return HttpResponse(message)
```

현재로서는 사용자의 검색어만 표시되므로 데이터가 장고에 제대로 제출되고 있는지 확인하거나 검색 용어가 시스템을 통해 어떻게 이동하는지 알 수 있다. 간단히 말해,

- HTML은 변수 q를 정의한다. 변수 q를 제출할 때, q의 값은 GET(method = "get")을 통해 URL /search/로 전송된다.
- URL /search/(search())를 처리하는 장고 뷰는 request.GET의 q 값에 액세스할 수 있다.

여기서 중요한 점은 'q'가 request.GET 내에 존재한다는 점을 명시적으로 확인한다는 점이다. 앞의 request.META 섹션에서 언급했듯이, 사용자가 제출한 모든 내용을 신뢰해서는 안 된다. 또는 처음에 모든 것을 제출했다고 가정해서는 안 된다. 이 검사를 추가하지 않으면 빈 폼을 제출할 때마다 뷰에 KeyError가 발생한다.

```
# 나쁨!
def bad_search(request):
    # 'q'가 제공되지 않으면 다음 행은 KeyError를 발생시킨다.
    message = 'You searched for: %r' % request.GET['q']
    return HttpResponse(message)
```

쿼리 문자열 파라미터

GET 데이터는 쿼리 문자열(예: /search/?q=django)에 전달되므로 request.GET을 사용해 쿼리 문자열 변수에 액세스할 수 있다. "2장, 뷰와 URLconfs"에서 장고의 URLconf 시스템을 소개하면서 장고의 URL을 /time/plus?hours=3과 같은 기존의 PHP/Java URL과 비교해봤다. 게다가 나는 "6장, 폼"에서 후자를 수행하는 방법을 설명했다. 이제 뷰에서 쿼리 문자열 파라미터에 액세스하는 방법(예에서 like hours=3)을 알 수 있게 됐다.

POST 데이터는 GET 데이터와 동일한 방식으로 작동한다. request.GET 대신 request.POST를 사용하자. GET과 POST의 차이는 무엇인가? 양식을 제출하는 행위가 데이터를 얻기 위한 요청일 때 GET을 사용한다. 양식을 제출하는 행위가 데이터를 변경하거나, 전자 메일을 보내거나, 데이터의 간단한 표시 이외의 작업 등의 부작용이 가질 때마다 POST를 사용한다. 이전에 사용한 book 검색 예제에서는 쿼리가 서버의 데이터를 변경하지 않기 때문에 GET을 사용한다(GET 및 POST에 대해 자세히 알고 싶다면 http://www.w3.org/2001/tag/doc/whenToUseGet.html 웹 사이트를 참조하기 바란다). 이제 request.GET이 제대로 전달됐음을 검증했으므로 또 다시 view.py에서 book 데이터베이스 내의 사용자 검색 쿼리를 연결하자.

```
from django.http import HttpResponse
from django.shortcuts import render
from books.models import Book

def search(request):
    if 'q' in request.GET and request.GET['q']:
        q = request.GET['q']
        books = Book.objects.filter(title__icontains=q)
        return render(request, 'search_results.html',
                        {'books': books, 'query': q })
    else:
            return HttpResponse('Please submit a search term.')
```

우리가 실행한 것에 대한 몇 가지 주의사항은 다음과 같다.

- 'q'가 request.GET에 있는지 확인하는 것 외에도 request.GET['q']가 데이터베이스 쿼리에 전달되기 전에 비어 있지 않은 값인지 확인해야 한다.

- Book.objects.filter(title__icontains = q)를 사용해 모든 book에 대한 book 테이블의 제목이 주어진 입력값을 포함하고 있는지 조회한다. icontains 는 조회 유형이며("4장, 모델" 및 "부록 B, 데이터베이스 API 참조" 참고), 이 명령은 "대소 문자를 구분하지 않고 제목에 q가 포함된 책을 가져오기"로 해석할 수 있다.

- 이 방법은 책을 검색하는 매우 간단한 방법이다. 실행이 느릴 수 있으므로 대용량 생산 데이터베이스에서는 간단한 icontains 쿼리를 사용하지 않는 것이 좋다 (실제로는 일종의 사용자 정의 검색 시스템을 사용하기 원할 것이다. 웹에서 오픈소스 전체 텍스트 검색을 실행해 가능성을 확인하자).

- 도서 객체 목록인 books를 해당 템플릿에 전달한다. search_results.html 파일은 다음과 같은 내용을 포함할 수 있다.

```
<html>
    <head>
```

```
            <title>Book Search</title>
    </head>
    <body>
        <p>You searched for: <strong>{{ query }}</strong></p>
        {% if books %}
            <p>Found {{ books|length }}
                book{{ books|pluralize }}.</p>
            <ul>
                {% for book in books %}
                <li>{{ book.title }}</li>
                {% endfor %}
            </ul>
        {% else %}
            <p>No books matched your search criteria.</p>
        {% endif %}
    </body>
</html>
```

찾아낸 책의 수가 적절한 경우, "s"를 출력하는 복수형 템플릿 필터를 사용하자.

▌ 간단한 폼 처리 예제 개선하기

이전 장들에서와 마찬가지로, 가능한 가장 간단한 것을 보여줬다. 이제 몇 가지 문제를
지적하고 개선 방법을 알려주려고 한다. 첫째, 빈 쿼리에 대한 search( ) 뷰의 처리가 좋
지 않다. "Please submit a search term." 메시지를 표시해 사용자가 웹 브라우저의 이
전으로 가기 버튼을 누른다.

이는 비전문가적인 처사다. 게다가 여러분이 실제 현장에서 이와 같은 것을 구현한다면
장고 우선권은 없어질 것이다. 사용자가 즉시 다시 시도할 수 있도록 양식 앞에 오류가
있는 양식을 다시 표시하는 것이 훨씬 낫다. 가장 쉬운 방법은 다음과 같이 템플릿을 다
시 렌더링하는 것이다.

```
from django.http import HttpResponse
from django.shortcuts import render
from books.models import Book

def search_form(request):
    return render(request, 'search_form.html')

def search(request):
    if 'q' in request.GET and request.GET['q']:
        q = request.GET['q']
        books = Book.objects.filter(title__icontains=q)
        return render(request, 'search_results.html',
                         {'books': books, 'query': q })
    else:
        return render
            (request, 'search_form.html', {'error': True })
```

(한곳에서 두 뷰를 모두 볼 수 있도록 여기에 search_form( )을 포함시킴) 여기에서는 검색어가 비어 있는 경우 search_form.html 템플릿을 다시 렌더링하도록 search( )를 개선했다. 그리고 그 템플릿에 에러 메시지를 표시할 필요가 있기 때문에 템플릿 변수를 전달한다. 이제 search_form.html을 편집해 오류 변수를 확인할 수 있다.

```
<html>
<head>
    <title>Search</title>
</head>
<body>
    {% if error %}
        <p style="color: red;">Please submit a search term.</p>
    {% endif %}
    <form action="/search/" method="get">
        <input type="text" name="q">
        <input type="submit" value="Search">
```

```
      </form>
</body>
</html>
```

search_form( )은 템플릿에 오류를 전달하지 않으므로 원래의 view인 search_form( )에서 이 템플릿을 사용할 수 있다. 따라서 이 경우 오류 메시지가 나타나지 않는다. 이러한 변화로 인해 더 나은 응용 프로그램이 됐지만, "search_form( ) 뷰가 정말로 필요한 것일까?"와 같은 의문점이 생긴다.

URL / search / (GET 파라미터 없이)에 대한 요청은 빈 양식을 표시하지만 오류가 있다. 누군가가 GET 파라미터 없이 / search /를 방문할 때 오류 메시지를 숨기기 위해 search( )를 변경하는 한 search_form( ) 보기와 연관된 URLpattern을 제거할 수 있다.

```
def search(request):
    error = False
    if 'q' in request.GET:
        q = request.GET['q']
if not q:
            error = True
    else:
        books = Book.objects.filter(title__icontains=q)
        return render(request, 'search_results.html',
                        {'books': books, 'query': q})
    return render(request, 'search_form.html',
            {'error': error})
```

이 업데이트된 보기에서 사용자가 GET 파라미터 없이 /search/를 방문하면 오류 메시지 없이 검색 양식이 나타난다. 사용자가 'q'에 대해 빈 값으로 양식을 제출하면 검색 양식에 오류 메시지가 나타난다. 그리고 마지막으로 사용자가 'q'에 대해 비어 있지 않은 값으로 양식을 제출하면 검색 결과가 나타난다.

우리는 약간의 중복성을 제거하기 위해 이 응용 프로그램에 대한 최종 개선을 할 수 있다. 이제 2개의 뷰와 URL을 하나로 통합하고 / search / 검색 / 검색 및 결과 표시를 모두 처리했으므로 search_form.html의 HTML <form>은 URL을 하드코딩할 필요가 없다.

다음과 같은 코드보다는

```
<form action="/search/" method="get">
```

다음과 같은 코드로 변경할 수 있다.

```
<form action="" method="get">
```

action=""은 현재 웹 페이지와 동일한 URL에 양식을 제출하는 것을 의미한다. 이러한 변경을 통해 search( ) 보기를 다른 URL에 연결한 경우 작업을 변경하지 않아도 된다.

▌ 간단한 검증

우리의 검색 예제는 여전히 합리적으로 간단하다. 특히 데이터 유효성 검증 측면에서 그러하다. 우리는 단순히 검색어가 비어 있지 않은지를 확인하는 것이다. 많은 HTML 양식에는 값이 비어 있지 않은지 확인하는 것보다 더 복잡한 검증 단계가 포함된다. 우리는 모두 웹 사이트에서 다음과 같은 오류 메시지를 본 적이 있다.

- 유효한 전자 메일 주소를 입력한다. 'foo'는 전자 메일 주소가 아니다.
- 유효한 다섯 자리 미국 우편 번호를 입력한다. '123'은 우편 번호가 아니다.
- 올바른 날짜를 YYYY-MM-DD 형식으로 입력한다.
- 8자 이상이고 하나 이상의 숫자가 포함된 암호를 입력한다.

검색어가 20자 이하인지 확인하도록 search( ) 보기를 조정해보자. 예를 들어, 쿼리가 너무 느려질 수 있다고 가정해보자. 이것을 어떻게 실행할 수 있을까?

가장 단순한 것은 논리를 다음과 같이 뷰에 직접 포함시키는 것이다.

```python
def search(request):
    error = False
    if 'q' in request.GET:
        q = request.GET['q']
        if not q:
            error = True
        elif len(q) > 20:
            error = True
        else:
            books = Book.objects.filter(title__icontains=q)
            return render(request, 'search_results.html',
                              {'books': books, 'query': q})
    return render(request, 'search_form.html',
            {'error': error})
```

이제 20자 이상의 검색 쿼리를 제출하면 검색할 수 없다. 오류 메시지가 나타난다. 그러나 search_form.html의 오류 메시지는 현재 "Please submit a search term"라고 말한다. 따라서 두 경우에 대해 모두 정확하게 변경해야 한다.

```html
<html>
<head>
    <title>Search</title>
</head>
<body>
    {% if error %}
        <p style="color: red;">
            Please submit a search term 20 characters or shorter.
        </p>
```

```
    {% endif %}

    <form action="/search/" method="get">
        <input type="text" name="q">
        <input type="submit" value="Search">
    </form>
</body>
</html>
```

이와 같은 경우에 좋지 않은 점이 있다. one-size-fits-all 오류 메시지가 혼동을 줄 수 있다는 점이다. 빈 양식 제출에 대한 오류 메시지에 20자 제한에 대한 언급이 있는 이유 는 무엇일까?

오류 메시지는 명확하고, 모호하거나 혼동돼서는 안 된다. 문제는 오류에 대한 간단한 부 울 값을 사용하는 반면, 오류 메시지 문자열 목록을 사용해야 한다. 다음은 이를 해결할 수 있는 방법이다.

```
def search(request):
    errors = []
    if 'q' in request.GET:
    q = request.GET['q']
    if not q:
        errors.append('Enter a search term.')
    elif len(q) > 20:
        errors.append('Please enter at most 20 characters.')
    else:
        books = Book.objects.filter(title__icontains=q)
        return render(request, 'search_results.html',
                        {'books': books, 'query': q})
    return render(request, 'search_form.html',
                    {'errors': errors})
```

다음으로 search_form.html 템플릿을 약간 수정해 오류 부울 값 대신 오류 목록이 전달됐음을 반영한다.

```html
<html>
<head>
    <title>Search</title>
</head>
<body>
    {% if errors %}
        <ul>
            {% for error in errors %}
            <li>{{ error }}</li>
            {% endfor %}
        </ul>
    {% endif %}
    <form action="/search/" method="get">
        <input type="text" name="q">
        <input type="submit" value="Search">
    </form>
</body>
</html>
```

■ 연락처 양식 만들기

book 검색 양식 예제를 여러 번 반복하고 멋지게 개선했지만, 기본적으로 단순하다. 즉, 간단한 필드 'q'와 같다. 양식이 더 복잡해짐에 따라 우리가 사용하는 양식 필드마다 위의 단계를 반복해야 한다. 이것은 오류를 발생시킬 수 있는 많은 기회를 만든다. 운 좋게도, 장고 개발자들은 이러한 문제점에 대응하기 위해 장고에 형식 및 유효성 검사 관련 작업을 처리하는 상위 라이브러리를 만들었다.

첫 번째 양식 클래스

장고에는 django.forms이라는 양식 라이브러리가 있으며, 6장에서는 HTML 양식 표시에서 유효성 검사까지 다뤘던 많은 문제를 처리한다. 장고 폼 프레임워크를 사용해 연락처 양식 응용 프로그램을 살펴보고 다시 작성해보자.

폼 프레임워크를 사용하는 주된 방법은 여러분이 다루는 각 HTML에 대한 Form 클래스를 정의하는 것이다. 우리의 경우, 하나만 갖고 있으므로 하나의 Form 클래스를 가질 것이다. 이 클래스는 views.py 파일에 직접 포함해 원하는 곳 어디에서나 실행할 수 있지만, 커뮤니티 규칙에 따르면 forms.py라는 별도의 파일에 Form 클래스를 유지하는 것이다.

이 파일을 mysite/views.py와 같은 디렉터리에 만들고, 다음과 같이 입력한다.

```python
from django import forms

class ContactForm(forms.Form):
    subject = forms.CharField()
    email = forms.EmailField(required=False)
    message = forms.CharField()
```

이것은 꽤 직관적이며 장고의 모델 구문과 유사하다. 양식의 각 필드는 Field 클래스 유형으로 나타난다. CharField 및 EmailField는 Form 클래스의 속성으로 여기에서 사용되는 유일한 유형의 필드다. 기본적으로 각 입력란이 필요하므로 전자 메일을 선택사항으로 만들려면 required = False으로 설정해야 한다. 파이썬 인터프리터에 들어가 이 클래스가 무엇을 할 수 있는지 살펴보자. 이것이 할 수 있는 첫 번째 일은 스스로를 HTML로 표시하는 것이다.

```python
>>> from mysite.forms import ContactForm
>>> f = ContactForm()
```

```
>>> print(f)
<tr><th><label for="id_subject">Subject:</label></th><td><input type="text"
name="subject" id="id_subject" /></td></tr>
<tr><th><label for="id_email">Email:</label></th><td><input type="text"
name="email" id="id_email" /></td></tr>
<tr><th><label for="id_message">Message:</label></th><td><input type="text"
name="message" id="id_message" /></td></tr>
```

장고는 접근성을 위해 <label> 태그와 함께 각 필드에 레이블을 추가한다. 기본 동작을
가능한 최적으로 만드는 것이 아이디어다. 이 기본 출력은 HTML<table> 형식이지만,
다른 몇 가지 내장 출력이 있다.

```
>>> print(f.as_ul())
<li><label for="id_subject">Subject:</label> <input type="text"
name="subject" id="id_subject" /></li>
<li><label for="id_email">Email:</label> <input type="text" name="email"
id="id_email" /></li>
<li><label for="id_message">Message:</label> <input type="text"
name="message" id="id_message" /></li>

>>> print(f.as_p())
<p><label for="id_subject">Subject:</label> <input type="text"
name="subject" id="id_subject" /></p>
<p><label for="id_email">Email:</label> <input type="text" name="email"
id="id_email" /></p>
 <p><label for="id_message">Message:</label> <input type="text"
name="message" id="id_message" /></p>
```

열기 및 닫기 및 태그는 출력에 포함되지 않으므로 필요에 따라 추가 행과 사용자 정의를
추가할 수 있다. 이러한 메서드는 "전체 양식 표시"의 일반적인 경우에 대한 단축키일뿐
이다. 특정 필드에 대한 HTML을 표시할 수도 있다.

```
>>> print(f['subject'])
<input id="id_subject" name="subject" type="text" />
>>> print f['message']
<input id="id_message" name="message" type="text" />
```

Form 객체가 할 수 있는 두 번째 작업은 데이터의 유효성 검사다. 데이터의 유효성을 검사하려면 새 Form 객체를 만들고, 필드 이름을 데이터에 매핑하는 데이터 딕셔너리를 전달해야 한다.

```
>>> f = ContactForm( {'subject': 'Hello', 'email': 'adrian@example.com',
'message': 'Nice site!' })
```

데이터를 Form 인스턴스와 연결하면 연결된 양식^{bound form}이 만들어진다.

```
>>> f.is_bound
True
```

연결된 Form에 대해 is_valid( ) 메서드를 호출해 해당 데이터의 유효성 여부를 확인한다. 우리는 각 필드에 유효한 값을 전달했으므로 Form이 전체적으로 유효하다.

```
>>> f.is_valid( )
True
```

전자 메일 필드를 전달하지 않으면 해당 필드에 required = False를 지정했기 때문에 전자 메일 필드는 여전히 유효하다.

```
>>> f = ContactForm( {'subject': 'Hello', 'message': 'Nice site!' })
>>> f.is_valid( )
True
```

그러나 제목이나 메시지를 남겨두면 양식은 더 이상 유효하지 않게 된다.

```
>>> f = ContactForm( {'subject': 'Hello' })
>>> f.is_valid()
False
>>> f = ContactForm( {'subject': 'Hello', 'message': '' })
>>> f.is_valid()
False
```

여러분은 드릴 다운해 필드별 오류 메시지를 가져올 수 있다.

```
>>> f = ContactForm( {'subject': 'Hello', 'message': '' })
>>> f['message'].errors
['This field is required.']
>>> f['subject'].errors
[]
>>> f['email'].errors
[]
```

각각의 연결된 Form 인스턴스에는 필드 이름을 오류 메시지 목록에 매핑하는 딕셔너리를 제공하는 errors 속성이 있다.

```
>>> f = ContactForm( {'subject': 'Hello', 'message': '' })
>>> f.errors
{'message': ['This field is required.'] }
```

마지막으로, 데이터가 유효한 것으로 판명된 Form 인스턴스의 경우, cleaned_data 속성을 사용할 수 있다. 이것은 "정리(cleaned up)"된 제출 데이터의 딕셔너리다. 장고의 폼 프레임워크는 데이터의 유효성을 검사할 뿐만 아니라 값을 적절한 파이썬 유형으로 변환해 정리한다.

```
>>> f = ContactForm( {'subject': 'Hello', 'email': 'adrian@example.com',
'message': 'Nice site!' })
>>> f.is_valid() True
>>> f.cleaned_data
{'message': 'Nice site!', 'email': 'adrian@example.com', 'subject':
'Hello' }
```

우리의 연결 폼^{contact form}은 문자열 객체 내 "정리(cleaned)"된 문자열만 처리한다. 하지만
IntegerField 또는 DateField를 사용하는 경우, 양식 프레임워크는 cleaned_data가 주
어진 필드에 적절한 파이썬 정수나 datetime.date 객체를 사용한다.

▌ 양식 객체를 뷰로 묶기

연락 양식을 사용자에게 표시하는 어떠한 방법이 없으면 그리 좋지 않다. 연락처를 표시
하려면 먼저 mysite / views를 업데이트해야 한다.

```
# views.py

from django.shortcuts import render
from mysite.forms import ContactForm
from django.http import HttpResponseRedirect
from django.core.mail import send_mail

# ...
def contact(request):
    if request.method == 'POST':
        form = ContactForm(request.POST)
        if form.is_valid():
            cd = form.cleaned_data
            send_mail(
                cd['subject'],
```

```
                        cd['message'],
                        cd.get('email', 'noreply@example.com'),
                        ['siteowner@example.com'],
                )
                return HttpResponseRedirect('/contact/thanks/')
        else:
            form = ContactForm()
        return render(request, 'contact_form.html', {'form': form})
```

다음으로 우리는 연락처 양식을 작성해야 한다(이것은 mysite / templates에 저장한다).

```
# contact_form.html

<html>
<head>
    <title>Contact us</title>

</head>
<body>
    <h1>Contact us</h1>

    {% if form.errors %}
        <p style="color: red;">
            Please correct the error{{ form.errors|pluralize }} below.
        </p>
    {% endif %}

    <form action="" method="post">
        <table>
            {{ form.as_table }}
        </table>
        {% csrf_token %}
        <input type="submit" value="Submit">
    </form>
</body>
```

```
</html>
```

마지막으로 /contact/에 연락처 양식을 표시하려면 urls.py를 변경해야 한다.

```
# ...
from mysite.views import hello, current_datetime, hours_ahead, contact

urlpatterns = [

    # ...

    url(r'^contact/$', contact),
]
```

POST 양식(데이터 수정의 영향을 미칠 수 있다)을 작성하기 때문에 Cross Site Request Forgeies에 대해 걱정할 필요가 있다. 감사하게도 장고는 매우 쉽게 사용할 수 있는 시스템을 제공하기 때문에 걱정하지 않아도 된다. 즉, 내부 URL을 대상으로 하는 모든 POST 양식은 {% csrf_token %} 템플릿 태그를 사용해야 한다.

{% csrf_token %}에 대한 좀 더 자세한 내용은 "19장, 장고 보안"을 참조하라.

로컬에서 실행해보자. 양식을 로드하고, 입력란에 입력하지 않고 제출하며 잘못된 전자 메일 주소로 제출한 후 마지막으로 유효한 데이터로 제출한다(물론 메일 서버를 구성하지 않았다면 send_mail ( )이 호출될 때 ConnectionRefusedError를 얻게 될 것이다).

▌ 필드 렌더링 방법 변경하기

아마도 이 양식을 로컬에서 렌더링할 때 가장 먼저 눈에 띄는 부분은 메시지 필드가 `<input type = "text">`로 표시되는 점인데, 이 부분은 `<textarea>`가 돼야 한다. 필드 위젯을 설정해 문제를 해결할 수 있다.

```
from django import forms

class ContactForm(forms.Form):
    subject = forms.CharField()
    email = forms.EmailField(required=False)
    message = forms.CharField(widget=forms.Textarea)
```

양식 프레임워크는 각 필드의 표현 논리를 위젯 세트로 분리한다. 각 필드 유형에는 기본
위젯이 있지만, 쉽게 기본값을 대체하거나 자신의 맞춤 위젯을 제공할 수 있다. 위젯은
프레젠테이션 로직을 나타내는 반면, 필드 클래스는 유효성 검증 로직을 나타내는 것으
로 생각하자.

▌ 최대 길이 설정

가장 일반적인 검증 요구사항 중 하나는 필드가 특정 크기인지 확인하는 것이다. 측정을
잘하려면 ContactForm을 개선해 제목을 100자로 제한해야 한다. 이를 위해 CharField
에 max_length를 제공하면 된다.

```
from django import forms

class ContactForm(forms.Form):
    subject = forms.CharField(max_length=100)
    email = forms.EmailField(required=False)
    message = forms.CharField(widget=forms.Textarea)
```

선택적 min_length 인수도 사용할 수 있다.

228

▌ 초깃값 설정

이 형식의 개선 사항으로 제목 필드에 초깃값을 추가하자. 나는 여러분의 웹 사이트를 아주 좋아한다(약간의 제안을 해서 나쁠 것은 없다). 이렇게 하기 위해 Form 인스턴스를 생성할 때 초기 인수를 사용할 수 있다.

```
def contact(request):
    if request.method == 'POST':
        form = ContactForm(request.POST)
        if form.is_valid():
            cd = form.cleaned_data
            send_mail(
                cd['subject'],
                cd['message'],
                cd.get('email',
['noreply@example.com](mailto:'noreply%40example.com)'),
[['siteowner@example.com](mailto:'siteowner%40example.com)'],
                )
            return HttpResponseRedirect('/contact/thanks/')
    else:
        form = ContactForm(
            initial= {'subject': 'I love your site!' }
        )
    return render(request, 'contact_form.html', {'form':form })
```

이제 제목 필드에 해당 종류의 문장이 미리 채워져 나타난다. 초기 데이터를 전달하는 것과 양식을 연결하는 데이터를 전달하는 것에는 차이가 있음에 유의하자. 가장 큰 차이점은 초기 데이터를 전달하는 경우 양식이 연결되지 않음으로써 오류 메시지가 나타나지 않는다는 것이다.

■ 사용자 지정 유효성 검사 규칙

피드백 양식을 시작했고, 전자 메일이 쏟아지기 시작했다고 가정해보자. 이에는 한 가지 문제가 있다. 제출된 메시지 중 일부는 단 1~2개의 단어로, 이해하기에 충분하지 않다. 우리는 네 단어 이상으로 새로운 유효성 확인 정책을 채택하기로 결정한다.

장고 폼에 사용자 정의 유효성 검사를 연결하는 데는 여러 가지 방법이 있다. 우리의 규칙이 몇 번이고 다시 사용하는 것이라면 사용자 정의 필드 유형을 만들 수 있다. 대부분의 사용자 지정 유효성 검사는 일회성 작업이지만, 양식 클래스에 직접 연결될 수 있다. 메시지 필드에 추가 유효성 검사가 필요하므로 Form 클래스에 clean_message( ) 메서드를 추가한나.

```python
from django import forms

class ContactForm(forms.Form):
    subject = forms.CharField(max_length=100)
    email = forms.EmailField(required=False)
    message = forms.CharField(widget=forms.Textarea)

    def clean_message(self):
        message = self.cleaned_data['message']
        num_words = len(message.split())

    if num_words < 4:
        raise forms.ValidationError("Not enough words!")
    return message
```

장고의 폼 시스템은 이름이 clean_으로 시작하고 필드의 이름으로 끝나는 메서드를 자동으로 찾는다. 그러한 메서드가 있으면 유효성 검증 중에 호출된다. 특히 clean_message( ) 메서드는 지정된 필드에 대한 기본 유효성 검사 논리(이 경우 필요한 CharField 에 대한 유효성 검사 논리) 다음에 호출된다.

필드 데이터는 이미 부분적으로 처리됐기 때문에 self.cleaned_data에서 이것을 추출한다. 또한 값이 존재하고 비어 있지 않다는 것을 확인하는 것에 대해 걱정할 필요가 없다. 왜냐하면 이 작업은 기본 유효성 검사기에 의해 수행되기 때문이다. 우리는 순진하게 len( )과 split( )의 조합을 사용해 단어의 수를 계산한다. 사용자가 너무 적은 단어를 입력하면 forms.ValidationError가 발생한다.

이 예외에 첨부된 문자열은 오류 목록의 항목으로 사용자에게 나타난다. 메서드 끝에서 필드에 대해 정리된 값을 명시적으로 반환하는 것이 중요하다. 이를 통해 사용자 정의 유효성 검사 메서드 내에서 값을 수정(또는 다른 파이썬 유형으로 변환)할 수 있다. return문을 잊어버린 경우 None이 반환되고 원래 값은 손실된다.

■ 레이블 지정

기본적으로 장고의 자동 생성된 양식 HTML의 레이블은 밑줄을 공백으로 바꾸고 첫 번째 문자를 대문자로 만들어 전자 메일 필드의 레이블이 "Email"이 되도록 한다. 장고의 모델이 필드에 대해 기본 verbose_name 값을 계산하는 데 사용하는 것과 동일한 간단한 알고리즘이다. 이 내용은 익숙한 내용일 것인데 이미 우리는 "4장, 모델"에서 이에 대해 다뤄봤다. 하지만 장고의 모델과 마찬가지로, 특정 필드의 라벨을 사용자 정의할 수 있다. label을 다음과 같이 사용하라.

```
class ContactForm(forms.Form):
    subject = forms.CharField(max_length=100)
    email = forms.EmailField(required=False,
        label='Your e-mail address')
    message = forms.CharField(widget=forms.Textarea)
```

▌ 양식 설계 사용자 정의

contact_form.html 템플릿은 {{form.as_table}}을 사용해 양식을 표시하지만 다른 방식으로 해당 양식을 표시해 좀 더 세부적으로 제어할 수 있다. 해당 양식의 프레젠테이션을 사용자 정의하는 가장 빠른 방법은 CSS다.

특히 오류 목록은 시각적으로 향상된 기능으로 수행할 수 있으며, 자동 생성된 오류 목록은 CSS로 대상을 지정할 수 있도록 <ul class = "errorlist">를 정확하게 사용한다. 다음 CSS는 실제로 오류가 두드러지게 나타나도록 한다.

```
<style type="text/css">
    ul.errorlist {
        margin: 0;
        padding: 0;
    }
    .errorlist li {
        background-color: red;
        color: white;
        display: block;
        font-size: 10px;
        margin: 0 0 3px;
        padding: 4px 5px;
    }
</style>
```

해당 양식의 HTML을 생성하는 것이 편리하지만 대부분의 경우 여러분은 기본 렌더링을 대체하기 원할 것이다. {{form.as_table}} 및 친구들은 응용 프로그램을 개발하는 동안 유용한 바로 가기지만, 양식이 표시되는 방식에 관한 모든 것이 대체로 템플릿 자체 내에서 재정의될 수 있으며, 여러분 스스로 이 작업을 수행하게 될 수도 있다.

템플릿의 {{form.fieldname}}에 액세스해 각 필드의 위젯(<input type = "text">, <select>, <textarea> 등)을 개별적으로 렌더링할 수 있으며, 필드와 관련된 모든 오류는

{{form.fieldname.errors}}로 사용할 수 있다. 이를 염두에 두고, 다음 서식 코드를 사용해 연락 형식에 대해 사용자 지정 서식을 만들 수 있다.

```html
<html>
<head>
    <title>Contact us</title>
</head>
<body>
    <h1>Contact us</h1>

    {% if form.errors % }
        <p style="color: red;">
            Please correct the error { { form.errors|pluralize } } below.
        </p>
    {% endif % }

    <form action="" method="post">
        <div class="field">
            {{ form.subject.errors }}
            <label for="id_subject">Subject:</label>
            {{ form.subject }}
        </div>
        <div class="field">
            {{ form.email.errors }}
            <label for="id_email">Your e-mail address:</label>
            {{ form.email }}
        </div>
        <div class="field">
            {{ form.message.errors }}
            <label for="id_message">Message:</label>
            {{ form.message }}
        </div>
        {% csrf_token %}
        <input type="submit" value="Submit">
    </form>
```

```
</body>
</html>
```

{{form.message.errors}}는 오류가 있는 경우 <ul class = "errorlist">를 표시한다.
필드가 유효한 경우(또는 폼이 바인드 되지 않은 경우) 공백 문자열을 표시한다. 우리는 또
한 form.message.errors를 부울로 사용하거나 반복해 리스트로 만든다. 예제는 다음과
같다.

```
<div class="field{% if form.message.errors %} errors{% endif %}">
    {% if form.message.errors %}
        <ul>
        {% for error in form.message.errors %}
            <li><strong>{{ error }}</strong></li>
        {% endfor %}
        </ul>
    {% endif %}
    <label for="id_message">Message:</label>
    {{ form.message }}
</div>
```

유효성 검사 오류가 발생하면 "errors" 클래스를 포함한 것에 추가하고 정렬되지 않은 목
록에 오류 목록을 표시한다.

■ 7장에서 무엇을 설명하는가?

6장에서는 이 책의 개요 내용인 소위 핵심 교과 과정을 마무리한다. "7장, 고급 뷰와
URLconf"에서 "13장, 장고 배포"에 이르기까지 장고 응용 프로그램을 배포하는 방법("13
장, 장고 배포")을 포함해 고급 장고 사용법을 자세히 설명한다. 처음 7장을 읽은 후에는 자
신만의 장고 프로젝트를 작성하기에 충분할 것이다. 이 책의 나머지 부분은 필요하지만

234

설명이 아직 안 된 부분을 채우는 데 도움이 된다. "7장, 고급 뷰와 URLconf"에서 보기 및 뷰와 URLconfs("2장, 뷰와 URLconfs"에서 처음 소개했다)를 자세히 살펴볼 것이다.

07

고급 뷰와 URLconfs

"2장, 뷰와 URLconf"에서 장고의 view 함수와 URLconf의 기초를 설명했다. 이 장에서는 두 가지 프레임워크의 고급 기능에 대해 자세히 설명한다.

▌ URLconf 팁 및 요령

URLconfs에는 장고의 다른 것들과 마찬가지로 특별한 것이 없으며, 파이썬 코드일뿐이다. 다음 절에서 설명하는 것처럼 여러 가지 방법으로 이를 활용할 수 있다.

함수 임포트 합리화

이 URLconf는 "2장, 뷰와 URLconfs"의 예제를 기반으로 한다.

```
from django.conf.urls import include, url
from django.contrib import admin
from mysite.views import hello, current_datetime, hours_ahead

urlpatterns = [
    url(r'^admin/', include(admin.site.urls)),
    url(r'^hello/$', hello),
    url(r'^time/$', current_datetime),
    url(r'^time/plus/(\d{1,2})/$', hours_ahead),
    ]
```

"2장, 뷰와 URLconfs"에서 설명했듯이 URLconf의 각 항목에는 관련 뷰 기능이 포함돼 있으며, 직접 함수 객체로 전달된다. 즉, 모듈 상단에 뷰 기능을 가져와야 한다는 것을 의미한다.

그러나 장고 응용 프로그램이 복잡해짐에 따라 URLconf도 커지고 이러한 가져오기를 유지하는 것은 지루할 수 있다(새로운 뷰 함수가 있을 때마다 이를 임포트하는 것을 기억해야 하며, 이 접근법을 사용하면 import문이 너무 길어지는 경향이 있다).

뷰 모듈 자체를 가져오면 지루함을 피할 수 있다. 이 URLconf 예제는 이전 예제와 동일하다.

```
from django.conf.urls import include, url
from . import views

urlpatterns = [
    url(r'^hello/$', views.hello),
    url(r'^time/$', views.current_datetime),
    url(r'^time/plus/(d{1,2})/$', views.hours_ahead),
]
```

디버그 모드의 특수 케이스 URL

URL 패턴을 동적으로 생성하는 것에 대해 말하면, 장고의 디버그 모드에서 URLconf의 동작을 변경하기 위해 이 기술을 활용할 수 있다. 이렇게 하려면 다음과 같이 런타임에서 DEBUG 설정값을 확인해야 한다.

```
from django.conf import settings
from django.conf.urls import url
from . import views

urlpatterns = [
    url(r'^$', views.homepage),
    url(r'^(\d{4})/([a-z]{3})/$', views.archive_month),
]

if settings.DEBUG:
    urlpatterns += [url(r'^debuginfo/$', views.debug),]
```

이 예에서 URL /debuginfo/는 DEBUG 설정이 True로 설정된 경우에만 사용할 수 있다.

명명된 그룹 미리 보기

위의 예제는 URL을 캡처해 뷰에 대한 위치 인수로 전달하기 위해 괄호를 통해 단순한 비명명 정규식 그룹을 사용했다.

고급 사용법에서는 명명된 정규 표현식 그룹을 사용해 URL을 캡처하고, 이를 뷰에 키워드 인수로 전달할 수 있다.

파이썬 정규식에서 명명된 정규 표현식 그룹의 구문은 (? P <name> pattern)이며, name은 그룹의 이름이고, pattern은 일치시킬 패턴이다.

예를 들어, book 웹 사이트의 book 리뷰 목록이 있고, 특정 날짜 또는 기간에 대한 리뷰를 검색하려 한다고 가정해보자.

다음은 URLconf 샘플이다.

```
from django.conf.urls import url

from . import views

urlpatterns = [
    url(r'^reviews/2003/$', views.special_case_2003),
    url(r'^reviews/([0-9]{4})/$', views.year_archive),
    url(r'^reviews/([0-9]{4})/([0-9]{2})/$', views.month_archive),
    url(r'^reviews/([0-9]{4})/([0-9]{2})/([0-9]+)/$', views.review_detail),
]
```

주의사항:
URL에서 값을 캡처하려면 주위에 괄호를 넣는다. 슬래시(/)는 모든 URL에 있기 때문에 추가할 필요가 없다. 예를 들어, ^reviews는 ^/reviews가 아니다. 각 정규식 문자열 앞의 'r'은 선택사항이지만, 권장된다.

'r'은 문자열이 원래 데이터라는 것을 파이썬에게 알려준다. 즉, 문자열에서 어떤 것도 빼먹지 않도록 해야 한다.

요청 예:

- /reviews/2005/03/에 대한 요청은 목록의 세 번째 항목과 일치한다. 장고는 해당 함수를 호출할 것이다.

  ```
  views.month_archive(request,'2005','03').
  ```

- 목록의 세 번째 항목은 해당 월에 대한 두 자리가 필요하기 때문에 /reviews/2005/3/은 URL 패턴과 일치하지 않는다.

- /reviews/2003/은 해당 패턴이 순서대로 테스트되고, 첫 번째 테스트에 통과되기 때문에 두 번째 패턴이 아닌 첫 번째 패턴과 일치한다. 이런 특별한 경우를 삽입하기 위해 주문을 활용해도 무방하다.

- 각 패턴은 URL의 끝에 슬래시가 있어야 하기 때문에 /reviews/2003은 이러한 패턴 중 어떤 것과도 일치하지 않을 것이다.

- /reviews/2003/03/03/은 최종 패턴과 일치한다. 장고는 views.review_detail 요청, '2003', '03', '03') 함수를 호출한다.

다음은 위의 URLconf 예제이며, 이름이 지정된 그룹을 사용하도록 다시 작성됐다.

```
from django.conf.urls import url


from . import views

urlpatterns = [
    url(r'^reviews/2003/$', views.special_case_2003),
    url(r'^reviews/(?P<year>[0-9]{4})/$', views.year_archive),
    url(r'^reviews/(?P<year>[0-9]{4})/(?P<month>[0-9]{2})/$',
views.month_archive),
url(r'^reviews/(?P<year>[0-9]{4})/(?P<month>[0-9]{2})/(?P<day>[0-9]{2})/$',
views.review_detail),
]
```

이는 앞의 예제와 똑같은 일을 하나의 미묘한 차이점을 갖지만, 동일하게 수행한다. 캡처된 값은 위치 인수가 아닌 키워드 인수로 뷰 함수에 전달된다. 예제는 다음과 같다.

- /reviews/2005/03/에 대한 요청은 views.month_archive(request,'2005', '03') 대신 views.month_archive(request,year='2005',month='03') 함수를 호출한다.

- /reviews/2003/03/03/에 대한 요청은 views.review_detail(request, year='2003', month='03', day='03') 함수를 호출한다.

실제로 이것은 URLconfs가 약간 더 명시적이고 인수 순서 버그에 덜 취약하다는 것을 의미하며 뷰 함수 정의에서 인수를 재정렬할 수 있다. 물론, 이러한 이점은 간결성을 감내해야 한다. 일부 개발자는 명명된 그룹 구문이 보기 좋지 않고 너무 길다는 것을 알게된다.

일치/그룹화 알고리즘

정규 표현식에서 명명된 그룹과 명명되지 않은 그룹과 관련해 URLconf 구문 분석기가 따르는 알고리즘은 다음과 같다.

1. 명명된 인수가 있으면 명명되지 않은 인수를 무시하고 이를 사용한다.
2. 그렇지 않으면 이름 없는 인수를 모두 위치 인수로 전달한다.

두 경우 모두 주어진 여분의 키워드 인수도 뷰에 전달된다.

URLconf가 검색하는 대상

URLconf는 요청된 URL을 정규 파이썬 문자열로 검색한다. 여기에는 GET, POST 파라미터, 도메인 이름을 포함하지 않는다. 예를 들어, http://www.example.com/myapp/에 대한 요청에서 URLconf는 myapp/를 찾는다. http://www.example.com/myapp/?page=3에 대한 요청에서 URLconf는 myapp/를 검색할 것이다. URLconf는 요청 메서드를 보지 않는다. 즉, POST, GET, HEAD 등의 모든 요청 메서드는 동일한 URL에 대해 동일한 함수로 라우팅될 것이다.

캡처된 인수는 항상 문자열이다

캡처된 각 인수는 정규 표현식의 일치 유형에 관계없이 정규 파이썬 문자열로 뷰에 전송된다. 예를 들어, 다음 URLconf 행에서와 같다.

```
url(r'^reviews/(?P<year>[0-9]{4})/$', views.year_archive),
```

`views.year_archive()`에 대한 `year` 인수는 `[0-9]{4}`가 정수 문자열에 일치하기만 하더라도 정수가 아닌 문자열이 된다.

뷰 인수에 대한 기본값 지정

쉬운 트릭은 뷰의 인수에 대한 기본 파라미터를 지정하는 것이다. 다음은 URLconf의 예제다.

```
# URLconf
from django.conf.urls import url

from . import views

urlpatterns = [
    url(r'^reviews/$', views.page),
    url(r'^reviews/page(?P<num>[0-9]+)/$', views.page),
]

# View (in reviews/views.py)
def page(request, num="1"):
    # num에 따라 검토 항목의 해당 웹 페이지를 출력한다.
    ...
```

위의 예에서 두 URL 패턴은 동일한 view-`views.page`를 가리키고 있지만, 첫 번째 패턴은 URL에서 아무것도 캡처하지 않는다. 첫 번째 패턴이 일치하면 `page()` 함수는 `num`의 기본 인수인 "1"을 사용한다. 두 번째 패턴이 일치하면 `page()`는 정규식에 의해 캡처된 모든 `num` 값을 사용한다.

키워드 인수 대 위치 인수

파이썬 함수는 키워드 인수나 위치 인수를 사용해 호출할 수 있다. 경우에 따라 둘 다 동시에 호출할 수 있다. 키워드 인수 호출에서 전달하는 값과 함께 인수의 이름을 설정한다. 위치 인수 호출에서 어떤 인수가 어떤 값과 일치하는지 명시적으로 지정하지 않고 인수를 전달하면 된다. 관계성은 인수 순서에 내포돼 있다. 예를 들어, 다음과 같은 간단한 함수를 생각해보자.

```
def sell(item, price, quantity): print "Selling %s
unit(s) of %s at %s" % (quantity, item, price)
```

위치 인수로 호출하려면 함수 정의 sell('Socks', '$ 2.50', 6)에 나열된 순서대로 인수를 지정해야 한다.

키워드 인수로 호출하려면 값과 함께 인수 이름을 지정해야 한다. 다음 명령과 같다.

```
equivalent:sell(item='Socks', price='$2.50', quantity=6)
sell(item='Socks', quantity=6, price='$2.50')
sell(price='$2.50', item='Socks', quantity=6)
sell(price='$2.50', quantity=6, item='Socks')
sell(quantity=6, item='Socks', price='$2.50')
sell(quantity=6, price='$2.50', item='Socks')
```

마지막으로, 모든 위치 지정 인수가 키워드 인수 앞에 나열돼 있는 한 키워드 및 위치 지정 인수를 혼합할 수 있다. 다음 명령문은 이전 예제와 동일하다.

```
sell('Socks', '$2.50', quantity=6)
sell('Socks', price='$2.50', quantity=6)
sell('Socks', quantity=6, price='$2.50')
```

▌ 성능

URL 패턴의 각 정규식은 처음 액세스할 때 컴파일된다. 이것은 시스템을 놀라울 정도로
빠르게 만든다.

▌ 오류 처리

장고가 요청된 URL과 일치하는 정규식^{regex}을 찾지 못하거나 예외가 발생하면 장고는 오
류 처리 뷰를 호출한다. 이러한 경우에 사용할 뷰는 네 가지 변수로 설정한다. 해당 변수
는 다음과 같다.

- handler404
- handler500
- handler403
- handler400

대부분의 프로젝트에서는 기본값으로 충분하지만 값을 할당해 추가로 사용자 정의
할 수 있다. 이러한 값은 루트 URLconf에서 설정할 수 있다. 이러한 URL 변수를 다른
URLconf로 설정해도 아무런 효과가 없다. 값은 호출 가능하거나 오류 조건을 처리하기
위해 호출해야 하는 뷰에 대한 전체 파이썬 임포트 경로를 나타내는 문자열이어야 한다.

▌ 다른 URL 환경 포함

언제든지, URL 패턴이 다른 URLconf 모듈을 포함할 수 있다. 이것은 본질적으로 다른,
URL 집합의 근본이 된다. 예를 들어, 다음은 장고 웹 사이트 URLconf의 발췌 부분이다.
여기에는 다른 URLconfs가 포함돼 있다.

```
from django.conf.urls import include, url

urlpatterns = [
    # ...
    url(r'^community/', include('django_website.aggregator.urls')),
    url(r'^contact/', include('django_website.contact.urls')),
    # ...
]
```

이 예제의 정규식에는 $(문자열 끝 일치 문자)가 없지만, 후행 슬래시가 포함된다. 장고가 include( )를 만날 때마다 그 점까지 일치하는 URL 부분을 잘라버리고 추가 처리를 위해 포함된 URLconf로 나머지 문자열을 보낸다. 또 다른 가능성은 url( ) 인스턴스 목록을 사용해 추가 URL 패턴을 포함시키는 것이다. 예를 들어, 다음 URLconf를 고려해보자.

```
from django.conf.urls import include, url
from apps.main import views as main_views
from credit import views as credit_views

extra_patterns = [
    url(r'^reports/(?P<id>[0-9]+)/$', credit_views.report),
    url(r'^charge/$', credit_views.charge),
]

urlpatterns = [
    url(r'^$', main_views.homepage),
    url(r'^help/', include('apps.help.urls')),
    url(r'^credit/', include(extra_patterns)),
]
```

이 예제에서 /credit/reports/URL은 credit.views.report( ) Django 뷰에서 처리한다. 단일 패턴 접두어가 반복적으로 사용되는 URLconfs에서 중복성을 제거하는 데 사용할 수 있다. 예를 들어, 다음 URLconf를 고려하라.

```
from django.conf.urls import url
from . import views

urlpatterns = [
    url(r'^(?P<page_slug>\w+)-(?P<page_id>\w+)/history/$',
        views.history),
    url(r'^(?P<page_slug>\w+)-(?P<page_id>\w+)/edit/$', views.edit),
    url(r'^(?P<page_slug>\w+)-(?P<page_id>\w+)/discuss/$',
        views.discuss),
    url(r'^(?P<page_slug>\w+)-(?P<page_id>\w+)/permissions/$',
        views.permissions),
]
```

공통 경로 접두어를 한 번만 표시하고 다른 접미사를 그룹화해 이 문제를 개선할 수 있다.

```
from django.conf.urls import include, url
from . import views

urlpatterns = [
    url(r'^(?P<page_slug>\w+)-(?P<page_id>\w+)/',
    include([
    url(r'^history/$', views.history),
    url(r'^edit/$', views.edit),
    url(r'^discuss/$', views.discuss),
    url(r'^permissions/$', views.permissions),
    ])),
]
```

캡처 파라미터

포함된 URLconf는 상위 URLconfs에서 캡처한 파라미터를 수신하므로 다음 예제가 유효하다.

```
# settings/urls/main.py에
from django.conf.urls import include, url

urlpatterns = [
    url(r'^(?P<username>\w+)/reviews/', include('foo.urls.reviews')),
]

# foo/urls/reviews.py에
from django.conf.urls import url
from . import views

urlpatterns = [
    url(r'^$', views.reviews.index),
    url(r'^archive/$', views.reviews.archive),
]
```

위의 예에서 캡처한 "username" 변수는 예상대로 포함된 URLconf에 전달된다.

▌ 뷰 함수에 추가 옵션 전달

URLconfs에는 파이썬 딕셔너리처럼 뷰 함수에 추가 인수를 전달할 수 있는 후크가
있다. django.conf.urls.url() 함수는 뷰 함수에 넘겨줄 여분의 키워드 인자를 담은 딕
셔너리인 선택적 세 번째 인수를 취할 수 있다. 예제는 다음과 같다.

```
from django.conf.urls import url
from . import views

urlpatterns = [
    url(r'^reviews/(?P<year>[0-9]{4})/$',
        views.year_archive,
        {'foo': 'bar'}),
]
```

248

이 예제에서 /reviews/2005/에 대한 요청으로, 장고는 views.year_archive(request, year='2005', foo='bar')를 호출할 것이다. 이 기술은 신디케이션 프레임워크에서 메타 데이터 및 옵션을 뷰에 전달하는 데 사용한다("14장, 비HTML 콘텐츠 생성" 참조).

충돌 다루기

명명된 키워드 인수를 포착하는 URL 패턴을 가질 수 있으며, 추가 인수 딕셔너리에 같은 이름의 인수를 전달할 수 있다. 이 경우 URL에 캡처된 인수 대신 딕셔너리의 인수가 사용된다.

include()에 추가 옵션 전달

마찬가지로, include( )에 추가 옵션을 전달할 수 있다. include( )에 추가 옵션을 전달하면 포함된 URLconf의 각 행에 추가 옵션이 전달될 것이다. 예를 들어, 이러한 2개의 URLconf 세트는 기능적으로 동일하다. 세트 1은 다음과 같다.

```
# main.py
from django.conf.urls import include, url

urlpatterns = [
    url(r'^reviews/', include('inner'), {'reviewid': 3}),
]

# inner.py
from django.conf.urls import url
from mysite import views

urlpatterns = [
    url(r'^archive/$', views.archive),
    url(r'^about/$', views.about),
]
```

세트 2는 다음과 같다.

```python
# main.py
from django.conf.urls import include, url
from mysite import views

urlpatterns = [
    url(r'^reviews/', include('inner')),
]

# inner.py
from django.conf.urls import url

urlpatterns = [
    url(r'^archive/$', views.archive, {'reviewid': 3}),
    url(r'^about/$', views.about, {'reviewid': 3}),
]
```

라인의 뷰가 실제로 그 옵션을 유효한 것으로 받아들이는지 여부와 관계없이 추가 옵션은 포함된 URLconf의 모든 라인에 항상 전달된다. 이러한 이유로, 이 기술은 포함된 URLconf의 모든 뷰가 전달 중인 추가 옵션을 허용한다는 점이 확실한 경우에만 유용하다.

▌ URL 반전 해결

장고 프로젝트에서 작업할 때 일반적으로 필요한 것은 생성된 내용(뷰 및 자산 URL, 사용자에게 표시된 URL 등)에 포함하거나 서버 쪽의 탐색 흐름을 처리(리디렉션 등)하기 위한 최종 형식으로 URL을 얻어낼 수 있다는 것이다.

이러한 URL을 힘들게 코딩하는 것(힘들고, 확장성이 없고 오류가 발생하기 쉬운 전략)을 피하거나 URLconf에서 설명한 설계과 동일한 URL과 어떤 시점에서 부실한 URL을 생성할

250

위험이 있는 임시 생성 메커니즘을 고안하지 않아도 되므로 매우 바람직하다. 즉, DRY 메커니즘이 필요하다는 점이다.

다른 이점들 중 하나는 구식 URL을 검색하고 대체하기 위해 프로젝트 소스 코드 전체를 거치지 않고도 URL 설계를 진화시킬 수 있다는 것이다. URL을 얻기 위한 시작점으로 사용할 수 있는 정보는 URL 처리를 담당하는 뷰의 식별 정보(예: 이름)이며, 올바른 URL 조회에 필수적으로 참여해야 하는 다른 정보는 유형(위치, 키워드) 및 뷰 인수의 값이다.

장고는 URL 매퍼가 URL 설계의 유일한 저장소인 것과 같은 솔루션을 제공한다. URLconf로 피드를 보낸 후 양방향으로 사용할 수 있다.

- 사용자/웹 브라우저가 요청한 URL로 시작하고 적절한 장고 뷰를 호출해, URL에서 추출한 값과 함께 필요한 모든 인수를 제공한다.
- 해당 장고 뷰의 식별자와 전달된 인수의 값으로 시작해 연관된 URL을 얻는다.

첫 번째는 이전 섹션에서 논의한 사용법이다. 두 번째는 URL의 역분해, 역URL 일치, 역 URL 조회 또는 단순한 URL 반전으로 알려져 있다.

장고는 URL이 필요한 여러 레이어와 일치하는 URL 반전을 수행하는 도구를 제공한다.

- 템플릿: url 템플릿 태그를 사용
- 파이썬 코드: django.core.urlresolvers.reverse() 함수를 사용
- 장고 모델 인스턴스의 URL 처리와 관련된 상위 레벨 코드: get_absolute_url() 메서드

예제

이 URLconf 항목을 다시 고려해보자.

```
from django.conf.urls import url
from . import views
```

```
urlpatterns = [
    # ...
    url(r'^reviews/([0-9]{4})/$', views.year_archive,
        name='reviews-year-archive'),
    # ...
]
```

이 설계에 따르면 연도 nnnn에 해당하는 아카이브의 URL은 /reviews/nnnn/이다. 다음을 사용해 템플릿 코드에서 이것을 얻어낼 수 있다.

```
<a href="{% url 'reviews-year-archive' 2012 %}">2012 Archive</a>
{# 또는 템플릿 상황 변수에 연도(year)와 함께: #}

<ul>
{% for yearvar in year_list %}
<li><a href="{% url 'reviews-year-archive' yearvar %}">{{ yearvar }}
Archive</a></li>
{% endfor %}
</ul>
```

또는 파이썬 코드에서는 다음과 같다.

```
from django.core.urlresolvers import reverse
from django.http import HttpResponseRedirect

def redirect_to_year(request):
    # ...
    year = 2012
    # ...
    return HttpResponseRedirect(reverse('reviews-year-archive',
args=(year,)))
```

252

어떤 이유로 연간 리뷰 아카이브의 내용이 게시된 URL을 변경해야 하는 경우 URLconf 에서 항목을 변경하면 된다. 뷰가 일반적인 성격의 일부 시나리오에서 URL과 뷰 간에 다 대일 관계가 있을 수 있다. 이러한 경우 URL을 역으로 변환할 때 뷰 이름이 식별자로 충 분히 바람직하지는 않다. 장고가 제공하는 솔루션에 대한 정보는 다음 섹션을 읽어보라.

■ URL 패턴 이름 지정

URL 반전을 수행하려면 위의 예에서와 같이 명명된 URL 패턴을 사용해야 한다. URL 이 름에 사용된 문자열에는 원하는 모든 문자가 포함될 수 있다. 유효한 파이썬 이름에만 국 한되지 않는다. URL 패턴의 이름을 지정할 때, 다른 응용 프로그램의 이름 선택과 충돌 하지 않는 이름을 사용해야 한다. URL 패턴 주석을 호출하고 다른 응용 프로그램이 동 일한 작업을 수행하면 이 이름을 사용할 때 어떤 URL이 템플릿에 삽입되는지 보장할 수 없다. 응용 프로그램 이름에서 파생된 URL 이름에 접두어를 붙이면 충돌 가능성이 줄어 든다. 우리는 comment 대신 myapp-comment와 같은 것을 추천한다.

■ URL 네임 스페이스

URL 네임 스페이스를 사용하면 다른 응용 프로그램이 동일한 URL 이름을 사용하는 경 우에도 명명된 URL 패턴을 고유하게 역순으로 지정할 수 있다. 다른 회사의 앱이 항상 네임 스페이스 URL을 사용하도록 하는 것이 좋다. 이와 마찬가지로 응용 프로그램의 여 러 인스턴스가 배포되는 경우, URL을 역순으로 지정할 수도 있다. 즉, 단일 응용 프로그 램의 여러 인스턴스가 명명된 URL을 공유하므로 네임 스페이스는 이러한 명명된 URL을 구분할 수 있는 방법을 제공한다.

URL 네임 스페이스를 적절하게 사용하는 장고 응용 프로그램은 특정 웹 사이트에 두 번 이상 배포할 수 있다. 예를 들어, django.contrib.admin은 AdminSite 클래스를 가진다.

이 클래스를 사용하면 admin 인스턴스를 두 번 이상 쉽게 배포할 수 있다. URL 네임 스페이스는 두 부분으로 나뉘며, 둘 다 문자열이다.

1. 응용 프로그램 네임 스페이스: 배포할 응용 프로그램의 이름을 설명한다. 단일 응용 프로그램의 모든 인스턴스에는 동일한 응용 프로그램 네임 스페이스가 있다. 예를 들어, 장고의 관리 응용 프로그램은 다소 예측 가능한 관리자의 응용 프로그램 네임 스페이스를 갖는다.

2. 인스턴스 네임 스페이스: 응용 프로그램의 특정 인스턴스를 식별한다. 인스턴스 네임 스페이스는 전체 프로젝트에서 고유해야 한다. 그러나 인스턴스 네임 스페이스는 응용 프로그램 네임 스페이스와 동일할 수 있다. 이것은 응용 프로그램의 기본 인스턴스를 지정하는 데 사용된다. 예를 들어, 기본 장고 관리 인스턴스는 인스턴스 네임 스페이스 admin을 갖는다.

네임 스페이스 URL은 : 연산자를 사용해 설정한다. 예를 들어, admin 응용 프로그램의 기본 색인 웹 페이지는 "admin:index"를 사용해 참조하라. 이것은 "admin"의 네임 스페이스와 "index"의 명명된 URL을 나타낸다.

네임 스페이스는 중첩될 수도 있다. 명명된 URL members:reviews:index는 최상위 네임 스페이스 "members" 내에 정의된 네임 스페이스 "reviews"에서 "index"라는 패턴을 찾는다.

네임 스페이스 URL 반전

해결할 이름 공간 URL(예: "reviews : index")이 주어지면 장고는 완전히 정규화된 이름을 파트로 분할한 후 다음 조회를 시도한다.

1. 가장 먼저, 장고는 일치하는 응용 프로그램 네임 스페이스(예제에서는 "reviews")를 찾는다. 그러면 해당 응용 프로그램의 인스턴스 목록이 생성된다.

2. 정의한 현재의 응용 프로그램이 있는 경우, 장고는 해당 인스턴스에 대한 URL 확인 프로그램을 찾아 반환한다. 현재의 응용 프로그램은 요청에 대한 속성으로 지정될 수 있다. 복수의 배포가 필요할 것으로 예상되는 응용 프로그램은 처리 중인 요청에 대해 current_app 속성을 설정해야 한다.

3. 현재 응용 프로그램은 reverse( ) 함수의 인수로 수동으로 지정할 수도 있다.

4. 현재 응용 프로그램이 없는 경우, 장고는 기본 응용 프로그램 인스턴스를 찾는다. 기본 응용 프로그램 인스턴스는 응용 프로그램 네임 스페이스와 일치하는 인스턴스 네임 스페이스를 갖는 인스턴스다(이 예에서는 'reviews'라는 검토 인스턴스다).

5. 기본 응용 프로그램 인스턴스가 없으면 장고는 인스턴스 이름이 무엇이든 응용 프로그램의 마지막 배포 인스턴스를 선택한다.

6. 제공된 네임 스페이스가 1단계에서 응용 프로그램 네임 스페이스와 일치하지 않으면 장고는 네임 스페이스를 인스턴스 네임 스페이스로 직접 검색한다.

중첩된 네임 스페이스가 있는 경우, 뷰 이름만 확인될 때까지 네임 스페이스의 각 부분에 대해 이러한 단계가 반복된다. 다음으로 뷰 이름은 발견된 네임 스페이스의 URL로 해석된다.

■ URL 네임 스페이스 및 포함된 URLconfs

포함된 URLconfs의 URL 네임 스페이스는 두 가지 방법으로 지정할 수 있다. 첫째, URL 패턴을 구성할 때, 응용 프로그램 및 인스턴스 네임 스페이스를 include( )에 대한 인수로 제공할 수 있다. 예제는 다음과 같다.

```
url(r'^reviews/', include('reviews.urls', namespace='author-reviews',
    app_name='reviews')),
```

이것은 인스턴스 네임 스페이스 'author-reviews'와 함께 응용 프로그램 네임 스페이스 "reviews" 내의 reviews.urls 내에 정의된 URL을 포함한다. 둘째, 여러분은 내장된 네임 스페이스 데이터를 갖는 객체를 포함할 수 있다.

url( ) 인스턴스 목록을 include( )하면 해당 객체에 포함된 URL은 전역 네임 스페이스에 추가된다. 그러나 여러분은 3개 튜플을 포함하는 include( )를 할 수도 있다.

```
(<list of url( ) instances>, <application namespace>, <instance namespace>)
```

예제는 다음과 같다.

```
from django.conf.urls import include, url

from . import views

reviews_patterns = [
    url(r'^$', views.IndexView.as_view( ), name='index'),
    url(r'^(?P<pk>\d+)/$', views.DetailView.as_view( ), name='detail'),
]

url(r'^reviews/', include((reviews_patterns, 'reviews',
    'author-reviews'))),
```

여기에는 지정된 응용 프로그램 및 인스턴스 네임 스페이스에 지정된 URL 패턴을 포함한다. 예를 들어, 장고 관리자는 AdminSite의 인스턴스로 배포된다. 해당 admin 사이트의 모든 패턴과 응용 프로그램 네임스페이스 "admin" 그리고 admin 인스턴스의 이름을 포함하는 3 튜플이다. 여러분이 admin 인스턴스를 배포할 때 urlpatterns를 프로젝트에 include( )하는 것은 이러한 urls 속성이다.

include( )에 튜플을 전달해야 한다. 다음과 같이 단순히 세 가지 인수를 전달하면 include(reviews_patterns,'reviews','author-reviews'), 장고는 에러를 발생시

키지 않지만 include( )의 서명으로 인해 'reviews'는 인스턴스 네임 스페이스가 되고 'author-reviews'는 응용 네임 스페이스가 된다.

▌ 8장에서 무엇을 설명하는가?

7장에서는 뷰 및 URLconf에 대한 많은 고급 팁과 트릭을 제공했다. "8장, 고급 템플릿"에서는 장고의 템플릿 시스템에 대한 고급 처리 방법을 설명한다.

08

고급 템플릿

장고 템플릿 언어와의 상호작용 대부분이 템플릿 작성자 역할을 하지만 템플릿 엔진을 사용자가 정의하고 확장해 수행하지 않은 작업을 수행하거나 일부 작업을 좀 더 쉽게 수행할 수 있다.

8장에서는 장고의 템플릿 시스템에 대해 자세히 설명한다. 시스템을 확장하려는 경우 또는 작동 원리에 대해 궁금한 경우에 알아야 할 필요가 있는 것을 다룬다. 또한 자동—빠져나가기 기능, 장고를 계속 사용하면서 시간이 지남에 따라 반드시 알아야 하는 보안 조치에 대해서도 다룬다.

▌ 템플릿 언어 검토

먼저 "3장, 템플릿"에서 소개한 여러 용어를 빠르게 살펴보자.

- 템플릿은 텍스트 문서 또는 일반 파이썬 문자열로 장고 템플릿 언어를 사용해 마크업돼 있다. 템플릿은 템플릿 태그와 변수를 포함할 수 있다.
- 템플릿 태그는 템플릿 내에서 뭔가를 하는 심볼이다. 이 정의는 모호하다. 예를 들어, 템플릿 태그는 콘텐츠를 생성하거나, 제어 구조(if문 또는 루프)로 작동하거나, 데이터베이스에서 콘텐츠를 가져오거나 다른 템플릿 태그에 액세스할 수 있다.

템플릿 태그는 (% and %}으로 둘러싸여 있다.

```
{% if is_logged_in %}
        Thanks for logging in!
{% else %}
        Please log in.
{% endif %}
```

- 변수는 값을 출력하는 템플릿 내의 심볼이다.
- 변수 태그는 {%와 %}로 둘러싸여 있다.
- 콘텍스트는 템플릿에 전달되는 name->value 매핑(파이썬 딕셔너리와 유사)이다.
- 템플릿은 변수 "holes"을 콘텍스트의 값으로 바꾸고, 모든 템플릿 태그를 실행해 콘텍스트를 렌더링한다.

이 용어의 기본 사항에 대한 좀 더 자세한 내용은 "3장, 템플릿"을 참조하라. 이 장의 나머지 부분에서는 템플릿 엔진을 확장하는 방법을 설명한다. 먼저, "3장, 템플릿"에서 생략한 내부 구조를 간단히 살펴보자.

▌ 요청 콘텍스트 및 콘텍스트 프로세서

템플릿을 렌더링할 때는 콘텍스트가 필요하다. 이것은 django.template.Context의 인스턴스가 될 수 있지만, 장고는 django.template.RequestContext라는 서브 클래스도 약간 다르게 작동한다.

RequestContext는 템플릿 콘텍스트에 기본적으로 HttpRequest 객체나 현재 로그인한 사용자에 대한 정보와 같은 많은 변수를 추가한다.

render() 단축키는 다른 콘텍스트 인스턴스를 명시적으로 전달하지 않는 한 Request Context를 만든다. 예를 들어, 다음 두 가지 뷰를 살펴보자.

```python
from django.template import loader, Context

def view_1(request):
    # ...
    t = loader.get_template('template1.html')
    c = Context({
        'app': 'My app',
        'user': request.user,
        'ip_address': request.META['REMOTE_ADDR'],
        'message': 'I am view 1.'
    })
    return t.render(c)

def view_2(request):
    # ...
    t = loader.get_template('template2.html')
    c = Context({
        'app': 'My app',
        'user': request.user,
        'ip_address': request.META['REMOTE_ADDR'],
        'message': 'I am the second view.'
    })
    return t.render(c)
```

(이 예제에서 render( ) 단축키를 의도적으로 사용하지 않았음을 알아두기 바란다. 수동으로 템플릿을 로드하고, 콘텍스트 객체를 구성하며, 템플릿을 렌더링한다. 명확하게 하기 위한 목적으로 모든 단계에 대해 명쾌하게 설명한다.)

각 뷰는 app, user 및 ip_address와 같은 세 가지 변수를 개별 템플릿에 전달한다. 이와 같은 중복 작업을 제거할 수 있다면 좋지 않을까? RequestContext와 context processor 는 이 문제를 해결하기 위해 만들어졌다. 콘텍스트 프로세서를 사용하면 각 render( ) 호출에서 변수를 지정하지 않고도 각 콘텍스트에서 자동으로 설정되는 많은 변수를 지정할 수 있다.

캐치는 템플릿을 렌더링할 때 Contexl 대신 RequestContext를 사용해야 한다. 콘텍스트 프로세서를 사용하는 가장 낮은 수준의 방법은 일부 프로세서를 생성해 RequestContext에 전달하는 것이다. 콘텍스트 프로세서를 사용해 위 예제를 작성하는 방법은 다음과 같다.

```python
from django.template import loader, RequestContext

def custom_proc(request):
    # 'app', 'user' 및 'ip_address'를 제공하는 콘텍스트 프로세서
    return {
        'app': 'My app',
        'user': request.user,
        'ip_address': request.META['REMOTE_ADDR']
    }


def view_1(request):
    # ...
    t = loader.get_template('template1.html')
    c = RequestContext(request,
                        {'message': 'I am view 1.'},
                        processors=[custom_proc])
    return t.render(c)

def view_2(request):
```

```
# ...
t = loader.get_template('template2.html')
c = RequestContext(request,
                   {'message': 'I am the second view.'},
                   processors=[custom_proc])
return t.render(c)
```

이 코드를 단계별로 살펴보자.

- 먼저 custom_proc 함수를 정의한다. 이것은 콘텍스트 프로세서다. 이것은 HttpRequest 객체를 사용하고 템플릿 콘텍스트에서 사용할 변수 딕셔너리를 반환한다. 이게 전부다.

- Context 대신 RequestContext를 사용하기 위해 2개의 뷰 함수를 변경했다. 콘텍스트를 구성하는 방법에는 두 가지 차이점이 있다. 첫째, RequestContext는 첫 번째 인수가 HttpRequest 객체(첫 번째 위치에서 뷰 함수로 전달된 객체인 request)가 돼야 한다. 둘째, RequestContext는 선택적인 프로세서 인수를 취하는데, 이 인수는 사용할 콘텍스트 프로세서 함수의 복록 또는 튜플이나. 여기서는 우리가 앞에서 정의한 맞춤 프로세서인 custom_proc에 전달한다.

- 각 뷰는 custom_proc에 의해 제공되므로 더 이상 콘텍스트 생성에 app, user 또는 ip_address를 포함할 필요가 없다.

- 각 뷰는 여전히 필요한 사용자 정의 템플릿 변수를 도입할 수 있는 유연성이 있다. 이 예제에서 메시지 템플릿 변수는 각 뷰에서 다르게 설정된다.

"3장, 템플릿"에서 render() 단축키를 소개했다. 이 단축키는 loader.get_template()을 호출하지 않고 Context를 만든 후 템플릿에서 render() 메서드를 호출하는 것을 막아준다.

콘텍스트 프로세서의 하위 수준 동작을 보여주기 위해 위의 예제는 render()를 사용하지 않았다. render()를 사용해 콘텍스트 프로세서를 사용하는 것은 가능하고 바람직하다. 다음과 같이 context_instance 인수를 사용해 이 작업을 수행한다.

```python
from django.shortcuts import render
from django.template import RequestContext

def custom_proc(request):
    # 'app', 'user' 및 'ip_address'를 제공하는 콘텍스트 프로세서
    return {
        'app': 'My app',
        'user': request.user,
        'ip_address': request.META['REMOTE_ADDR']
    }

def view_1(request):
    # ...
    return render(request, 'template1.html',
                    {'message': 'I am view 1.'},
                    context_instance=RequestContext(
                    request, processors=[custom_proc]
                    )
    )

def view_2(request):
    # ...
    return render(request, 'template2.html', {'message':
'I am the second view.'},
                    context_instance=RequestContext(
                    request, processors=[custom_proc]
                    )
)
```

여기서는 각 뷰의 템플릿 렌더링 코드를 단일 행으로 정리했다. 이렇게 개선됐지만, 이 코드의 간결성을 평가해본다면 스펙트럼의 다른 끝 부분에 대해 매우 과도하게 적용하고 있다는 것을 인정해야 한다. 코드에서(프로세서 호출에서) 중복성을 추가하는 대신 데이터 (템플릿 변수)에서 중복성을 제거했다.

콘텍스트 프로세서를 사용한다고 해서 항상 프로세서를 입력해야 하는 경우, 많은 타이핑을 절약할 수는 없다. 이런 이유로 장고는 글로벌 콘텍스트 프로세서를 지원한다. 콘텍스트 프로세서 설정(settings.py)은 RequestContext에 항상 적용돼야 하는 콘텍스트 프로세서를 설정한다. 따라서 RequestContext를 사용할 때마다 프로세서를 지정하지 않아도 된다.

기본적으로 context_processors는 다음과 같이 설정된다.

```
'context_processors': [
            'django.template.context_processors.debug',
            'django.template.context_processors.request',
            'django.contrib.auth.context_processors.auth',
            'django.contrib.messages.context_processors.messages',
],
```

이 설정은 request 객체를 인수로 취해 콘텍스트에 병합할 항목 딕셔너리를 반환하는 custom_proc 함수와 동일한 인터페이스를 사용하는 호출 기능 목록이다. context_processors의 값은 문자열로 지정되므로 프로세서가 파이썬 경로의 어딘가에 있어야 한다. 따라서 여러분은 이를 설정에서 참조할 수 있다.

각 프로세서는 순서대로 적용된다. 즉, 한 프로세서가 콘텍스트에 변수를 추가하고 두 번째 프로세서가 동일한 이름의 변수를 추가하면 두 번째 프로세서가 첫 번째 프로세서보다 우선한다. 장고는 기본적으로 활성화돼 있는 것을 포함해 여러 가지 간단한 콘텍스트 프로세서를 제공한다.

auth

django.contrib.auth.context_processors.auth

이 프로세서가 활성화되는 경우, 모든 RequestContext는 다음과 같은 변수를 갖게 된다.

- user: 현재 로그인한 사용자를 나타내는 auth.User 인스턴스(또는 클라이언트가 로그인하지 않은 경우 AnonymousUser 인스턴스)이다.
- perms: django.contrib.auth.context_processors.PermWrapper의 인스턴스로 현재 로그인한 사용자의 권한을 나타낸다.

디버그

django.template.context_processors.debug

이 프로세서가 활성화되면, 모든 RequestContext는 다음 두 변수를 갖게 된다. 하지만 DEBUG 설정이 True고, 요청 IP 주소(request.META['REMOTE_ADDR'])가 INTERNAL_IPS setting 내에 있는 경우에만 해당한다.

- debug-True: 템플릿에서 이것을 사용해 디버그 모드에 있는지 테스트할 수 있다.
- sql_queries: 요청 시 지금까지 발생한 모든 SQL 쿼리와 소요 시간을 나타내는 { 'sql': ..., 'time': ...} 딕셔너리 목록이다. 목록은 질의에 의해 순서대로 나열되며 액세스 시 지연 생성된다.

i18n

django.template.context_processors.i18n

이 프로세서가 활성화되면 모든 RequestContext는 다음 두 변수를 갖게 된다.

- LANGUAGES: LANGUAGES 설정의 값이다.
- LANGUAGE_CODE: request.LANGUAGE_CODE(있는 경우). 그렇지 않으면 LANGUAGE_CODE 설정이다.

MEDIA

django.template.context_processors.media

이 프로세서가 활성화되면 모든 RequestContext가 MEDIA_URL 변수를 포함해 MEDIA_URL 설정값을 제공한다.

static

django.template.context_processors.static

이 프로세서가 활성화되면 모든 RequestContext는 변수 STATIC_URL을 포함해 STATIC_ URL 설정값을 제공한다.

csrf

django.template.context_processors.csrf

이 프로세서는 크로스 웹 사이트 요청 위조로부터 보호하기 위해 csrf_token 템플릿 태 그에 필요한 토큰을 추가한다("19장, 장고 보안" 참조).

Request

django.template.context_processors.request

이 프로세서가 활성화되면 모든 RequestContext는 현재 HttpRequest인 변수 요청을 포 함한다.

messages

django.contrib.messages.context_processors.messages

이 프로세서가 활성화되면 모든 RequestContext는 다음 두 변수를 포함한다.

- messages: 메시지 프레임워크를 통해 설정된 메시지 목록(문자열)이다.
- DEFAULT_MESSAGE_LEVELS: 메시지 레벨 이름을 숫자값에 매핑한다.

▌ 자체 콘텍스트 프로세서 작성 지침

문맥 처리기는 매우 간단한 인터페이스를 갖고 있다. 이 인터페이스는 1개의 인자인 HttpRequest 객체를 취하고, 템플릿 콘텍스트에 추가되는 딕셔너리를 반환하는 파이썬 함수다. 각 콘텍스트 프로세서는 딕셔너리를 반환해야 한다. 다음은 여러분 자신만을 위한 도움말이다.

- 각 콘텍스트 프로세서가 최소한의 기능 하위 집합을 담당한다. 여러 프로세서를 사용하는 것은 쉽기 때문에 나중에 재사용할 수 있도록 기능을 논리적 조각으로 분할할 수도 있다.
- TEMPLATE_CONTEXT_PROCESSORS의 모든 콘텍스트 프로세서는 해당 설정 파일로 구동되는 모든 템플릿에서 사용할 수 있으므로 여러분의 템플릿이 독립적으로 사용할 수 있는 변수 이름과 충돌하지 않는 변수 이름을 선택한다. 변수 이름은 대소 문자를 구별하므로 프로세서가 제공하는 변수에 대문자를 사용하는 것은 나쁜 생각이 아니다.
- 사용자 정의 콘텍스트 프로세서는 코드 기반이므로 어디에서나 사용할 수 있다. 모든 장고는 TEMPLATES 설정의 'context_processors' 옵션 또는 엔진을 직접 사용하는 경우, 엔진의 context_processors 인수로 사용자 정의 콘텍스트 프로세서를 가리키도록 주의해야 한다. 즉, 컨벤션은 app 또는 프로젝트 내의 context_processors.py 파일에 이를 저장하는 것이다.

▌ 자동 HTML 빠져나가기

템플릿에서 HTML을 생성할 때, 결과 HTML에 영향을 미치는 문자가 변수에 포함될 위험이 항상 존재한다. 예를 들어, 다음과 같은 템플릿 조각을 생각해보자.

```
Hello, {{ name }}.
```

처음에는 이 방법이 사용자의 이름을 표시하는 무해한 방법인 것처럼 보이지만, 사용자가 자신의 이름을 다음과 같이 입력하면 어떻게 될지 고려해보자.

```
<script>alert('hello')</script>
```

이 이름값을 사용하면 템플릿이 다음과 같이 렌더링된다.

```
Hello, alert('hello')
```

이것은 웹 브라우저가 자바스크립트 경고 상자를 팝업한다는 것을 의미한다. 이와 마찬가지로, 이름에 '<' 기호가 포함된 경우에는 어떻게 될까?

```
<b>username
```

렌더링된 템플릿의 결과는 다음과 같다.

```
Hello, <b>username
```

이것은 차례로 웹 페이지의 나머지 부분이 굵게 나타난다. 분명히 사용자−제출 데이터는 맹목적으로 신뢰할 수 없고 웹 페이지에 직접 삽입하면 안 된다. 왜냐하면 악의적인 사용자가 이 종류의 구멍을 사용해 잠재적으로 나쁜 일을 할 수 있기 때문이다.

이러한 유형의 보안 취약점을 Cross Site Scripting(XSS) 공격이라고 한다(보안에 대한 좀 좀 더 자세한 내용은 "19장, 장고 보안" 참조). 이 문제를 방지하는 데는 두 가지 옵션이 있다.

- 이것은 처음 몇년 동안 장고의 기본 솔루션이었지만, 모든 것에서 빠져나갔는지 확인하는 것은 개발자/템플릿 작성자인 여러분에게 부담을 준다. 데이터를 빠져나갔는지는 쉽게 잊어버린다.
- 장고의 자동 HTML 빠져나가기를 활용할 수 있다. 이 섹션의 나머지 부분에서는 자동 이스케이핑이 작동하는 방법을 설명한다.
- 기본적으로 장고에서 모든 템플릿은 모든 변수 태그의 출력을 자동으로 빠져나가기를 한다. 특히 이 5개의 문자는 빠져나가기 처리가 된다.
  - < 는 <로 변환된다.
  - >는 >로 변환된다.
  - '(작은 따옴표)는 '으로 변환된다.
  - "(큰 따옴표)는 "로 변환된다.
  - &는 &로 변환된다.

다시 한 번 강조하지만 이 동작은 기본적으로 설정돼 있다. 장고 템플릿 시스템을 사용한다면 여러분은 보호받을 수 있다.

끄는 방법

데이터를 웹 사이트별, 템플릿별 또는 변수 단위로 자동 빠져나가게 하지 않으려면 몇 가지 방법으로 이를 꺼버릴 수 있다. 왜 꺼야 할까? 때때로 템플릿 변수는 원시 HTML로 렌더링하려는 데이터를 포함하기 때문이다. 이 경우 여러분은 해당 콘텐츠가 빠져나가도록 하고 싶지 않을 것이다.

예를 들어, 신뢰할 수 있는 HTML 묶음을 데이터베이스에 저장하고 이를 직접 템플릿에 포함하길 원할 것이다. 즉, 장고의 템플릿 시스템을 사용해 HTML과 같은 전자 메일 메시지가 아닌 텍스트를 생성할 수 있다.

개별 변수

개별 변수에 대해 자동 이스케이프를 사용하지 않으려면 "safe" 필터를 사용해야 한다.

```
This will be escaped: {{ data }}
This will not be escaped: {{ data|safe }}
```

"safe"를 더 이상 벗어날 수 없을 만큼 안전함에 대한 약어로 생각하자. 또는 HTML로 안전하게 해석될 수 있음이라고 생각하자. 이 예에서 데이터에 <b>가 포함돼 있으면 출력은 다음과 같다.

```
This will be escaped: &lt;b&gt;
This will not be escaped: <b>
```

템플릿 블록

템플릿에 대한 자동 빠져나감^{auto-escaping}을 제어하려면 다음과 같이 autoescape 태그에서 템플릿(또는 템플릿의 특정 섹션)을 감싸야 한다.

```
{% autoescape off %}
    Hello {{ name }}
{% endautoescape %}
```

autoescape 태그는 인수로 on 또는 off를 취한다. 때로는 자동 이스케이프 기능을 사용하지 않을 때 강제로 실행하고 싶을 수도 있다. 다음은 템플릿 예제다.

```
Auto-escaping is on by default. Hello {{ name }}

{% autoescape off %}
    This will not be auto-escaped: {{ data }}.

    Nor this: {{ other_data }}
    {% autoescape on %}
        Auto-escaping applies again: {{ name }}
    {% endautoescape %}
{% endautoescape %}
```

자동 이스케이프 태그는 모든 블록 태그와 마찬가지로 include 태그를 통해 포함된 템플 릿뿐만 아니라 현재 템플릿을 확장하는 템플릿에도 영향을 미친다. 예제는 다음과 같다.

```
# base.html

{% autoescape off %}
<h1>{% block title %}{% endblock %}</h1>
{% block content %}
{% endblock %}
{% endautoescape %}

# child.html

{% extends "base.html" %}
{% block title %}This & that{% endblock %}
{% block content %}{{ greeting }}{% endblock %}
```

기본 템플릿에서는 자동 이스케이프 기능이 해제돼 있으므로 greeting 변수가 문자열 <b>Hello!<\b>를 포함하고 있다고 할 때 하위 템플릿에서 해제되므로 greeting 변수가 문자열을 포함할 때 다음 렌더링된 HTML이 된다.

```
<h1>This & that</h1>
<b>Hello!</b>
```

일반적으로 템플릿 작성자는 자동 이스케이프에 대해 걱정할 필요가 없다. 파이썬 측 개발자(뷰 및 사용자 정의 필터 작성자)는 데이터를 빠져나가도록 하면 안 되는 경우를 생각하고 데이터를 적절히 표시해야 하므로 템플릿에서 작동한다.

자동 이스케이프 사용 여부를 모르는 경우에 사용할 수 있는 템플릿을 만드는 경우, 이스케이프해야 하는 변수에 이스케이프 필터를 추가한다. 자동 이스케이프가 켜져 있으면 이스케이프 필터가 데이터를 두 번 이스케이프할 위험이 없다. 이스케이프 필터는 자동 이스케이프된 변수에 영향을 미치지 않는다.

필터 인수에서 문자열 리터럴의 자동 이스케이프 처리

이전에 언급했듯이 필터 인수는 문자열일 수 있다.

```
{{ data|default:"This is a string literal." }}
```

모든 문자열 리터럴은 템플릿으로 자동 이스케이프하지 않고 삽입된다. 모든 문자열 리터럴은 모두 안전한 필터를 통과한 것처럼 작동한다. 그 이유는 템플릿 작성자가 문자열 리터럴에 들어가는 것을 제어하기 때문에 템플릿을 작성할 때 텍스트가 올바르게 이스케이프 처리되는지 확인할 수 있기 때문이다.

즉, 다음 두 번째 행보다는 첫 번째 행을 선택하고 다음과 같이 작성한다.

```
{{ data|default:"3 &lt; 2" }}
{{ data|default:"3 < 2" }} <== 이것은 좋지 않다. 이렇게 하지 마라.
```

변수 자체에서 오는 데이터에는 어떤 영향도 미치지 않는다. 변수의 내용은 템플릿 작성자가 제어할 수 없기 때문에 필요한 경우 자동으로 이스케이프된다.

▌ 내부 템플릿 로드 중

일반적으로 템플릿 API는 저수준 템플릿 API를 직접 사용하지 않고 파일 시스템에 파일로 저장한다. 템플릿 디렉터리로 지정된 디렉터리에 템플릿을 저장한다. 장고는 템플릿 로딩 설정(아래 로더 유형 참조)에 따라 여러 위치에서 템플릿 디렉터리를 검색하지만 템플릿 디렉터리를 지정하는 가장 기본적인 방법은 DIRS 옵션을 사용하는 것이다.

DIRS 옵션

설정 파일의 TEMPLATES 설정에서 DIRS 옵션을 사용하거나 엔진의 dirs 인수를 사용해 템플릿 디렉터리가 무엇인지를 장고에 알려준다. 템플릿 디렉터리의 전체 경로를 포함하는 문자열 목록으로 설정해야 한다.

```
TEMPLATES = [
    {
        'BACKEND': 'django.template.backends.django.DjangoTemplates',
        'DIRS': [
            '/home/html/templates/lawrence.com',
            '/home/html/templates/default',
        ],
    },
]
```

디렉터리와 템플릿이 웹 서버에서 읽을 수 있는 한 원하는 위치로 이동할 수 있다. .html 또는 .txt와 같이 원하는 확장자 이름을 가질 수 있으며, 확장자가 전혀 없을 수도 있다.

이 경로는 윈도우에서도 Unix 스타일의 슬래시를 사용해야 한다.

로더 유형

기본적으로 장고는 파일 시스템 기반의 템플릿 로더를 사용하지만 장고는 다른 소스에서 템플릿을 로드하는 방법을 알고 있는 몇 가지 다른 템플릿 로더를 제공한다. 가장 일반적으로 사용되는 앱 로더는 다음에 설명돼 있다.

Filesystem 로더

`DIRS <TEMPLATES-DIRS>`에 따라 `filesystem.Loader`는 파일 시스템에서 템플릿을 로드한다. 이 로더는 기본적으로 사용된다. 그러나 `DIRS <TEMPLATES-DIRS>`를 비어 있지 않은 리스트로 설정하기 전까지는 템플릿을 찾을 수 없다.

```
TEMPLATES = [{
    'BACKEND': 'django.template.backends.django.DjangoTemplates',
    'DIRS': [os.path.join(BASE_DIR, 'templates')],
}]
```

앱 디렉터리 로더

`app_directories.Loader`는 장고 응용 프로그램의 템플릿을 파일 시스템에 로드한다. `INSTALLED_APPS`의 각 앱에 대해, 해당 로더는 템플릿 하위 디렉터리를 찾는다. 디렉터리가 존재하면 장고는 여기에 있는 템플릿을 검색한다. 즉, 개별 앱과 함께 템플릿을 저장할 수 있다. 또한 기본 템플릿을 사용해 장고 응용 프로그램을 쉽게 배포할 수 있다. 예를 들어, 다음 설정의 경우 `get_template('foo.html')`은 이 디렉터리에서 `foo.html`을 다음 순서대로 찾는다.

```
INSTALLED_APPS = [ 'myproject.reviews', 'myproject.music']
```

그리고 다음은 처음 찾는 것을 사용한다.

- /path/to/myproject/reviews/templates/
- /path/to/myproject/music/templates/

INSTALLED_APPS의 순서가 중요하다

예를 들어, 장고 관리자를 사용자 정의하려면 django.contrib.admin의 표준 admin/
base_site.html 템플릿을 myproject.reviews의 고유한 admin / base_site.html으로
오버라이드하도록 선택해야 한다.

그런 다음 myproject.reviews가 INSTALLED_APPS의 django.contrib.admin 앞에 있
는지 확인해야 한다. 그렇지 않으면 django.contrib.admin가 먼저 로드되고 여러분의
myproject.reviews는 무시될 것이다.

로더는 처음 실행될 때 최적화를 수행한다. INSTALLED_APPS 패키지에 템플릿 서브 디렉
터리가 있는 목록을 캐시한다.

APP_DIRS를 True로 설정해 간단하게 이 로더를 활성화할 수 있다.

```
TEMPLATES = [{
    'BACKEND': 'django.template.backends.django.DjangoTemplates',
    'APP_DIRS': True,
}]
```

기타 로더기

나머지 템플릿 로더는 다음과 같다.

- django.template.loaders.eggs.Loader
- django.template.loaders.cached.Loader
- django.template.loaders.locmem.Loader

이러한 로더는 기본적으로 사용하지 않도록 설정돼 있지만, TEMPLATES 설정의 DjangoTemplates 백엔드에 loaders 옵션을 추가하거나 loaders 인수를 Engine에 전달 해 활성화할 수 있다. 이러한 고급 로더에 대한 세부사항은 물론 사용자 정의 로더 작성은 장고 프로젝트 웹 사이트에서 찾을 수 있다.

▍ 템플릿 시스템 확장

이제 템플릿 시스템의 내부에 대해 좀 더 이해했으므로 사용자 정의 코드로 시스템을 확장하는 방법을 살펴보자. 대부분의 템플릿 사용자 정의는 사용자 정의 템플릿 태그 및 필터의 형태로 제공된다. 장고 템플릿 언어에는 많은 태그와 필터가 내장돼 있지만, 사용자가 필요로 하는 태그와 필터의 라이브러리를 조합할 수 있다. 다행히도 자신의 기능을 쉽게 정의할 수 있다.

코드 레이아웃

맞춤 템플릿 태그 및 필터는 장고 앱 내에 있어야 한다. 기존 앱과 관련이 있다면 거기에 번들로 묶는 것이 좋다. 그렇지 않으면 새로운 앱을 만들어 보관해야 한다. 이 앱은 models.py, views.py 등과 같은 레벨에 templatetags 디렉터리를 포함해야 한다. 이 디렉터리가 이미 존재하지 않는다면 디렉터리가 파이썬 패키지로 취급되고 있는지 확인하기 위해 __init__.py 파일을 잊지 않도록 한다.

이 모듈을 추가한 후 템플릿에서 태그 또는 필터를 사용하기 전에 먼저 서버를 다시 시작해야 한다. 사용자 정의 태그 및 필터는 templatetags 디렉터리의 모듈에 있다.

모듈 파일의 이름은 나중에 태그를 로드하는 데 사용하는 이름이므로 다른 앱에서 맞춤 태그 및 필터와 충돌하지 않는 이름을 선택해야 한다.

예를 들어, 맞춤 태그/필터가 review_extras.py라는 파일에 있는 경우, 앱 레이아웃은 다음과 같이 보일 수 있다.

```
reviews/
    __init__.py
    models.py
    templatetags/
        __init__.py
        review_extras.py
    views.py
```

그리고 템플릿에서 다음을 사용한다.

```
{% load review_extras %}
```

맞춤 태그가 포함된 앱은 {%load%} 태그가 작동하려면 INSTALLED_APPS에 있어야 한다.

심화 학습

많은 예제에 대해, 장고의 기본 필터와 태그에 대한 소스 코드를 읽어보라. 이러한 예제는 django/template/defaultfilters.py와 django/template/defaulttags.py에서 각각 찾아볼 수 있다. load 태그에 대한 좀 더 자세한 내용은 해당 설명서를 참조하라.

템플릿 라이브러리 만들기

커스텀 태그나 필터를 작성할 때 가장 먼저 해야 할 일은 장고가 끼워 넣을 수 있는 작은 인프라 스트럭처인 템플릿 라이브러리를 만드는 것이다.

템플릿 라이브러리를 만드는 과정은 두 단계로 이뤄진다.

- 첫째, 먼저 장고 응용 프로그램이 템플릿 라이브러리를 수용해야 하는지 결정한다. manage.py startapp을 통해 앱을 만든 경우, 템플릿을 배치하거나 템플릿 라이브러리 전용으로 다른 앱을 만들 수 있다. 필터는 향후 프로젝트에서 사용할 수 있으므로 후자를 권장한다. 어느 경로를 선택하든 INSTALLED_APPS 설정에 앱을 추가해야 한다. 바로 이 부분에 대해 설명한다.
- 둘째, 적절한 장고 응용 프로그램 패키지에 templatetags 디렉터리를 생성한다. 해당 디렉터리는 models.py, views.py 등과 동일한 레벨에 있어야 한다. 예제는 다음과 같다.

```
books/
__init__.py
models.py
templatetags/
views.py
```

templatetags 디렉터리에 빈 파일 2개를 만든다. __init__.py 파일(파이썬 코드가 들어 있는 패키지라는 것을 파이썬에 알려주기 위한 것이다)과 사용자 정의 태그/필터 정의를 포함할 파일이다. 후자 파일의 이름은 나중에 태그를 로드하는 데 사용된다. 예를 들어, 사용자 정의 태그/필터가 review_extras.py라는 파일에 있는 경우, 템플릿에 다음을 작성한다.

```
{% load review_extras %}
```

{% load %} 태그는 INSTALLED_APPS 설정을 보고 설치된 장고 응용 프로그램 내에서만 템플릿 라이브러리를 로드하도록 허용한다. 이는 보안 기능이다. 장고를 설치할 때마다 모든 템플릿 라이브러리에 대한 액세스를 할 필요없이 단일 컴퓨터에서 많은 템플릿 라이브러리에 대한 파이썬 코드를 호스트할 수 있다.

특정 모델/뷰에 묶이지 않은 템플릿 라이브러리를 작성하는 경우, templatetags 패키지만 포함된 장고 응용 프로그램 패키지를 사용하는 것은 타당성이 있으며 꽤 정상적이다.

templatetags 패키지에 넣는 모듈의 수에는 제한이 없다. {% load %} 문장은 응용 프로그램의 이름이 아니라 주어진 파이썬 모듈 이름에 대한 태그/필터를 로드한다는 것을 기억해두기 바란다.

일단 파이썬 모듈을 만들었으면 필터나 태그를 작성하는지에 따라 약간의 파이썬 코드를 작성하면 된다. 유효한 태그 라이브러리가 되려면 모듈에 template.Library의 인스턴스인 register라는 모듈 수준의 변수가 있어야 한다.

이것은 모든 태그와 필터가 등록된 데이터 구조다. 따라서 모듈 상단 부근에 다음을 삽입한다.

```
from django import template
register = template.Library()
```

▋ 맞춤 템플릿 태그 및 필터

장고의 템플릿 언어는 응용 프로그램의 프레젠테이션 로직 요구사항을 처리하도록 설계된 다양한 내장 태그 및 필터와 함께 제공된다. 그럼에도 핵심 템플릿 집합에서 다루지 않는 기능이 필요할 수도 있다는 것을 스스로 알게 될 것이다.

파이썬으로 사용자 정의 태그와 필터를 정의해 템플릿 엔진을 확장한 후 {% load %} 태그를 사용해 템플릿에서 사용할 수 있도록 만들 수 있다.

사용자 정의 템플릿 필터 작성

사용자 정의 필터는 1개 또는 2개의 인수를 취하는 파이썬 함수다.

- 변수의 값(입력)은 필수적으로 문자열이 아니다.
- 인수 값 – 기본값을 가질 수도 있고 모두 생략할 수도 있다.

예를 들어, 필터 {{var|foo:"bar"}}에서 필터 foo는 변수 var와 인수 "bar"를 전달한다. 템플릿 언어는 예외 처리를 제공하지 않으므로 템플릿 필터에서 발생한 모든 예외는 서버 오류로 나타난다.

따라서 반환할 합리적인 대체값이 있는 경우, 필터 함수는 예외를 발생시키지 않아야 한다. 템플릿에서 명확한 버그를 나타내는 입력의 경우, 예외를 발생시키는 것이 버그를 숨기는 자동 실패보다 여전히 좋을 수 있다. 다음은 필터 정의 예제다.

```python
def cut(value, arg):
    """Removes all values of arg from the given string"""
    return value.replace(arg, '')
```

다음은 필터를 사용하는 방법의 사례다.

```
{{ somevariable|cut:"0" }}
```

대부분의 필터는 인수를 취하지 않는다. 이 경우 인수를 함수에서 제외한다.

예제는 다음과 같다.

```python
def lower(value): # Only one argument.
    """Converts a string into all lowercase"""
    return value.lower()
```

사용자 정의 필터 등록

필터 정의를 작성했으면 장고의 템플릿 언어에서 사용할 수 있도록 라이브러리 인스턴스에 필터 정의를 등록해야 한다.

```
register.filter('cut', cut)
register.filter('lower', lower)
```

Library.filter() 메서드는 2개의 인수를 사용한다.

1. 필터 이름 – 문자열
2. 컴파일 함수 – 파이썬 함수(문자열의 함수 이름이 아니다)

데커레이터 대신 register.filter()를 사용할 수 있다.

```
@register.filter(name='cut')
def cut(value, arg):
    return value.replace(arg, '')

@register.filter
def lower(value):
    return value.lower()
```

위의 두 번째 예제에서와 같이 name 인수를 사용하지 않으면 장고는 함수의 이름을 필터 이름으로 사용한다. 마지막으로 register.filter()는 3개의 키워드 인수인 is_safe, needs_autoescape 및 expects_localtime도 허용한다. 이러한 인수는 다음 필터 및 자동 이스케이프, 필터 및 시간대에 설명돼 있다.

문자열을 예상하는 템플릿 필터

문자열을 첫 번째 인수로만 예상하는 템플릿 필터를 작성하는 경우, decorator string filter를 사용해야 한다. 이렇게 하면 함수로 전달되기 전에 객체를 문자열값으로 변환한다.

```
from django import template
from django.template.defaultfilters import stringfilter

register = template.Library()

@register.filter
@stringfilter
def lower(value):
    return value.lower()
```

이 방법으로 정수를 이 필터에 전달할 수 있으며, AttributeError가 발생하지 않는다(정수에 lower() 메서드가 없으므로).

필터 및 자동 이스케이프

커스텀 필터를 작성할 때, 필터가 장고의 자동 이스케이프 비헤이비어와 어떻게 상호작용하는지 생각해보자. 세 가지 유형의 문자열을 템플릿 코드 내에서 전달할 수 있다는 것을 알아두자.

- 원시 문자열^{Raw strings}은 원시 Python str 또는 유니코드 유형이다. 출력 시 자동 이스케이프가 적용되고, 변경되지 않은 경우에는 이스케이프 처리된다.
- 안전 문자열^{Safe strings}은 출력 시 더 이상 이스케이프되지 않도록 안전하다고 표시된 문자열이다. 필요한 이스케이프는 이미 완료됐다. 안전 문자열은 일반적으로 클라이언트 측에서 해석되도록 의도한 원시 HTML을 포함하는 출력에 사용된다.

- 내부적으로 이러한 문자열은 SafeBytes 또는 SafeText 유형이다. 이들은 SafeData의 공통 기본 클래스를 공유하므로 다음과 같은 코드를 사용해 SafeData를 테스트할 수 있다.
- if isinstance(value, SafeData):

```
# "safe" 문자열로 뭔가를 하자.
...
```

- "이스케이핑이 필요함"이라고 표시된 문자열은 자동 이스케이프 블록에 있는지의 여부에 관계없이 출력 시 항상 이스게이프된다. 하지만 자동 이스케이프가 적용되는 경우에도 이러한 문자열은 한 번만 이스케이프된다.

내부적으로 이 문자열은 EscapeBytes 또는 EscapeText 유형이다. 일반적으로 이 문자열에 대해 걱정할 필요는 없다. 이 문자열은 이스케이프 필터의 구현을 위해 존재하기 때문이다.

템플릿 필터 코드는 두 가지 상황 중 하나에 속한다.

1. 여러분의 필터는 HTML – 안전하지 않은 문자(<, >, ', " 또는 &)를 아직 나타나지 않은 결과로 가져오지 않는다.
2. 또는 여러분의 필터 코드가 필요한 이스케이프를 수동으로 처리할 수 있다. 이는 결과에 새로운 HTML 마크업을 도입할 때 필요하다.

첫 번째 경우에는 장고가 자동으로 이스케이프 처리를 할 수 있다. 필터 함수를 등록할 때 다음과 같이 is_safe 플래그를 True로 설정하면 된다.

```
@register.filter(is_safe=True)
def myfilter(value):
    return value
```

이 플래그는 장고에게 안전한 문자열이 필터에 전달되면 결과는 여전히 안전하고, 안전하지 않은 문자열이 전달되면 자동으로 해당 문자열을 이스케이프 처리한다. 이것을 "이 필터는 안전하다 - 안전하지 않은 HTML 가능성을 초래하지 않는다."라고 생각할 수 있다.

is_safe가 필요한 이유는 SafeData 객체를 정상적인 str 또는 unicode 객체로 돌려 놓을 수 있는 일반적인 문자열 연산이 많기 때문이다. 장고는 매우 어려운 모든 것을 캐치하려고 하기보다는 해당 필터가 완료된 후에 해당 손상을 복구한다.

예를 들어, 임의의 입력 끝에 xx 문자열을 추가하는 필터가 있다고 가정해보자. 이로 인해 결과에 위험한 HTML 문자가 없으므로(이미 있는 것은 제외), is_safe로 필터를 표시해야 한다.

```
@register.filter(is_safe=True)
def add_xx(value):
    return '%sxx' % value
```

이 필터가 자동 이스케이프가 활성화된 템플릿에서 사용될 때, 장고는 입력이 이미 안전하다고 나타나지 않을 때마다 출력을 이스케이프한다. 기본적으로 is_safe는 False이며, 필요하지 않은 필터에서는 is_safe를 생략할 수 있다. 필터가 실제로 안전 문자열을 안전한 것으로 유지하는지 결정할 때 주의한다. 문자를 제거하는 경우, 결과에 불균형하게 HTML 태그나 엔터티가 남을 수 있다.

예를 들어, 입력에서 a > 를 제거하면 <a>를 <a로 바꿀 수 있다. 이를 통해 문제가 발생하지 않도록 출력에서 이스케이프해야 한다. 이와 마찬가지로 세미콜론(;)을 제거하면 &는 &amp가 된다. 따라서 더이상 유효한 엔터티가 아니므로 추가 이스케이프가 필요하다. 대부분의 경우는 거의 까다로울 수는 없지만, 코드를 검토할 때 그런 문제가 있는지 주의 깊게 살펴봐야 한다.

is_safe 필터를 표시하면 필터의 반환값이 문자열로 강제 변환된다. 필터가 부울 또는 기타 문자열이 아닌 값을 반환해야 하는 경우, is_safe를 표시하면 부울 False를 문자열 False로 변환하는 것과 같이 의도하지 않은 결과가 발생할 수 있다.

두 번째 경우에는 HTML 마크업이 더 이상 이스케이프되지 않도록 추가 이스케이핑에서 해당 출력을 안전으로 마크하고 싶을 것이다. 따라서 여러분은 직접 입력을 처리해야 한다. 출력을 안전한 문자열로 표시하려면 django.utils.safestring.mark_safe( )를 사용해야 한다.

그래도 조심해야 한다. 출력물을 안전하다고 표시하는 것 이상을 수행해야 한다. 실제로 안전한지 확인해야 하며, 사동 이스케이프가 적용되는지 여부에 따라 여러분이 수행해야 하는 내용이 달라진다.

템플릿 작성자가 쉽게 작업할 수 있도록 자동 이스케이프가 켜져 있거나 꺼져 있는 템플릿에서 작동할 수 있도록 필터를 작성하는 것이 아이디어다.

현재 자동 이스케이프 상태를 필터가 알 수 있도록 하려면 필터 기능을 등록할 때 needs_autoescape 플래그를 True로 설정해야 한다. 이 플래그를 지정하지 않으면 기본적으로 False가 된다. 이 플래그는 장고에게 필터 함수가 autoescape라고 하는 여분의 키워드 인자를 전달하기 원한다는 것을 알려준다. 즉, 자동 이스케이프가 유효한 경우에는 True이고, 그렇지 않으면 False가 된다.

예를 들어, 문자열의 첫 번째 문자를 강조하는 필터를 작성해보자.

```
from django import template
from django.utils.html import conditional_escape
from django.utils.safestring import mark_safe

register = template.Library()

@register.filter(needs_autoescape=True)
def initial_letter_filter(text, autoescape=None):
```

```
        first, other = text[0], text[1:]
        if autoescape:
                esc = conditional_escape
        else:
                esc = lambda x: x
        result = '<strong>%s</strong>%s' % (esc(first), esc(other))
        return mark_safe(result)
```

needs_autoescape 플래그 및 autoescape 키워드 인수는 필터가 호출될 때 자동 이스케이프 적용 여부를 함수가 알 수 있다는 것을 의미한다. autoescape를 사용해 입력 데이터를 django.utils.html.conditional_escape를 통해 전달해야 하는지 여부를 결정한다(후자의 경우, ID 함수를 "이스케이프" 함수로 사용한다).

conditional_escape() 함수는 SafeData 인스턴스가 아닌 입력을 이스케이프만 한다는 점을 제외하면 escape()와 같다. SafeData 인스턴스가 conditional_escape()에 전달되면 해당 데이터는 변경되지 않고 반환된다.

마지막으로 위의 예에서 해당 결과를 안전하게 표시해 HTML이 더 이상 이스케이프 처리 없이 템플릿에 직접 삽입되도록 한다. 이 경우에는 is_safe 플래그에 대해 걱정할 필요가 없다(비록 아무것도 해가 되지 않는 것을 포함하지만). 자동 이스케이프 문제를 수동으로 처리하고 안전한 문자열을 반환할 때마다 is_safe 플래그는 아무것도 변경하지 않는다.

필터 및 표준 시간대

datetime 객체에서 작동하는 사용자 정의 필터를 작성하는 경우, 일반적으로 expects_localtime 플래그를 True로 설정해 등록한다.

```
@register.filter(expects_localtime=True)
def businesshours(value):
    try:
            return 9 <= value.hour < 17
```

```
except AttributeError:
    return ''
```

이 플래그가 설정되면 필터의 첫 번째 인수가 표준 시간대를 인식하는 datetime인 경우, 장고는 템플릿의 표준 시간대 변환 규칙에 따라 해당 표준 시간대를 필터로 전달하기 전에 현재 표준 시간대로 변환한다.

내장 필터 재사용 시 XSS 취약점 방지

장고에 내장된 필터를 재사용할 때는 주의해야 한다. 적절한 자동 이스케이프 동작을 얻고 교차 웹 사이트 스크립트 취약점을 피하려면 autoescape = True를 필터에 전달해야 한다. 예를 들어, urlize와 linebreaksbr 필터를 결합한 urlize_and_linebreaks라는 사용자 정의 필터를 작성하려는 경우, 해당 필터는 다음과 같다.

```
from django.template.defaultfilters import linebreaksbr, urlize

@register.filter
def urlize_and_linebreaks(text):
return linebreaksbr(
urlize(text, autoescape=True),autoescape=True)
```

다음으로

{{ comment|urlize_and_linebreaks }}는

{{ comment|urlize|linebreaksbr }}와 같다.

사용자 정의 템플릿 태그 작성

태그는 무엇이든 할 수 있기 때문에 필터보다 복잡하다. 장고는 대부분의 유형의 태그를 쉽게 작성하도록 해주는 여러 가지 바로 가기를 제공한다. 먼저 바로 가기를 살펴본 후 바로 가기가 충분히 강력하지 않은 경우 태그를 처음부터 작성하는 방법을 설명한다.

간단한 태그

많은 템플릿 태그는 문자열이나 템플릿 변수와 같은 여러 가지 인수를 사용하며 입력 인수와 일부 외부 정보를 기반으로 일부 처리를 수행한 후에 결과를 반환한다.

예를 들어, current_time 태그는 형식 문자열을 받아들이고 그에 따라 형식화된 문자열로 시간을 리턴할 수 있다. 장고는 이러한 유형의 태그 생성을 쉽게 하기 위해 도우미 함수 simple_tag를 제공한다. 이 함수는 django.template.Library의 메서드이며, 인자를 받아들이는 함수를 취하고, 함수와 다른 필요한 비트를 렌더링 함수에 래핑^{wrapping}하고 이를 템플릿 시스템에 등록한다.

current_time 함수는 다음과 같이 작성할 수 있다.

```
import datetime
from django import template

regisler = template.Library()

@register.simple_tag
def current_time(format_string):
    return datetime.datetime.now().strftime(format_string)
```

simple_tag 도우미 함수에 대해 알아야 할 몇 가지 사항은 다음과 같다.

- 필요한 인수의 수를 확인하는 등의 작업은 이미 함수가 호출될 때까지 수행됐으므로 그렇게 할 필요가 없다.
- 인수(있는 경우) 주위의 인용 부호는 이미 제거됐으므로 일반 문자열만 수신한다.
- 인수가 템플릿 변수인 경우, 함수에는 변수 자체가 아닌 변수의 현재 값이 전달된다.

템플릿 태그가 현재 콘텍스트에 액세스해야 하는 경우, 태그를 등록할 때 takes_context 인수를 사용할 수 있다.

```
@register.simple_tag(takes_context=True)
def current_time(context, format_string):
    timezone = context['timezone']
    return your_get_current_time_method(timezone, format_string)
```

첫 번째 인수는 콘텍스트라고 해야 한다. takes_context 옵션의 작동 방식에 대한 좀 더 자세한 내용은 inclusion 태그 섹션을 참조하라. 태그의 이름을 변경해야 하는 경우에는 맞춤 이름을 입력할 수 있다.

```
register.simple_tag(lambda x: x-1, name='minusone')

@register.simple_tag(name='minustwo')
def some_function(value):
    return value-2
```

simple_tag 함수는 임의의 수의 위치 또는 키워드 인수를 허용할 수 있다. 예제는 다음과 같다.

```
@register.simple_tag
def my_tag(a, b, *args, **kwargs):
    warning = kwargs['warning']
    profile = kwargs['profile']
    ...
    return ...
```

그런 다음, 템플릿에서 공백으로 구분된 인수의 개수를 템플릿 태그에 전달할 수 있다. 파이썬에서와 같이, 키워드 인수의 값은 등호("=")를 사용해 설정하며, 위치 인수 뒤에 제공할 수 있어야 한다. 사례는 다음과 같다.

```
{% my_tag 123 "abcd" book.title warning=message|lower profile=user.profile %}
```

Inclusion 태그

또 다른 일반적인 유형의 템플릿 태그는 다른 템플릿을 렌더링해 일부 데이터를 표시하는 유형이다. 예를 들어, 장고 관리 인터페이스는 사용자 정의 템플릿 태그를 사용해 "추가/변경" 양식 웹 페이지의 하단에 버튼을 표시한다. 이러한 버튼은 항상 같지만, 링크 대상은 편집 중인 객체에 따라 달라지므로 현재 객체의 세부 정보로 채워진 작은 템플릿을 사용하는 완벽한 경우다. 관리자의 경우 이것은 submit_row 태그다.

이러한 종류의 태그를 inclusion 태그라고 한다. Inclusion 태그를 쓰는 것이 예제로 설명한 가장 좋은 사례일 것이다. 예를 들어, 주어진 Author 객체에 대한 책 목록을 생성하는 태그를 작성해보자. 이 경우에는 다음과 같은 태그를 사용한다.

```
{% books_for_author author %}
```

결과는 다음과 같다.

```
<ul>
    <li>The Cat In The Hat</li>
    <li>Hop On Pop</li>
    <li>Green Eggs And Ham</li>
</ul>
```

먼저 인수를 취하고 그 결과에 대한 데이터 딕셔너리를 생성하는 함수를 정의한다. 우리는 딕셔너리만 반환해야 하며, 더 복잡한 것은 필요하지 않다. 이것은 템플릿 조각의 콘텍스트로 사용될 것이다.

```
def books_for_author(author):
    books = Book.objects.filter(authors__id=author.id)
    return {'books': books}
```

다음으로 태그 출력을 렌더링하는 데 사용되는 템플릿을 만든다. 예를 들어, 템플릿은 매우 간단하다.

```
<ul>
{% for book in books %}<li>{{ book.title }}</li>
{% endfor %}
</ul>
```

마지막으로 inclusion_tag( ) 메서드를 호출해 Library 객체에 포함 태그를 만들고 등록한다. 앞의 템플릿이 template loader가 검색한 디렉터리의 book_snippet.html 파일에 있다면, 다음과 같이 태그를 등록해야 한다.

```
# 여기에서 register는 이전과 마찬가지로 django.template.Library 인스턴스다.
@register.inclusion_tag('book_snippet.html')
def show_reviews(review):
        ...
```

또는 함수를 처음 생성할 때 django.template.Template 인스턴스를 사용해 inclusion 태그를 등록할 수 있다.

```
from django.template.loader import get_template
t = get_template('book_snippet.html')
register.inclusion_tag(t)(show_reviews)
```

때로는 포함inclusion 태그에 많은 인수가 필요할 수 있으므로 템플릿 작성자가 모든 인수를 전달하고 순서를 기억하는 것이 어려워지는 경우가 있다. 장고는 이를 해결하기 위해 inclusion 태그에 takes_context 옵션을 제공한다. 포함 태그를 만들 때 takes_context를 지정하면 태그에는 필수 인수가 없으며, 기본 파이썬 함수에는 태그가 호출된 시점의 템플릿 콘텍스트라는 하나의 인수가 있다. 예를 들어, 메인 웹 페이지를 다시 가리키는 home_link 및 home_title 변수가 포함된 콘텍스트에서 항상 사용되는 포함 태그를 작성한다고 가정해보자. 다음은 파이썬 함수의 모습이다.

```
@register.inclusion_tag('link.html', takes_context=True)
def jump_link(context):
    return {
        'link': context['home_link'],
        'title': context['home_title'],
    }
```

(함수의 첫 번째 파라미터는 콘텍스트라고 해야 한다.) 템플릿 link.html는 다음 내용이 포함될 수 있다.

```
Jump directly to <a href="{{ link }}">{{ title }}</a>.
```

그런 다음 언제든지 해당 사용자 정의 태그를 사용하려면 해당 라이브러리를 로드하고 다음과 같이 인수 없이 호출해야 한다.

```
{% jump_link %}
```

takes_context = True를 사용할 때 템플릿 태그에 인수를 전달할 필요가 없다. 이것은 콘텍스트에 자동으로 액세스한다. takes_context 파라미터의 기본값은 False다. True로 설정하면 예제에서와 같이 이 태그가 콘텍스트 객체에 전달된다. 이것은 이 사례와 이전 inclusion_tag 사이의 유일한 차이점이다. simple_tag와 마찬가지로 inclusion_tag 함수는 위치 또는 키워드 인수의 개수를 허용할 수 있다.

과제 태그

장고는 콘텍스트에서 변수를 설정하는 태그 생성을 쉽게 하기 위해 도우미 함수, assignment_tag를 제공한다. 이 함수는 태그 결과를 직접 출력하지 않고 지정된 콘텍스트 변수에 저장하는 것을 제외하고 simple_tag( )와 같은 방식으로 작동한다. 이전 current_time 함수는 다음과 같이 작성할 수 있다.

```
@register.assignment_tag
def get_current_time(format_string):
    return datetime.datetime.now().strftime(format_string)
```

그런 다음, 변수 이름 다음에 as 인수를 사용해 결과를 템플릿 변수에 저장할 수 있으며, 원하는 위치에 직접 출력할 수 있다.

```
{% get_current_time "%Y-%m-%d %I:%M %p" as the_time %}
<p>The time is {{ the_time }}.</p>
```

▌ 고급 사용자 정의 템플릿 태그

때로는 사용자 정의 템플릿 태그 작성을 위한 기본 기능으로는 충분하지 않다. 장고는 처음부터 템플릿 태그를 만드는 데 필요한 내부 구조에 대한 완벽한 액세스를 제공한다.

간략한 개요

템플릿 시스템은 컴파일 및 렌더링이라는 두 단계 프로세스로 작동한다. 사용자 정의 템플릿 태그를 정의하기 위해 컴파일과 렌더링 작동 방식을 설정한다. 장고는 템플릿을 컴파일할 때, 원시 템플릿 텍스트를 노드로 나눈다. 각 노드는 django.template.Node의 인스턴스이며, render( ) 메서드를 갖고 있다. 컴파일된 템플릿은 간단히 Node 객체의 목록이다.

컴파일된 템플릿 객체에서 render( )를 호출하면 템플릿은 해당 노드 목록의 각 노드에서 주어진 콘텍스트를 사용해 render( )를 호출한다. 해당 결과는 모두 함께 연결돼 템플릿의 출력을 형성한다. 따라서 사용자 정의 템플릿 태그를 정의하려면 원시 템플릿 태그를 노드(컴파일 함수)로 변환하는 방법과 노드의 render( ) 메서드가 수행하는 작업을 지정해야 한다.

컴파일 기능 작성

템플릿 파서가 만나는 각 템플릿 태그에 대해 태그 내용과 파서 개체 자체가 있는 파이썬 함수를 호출한다. 이 함수는 태그 내용을 기반으로 Node 인스턴스를 반환한다. 예를 들어, strftime( ) 구문으로 태그에 주어진 파라미터에 따라 포매팅한 현재 날짜/시간을 표시하는 간단한 템플릿 태그 {% current_time %}의 전체 구현을 작성해보자. 태그 구문은 다른 것보다 먼저 결정하는 것이 좋다. 이 경우, 태그를 다음과 같이 사용해야 한다고 가정해보자.

```
<p>The time is {% current_time "%Y-%m-%d %I:%M %p" %}.</p>
```

이 함수의 파서는 파라미터를 잡고 Node 객체를 만들어야 한다.

```
from django import template

def do_current_time(parser, token):
    try:
        tag_name, format_string = token.split_contents()

    except ValueError:
```

```
        raise template.TemplateSyntaxError("%r tag requires a single
        argument" % token.contents.split()[0])
if not (format_string[0] == format_string[-1] and format_string[0] in ('"',
"'")):
            raise template.TemplateSyntaxError("%r tag's argument should
            be in quotes" % tag_name)
return CurrentTimeNode(format_string[1:-1])
```

참조:

- 파서는 템플릿 파서 객체다. 이 예에서는 필요하지 않다.

- `token.contents`는 태그의 원시 내용 문자열이다. 이 예에서 `'current_time%Y-%m-%d%I:%M%p"'`이다.

- `token.split_contents()` 메서드는 공백에 있는 인수를 인용 부호로 묶은 문자열을 유지하면서 구분한다. 좀 더 간단하게 `token.contents.split()`을 호출하면 인용 부호로 묶은 문자열을 포함해 모든 공백을 순식간에 분리할 수 있기 때문에 강력하지는 않다. 항상 `token.split_contents()`를 사용하는 것이 좋다.

- 이 함수는 모든 구문 오류에 대해 유용한 메시지와 함께 `jango.template.TemplateSyntaxError`를 발생시킨다.

- `TemplateSyntaxError` 예외는 `tag_name` 변수를 사용한다. 오류 메시지에 태그 이름을 하드코딩하지 않도록 하자. 왜냐하면 태그 이름이 함수에 연결되기 때문이다. `token.contents.split()[0]`은 태그에 인수가 없는 경우에도 항상 태그의 이름이 된다.

- 이 함수는 노드가 이 태그에 대해 알아야 하는 모든 것으로 `CurrentTimeNode`를 반환한다. 이 경우, `"%Y-%m-%d%I:%M%p"`인수만 전달한다. `template` 태그의 선행 및 후행 인용 부호는 `format_string [1 : -1]`에서 제거된다.

- 구문 분석은 매우 낮은 수준이다. 장고 개발자는 EBNF 문법과 같은 기법을 사용해 이 구문 분석 시스템 위에 작은 프레임워크를 작성하는 방법을 실험했지만, 템플릿 엔진이 너무 느려졌다. 이것이 가장 빠르기 때문에 낮은 수준이다.

렌더러 작성하기

커스텀 태그를 작성하는 두 번째 단계는 render( ) 메서드가 있는 Node 서브 클래스를 정의하는 것이다. 위의 예를 계속 사용하려면 CurrentTimeNode를 정의해야 한다.

```
import datetime
from django import template

class CurrentTimeNode(template.Node):
    def __init__(self, format_string):
        self.format_string = format_string

    def render(self, context):
        return datetime.datetime.now().strftime(self.format_string)
```

참조:

- __init __( )은 do_current_time( )에서 format_string을 가져온다. __init__( )를 통해 노드에 항상 옵션/파라미터/인수를 전달한다.
- render( ) 메서드는 실제로 작업이 이뤄지는 곳이다.
- render( )는 일반적으로 DEBUG 및 TEMPLATE_DEBUG가 False인 프로덕션 환경에서 일반적으로 자동으로 실패해야 한다. 그러나 TEMPLATE_DEBUG가 True인 경우, 특히 이 메서드는 디버깅을 쉽게 하기 위해 예외를 발생시킬 수 있다. 예를 들어, 여러 코어 태그가 잘못된 숫자나 유형의 인수를 받으면 django.template.TemplateSyntaxError를 발생시킨다.

궁극적으로 템플릿은 구문을 여러 번 분석할 필요 없이 여러 콘텍스트를 렌더링할 수 있기 때문에 컴파일과 렌더링의 분리로 인해 효율적인 템플릿 시스템이 된다.

자동 이스케이프 고려 사항

템플릿 태그의 출력은 자동 이스케이프 필터를 통해 자동으로 실행되지 않는다. 그러나 템플릿 태그를 작성할 때 염두에 둬야 할 몇 가지 사항이 있다. 템플릿의 render( ) 함수가 결과를 문자열로 반환하는 대신 콘텍스트 변수에 저장하는 경우, 적절하다면 mark_safe( )를 호출해야 한다. 변수가 궁극적으로 렌더링되면 해당 시간에 적용되는 자동 이스케이프 설정의 영향을 받으므로 더 이상 이스케이프할 때 안전해야 하는 내용을 그대로 표시해야 한다.

또한 템플릿 태그가 일부 하위 렌더링을 수행하기 위한 새 콘텍스트를 만드는 경우, 자동 이스케이프 속성을 현재 콘텍스트 값으로 설정한다. 콘텍스트 클래스의 __init__ 메서드는 autoescape라는 파라미터를 취하는데, 이러한 목적으로 해당 파라미터를 사용할 수 있다. 사용 예제는 다음과 같다.

```
from django.template import Context

def render(self, context):
    # ...
    new_context = Context({'var': obj}, autoescape=context.autoescape)
    # ... new_context으로 뭔가를 한다. ...
```

매우 일반적인 상황은 아니지만, 직접 템플릿을 렌더링하는 경우, 이점은 유용하다.

예제는 다음과 같다.

```
def render(self, context):
    t = context.template.engine.get_template('small_fragment.html')
    return t.render(Context({'var': obj}, autoescape=context.autoescape))
```

이 예제에서 새로운 context에 autoescape 값을 전달하는 것을 무시한 경우, 결과는 항상 자동 이스케이프된다. 이것은 템플릿 태그가 {% autoescape off % } 블록 내에서 사용될 경우, 바람직한 비헤이비어다.

스레드 안전 고려 사항

일단 노드가 파싱되면 render 메서드는 여러 번 호출될 수 있다. 장고는 멀티 스레드 환경에서 실행되기 때문에 2개의 개별 요청에 대한 응답으로 단일 노드가 다른 콘텍스트로 동시에 렌더링할 수 있다.

따라서 템플릿 태그가 스레드로부터 안전한지 확인하는 것이 중요하다. 템플릿 태그가 스레드로부터 안전한지 확인하려면 상태 정보를 절대로 노드 자체에 저장하면 안 된다. 예를 들어, 장고는 렌더링될 때마다 지정된 문자열 목록 사이를 순환하는 내장된 주기 템플릿 태그를 제공한다.

```
{% for o in some_list %}
    <tr class="{% cycle 'row1' 'row2' %}>
        ...
    </tr>
{% endfor %}
```

CycleNode의 기본 구현은 다음과 같이 보일 수 있다.

```python
import itertools
from django import template

class CycleNode(template.Node):
    def __init__(self, cyclevars):
        self.cycle_iter = itertools.cycle(cyclevars)

    def render(self, context):
        return next(self.cycle_iter)
```

그러나 위에서 템플릿 스니펫^{template snippet}을 렌더링하는 2개의 템플릿이 있다고 가정해 보자.

- 스레드 1은 첫 번째 루프 반복을 수행하고, CycleNode.render( )는 'row1'을 반환한다.
- 스레드 2는 첫 번째 루프 반복을 수행하고, CycleNode.render( )는 'row2'을 반환한다.
- 스레드 1은 두 번째 루프 반복을 수행하고, CycleNode.render( )는 'row1'을 반환한다.
- 스레드 2는 두 번째 루프 반복을 수행하고, CycleNode.render( )는 'row2'을 반환한다.

CycleNode는 반복되지만, 전역적으로 반복된다. 스레드 1과 스레드 2에 관한 한 항상 동일한 값을 반환한다. 이것은 분명히 우리가 원하는 것이 아니다.

이 문제를 해결하기 위해 장고는 현재 렌더링되고 있는 템플릿의 문맥과 관련된 render_context를 제공한다. render_context는 Python 딕셔너리처럼 동작하며, render 메서드의 호출 사이 노드 상태를 저장하는 데 사용해야 한다. render_context를 사용하기 위해 CycleNode 구현을 리팩토링^{refactoring}하자.

```python
class CycleNode(template.Node):
    def __init__(self, cyclevars):
        self.cyclevars = cyclevars

    def render(self, context):
        if self not in context.render_context:
            context.render_context[self] = itertools.cycle(self.cyclevars)
        cycle_iter = context.render_context[self]
        return next(cycle_iter)
```

노드의 수명 내내 변경되지 않는 전역 정보를 속성으로 저장하는 것이 완전히 안전하다.

CycleNode의 경우, cyclevars 인수는 노드가 인스턴스화된 후에 변경되지 않으므로 render_context에 넣을 필요가 없다. 그러나 CycleNode의 현재 반복과 같이, 현재 렌더링되고 있는 템플릿과 관련된 상태 정보는 render_context에 저장돼야 한다.

태그 등록하기

마지막으로 위의 '사용자 정의 템플릿 필터 작성'에서 설명한 대로 모듈 라이브러리 인스턴스로 태그를 등록하라. 예제는 다음과 같다.

```
register.tag('current_time', do_current_time)
```

tag( ) 메서드는 2개의 인수를 취한다.

- 문자열인 템플릿 태그의 이름이다. 이 부분을 생략하면 컴파일 함수의 이름이 사용된다.
- 컴파일 함수 – 파이썬 함수(문자열로서의 함수 이름이 아님)다.

필터 등록과 마찬가지로 이것을 데커레이터로 사용할 수도 있다.

```
@register.tag(name="current_time")
def do_current_time(parser, token):
    ...

@register.tag
def shout(parser, token):
    ...
```

위의 두 번째 예제와 같이 name 인수를 사용하지 않으면 장고는 함수의 이름을 태그 이름으로 사용한다.

태그에 템플릿 변수 전달하기

token.split_contents( )를 사용해 템플릿 태그에 여러 개의 인수를 전달할 수 있지만, 인수는 모두 문자열 리터럴로 압축 해제된다. 동적 내용(템플릿 변수)을 템플릿 태그에 인수로 전달하려면 약간 더 많은 작업이 필요하다.

이전 예제에서는 현재 시간을 문자열로 포맷하고 문자열을 반환했지만, 객체에서 DateTimeField를 전달하고 date-time과 같은 템플릿 태그 형식을 사용한다고 가정한다.

```
<p>This post was last updated at {% format_time blog_entry.date_updated
"%Y-%m-%d %I:%M %p" %}.</p>
```

처음에 token.split_contents( )는 다음 세 가지 값을 반환한다.

1. 태그 이름 format_time
2. 'blog_entry.date_updated' 문자열(둘러싼 인용 부호 제외)
3. 서식 지정 문자열 ' "% Y- % m- % d % I : % M % p"'. split_contents( )의 반환 값에는 이와 같은 문자열 리터럴에 대한 선행 및 후행 따옴표가 포함된다.

이제 태그가 다음과 같이 나타난다.

```
from django import template

def do_format_time(parser, token):
    try:
        # split_contests( )는 인용 부호로 표시한 문자열을 구분하지 않아도 된다는 것을 알고
        있다.
        tag_name, date_to_be_formatted, format_string =
        token.split_contents( )
    except ValueError:
        raise template.TemplateSyntaxError("%r tag requires exactly
            two arguments" % token.contents.split( )[0])
```

```
    if not (format_string[0] == format_string[-1] and
            format_string[0] in ('"', "'")):
        raise template.TemplateSyntaxError("%r tag's argument should be in
        quotes" % tag_name)
    return FormatTimeNode(date_to_be_formatted, format_string[1:-1])
```

또한 렌더러renderer를 변경해 blog_entry 객체의 date_updated 속성의 실제 내용을 검색
해야 한다. 이것은 django.template에서 Variable() 클래스를 사용해 수행할 수 있다.

Variable 클래스를 사용하려면 해결할 변수 이름으로 인스턴스화한 후 variable.
resolve(context)를 호출해야 한다. 예제는 다음과 같다.

```
class FormatTimeNode(template.Node):
    def __init__(self, date_to_be_formatted, format_string):
        self.date_to_be_formatted =
                template.Variable(date_to_be_formatted)
        self.format_string = format_string

    def render(self, context):
        try:
                actual_date = self.date_to_be_formatted.resolve(context)
                return actual_date.strftime(self.format_string)
        except template.VariableDoesNotExist:
                return ''
```

가변 해상도는 웹 페이지의 현재 콘텍스트에서 전달된 문자열을 확인할 수 없는 경우
VariableDoesNotExist 예외를 발생시킨다.

콘텍스트에서 변수 설정

위의 예제는 단순히 값을 출력한다. 일반적으로 템플릿 태그가 값을 출력하는 대신 템플

릿 변수를 설정하면 좀 더 유연하다. 이렇게 하면 템플릿 작성자는 템플릿 태그에서 만드는 값을 재사용할 수 있다. 콘텍스트에서 변수를 설정하려면 render() 메서드의 콘텍스트 객체에 딕셔너리 할당을 사용해야 한다. 다음은 템플릿 변수 current_time을 출력하는 대신에 설정하는 CurrentTimeNode의 업데이트 버전이다.

```python
import datetime
from django import template

class CurrentTimeNode2(template.Node):
    def __init__(self, format_string):
        self.format_string = format_string
    def render(self, context):
        context['current_time'] = 
            datetime.datetime.now().strftime(self.format_string)
        return ''
```

render()는 빈 문자열을 반환한다. render()는 항상 문자열 출력을 반환해야 한다. 모든 템플릿 태그가 변수를 설정하면 render()는 빈 문자열을 반환해야 한다. 이 새 버전의 태그를 사용하는 방법은 다음과 같다.

```
{% current_time "%Y-%M-%d %I:%M %p" %}
<p>The time is {{ current_time }}.</p>
```

콘텍스트의 가변 범위

콘텍스트에 설정된 변수는 할당된 템플릿의 동일한 블록에서만 사용할 수 있다. 이 동작은 의도적이다. 즉, 다른 블록의 콘텍스트와 충돌하지 않도록 변수에 대한 범위를 제공한다.

그러나 CurrentTimeNode2에는 문제가 있다. 변수 이름 current_time은 프로그램화돼 있다. 즉, {% current_time %}이 해당 변수의 값을 맹목적으로 덮어 쓸 것이므로 템플릿이 {{current_time}}을 이외의 장소에서 사용하지 않도록 해야 한다는 것을 의미한다.

더 깔끔한 해결책은 템플릿 태그가 출력 변수 이름을 다음과 같이 지정하도록 하는 것이다.

```
{% current_time "%Y-%M-%d %I:%M %p" as my_current_time %}
<p>The current time is {{ my_current_time }}.</p>
```

그렇게 하려면 컴파일 함수와 Node 클래스를 다음과 같이 리팩토링해야 한다.

```
import re

class CurrentTimeNode3(template.Node):
    def __init__(self, format_string, var_name):
        self.format_string = format_string
        self.var_name = var_name
    def render(self, context):
        context[self.var_name] = datetime.datetime.now().strftime(self.
        format_string)
        return ''

def do_current_time(parser, token):
    # 이 버전은 정규 표현식을 사용해 태그 내용을 파싱한다.
    try:
        # None으로 구분 == 공백으로 구분
        tag_name, arg = token.contents.split(None, 1)
    except ValueError:
        raise template.TemplateSyntaxError("%r tag requires arguments"
        % token.contents.split()[0])
    m = re.search(r'(.*?) as (\w+)', arg)
    if not m:
```

```
        raise template.TemplateSyntaxError
            ("%r tag had invalid arguments"% tag_name)
    format_string, var_name = m.groups()
    if not (format_string[0] == format_string[-1] and format_string[0]
        in ('"', "'")):
                raise template.TemplateSyntaxError("%r tag's argument should be
                    in quotes" % tag_name)
    return CurrentTimeNode3(format_string[1:-1], var_name)
```

차이점은 do_current_time( )의 경우 형식 문자열과 변수 이름을 가져와서 CurrentTime
Node3에 전달한다는 것이다. 마지막으로, 사용자 정의 콘텍스트 갱신 템플릿 태그에 대
한 간난한 구문만 필요하면 위에서 소개한 지정 태그 단축키 사용을 고려할 수 있다.

다른 블록 태그까지 구문 분석하기

템플릿 태그는 일렬로 작업할 수 있다. 예를 들어, 표준 {% comment %} 태그는 {%
endcomment %}까지 모든 것을 숨긴다. 이와 같은 템플릿 태그를 만들려면 컴파일 함수에
서 parser.parse( )를 사용해야 한다. 간단한 {% comment %} 태그를 구현하는 방법은 다
음과 같다.

```
def do_comment(parser, token):
    nodelist = parser.parse(('endcomment',))
    parser.delete_first_token()
    return CommentNode()

class CommentNode(template.Node):
    def render(self, context):
    return ''
```

{% comment %}의 실제 구현은 {% comment %}와 {% endcomment %} 사이에 깨진 템플릿 태그를 표시할 수 있다는 점에서 약간 다르다. parser.delete_first_token( ) 다음의 parser.parse(('endcomment',)) 대신 parser.skip_pase'endcomment'를 호출해 nodelist를 생성하지 않는다.

parser.parse( )는 블록 태그 이름의 튜플인 "to parse until"을 취한다. "to parse until"은 튜플 내 명명된 모든 태그를 만나기 전("before")이나 파서가 "before"를 만나기 전에 모든 노드 객체의 목록인 django.template.NodeList의 인스턴스를 반환한다. "nodelist = parser.parse(('endcomment',))"에서 nodelist는 {% comment %}와 {% end %%} 사이의 모든 노드 목록이며, {% comment %}와 {% endcomment %}를 카운팅하지는 않는다. parser.parse( )가 호출된 후 파서는 아직 {% endcomment %} 태그를 "소비하지" 않으므로 코드에서 명시적으로 parser.delete_first_token( )을 호출해야 한다. CommentNode.render( )는 단순히 빈 문자열을 반환한다. {% comment %}와 {% endcomment %} 사이의 모든 내용은 무시된다.

다른 블록 태그까지 파싱하고 내용을 저장

앞의 예에서 do_comment( )는 {% comment %}와 {% endcomment %} 사이의 모든 것을 무시했다. 이를 수행하는 대신, 블록 태그 사이에서 코드를 사용해 작업을 수행할 수 있다. 예를 들어, {%upper%}라는 사용자 정의 템플릿 태그인 {%upper%}는 그 자체와 {% endupper %} 사이의 모든 것을 대문자로 표시한다.

사용법:

```
{% upper %}This will appear in uppercase, {{ your_name }}.{% endupper %}
```

앞의 예에서와 같이 parser.parse( )를 사용한다. 그러나 이번에는 노드에 결과 nodelist를 전달한다.

```python
def do_upper(parser, token):
    nodelist = parser.parse(('endupper',))
    parser.delete_first_token()
    return UpperNode(nodelist)

class UpperNode(template.Node):
    def __init__(self, nodelist):
        self.nodelist = nodelist
    def render(self, context):
        output = self.nodelist.render(context)
        return output.upper()
```

새로운 개념은 UpperNode.render( )의 self.nodelist.render(콘텍스트)다. 복잡한 렌더링에 대한 더 많은 예제는 django/template/smartif.py의 django/template/smartif.py의 {%if%} 내 {%for%} 소스 코드를 참조하라.

▌ 9장에서 무엇을 설명하는가?

9장에서는 이 섹션의 고급 주제를 계속 이어나가기 위해 장고 모델의 고급 사용법을 다룬다.

09

고급 모델

"4장, 모델"에서 모델을 정의하는 방법과 데이터베이스 API를 사용해 레코드를 생성, 검색, 업데이트 및 삭제하는 장고의 데이터베이스 레이어에 대해 소개했다. 9장에서는 이 부분에 대한 좀 더 고급적인 기능을 소개한다.

▌ 관련 객체

"4장, 모델"의 Book 모델을 다시 고려해보자.

```
from django.db import models

class Publisher(models.Model):
    name = models.CharField(max_length=30)
```

```
        address = models.CharField(max_length=50)
        city = models.CharField(max_length=60)
        state_province = models.CharField(max_length=30)
        country = models.CharField(max_length=50)
        website = models.URLField()

        def __str__(self):
            return self.name

class Author(models.Model):
        first_name = models.CharField(max_length=30)
        last_name = models.CharField(max_length=40)
        email = models.EmailField()

        def __str__(self):
            return '%s %s' % (self.first_name, self.last_name)

class Book(models.Model):
        title = models.CharField(max_length=100)
        authors = models.ManyToManyField(Author)
        publisher = models.ForeignKey(Publisher)
        publication_date = models.DateField()

        def __str__(self):
            return self.title
```

"4장, 모델"에서 설명한 것처럼, 데이터베이스 객체의 특정 필드에 대한 값에 액세스하는 것은 속성을 사용하는 것처럼 간단하다. 예를 들어, ID가 50인 책의 제목을 확인하려면 다음과 같이 수행해야 한다.

```
>>> from mysite.books.models import Book
>>> b = Book.objects.get(id=50)
>>> b.title
'The Django Book'
```

그러나 이전에 언급하지 않은 한 가지는 외래 키 또는 다대다 필드^{ManyToManyField}와 표시된 필드인 관련 객체가 약간 다르게 작동한다는 것이다.

외래 키 값 액세스

외래 키인 필드에 접근하면 관련 모델 객체를 가져온다. 예제는 다음과 같다.

```
>>> b = Book.objects.get(id=50)
>>> b.publisher
<Publisher: Apress Publishing>
>>> b.publisher.website
'http://www.apress.com/'
```

ForeignKey 필드를 사용하면 다른 방식으로도 작동하지만 관계의 비대칭 특성으로 인해 약간 다르다. 주어진 게시자에 대한 도서 목록을 얻으려면 다음과 같이 publisher.book_set.all()을 사용해야 한다.

```
>>> p = Publisher.objects.get(name='Apress Publishing')
>>> p.book_set.all()
[<Book: The Django Book>, <Book: Dive Into Python>, ...]
```

배후에서 book_set은 QuerySet("4장, 모델"에서 다뤘다)이며, 다른 QuerySet처럼 필터링되고 슬라이스할 수 있다. 예제는 다음과 같다.

```
>>> p = Publisher.objects.get(name='Apress Publishing')
>>> p.book_set.filter(title__icontains='django')
[<Book: The Django Book>, <Book: Pro Django>]
```

속성 이름 book_set은 _set에 소문자 모델 이름을 추가해 생성한다.

다대일 값 액세스

다대다 값은 외래 키 값처럼 작동하지만 모델 인스턴스 대신 QuerySet 값을 처리한다. 예를 들어, 책의 저자를 보는 방법은 다음과 같다.

```
>>> b = Book.objects.get(id=50)
>>> b.authors.all()
[<Author: Adrian Holovaty>, <Author: Jacob Kaplan-Moss>]
>>> b.authors.filter(first_name='Adrian')
[<Author: Adrian Holovaty>]
>>> b.authors.filter(first_name='Adam')
[]
```

이것은 역으로 작동한다. 저자의 모든 책을 보려면 다음과 같이 author.book_set을 사용해야 한다.

```
>>> a = Author.objects.get(first_name='Adrian', last_name='Holovaty')
>>> a.book_set.all()
[<Book: The Django Book>, <Book: Adrian's Other Book>]
```

여기서 ForeignKey 필드와 마찬가지로, 속성 이름 book_set은 _set에 소문자 모델 이름을 추가해 생성된다.

▌ 관리자

Book.objects.all()문에서 objects는 데이터베이스를 쿼리할 때 사용하는 특수한 속성이다. "4장, 모델"에서 모델의 관리자로 이것을 간략하게 확인했다. 이제는 관리자가 무엇인지, 어떻게 사용할 수 있는지에 대해 좀 더 자세히 알아본다.

즉, 모델 관리자는 장고 모델이 데이터베이스 쿼리를 수행하는 객체다. 각 장고 모델에는 최소한 하나의 관리자가 있으며, 데이터베이스 액세스를 사용자 정의하기 위해 사용자 정의 관리자를 만들 수 있다. 사용자 정의 관리자를 만들려는 이유는 여분의 관리자 메서드를 추가하거나 관리자가 반환하는 초기 QuerySet을 수정해야 하는 두 가지 이유가 있다.

여분의 관리자 메서드 추가

모델에 테이블 수준 기능을 추가하는 경우 여분의 관리자 메서드를 추가하는 것이 좋다(행 수준 기능, 즉 모델 객체의 단일 인스턴스에서 작동하는 기능 – 모델 메서드 사용)는 것에 대해서는 이 장의 뒷부분에서 설명한다.

예를 들어, Book 모델에 키워드를 사용하고 해당 키워드가 포함된 제목이 있는 책의 수를 반환하는 관리자 메서드 title_count( )를 제공한다(이 예제는 약간 고안됐지만, 관리자의 업무 방식을 보여준다).

```python
# models.py

from django.db import models

# ... 작성자(Author)와 게시자(Publisher) 모델 ...

class BookManager(models.Manager):
    def title_count(self, keyword):
        return self.filter(title__icontains=keyword).count()

class Book(models.Model):
    title = models.CharField(max_length=100)
    authors = models.ManyToManyField(Author)
    publisher = models.ForeignKey(Publisher)
    publication_date = models.DateField()
```

```
        num_pages = models.IntegerField(blank=True, null=True)
        objects = BookManager()

        def __str__(self):
            return self.title
```

코드에 대한 몇 가지 주의사항은 다음과 같다.

- django.db.models.Manager를 확장한 BookManager 클래스를 만들었다. 여기에는 계산을 수행하는 title_count()라는 단일 메서드가 있다. 이 메서드는 self.filter()를 사용하며, 이 경우 self는 관리자 자체를 니다낸다.
- BookManager()를 모델의 objects 속성에 할당했다. 이는 객체라고 불리는 모델의 기본 관리자를 대체하는 효과를 가지며, 사용자 정의 관리자를 지정하지 않으면 자동으로 생성된다. 자동으로 생성된 관리자와 일치하도록 이를 '객체'라고 부른다.

이 관리자를 배치하면 이제 다음 작업을 수행할 수 있다.

```
>>> Book.objects.title_count('django')
4
>>> Book.objects.title_count('python')
18
```

분명히 이것은 단지 예일뿐이다. 대화형 프롬프트에서 이 값을 입력하면 다른 반환값을 얻게 된다.

title_count()와 같은 메서드를 추가해야 하는 이유는 무엇인가? 코드를 복제할 필요가 없도록 일반적으로 실행되는 쿼리를 캡슐화한다.

초기 관리자 QuerySets 수정

관리자의 기본 QuerySet은 시스템의 모든 객체를 반환한다. 예를 들어, Book.objects. all( )은 서적 데이터베이스에 있는 모든 책을 반환한다. Manager.get_queryset( ) 메서드를 오버라이드해 관리자의 기본 QuerySet을 재정의할 수 있다. get_queryset( )은 필요한 속성으로 QuerySet을 반환해야 한다.

예를 들어, 다음 모델에는 모든 객체를 반환하는 관리자와 Roald Dahl의 책만 반환하는 관리자가 있다.

```
from django.db import models

# 먼저 Manager 하위 클래스를 정의한다.
class DahlBookManager(models.Manager):
    def get_queryset(self):
            return super(DahlBookManager, self).get_queryset().
filter(author='Roald Dahl')

# Book 모델에 명시적으로 연결한다.
class Book(models.Model):
    title = models.CharField(max_length=100)
    author = models.CharField(max_length=50)
    # ...

    objects = models.Manager() # 기본 설정 관리자
    dahl_objects = DahlBookManager() # Dahl 특정 매니저...
```

이 샘플 모델을 사용하면 Book.objects.all( )은 데이터베이스의 모든 책을 반환하지만 Book.dahl_objects.all( )은 Roald Dahl이 작성한 책만 반환한다. 우리가 명시적으로 vanilla Manager 인스턴스로 객체를 설정하는 것은 주의해야 한다. 왜냐하면 이렇게 하지 않은 경우, 유일하게 사용할 수 있는 매니저는 dahl_objects가 될 것이기 때문이다.

물론 get_queryset( )은 QuerySet 객체를 반환하기 때문에 filter( ), exclude( ) 및 기타 모든 QuerySet 메서드를 사용할 수 있다. 그래서 이 명령은 모두 합법적이다.

```
Book.dahl_objects.all()
Book.dahl_objects.filter(title='Matilda')
Book.dahl_objects.count()
```

이 예제는 또 다른 흥미로운 기술을 지적했다. 동일한 모델에서 여러 관리자를 사용하는 점이다. 모델에 원하는 만큼의 Manager( ) 인스턴스를 첨부할 수 있다. 이는 모델에 대한 공통 필터를 쉽게 정의할 수 있는 방법이다. 예제는 다음과 같다.

```
class MaleManager(models.Manager):
    def get_queryset(self):
        return super(MaleManager, self).get_queryset().filter(sex='M')

class FemaleManager(models.Manager):
    def get_queryset(self):
        return super(FemaleManager, self).get_queryset().filter(sex='F')

class Person(models.Model):
    first_name = models.CharField(max_length=50)
    last_name = models.CharField(max_length=50)
    sex = models.CharField(max_length=1,
                            choices=(
                                        ('M', 'Male'),
                                        ('F', 'Female')
                            )
                          )
    people = models.Manager()
    men = MaleManager()
    women = FemaleManager()
```

이 예에서는 Person.men.all( ), Person.women.all( ) 및 Person.people.all( )을 요청해 예측 가능한 결과를 얻을 수 있다. 커스텀 매니저 오브젝트를 사용한다면 장고가 만난 첫 번째 매니저(모델에 정의된 순서대로)가 특별한 상태라는 것에 주목하자. 장고는 클래스에서 정의된 첫 번째 Manager를 기본 Manager로 해석하고, 장고의 일부(관리 응용 프로그램은 아님)가 해당 모델에만 해당 Manager를 사용할 것이다.

따라서 get_queryset( )을 재정의하면 작업할 객체를 검색할 수 없는 상황을 피하기 위해 기본 관리자 선택 시 주의해야 한다.

▌ 모델 메서드

모델에 사용자 정의 메서드를 정의해 객체에 사용자 정의 행-수준 기능을 추가한다. 관리자가 테이블 차원의 작업을 수행하는 반면, 모델 메서드는 특정 모델 인스턴스에서 작동해야 한다. 이것은 하나의 장소-모델에서 비즈니스 논리를 유지하는 데 중요한 기술이다.

예를 들어, 이것을 설명하는 가장 쉬운 방법을 살펴보자. 다음은 몇 가지 맞춤 메서드가 있는 모델이다.

```python
from django.db import models

class Person(models.Model):
    first_name = models.CharField(max_length=50)
    last_name = models.CharField(max_length=50)
    birth_date = models.DateField()

    def baby_boomer_status(self):
        # 특정인 베이비 붐 상태를 반환한다.
        import datetime
        if self.birth_date < datetime.date(1945, 8, 1):
            return "Pre-boomer"
```

```
        elif self.birth_date < datetime.date(1965, 1, 1):
                return "Baby boomer"
        else:
                return "Post-boomer"

    def _get_full_name(self):
        # 특정인의 전체 이름을 반환한다."
        return '%s %s' % (self.first_name, self.last_name)
    full_name = property(_get_full_name)
```

"부록 A, 모델 정의 참조"의 모델 인스턴스 참조에는 각 모델에 자동으로 부여된 메서드 목록이 있다. 이들 중 대부분을 오버라이드할 수 있지만(아래 참조), 거의 항상 정의하고 싶은 몇 가지가 있다.

- __str __(): 모든 객체의 유니코드 표현을 반환하는 파이썬 마법 메서드다. 이것은 모델 인스턴스를 강제로 문자열로 표시해야 할 때마다 파이썬과 장고가 사용될 것이다. 특히 이것은 대화형 콘솔이나 관리자에 개체를 표시할 때 발생한다.
- 여러분은 항상 이 메서드를 정의하고 싶을 것이다. 왜냐하면 기본 설정값은 전혀 도움이 되지 않기 때문이다.
- get_absolute_url(): 이것은 객체의 URL을 계산하는 방법을 장고에게 알려준다. 장고는 관리 인터페이스에서 이것을 사용하며 항상 객체의 URL을 찾아야 한다.

객체를 고유하게 식별하는 URL을 가진 객체는 이 메서드를 정의해야 한다.

딕셔너리 정의된 모델 메서드 오버라이드

커스터마이즈할 데이터베이스 동작을 캡슐화하는 또 다른 모델 메서드 집합이 있다. 특히 **save()** 및 **delete()** 작업 방식을 변경하려는 경우가 많을 것이다. 비헤이비어를 바꾸기 위해 이 방법들(그리고 다른 어떤 모델 방법)을 자유롭게 오버라이드할 수 있다. 내장된 메서드를 재정의하기 위한 고전적인 사용—사례는 객체를 저장할 때마다 어떤 일이 일어나길 원하는 경우다. 예를 들어, 받아들이는 파라미터의 문서를 위한 save( )를 참조하라.

```
from django.db import models

class Blog(models.Model):
    name = models.CharField(max_length=100)
    tagline = models.TextField()

    def save(self, *args, **kwargs):
        do_something()
        super(Blog, self).save(*args, **kwargs) # "실제" save( ) 메서드를 호출한다.
        do_something_else()
```

또한 저장을 방지할 수 있다.

```
from django.db import models

class Blog(models.Model):
    name = models.CharField(max_length=100)
    tagline = models.TextField()

    def save(self, *args, **kwargs):
        if self.name == "Yoko Ono's blog":
            return # Yoko는 결코 자신의 블로그를 갖지 않을 것이다.
        else:
            super(Blog, self).save(*args, **kwargs) # "실제" save( ) 메서드를
            호출한다.
```

슈퍼 클래스 메서드(super, Blog, self) .save(* args, ** kwargs) 비즈니스를 호출해 객체가 여전히 데이터베이스에 저장되도록 보장하는 것을 잃지 않도록 하는 것이 중요하다. 슈퍼 클래스 메서드를 호출하는 것을 잊어버리면 기본 비헤이비어가 발생하지 않고 데이터베이스에 접근하지 않는다.

또한 모델 메서드에 전달할 수 있는 인수를 전달하는 것이 중요하다. 즉, `* args`는 `** kwargs` 비트가 하는 것이다. 장고는 때때로 빌트인 모델 메서드의 기능을 확장해 새로운 인수를 추가한다. 메서드 정의에서 `* args`, `** kwargs`를 사용하면 코드가 추가될 때 해당 인수를 자동으로 지원하는 보장이 있다.

▌ 원시 SQL 쿼리 실행

모델 쿼리 API가 충분히 멀리 떨어지지 않으면 원시 SQL 작성으로 되돌아갈 수 있다. 장고는 원시 SQL 쿼리를 수행하는 두 가지 방법을 제공한다. `Manager.raw( )`를 사용해 원시 쿼리를 수행하고 모델 인스턴스를 반환하거나 모델 계층을 완전히 피하고 사용자 정의 SQL을 직접 실행할 수 있다.

 원시 SQL을 작성할 때마다 주의해야 한다. 사용자가 사용할 때마다 SQL 주입 공격으로부터 보호하기 위해 params를 사용해 사용자가 제어할 수 있는 파라미터를 적절히 벗어나도록 해야 한다.

▌ 원시 쿼리 수행

raw( ) manager 메서드는 모델 인스턴스를 반환하는 원시 SQL 쿼리를 수행하는 데 사용할 수 있다.

```
Manager.raw(raw_query, params=None, translations=None)
```

이 메서드는 원시 SQL 쿼리를 취해 실행하고 `django.db.models.query.RawQuerySet` 인스턴스를 반환한다. 이 RawQuerySet 인스턴스는 일반 QuerySet처럼 반복해 객체 인스턴스를 제공할 수 있다. 이것은 예제를 통해 가장 잘 설명할 수 있다. 다음과 같은 모델을 갖고 있다고 가정해보자.

```
class Person(models.Model):
    first_name = models.CharField(...)
    last_name = models.CharField(...)
    birth_date = models.DateField(...)
```

다음과 같이 사용자 정의 SQL을 실행할 수 있다.

```
>>> for p in Person.objects.raw('SELECT * FROM myapp_person'):
... print(p)
John Smith
Jane Jones
```

물론 이 예제는 그리 흥미롭지 않다. `Person.objects.all()` 실행과 정확히 같다. 그러나 `raw()`는 매우 강력한 다른 옵션을 갖고 있다.

모델 테이블 이름

앞의 예제에서 `Person` 테이블의 이름은 어디에서 왔는가? 기본적으로, 장고는 모델의 앱 레이블(manage.py startapp에서 사용한 이름)과 모델의 클래스 이름을 밑줄로 연결해 데이터베이스 테이블 이름을 계산한다. 이 예제에서 `Person` 모델은 myapp라는 응용 프로그램에 있다고 가정했으므로 테이블은 `myapp_person`이 된다.

좀 더 자세한 내용은 `db_table` 옵션에 대한 설명서를 참조하라. 또한 수동으로 데이터베이스 테이블 이름을 설정한다.

raw( )에 전달된 SQL문에 대한 점검은 수행되지 않는다. 장고는 이 명령문이 데이터베이스에서 일련의 행을 반환할 것이라고 예상하지만 실행을 위해 아무것도 하지 않는다. 쿼리가 행을 반환하지 않으면 (가능하면 숨은) 오류가 발생할 수 있다.

모델 필드에 쿼리 필드 매핑

raw( )는 쿼리의 필드를 모델의 필드에 자동으로 매핑한다. 쿼리의 필드 순서는 중요하지 않다. 즉, 다음 쿼리는 모두 동일하게 작동한다.

```
>>> Person.objects.raw('SELECT id, first_name, last_name, birth_date FROM
myapp_person')
...
>>> Person.objects.raw('SELECT last_name, birth_date, first_name, id FROM
myapp_person')
...
```

일치는 이름으로 수행된다. 즉, SQL의 AS절을 사용해 쿼리의 필드를 모델 필드에 매핑할 수 있다. 그래서 Person 데이터가 들어 있는 다른 테이블이 있다면 Person 인스턴스로 쉽게 매핑할 수 있다.

```
>>> Person.objects.raw('''SELECT first AS first_name,
...                               last AS last_name,
...                               bd AS birth_date,
...                               pk AS id,
...                        FROM some_other_table''')
```

이름이 일치하는 한 모델 인스턴스가 올바르게 작성된다. 또는 translations 인수를 raw( )에 사용해 쿼리의 필드를 모델 필드에 매핑할 수 있다. 이것은 모델 필드 이름에 쿼리 필드 이름을 매핑하는 딕셔너리다. 예를 들어, 앞의 쿼리는 다음과 같이 작성할 수도 있다.

```
>>> name_map = {'first': 'first_name', 'last': 'last_name', 'bd':
'birth_date', 'pk': 'id'}
>>> Person.objects.raw('SELECT * FROM some_other_table',
translations=name_map)
```

색인 조회

raw( )는 인덱싱을 지원하므로 첫 번째 결과만 필요하면 다음과 같이 작성할 수 있다.

```
>>> first_person = Person.objects.raw('SELECT * FROM myapp_person')[0]
```

그러나 인덱싱 및 조각화는 데이터베이스 수준에서 수행되지 않는다. 데이터베이스에 있는 많은 수의 Person 오브젝트를 갖고 있다면 SQL 레벨에서 조회를 제한하는 것이 좀 더 효율적이다.

```
>>> first_person = Person.objects.raw('SELECT * FROM myapp_person LIMIT 1')[0]
```

모델 필드 지연

입력란을 생략할 수도 있다.

```
>>> people = Person.objects.raw('SELECT id, first_name FROM myapp_person')
```

이 쿼리에서 반환된 Person 객체는 지연된 모델 인스턴스가 된다(defer() 참조). 즉, 쿼리에서 생략된 필드는 필요할 때 로드된다는 것을 의미한다.

예제는 다음과 같다.

```
>>> for p in Person.objects.raw('SELECT id, first_name FROM myapp_person'):
...          print(p.first_name, # 원래 질의로 검색된다.
...                p.last_name) # 요청 시 검색된다.
...
John Smith
Jane Jones
```

외견상으로는 쿼리가 이름과 성을 모두 검색한 것처럼 보인다. 그러나 이 예제는 실제로 3개의 쿼리를 발행했다. raw() 쿼리는 첫 번째 이름만 검색했으며 마지막 이름은 필요할 때와 인쇄할 때 모두 검색됐다.

기본 키 필드인 제외할 수 없는 필드가 하나뿐이다. 장고는 기본 키를 사용해 모델 인스턴스를 식별하므로 항상 원시 쿼리에 포함돼야 한다. 기본 키를 포함하지 않은 경우, InvalidQuery 예외가 발생한다.

특수 효과 추가하기

모델에 정의되지 않은 필드가 포함된 쿼리를 실행할 수도 있다. 예를 들어, PostgreSQL의 age() 함수를 사용해 데이터베이스가 계산한 나이를 가진 사람들의 목록을 얻을 수 있다.

```
>>> people = Person.objects.raw('SELECT *, age(birth_date) AS age FROM
myapp_person')
>>> for p in people:
... print("%s is %s." % (p.first_name, p.age))
```

```
John is 37.
Jane is 42.
...
```

파라미터를 raw()에 전달

파라미터화된 쿼리를 수행해야 하는 경우, params 인수를 raw()에 전달할 수 있다.

```
>>> lname = 'Doe'
>>> Person.objects.raw('SELECT * FROM myapp_person WHERE last_name = %s',
[lname])
```

params는 파라미터의 리스트 또는 딕셔너리다. 데이터베이스 엔진에 관계없이 쿼리 문자열에 % s 자리표시자를 사용하거나 딕셔너리에 %(key) 자리표시자를 사용한다(여기서 키는 딕셔너리 키로 대체된다). 이러한 자리표시자는 params 인수의 파라미터로 대체된다.

원시 쿼리에 문자열 서식을 사용하지 않는다
앞의 쿼리를 다음과 같이 작성하려고 한다.

```
>>> query = 'SELECT * FROM myapp_person WHERE last_name =
%s' % lname
Person.objects.raw(query)
```

보간된 문자열을 사용하지 않도록 한다
params 인수를 사용하면 공격자가 임의의 SQL을 데이터베이스에 주입하는 일반적인 공격인 SQL 주입 공격으로부터 완전히 보호할 수 있다. 문자열 보간법을 사용하면 머지 않아 SQL 주입의 희생양이 된다. 항상 params 인수를 사용하는 것을 잊지 않는 한 보호받게 된다.

■ 사용자 정의 SQL 직접 실행하기

때때로 Manager.raw( )만으로는 충분하지 않다. 모델에 완전히 매핑되지 않은 쿼리를 수행하거나 UPDATE, INSERT 또는 DELETE 쿼리를 직접 실행해야 할 수도 있다. 이러한 경우, 모델 계층을 전체적으로 라우팅해 데이터베이스에 직접 액세스할 수 있다. django.db.connection 오브젝트는 기본 데이터베이스 연결을 표현한다. 데이터베이스 연결을 사용하려면 connection.cursor( )를 호출해 커서 객체를 가져와야 한다. 다음으로 cursor.execute(sql, [params])를 호출해 SQL 및 cursor.fetchone( ) 또는 cursor.fetchall( )을 실행해 결과 행을 반환한다. 사용 예제는 다음과 같다.

```
from django.db import connection

def my_custom_sql(self):
    cursor = connection.cursor()
    cursor.execute("UPDATE bar SET foo = 1 WHERE baz = %s", [self.baz])
    cursor.execute("SELECT foo FROM bar WHERE baz = %s", [self.baz])
    row = cursor.fetchone()

    return row
```

리터럴 퍼센트 기호를 쿼리에 포함시키려면 파라미터를 전달할 때 리터럴 퍼센트 기호를 두 번 입력해야 한다.

```
cursor.execute("SELECT foo FROM bar WHERE baz = '30%'")
cursor.execute("SELECT foo FROM bar WHERE baz = '30%%' AND
    id = %s", [self.id])
```

둘 이상의 데이터베이스를 사용하는 경우에는 django.db.connections를 사용해 특정 데이터베이스에 대한 연결(및 커서)을 얻을 수 있다. django.db.connections는 별칭(alias)을 사용해 특정 연결을 검색할 수 있는 딕셔너리형 객체다.

```
from django.db import connections
cursor = connections['my_db_alias'].cursor()
# 여기에 여러분의 코드를 입력하세요.
```

기본적으로 Python DB API는 필드 이름 없이 결과를 반환한다. 즉, dict 대신 값 목록
으로 끝나야 한다. 작은 성능으로 다음과 같은 방법을 이용하여 결과를 dict에 반환할 수
있다.

```
def dictfetchall(cursor):
    # dict로 커서의 모든 행을 반환한다.
    desc = cursor.description
    return [
        dict(zip([col[0] for col in desc], row))
        for row in cursor.fetchall()
    ]
```

다음은 이 둘의 차이점을 보여주는 예제다.

```
>>> cursor.execute("SELECT id, parent_id FROM test LIMIT 2");
>>> cursor.fetchall()
((54360982L, None), (54360880L, None))

>>> cursor.execute("SELECT id, parent_id FROM test LIMIT 2");
>>> dictfetchall(cursor)
[{'parent_id': None, 'id': 54360982L}, {'parent_id': None, 'id':
54360880L}]
```

연결 및 커서

연결 및 커서는 트랜잭션 처리와 관련한 경우를 제외하고 대부분 PEP 249(자세한 정보

는 https://www.python.org/dev/peps/pep-0249을 방문하기 바란다)에서 설명하는 표준
Python DB-API를 구현한다. Python DB-API에 익숙하지 않다면 cursor.execute( )
의 SQL문은 SQL 내에서 파라미터를 직접 추가하는 대신, 자리표시자 "% s"를 사용한다.

이 기술을 사용하면 기본 데이터베이스 라이브러리가 필요에 따라 파라미터를 자동으
로 이스케이프한다. 또한 장고는 "% s" 자리표시자를 기대한다. 이러한 placeholder는
SQLite Python 바인딩에서 사용된다. 이는 일관성과 온전함을 위한 것으로 커서는 콘
텍스트 관리자로 사용한다.

```
with connection.cursor() as c:
        c.execute(...)
```

위 코드는 다음과 같다.

```
c = connection.cursor()
try:
        c.execute(...)
finally:
        c.close()
```

추가 관리자 메서드 추가

모델에 테이블 수준 기능을 추가하는 방법으로 추가 관리자 메서드를 추가하는 것이
좋다(행 수준 기능인 모델 객체의 단일 인스턴스에서 작동하는 함수의 경우, 사용자 정의 Manager 메
서드가 아닌 Model 메서드를 사용한다). 사용자 정의 관리자 메서드는 원하는 모든 것을 반환
할 수 있다. QuerySet를 돌려줄 필요는 없다.

예를 들어, 이 사용자 정의 관리자는 집계 쿼리의 결과인 num_responses 속성이 추가된
모든 OpinionPoll 객체의 목록을 반환하는 with_counts( ) 메서드를 제공한다.

328

```
from django.db import models

class PollManager(models.Manager):
    def with_counts(self):
        from django.db import connection
        cursor = connection.cursor()
        cursor.execute("""
            SELECT p.id, p.question, p.poll_date, COUNT(*)
            FROM polls_opinionpoll p, polls_response r
            WHERE p.id = r.poll_id
            GROUP BY p.id, p.question, p.poll_date
            ORDER BY p.poll_date DESC""")
        result_list = []
        for row in cursor.fetchall():
            p = self.model(id=row[0], question=row[1], poll_date=row[2])
            p.num_responses = row[3]
            result_list.append(p)
        return result_list

class OpinionPoll(models.Model):
    question = models.CharField(max_length=200)
    poll_date = models.DateField()
    objects = PollManager()

class Response(models.Model):
    poll = models.ForeignKey(OpinionPoll)
    person_name = models.CharField(max_length=50)
    response = models.TextField()
```

이 예제에서는 OpinionPoll.objects.with_counts()를 사용해 num_responses 속성이
있는 OpinionPoll 객체의 목록을 반환한다. 이 예제에서 주목할 또 다른 사항은 Manager
메서드가 self.model에 액세스해 메서드가 부착된 모델 클래스를 가져올 수 있다는 점
이다.

■ 10장에서 무엇을 설명하는가?

10장에서는 일반적인 패턴을 따르는 웹 사이트를 구축하는 데 드는 시간을 절약할 수 있는 장고의 일반적인 뷰 프레임워크를 설명한다.

10

일반 뷰

여기서 다시 이 책의 주제가 되풀이된다. 최악의 경우, 웹 개발은 지루하고 단조롭다. 지금까지 장고가 모델과 템플릿 레이어에서 단조로움을 없애려는 방법을 다뤘지만, 웹 개발자는 뷰 수준에서 지루하다는 것을 경험한다.

장고는 그 고통을 덜어주기 위해 개발됐다.

뷰 개발에서 흔히 볼 수 있는 일반적인 관용구와 패턴을 사용해 코드를 너무 많이 쓰지 않아도 일반적인 데이터 뷰를 신속하게 작성할 수 있다. 객체 목록을 표시하는 것과 같은 일반적인 작업을 인식하고 객체 목록을 표시하는 코드를 작성할 수 있다.

다음으로 문제의 모델은 URLconf에 추가 인수로 전달될 수 있다. 장고는 일반 디스플레이 뷰를 사용해 다음을 수행한다.

- 단일 객체에 대한 목록 및 세부 정보 웹 페이지를 표시한다. 회의를 관리할 응용 프로그램을 만드는 경우, `TalkListView` 및 `RegisteredUserListView`가 목록 뷰의 예가 된다. 단일 토크 웹 페이지는 우리가 상세 뷰라고 부르는 예제다.
- 날짜 기반 객체를 연/월/일 아카이브 웹 페이지, 관련 세부사항, 최신 웹 페이지로 제공한다.
- 사용자는 권한 부여 여부와 관계없이 개체를 작성, 업데이트 및 삭제할 수 있다.

이러한 뷰는 데이터베이스 데이터를 뷰에 표시할 때 개발자가 접하게 되는 가장 일반적인 작업을 수행하기 위해 쉬운 인터페이스를 제공한다. 마지막으로 디스플레이 뷰는 장고의 포괄적이 클래스 기반 뷰 시스템어 일부일 뿐이다. 장고기 제공하는 다른 글래스 기반 뷰에 대한 전체 소개 및 자세한 설명은 "부록 C, 일반 뷰 참조"를 참고한다.

▌ 객체의 일반 뷰

장고의 일반적인 뷰는 데이터베이스 콘텐츠의 뷰를 보여줄 때 진가를 발휘한다. 이것은 일반적인 작업이므로 장고는 객체의 목록 및 세부 뷰를 매우 쉽게 생성할 수 있는 내장된 몇 가지 기본 뷰를 제공한다.

먼저 객체 목록이나 개별 객체를 보여주는 몇 가지 예제를 살펴보자. 우리는 다음 모델을 사용할 것이다.

```python
# models.py
from django.db import models

class Publisher(models.Model):
    name = models.CharField(max_length=30)
    address = models.CharField(max_length=50)
    city = models.CharField(max_length=60)
    state_province = models.CharField(max_length=30)
```

```
        country = models.CharField(max_length=50)
        website = models.URLField()

        class Meta:
            ordering = ["-name"]

        def __str__(self):
            return self.name

class Author(models.Model):
        salutation = models.CharField(max_length=10)
        name = models.CharField(max_length=200)
        email = models.EmailField()
        headshot = models.ImageField(upload_to='author_headshots')

        def __str__(self):
            return self.name

class Book(models.Model):
        title = models.CharField(max_length=100)
        authors = models.ManyToManyField('Author')
        publisher = models.ForeignKey(Publisher)
        publication_date = models.DateField()
```

이제 뷰를 정의해야 한다.

```
# views.py
from django.views.generic import ListView
from books.models import Publisher

class PublisherList(ListView):
        model = Publisher
```

마지막으로 뷰를 urls에 연결한다.

```
# urls.py
from django.conf.urls import url
from books.views import PublisherList

urlpatterns = [
    url(r'^publishers/$', PublisherList.as_view()),
]
```

이것이 우리가 작성해야 하는 모든 파이썬 코드다. 그러나 우리는 여전히 템플릿을 작성
해야 한다. 뷰에 template_name 속성을 추가해 어떤 템플릿을 사용할지 뷰에 명시적으로
알려줄 수 있지만, 명시적 템플릿이 없으면 장고는 객체 이름에서 템플릿을 유추한다. 이
경우 추론된 템플릿은 books/publisher_list.html이 된다. 책 부분은 모델을 정의하는
앱의 이름에서 나오고 "출판사" 비트는 모델 이름의 소문자 버전이다.

따라서 DjangoTemplates 백엔드의 APP_DIRS 옵션이 TEMPLATES에서 True로 설정되면,
템플릿 위치는 다음과 같을 수 있다.

/path/to/project/books/templates/books/publisher_list.html

이 템플릿은 모든 출판사 객체를 포함하는 object_list라는 변수가 포함된 콘텍스트에
대해 렌더링된다. 매우 간단한 템플릿은 다음과 같다.

```
{% extends "base.html" %}

{% block content %}
    <h2>Publishers</h2>
    <ul>
        {% for publisher in object_list %}
            <li>{{ publisher.name }}</li>
        {% endfor %}
    </ul>
{% endblock %}
```

이게 전부다. 일반 뷰의 모든 멋진 기능은 일반 뷰에서 설정된 속성을 변경하면 발생한다. "부록 C, 일반 뷰 참조"는 모든 일반 뷰와 해당 옵션에 대해 자세히 기록한다. 이 문서의 나머지 부분에서는 일반적인 뷰를 사용자 정의하고 확장할 수 있는 일반적인 방법 중 일부를 고려한다.

▌ "친숙한" 템플릿 콘텍스트 만들기

여러분은 샘플 출판사 리스트 템플릿이 모든 출판사를 object_list라는 변수에 저장한다는 사실을 알았을 것이다. 이 방법이 효과적일지 모르지만, 템플릿 작성자에게 친숙하지는 않다. 출판사를 여기에서 다루고 있다는 것을 "알고 있어야 한다".

장고에서 모델 객체를 다루는 중이라면 이미 이 작업이 완료됐다. 객체나 쿼리 세트를 다룰 때, 장고는 모델 클래스 이름의 하위 버전을 사용해 콘텍스트를 채운다. 이것은 기본 object_list 항목과 함께 제공되지만, 정확히 동일한 데이터, 즉 publisher_list를 포함한다.

여전히 일치하지 않으면 콘텍스트 변수 이름을 수동으로 설정할 수 있다. 일반 뷰의 context_object_name 속성은 사용할 콘텍스트 변수를 설정한다.

```python
# views.py
from django.views.generic import ListView
from books.models import Publisher

class PublisherList(ListView):
    model = Publisher
    context_object_name = 'my_favorite_publishers'
```

유용한 context_object_name을 제공하는 것은 항상 좋은 생각이다. 템플릿을 설계한 동료가 여러분에게 감사할 것이다.

■ 추가 콘텍스트 추가

흔히 일반 뷰에서 제공하는 것 이상의 추가 정보를 제시하면 된다. 예를 들어, 각 출판사 세부 정보 웹 페이지에 모든 도서의 목록을 표시하는 것을 생각해보자. DetailView 일반 뷰는 콘텍스트에 출판사를 제공하지만 해당 템플릿에서 추가 정보를 얻는 방법은 무엇일까?

대답은 DetailView를 서브 클래스화하고 get_context_data 메서드의 구현을 제공하는 것이다. 기본 구현은 단순히 표시되는 객체를 템플릿에 추가하는 것이다. 하지만 여러분은 좀 더 많은 객체를 보내기 위해 이를 재정의할 수 있다.

```
from django.views.gcncric import DetailView
from books.models import Publisher, Book

class PublisherDetail(DetailView):

    model = Publisher

    def get_context_data(self, **kwargs):
        # 기본 구현을 먼저 호출해 콘텍스트를 가져온다.
        context = super(PublisherDetail, self).get_context_data(**kwargs)
        # 모든 책의 쿼리 집합에 추가한다.
        context['book_list'] = Book.objects.all()
        return context
```

일반적으로 get_context_data는 모든 부모 클래스의 콘텍스트 데이터를 현 클래스의 콘텍스트 데이터와 병합한다. 콘텍스트를 변경하기 원하는 클래스에서 이 동작을 유지하려면 슈퍼 클래스에서 get_context_data를 호출해야 한다. 두 클래스가 동일한 키를 정의하려고 시도하지 않으면 예상되는 결과를 제공한다.

그러나 부모 클래스가 이를 설정(super 호출)한 후 클래스가 키를 재정의하려고 시도할 때 해당 클래스의 자식은 모든 부모를 오버라이드하기 원할 경우 super 뒤에 명시적으로 설정할 필요가 있다. 문제가 발생하면 뷰의 메서드 해상도 순서를 검토해야 한다.

336

▌ 객체의 하위 집합 보기

이제 우리가 사용해온 모델 인수에 대해 자세히 살펴보자. 뷰가 처리할 데이터베이스 모델을 지정하는 model 인수는 단일 객체 또는 객체 컬렉션에서 작동하는 모든 일반 뷰에서 사용할 수 있다.

그러나 모델 인수는 뷰가 작동할 객체를 지정하는 유일한 방법은 아니며, queryset 인수를 사용해 객체 목록을 지정할 수도 있다.

```
from django.views.generic import DetailView
from books.models import Publisher

class PublisherDetail(DetailView):

    context_object_name = 'publisher'
    queryset = Publisher.objects.all()
```

model=Publisher로 설정하는 것은 queryset=Publisher.objects.all()을 말하는 것만큼 축약된 것이다. 그러나 queryset을 사용해 필터링된 객체 목록을 정의하면 뷰로 볼수 있는 객체에 대해 좀 더 구체화할 수 있다. 간단한 예제를 선택하기 위해 가장 최근의 책자와 함께 책 목록을 발행일순으로 정렬하고 싶어할 것이다.

```
from django.views.generic import ListView
from books.models import Book

class BookList(ListView):
    queryset = Book.objects.order_by('-publication_date')
    context_object_name = 'book_list'
```

이것은 아주 간단한 예이지만, 아이디어를 잘 보여준다. 물론, 여러분은 일반적으로 객체를 재정렬하는 것 이상을 원할 것이다. 특정 출판사가 책 목록을 표시하려면 동일한 기술을 사용해야 한다.

```
from django.views.generic import ListView
from books.models import Book

class AcmeBookList(ListView):

    context_object_name = 'book_list'
    queryset = Book.objects.filter(publisher__name='Acme Publishing')
    template_name = 'books/acme_list.html'
```

필터링된 쿼리 세트와 함께 사용자 정의 템플릿 이름도 사용한다는 것을 알아두자. 그렇지 않은 경우 일반 뷰는 "vanilla" 객체 목록과 동일한 템플릿을 사용한다. 이는 우리가 원하는 바가 아닐 수도 있다.

또한 이 방법이 출판사별 도서를 표시하는 매우, 세련된 방법이 아니라는 점도 알아두자. 또 다른 출판사 웹 페이지를 추가하려면 URLconf에 다른 행들이 필요하며, 출판사 중 일부는 논리에 맞지 않게 된다. 이 문제는 다음 섹션에서 다룬다.

 /books/acme/을 요청할 때 404가 표시되면 실제로 출판사 이름이 'ACME Publishing'인지 확인하라. 일반 뷰는 이 경우에 allow_empty 파라미터를 갖는다.

▌동적 필터링

또 다른 공통 요구사항은 URL의 일부 키로 목록 웹 페이지에 주어진 객체를 필터링하는 것이다. 이전에 우리는 URLconf에 출판사의 이름을 하드코딩했지만, 몇몇 출판사의 모든 책을 표시하는 뷰를 작성하려면 어떻게 해야 할까?

편리하게 ListView는 재정의할 수 있는 get_queryset() 메서드가 있다. 이전에는 queryset 속성의 값을 반환했지만, 지금은 더 많은 로직을 추가할 수 있다. 이 작업을 수행하는 핵심은 클래스 기반 뷰가 호출될 때 다양하고 유용한 것들이 자체에 저장된다는 것이다. request(self.request)뿐만 아니라 URLconf에 따라 캡처된 위치(self.args) 및 이름 기반(self.kwargs) 인수가 포함된다.

여기에 캡처된 단일 그룹과 함께 URLconf가 있다.

```python
# urls.py
from django.conf.urls import url
from books.views import PublisherBookList

urlpatterns = [
    url(r'^books/([\w-]+)/$', PublisherBookList.as_view()),
]
```

다음으로 PublisherBookList 뷰 자체를 작성한다.

```python
# views.py
from django.shortcuts import get_object_or_404
from django.views.generic import ListView
from books.models import Book, Publisher

class PublisherBookList(ListView):

    template_name = 'books/books_by_publisher.html'

    def get_queryset(self):
        self.publisher = get_object_or_404(Publisher name=self.args[0])
        return Book.objects.filter(publisher=self.publisher)
```

queryset 선택에 더 많은 로직을 추가하는 것은 매우 쉽다. 필요하다면 self.request. user를 사용해 현재 사용자 또는 다른 복잡한 논리를 사용해 필터링할 수 있다. 동시에 출판사를 콘텍스트에 추가할 수도 있으므로 템플릿에서 사용할 수 있다.

```
# ...

def get_context_data(self, **kwargs):
# 기본 구현을 먼저 호출해 콘텍스트를 얻는다.
context = super(PublisherBookList, self).get_context_data(**kwargs)

# 출판사에 추가한다.
context['publisher'] = self.publisher
return context
```

▌ 추가 작업 수행

마지막으로 살펴볼 일반적인 패턴은 일반 뷰를 호출하기 전이나 후에 몇 가지 추가 작업을 수행하는 것이다. 우리가 작성자를 봤던 마지막 시간을 추적하기 위해 사용했던 Author 모델에 last_accessed 필드가 있다고 가정해보자.

```
# models.py
from django.db import models

class Author(models.Model):
    salutation = models.CharField(max_length=10)
    name = models.CharField(max_length=200)
    email = models.EmailField()
    headshot = models.ImageField(upload_to='author_headshots')
    last_accessed = models.DateTimeField()
```

물론 일반 DetailView 클래스는 이 필드에 대해 아무것도 알지 못하지만 다시 한 번 해당 필드를 업데이트하기 위해 사용자 지정 뷰를 쉽게 작성할 수 있다. 먼저 URLconf에 저자 상세 비트를 추가해 사용자 정의 뷰를 가리켜야 한다.

```
from django.conf.urls import url
from books.views import AuthorDetailView

urlpatterns = [
    # ...
    url(r'^authors/(?P<pk>[0-9]+)/$', AuthorDetailView.as_view(),
name='author-detail'),
]
```

다음으로 새로운 뷰를 작성한다. get_object는 객체를 검색하는 메서드다. 따라서 간단
히 재정의하고 호출을 래핑한다.

```
from django.views.generic import DetailView
from django.utils import timezone
from books.models import Author

class AuthorDetailView(DetailView):
queryset = Author.objects.all()

def get_object(self):
    # 상위 클래스를 호출한다.
    object = super(AuthorDetailView, self).get_object()

    # 마지막으로 접근한 날짜를 기록한다.
    object.last_accessed = timezone.now()
    object.save()
    # 해당 객체를 리턴한다.
    return object
```

여기서 URLconf는 명명된 그룹 pk를 사용한다. 이는 queryset을 필터링하는 데 사용되
는 기본 키 값을 찾기 위해 사용하는 기본 이름이다. 다른 그룹을 호출하려면 뷰에서 pk_
url_kwarg를 설정해야 한다. 좀 더 자세한 내용은 DetailView에 대한 참조에서 확인할
수 있다.

▌ 11장에서 무엇을 설명하는가?

10장에서는 장고가 제공하는 몇 가지 일반 뷰를 살펴봤지만, 여기에 제시된 일반적인 아이디어는 일반적인 뷰에 매우 가깝게 적용된다. "부록 C, 일반 뷰 참조"는 사용할 수 있는 모든 뷰를 상세하게 다루고 있으며, 이 강력한 기능을 최대한 활용하고자 한다면 읽어보길 권장한다.

이것으로 모델, 템플릿 및 뷰의 고급 사용법을 다룬 이 책의 해당 섹션을 마친다. 다음 장에서는 현대 상업용 웹 사이트에서 일반적으로 사용되는 다양한 기능을 설명한다. 우리는 대화형 웹 사이트 사용자 관리를 구축하는 데 필수적인 주제로 시작할 것이다.

11

장고에서 사용자 인증

상당수의 현대적인 대화식 웹 사이트는 블로그에 간단한 의견을 허용하는 것부터 뉴스 웹 사이트의 기사를 완전히 편집할 수 있는 방식까지 사용자 상호작용의 일부 형태를 허용한다. 웹 사이트에서 전자 상거래, 인증 및 유료 고객 승인과 같은 종류의 서비스를 제공하는 것이 필수적이다.

사용자를 관리하는 것(예: 잃어버린 사용자 이름, 잃어버린 암호 및 정보를 최신 상태로 유지하는 것)만으로도 정말 어렵다. 따라서 프로그래머로서 인증 시스템을 작성하는 것은 더욱 좋지 않을 수 있다.

다행히도 장고는 사용자 계정, 그룹, 권한 및 쿠키 기반 사용자 세션을 즉시 관리할 수 있는 기본 구현을 제공한다.

장고에서 대부분의 구현과 같이, 기본 구현은 프로젝트의 필요에 맞게 완벽하게 확장 가능하고 사용자 정의가 가능하다. 자, 바로 뛰어들어 해보자.

▌ 개요

장고 인증 시스템은 인증과 권한 부여를 모두 처리한다. 간단히 말해, 인증은 사용자가 자신이 주장하는 사람이라는 것을 확인하고, 인증된 사용자가 수행할 수 있는 작업을 결정한다. 여기서 인증이라는 용어는 두 작업을 모두 가리키는 데 사용된다.

인증 시스템은 다음과 같이 구성된다.

- 사용자
- 권한: 사용자가 특정 업무를 수행할 수 있는지 여부를 지정하는 이진 플래그(예/아니요)
- 그룹: 둘 이상의 사용자에게 라벨과 권한을 적용하는 일반적인 방법
- 구성 가능한 암호 해시 시스템
- 사용자 인증 및 권한 관리를 위한 양식
- 사용자 로그인 또는 콘텐츠 제한 도구 보기
- 플러그 가능한 백엔드 시스템

장고의 인증 시스템은 매우 일반적인 것을 목표로 하며, 웹 인증 시스템에서 흔히 볼 수 있는 기능을 제공하지 않는다. 다음과 같은 일반적인 문제에 대한 해결책은 다른 회사의 패키지에 구현돼 있다.

- 암호 강도 검사
- 로그인 시도 제한
- 제삼자에 대한 인증(예: OAuth)

▎ 장고 인증 시스템 사용

장고의 기본 설정에서 인증 시스템은 가장 일반적인 프로젝트 요구를 처리하고, 합리적으로 광범위한 작업을 처리하며, 암호와 권한을 신중하게 구현하도록 진화했다. 장고는 인증 요구가 기본값과 다른 프로젝트의 경우, 광범위한 인증 확장 및 사용자 정의를 지원한다.

▎ 사용자 객체

사용자 객체는 인증 시스템의 핵심이다. 일반적으로 웹 사이트와 상호작용하는 사람들을 대표하며 액세스 제한, 사용자 프로필 등록, 콘텐츠를 제작자와 연동하는 등의 작업을 수행하는 데 사용된다. 장고의 인증 프레임워크에는 단 하나의 사용자 클래스만 존재한다. 즉, 슈퍼 유저 또는 관리 스태프 사용자는 사용자 객체의 클래스가 아닌 특수 속성이 설정된 사용자 객체다. 기본 사용자의 주요 속성은 다음과 같다.

- username
- password
- email
- first_name
- last_name

슈퍼 유저 만들기

createsuperuser 명령을 사용해 슈퍼 유저를 만든다.

```
python manage.py createsuperuser --username=joe --email=joe@example.com
```

암호를 묻는 메시지를 보게 될 것이다. 암호를 입력하면 사용자는 즉시 생성된다. --username 또는 --email 옵션을 사용하지 않으면 해당 값을 묻는 메시지가 나타난다.

▌ 사용자 만들기

사용자를 생성하고 관리하는 가장 단순하고 오류가 적은 방법은 장고 관리자를 통하는 방법이다. 또한 장고는 사용자가 로그인 및 로그아웃하고 자신의 비밀번호를 변경할 수 있도록 하기 위해 내장된 뷰 및 양식을 제공한다. 11장의 뒷부분에 있는 admin 및 generic 사용자 양식을 통해 사용자 관리를 살펴보자. 하지만 먼저 사용자 인증을 직접 처리하는 방법을 살펴보자.

사용자를 생성하는 가장 직접적인 방법은 포함된 create_user() 도우미 함수를 사용하는 것이다.

```
>>> from Django.contrib.auth.models import User
>>> user = User.objects.create_user('john', 'lennon@thebeatles.com',
'johnpassword')

# 이 시점에서 user는 이미 데이터베이스에 저장된 User 객체다.
# 다른 필드를 변경하려면 속성을 계속 변경할 수 있다.
>>> user.last_name = 'Lennon'
>>> user.save()
```

▌ 암호 변경

장고는 원시(일반 텍스트) 패스워드를 사용자 모델에 저장하지 않고, 오직 해시만 저장한다. 이 때문에 사용자의 암호 속성을 직접 조작하지 않도록 한다. 이러한 이유 때문에

346

사용자를 만들 때 도우미 함수가 사용된다. 사용자의 암호를 변경하려면 여러분은 두 가지 옵션을 갖는다.

- manage.py changepassword username은 명령 행에서 사용자의 비밀번호를 변경하는 방법을 제공한다. 해당 사용자의 비밀번호를 변경하라는 메시지가 나타나는데, 여러분은 두 번 입력해야 한다. 둘 모두 일치하면 새 암호가 즉시 변경된다. 여러분이 사용자를 입력하지 않으면 해당 명령은 username이 현 시스템 사용자와 일치하는 사용자의 암호를 변경하려고 시도한다.
- set_password( )를 사용해 프로그래밍 방식으로 암호를 변경할 수도 있다.

```
>>> from Django.contrib.auth.models import User
>>> u = User.objects.get(username='john')
>>> u.set_password('new password')
>>> u.save( )
```

SessionAuthenticationMiddleware가 활성화된 경우, 사용자의 암호를 변경하면 모든 세션이 로그아웃된다.

▌ 허가 및 권한 부여

장고는 간단한 권한 시스템과 함께 제공된다. 또한 특정 사용자 및 사용자 그룹에 사용 권한을 할당하는 방법을 제공한다. 장고 관리자 웹 사이트에서 사용하지만 사용자 코드에서 직접 사용할 수도 있다. 장고 관리 웹 사이트는 권한을 다음과 같이 사용한다.

- add 폼을 뷰하고 객체를 추가하기 위한 접근은 해당 객체 유형에 대한 add 권한이 있는 사용자로 제한된다.
- 변경 리스트를 뷰하고, change 폼을 뷰하고 객체를 변경하기 위한 접근은 해당 객체 유형에 대한 변경 권한이 있는 사용자로 제한된다.

- 객체에 대한 접근은 해당 객체 유형에 대한 삭제 권한이 있는 사용자로 제한된다.

권한은 객체 유형뿐만 아니라 특정 객체 인스턴스별로 설정할 수도 있다. ModelAdmin 클래스에서 제공하는 has_change_permission(), has_change_permission() 및 has_delete_permission() 메서드를 사용하면 동일한 유형의 다른 객체 인스턴스에 대한 권한에 대해 사용자 정의를 실행할 수 있다. 사용자 객체는 2개의 many-to-many 필드인 groups와 user_permissions를 갖는다. 사용자 객체는 다른 장고 모델과 같은 방식으로 관련 객체에 접근할 수 있다.

기본 권한

Django.contrib.auth가 INSTALLED_APPS 설정에 있는 경우, 설치된 응용 프로그램 중 하나에 정의된 각 장고 모델에 대해 세 가지 기본 사용 권한(추가, 변경 및 삭제)이 생성되도록 한다. 이 권한은 manage.py migrate를 실행할 때마다 모든 새 모델에 대해 만들어진다.

그룹

Django.contrib.auth.models.Group 모델은 사용자를 분류하는 일반적인 방법으로 사용자에게 권한 또는 일부 다른 레이블을 적용할 수 있다. 사용자는 원하는 수의 그룹에 속할 수 있다. 그룹의 사용자는 해당 그룹에 부여된 권한이 자동으로 부여된다. 예를 들어, 그룹 웹 사이트 편집기에 can_edit_home_page 권한이 있으면 해당 그룹의 모든 사용자에게 해당 권한이 부여된다.

사용 권한 이외에 그룹은 사용자에게 레이블 또는 확장 기능을 제공하기 위해 사용자를 분류하는 편리한 방법이다. 예를 들어, 그룹 스페셜 사용자를 만들 수 있으며, 회원 전용 웹 사이트 부분인 멤버에 대한 액세스 권한을 부여하거나 회원 전용 전자 메일 메시지를 보낼 수 있는 코드를 작성할 수 있다.

프로그래밍 방식으로 사용 권한 만들기

모델의 메타 클래스 내에서 사용자 정의 권한을 정의할 수 있지만, 권한을 직접 작성할 수도 있다. 예를 들어, 책에서 BookReview 모델에 대한 can_publish 권한을 만들 수 있다.

```
from books.models import BookReview
from Django.contrib.auth.models import Group, Permission
from Django.contrib.contenttypes.models import ContentType

content_type = ContentType.objects.get_for_model(BookReview)
permission = Permission.objects.create(codename='can_publish',
                                       name='Can Publish Reviews',
                                       content_type=content_type)
```

권한은 user_permissions 속성을 통해 사용자에게 할당되거나 권한 속성을 통해 그룹에 할당될 수 있다.

권한 캐싱

ModelBackend는 권한 검사를 위해 처음으로 가져와야 하는 사용자 객체에 대한 사용 권한을 캐시한다. 사용 권한은 일반적으로 추가된 직후에 확인되지 않으므로(예: 관리자) 요청-응답 주기에는 일반적으로 적합하다. 예를 들어, 테스트나 뷰에서 권한을 추가하고 바로 확인하면 가장 쉬운 해결책은 데이터베이스에서 사용자를 다시 가져오는 것이다. 예제는 다음과 같다.

```
from Django.contrib.auth.models import Permission, User
from Django.shortcuts import get_object_or_404

def user_gains_perms(request, user_id):
    user = get_object_or_404(User, pk=user_id)
    # 모든 권한 검사는 현재 권한 집합을 캐시한다.
    user.has_perm('books.change_bar')

    permission = Permission.objects.get(codename='change_bar')
    user.user_permissions.add(permission)

    # 캐시된 권한 세트 확인
    user.has_perm('books.change_bar') # 거짓

    # 사용자의 새 인스턴스 요청
    user = get_object_or_404(User, pk=user_id)

    # 사용 권한 캐시가 데이터베이스에서 다시 채워진다.
    user.has_perm('books.change_bar') # 참

    # ...
```

▌ 웹 요청의 인증

장고는 세션과 미들웨어를 사용해 인증 시스템을 요청 객체에 연결한다. 이것은 현재 사용자를 표현하는 모든 요청에 대해 request.user 속성을 제공한다. 현재 사용자가 로그인하지 않은 경우, 이 속성은 AnonymousUser의 인스턴스로 설정되고, 그렇지 않은 경우 User의 인스턴스가 된다. 다음과 같이 withis_authenticated()를 구분할 수 있다.

```
if request.user.is_authenticated():
    # 인증된 사용자에게 뭔가를 한다.
```

```
else:
    # 익명 사용자를 위해 뭔가를 한다.
```

사용자 로그인 방법

뷰에서 사용자를 로그인하려면 login( )을 사용해야 한다. 이것은 HttpRequest 객체와
User 객체를 취한다. login( )은 장고의 세션 프레임워크를 사용해 세션에 사용자의 ID
를 저장한다. 익명 세션 중에 설정된 모든 데이터는 사용자 로그인 후 세션에 보관된다.
이 예는 authenticate( )와 login( )을 모두 사용하는 방법을 보여준다.

```
from Django.contrib.auth import authenticate, login

def my_view(request):
    username = request.POST['username']
    password = request.POST['password']
    user = authenticate(username=username, password=password)
    if user is not None:
        if user.is_active:
            login(request, user)
            # 성공 웹 페이지로 재이동한다.
        else:
            # '사용 중지된 계정' 오류 메시지를 반환한다.
    else:
        # '잘못된 로그인' 오류 메시지를 반환한다.
```

가장 먼저 authenticate( )를 호출해야 함

수동으로 사용자를 로그인할 때, login( )을 호출하기 전에 authenticate()를 호출해야 한다.
authenticate( )는 인증 백엔드가 해당 사용자를 성공적으로 인증했다는 것을 나타내는 속
성을 사용자에게 설정한다. 이 정보는 나중에 로그인 프로세스 중에 필요하다. 데이터베이스
에서 직접 검색한 사용자 개체를 로그인하려고 하면 오류가 발생한다.

사용자 로그아웃하는 방법

login( )을 통해 로그인한 사용자를 로그아웃하려면 view 내에서 logout( )을 사용해야한다. 이것은 HttpRequest 객체를 사용하며 반환 값이 없다. 예제는 다음과 같다.

```
from Django.contrib.auth import logout

def logout_view(request):
    logout(request)
    # 성공 웹 페이지로 리디렉션
```

사용사가 로그인하지 않았다면 logout( )은 오류를 발생시키지 않는다. logout( )을 호출하면 현재 요청에 대한 세션 데이터가 완전히 지워진다. 기존의 모든 데이터도 삭제된다. 이는 다른 사람이 동일한 웹 브라우저를 사용해 로그인해 이전 사용자의 세션 데이터에 액세스하지 못하도록 하기 위한 것이다.

로그아웃한 후 즉시 사용자가 사용할 수 있는 세션에 넣으려면 logout( )을 호출한 후 수행해야 한다.

로그인한 사용자에 대한 접근을 제한

원시적 방법

웹 페이지에 대한 액세스를 제한하는 간단한 원시적 방법은 request.user.is_authenticated( )를 확인하고 로그인 웹 페이지로 리디렉션하는 것이다.

```
from Django.shortcuts import redirect

def my_view(request):
    if not request.user.is_authenticated():
        return redirect('/login/?next=%s' % request.path)
    # ...
```

이외에 오류 메시지를 표시하는 방법도 있다.

```
from Django.shortcuts import render

def my_view(request):
    if not request.user.is_authenticated():
        return render(request, 'books/login_error.html')
    # ...
```

login_required 데커레이터

바로 가기로 편리한 login_required() 데커레이터를 사용할 수 있다.

```
from Django.contrib.auth.decorators import login_required

@login_required
def my_view(request):
...
```

login_required()는 다음을 수행한다.

- 사용자가 로그인하지 않은 경우, 쿼리 문자열에 현재 절대 경로를 전달해 LOGIN _URL로 리디렉션한다(예제: /accounts/login/?next=/reviews/3/).
- 사용자가 로그인한 경우, 뷰를 정상적으로 실행한다. 뷰 코드는 사용자가 로그인했다고 가정할 수 있다.

기본적으로 인증 성공 시 사용자가 리디렉션돼야 하는 경로는 next라는 쿼리 문자열 파라미터에 저장된다. 이 파라미터에 다른 이름을 사용하려는 경우, login_required()는 선택적 redirect_field_name 파라미터를 사용한다.

```
from Django.contrib.auth.decorators import login_required

@login_required(redirect_field_name='my_redirect_field')
def my_view(request):
    ...
```

redirect_field_name에 값을 제공하면 리디렉션 경로를 저장하는 템플릿 콘텍스트 변수가 다음(default)이 아닌 redirect_field_name 값을 키로 사용하므로 로그인 템플릿을 사용자 정의해야 할 가능성이 높다. login_required()는 선택적 login_url 파라미터를 취한다. 예제는 다음과 같다.

```
from Django.contrib.auth.decorators import login_required

@login_required(login_url='/accounts/login/')
def my_view(request):
    ...
```

login_url 파라미터를 지정하지 않으면 LOGIN_URL과 로그인 뷰가 올바르게 연결돼 있는지 확인해야 한다. 예를 들어, 기본값을 사용해 URLconf에 다음 행을 추가한다.

```
from Django.contrib.auth import views as auth_views

url(r'^accounts/login/$', auth_views.login),
```

LOGIN_URL은 뷰 함수 이름과 명명된 URL 패턴도 허용한다. 이렇게 하면 설정을 업데이트할 필요 없이 URLconf 내에서 로그인 뷰를 자유롭게 다시 매핑할 수 있다.

참조: login_required 데커레이터는 사용자의 is_active 플래그를 확인하지 않는다.

테스트를 통과한 로그인한 사용자에 대한 액세스 제한

특정 권한이나 다른 테스트를 기반으로 액세스를 제한하려면 이전 섹션에서 설명한 것과 동일한 작업을 수행해야 한다. 간단한 방법은 뷰에서 request.user에 대한 테스트를 직접 실행하는 것이다. 예를 들어, 이 뷰는 사용자가 원하는 도메인에 전자 메일을 갖고 있는지 확인한다.

```
def my_view(request):
    if not request.user.email.endswith('@example.com'):
        return HttpResponse("You can't leave a review for this book.")
    # ...
```

바로 가기로 편리한 user_passes_test 데커레이터를 사용할 수 있다.

```
from Django.contrib.auth.decorators import user_passes_test

def email_check(user):
    return user.email.endswith('@example.com')

@user_passes_test(email_check)
def my_view(request):
    ...
```

user_passes_test()는 필수 인수를 취한다. 사용자 객체를 사용하고 사용자가 웹 페이지를 볼 수 있으면 True를 반환하는 호출 가능 객체다. user_passes_test()는 사용자가 익명이 아닌지 자동으로 확인하지 않는다. user_passes_test()는 2개의 선택적 인수를 취한다.

- login_url. 테스트를 통과하지 못한 사용자가 리디렉션되는 URL을 지정할 수 있다. 로그인 웹 페이지일 수도 있고, 지정하지 않은 경우 LOGIN_URL이 기본값이 될 수도 있다.

- redirect_field_name. login_required( )와 동일하다. 이 값을 None으로 설정하면 테스트 웹 페이지를 통과하지 못한 사용자를 다음 웹 페이지가 없는 로그인하지 않는 웹 페이지로 리디렉션하는 경우 URL에서 제거된다.

예제는 다음과 같다.

```
@user_passes_test(email_check, login_url='/login/')
def my_view(request):
    ...
```

permission_required() 데커레이터

사용자에게 특정 권한이 있는지 여부를 확인하는 것은 비교적 일반적인 작업이다. 이런 이유로 장고는 해당 사례에 대한 바로 가기인 permission_required( ) 데커레이터를 제공한다.

```
from Django.contrib.auth.decorators import permission_required

@permission_required('reviews.can_vote')
def my_view(request):
    ...
```

has_perm( ) 메서드와 마찬가지로, 사용 권한 이름은 <app label>. <permission codename>(검토 응용 프로그램의 모델에 대한 사용 권한의 경우 reviews.can_vote이다) 형식을 취한다. 데커레이터는 권한 목록을 가져올 수도 있다. permission_required( )는 선택적 login_url 파라미터를 취한다.

예제는 다음과 같다.

```
from Django.contrib.auth.decorators import permission_required

@permission_required('reviews.can_vote', login_url='/loginpage/')
def my_view(request):
    ...
```

login_required() 데커레이터와 마찬가지로, login_url의 기본값은 LOGIN_URL이다. raise_exception 파라미터가 제공되면 데커레이터는 PermissionDenied를 발생시켜 로그인 웹 페이지로 리디렉션하지 않고 403(HTTP 금지됨) 뷰를 표시한다.

비밀번호 변경 시 세션 무효화

AUTH_USER_MODEL이 AbstractBaseUser에서 상속받거나 자체 get_session_auth_hash() 메서드를 구현하면 인증된 세션에 이 함수가 반환한 해시를 포함한다. Abstract BaseUser의 경우, 이것은 암호 필드의 해시 메시지 인증 코드(HMAC: Hash Message Authentication Code)다.

SessionAuthenticationMiddleware가 활성화되면 장고는 보낸 해시가 각 요청과 함께 서버 쪽에서 계산된 것과 일치한다. 이렇게 하면 사용자는 암호를 변경해 모든 세션에서 로그아웃할 수 있다.

Django, Django.contrib.auth.views.password_change() 및 Django.contrib.auth admin의 user_change_password 뷰에 포함된 기본 암호 변경 뷰는 새 암호 해시세션을 업데이트하므로 사용자가 자신의 암호를 변경하면 자신을 로그아웃한다. 사용자 정의 암호 변경 뷰가 있고 유사한 동작을 원할 경우에는 이 함수를 사용한다.

```
Django.contrib.auth.decorators.update_session_auth_hash(request, user)
```

이 함수는 현재 요청과 새 세션 해시가 파생될 업데이트된 사용자 객체를 취한다. 그리고 세션 해시를 적절하게 업데이트한다. 사용 예제는 다음과 같다.

```
from Django.contrib.auth import update_session_auth_hash

def password_change(request):
    if request.method == 'POST':
        form = PasswordChangeForm(user=request.user, data=request.POST)
        if form.is_valid():
            form.save()
            update_session_auth_hash(request, form.user)
    else:
        ...
```

get_session_auth_hash( )는 SECRET_KEY를 기반으로 하므로 새 보안을 사용하도록 웹 사이트를 업데이트하면 기존 세션이 모두 무효화된다.

▌ 인증 뷰

장고는 로그인, 로그아웃 및 비밀번호 관리를 처리하는 데 사용할 수 있는 몇 가지 보기를 제공한다. 이들은 내장된 인증 양식을 사용하지만 사용자 자신의 양식을 전달할 수도 있다. 장고는 인증 뷰에 대한 기본 템플릿을 제공하지 않지만, 다음 템플릿 콘텍스트에는 각 뷰가 설명돼 있다.

프로젝트에서 이러한 뷰를 구현하는 방법은 다양하지만 가장 쉽고 일반적인 방법은 여러분 자신의 URLconf에 Django.contrib.auth.urls의 제공된 URLconf를 포함시키는 것이다. 예제는 다음과 같다.

```
urlpatterns = [url('^', include('Django.contrib.auth.urls'))]
```

이 명령은 각 뷰가 기본 URL에서 사용할 수 있게 한다(다음 섹션에서 자세히 설명한다).

기본 제공 뷰는 모두 TemplateResponse 인스턴스를 반환하므로 렌더링 전에 응답 데이터를 쉽게 사용자 정의할 수 있다. 내장된 대부분의 인증 뷰는 상대적으로 쉽게 참조할 수 있도록 URL의 이름을 제공한다.

로그인

사용자로 로그인한다.

기본 URL: /login/

선택적 인수

- template_name: 사용자를 기록하는 데 사용되는 뷰에 표시할 템플릿 이름, registration /login.html에 대한 기본값이다.
- redirect_field_name: 로그인 후 리디렉션할 URL이 포함된 GET 필드의 이름이다. 기본값은 next이다.
- authentication_form: 인증에 사용할 호출 가능(일반적으로 양식 클래스) 기본값은 AuthenticationForm이다.
- current_app: 어떤 응용 프로그램이 현재 뷰를 포함하고 있는지를 나타내는 힌트hint다. 자세한 내용은 "네임스페이스 URL 해결 전략"을 참조하기 바란다.
- extra_context: 템플릿에 전달된 기본 콘텍스트 데이터에 추가되는 콘텍스트 데이터 딕셔너리다.

다음은 로그인의 역할이다.

- GET을 통해 호출되면 동일한 URL에 POST하는 로그인 양식을 표시한다.
- 이 내용에 대해서 좀 더 설명하면 사용자가 제출한 자격 증명으로 POST를 통해 호출된 경우, 사용자를 로그인하려고 시도한다. 로그인에 성공하면 뷰가 다음에

지정된 URL로 리디렉션된다. next가 제공되지 않으면 `LOGIN_REDIRECT_URL`(기본값은 `/accounts/profile/`)으로 리디렉션된다. 로그인에 실패하면 로그인 양식이 다시 나타난다.

기본적으로 `registration/login.html`이라는 로그인 템플릿에 HTML을 제공하는 것은 여러분의 책임이다.

템플릿 콘텍스트

- `form`: `AuthenticationForm`을 나타내는 `Form` 객체다.
- `next`: 로그인 성공 후 리디렉션할 URL이다. 여기에는 쿼리 문자열을 포함할 수 있다.
- `site`: `SITE_ID` 설정에 따른 현재 웹 사이트다. 웹 사이트 프레임워크를 설치하지 않은 경우, 현재 `HttpRequest`에서 웹 사이트 이름과 도메인을 가져오는 `RequestSite`의 인스턴스로 설정된다.
- `site_name`: `site.name`의 별명이다. 웹 사이트 프레임워크를 설치하지 않은 경우, 이 값은 `request.META ['SERVER_NAME']` 값으로 설정된다.

`template registration/login.html`을 호출하지 않으려면 `template_name` 파라미터를 URLconf의 뷰에 추가 인수를 통해 전달할 수 있다.

로그아웃

사용자 로그아웃

기본 URL: `/logout/`

선택적 인수

- `next_page`: 로그아웃 후 리디렉션할 URL이다.

- template_name: 사용자를 로그아웃한 후 표시할 템플릿의 전체 이름이다. 인수가 제공되지 않으면 기본값은 registration/logged_out.html이다.
- redirect_field_name: 로그아웃한 후 리디렉션할 URL이 포함된 GET 필드의 이름이다. 기본값은 next다. 주어진 GET 파라미터가 전달되면 next_page URL을 대체한다.
- current_app: 응용 프로그램이 현재 뷰를 포함하고 있다는 것을 나타내는 힌트다(좀 더 자세한 내용은 "네임스페이스 URL 해결 전략" 참조)
- extra_context: 템플릿에 전달된 기본 콘텍스트 데이터에 추가되는 콘텍스트 데이터 딕셔너리다.

템플릿 콘텍스트

- title: 로그아웃된 문자열이며, 로컬화돼 있다.
- site: SITE_ID 설정에 따라 현재 웹 사이트다. 웹 사이트 프레임워크를 설치하지 않은 경우, 현재 HttpRequest에서 웹 사이트 이름과 도메인을 가져오는 RequestSite의 인스턴스로 설정된나.
- site_name: site.name의 별명이다. 웹 사이트 프레임워크를 설치하지 않은 경우, 이 값은 request.META['SERVER_NAME'] 값으로 설정된다.
- current_app: 응용 프로그램이 현재 뷰를 포함하고 있다는 것을 나타내는 힌트다(좀 더 자세한 내용은 "네임스페이스 URL 해결 전략" 참조).
- extra_context: 템플릿에 전달된 기본 콘텍스트 데이터에 추가되는 콘텍스트 데이터 딕셔너리다.

Logout_then_login

사용자 로그아웃한 후, 로그인 웹 페이지로 리디렉션한다.

기본 URL: 제공되지 않음

선택적 인수

- login_url: 리디렉션할 로그인 웹 페이지의 URL이다. 제공되지 않을 경우, 기본값은 LOGIN_URL이다.
- current_app: 응용 프로그램이 현재 뷰를 포함하고 있다는 것을 나타내는 힌트다(좀 더 자세한 내용은 "네임스페이스 URL 해결 전략" 참조).
- extra_context: 템플릿에 전달된 기본 콘텍스트 데이터에 추가되는 콘텍스트 데이터의 딕셔너리다.

Password_change

사용자가 암호를 변경할 수 있도록 한다.

기본 URL: /password_change/

선택적 인수

- template_name: 암호 변경 양식을 표시하는 데 사용할 템플릿의 전체 이름이다. 제공되지 않을 경우, 기본값은 registration/password_change_form.html 이다.
- post_change_redirect: 암호를 변경한 후 리디렉션할 URL이다.
- password_change_form: 사용자 키워드 인수를 허용해야 하는 사용자 정의 변경 암호 양식이다. 양식은 실제로 사용자의 암호를 변경하는 책임이 있다. 기본값은 PasswordChangeForm이다.
- current_app: 응용 프로그램이 현재 뷰를 포함하고 있다는 것을 나타내는 힌트다(좀 더 자세한 내용은 "네임스페이스 URL 해결 전략" 참조)
- extra_context: 템플릿에 전달된 기본 콘텍스트 데이터에 추가되는 콘텍스트 데이터 딕셔너리다.

템플릿 콘텍스트

- form: 암호 변경 양식(위 목록의 password_change_form 참조)

Password_change_done

사용자가 비밀번호를 변경한 후 표시되는 웹 페이지다.

기본 URL: / password_change_done /

선택적 인수

- template_name: 사용할 템플릿의 전체 이름이다. 제공되지 않을 경우, 기본값은 registration/ password_change_done.html이다.
- current_app: 응용 프로그램이 현재 보기를 포함하고 있다는 것을 나타내는 힌트다(좀 더 자세한 내용은 "네임 스페이스 URL 해결 전략" 참조).
- extra_context: 템플릿에 전달된 기본 콘텍스트 데이터에 추가되는 콘텍스트 데이터 딕셔너리다.

Password_reset

사용자가 암호 재설정에 사용할 수 있는 일회용 링크를 생성해 암호를 재설정할 수 있도록 하며 다음으로 해당 링크를 사용자의 등록된 전자 메일 주소로 보낸다.

제공된 전자 메일 주소가 시스템에 없으면 이 뷰는 전자 메일을 보내지 않지만, 사용자는 오류 메시지도 수신하지 않는다. 이렇게 하면 잠재적인 공격자에게 정보가 유출되는 것을 방지할 수 있다. 이 경우 오류 메시지를 제공하려면 PasswordResetForm을 서브 클래스화하고 password_reset_form 인수를 사용할 수 있다.

사용할 수 없는 암호로 표시된 사용자는 LDAP와 같은 외부 인증 소스를 사용할 때 오용을 방지하기 위해 암호 재설정을 요청할 수 없다. 이는 계정의 존재를 노출시키지만, 메일은 전송되지 않으므로 오류 메시지가 수신되지 않는다는 것을 알아두자.

기본 URL: /password_reset/

선택적 인수

- template_name: 비밀번호 재설정 양식을 표시하는 데 사용할 템플릿의 전체 이름이다. 제공되지 않을 경우, 기본값은 registration / password_reset_form. html이다.

- email_template_name: 비밀번호 재설정 링크가 포함된 전자 메일을 생성하는 데 사용할 템플릿의 전체 이름이다. 제공되지 않을 경우, 기본값은 registration/password_reset_email.html이다.

- subject_template_name: 비밀번호 재설정 링크가 있는 전자 메일의 제목에 사용할 템플릿의 전체 이름이다. 제공되지 않을 경우, 기본값은 registration / password_reset_subject.txt이다.

- password_reset_form: 사용자의 전자 메일로 암호를 다시 설정하는 데 사용되는 양식이다. 기본값은 PasswordResetForm이다.

- token_generator: 일회성 링크를 검사할 클래스의 인스턴스다. 기본값은 default_token_generator이며, Django.contrib.auth.tokens.PasswordReset TokenGenerator의 인스턴스다.

- post_reset_redirect: 비밀번호 재설정 요청이 성공한 후 리디렉션할 URL이다.

- from_email: 유효한 전자 메일 주소다. 기본적으로 장고는 DEFAULT_FROM_EMAIL 을 사용한다.

- current_app: 응용 프로그램이 현재 뷰를 포함하고 있다는 것을 나타내는 힌트다(좀 더 자세한 내용은 "네임스페이스 URL 해결 전략" 참조).

- extra_context: 템플릿에 전달된 기본 콘텍스트 데이터에 추가되는 콘텍스트 데이터 딕셔너리다.

364

- html_email_template_name: 비밀번호 재설정 링크가 있는 text / html multipart 전자 메일을 생성하는 데 사용할 템플릿의 전체 이름이다. 기본적으로 HTML 전자 메일은 전송되지 않는다.

템플릿 콘텍스트

- form: 사용자 암호를 재설정하기 위한 폼(password_reset_form 참조)

전자 메일 템플릿 콘텍스트

- email: user.email의 별칭
- user: 전자 메일 양식 필드에 따라 현재 사용자다. 활성 사용자만 암호를 재설정할 수 있다(User.is_active는 True다).
- site_name: site.name의 별명이다. 웹 사이트 프레임워크를 설치하지 않은 경우, 이 값은 request.META ['SERVER_NAME'] 값으로 설정된다.
- domain: site.domain의 별칭이다. 웹 사이트 프레임워크가 설치돼 있지 않으면 request.get_host() 값으로 설정된다.
- protocol: http 또는 https
- uid: 기본 64로 인코딩된 사용자의 기본 키
- token: 재설정 링크가 유효한지 확인하는 토큰임.

샘플 registration/password_reset_email.html(전자 메일 본문 템플릿):

누군가 전자 메일 {{email}}에 대한 비밀번호 재설정을 요청했다. 다음 링크를 클릭한다.
{{ protocol}}://{{ domain }}{% url 'password_reset_confirm' uidb64=uid token=token %}

동일한 템플릿 콘텍스트가 주제 템플릿에 사용된다. 제목은 1개의 행 일반 텍스트 문자열이어야 한다.

Password_reset_done

사용자가 비밀번호를 재설정하기 위해 링크를 전자 메일로 보낸 후 표시되는 웹 페이지다. 이 뷰는 password_reset( ) 뷰에 명시적인 post_reset_redirect URL 세트가 없는 경우 기본적으로 호출된다.

기본 URL: /password_reset_done/

 제공된 전자 메일 주소가 시스템에 없거나, 사용자가 비활성이거나, 암호를 사용할 수 없는 경우 사용자는 이 뷰로 리디렉션되지만, 전자 메일은 보내지지 않는다.

선택적 인수

- template_name: 사용할 템플릿의 전체 이름. 제공되지 않을 경우, 기본값은 registration/password_reset_done.html이다.
- current_app: 응용 프로그램이 현재 뷰를 포함하고 있다는 것을 나타내는 힌트다(좀 더 자세한 내용은 "네임 스페이스 URL 해결 전략" 참조).
- extra_context: 템플릿에 전달된 기본 콘텍스트 데이터에 추가되는 콘텍스트 데이터 딕셔너리다.

▍Password_reset_confirm

새 암호를 입력하기 위한 양식을 제공한다.

기본 URL: /password_reset_confirm/

선택적 인수

- uidb64: 기본 64로 인코딩된 사용자의 ID다. 기본값은 None이다.
- token: 암호가 유효한지 확인하는 토큰이다. 기본값은 None이다.

- template_name: 확인 암호를 표시할 템플릿의 전체 이름이다. 기본값은 registration/password_reset_confirm.html이다.

- token_generator: 패스워드를 검사할 클래스의 인스턴스다. 기본값은 default _token_generator이며, Django.contrib.auth.tokens.PasswordReset TokenGenerator의 인스턴스다.

- set_password_form: 암호 설정에 사용되는 양식이다. 기본값은 SetPassword Form이다.

- post_reset_redirect: 비밀번호 재설정이 완료된 후 리디렉션할 URL이다. 기본값은 None이다.

- current_app: 응용 프로그램이 현재뷰를 포함하고 있다는 것을 나타내는 힌트다(좀 더 자세한 내용은 "네임 스페이스 URL 해결 전략" 참조).

- extra_context: 템플릿에 전달될 디폴트 콘텍스트 데이터에 추가될 콘텍스트 데이터의 딕셔너리다.

템플릿 콘텍스트

- form: 새 사용자의 암호 설정을 위한 양식(set_password_form 참조)

- validlink: 부울, 링크(uidb64와 토큰의 조합)가 유효하거나 아직 사용되지 않으면 True다.

Password_reset_complete

암호가 성공적으로 변경됐음을 사용자에게 알리는 뷰를 표시한다.

기본 URL: /password_reset_complete/

선택적 인수

- template_name: 뷰를 표시할 템플릿의 전체 이름이다. 기본값은 registration/ password_reset_complete.html이다.

- current_app: 응용 프로그램이 현재 뷰를 포함하고 있다는 것을 나타내는 힌 트다(좀 더 자세한 내용은 "네임 스페이스 URL 해결 전략" 참조).
- extra_context: 템플릿에 전달된 기본 콘텍스트 데이터에 추가된 콘텍스트 데 이터 딕셔너리다.

redirect_to_login 도우미 함수

장고는 사용자 정의 액세스 제어를 구현하기 위한 뷰에서 사용할 수 있는 redirect_to_ login이라는 편리한 기능을 제공한다. 로그인이 성공한 후에 로그인 웹 페이지로 리디렉 션한 후 또 다른 URL으로 되돌아간다.

필수 인수

- next: 로그인 성공 후 리디렉션할 URL이다.

선택적 인수

- login_url: 리디렉션할 로그인 웹 페이지의 URL이다. 제공되지 않을 경우, 기 본값은 LOGIN_URL이다.
- redirect_field_name: 로그아웃한 후 리디렉션할 URL이 포함된 GET 필드의 이 름이다. 주어진 GET 파라미터가 전달되면 다음을 대체한다.

내장 양식

내장 뷰를 사용하고 싶지 않지만, 이 기능을 위한 양식을 쓰지 않아도 되는 편리한다는 것을 원할 경우, 인증 시스템은 Django.contrib.auth.forms에 있는 여러 기본 제공 양 식을 제공한다([표 11-1]).

내장 인증 양식은 작업 중인 사용자 모델에 대해 특정 가정을 한다. 사용자 정의 사용자 모델을 사용하는 경우, 인증 시스템에 대한 자체 양식을 정의해야 할 수도 있다.

[표 11.1] 장고에 내장된 인증 양식

양식 이름	설명
AdminPasswordChangeForm	사용자 암호를 변경하기 위해 관리 인터페이스에서 사용되는 양식이다. 사용자를 첫 번째 위치 인수로 사용한다.
AuthenticationForm	사용자를 로깅하기 위한 양식이다. 첫 번째 위치 인수로 요청받는다. 이 위치 인수는 하위 클래스에서 사용할 수 있도록 양식 인스턴스에 저장된다.
PasswordChangeForm	사용자가 암호를 변경할 수 있게 해주는 양식이다.
PasswordResetForm	사용자 암호를 재설정하기 위해 일회용 링크를 생성하고 전자 메일로 보내기 위한 양식이다.
SetPasswordForm	사용자가 이전 암호를 입력하지 않고 암호를 변경할 수 있게 해주는 양식이다.
UserChangeForm	사용자 정보와 권한을 변경하기 위해 관리 인터페이스에서 사용되는 양식이다.
UserCreationForm	새 사용자를 만들기 위한 양식이다.

▌ 템플릿의 데이터 인증

현재 로그인한 사용자와 권한은 RequestContext를 사용할 때 템플릿 콘텍스트에서 사용할 수 있다.

사용자

RequestContext 템플릿을 렌더링할 때, 현재 로그인한 사용자, User 인스턴스 또는 AnonymousUser 인스턴스는 템플릿 변수에 저장된다.

{{ user }}:

```
{% if user.is_authenticated %}
```

```
        <p>Welcome, {{ user.username }}. Thanks for logging in.</p>
    {% else %}
        <p>Welcome, new user. Please log in.</p>
    {% endif %}
```

이 템플릿 콘텍스트 변수는 RequestContext가 사용되지 않는 경우, 사용할 수 없다.

권한

현재 로그인한 사용자의 권한은 템플릿 변수 {{perms}}에 저장된다. 이것은 Django.
contrib.auth.context_processors.PermWrapper의 인스턴스로, 권한에 대한 템플릿과
친숙한 허용 프록시다. {{perms}} 객체에서 단일 속성 조회는 User.has_module_perms
에 대한 Tr 프록시다. 이 예는 로그인한 사용자가 foo 앱에 권한을 갖고 있는 경우 True
를 표시한다.

```
{{perms.foo}}
```

2 레벨 속성 조회는 User.has_perm에 대한 Tr 프록시다. 이 예제는 로그인한 사용자가
foo.can_vote 권한을 가진 경우 True를 표시한다.

```
{{ perms.foo.can_vote }}
```

따라서 템플릿 {% if %}문에서 권한을 확인할 수 있다.

```
{% if perms.foo %}
    <p>You have permission to do something in the foo app.</p>
    {% if perms.foo.can_vote %}
        <p>You can vote!</p>
    {% endif %}
```

```
    {% if perms.foo.can_drive %}
        <p>You can drive!</p>
    {% endif %}
{% else %}
    <p>You don't have permission to do anything in the foo app.</p>
{% endif %}
```

{% if in %} 문장을 사용해 권한을 볼 수도 있다. 예제는 다음과 같다.

```
{% if 'foo' in perms %}
    {% if 'foo.can_vote' in perms %}
        <p>In lookup works, too.</p>
    {% endif %}
{% endif %}
```

■ admin에서 사용자 관리

Django.contrib.admin과 Django.contrib.auth가 모두 설치돼 있으면 관리자는 사용자, 그룹 및 권한을 뷰하고 관리하기 위한 편리한 방법을 제공한다. 장고 모델처럼 사용자를 생성하고 삭제할 수 있다. 그룹을 만들 수 있으며, 사용 권한을 사용자 또는 그룹에 할당할 수 있다. Admin 내에 만들어진 모델에 대한 사용자 편집 로그도 저장되고 나타난다.

사용자 만들기

기본 관리 색인 웹 페이지의 인증 섹션에 사용자 링크가 있어야 한다. 여러분이 이 링크를 클릭하면 사용자 관리 화면이 나타난다([그림 11.1]).

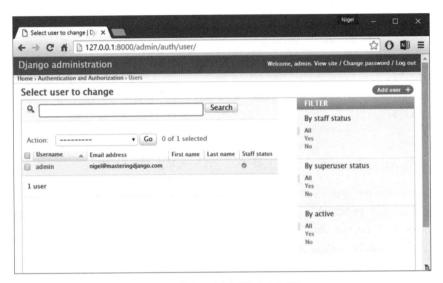

[그림 11.1] 장고 관리자 사용자 관리 화면

Add user admin page는 다른 사용자 필드([그림 11.2])를 편집하기 전에 사용자 이름과 암호를 선택해야 한다는 점에서 표준 관리자 웹 페이지와 다르다.

사용자 계정이 장고 관리 웹 사이트를 사용해 사용자를 만들 수 있게 하려면 사용자 추가 및 사용자 변경 권한을 부여해야 한다(즉, Add user 및 Change user permissions). 계정에 사용자를 추가하고 변경할 수 있는 권한이 없으면 해당 계정은 사용자를 추가할 수 없다.

그 이유는 뭘까? 사용자를 추가할 수 있는 권한이 있으면 슈퍼 유저를 만들 수 있으므로 다른 사용자도 바꿀 수 있다. 따라서 장고는 약간의 보안 조치로서 권한 추가 및 변경이 필요하다.

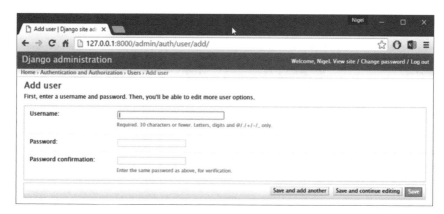

[그림 11.2] Django admin 사용자 추가 화면

암호 변경

사용자 암호는 admin에 나타나지 않으며 데이터베이스에도 저장되지 않지만, 암호 저장 세부사항이 나타난다. 이 정보의 표시에는 관리자가 사용자 암호를 변경할 수 있는 암호 변경 양식에 대한 링크가 포함된다([그림 11.3]).

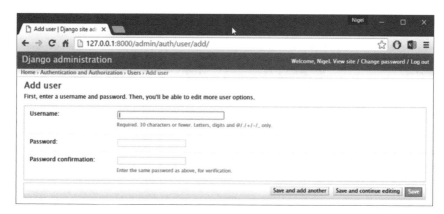

[그림 11.3] 암호 변경 링크(원으로 표시)

링크를 클릭하면 암호 변경 양식으로 이동한다([그림 11.4]).

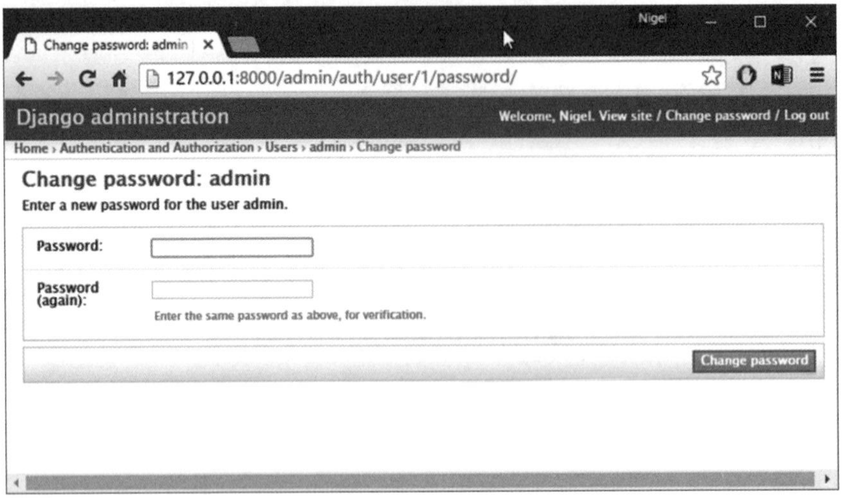

[그림 11.4] Django admin 암호 변경 양식

▌ 장고의 암호 관리

암호 관리는 일반적으로 불필요하게 재발생하지 않아야 하는 것이므로 장고는 사용자 암호를 관리하기 위한 안전하고 유연한 도구 세트를 제공하기 위해 노력한다. 이 문서는 장고가 암호를 저장하는 방법, 저장소 해싱을 구성하는 방법 및 해시된 암호로 작업할 수 있는 유틸리티를 설명한다.

장고 암호 저장 방법

장고는 유연한 암호 저장 시스템을 제공하며, 기본적으로 PBKDF2(좀 더 자세한 내용은 http://en.wikipedia.org/wiki/PBKDF2 참조)를 사용한다. User 객체의 password 속성은 다음 형식의 문자열이다.

```
<algorithm> $ <iterations> $ <salt> $ <hash>
```

이것은 달러 기호 문자로 구분된 사용자 암호를 저장하는 데 사용되는 구성 요소로, 해싱 알고리즘, 알고리즘 반복 횟수(작업 요소), 랜덤 솔트^{random salt*} 및 결과 암호 해시^{resulting password hash}로 구성돼 있다.

이 알고리즘은 장고가 사용할 수 있는 많은 단방향 해싱 또는 암호 저장 알고리즘 중 하나다(다음 코드 참조). 반복은 알고리즘이 해시를 통해 실행되는 횟수를 나타낸다. 솔트는 사용된 임의의 시드이며, 해시는 단방향 함수의 결과다. 기본적으로 장고는 NIST에서 권장하는 암호 확장 메커니즘인 SHA256 해시와 함께 PBKDF2 알고리즘을 사용한다(좀 더 자세한 내용은 http://csrc.nist.gov/publications/nistpubs/800-132/nist-sp800-132.pdf 참조). 이는 대부분의 사용자가 만족해야 한다. 즉, 매우 안전하며 암호를 뚫으려면 대량의 계산 시간이 필요하다. 그러나 요구사항에 따라 다른 알고리즘을 선택하거나 특정 보안 상황에 맞는 사용자 지정 알고리즘을 사용할 수도 있다. 다시 한 번 말하지만 대부분의 사용자는 이 작업을 수행하지 않아도 된다. 확실하지 않은 경우에는 수행하지 않아도 된다.

장고는 PASSWORD_HASHERS 설정을 참조해 사용할 알고리즘을 선택한다. 이 장고 설치가 지원하는 해시 알고리즘 클래스 목록이다. 이 목록의 첫 번째 항목(즉, settings.PASSWORD_HASHER[0])은 암호를 저장하는 데 사용되며 다른 모든 항목은 기존 암호를 확인하는 데 사용할 수 있는 유효한 해시다.

즉, 다른 알고리즘을 사용하려면 PASSWORD_HASHERS를 수정해 목록에서 선호하는 알고리즘을 먼저 나열해야 한다. PASSWORD_HASHERS에 대한 기본 설정은 다음과 같다.

```
PASSWORD_HASHERS = [
'Django.contrib.auth.hashers.PBKDF2PasswordHasher',
'Django.contrib.auth.hashers.PBKDF2SHA1PasswordHasher',
```

---

* 가변적이지 못한 고정된 해시 값의 단점을 완화하기 위해 해시 값에 추가해 해시 값을 가변적으로 만들어주는 역할을 하는 것을 말한다. -옮긴이

```
'Django.contrib.auth.hashers.BCryptSHA256PasswordHasher',
'Django.contrib.auth.hashers.BCryptPasswordHasher',
'Django.contrib.auth.hashers.SHA1PasswordHasher',
'Django.contrib.auth.hashers.MD5PasswordHasher',
'Django.contrib.auth.hashers.CryptPasswordHasher',
]
```

이것은 장고가 PBKDF2를 사용해 모든 암호를 저장하지만 PBKDF2SHA1, Bcrypt, SHA1 등과 같이 저장된 암호를 검사하는 것을 지원한다는 것을 의미한다. 다음 몇 섹션에서는 고급 사용자가 설정을 변경하기 위한 일반적인 두 가지 방법을 설명한다.

장고와 함께 Bcrypt 사용하기

Bcrypt(좀 더 자세한 내용은 http://en.wikipedia.org/wiki/Bcrypt 참조)는 장기간 암호 저장을 위해 특별히 고안된 인기 있는 암호 저장 알고리즘이다. Bcrypt는 다른 회사의 라이브러리를 사용해야 하기 때문에 장고에서 기본으로 사용되지 않는다. 하지만 많은 사람들이 이를 사용하기를 원하기 때문에 장고는 최소한의 노력으로 Bcrypt를 지원한다.

Bcrypt를 기본 저장 알고리즘으로 사용하려면 다음을 수행해야 한다.

1. bcrypt 라이브러리를 설치한다. 이것은 pip install Django [bcrypt]를 실행하거나 python setup.py install을 사용해 라이브러리를 다운로드하고 설치해 수행할 수 있다.

2. BCryptSHA256PasswordHasher를 먼저 나열하도록 PASSWORD_HASHERS를 수정한다. 즉, 설정 파일에 다음을 넣는다.

```
PASSWORD_HASHERS = [
        'Django.contrib.auth.hashers.BCryptSHA256PasswordHasher',
        'Django.contrib.auth.hashers.BCryptPasswordHasher',
        'Django.contrib.auth.hashers.PBKDF2PasswordHasher',
        'Django.contrib.auth.hashers.PBKDF2SHA1PasswordHasher',
```

```
        'Django.contrib.auth.hashers.SHA1PasswordHasher',
        'Django.contrib.auth.hashers.MD5PasswordHasher',
        'Django.contrib.auth.hashers.CryptPasswordHasher',
    ]
```

(이 목록에 다른 항목을 보관해야 한다. 그렇지 않으면 장고에서 암호를 업그레이드할 수 없다. 다음 절 참조).

이제 장고 설치 시 기본 저장 알고리즘으로 Bcrypt를 사용한다.

BCryptPasswordHasher를 사용한 암호 정리

Bcrypt의 설계자는 72자로 모든 암호를 자른다. 즉, bcrypt (password_with_100_chars) == bcrypt (password_with_100_chars [: 72])를 의미한다. 원래의 BCrypt PasswordHasher는 특별한 처리를 갖지 않으므로 숨겨진 암호 길이 제한의 영향을 받는다. BCryptSHA256PasswordHasher는 먼저 sha256을 사용해 암호를 해싱해 이 문제를 해결한다. 이 방법은 암호 자르기를 방지하므로 BCryptPasswordHasher보다 선호돼야 한다.

평균 사용자의 암호 길이가 72자를 초과하지 않고, 심지어 72에서 잘리는 경우, 유용한 절사 효과가 거의 없다. 유용한 시간 내에 Bcrypt를 강제 실행하는 데 필요한 컴퓨팅 기능은 여전히 천문학적인 수준으로 어마어마한 양이다. 그럼에도 불구하고, BCryptSHA256PasswordHasher를 사용하는 것이 좋다. 원칙적으로 안전한 것이 좋기 때문이다.

기타 Bcrypt 구현

Bcrypt를 장고와 함께 사용할 수 있게 해주는 몇 가지 다른 구현이 있다. 장고의 Bcrypt 지원은 이들과 직접적으로 호환되지 않는다. 업그레이드하려면 데이터베이스의 해시를 bcrypt $ (raw bcrypt output) 형식으로 수정해야 한다.

작업 요소 증가

PBKDF2 및 Bcrypt 알고리즘은 많은 수의 반복 또는 해싱 라운드를 사용한다. 이것은 의도적으로 해커를 느리게 해, 해시된 암호에 대한 공격을 어렵게 만든다. 하지만 컴퓨팅 성능이 향상됨에 따라 반복 횟수가 증가해야 한다.

장고 개발 팀은 합당한 기본값을 선택했다(장고가 출시될 때마다 증가시킬 것이다). 그러나 보안 요구와 사용할 수 있는 처리 능력에 따라 조정할 수 있다. 이렇게 하려면 적합한 알고리즘을 서브 클래스화하고 반복 파라미터를 무시해야 한다.

예를 들어, 기본 PBKDF2 알고리즘에서 사용하는 반복 횟수를 늘리려면 다음과 같이 수행해야 한다.

1. Django.contrib.auth.hashers.PBKDF2PasswordHasher의 하위 클래스를 만든다.

```
from Django.contrib.auth.hashers
        import PBKDF2PasswordHasher

class MyPBKDF2PasswordHasher(PBKDF2PasswordHasher):
    iterations = PBKDF2PasswordHasher.iterations * 100
```

2. 프로젝트의 어딘가에 이것을 저장한다. 예를 들어, myproject/hashers.py와 같은 파일에 넣을 수 있다.

3. PASSWORD_HASHERS의 첫 번째 항목으로 새 해시를 추가한다.

```
PASSWORD_HASHERS = [
    'myproject.hashers.MyPBKDF2PasswordHasher',
    'Django.contrib.auth.hashers.PBKDF2PasswordHasher',
    # ... #
    ]
```

장고는 PBKDF2를 사용해 암호를 저장할 때 더 많은 반복을 사용한다.

암호 업그레이드

사용자가 로그인할 때, 암호가 선호 알고리즘 이외의 것으로 저장돼 있으면 장고는 자동으로 알고리즘을 선호 알고리즘으로 업그레이드한다. 즉, 사용자가 로그인할 때 장고의 이전 설치가 자동으로 더욱 안전해질 뿐만 아니라 새로 생성된 저장소 알고리즘으로 전환할 수 있다는 것을 의미한다.

그러나 장고는 PASSWORD_HASHERS에 언급된 알고리즘을 사용하는 암호만 업그레이드할 수 있으므로 새로운 시스템으로 업그레이드할 때 절대로 이 목록에서 해당 항목을 제거하지 않도록 해야 한다. 그렇게 하지 않으면 언급되지 않은 알고리즘을 사용하는 사용자는 업그레이드할 수 없다. PBKDF2 반복 횟수를 변경하면 암호가 업그레이드된다.

사용자의 암호를 수동으로 관리하기

Django.contrib.auth.hashers 모듈은 해시된 암호를 생성하고 유효성을 검사하는 일련의 함수를 제공한다. 여러분은 이 함수를 사용자 모델과 독립적으로 사용할 수 있다.

일반 텍스트 암호와 데이터베이스의 해시된 암호를 비교해 수동으로 사용자를 인증하려면 check_password() 함수를 사용해야 한다. 이 함수는 2개의 인수를 갖는다. 즉, 검사할 일반 텍스트 암호와 확인할 데이터베이스의 사용자 암호 필드의 전체 값이며, 일치하는 경우 True를 반환하고, 일치하지 않는 경우 False를 반환한다.

make_password()는 이 응용 프로그램에서 사용하는 형식으로 해시된 암호를 만든다. 이 함수는 하나의 필수 인수인 일반 텍스트 암호가 필요하다.

선택적으로 기본값(PASSWORD_HASHERS 설정의 첫 번째 항목)을 사용하지 않으려는 경우, 사용할 솔트와 해시 알고리즘을 제공할 수 있다. 현재 지원되는 알고리즘은 'pbkdf2_sha256', 'pbkdf2_sha1', 'bcrypt_sha256', 'bcrypt', 'sha1', 'md5', 'unsalted_md5'(이전 버전과의 호환성만 가능) 및 'crypt'(crypt라이브러리를 설치한 경우)가 있다.

password 인수가 None이면 사용할 수 없는 암호가 반환된다(check_password( )에 의해 결코 허용되지 않는다).

is_password_usable( )은 지정된 문자열이 check_password( )에 대해 검증될 수 있는 해시된 암호인지 확인한다.

■ 장고에서 인증 사용자 정의하기

장고와 함께 제공되는 인증은 대부분의 일반적인 경우에 충분하지만 기본 설정으로 충족되지 않아도 된다. 프로젝트 요구사항에 대한 인증을 사용자 정의하려면 제공된 시스템의 어떤 지점을 확장 또는 교체할 수 있는지 파악해야 한다.

인증 백엔드는 User 모델과 함께 저장된 사용자 이름과 비밀번호가 장고의 기본값과 다른 서비스에 대해 인증될 필요가 있을 때 확장 가능한 시스템을 제공한다. 장고의 인증 시스템을 통해 확인할 수 있는 사용자 정의 권한을 모델에 부여할 수 있다. 여러분은 기본 사용자 모델을 확장하거나 완전히 사용자 지정된 모델을 대체할 수 있다.

기타 인증 소스

다른 인증 소스(즉, 사용자 이름과 비밀번호 또는 인증 메서드의 또 다른 소스)에 연결해야 할 필요가 있을 수 있다.

예를 들어, 회사에는 이미 모든 직원에 대한 사용자 이름과 암호를 저장하는 LDAP 설정이 있을 수 있다. 사용자가 LDAP와 장고 기반 응용 프로그램에서 별도의 계정을 갖고 있다면 네트워크 관리자와 사용자 모두에게 번거로운 작업이 될 수 있다.

따라서 이런 상황을 처리하기 위해 장고 인증 시스템을 사용하면 다른 인증 소스를 연결할 수 있다. 장고의 기본 데이터베이스 기반 구성표를 무시하거나 다른 시스템과 함께 기본 시스템을 사용할 수 있다.

인증 백엔드 지정

배후에서 장고는 인증을 확인하는 인증 백엔드 목록을 관리한다. 누군가가 authenticate()를 호출하면 이전 장에서 사용자를 로깅하는 것과 관련해 장고에서는 모든 인증 백엔드에서 인증을 시도한다. 첫 번째 인증 방법이 실패하면 장고는 모든 백엔드가 시도될 때까지 두 번째 인증 방법을 시도한다.

사용할 인증 백엔드 목록은 AUTHENTICATION_BACKENDS 설정에 지정된다. 이것은 인증 방법을 알고 있는 파이썬 클래스를 가리키는 파이썬 경로 이름 목록이어야 한다. 이 클래스는 파이썬 경로의 어느 곳에나 있을 수 있다. 기본적으로 AUTHENTICATION_BACKENDS는 다음과 같이 설정된다.

```
['Django.contrib.auth.backends.ModelBackend']
```

이것이 장고 사용자 데이터베이스를 검사하고 내장된 권한을 쿼리하는 기본 인증 백엔드다. 이것은 속도 제한 메커니즘을 통한 무차별 공격에 대한 보호 기능을 제공하지 않는다. 사용자 정의 승인 백엔드에서 자체 속도 제한 메커니즘을 구현하거나 대부분의 웹서버에서 제공하는 메커니즘을 사용할 수 있다. AUTHENTICATION_BACKENDS의 순서는 중요하다. 따라서 여러 개의 백엔드에서 동일한 사용자 이름과 비밀번호가 유효한 경우, 장고는 첫 번째 일치에서 처리를 중단한다. 백엔드에서 PermissionDenied 예외가 발생하면 인증이 즉시 실패한다. 장고는 뒤따르는 백엔드를 확인하지 않는다.

일단 사용자가 인증을 하면 장고는 사용자 세션에서 사용자를 인증하는 데 사용된 백엔드를 저장하고 현재 인증된 사용자에 대한 액세스가 필요할 때마다 해당 세션의 지속 기간 동안 동일한 백엔드를 다시 사용한다. 이는 인증 소스가 세션별로 캐시된다는 것을 의미하므로 AUTHENTICATION_BACKENDS를 변경하면 사용자가 다른 방법을 사용해 다시 인증하도록 해야 하는 경우, 세션 데이터를 지워야 한다. 이를 수행하기 위한 간단한 방법은 단순히 Session.objects.all().delete()를 실행하는 것이다.

인증 백엔드 작성

인증 백엔드는 두 가지 필수 메서드를 구현하는 클래스다. get_user(user_id) 및 authenticate(** credentials)뿐만 아니라 선택적 권한 관련 권한 부여 메서드 세트를 제공한다. get_user 메서드는 user_id를 취하며, 이것은 사용자 이름[username], 데이터베이스 ID[database ID] 등이 될 수 있지만, User 객체의 기본 키여야 한다. 그리고 User 객체를 반환한다. authenticate 메서드는 자격 증명[credentials]을 키워드 인수로 사용한다. 대부분의 경우, 다음과 같이 보일 것이다.

```
class MyBackend(object):
    def authenticate(self, username=None, password=None):
        # 사용자 이름 / 암호를 확인하고 사용자를 반환한다.
        ...
```

하지만 다음과 같이 토큰을 인증할 수 있다.

```
class MyBackend(object):
    def authenticate(self, token=None):
        # 토큰을 확인하고 사용자를 반환한다.
        ...
```

어느 쪽이든, 인증[authenticate]은 이것이 가져오는 자격 증명을 확인해야 하며, 자격 증명이 유효한 경우 해당 자격 증명과 일치하는 사용자 객체를 반환해야 한다. 유효하지 않으면

None을 반환해야 한다. 장고 관리자 시스템은 이 장의 시작 부분에서 설명한 장고 사용자 객체^{Django User object}와 밀접하게 연결돼 있다.

당장은 이를 처리하는 최선의 방법은 백엔드에 존재하는 각 사용자(예: LDAP 디렉터리, 외부 SQL 데이터베이스 등)에 장고 사용자 객체를 만드는 것이다. 여러분은 이를 미리 수행하는 스크립트를 작성하거나 사용자가 처음 로그인할 때 인증 메서드가 이 작업을 수행하게 할 수 있다.

다음은 settings.py 파일에 정의된 사용자 이름 및 암호 변수에 대해 인증하고 사용자가 처음 인증할 때 장고 사용자 객체를 만드는 예제 백엔드다.

```python
from Django.conf import settings
from Django.contrib.auth.models import User, check_password

class SettingsBackend(object):
    """
    Authenticate against the settings ADMIN_LOGIN and ADMIN_PASSWORD.

    Use the login name, and a hash of the password. For example:

    ADMIN_LOGIN = 'admin'

    ADMIN_PASSWORD = 'sha1$4e987$afbcf42e21bd417fb71db8c66b321e9fc33051de'
    """

    def authenticate(self, username=None, password=None):
        login_valid = (settings.ADMIN_LOGIN == username)
        pwd_valid = check_password(password, settings.ADMIN_PASSWORD)
        if login_valid and pwd_valid:
            try:
                user = User.objects.get(username=username)
            except User.DoesNotExist:
                # 새 사용자를 만든다.
                # 암호를 검사할 수 없기 때문에 아무것이나 암호로 설정할 수 있다.
```

```
                    # settings.py에서 암호는 다음과 같을 것이다.
                    user = User(username=username, password='password')
                    user.is_staff = True
                    user.is_superuser = True
                    user.save()
            return user
        return None


    def get_user(self, user_id):
        try:
            return User.objects.get(pk=user_id)
        except User.DoesNotExist:
            return None
```

사용자 정의 백엔드에서 권한 부여 처리

사용자 정의 인증 백엔드는 자체 권한을 제공할 수 있다. 사용자 모델은 권한 조회 함수 (get_group_permissions( ), get_all_permissions( ), has_perm( ) 및 has_module_perms( ))를 이러한 함수를 구현하는 모든 인증 백엔드에 위임한다. 사용자에게 주어진 권한은 모든 백엔드가 반환하는 모든 권한의 슈퍼 집합이 될 것이다. 즉, 장고는 하나의 백엔드가 부여하는 권한을 사용자에게 부여한다.

백엔드가 has_perm( ) 또는 has_module_perms( )에서 PermissionDenied 예외를 발생시키면 승인이 즉시 실패하고 장고는 뒤따르는 백엔드를 확인하지 않는다. 앞서 언급한 단순한 백엔드는 관리자를 위한 권한을 상당히 간단하게 구현할 수 있다.

```
class SettingsBackend(object):
    ...
    def has_perm(self, user_obj, perm, obj=None):
        if user_obj.username == settings.ADMIN_LOGIN:
            return True
```

```
        else:
            return False
```

앞의 예제에서 액세스 권한이 부여된 사용자에게 전체 권한을 부여한다. 관련 User 함수에 주어진 동일한 인수 이외에 백엔드 권한 부여 함수는 모두 익명 사용자일 수 있는 사용자 객체를 인수로 사용한다.

Django/contrib/auth/backends.py의 ModelBackend 클래스에서 전체 인증 구현을 찾을 수 있다. 이는 기본 백엔드이며, 대부분의 경우 auth_permission 테이블을 쿼리한다. 백엔드 API의 일부만 사용자 정의 동작을 제공하려는 경우, 사용자 정의 백엔드에서 전체 API를 구현하는 대신 파이썬 상속과 하위 클래스 ModelBackend를 활용할 수 있다.

익명 사용자에 대한 권한 부여

익명 사용자는 유효한 인증 세부 정보를 제공하지 않았으므로 인증되지 않은 사용자다. 그러나 그렇다고 해서 아무것도 할 수 있는 권한이 없다는 의미는 아니다. 가장 기본적인 수준에서 대부분의 웹 사이트는 익명 사용자가 대부분의 웹 사이트를 탐색할 수 있도록 권한을 부여하며, 많은 사용자가 익명의 댓글을 게시할 수 있도록 허용한다.

장고의 권한 프레임워크에는 익명의 사용자에 대한 권한을 저장할 위치가 없다. 그러나 인증 백엔드에 전달된 사용자 객체는 Django.contrib.auth.models.AnonymousUser 객체일 수 있으며 백엔드가 익명 사용자에 대한 사용자 정의 승인 동작을 지정할 수 있다.

이는 재사용할 수 있는 앱 제작자에게 특히 유용하다. 해당 사용자는 설정을 필요로 하지 않고 모든 인증 질문을 인증 백엔드에 위임할 수 있다(예: 익명 액세스 제어).

비활성 사용자에 대한 권한 부여

비활성 사용자는 인증됐지만, 특성 is_active가 False로 설정된 사용자다. 그러나 이것이 아무것도 할 수 있는 권한이 없다는 것을 의미하지는 않는다. 예를 들어, 계정을 활성화할 수 있다.

권한 시스템에서 익명 사용자를 지원하면 인증되지 않은 사용자가 하지 않는 뭔가를 수행할 수 있는 권한을 익면의 사용자에게 부여할 수 있다. 자신의 백엔드 권한 메서드에서 사용자의 is_active 속성을 테스트하는 것을 잊지 않도록 하자.

객체 사용 권한 처리

핵심에는 구현이 없지만, 장고의 권한 프레임워크는 객체 권한에 대한 토대를 갖고 있다. 즉, 개체 사용 권한을 검사하면 False 또는 빈 목록(수행된 검사에 따라 다름)을 반환한다. 인증 백엔드는 각 오브젝트 관련 권한 부여 메서드에 대해 키워드 파라미터 obj 및 user_obj를 수신하고 오브젝트 수준 권한을 적절하게 리턴할 수 있다.

■ 사용자 지정 권한

주어진 모델 객체에 대한 사용자 지정 권한을 만들려면 사용 권한 모델 메타 속성을 사용해야 한다. 이 예제 작업 모델은 세 가지 사용자 지정 권한, 즉 사용자가 응용 프로그램과 관련된 작업 인스턴스로 수행할 수 있거나 수행할 수 없는 작업을 만든다.

```
class Task(models.Model):
    ...
    class Meta:
        permissions = (
            ("view_task", "Can see available tasks"),
            ("change_task_status", "Can change the status of tasks"),
            ("close_task", "Can remove a task by setting its status as
                closed"),
        )
```

이 작업은 `manage.py migrate`를 실행할 때 추가 사용 권한을 만드는 유일한 방법이다. 여러분의 코드는 사용자가 응용 프로그램에서 제공하는 기능에 액세스(작업 상태 보기, 작업 상태 변경, 작업 닫기)하려고 할 때 이러한 권한값을 확인하는 역할을 담당한다. 앞의 예를 계속하면 다음은 사용자가 작업을 볼 수 있는지 여부를 확인하는 것이다.

```
user.has_perm('app.view_task')
```

▌기존 사용자 모델 확장

사용자가 모델을 대체하지 않고 기본 사용자user 모델을 확장하는 데는 두 가지 방법이 있다. 필요한 변경 사항이 순전히 비헤이비럴behavioral이며, 데이터베이스에 저장된 내용을 변경할 필요가 없는 경우에 사용자를 기반으로 하는 프록시proxy 모델을 만들 수 있다. 따라서 기본 주문, 사용자 지정 관리자 또는 사용자 지정 모델 메서드를 비롯한 프록시 모델에서 제공하는 기능을 사용할 수 있다.

사용자와 관련된 정보를 저장하려면 추가 정보 필드를 포함하는 모델에 일대일 관계를 사용할 수 있다. 이 일대일 모델은 종종 웹 사이트 사용자에 대한 비인증 관련 정보를 저장할 수 있으므로 프로필profile 모델이라고도 한다. 예를 들어, Employee 모델을 만들 수 있다.

```
from Django.contrib.auth.models import User

class Employee(models.Model):
    user = models.OneToOneField(User)
    department = models.CharField(max_length=100)
```

기존 Employee Fred Smith가 User와 Employee 모델을 모두 갖고 있다고 가정하면 장고의 표준 관련 모델 규칙을 사용해 관련 정보에 액세스할 수 있다.

```
>>> u = User.objects.get(username='fsmith')
>>> freds_department = u.employee.department
```

프로필 모델의 필드를 관리자의 사용자 웹 페이지에 추가하려면 InlineModelAdmin(이 예에서는 StackedInline을 사용한다)을 여러분 앱의 admin.py에서 정의하고, 이를 User 클래스에 등록된 UserAdmin 클래스에 추가해야 한다.

```python
from Django.contrib import admin
from Django.contrib.auth.admin import UserAdmin
from Django.contrib.auth.models import User

from my_user_profile_app.models import Employee

# 싱글 톤처럼 동작하는 Employee 모델에 대한 인라인 admin 설명자를 정의한다.
class EmployeeInline(admin.StackedInline):
    model = Employee
    can_delete = False
    verbose_name_plural = 'employee'

# 신규 User admin을 정의한다.
class UserAdmin(UserAdmin):
    inlines = (EmployeeInline, )

# UserAdmin을 재등록한다.
admin.site.unregister(User)
admin.site.register(User, UserAdmin)
```

이 프로파일 모델은 어떤 방식으로도 특별하지 않다. 단지 User 모델과 일대일로 연결되는 장고 모델일 뿐이다. 따라서 사용자 생성 시 자동 생성되지 않지만, Django.db.models.signals.post_save를 사용해 관련 모델을 적절히 작성하거나 업데이트할 수 있다.

관련 모델을 사용하면 관련 데이터를 검색하기 위해 추가 쿼리 또는 조인이 발생하며, 필요에 따라 사용자 모델을 대체하고 관련 필드를 추가하는 것이 더 나은 옵션일 수 있다. 그러나 프로젝트 앱 내의 기본 사용자 모델에 대한 기존 링크는 추가 데이터베이스 부하를 정당화할 수 있다.

▋ 사용자 정의 모델 대체

어떤 종류의 프로젝트는 장고의 내장 사용자^{User Model}가 항상 적절한 것은 아닌 인증 요구 사항을 가질 수 있다. 예를 들어, 일부 웹 사이트에서는 사용자 이름 대신 전자 메일 주소를 식별 토큰으로 사용하는 것이 더 적합하다. 장고는 사용자 정의 모델을 참조하는 AUTH_USER_MODEL 설정값을 제공해 기본 사용자 모델을 대체할 수 있다.

AUTH_USER_MODEL = 'books.MyUser'

이 점선 쌍은 장고 앱의 이름(INSTALLED_APPS에 있어야 한다)과 사용자 모델로 사용하려는 장고 모델의 이름을 설명한다.

AUTH_USER_MODEL을 변경하면 장고 프로젝트, 특히 데이터베이스 구조에 큰 영향을 미친다. 예를 들어, 이주를 실행한 후에 AUTH_USER_MODEL을 변경하면 많은 데이터베이스 테이블 관계의 구성에 영향을 미치기 때문에 데이터베이스를 수동으로 갱신해야 한다. 이렇게 해야 하는 아주 좋은 이유가 없는 한, AUTH_USER_MODEL을 변경하면 안 된다.

앞의 경고에도 불구하고, 장고는 커스텀 사용자 모델을 완벽하게 지원하지만 전체 설명은 이 책의 범위를 벗어난다. 관리자 호환 사용자 정의 사용자 응용 프로그램의 전체 예제와 사용자 정의 모델에 대한 포괄적인 설명 문서는 장고 프로젝트 웹 사이트 (https://docs.Djangoproject.com/en/1.8/topics/auth/customizing/)에서 찾아볼 수 있다.

▌ 12장에서 무엇을 설명하는가?

11장에서는 장고의 사용자 인증, 내장된 인증 도구 및 사용할 수 있는 다양한 사용자 정의에 대해 배웠다. 12장에서는 자동화된 테스트인 강력한 응용 프로그램을 만들고 유지 관리하는 가장 중요한 도구를 틀림없이 포함할 것이다.

12

장고에서 테스트하기

▌ 테스트 소개

장고는 모든 성숙한 프로그래밍 언어와 마찬가지로 인빌트[inbuilt] 단위 테스트 기능을 제공한다. 단위 테스트는 소프트웨어 응용 프로그램의 개별 단위가 자신이 원하는 대로 수행되는지 테스트하는 소프트웨어 테스트 프로세스다.

단위 테스트는 개별적인 방법을 테스트해 올바른 값을 반환하는지 여부와 무효한 데이터를 처리하는 방법, 사용자 입력 시퀀스가 원하는 결과를 얻을 수 있도록 모든 방법을 테스트하는 등 다양한 수준에서 수행할 수 있다.

단위 테스트는 네 가지 기본 개념을 기반으로 한다.

1. 테스트 픽스처^{test fixture}는 테스트를 수행하는 데 필요한 설정이다. 여기에는 데이터베이스, 샘플 데이터 세트 및 서버 설정이 포함될 수 있다. 테스트 픽스처에는 테스트가 수행된 후 필요한 모든 정리 작업이 포함될 수도 있다.
2. 테스트 케이스는 테스트의 기본 단위다. 테스트 케이스는 주어진 입력 세트가 예상 결과 세트가 되는지 여부를 확인한다.
3. 테스트 스위트는 그룹으로 실행되는 여러 테스트 케이스 또는 다른 테스트 스위트다.
4. 테스트 러너는 테스트 실행을 제어하고 테스트 결과를 사용자에게 다시 제공하는 소프트웨어 프로그램이다.

소프트웨어 테스팅은 깊고 세부적인 주제이며, 12장은 단위 테스트에 대한 간략한 소개로 간주돼야 한다. 인터넷에서 소프트웨어 테스팅 이론 및 방법에 대한 많은 자료가 있으며, 이 중요한 주제에 대한 독자적인 연구를 해보기 바란다. 장고의 단위 테스트 접근법에 대한 좀 더 자세한 설명은 장고 프로젝트 웹 사이트를 참조하라.

▌ 자동화된 테스트 소개

자동 테스트란 무엇인가?

이 책 전체에서 코드를 테스트해왔다. 어쩌면 이것을 깨닫지도 못했을 것이다. 장고 셸을 사용해 함수가 작동하는지 알아보거나 주어진 입력에 대해 어떤 출력을 얻는지 알 때마다 여러분은 코드를 테스트한다. 예를 들어, "2장, 뷰와 URLconf"에서 정수가 TypeError 예외를 생성할 것으로 예상되는 뷰에 문자열을 전달했다.

테스트는 응용 프로그램 개발의 일반적인 부분이지만, 자동화된 테스트에서는 테스트 작업이 시스템에서 수행된다는 점이 다르다. 한 번 테스트 세트를 작성한 후, 앱을 변경하면서 시간이 오래 걸리는 수동 테스트를 수행하지 않아도 원래 의도대로 코드가 작동하는지 확인할 수 있다.

그렇다면 왜 테스트해야 하는가?

이 책과 같은 간단한 응용 프로그램을 만드는 것을 장고 프로그래밍에서 거의 하지 않는다면 실제로 자동화된 테스트를 만드는 방법을 알 필요가 없다. 그러나 전문 프로그래머가 되길 원하거나 좀 더 복잡한 프로젝트를 수행하려면 자동 테스트를 작성하는 방법을 알아야 한다.

자동 테스트 작성은 다음을 수행한다.

- 시간 절약: 큰 응용 프로그램의 구성 요소 사이에 무수한 복잡한 상호작용을 수동으로 테스트하는 것은 시간 소모적이며, 오류가 발생하기 쉽다. 자동화된 테스트를 통해 시간을 절약하고 프로그래밍에 집중할 수 있다.
- 문제 예방: 테스트는 코드의 내부 동작을 강조하므로 문제가 발생한 부분을 확인할 수 있다.
- 전문가 보기: 전문가가 테스트를 작성한다. 장고의 독창적인 개발자 중 한 명인 제이콥 케플란 모스는 "코드를 테스트 없이 작성하면 설계 단계에서 망가진다."라고 말한다.
- 팀워크 향상: 테스트를 통해 실수로 동료가 코드를 손상시키지 않는다는 것을 알 수 있다(그 결과 여러분이 이 사실을 알지도 못하면서 동료들의 코드를 깨버리지는 않는다).

▌ 기본 테스트 전략

필기 시험에 접근하는 데는 여러 가지 방법이 있다. 일부 프로그래머는 테스트 중심 개발이라는 원칙을 따른다. 이들은 실제로 코드를 작성하기 전에 테스트를 실행한다. 이것은 반직관적으로 보일지 모르지만, 실제로는 대부분의 사람들이 자주 수행하는 것과 유사하다. 즉, 문제를 설명하고 문제를 해결할 코드를 만든다.

테스트 주도 개발은 파이썬 테스트 케이스에서 문제를 공식화한다. 더 자주 테스트를 처음 시작하는 사람은 코드를 만들고 나중에 테스트가 필요하다고 결정한다. 아마도 몇 가지 테스트를 딕셔너리에 작성하는 것이 더 좋았을 것이다. 하지만 아직도 시작하기에 너무 늦지는 않았다.

▎ 테스트 작성하기

첫 번째 테스트를 만들려면 Book 모델에 버그를 넣도록 하자.

책이 최근에 출판됐는지 여부를 나타내기 위해 Book 모델에 고객 맞춤형 메서드를 만들기로 결정했다고 가정해보자. Book 모델은 다음과 같다.

```python
import datetime
from django.utils import timezone

from django.db import models

# ... #

class Book(models.Model):
    title = models.CharField(max_length=100)
    authors = models.ManyToManyField(Author)
    publisher = models.ForeignKey(Publisher)
    publication_date = models.DateField()

    def recent_publication(self):
        return self.publication_date >= timezone.now().date()
datetime.timedelta(weeks=8)

    # ... #
```

먼저 파이썬의 `datetime`과 `django.utils`의 시간대라는 2개의 새로운 모듈을 가져왔다. 날짜가 있는 계산을 수행하려면 이 모듈이 필요하다. 그런 다음, 8주 전의 날짜를 계산하는 `recent_publication`이라는 Book 모델에 사용자 정의 메서드를 추가하고, 책의 게시 날짜가 더 최근인 경우 true를 반환한다.

대화형 셀로 이동해 새 메서드를 테스트해보자.

```
python manage.py shell

>>> from books.models import Book
>>> import datetime
>>> from django.utils import timezone
>>> book = Book.objects.get(id=1)
>>> book.title
'Mastering Django: Core'
>>> book.publication_date
datetime.date(2016, 5, 1)
>>>book.publication_date >= timezone.now().date()-
atetime.timedelta(weeks=8)
True
```

지금까지는 문제가 없어 book 모델을 가져와 책을 가져 왔다. 오늘은 2016년 6월 11일이며, 데이터베이스에 내 책의 발행일을 8주 전인 5월 1일로 입력했으므로 이 함수는 True를 올바르게 반환한다.

분명히, 이 연습을 완료했을 때를 기준으로 이 연습 문제가 여전히 작동하도록 데이터의 게시 날짜를 수정해야 한다.

이제 게시일을 9월 1일 이후로 설정하면 어떻게 되는지 살펴보자.

```
>>> book.publication_date
datetime.date(2016, 9, 1)
```

```
>>>book.publication_date >= timezone.now( ).date( )-
datetime.timedelta(weeks=8)
True
```

뭔가 분명히 잘못됐다. 여러분은 로직의 오류를 신속하게 볼 수 있어야 한다. 즉, 8주 전
이후의 날짜가 미래의 날짜를 포함해 true로 반환될 것이다.

따라서 이것은 오히려 고안된 예제라는 사실을 무시하고, 이제는 잘못된 로직을 노출시
키는 테스트를 만들 수 있다.

▌ 테스트 만들기

장고의 startapp 명령을 사용해 책 응용 프로그램을 만들었을 때, 응용 프로그램 디렉터
리에 tests.py라는 파일이 만들어졌다. 이곳에서 책 앱 테스트가 진행돼야 한다. 따라서
바로 시험을 해보자.

```
import datetime
from django.utils import timezone
from django.test import TestCase
from .models import Book

class BookMethodTests(TestCase):

    def test_recent_pub(self):
"""
        recent_publication() should return False for future publication
        dates.
        """

        futuredate = timezone.now( ).date( ) + datetime.timedelta(days=5)
        future_pub = Book(publication_date=futuredate)
```

```
self.assertEqual(future_pub.recent_publication(), False)
```

장고 셸에서 했던 것과 거의 똑같은 방식으로 실행해야 한다. 유일한 차이점은 클래스에 테스트 코드를 캡슐화하고 recent_publication() 메서드를 미래의 날짜와 비교해 테스트하는 가정을 생성한 것이다.

테스트 클래스와 assertEqual 메서드에 대해서는 이 장의 뒷부분에서 자세히 다룬다. 이제는 좀 더 복잡한 주제를 다루기 전에 테스트가 매우 기본적인 수준에서 어떻게 작동하는지 살펴보고자 한다.

▌ 테스트 실행 중

이제 테스트를 만들었으므로 테스트를 실행해야 한다. 다행히도 이것은 매우 쉽게 할 수 있으며, 터미널로 이동해 다음을 입력한다.

```
python manage.py test books
```

잠시 후 장고는 다음과 같은 내용을 출력해야 한다.

```
별칭 'default'에 대한 테스트 데이터베이스 작성 중 ...
F
======================================================================
FAIL: test_recent_pub (books.tests.BookMethodTests)
----------------------------------------------------------------------
Traceback (most recent call last):
    File "C:\Users\Nigel\ ... mysite\books\tests.py", line 25, in
test_recent_pub
    self.assertEqual(future_pub.recent_publication(), False)
AssertionError: True != False
```

```
----------------------------------------------------------------
Ran 1 test in 0.000s

FAILED(failures=1)
Destroying test database for alias 'default'...
```

어떤 일이 발생했는가?

- Python manage.py 테스트 북은 서적 응용 프로그램에서 테스트를 찾아냈다.
- django.test.TestCase 클래스의 하위 클래스를 찾았다.
- 그것은 테스트 목적으로 특별한 데이터베이스를 만들어냈다.
- "test"로 시작하는 이름을 가진 메서드를 찾았다.
- test_recent_pub에서 Book 인스턴스가 만들어졌으며 publication_date 필드는 5일이 된다. 그리고 assertEqual( ) 메서드를 사용할 때, recent_publication( )은 False를 반환할 것으로 생각되지만, True를 반환한다는 것을 알게 됐다.

테스트는 어떤 테스트가 실패했는지 뿐만 아니라 실패가 발생한 행까지 알려준다. 또한 * nix 시스템이나 Mac을 사용하는 경우, 파일 경로가 달라진다는 점을 알아두자.

그것은 장고에서의 테스트에 대한 아주 기본적인 소개다. 이 장의 시작 부분에서 말했듯이, 테스트는 프로그래머로서의 커리어에 있어 매우 중요하고 깊고 세밀한 주제다. 12장에서 테스트의 모든 측면을 다룰 수는 없으므로 여기에서 언급한 일부 리소스와 장고 문서를 더 깊이 파헤쳐볼 것을 권장한다.

12장의 나머지 부분에서는 장고가 처리할 수 있는 다양한 테스트 도구를 살펴보자.

▌ 테스트 도구

장고는 테스트를 작성할 때 편리하게 사용할 수 있는 툴 세트를 제공한다.

테스트 클라이언트

테스트 클라이언트는 더미 웹 브라우저 역할을 하는 파이썬 클래스로, 뷰를 테스트하고 장고 기반 응용 프로그램과 프로그래밍 방식으로 상호작용할 수 있다. 테스트 클라이언트로 수행할 수 있는 작업은 다음과 같다.

- URL에서 GET 및 POST 요청을 시뮬레이트하고 하위 수준의 HTTP(결과 헤더 및 상태 코드)에서부터 웹 페이지 콘텐츠에 이르는 모든 내용을 관찰한다.
- 각 단계에서 리디렉션 체인(있는 경우)을 확인하고 URL 및 상태 코드를 확인한다.
- 주어진 요청이 특정 값을 포함하는 템플릿 콘텍스트와 함께 주어진 장고 템플릿에 의해 렌더링되는지 테스트한다.

테스트 클라이언트는 Selenium(좀 더 자세한 내용은 http://seleniumhq.org/ 참조) 또는 기타 웹 브라우저 내부 프레임워크를 대체하기 위한 것이 아니다. 장고 테스트 클라이언트는 다른 초점을 갖는다. 간단히 말해,

- 장고 테스트 클라이언트를 사용해 올바른 템플릿이 렌더링되고 템플릿이 올바른 콘텍스트 데이터를 전달하는지 확인한다.
- Selenium과 같은 웹 브라우저 내 프레임워크를 사용해 렌더링된 HTML과 웹 페이지의 동작, 즉 자바스크립트 기능을 테스트한다. 장고는 이러한 프레임워크를 특별히 지원한다. 좀 더 자세한 내용은 LiveServerTestCase 섹션을 참조하라.

포괄적인 테스트 스위트는 두 가지 테스트 유형의 조합을 사용해야 한다.

장고 테스트 클라이언트에 대한 자세한 예제는 장고 프로젝트 웹 사이트를 참조하라.

제공된 TestCase 클래스

일반적인 파이썬 단위 테스트 클래스는 unittest.TestCase의 기본 클래스를 확장한다. 장고는 기본 클래스의 몇 가지 확장을 제공한다.

간단한 테스트 케이스

다음과 같이 unittest.TestCasewith의 일부 기본 기능을 확장한다.

- 파이썬 경고 기계 상태를 저장 및 복원한다.
- 다음과 같은 유용한 여러 가지 가정을 추가한다.
  - 호출이 가능한 기능이 특정 예외를 발생시키는 것을 확인한다.
  - 양식 필드 렌더링 및 오류 처리를 테스트한다.
  - 주어진 조각의 유무에 대한 HTML 응답을 테스트한다.
  - 지정된 응답 내용을 생성하기 위해 템플릿이 사용됐는지 여부를 확인한다.
  - 앱에서 HTTP 리디렉션을 확인하다.
  - 평등/불평등 또는 봉쇄를 위해 두 HTML 조각을 강력하게 테스트한다.
  - 평등/불평등에 대해 두 XML 조각을 강력하게 테스트한다.
  - 2개의 JSON 조각을 견고하게 테스트한다.
  - 수정된 설정으로 테스트를 실행할 수 있는 기능이 있다.
  - 테스트 클라이언트를 사용한다.
  - 사용자 정의 테스트 타임 URL 맵이다.

트랜잭션 테스트 사례

장고의 TestCase 클래스(다음 단락에서 설명한다)는 데이터베이스 트랜잭션 기능을 사용해 각 테스트가 시작될 때 데이터베이스를 알려진 상태로 재설정하는 프로세스를 가속화한다. 그러나 이 결과는 Django TestCase 클래스 내에서 일부 데이터베이스 비헤이비어를 테스트할 수 없다.

이 경우 TransactionTestCase를 사용해야 한다. TransactionTestCase 및 TestCase는 데이터베이스가 알려진 상태로 재설정되는 방식과 테스트 코드에서 커밋 및 롤백의 영향을 테스트하는 기능을 제외하고는 동일하다.

- TransactionTestCase는 모든 테이블을 정리해 테스트가 실행된 후 데이터베이스를 다시 설정한다. TransactionTestCase는 커밋 및 롤백을 호출하고 이러한 호출의 영향을 데이터베이스에서 관찰할 수 있다.
- 반면, TestCase는 테스트 후에 테이블을 잘라내지 않는다. 대신, 테스트가 끝날 때 롤백되는 데이터베이스 트랜잭션에 테스트 코드를 둘러싼다. 이렇게 하면 테스트가 끝나고 롤백을 통해 데이터베이스가 초기 상태로 복원된다.

TransactionTestCase는 SimpleTestCase에서 상속한다.

TestCase

이 클래스는 웹 사이트를 테스트하는 데 유용한 추가 기능을 제공한다. 보통 unittest.TestCase를 Django TestCase로 변환하는 것은 쉽다. unittest.TestCase에서 django.test.TestCase로 테스트의 기본 클래스를 변경하면 된다. 모든 표준 파이썬 유닛 테스트 기능은 계속 사용할 수 있지만, 다음과 같은 몇 가지 유용한 기능이 추가될 예정이다.

- 픽스처fixture의 자동 적재
- 테스트를 2개의 중첩된 원자 블록 내에서 래핑한다. 하나는 전체 클래스용이고, 다른 하나는 개별 테스트용이다.
- TestClient 인스턴스를 만든다.
- 리다이렉션redirection이나 폼 에러form errors와 같은 것을 테스트하기 위한 장고 특유의 어설션assertions이다.

TestCase는 TransactionTestCase에서 상속된다.

LiveServerTestCase

LiveServerTestCase는 기본적으로 TransactionTestCase와 하나의 추가 기능을 갖고 있다. 설치 시 라이브 장고 서버를 백그라운드로 실행하고, 해체할 때 종료한다. 따라서

Selenium 클라이언트와 같은 장고 더미 클라이언트 이외의 자동화된 테스트 클라이언트를 사용해 웹 브라우저 내에서 일련의 기능 테스트를 실행하고 실제 사용자의 동작을 시뮬레이션할 수 있다.

테스트 케이스 기능

기본 테스트 클라이언트

* TestCase 인스턴스의 모든 테스트 케이스는 장고 테스트 클라이언트의 인스턴스에 대한 액세스 권한을 갖는다. 이 클라이언트는 self.client로 액세스할 수 있다. 이 클라이언트는 각 테스트마다 다시 만들어지므로 한 테스트에서 다른 테스트로 이월되는 상태 (쿠키 등)에 대해 걱정할 필요가 없다. 이는 각 테스트에서 클라이언트를 인스턴스화하는 대신, 다음과 같다는 것을 의미한다.

```
import unittest
from django.test import Client

class SimpleTest(unittest.TestCase):
    def test_details(self):
        client = Client()
        response = client.get('/customer/details/')
        self.assertEqual(response.status_code, 200)

    def test_index(self):
        client = Client()
        response = client.get('/customer/index/')
        self.assertEqual(response.status_code, 200)
```

여기서 여러분은 다음과 같이 self.client를 참조할 수 있다.

```python
from django.test import TestCase

class SimpleTest(TestCase):
    def test_details(self):
        response = self.client.get('/customer/details/')
        self.assertEqual(response.status_code, 200)

    def test_index(self):
        response = self.client.get('/customer/index/')
        self.assertEqual(response.status_code, 200)
```

고정물 로딩

데이터베이스 기반 웹 사이트의 테스트 사례는 데이터베이스에 데이터가 없는 경우, 별로 유용하지 않다. 테스트 데이터를 데이터베이스에 저장하기 쉽도록 장고의 커스텀 TransactionTestCase 클래스는 픽스처를 로드하는 방법을 제공한다. 픽스처는 장고가 데이티베이스로 가져오는 방법을 알고 있는 데이터 모음이디. 예를 들어, 웹 시이트에 시용자 계정이 있는 경우, 테스트 중에 데이터베이스를 채우기 위해 가짜 사용자 계정의 고정물을 설정할 수 있다.

조명기를 만드는 가장 직접적인 방법은 manage.pydumpdata 명령을 사용하는 것이다. 이것은 데이터베이스에 이미 일부 데이터가 있다고 가정한다. 좀 더 자세한 내용은 dumpdata 문서를 참조하라. 일단 픽스처를 만들어 INSTALLED_APPS 중 하나의 픽스처 디렉터리에 배치하면 django.test.TestCase 서브 클래스에 픽스처 클래스 속성을 지정해 유닛 테스트에서 사용할 수 있다.

```python
from django.test import TestCase
from myapp.models import Animal

class AnimalTestCase(TestCase):
```

```
    fixtures = ['mammals.json', 'birds']

    def setUp(self):
        # 이전과 같이 정의를 테스트한다.
        call_setup_methods()

    def testFluffyAnimals(self):
        # 픽스처를 사용하는 테스트
        call_some_test_code()
```

구체적으로 다음과 같다.

- 각 테스트 케이스가 시작될 때, setUp()이 실행되기 전에 장고가 데이터베이스를 플러시해 마이그레이션이 호출된 직후의 상태로 데이터베이스를 반환한다.
- 다음으로 모든 명명된 픽스처가 설치된다. 이 예제에서 장고는 mammals라는 JSON 픽스처를 설치하며 뒤이어 birds라는 픽스처가 따른다. 픽스처의 정의 및 설치에 대한 좀 더 자세한 내용은 loaddata 문서를 참조하라.

이 플러시/로드 절차는 테스트 케이스의 각 테스트마다 반복되므로 테스트 결과가 다른 테스트 또는 테스트 실행 순서에 영향을 받지 않을 것이라는 것을 확신할 수 있다. 기본적으로 조명기는 기본 데이터베이스에만 로드된다. 다중 데이터베이스를 사용하고 multi_db = True로 설정하면 조명기가 모든 데이터베이스에 로드된다.

오버라이드 설정

 테스트의 설정값을 일시적으로 변경하려면 이 기능을 사용해야 한다. 장고가 그러한 조작 후에 원래 값을 복원하지 않으므로 직접 django.conf.settings를 조작하지 않도록 한다.

settings( )

테스트 목적으로 테스트 코드를 실행한 후 일시적으로 설정을 변경하고 원래 값으로 되돌리는 것이 유용한 경우가 종종 있다. 이 사용 사례를 위해 장고는 다음과 같이 사용할 수 있는 표준 파이썬 콘텍스트 관리자(PEP 343at https://www.python.org/dev/peps/pep-0343 참조) settings( )를 제공한다.

```python
from django.test import TestCase

class LoginTestCase(TestCase):

    def test_login(self):

        # 기본 동작에 대한 첫 번째 확인
        response = self.client.get('/sekrit/')
        self.assertRedirects(response, '/accounts/login/?next=/sekrit/')

        # 그런 다음, LOGIN_URL 설정을 재정의한다.
        with self.settings(LOGIN_URL='/other/login/'):
            response = self.client.get('/sekrit/')
            self.assertRedirects(response, '/other/login/?next=/sekrit/')
```

이 예제는 with 블록의 코드에 대한 LOGIN_URL 설정을 덮어 쓰고 나중에 그 값을 이전 상태로 재설정한다.

modify_settings( )

값 목록이 포함된 설정을 재정의하기가 쉽지 않다. 실제로는 값을 추가하거나 제거하는 것으로 충분하다. 콘텍스트 관리자인 modify_settings( )를 사용하면 쉽게 사용할 수 있다.

```python
from django.test import TestCase

class MiddlewareTestCase(TestCase):
```

```
    def test_cache_middleware(self):
        with self.modify_settings(MIDDLEWARE_CLASSES={
'append': 'django.middleware.cache.FetchFromCacheMiddleware',
'prepend': 'django.middleware.cache.UpdateCacheMiddleware',
'remove': [
  'django.contrib.sessions.middleware.SessionMiddleware',
  'django.contrib.auth.middleware.AuthenticationMiddleware',
  'django.contrib.messages.middleware.MessageMiddleware',
            ],
        }):
            response = self.client.get('/')
            # ...
```

각 작업에 대해 값 리스트나 문자열을 제공할 수 있다. 값이 이미 리스트에 존재하면 append와 prepend는 아무런 효과가 없다. 값이 존재하지 않으면 제거도 하지 않는다.

override_settings( )

테스트 메서드에 대한 설정을 재정의하기 원하는 경우, 장고는 override_settings( ) 데커레이터를 제공한다(PEP 318(https://www.python.org/dev/peps/pep-0318) 참조). 사용 예제는 다음과 같다.

```
from django.test import TestCase, override_settings

class LoginTestCase(TestCase):

    @override_settings(LOGIN_URL='/other/login/')
    def test_login(self):
        response = self.client.get('/sekrit/')
        self.assertRedirects(response, '/other/login/?next=/sekrit/')
```

데커레이터는 TestCase 클래스에도 적용할 수 있다.

```
from django.test import TestCase, override_settings

@override_settings(LOGIN_URL='/other/login/')
class LoginTestCase(TestCase):

    def test_login(self):
        response = self.client.get('/sekrit/')
        self.assertRedirects(response, '/other/login/?next=/sekrit/')
```

modify_settings( )

마찬가지로 장고는 modify_settings( ) 데커레이터를 제공한다.

```
from django.test import TestCase, modify_settings

class MiddlewareTestCase(TestCase):

    @modify_settings(MIDDLEWARE_CLASSES={
'append': 'django.middleware.cache.FetchFromCacheMiddleware',
'prepend': 'django.middleware.cache.UpdateCacheMiddleware',
    })
    def test_cache_middleware(self):
        response = self.client.get('/')
        # ...
```

데커레이터는 테스트 케이스 클래스에도 적용할 수 있다.

```
from django.test import TestCase, modify_settings

@modify_settings(MIDDLEWARE_CLASSES={
'append': 'django.middleware.cache.FetchFromCacheMiddleware',
'prepend': 'django.middleware.cache.UpdateCacheMiddleware',
```

```
})
class MiddlewareTestCase(TestCase):

    def test_cache_middleware(self):
        response = self.client.get('/')
        # ...
```

설정을 재정의할 때 앱 코드의 설정이 변경되더라도 상태를 유지하는 캐시 또는 유사한 기능을 사용하는 경우를 처리해야 한다. 장고는 django.test.signals.setting_changed 신호를 제공함으로써 설정을 변경하면 콜백을 등록하고 상태를 재설정할 수 있게 한다.

어설션

파이썬의 일반적인 unittest.TestCase 클래스는 assertTrue() 및 assertEqual()과 같은 선언 메서드를 구현하므로 장고의 사용자 정의 TestCase 클래스는 웹 응용 프로그램을 테스트하는 데 유용한 여러 가지 사용자 정의 어설션 메서드를 제공한다.

- assertRaisesMessage: 호출 가능한 객체의 실행이 expected_message 표현으로 예외를 발생시켰다는 것을 가정한다.
- assertFieldOutput: 폼 입력란이 다양한 입력에 대해 올바르게 동작한다고 가정한다.
- assertFormError: 폼의 필드가 폼에 렌더링될 때 제공된 오류 리스트를 발생시킨다는 것을 가정한다.
- assertFormsetError: formset이 렌더링될 때 제공된 오류 리스트를 발생시킨다는 것을 가정한다.
- assertContains: Response 인스턴스가 주어진 status_code를 생성했으며, 해당 텍스트가 응답 내용에 표시된다는 것을 가정한다.
- assertNotContains: Response 인스턴스가 주어진 status_code를 생성했으며 텍스트가 응답 내용에 나타나지 않는다는 것을 가정한다.

408

- **assertTemplateUsed**: 지정된 이름을 가진 템플릿이 응답 렌더링에 사용됐다고 가정한다. 해당 이름은 'admin / index.html'과 같은 문자열이다.

- **assertTemplateNotUsed**: 지정된 이름의 템플릿이 응답 렌더링에 사용되지 않았음을 가정한다.

- **assertRedirects**: 응답은 status_code 리디렉션 상태를 반환하고, expected_url로 리디렉션되며(GET 데이터 포함), 최종 웹 페이지가 target_status_code으로 수신됐음을 가정한다.

  - **assertHTMLEqual**: 문자열 html1과 html2가 같음을 가정한다. 이 비교는 HTML 시맨틱에 기반한다. 비교는 다음 사항을 고려한다.
    - HTML 태그 전후의 공백은 무시된다.
    - 모든 유형의 공백은 동등한 것으로 간주된다.
    - 예를 들어, 주변 태그가 닫히거나 HTML 문서가 끝나는 경우와 같이 모든 열린 태그는 암시적으로 닫혀 있다.
    - 빈 태그는 자체 닫힘 버전과 동일하다.
    - HTML 요소의 속성 순서는 중요하지 않다.
    - 인수가 없는 속성은 이름과 값이 동일한 속성과 같다(예제 참조).

- **assertHTMLNotEqual**: 문자열 html1과 html2가 동일하지 않다고 가정한다. 비교는 HTML 시맨틱에 기반한다. 좀 더 자세한 내용은 assertHTMLEqual( )을 참조하라.

- **assertXMLEqual**: 문자열 xml1과 xml2가 같다고 가정한다. 비교는 XML 시맨틱에 기반한다. assertHTMLEqual( )과 마찬가지로 구문 분석된 내용에 대해 비교가 이뤄지므로 구문 차이가 아닌 시맨틱 차이만 고려된다.

- **assertXMLNotEqual**: 문자열 xml1과 xml2가 동일하지 않는다는 것을 확인한다. 비교는 XML 의미에 기반한다. 좀 더 자세한 내용은 assertXMLEqual( )을 참조하라.

- **assertInHTML**: HTML 조각 바늘이 건초 더미에 있다는 것을 가정한다.

- assertJSONEqual: JSON 조각 raw 및 expected_data가 동일하다는 것을 가정한다.

- assertJSONNotEqual: JSON 프래그먼트의 raw 및 expected_data가 동일하지 않다고 가정한다.

- assertQuerysetEqual: querysetqs가 특정값의 리스트를 리턴한다는 것을 가정한다. qs와 값의 내용 비교는 함수 변환을 사용해 수행된다. 기본적으로 각 값의 repr( )이 비교된다는 것을 의미한다.

- assertNumQueries: * args 및 ** kwargs를 사용해 func를 호출하면 num 데이터베이스 쿼리가 실행된다는 것을 가정한다.

전자 메일 서비스

장고 뷰에서 장고의 전자 메일 기능을 사용해 메일을 보내는 경우, 해당 뷰를 사용해 테스트를 실행할 때마다 전자 메일을 보내는 것을 원하지 않을 것이다. 이런 이유로 장고의 테스트 러너는 장고가 보낸 모든 전자 메일을 자동으로 더미 보낼 편지함으로 리디렉션한다. 따라서 실제로 메시지를 보내지 않고도 각 메시지의 내용으로 보낸 메시지 개수에서 전자 메일을 보내는 모든 측면을 테스트할 수 있다. 테스트 주자^{test runner}는 정상적인 전자 메일 백엔드를 테스트 백엔드로 그대로 대체해 이를 수행한다(걱정할 필요는 없다. 장고를 사용하고 있다면 장고 외부의 다른 전자 메일 발신자(예: 메일 서버)에 영향을 미치지 않는다).

테스트를 실행하는 동안, 보내는 전자 메일은 모두 django.core.mail.outbox에 저장된다. 이것은 전송된 모든 EmailMessage 인스턴스의 간단한 리스트다. outbox 속성은 locemem 전자 우편 백엔드가 사용될 때만 생성되는 특수 속성이다. 일반적으로 django.core.mail 모듈의 일부로 존재하지 않으며 직접 가져올 수 없다. 다음 코드는 이 속성에 올바르게 액세스하는 방법을 보여준다. 다음은 django.core.mail.outbox의 길이와 내용을 검사하는 예제 테스트다.

```
from django.core import mail
from django.test import TestCase

class EmailTest(TestCase):
    def test_send_email(self):
        # 메시지 보내기
        mail.send_mail('Subject here', 'Here is the message.',
'from@example.com', ['to@example.com'],
            fail_silently=False)

        # 메시지 1개가 송부됐는지 테스트하기
        self.assertEqual(len(mail.outbox), 1)

        # 첫 번째 메시지의 제목이 정확한지 확인하기
        self.assertEqual(mail.outbox[0].subject, 'Subject here')
```

이전에 언급했듯이 Django * TestCase의 모든 테스트가 시작될 때 테스트 아웃 박스는 비워진다. 보낼 편지함을 수동으로 비우려면 mail.outbox에 빈 목록을 지정해야 한다.

```
from django.core import mail

# 테스트 아웃박스 비우기
mail.outbox = [ ]
```

관리 명령

관리 명령은 call_command( ) 함수를 사용해 테스트할 수 있다. 출력은 StringIO 인스턴스로 리디렉션될 수 있다.

```
from django.core.management import call_command
```

```
from django.test import TestCase
from django.utils.six import StringIO

class ClosepollTest(TestCase):
    def test_command_output(self):
        out = StringIO()
        call_command('closepoll', stdout=out)
        self.assertIn('Expected output', out.getvalue())
```

테스트 건너뛰기

unittest 라이브러리는 @skipIf 및 @skipUnless 데커레이터를 제공해 특정 조건에서 테스트가 실패할 것이라는 것을 미리 안다면 테스트를 건너뛸 수 있다. 예를 들어, 테스트에 성공하기 위해 특정 선택 라이브러리가 필요한 경우 @skipIf를 사용해 테스트 사례를 꾸밀 수 있다. 그런 다음, 테스트 당사자는 테스트가 실패하거나 테스트를 생략하는 대신 테스트가 실행되지 않았으며 이유가 없다는 것을 보고한다.

▌ 테스트 데이터베이스

데이터베이스가 필요한 테스트(예: 모델 테스트)는 프로덕션 데이터베이스를 사용하지 않는다. 별도의 빈 데이터베이스가 테스트용으로 작성된다. 검사가 통과했는지 실패했는지에 관계없이, 모든 검사가 실행되면 검사 데이터베이스가 파괴된다. 테스트 명령에 --keepdb 플래그를 추가해 테스트 데이터베이스가 손상되지 않도록 할 수 있다. 그러면 실행 사이에 테스트 데이터베이스가 보존될 것이다.

데이터베이스가 없으면 우선 생성될 것이다. 최신 상태를 유지하기 위해 모든 마이그레이션이 적용된다. 기본적으로 테스트 데이터베이스는 test_를 DATABASES에 정의된 데이터베이스의 NAME 설정값에 추가해 이름을 설정한다. SQLite 데이터베이스 엔진을 사용할 때, 해당 테스트는 기본적으로 메모리 내 데이터베이스를 사용한다(즉, 데이터베이스가 메모리에서 생성돼 파일 시스템을 완전히 우회한다).

다른 데이터베이스 이름을 사용하려면 DATABASES의 주어진 데이터베이스에 대해 TEST 딕셔너리에 NAME을 지정해야 한다. PostgreSQL에서 USER는 내장된 postgres 데이터베이스에 대한 읽기 액세스 권한도 필요하다. 이 테스트 러너는 별도의 데이터베이스를 사용하는 대신, 설정 파일에 있는 것과 동일한 데이터베이스 설정(ENGINE, USER, HOST 등)을 모두 사용한다. 테스트 데이터베이스는 USER가 지정한 사용자가 작성하므로 주어진 사용자 계정에 시스템에 새 데이터베이스를 작성할 수 있는 충분한 권한이 있는지 확인해야한다.

▌ 다른 테스트 프레임워크 사용

분명히 unittest만이 파이썬 테스트 프레임워그기 아니다. 장고는 대체 프레임워크에 대한 명시적 지원을 제공하지 않지만, 정상적인 장고 테스트와 같은 대체 프레임워크용으로 생성된 테스트를 호출하는 방법을 제공한다.

./manage.py 테스트를 실행하면 장고는 TEST_RUNNER 설정을 확인해 수행할 작업을 결정한다. 기본적으로 TEST_RUNNER는 django.test.runner.DiscoverRunner를 가리킨다.

이 클래스는 기본 장고 테스트 동작을 정의한다. 이 동작은 다음과 같다.

1. 글로벌 딕셔너리 테스트 설정을 수행한다.
2. 이름이 패턴 test * .py와 일치하는 현재 디렉터리에 있는 다음 파일 중 하나에서 tests를 찾는다.
3. 테스트 데이터베이스를 작성한다.
4. migrate를 실행해 모델 및 초기 데이터를 테스트 데이터베이스에 설치한다.

5. 발견된 테스트를 실행한다.

6. 테스트 데이터베이스를 파기한다.

7. 글로벌 사후 테스트 해체를 수행한다.

자신만의 테스트 러너 클래스를 정의하고 그 클래스에서 TEST_RUNNER를 가리키면 장고는 `./manage.py test`를 실행할 때마다 테스트 러너를 실행한다.

이런 식으로 파이썬 코드에서 실행될 수 있는 테스트 프레임워크를 사용하거나 테스트 요구사항을 만족시킬 수 있는 장고 테스트 실행 프로세스를 수정할 수 있다.

다른 테스트 프레임워크 사용에 대한 자세한 정보는 장고 프로젝트 웹 사이트를 참조하라.

▌ 13장에서 무엇을 설명하는가?

이제 장고 프로젝트 테스트를 작성하는 방법을 알았으므로 프로젝트를 실제 라이브 웹 사이트로 전환하고 장고를 웹 서버에 배포할 준비가 됐다면 매우 중요한 주제로 넘어갈 것이다.

13

장고 배포

13장에서는 장고 응용 프로그램을 제작할 때 필요한 마지막 단계인 프로덕션 서버에 배포하는 방법을 설명한다.

진행 중인 예제를 따라 해본 경험이 있다면 runserver를 사용했을 가능성이 높다. runserver를 사용하면 실행 서버로 웹 서버 설정에 대해 걱정할 필요가 없다. 그러나 runserver는 공용 웹에서의 노출이 아닌, 로컬 컴퓨터에서의 개발용으로만 사용된다.

장고 응용 프로그램을 배포하려면 아파치와 같은 강력한 웹 서버에 연결해야 한다. 13장에서는 이를 수행하는 방법을 설명하겠지만, 먼저 라이브로 가기 전에 코드 베이스에서 수행할 작업에 대한 체크리스트를 제공할 것이다.

▌ 프로덕션을 위한 코드 베이스 준비하기

배포 체크리스트

인터넷은 적대적인 환경이다. 장고 프로젝트를 배포하기 전에 보안, 성능 및 작업을 염두에 두고 설정을 검토해야 한다.

장고에는 많은 보안 기능이 포함돼 있다. 일부는 내장돼 있고 항상 활성화돼 있다. 다른 사항은 항상 적절하지 않거나 개발에 불편하기 때문에 선택사항이다. 예를 들어, HTTPS가 모든 웹 사이트에 적합하지 않을 수도 있으며, 현지 개발에는 비실용적이다.

성능 최적화는 편의를 위한 또 다른 범주의 트레이드 오프다. 예를 들어, 개싱은 프로딕션 환경에서 유용하며, 로컬 개발에는 유용하지 않다. 오류 보고 요구도 매우 다르다. 다음 검사 목록에는 다음과 같은 설정이 포함돼 있다.

- 장고가 예상되는 보안 수준을 제공하도록 적절하게 설정돼야 한다.
- 각 환경마다 다를 것으로 예상된다.
- 선택적 보안 기능을 사용 가능하게 한다.
- 성능 최적화를 활성화시킨다.
- 오류 보고를 제공할 수 있도록 한다.

이러한 설정 중 대부분은 민감하므로 기밀로 처리해야 한다. 프로젝트의 소스 코드를 공개하는 경우, 일반적으로 개발에 적합한 설정을 게시하고 프로덕션용 개인 설정 모듈을 사용하는 것이 일반적이다. 설명된 다음 검사는 check 명령의 --deploy 옵션을 사용해 자동화할 수 있다. 옵션 설명서에 설명한 대로 프로덕션 설정 파일을 실행해야 한다.

▌중요 설정

SECRET_KEY

비밀 키는 큰 임의의 값이어야 하며 비밀이 유지돼야 한다. 프로덕션 환경에서 사용되는 키가 다른 곳에서는 사용되지 않고 소스 제어에 커밋되지 않도록 하자. 이는 공격자가 키를 획득할 수 있는 벡터의 수를 줄인다. 설정 모듈에서 비밀 키를 하드코딩하는 대신, 환경 변수에서 로드하는 것을 고려한다.

```
import os
SECRET_KEY = os.environ['SECRET_KEY']
```

또는 파일로부터 환경 변수를 로드한다.

```
with open('/etc/secret_key.txt') as f:
SECRET_KEY = f.read().strip()
```

디버그

프로덕션 환경에서는 디버그를 활성화하지 않아야 한다.

"1장, 장고 소개 및 시작하기"에서 프로젝트를 만들 때, `django-admin startproject` 명령은 DEBUG가 True로 설정된 settings.py 파일을 만들었다. 장고의 많은 내부 부분이 이 설정을 확인하고, DEBUG 모드가 켜져 있을 경우 비헤이비어를 변경한다.

예를 들어, DEBUG가 True로 설정된 경우, 다음을 수행한다.

- 모든 데이터베이스 쿼리는 `django.db.connection.queries` 객체로 메모리에 저장된다. 여러분이 상상할 수 있듯이, 이것은 메모리를 차지한다.

- 모든 404 오류는 적절한 404 응답을 반환하기보다는 장고의 특수 404 오류 웹 페이지("3장, 템플릿"에서 다뤘다)에 의해 렌더링된다. 이 웹 페이지에는 잠재적으로 민감한 정보가 포함돼 있으므로 공개 인터넷에 노출돼서는 안 된다.
- 장고 응용 프로그램에서 캐치되지 않는 예외(기본 파이썬 구문 오류에서 데이터베이스 오류, 템플릿 구문 오류에 이르기까지)는 여러분이 알고 좋아할 수 있는 장고 오류 웹 페이지로 렌더링될 것이다. 이 웹 페이지는 404 웹 페이지보다 중요한 정보를 포함하고 있으므로 공개적으로 노출돼서는 안 된다.

즉, DEBUG를 True로 설정하면 장고는 신뢰할 수 있는 개발자만 웹 사이트를 사용한다고 가정한다. 인터넷은 신뢰할 수 없는 훌리건들로 가득 차 있다. 게다가 배포를 위해 응용 프로그램을 준비할 때 가장 먼저 해야 할 일은 DEBUG를 False로 설정하는 것이다.

▌ 환경별 설정

ALLOWED_HOSTS

DEBUG = False일 때, 장고는 ALLOWED_HOSTS에 대한 적절한 값이 없으면 전혀 작동하지 않는다. 이 설정은 CSRF 공격으로부터 웹 사이트를 보호하기 위해 필요하다. 와일드 카드를 사용하는 경우 Host HTTP 헤더에 대한 자체 검증을 수행하거나 그렇지 않으면 이 공격 범주에 취약하지 않은지 확인해야 한다.

캐시

캐시를 사용하는 경우 연결 파라미터가 개발 및 프로덕션 환경에 따라 다를 수 있다. 캐시 서버는 종종 인증이 약하다. 응용 프로그램 서버의 연결만 수락하는지 확인한다. Memcached를 사용하는 경우, 캐시된 세션을 사용해 성능을 향상시키는 것을 고려해야 한다.

데이터베이스

데이터베이스 연결 파라미터는 개발 및 프로덕션에서 다를 수 있다. 데이터베이스 암호는 매우 민감하다. 여러분은 암호를 SECRET_KEY와 똑같이 보호해야 한다. 최상의 보안을 위해 데이터베이스 서버는 응용 프로그램 서버의 연결만 허용해야 한다. 데이터베이스에 백업을 설정하지 않았다면 지금 당장 실행하라!

EMAIL_BACKEND 및 관련 설정

웹 사이트에서 전자 메일을 보내는 경우, 이 값을 올바르게 설정해야 한다.

STATIC_ROOT 및 STATIC_URL

정적 파일은 개발 서버에서 자동으로 제공한다. 프로덕션에서는 collectstatic이 복사할 STATIC_ROOT 디렉터리를 정의해야 한다.

MEDIA_ROOT 및 MEDIA_URL

사용자가 미디어 파일을 업로드한다. 미디어 파일은 신뢰할 수 없다. 웹 서버가 미디어 파일을 해석하지 않도록 한다. 예를 들어, 사용자가 .php 파일을 업로드하면 웹 서버는 이를 실행하지 않아야 한다. 이제는 이러한 파일에 대한 백업 전략을 확인해볼 시간이다.

▌ HTTPS

사용자가 로그인할 수 있도록 하는 웹 사이트는 액세스 토큰을 명확하게 전송하지 않도록 웹 사이트 전체의 HTTPS를 시행해야 한다. 장고에서 액세스 토큰에는 로그인/암호,

세션 쿠키 및 암호 재설정 토큰이 포함된다. 비밀번호 재설정 토큰을 전자 메일로 보내는 경우, 비밀번호 재설정 토큰을 보호하기 위해 많은 조치를 취할 수 없다.

동일한 세션 쿠키가 HTTP 및 HTTPS에 사용되므로 사용자 계정이나 관리자와 같은 민감한 영역을 보호하는 것으로는 충분하지 않다. 웹 서버는 모든 HTTP 트래픽을 HTTPS로 리디렉션해야 하며, HTTPS 요청만 장고로 전송해야 한다. HTTPS를 설정했으면 다음 설정을 사용할 수 있다.

CSRF_COOKIE_SECURE

실수로 HTTP를 통해 CSRF 쿠키를 전송하지 않으려면 이 값을 True로 설정해야 한다.

SESSION_COOKIE_SECURE

실수로 HTTP를 통해 세션 쿠키를 전송하지 않으려면 이 값을 True로 설정해야 한다.

▪ 성능 최적화

DEBUG = False로 설정하면 개발에만 유용한 여러 기능을 사용할 수 없게 된다. 또한 후 설정을 조정할 수 있다.

CONN_MAX_AGE

영구 데이터베이스 연결을 사용할 수 있도록 하면 요청 처리 시간의 상당 부분을 데이터베이스 계정에 연결할 때 속도가 향상된다. 이는 제한된 네트워크 성능으로 가상화된 호스트에서 많은 도움이 된다.

템플릿

캐시된 템플릿 로더를 사용하면 렌더링할 때마다 각 템플릿을 컴파일하지 않아도 되므로 성능이 크게 향상된다. 좀 더 자세한 정보는 템플릿 로더 문서를 참조하라.

▌ 오류 보고

코드를 프로덕션 환경으로 옮길 때까지는 잘하면 좋지만, 예상치 못한 오류는 배제할 수 없다. 다행히 장고는 오류를 포착해 그에 따라 알려줄 수 있다.

로깅

프로덕션 환경에 웹 사이트를 배치하기 전에 로깅 구성을 검토하고, 트래픽이 발생하자마자 예상대로 작동하는지 확인한다.

ADMIN 및 관리자

ADMINS에 전자 메일로 500개의 오류가 통보될 것이다. 404명의 오류가 관리자에게 통보된다. IGNORABLE_404_URLS은 가짜 보고서를 걸러낼 수 있다. 전자 메일로 보고하는 오류는 확장되지 않는다. 받은 편지함에 보고서가 쇄도하기 전에 Sentry와 같은 오류 모니터링 시스템을 사용하는 것을 고려하자(좀 더 자세한 내용은 "방문 정보" 참조). Sentry는 로그를 집계할 수도 있다.

기본 오류 보기 사용자 정의

장고에는 여러 HTTP 오류 코드에 대한 기본 보기 및 템플릿이 있다. 루트 템플릿 디렉터리에 404.html, 500.html, 403.html 및 400.html과 같은 템플릿을 작성해 기본 템플릿을 대체할 수 있다. 기본 뷰는 웹 응용 프로그램의 99%는 충분하지만 사용자 정의하려는 경우, 다음(https://docs.djangoproject.com/ko/1.8/topics/http/views/#customizing-error-views) 지침을 참조하라. 이 웹 사이트는 기본 템플릿에 대한 세부 정보도 포함하고 있다.

- `http_not_found_view`
- `http_internal_server_error_view`
- `http_forbidden_view`
- `http_bad_request_view`

▌ virtualenv 사용하기

virtualenv 안에 프로젝트의 파이썬 종속 파일을 설치한다면(자세한 정보는 http://www.virtualenv.org을 방문한다), virtualenv의 site-packages 디렉터리에 대한 경로를 파이썬 경로에도 추가해야 한다. 이렇게 하려면 WSGIPythonPath 지시문에 추가 경로를 추가하고, 여러 경로를 UNIX 계열 시스템을 사용하는 경우 콜론으로 구분하거나 윈도우를 사용하는 경우 세미콜론으로 구분해야 한다. 디렉터리 경로의 일부에 공백 문자가 포함돼 있으면 WSGIPythonPath에 대한 전체 인수 문자열을 인용 부호로 묶어야 한다.

```
WSGIPythonPath /path/to/mysite.com:/path/to/your/venv/lib/Python 3.X/site-
packages
```

virtualenv에 올바른 경로를 지정하고 Python 3.X를 올바른 파이썬 버전(예: Python 3.4)으로 바꾼다.

▌프로덕션에 다른 설정 사용

지금까지 이 책에서는 django-admin startproject에 의해 생성된 settings.py 파일 하나만 다뤘다. 하지만 배포 준비가 되면 개발 환경을 프로덕션 환경과 격리된 상태로 유지하기 위해 여러 설정 파일이 필요할 것이다. 예를 들어, 로컬 컴퓨터에서 코드 변경을 테스트할 때마다 DEBUG를 False에서 True로 변경하는 것을 원하지 않을 것이다. 장고는 여러 설정 파일을 사용할 수 있게 해 매우 쉽게 이 작업을 수행한다. 설정 파일을 프로덕션 및 개발 설정으로 구성하려면 이 작업을 다음 세 가지 방법 중 하나를 수행해야 한다.

- 독립적으로 설정된 2개의 설정 파일을 2개 설정한다.
- 기본 설정 파일(예: 개발용)과 첫 번째 설정 파일을 가져와서 정의할 필요가 있는 모든 오버라이드를 정의하는 두 번째(즉, 프로덕션) 설정 파일을 설정한다.
- 설정을 콘텍스트를 기반으로 변경하려면 파이썬 로직이 있는 단일 설정 파일만 사용해야 한다.

우리는 한 번에 하나씩 가져갈 것이다. 첫째, 가장 기본적인 접근 방식은 2개의 개별 설정 파일을 정의하는 것이다. 여러분이 계속 따라 했다면 이미 settings.py을 갖고 있을 것이다. 이제 settings_production.py라는 복사본을 만든다(이 이름을 만들었으므로 원하는 이름으로 부를 수 있다). 이 새 파일에서 DEBUG 등을 변경한다. 두 번째 방법은 유사하지만 중복성을 줄인다. 내용이 거의 유사한 2개의 설정 파일을 갖는 대신, 하나를 기본 파일로 취급하고 파일을 가져오는 다른 파일을 작성할 수 있다. 예제는 다음과 같다.

```
# settings.py

DEBUG = True
TEMPLATE_DEBUG = DEBUG

DATABASE_ENGINE = 'postgresql_psycopg2'
DATABASE_NAME = 'devdb'
DATABASE_USER = ''
```

```
DATABASE_PASSWORD = ''
DATABASE_PORT = ''

# ...

# settings_production.py

from settings import *

DEBUG = TEMPLATE_DEBUG = False
DATABASE_NAME = 'production'
DATABASE_USER = 'app'
DATABASE_PASSWORD = 'letmein'
```

여기서 settings_production.py는 settings.py의 모든 것을 임포트하고 프로덕션에만 적용되는 설정을 다시 정의한다. 이 경우 DEBUG는 False로 설정되지만, 우리는 이미 프로덕션 설정에 대해 다른 데이터베이스 액세스 파라미터를 설정했다. 후자는 DEBUG와 같은 기본 설정뿐만 아니라 모든 설정을 다시 정의할 수 있다는 것을 보여준다. 마지막으로 두 가지 설정 환경을 수행하는 가장 간결한 방법은 환경에 따라 분기하는 단일 설정 파일을 사용하는 것이다. 이를 수행하는 한 가지 방법은 현재 호스트 이름을 확인하는 것이다. 예제는 다음과 같다.

```
# settings.py

import socket

if socket.gethostname() == 'my-laptop':
DEBUG = TEMPLATE_DEBUG = True
else:
DEBUG = TEMPLATE_DEBUG = False

# ...
```

여기에서는 파이썬의 표준 라이브러리에서 소켓 모듈을 가져와 현재 시스템의 호스트 이름을 확인하는 데 사용한다. 코드가 프로덕션 서버에서 실행되는지 여부를 결정하기 위해 호스트 이름을 확인할 수 있다. 여기서 핵심적인 교훈은 설정 파일이 단지 파이썬 코드라는 것이다. 이러한 설정 파일은 다른 파일에서 임포트할 수 있으며, 임의의 로직을 실행할 수 있다. 이런 방안으로 실행하면 설정 파일의 파이썬 코드는 오류가 발생하지 않는다. 만약, 예외가 발생하면 장고는 심하게 망가질 것이다.

언제든지 settings.py의 이름을 settings_dev.py 또는 settings/dev.py로 바꿀 수 있다. foobar.py-장고는 사용 중인 설정 파일을 알려주는 한 문제가 되지 않는다.

그러나 django-dmin startproject에 의해 생성된 settings.py 파일의 이름을 바꾸면 manage.py는 설정을 찾을 수 없다는 오류 메시지를 표시한다. 설정이라는 모듈을 가져오려고 하기 때문이다. 이 문제를 해결하려면 manage.py를 편집해 모듈 이름으로 설정을 변경하거나 manage.py 대신 django-admin을 사용해야 한다. 후자의 경우, DJANGO_SETTINGS_MODULE 환경 변수를 여러분의 설정 파일에 대한 파이썬 경로(예: 'mysite.settings')로 설정해야 한다.

▎ 프로덕션 서버에 장고 배포

고통 없는 무료 배포

실제 여러분이 웹 사이트를 배포하는 데 진지한 사람이라면 실제로 합리적인 선택인 장고를 명시적으로 지원하는 호스트를 찾아야 한다.

박스(Nginx)에서 별도의 미디어 서버를 구입할 뿐만 아니라 아파치를 올바르게 설정하고 주기적으로 파이썬 프로세스를 다시 시작하는 cron 작업을 설정(웹 사이트가 멈추지 않도록 하기 위해)하는 등의 작은 작업도 처리한다. 더 나은 호스트를 사용하면 원 클릭 배포의 형태를 얻을 수 있다.

여러분 스스로 장고를 아는 호스트에 고통을 주지 말고 한 달에 몇 달러를 지불하자.

■ 아파치와 mod_wsgi로 장고 배포하기

아파치(http://httpd.apache.org/)와 **mod_wsgi**(http://code.google.com/p/modwsgi)로 장고를 배치하는 것은 장고를 제작하기 위해 시험되고 검증된 방법이다. mod_wsgi는 장고를 포함한 모든 Python WSGI 응용 프로그램을 호스트할 수 있는 아파치 모듈이다. 장고는 mod_wsgi를 지원하는 아파치의 모든 버전에서 작동한다. 공식 mod_wsgi 문서는 꽤 괜찮다. mod_wsgi를 사용하는 방법에 대한 모든 정보를 얻을 수 있다. 설치 및 구성 설명서부터 시작하는 것이 좋다.

기본 구성

mod_wsgi를 설치하고 활성화한 후에는 아파치 서버의 httpd.conf 파일을 편집하고 다음을 추가한다. 2.4보다 오래된 버전의 아파치를 사용하는 경우, 다음 Require all granted을 Allow from all으로 바꾸고, 앞쪽에 Order deny 행을 추가한다.

```
WSGIScriptAlias / /path/to/mysite.com/mysite/wsgi.py
WSGIPythonPath /path/to/mysite.com

<Directory /path/to/mysite.com/mysite>
<Files wsgi.py>
Require all granted
</Files>
</Directory>
```

WSGIScriptAlias 행의 첫 번째 비트는 응용 프로그램을 제공할 기본 URL 경로(/는 루트 URL을 나타냄)이고, 두 번째는 시스템상의 WSGI 파일(아래 파일 참조)의 위치다. 이 파일은 일반적으로 프로젝트 패키지 안(이 예제에서는 mysite)에 위치한다. 이것은 아파치가 해당 파일에 정의된 WSGI 응용 프로그램을 사용해 지정된 URL 다음에 요청을 제공하도록 지시한다.

426

WSGIPythonPath 행은 프로젝트 패키지를 파이썬 경로에서 가져올 수 있다는 것을 보장한다. 즉, import mysite이 작동한다. <Directory> 부분만 아파치가 wsgi.py 파일에 접근할 수 있도록 한다.

다음으로 WSGI 응용 프로그램 객체를 갖는 wsgi.py가 있는지 확인해야 한다. 장고 버전 1.4부터, startproject는 당신을 위해 하나 만들었다. 그렇지 않으면 생성해야 한다.

이 파일에 넣어야 하는 기본 내용과 추가할 수 있는 내용은 WSGI 개요를 참조하라.

하나의 mod_wsgi 프로세스에서 여러 장고 웹 사이트가 실행되면 모든 장고 웹 사이트가 먼저 실행되는 설정을 사용한다. 다음과 같이 변경하면 해결할 수 있다.

wsgi.py에 있는

```
os.environ.setdefault("DJANGO_SETTINGS_MODULE",
                      "{{ project_name }}.settings")
```

코드를

```
os.environ["DJANGO_SETTINGS_MODULE"] =
"{{ project_name }}.settings"
```

또는 mod_wsgi 데몬 모드를 사용하고 각 웹 사이트가 자체 데몬 프로세스에서 실행되는지 확인한다.

mod_wsgi 데몬 모드 사용하기

데몬 모드는 mod_wsgi를 실행하기 위해 권장된다(비윈도우 플랫폼에서 실행). 필요한 데몬 프로세스 그룹을 만들고, 장고 인스턴스가 실행되도록 위임하려면 적절한 WSGIDaemonProcess 및 WSGIProcessGroup 지시문을 추가해야 한다.

데몬 모드를 사용하는 경우, 위의 구성에 필요한 추가 변경 사항은 `WSGIPythonPath`를 사용할 수 없다는 것이다. 그 대신 `WSGIDaemonProcess`에 python-path 옵션을 사용해야 한다. 예제는 다음과 같다.

```
WSGIDaemonProcess example.com python
path=/path/to/mysite.com:/path/to/venv/lib/python2.7/site-packages
WSGIProcessGroup example.com
```

데몬 모드 설정에 대한 좀 더 자세한 내용은 공식 mod_wsgi 문서를 참조하라.

파일 제공

장고는 파일 자체를 제공하지 않는다. 여러분이 선택한 웹 서버에 해당 작업을 그대로 남겨둔다. 장고를 실행하지 않는 별도의 웹 서버를 사용해 미디어를 제공하는 것이 좋다. 다음은 좋은 선택이다.

- Nginx(좀 더 자세한 내용은 http://code.google.com/p/modwsgi 참조)
- 아파치의 필수 버전

그러나 장고와 동일한 Apache VirtualHost에서 미디어 파일을 제공할 수 있는 옵션이 없으면, 아파치를 일부 URL을 정적 미디어로 제공하도록 설정하거나 mod_wsgi 인터페이스를 사용해 장고를 제공하도록 설정할 수 있다.

이 예제는 장고를 웹 사이트 루트에 설정하지만 robots.txt, favicon.ico, CSS 파일 및 /static/ 및 /media/ URL 공간의 모든 내용을 정적 파일로 제공한다. 다른 모든 URL은 mod_wsgi를 사용해 제공된다.

```
Alias /robots.txt /path/to/mysite.com/static/robots.txt
Alias /favicon.ico /path/to/mysite.com/static/favicon.ico
```

```
Alias /media/ /path/to/mysite.com/media/
Alias /static/ /path/to/mysite.com/static/

<Directory /path/to/mysite.com/static>
Require all granted
</Directory>

<Directory /path/to/mysite.com/media>
Require all granted
</Directory>

WSGIScriptAlias / /path/to/mysite.com/mysite/wsgi.py

<Directory /path/to/mysite.com/mysite>
<Files wsgi.py>
Require all granted
</Files>
</Directory>
```

2.4보다 오래된 버전의 아파치를 사용하고 있다면 Allow all from Allow로 바꾸고, 이전에 Order deny 행을 추가한다.

관리자 파일 검색

django.contrib.staticfiles가 INSTALLED_APPS에 있으면 장고 개발 서버는 자동으로 admin 앱(및 설치된 다른 모든 앱)의 정적 파일을 제공한다. 그러나 다른 서버 배치를 사용하는 경우에는 그렇지 않다. 여러분은 관리자 파일을 제공하기 위해 아파치 또는 사용 중인 웹 서버를 설정해야 한다.

관리자 파일은 장고 배포판의 django/contrib/admin/static/admin에 있다. django.contrib.staticfiles를 사용해 admin 파일을 처리하는 것이 좋다(이전 섹션에서 설명한 웹 서버와 강력하게 함께한다). 이것은 집합 관리 명령을 사용해 STATIC_ROOT에서 정적 파일을 수집한 후, STATIC_URL에서 STATIC_ROOT를 제공하도록 웹 서버를 구성하는 것을 의미하지만 여기에는 세 가지 다른 접근 방법이 있다.

1. 문서 루트에서 admin 정적 파일에 대한 심볼릭 링크를 만든다(아파치 설정에서 + FollowSymLinks가 필요할 수도 있다).
2. 이전 단락에서 설명한 대로 Alias 지시문을 사용해 해당 URL(아마 STATIC_URL + admin/)을 관리 파일의 실제 위치로 Alias를 설정한다.
3. admin 정적 파일을 복사해 아파치 문서 루트 내에 있도록 한다.

여러분이 UnicodEncodError를 얻는다면

장고의 국제화 기능을 이용하고 사용자가 파일을 업로드할 수 있게 하려는 경우, 아파치를 시작하는 데 사용된 환경이 비ASCII 파일 이름을 허용하도록 구성돼 있는지 확인해야 한다. 환경이 올바르게 구성되지 않은 경우, 비ASCII 문자가 포함된 파일 이름에서 os.path와 같은 함수를 호출할 때 UnicodeEncodeError 예외가 트리거된다.

이러한 문제점을 피하기 위해, 아파치를 시작하는 데 사용되는 환경에는 다음과 유사한 설정이 포함돼야 한다.

```
export LANG='en_US.UTF-8'
export LC_ALL='en_US.UTF-8'
```

이러한 구성 항목을 넣을 적절한 구문과 위치는 운영체제 설명서를 참조하라. /etc/apache2/envvars는 Unix 플랫폼의 일반적인 위치다. 이 명령을 환경에 추가한 다음에는 아파치를 다시 시작한다.

▌ 프로덕션에서 정적 파일 제공

정적 파일을 프로덕션 환경에 배치하는 기본 개요는 다음과 같다. 정적 파일이 변경될 때 collectstatic 명령을 실행한 후, 수집된 정적 파일 디렉터리(STATIC_ROOT)가 정적 파일 서버로 이동돼 서비스되도록 정렬한다.

STATICFILES_STORAGE에 따라 파일을 수동으로 새 위치로 이동해야 하거나 Storage 클래스의 post_process 메서드가 이를 처리할 수 있다.

물론 모든 배포 작업과 마찬가지로, 문제 이슈는 세부 정보에 있다. 모든 프로덕션 설정이 약간 달라지므로 필요에 맞게 기본 개요를 조정해야 한다.

다음은 도움이 되는 몇 가지 일반적인 패턴이다.

동일한 서버에서 웹 사이트 및 정적 파일 제공

이미 웹 사이트를 제공하고 있는 서버와 동일한 서버에서 정적 파일을 제공하려는 경우, 프로세스는 다음과 같이 유사할 수 있다.

- 코드를 배포 서버에 푸시한다.
- 서버에서 collectstatic을 실행해 모든 정적 파일을 STATIC_ROOT에 복사한다.
- URL STATIC_URL 아래의 STATIC_ROOT에 있는 파일을 제공하도록 웹 서버를 구성한다.

여러분은 이 프로세스를 자동화하고 싶을 것이다. 특히 여러 웹 서버가 있는 경우에는 더욱 그러하다. 이 자동화를 수행하는 데에는 여러 가지 방법이 있지만, 많은 장고 개발자들은 Fabric(http://fabfile.org/)을 활용한다.

다음 절에서 이러한 파일 배포 옵션을 자동화하는 몇 가지 예제 fabfiles(Fabric 스크립트)를 보여준다. fabfile의 구문은 매우 간단하지만 여기서는 다루지 않는다. 구문에 대한 자세한 설명은 Fabric 설명서를 참조하라. 따라서 정적 파일을 2개의 웹 서버에 배포하는 fabfile은 다음과 같다.

```
from fabric.api import *

# 배포할 호스트
env.hosts = ['www1.example.com', 'www2.example.com']

# 서버상의 프로젝트 코드가 있는 위치
env.project_root = '/home/www/myproject'

def deploy_static():
    with cd(env.project_root):
        run('./manage.py collectstatic -v0 --noinput')
```

전용 서버에서 정적 파일 제공

정적 파일을 제공하기 위해 대부분의 큰 장고 웹 사이트는 장고를 실행하지 않는 별도의 웹 서버를 사용한다. 이 서버는 빠르지만, 기능은 적은 다른 유형의 웹 서버를 실행하는 경우가 많다. 몇 가지 일반적인 선택사항은 다음과 같다.

- Nginx
- 아파치의 최소 필수 버전

이러한 서버를 구성하는 것은 이 문서의 범위를 벗어난다. 각 서버의 설명서에서 지침을 확인하기 바란다. 정적 파일 서버는 장고를 실행하지 않으므로 다음과 같이 배치 전략을 수정해야 한다.

1. 정적 파일이 변경되면 collectstatic을 로컬로 실행한다.
2. 로컬 STATIC_ROOT를 제공된 디렉터리 내 정적 파일 서버까지 밀어 넣는다.

432

rsync(https://rsync.samba.org/)는 변경된 정적 파일의 비트만 전송하면 되므로 이 단계의 공통 선택사항이다.

다음은 이것이 팹 파일에서 어떻게 보이는지를 보여준다.

```
from fabric.api import *
from fabric.contrib import project

# 정적 파일은 로컬에서 수집된다. 여러분의 STATIC_ROOT 설정
env.local_static_root = '/tmp/static'

# 정적 파일을 원격으로 이동해야 하는 곳
env.remote_static_root = '/home/www/static.example.com'

@roles('static')
def deploy_static():
    local('./manage.py collectstatic')
    project.rsync_project(
        remote_dir = env.remote_static_root,
        local_dir = env.local_static_root,
        delete = True
    )
```

클라우드 서비스 또는 CDN에서 정적 파일 검색

또 다른 일반적인 전술은 Amazon S3 및 / 또는 CDN(콘텐츠 전달 네트워크)과 같은 클라우드 스토리지 공급자의 정적 파일을 제공하는 것이다. 이를 통해 정적 파일 제공 문제를 무시할 수 있으며, 특히 CDN을 사용하는 경우 빠른 로드 웹 페이지를 만들 때 종종 이를 수행할 수 있다.

이러한 서비스를 사용할 때, rfsync를 사용해 정적 파일을 서버로 전송하는 대신 정적 파일을 저장소 공급자 또는 CDN으로 전송해야 한다는 점을 제외하면, 기본 워크플로는 이전 단락과 약간 유사하다. 여러분이 이것을 하는 데는 여러 가지 방법이 있지만, 제공자가 API를 갖고 있다면 커스텀 파일 저장 백엔드는 프로세스를 매우 간단하게 만들 것이다.

다은 회사의 사용자 정의 저장소 백엔드를 작성하거나 사용 중인 경우, STATICFILES_STORAGE를 저장소 엔진으로 설정해 collectstatic가 이것을 사용하도록 지정할 수 있다. 예를 들어, myproject.storage.S3Storage에 S3 스토리지 백엔드를 작성한 경우에는 다음과 함께 사용할 수 있다.

```
STATICFILES_STORAGE = 'myproject.storage.S3Storage'
```

일단 완료되고 collectstatic만 실행하면 정적 파일이 스토리지 패키지를 통해 최대 S3로 푸시된다. 나중에 다른 저장소 공급자로 전환해야 하는 경우 STATICFILES_STORAGE 설정을 변경하는 것만큼 간단할 수 있다. 많은 일반적인 파일 저장소 API에 대한 저장소 백엔드를 제공하는 다른 회사의 응용 프로그램이 있다. 좋은 출발점은 djangopackages.com의 개요다.

■ 스케일링

이제 장고를 단일 서버에서 실행하는 방법을 알았으므로 장고 설치를 수평으로 확장할 수 있는 방법을 살펴보자. 이 섹션에서는 웹 사이트가 단일 서버에서 대규모 클러스터로 확장돼 한 시간에 수백만 회의 조회를 처리할 수 있는 방법을 설명한다. 그러나 거의 모든 대형 웹 사이트가 서로 다른 방식으로 커질 수 있으므로 크기 조정은 모든 경우에 적용할 수 있는 단일 작업이라는 것을 알아두는 것이 중요하다.

다음 범위는 일반적인 원칙을 보여주기에 충분해야 하며, 가능할 때마다 다른 선택을 할 수 있는 곳을 지적하려고 노력할 것이다. 우선, 꽤 큰 가정을 하고 아파치와 mod_python

하에서 스케일링에 대해 이야기할 것이다. 중대형 대규모 FastCGI 배포를 성공적으로 수행했다는 것을 알고 있지만, 아파치가 더 친숙하다.

단일 서버에서 실행

대부분의 웹 사이트는 [그림 13.1]과 같은 아키텍처를 사용해 단일 서버에서 실행된다. 그러나 트래픽이 증가하면 다른 소프트웨어 간의 리소스 경합이 발생한다. 데이터베이스 서버와 웹 서버는 전체 서버를 소유하고 싶어하기 때문에 동일한 서버에서 실행될 때 독점하길 원하는 동일한 리소스(RAM 및 CPU)를 사용해 싸우게 된다. 데이터베이스 서버를 두 번째 시스템으로 이동하면 쉽게 해결할 수 있다.

[그림 13.1] 단일 서버 장고 설정

데이터베이스 서버 분리하기

장고에 관한 한 데이터베이스 서버를 분리하는 과정은 매우 쉽다. DATABASE_HOST 설정을 데이터베이스 서버의 IP 또는 DNS 이름으로 변경하면 된다. 가능한 경우 IP를 사용하는 것이 좋다. 웹 서버와 데이터베이스 서버 간의 연결에 DNS를 사용하지 않는 것이 좋다. 별도의 데이터베이스 서버를 사용하면 아키텍처는 [그림 13.2]와 같다.

이제 우리는 일반적으로 n-tier 아키텍처라고 불리는 것으로 이동하기 시작하고 있다. 전문 용어를 두려워하지 말자. 웹 스택의 다른 계층이 서로 다른 물리적 시스템으로 분리된다는 사실을 나타낸다.

이 시점에서 단일 데이터베이스 서버 이상으로 성장할 필요가 있을 것으로 예상되면 연결 풀링 및 / 또는 데이터베이스 복제에 대해 생각해보는 것이 좋다. 불행히도 이 책에서는 이러한 주제를 정의할 수 있는 충분한 공간이 없으므로 더 자세한 정보는 데이터베이스의 문서 및 / 또는 커뮤니티에 문의해야 한다.

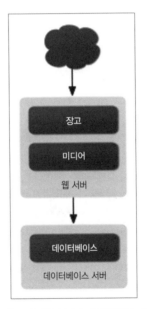

[그림 13.2] 전용 서버로 데이터베이스 이동

별도의 미디어 서버 실행

단일 서버 설정에서 여전히 큰 문제가 남아 있다. 동적 콘텐츠를 처리하는 동일한 상자의 미디어 제공이 문제다. 이 두 가지 활동은 서로 다른 상황에서 가장 잘 수행되며, 동일한 상자에서 함께 스매싱해 특히 잘 수행하지 못한다.

따라서 다음 단계는 장고 뷰에서 생성되지 않은 미디어를 전용 서버로 분리하는 것이다([그림 13.3] 참조).

이상적으로, 이 미디어 서버는 정적 미디어 전송에 최적화된 웹 서버를 실행해야 한다. lighttpd가 또 다른 옵션이거나 아파치가 할 수 있더라도 Nginx는 여기서는 선호되는 옵션이다. 정적인 콘텐츠(사진, 비디오 등)가 많은 웹 사이트의 경우 별도의 미디어 서버로 이동하는 것이 중요하며 배율을 높이는 첫 번째 단계여야 한다.

그러나 이 단계는 다소 까다로울 수 있다. 응용 프로그램에 파일 업로드가 관련된 경우, 장고는 업로드된 미디어를 미디어 서버에 쓸 수 있어야 한다. 미디어가 다른 서버에 있는 경우 네트워크를 통해 쓰기 작업을 수행할 수 있는 방법을 마련해야 한다.

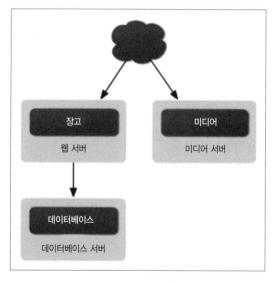

[그림 13.3] 미디어 서버 분리

로드 균형 조정 및 중복 구현

이 시점에서 우리는 가능한 한 많은 것을 깨뜨렸다. 이 3개의 서버 설정은 매우 많은 양의 트래픽을 처리해야 한다. 이 아키텍처의 아키텍처에서 하루에 약 1,000만 건의 조회가 발생했으므로 향후 성장할 경우 중복성을 추가해야 한다.

실제로 이는 좋은 일이다. [그림 13.3]은 3대의 서버 중 하나가 실패하더라도 전체 웹 사이트를 중단시키는 것을 보여준다. 따라서 중복 서버를 추가하면 용량이 증가할 뿐만 아니라 안정성도 높아진다. 이 예제를 위해 웹 서버가 먼저 용량에 도달한다고 가정해보자.

서로 다른 하드웨어에서 실행되는 장고 웹 사이트의 복사본을 여러 개 가져오는 것은 비교적 쉽다. 모든 코드를 여러 컴퓨터에 복시한 후 모든 김퓨터에서 아파지를 시작하년 된다. 그러나 부하 분산 장치인 여러 서버를 통해 트래픽을 분산시키는 또 다른 소프트웨어가 필요하다.

비싸고 독점적인 하드웨어 부하 밸런서를 구입할 수 있지만, 거기에는 몇 가지 고품질 오픈소스 소프트웨어 부하 밸런서가 있다. 아파치의 mod_proxy가 하나의 옵션이지만, Perlbal(http://www.djangoproject.com/r/perlbal/)이 환상적이라는 것을 알았다. memcached를 작성한 사람들이 작성한 부하 밸런서와 역방향 Tr 프록시다("16장, 장고 캐시 프레임워크" 참조).

이제 웹 서버가 클러스터링되면서 진화하는 아키텍처는 [그림 13.4]와 같이 더 복잡해진다.

438

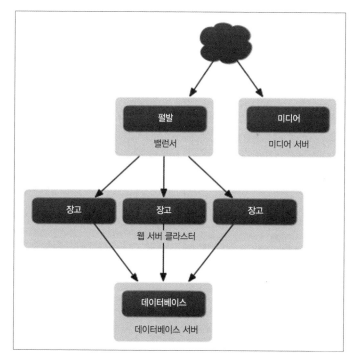

[그림 13.4] 부하 조정된, 중복 서버 설정

다이어그램에서 웹 서버는 서버의 수가 기본적으로 가변적이라는 것을 나타내기 위해 클러스터라고 한다. 부하 밸런서를 앞에 놓으면 다운 타임 없이 백엔드 웹 서버를 쉽게 추가 및 제거할 수 있다.

크게 만들기

이 시점에서 다음 몇 단계는 거의 마지막 단계의 파생 결과다.

- 더 많은 데이터베이스 성능이 필요하다면 복제된 데이터베이스 서버를 추가할 수 있다. MySQL에는 내장된 복제 기능이 포함돼 있다. PostgreSQL의 사용자는 반독과 연결 풀링을 위해 각각 Slony(http://www.djangoproject.com/r/slony/)와 pgpool(http://ww.djangoproject.com/r/pgpool/)을 조사해봐야 한다.

- 단일 부하 밸런서만으로 충분하지 않은 경우, 부하 밸런서 머신을 라운드 로빈 DNS를 사용해 이들 사이에 배포할 수 있다.
- 단일 미디어 서버로 충분하지 않은 경우에는 더 많은 미디어 서버를 추가할 수 있으며, 해당 부하를 부하 밸런스 클러스터로 분산할 수 있다.
- 캐시 저장 영역이 더 필요하면 전용 캐시 서버를 추가할 수 있다.
- 어떤 단계에서든 클러스터의 성능이 좋지 않으면 클러스터에 서버를 추가할 수 있다.

이러한 반복 작업 중 몇 번을 수행하면 대규모 아키텍처가 [그림 13.5]처럼 보일 수 있다.

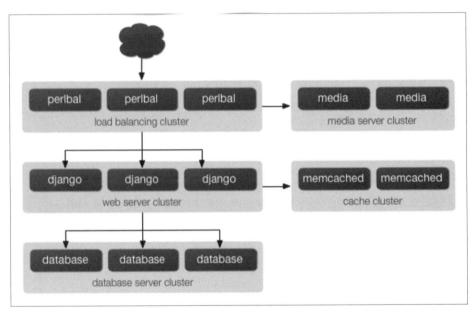

[그림 13.5] 대규모 장고 설정 예.

각 단계마다 2~3개의 서버만 표시했지만, 추가할 수 있는 서버 수에는 근본적인 제한이 없다.

성능 튜닝

여러분이 엄청난 돈이 있다면 스케일링 문제에 하드웨어를 자꾸 언급할 수 있다. 하지만 나머지 우리에게는 성능 튜닝이 필수적이다.

 덧붙여 말하면 엄청난 현금을 가진 사람이 실제로 이 책을 읽는다면 장고 재단에 상당한 기부를 고려해보길 바란다. 그들은 다이아몬드와 금괴도 받아들인다.

불행히도 성능 튜닝은 과학보다 훨씬 더 예술적이며, 스케일링보다는 글쓰기가 더 어렵다. 대규모 장고 응용 프로그램을 구현하는 것이 중요하다면 스택의 각 조각을 조정하는 방법을 배우는 데 많은 시간을 할애해야 한다.

하지만 다음 섹션에서는 몇 년에 걸쳐 알아낸 장고 관련 튜닝 팁을 설명한다.

많은 RAM 외의 대안은 없다

심지어 값비싼 RAM조차도 요즘에는 비교적 저렴한 편이다. 여러분이 여유가 있을 만큼 많은 RAM을 구입하자. 상대적으로 빠른 프로세서로는 성능이 크게 향상되지 않는다. 대부분의 웹 서버는 디스크 입출력을 기다리는 데 시간의 90% 이상을 소비한다. 교환 swapping을 시작하자마자 성능이 떨어진다. 더 빠른 디스크는 약간 도움이 될 수 있지만, RAM보다 훨씬 비싸며 실제로 그다지 도움이 되지 않는다.

서버가 여러 대인 경우, RAM을 넣는 첫 번째 위치가 데이터베이스 서버에 있다. 여유가 있다면 전체 데이터베이스를 메모리에 넣을 수 있도록 충분한 RAM을 확보한다. 이것은 너무 어렵지 않아야 한다. 우리는 50만 개 이상의 신문 기사가 있는 웹 사이트를 개발했으며 2GB 미만의 공간을 차지했다.

다음으로 웹 서버의 RAM을 최대로 늘린다. 이상적인 상황은 어느 서버도 스왑을 하지 않는 것이다. 이 점에 도달하면 대부분의 정상적인 트래픽을 견딜 수 있어야 한다.

Keep-Alive 끄기

Keep-Alive는 TCP 설정/해체 오버 헤드를 피하면서, 단일 TCP 연결을 통해 여러 HTTP 요청을 제공할 수 있는 HTTP의 기능이다. 이것은 언뜻 좋아 보이기는 하지만 장고 웹 사이트의 성능을 떨어뜨릴 수 있다. 여러분이 별도의 서버에서 미디어를 제대로 제공하는 경우, 웹 사이트를 탐색하는 각 사용자는 10초마다 장고 서버의 웹 페이지를 요청할 것이다. 이로 인해 HTTP 서버는 다음 연결 유지 요청을 기다리고 있으며, 유휴 HTTP 서버는 활성 서버가 사용해야 하는 RAM을 소비한다.

Memcached를 사용한다

장고는 여러 캐시 백엔드를 지원하지만 어느 누구도 Memcached만큼 빠르지는 않다. 트래픽이 많은 웹 사이트를 갖고 있다면 다른 백엔드를 신경 쓰지 않도록 한다. 곧바로 Memcached로 이동한다.

Memcached를 자주 사용한다

물론, 여러분이 이것을 실제로 사용하지 않는다면 Memcached를 선택하는 것은 실제로 바람직하지 않다. "16장, 장고 캐시 프레임워크"는 가장 좋다. 장고의 캐시 프레임워크를 사용하는 방법을 배워, 가능하면 모든 곳에서 이것을 사용하자. 공격적이고, 선제적 캐싱은 주요 트래픽하에서 웹 사이트를 유지하는 유일한 방법이다.

대화에 참여한다

장고 스택의 각 조각(리눅스에서 아파치, PostgreSQL 또는 MySQL)에는 멋진 커뮤니티가 있다. 서버에서 마지막 1%를 정말로 알려면 소프트웨어 이면에 있는 오픈소스 커뮤니티에 가입하고 도움을 요청하자. 대부분의 무료 소프트웨어 커뮤니티 회원이 기꺼이 도와

준다. 또한 장고 커뮤니티에 참여하자. 장고 커뮤니티는 믿을 수 없을 만큼 적극적으로 성장하고 있는 장고 개발자 그룹이다. 커뮤니티는 엄청난 양의 경험을 제공한다.

▌ 14장에서 무엇을 설명하는가?

나머지 장에서는 응용 프로그램에 따라 필요하거나 필요하지 않을 수도 있는 장고 기능에 중점을 둔다. 선택한 순서에 상관없이 자유롭게 읽어보자.

14

비HTML 콘텐츠 생성

일반적으로 웹 사이트를 개발할 때 HTML을 만드는 방법에 대해 이야기한다. 물론 HTML보다는 웹에 더 많은 것이 있다. 우리는 웹을 사용해 RSS, PDF, 이미지 등 모든 종류의 형식으로 데이터를 배포한다.

지금까지는 HTML 제작의 일반적인 경우에 초점을 맞췄지만, 14장에서는 장고를 사용해 다른 유형의 콘텐츠를 생성한다. 장고에는 HTML이 아닌 일반적인 콘텐츠를 생성하는 데 사용할 수 있는 편리한 내장 도구가 있다.

- 스프레드 시트 응용 프로그램으로 가져오기 위해 쉼표로 구분한 파일(CSV)
- PDF 파일
- RSS/Atom 신디케이션 피드
- Sitemap(원래 구글에서 개발한 XML 형식으로 검색 엔진에 대한 힌트 제공)

이 각 도구들은 잠시 후에 살펴보고, 우선 기본 원리를 다뤄보자.

▌ 기본 사항: 뷰 및 MIME 유형

"2장, 뷰와 URLconfs"에서 볼 때, 뷰 함수는 웹 요청을 받아 웹 응답을 반환하는 파이썬 함수일 뿐이다. 이 응답은 웹 페이지의 HTML 콘텐츠 또는 리디렉션, 404 오류, XML 문서 또는 이미지 ... 또는 기타일 수 있다. 좀 더 공식적으로, 장고 뷰 함수는 다음을 수행해야 한다.

1. 첫 번째 인수로 `HttpRequest` 인스턴스를 수락한다.
2. `HttpResponse` 인스턴스를 반환한다.

뷰에서 비HTML 콘텐츠를 반환하는 열쇠는 `HttpResponse` 클래스, 특히 `content_type` 인수에 있다. 기본적으로 장고는 `content_type`을 text/html로 설정한다. 그러나 `content_type`을 IANA에서 관리하는 공식 인터넷 미디어 유형(MIME 유형)으로 설정할 수 있다(좀 더 자세한 내용은 http://www.iana.org/assignments/media-types/media-types.xhtml 참조).

MIME 형식을 조정해 웹 브라우저에 다른 형식의 응답을 반환했다는 것을 나타낼 수 있다. 예를 들어, PNG 이미지를 반환하는 보기를 살펴보자. 작업을 간단하게 하기 위해 디스크에서 파일을 읽는다.

```
from django.http import HttpResponse

def my_image(request):
    image_data = open("/path/to/my/image.png", "rb").read()
    return HttpResponse(image_data, content_type="image/png")
```

이것이 전부다. open( ) 호출의 이미지 경로를 실제 이미지의 경로로 바꾸면, 이 간단한 뷰를 사용해 이미지를 제공할 수 있으며, 웹 브라우저는 이것을 올바르게 표시한다.

HttpResponse 객체는 파이썬의 표준 파일과 같은 객체 API를 구현한다는 점도 명심해야 한다. 이는 HttpResponse 인스턴스를 파이썬(또는 다른 회사 라이브러리)이 파일을 예상하는 위치에서 사용할 수 있다는 것을 의미한다. 예를 들어, 장고로 CSV를 만드는 방법을 살펴보자.

▌ CSV 제작

파이썬에는 CSV 라이브러리인 csv가 함께 제공된다. 장고와 함께 사용할 때 핵심은 csv 모듈의 CSV 작성 기능이 파일과 유사한 객체에 적용하고, 장고의 HttpResponse 객체가 파일과 유사한 객체라는 것이다. 예제는 다음과 같다.

```
import csv
from django.http import HttpResponse

def some_view(request):
    # 적절한 CSV 헤더를 사용해 HttpResponse 객체를 만든다.
    response = HttpResponse(content_type='text/csv')
    response['Content-Disposition'] = 'attachment;
        filename="somefilename.csv"'

    writer = csv.writer(response)
    writer.writerow(['First row', 'Foo', 'Bar', 'Baz'])
    writer.writerow(['Second row', 'A', 'B', 'C', '"Testing"'])
    return response
```

코드와 주석은 자체적으로 설명해야 하지만 몇 가지 언급할 필요가 있다.

- 응답은 특수 MIME 유형인 text/csv를 취한다. 이 점은 문서가 HTML 파일이 아니라 CSV 파일이라는 것을 웹에 알린다. 이 기능을 사용하지 않으면 웹 브라우저는 출력을 HTML로 해석해, 웹 브라우저 창에 보기 흉하고 끔찍한 결과를 초래할 수 있다.

- 해당 응답은 CSV 파일의 이름이 포함된 추가 Content-Disposition 헤더가 생성된다. 이 파일 이름은 임의적이다. 여러분이 원하는 대로 불러라. Save as... 대화상자 등의 웹 브라우저에서 사용될 것이다.

- CSV-생성 API를 사용하는 것은 쉽다. 응답을 csv.writer의 첫 번째 인수로 전달하면 된다. csv.writer 함수는 파일과 유사한 객체이며, HttpResponse 객체는 청구서에 적합하다.

- CSV 파일의 각 행에 대해 writer.writerow를 호출해 목록 또는 튜플과 같은 반복 가능한 객체를 전달한다.

- CSV 모듈은 인용을 처리하므로 인용 부호나 쉼표가 포함된 문자열을 이스케이프 처리할 필요가 없다. writerow( )에 원시 문자열을 전달하면 올바르게 처리한다.

대용량 CSV 파일 스트리밍

매우 큰 응답을 생성하는 뷰를 처리할 때, 장고의 StreamingHttpResponse를 대신 사용하는 것을 고려하는 것이 좋다. 예를 들어, 생성하는 데 시간이 오래 걸리는 파일을 스트리밍하면 서버가 응답을 생성하는 동안 다른 방식으로 시간 초과됐을 수 있는 연결을 끊는 부하 밸런서를 피할 수 있다. 이 예제에서는 대용량 CSV 파일의 어셈블리와 전송을 효율적으로 처리하기 위해 파이썬 생성기를 최대한 활용한다.

```
import csv

from django.utils.six.moves import range
```

```
from django.http import StreamingHttpResponse

class Echo(object):
    """An object that implements just the write method of the file-like
    interface.
    """
    def write(self, value):
        """Write the value by returning it, instead of storing in a
buffer."""
        return value

def some_streaming_csv_view(request):
    """A view that streams a large CSV file."""
    # 일련의 행을 생성한다. 범위는 대부분의 스프레드 시트 응용 프로그램에서
    # 단일 시트로 처리할 수 있는 최대 행의 수를 기반으로 한다.
    rows = (["Row {}".format(idx), str(idx)] for idx in range(65536))
    pseudo_buffer = Echo()
    writer = csv.writer(pseudo_buffer)
    response = StreamingHttpResponse((writer.writerow(row)
        for row in rows), content_type="text/csv")
    response['Content-Disposition'] = 'attachment;
        filename="somefilename.csv"'
    return response
```

▌ 템플릿 시스템 사용

또는 장고 템플릿 시스템을 사용해 CSV를 생성할 수 있다. 이것은 편리한 Python csv
모듈을 사용하는 것보다 낮은 수준이지만, 해결책은 완결성을 위해 여기에 제시된다. 여
기서 아이디어는 항목 목록을 템플릿에 전달하고, 템플릿이 for 루프에 쉼표를 출력하도
록 하는 것이다. 다음은 위와 동일한 CSV 파일을 생성하는 예다.

```python
from django.http import HttpResponse
from django.template import loader, Context

def some_view(request):
    # 적절한 CSV 헤더를 사용해 HttpResponse 객체를 만든다.
    response = HttpResponse(content_type='text/csv')
    response['Content-Disposition'] = 'attachment;
        filename="somefilename.csv"'

    # 여기에 하드코드된 데이터가 있지만, 데이터베이스나 다른 소스에서 로드할 수 있다.
    csv_data = (
        ('First row', 'Foo', 'Bar', 'Baz'),
        ('Second row', 'A', 'B', 'C', '"Testing"', "Here's a quote"),
    )

    t = loader.get_template('my_template_name.txt')
    c = Context({'data': csv_data,})
    response.write(t.render(c))
    return response
```

이 예제와 이전 예제의 유일한 차이점은 CSV 모듈 대신 템플릿 로딩를 사용한다는 것
이다. content_type='text/csv'와 같은 코드의 나머지는 동일하다. 다음으로 템플릿 코
드와 함께 my_template_name.txt 템플릿을 만든다.

```
{% for row in data %}
                "{{ row.0|addslashes }}",
                "{{ row.1|addslashes }}",
                "{{ row.2|addslashes }}",
                "{{ row.3|addslashes }}",
                "{{ row.4|addslashes }}"
{% endfor %}
```

이 템플릿은 아주 기본적인 것이다. 주어진 데이터를 반복하고 각 행에 대해 CSV 행을 표시한다. addslashes 템플릿 필터를 사용해 인용 부호에 문제가 없는지 확인한다.

기타 텍스트 기반 형식

여기에 CSV에 대한 구체적인 내용은 없으며, 특정 출력 형식만 있다. 이러한 기술 중 하나를 사용해 여러분이 꿈꾸는 텍스트 기반 형식으로 출력할 수 있다. 유사한 기술을 사용해 임의의 2진 데이터를 생성할 수도 있다. 예를 들어, PDF를 생성한다.

PDF 생성

장고는 뷰를 사용해 동적으로 PDF 파일을 출력할 수 있다. 이것은 우수한 오픈소스 ReportLab(좀 더 자세한 내용은 http://www.reportlab.com/opensource/를 방문해보라) Python PDF 라이브러리에서 가능하다. PDF 파일을 동적으로 생성할 수 있다는 장점은 여러 사용자 또는 다른 내용에 대해 서로 다른 용도로 사용자 정의 PDF를 작성할 수 있다는 것이다.

ReportLab 설치

ReportLab 라이브러리는 PyPI에서 사용할 수 있다. 사용자 가이드(우연히는 아니지만, PDF 파일)도 다운로드할 수 있다. 여러분은 pip로 ReportLab를 설치할 수 있다.

```
$ pip install reportlab
```

파이썬 인터랙티브 인터프리터로 임포트해 여러분의 설치 내용을 테스트하라.

```
>>> import reportlab
```

이 명령으로 오류가 발생하지 않으면 잘 작동하는 것이다.

▌ 뷰 작성

장고로 PDF를 동적으로 생성하는 핵심은 csv 라이브러리와 같은 ReportLab API가 장고의 HttpResponse와 같이 파일과 유사한 객체에 대해 작동한다는 것이다. 다음은 Hello World 예제다.

```python
from reportlab.pdfgen import canvas
from django.http import HttpResponse

def some_view(request):
    # 적절한 PDF 머리글을 사용해 HttpResponse 객체를 만든다.
    response = HttpResponse(content_type='application/pdf')
    response['Content-Disposition'] = 'attachment;
        filename="somefilename.pdf"'

    # 응답 객체를 "file"로 사용해 PDF 객체를 만든다.
    p = canvas.Canvas(response)

    # PDF에 그림을 그린다. 이곳이 PDF 생성이 발생하는 위치다.
    # 전체 기능 목록에 대한 ReportLab 설명서를 참조하라.
    p.drawString(100, 100, "Hello world.")

    # PDF 객체를 닫으면 끝난다.
    p.showPage()
    p.save()
```

```
    return response
```

코드와 주석은 자체적으로 설명해야 하지만 몇 가지 언급이 필요하다.

- 해당 응답에서 특수 MIME 유형, `application/pdf`를 얻어낸다. 이렇게 하면 문서가 HTML 파일이 아닌 PDF 파일이라는 것을 웹 브라우저에 알릴 수 있다.

- 응답에는 PDF 파일의 이름을 포함하는 추가 `Content-Disposition` 헤더가 있다. 이 파일 이름은 임의적이다. 여러분이 원하는 대로 호출한다. 이것은 **다른 이름으로 저장 ...** 대화 상자의 웹 브라우저에서 사용된다.

- 이 예제에서 `Content-Disposition` 헤더는 'attachment'로 시작한다. 이렇게 하면 웹 브라우저에서 컴퓨터에 기본값이 설정돼 있더라도 문서를 처리하는 방법을 묻는 **확인** 대화 상자가 나타난다. '유첨;'을 생략하면 웹 브라우저는 PDF용으로 구성된 모든 프로그램/플러그인을 사용해 PDF를 처리한다. 이 코드는 다음과 같다.

```
response['Content-Disposition'] = 'filename="somefilename.pdf"'
```

- ReportLab API에 쉽게 연결한다. 응답을 `canvas.Canvas`의 첫 번째 인수로 전달하면 된다. `Canvas` 클래스는 파일과 유사한 객체이며, `HttpResponse` 객체가 청구서에 부합할 것으로 기대한다.

- 모든 후속 PDF 생성 메서드는 응답에서가 아닌 PDF 객체(이 경우, p)에서 호출된다.

- 마지막으로 PDF 파일에서 `showPage( )` 및 `save( )`를 호출하는 것이 중요하다.

▌복잡한 PDF

ReportLab을 사용해 복잡한 PDF 문서를 만드는 경우, io 라이브러리를 PDF 파일의 임시 보관 장소로 사용하는 것을 고려해보자. 이 라이브러리는 특히 효율적인 파일과 유사한 객체 인터페이스를 제공한다. 다음은 io를 사용하기 위해 재작성된 위의 Hello World 예제다.

```python
from io import BytesIO
from reportlab.pdfgen import canvas
from django.http import HttpResponse

def some_view(request):
    # 적절한 PDF 머리글을 사용해 HttpResponse 객체를 만든다.
    response = HttpResponse(content_type='application/pdf')
    response['Content-Disposition'] = 'attachment;
        filename="somefilename.pdf"'

    buffer = BytesIO()

    # BytesIO 객체를 "파일"로 사용해 PDF 객체를 만든다.
    p = canvas.Canvas(buffer)

    # PDF에 내용을 그린다. 이곳이 PDF가 생성되는 위치다.
    # 전체 기능 목록은 ReportLab 설명서를 참조하라.
    p.drawString(100, 100, "Hello world.")

    # PDF 객체를 완전히 닫는다.
    p.showPage()
    p.save()

    # BytesIO 버퍼의 값을 가져와 이를 응답에 쓰기를 실행한다.
    pdf = buffer.getvalue()
    buffer.close()
    response.write(pdf)
    return response
```

▌추가 리소스

- PDFlib(http://www.pdflib.org/)는 파이썬 바인딩을 갖는 또 다른 PDF 생성 라이브러리다. 장고와 함께 사용하려면 이 기사에서 설명한 것과 같은 개념을 사용해야 한다.

- Pisa XHTML2PDF(http://www.xhtml2pdf.com/)는 또 다른 PDF 생성 라이브러리다. 피사에는 피사와 장고를 통합하는 방법의 예가 나와 있다.

- HTMLdoc(http://www.htmldoc.org/)은 HTML을 PDF로 변환할 수 있는 명령 행 스크립트다. 파이썬 인터페이스는 없지만, 시스템이나 popen을 사용해 셸로 빠져나와 파이썬으로 출력을 검색할 수 있다.

▌다른 가능성

파이썬으로 생성할 수 있는 다른 유형의 콘텐츠가 있다. 다음은 몇 가지 아이디어와 구현에 사용할 수 있는 라이브러리에 대한 몇 가지 포인터다.

- Zipfiles: 파이썬의 표준 라이브러리에는 압축된 ZIP 파일을 읽고 쓸 수 있는 zipfile 모듈이 함께 제공된다. 대량의 파일을 주문형으로 보관하거나 요청 시 큰 문서를 압축하는 데 사용할 수 있다. 이와 마찬가지로 표준 라이브러리의 tarfile 모듈을 사용해 TAR 파일을 생성할 수 있다.

- 동적 이미지: Python Imaging Library(PIL)(http://www.pythonware.com/products/pil/)는 이미지(PNG, JPEG, GIF 등)를 제작하는 환상적인 툴킷이다. 이미지를 미리 보기 이미지로 자동 축소하기 위해, 여러 이미지를 단일 프레임으로 합성하거나 웹 기반 이미지 처리를 수행하는 데 사용할 수도 있다.

- 플롯 및 차트: 주문형 지도, 차트, 플롯 및 그래프를 생성하는 데 사용할 수 있는 강력한 파이썬 플롯 및 차트 라이브러리가 많다. 이들 모두를 나열할 수는 없다. 따라서 여기에 몇 가지 주요 내용을 살펴보자.

- matplotlib(http://matplotlib.sourceforge.net/)은 일반적으로 MatLab 또는 Mathematica로 생성된 고품질 플롯 유형을 생성하는 데 사용할 수 있다.

- graphviz 그래프 레이아웃 툴킷에 대한 인터페이스인 pygraphviz(http://networkx.lanl.gov/pygraphviz/)는 그래프와 네트워크의 구조화된 다이어그램을 생성하는 데 사용할 수 있다.

일반적으로 파일에 쓸 수 있는 파이썬 라이브러리는 장고에 연결될 수 있다. 가능성은 엄청나다. 이제 비HTML 콘텐츠 생성의 기본 사항을 살펴봤다. 이제는 추상화 수준을 높여보자. 장고에는 HTML 형식이 아닌 몇 가지 일반적인 유형의 생성을 위한 멋진 도구가 내장돼 있다.

▌ 신디케이션 피드 프레임워크

장고는 RSS 및 아톰^{Atom} 피드를 쉽게 만들 수 있는 고급 신디케이션-피드-생성 프레임워크를 제공한다. RSS와 Atom은 웹 사이트 콘텐츠의 피드를 자동으로 업데이트하는 데 사용할 수 있는 XML 기반 형식이다. RSS에 대한 좀 더 자세한 내용은 http://www.whatisrss.com/에서 확인할 수 있으며, http://www.atomenabled.org/에서 아톰에 대한 정보를 얻을 수 있다.

신디케이션 피드를 만들려면 짧은 파이썬 클래스를 작성해야 한다. 원하는 만큼 피드를 만들 수 있다. 장고는 또한 하위-레벨 피드-생성 API를 제공한다. 웹 콘텍스트 외부 또는 일부 다른 하위 수준에서 피드를 생성하려면 이 옵션을 사용해야 한다.

█ 높은 수준의 프레임워크

개요

고급 피드–생성 프레임워크는 피드^{Feed} 클래스에서 제공한다. 피드를 만들려면 피드 클래스를 작성하고 URLconf에서 인스턴스를 지정해야 한다.

피드 클래스

피드 클래스는 신디케이션 피드를 나타내는 파이썬 클래스다. 피드는 간단할 수 있다(예: 웹 사이트 뉴스 피드 또는 블로그의 최신 항목을 표시하는 기본 피드) 또는 더 복잡한 경우(예: 카테고리가 가변적인 특정 카테고리 내의 모든 블로그 항목을 표시하는 피드)도 가능하다. 피드 클래스는 django.contrib.syndication.views.Feed를 하위 클래스화한다. 피드 클래스 하위 클래스는 여러분의 코드 베이스 어디에서나 존재할 수 있다. 피드 클래스의 인스턴스는 URLconf에서 사용할 수 있는 뷰다.

간단한 예

가상의 경찰 비트 뉴스 웹 사이트에서 가져온 이 간단한 예는 최신 다섯 가지 뉴스 항목의 피드를 설명한다.

```python
from django.contrib.syndication.views import Feed
from django.core.urlresolvers import reverse
from policebeat.models import NewsItem

class LatestEntriesFeed(Feed):
    title = "Police beat site news"
    link = "/sitenews/"
    description = "Updates on changes and additions to police beat
 central."
```

```
    def items(self):
        return NewsItem.objects.order_by('-pub_date')[:5]

    def item_title(self, item):
        return item.title

    def item_description(self, item):
        return item.description

# item_link는 NewsItem에 get_absolute_url 메서드가 없는 경우에만 필요하다.
def item_link(self, item):
return reverse('news-item', args=[item.pk])
```

이 피드에 URL을 연결하려면 URLconf에 Feed 객체의 인스턴스를 추가해야 한다. 예제
는 다음과 같다.

```
from django.conf.urls import url
from myproject.feeds import LatestEntriesFeed

urlpatterns = [
    # ...
    url(r'^latest/feed/$', LatestEntriesFeed()),
    # ...
]
```

참조:

- 피드 클래스는 django.contrib.syndication.views.Feed를 하위 클래스화한다.
- title, link 및 description은 각각 표준 RSS <title>, <link> 및 <description>
  요소에 해당한다.
- items()는 단순히 피드에 <item> 요소로 포함돼야 하는 객체의 목록을 반환하
  는 메서드다. 이 예제는 장고의 객체 관계형 매퍼를 사용해 NewsItem 객체를 반

환하지만 모델 인스턴스를 반환할 필요는 없다. 장고 모델을 사용해 몇 가지 기능을 무료로 사용할 수 있지만, items( )는 원하는 모든 유형의 객체를 반환할 수 있다.

- RSS 피드가 아닌 아톰 피드를 만드는 경우, description 속성 대신 subtitle 속성을 설정한다. 예를 보려면 14장 뒷부분의 "Atom 및 RSS 피드를 함께 게시하기"를 참조하라.

한 가지는 남겨둔다. RSS 피드에서 각 <item>은 <title>, <link> 및 <description>을 갖는다. 이러한 요소에 어떤 데이터를 넣을지 프레임워크에 알릴 필요가 있다.

<title>과 <description>의 내용에 대해, 장고는 피드 클래스에서 item_title( ) 및 item_description( ) 메서드를 호출하려고 시도한다. 이 메서드들은 객체 자체인 하나의 파라미터, item을 전달받는다. 이들은 선택사항이다. 기본적으로 객체의 유니코드 표현이 둘 다 사용된다.

제목이나 설명에 특별한 서식을 지정하고 싶다면 장고 템플릿을 대신 사용할 수 있다. 피드 클래스의 title_template 및 description_template 속성을 사용해 경로를 지정할 수 있다. 템플릿은 각 항목에 렌더링되고, 2개의 템플릿 콘텍스트 변수가 전달된다.

- {{obj}} -: 현재 객체(items( )에서 반환한 객체 중 하나)
- {{site}} -: 현재 웹 사이트를 나타내는 장고 웹 사이트 객체로, 이는 {{site.domain}} 또는 {{site.name}}에 유용하다.

설명 템플릿을 사용하는 다음의 복잡한 예를 참조하라.

또한 앞서 언급한 두 가지 변수 이상을 제공해야 하는 경우, 제목 및 설명 템플릿에 추가 정보를 전달할 수 있는 방법이 있다. Feed 서브 클래스에서 get_context_data 메서드 구현을 제공할 수 있다. 예제는 다음과 같다.

```
from mysite.models import Article
from django.contrib.syndication.views import Feed

class ArticlesFeed(Feed):
    title = "My articles"
    description_template = "feeds/articles.html"

    def items(self):
        return Article.objects.order_by('-pub_date')[:5]

    def get_context_data(self, **kwargs):
        context = super(ArticlesFeed, self).get_context_data(**kwargs)
        context['foo'] = 'bar'
        return context
```

그리고 템플릿:

{{foo}}에 관한 것: {{obj.description}}

이 메서드는 items( )에 의해 반환된 목록에서 다음 키워드 인수를 사용해 항목당 한 번 호출된다.

- item: 현재 항목이다. 이전 버전과의 호환성을 위해, 이 콘텍스트 변수 이름은 {{obj}}이 된다.
- obj: get_object( )에 의해 반환된 객체다. 기본적으로 이 객체는 {{obj}}(위 참조)와의 혼동을 피하기 위해 템플릿에 노출되지 않지만, get_context_data( ) 구현 시 사용할 수 있다.
- site: 위에서 설명한 현 웹 사이트
- request: 현 요청

get_context_data( )의 비헤이비어는 일반 뷰의 동작을 모방한다. 부모 클래스에서 콘텍스트 데이터를 검색하고 데이터를 추가하고 수정된 딕셔너리를 반환하기 위해 super( )를 호출해야 한다.

<link>의 내용을 지정하는 데는 두 가지 옵션이 있다. items( )의 각 항목에 대해 장고는 먼저 피드 클래스에서 item_link( ) 메서드를 호출하려고 한다. 제목 및 설명과 유사한 방식으로, 단일 파라미터 항목이 전달된다. 이 메서드가 존재하지 않으면 장고는 해당 객체에 대해 get_absolute_url( ) 메서드를 실행하려고 시도한다.

get_absolute_url( ) 및 item_link( )는 항목의 URL을 일반 파이썬 문자열로 반환해야 한다. get_absolute_url( )과 마찬가지로, item_link( )의 결과는 URL에 직접 포함되므로 메서드 자체 내에서 필요한 모든 URL 인용 및 변환을 수행해야 한다.

복잡한 예

프레임워크는 인수를 통해 좀 더 복잡한 피드도 지원한다. 예를 들어, 한 웹 사이트는 한 도시의 모든 경찰 출동에 대해 최근의 범죄에 대한 RSS 피드를 제공할 수 있다. 각 경찰 구타beat를 위해 별도의 피드 클래스를 생성하는 것은 어리석은 일이다. 왜냐하면 이것은 DRY 원리를 위반하고 데이터를 프로그래밍 논리에 연결하기 때문이다.

대신 신디케이션 프레임워크를 통해 URLconf에서 전달된 인수에 액세스할 수 있으므로 피드는 피드의 URL 정보를 기반으로 항목을 출력할 수 있다. 경찰 비트 피드는 다음과 같은 URL을 통해 액세스할 수 있다.

- /beats/613/rss/-: 비트 613의 최근 범죄를 반환한다.
- /beats/1424/rss/-: 비트 1424의 최근 범죄를 반환한다.

다음과 같은 URLconf 행과 일치시킬 수 있다.

```
url(r'^beats/(?P[0-9]+)/rss/$', BeatFeed()),
```

뷰와 마찬가지로 URL의 인수는 요청 객체와 함께 get_object() 메서드에 전달된다. 다음은 비트-특정 피드에 대한 코드다.

```python
from django.contrib.syndication.views import FeedDoesNotExist
from django.shortcuts import get_object_or_404

class BeatFeed(Feed):
    description_template = 'feeds/beat_description.html'

    def get_object(self, request, beat_id):
        return get_object_or_404(Beat, pk=beat_id)

    def title(self, obj):
        return "Police beat central: Crimes for beat %s" % obj.beat

    def link(self, obj):
        return obj.get_absolute_url()

    def description(self, obj):
        return "Crimes recently reported in police beat %s" % obj.beat

    def items(self, obj):
        return Crime.objects.filter(beat=obj).order_by(
            '-crime_date')[:30]
```

장고는 피드의 <title>, <link> 및 <description>을 생성하기 위해 title(), link() 및 description() 메서드를 사용한다.

앞의 예제에서는 간단한 문자열 클래스 특성이었지만, 이 예제에서는 문자열이나 메서드 중 하나일 수 있다는 것을 보여준다. 장고는 각각의 제목, 링크 및 설명에 대해 다음 알고리즘을 따른다.

- 먼저 obj 인수를 전달해 메서드를 호출하려고 한다. 여기서 obj는 get_object() 가 반환한 객체다.
- 실패하면 인수가 없는 메서드를 호출하려고 시도한다.
- 실패하면 class 속성을 사용한다.

또한 items()가 동일한 알고리즘을 따르는 경우에는 먼저 items(obj)을 시도한 후, items 클래스 속성(목록이어야 한다)을 시도한다. 우리는 item 설명을 위해 템플릿을 사용하고 있다. 이것은 매우 간단할 수 있다.

```
{{ obj.description }}
```

그러나 원하는 대로 서식을 추가할 수 있다. 다음의 Example 피드 클래스는 피드 클래스의 메서드 및 속성에 대한 전체 설명서를 제공한다.

피드 유형 지정

기본적으로 이 프레임워크에서 생성된 피드는 RSS 2.0을 사용한다. 이를 변경하려면 다음과 같이 피드 클래스에 feed_type 속성을 추가해야 한다.

```
from django.utils.feedgenerator import Atom1Feed

class MyFeed(Feed):
    feed_type = Atom1Feed
```

---

feed_type은 인스턴스가 아닌 클래스 객체로 설정한다. 현재 가용한 피드 유형은 다음과 같다.

- django.utils.feedgenerator.Rss201rev2Feed(RSS 2.01. Default.)

- `jango.utils.feedgenerator.RssUserland091Feed`(RSS 0.91.)
- `django.utils.feedgenerator.Atom1Feed`(Atom 1.0.)

인클로저

podcast feeds를 만드는 데 사용되는 것과 같은 인클로저를 지정하려면 `item_enclosure_url`, `item_enclosure_length` 및 `item_enclosure_mime_type` 후크를 사용해야 한다. 사용 예는 다음의 Example 피드 클래스를 참조하라.

언어

신디케이션 프레임워크에서 작성된 피드에는 적절한 `<language>` 태그(RSS 2.0) 또는 `xml : lang` 속성(Atom)이 자동으로 포함된다. `LANGUAGE_CODE` 설정에서 직접 가져온다.

URL

링크 메서드/속성은 절대 경로(예: /blog/) 또는 정규화된 도메인 및 프로토콜(예: http://www.example.com/blog/)이 있는 URL을 반환할 수 있다. 링크가 도메인을 반환하지 않으면 신디케이션 프레임워크는 `SITE_ID` 설정에 따라 현재 웹 사이트의 도메인을 삽입한다. 아톰 피드에는 피드의 현재 위치를 정의하는 `<link rel = "self">`이 필요하다. 신디케이션 프레임워크는 `SITE_ID` 설정에 따라 현재 웹 사이트의 도메인을 사용해 자동으로 이 값을 채운다.

Atom 및 RSS Feeds를 함께 게시하기

일부 개발자는 아톰 및 RSS 버전의 피드를 사용할 수 있게 하려고 한다. 피드 클래스의 하위 클래스를 만들고 feed_type을 다른 것으로 설정하자. 그런 다음, URLconf를 업데이트해 추가 버전을 설치한다. 전체 예제는 다음과 같다.

```python
from django.contrib.syndication.views import Feed
from policebeat.models import NewsItem
from django.utils.feedgenerator import Atom1Feed

class RssSiteNewsFeed(Feed):
    title = "Police beat site news"
    link = "/sitenews/"
    description = "Updates on changes and additions to police beat
central."

    def items(self):
        return NewsItem.objects.order_by('-pub_date')[:5]

class AtomSiteNewsFeed(RssSiteNewsFeed):
    feed_type = Atom1Feed
    subtitle = RssSiteNewsFeed.description
```

 이 예에서 RSS 피드는 설명을 사용하지만 아톰 피드는 자막을 사용한다. 아톰 피드는 피드 수준 설명을 제공하지 않지만, 자막을 제공하기 때문이다. 피드 클래스에 설명을 입력하면 장고는 부제와 설명이 반드시 동일한 것은 아니기 때문에 장고를 자동으로 자막 요소에 넣지는 않는다. 그 대신 자막 속성을 정의해야 한다.

위의 예에서는 아톰 피드 서브 타이틀을 RSS 피드 설명으로 설정하기만 한다. 아직은 매우 짧기 때문이다. 다음으로 URLconf을 동반시킨다.

```python
from django.conf.urls import url
from myproject.feeds import RssSiteNewsFeed, AtomSiteNewsFeed
```

```
urlpatterns = [
    # ...
    url(r'^sitenews/rss/$', RssSiteNewsFeed()),
    url(r'^sitenews/atom/$', AtomSiteNewsFeed()),
    # ...
]
```

 피드 클래스의 모든 가능한 속성 및 메서드를 보여주는 예제는 다음을 참조하라.

https://docs.djangoproject.com/ko/1.8/ref/contrib/syndica tion / # feed–class–reference

▌ 하위 수준 프레임워크

해당 화면 뒤에서 높은 수준의 RSS 프레임워크는 피드 XML을 생성하는 하위 수준의 프레임워크를 사용한다. 이 프레임워크는 하나의 모듈인 django/utils/feedgenerator.py에 존재한다. 저수준 피드 생성을 위해 이 프레임워크를 직접 사용한다. 또한 feed_typeFeed 옵션과 함께 사용할 사용자 정의 피드를 생성하기 위해 하위 클래스[feed generator subclasses]를 만들 수도 있다.

▌ Syndication 피드 클래스

feedgenerator 모듈은 기본 클래스를 포함한다.

- django.utils.feedgenerator.SyndicationFeed

그리고 몇몇 하위 클래스를 포함한다.

466

- django.utils.feedgenerator.RssUserland091Feed

- django.utils.feedgenerator.Rss201rev2Feed

- django.utils.feedgenerator.Atom1Feed

이 세 클래스는 각각 특정 유형의 피드를 XML로 렌더링하는 방법을 알고 있다. 이 클래스들은 이러한 인터페이스를 갖고 있다.

SyndicationFeed.__ init __()

전체 피드에 적용되는 메타 데이터 딕셔너리로 피드를 초기화한다. 필수 키워드 인수는 다음과 같다.

- title

- link

- description

다른 선택 키워드들도 있다.

- language

- author_email

- author_name

- author_link

- subtitle

- categories

- feed_url

- feed_copyright

- feed_guid

- ttl

__init__에 전달하는 추가 키워드 인수는 사용자 피드 생성기와 함께 사용하기 위해 self.feed에 저장된다.

모든 파라미터는 유니코드 오브젝트의 순서여야 하는 범주를 제외하고는 유니코드 오브젝트여야 한다.

SyndicationFeed.add_item()

주어진 파라미터를 사용해 피드에 항목을 추가한다. 필수 키워드 인수는 다음과 같다.

- title
- link
- description

선택 키워드 인자는 다음과 같다.

- author_email
- author_name
- author_link
- pubdate
- comments
- unique_id
- enclosure
- categories
- item_copyright
- lll
- updateddate

추가 키워드 인수는 맞춤 피드 생성기에 저장된다. 모든 파라미터가 주어지면 다음을 제외하고 유니코드 객체여야 한다.

- pubdate는 Python datetime 객체여야 한다.

- updateddate는 Python datetime 객체여야 한다.

- 인클로저는 django.utils.feedgenerator.Enclosure의 인스턴스여야 한다.

- 범주는 유니코드 객체의 시퀀스여야 한다.

SyndicationFeed.write()

지정된 인코딩의 피드를 파일과 유사한 객체인 outfile에 출력한다.

SyndicationFeed.writeString()

피드를 지정된 인코딩의 문자열로 반환한다. 예를 들어, Atom 1.0 피드를 만들어 표준 출력에 인쇄하려면 다음과 같이 해야 한다.

```
>>> from django.utils import feedgenerator
>>> from datetime import datetime
>>> f = feedgenerator.Atom1Feed(
... ,
... link="http://www.example.com/",
... description="In which I write about what I ate today.",
... language="en",
... author_name="Myself",
... feed_url="http://example.com/atom.xml")
>>> f.add_item(,
... link="http://www.example.com/entries/1/",
... pubdate=datetime.now(),
... description="<p>Today I had a Vienna Beef hot dog. It was pink,
plump and perfect.</p>")
>>> print(f.writeString('UTF-8'))
<?xml version="1.0" encoding="UTF-8"?>
<feed xmlns="http://www.w3.org/2005/Atom" xml:lang="en">
...
</feed>
```

맞춤 피드 생성기

맞춤 피드 형식을 만들어야 하는 경우 몇 가지 옵션이 있다. 피드 형식이 완전히 사용자 정의된 경우 SyndicationFeed의 하위 클래스를 만들고 write( ) 및 writeString( ) 메서드를 완전히 바꿔야 한다. 그러나 피드 형식이 RSS 또는 아톰(즉 GeoRSS, 웹 사이트 http://georss.org/ 링크), 애플^Apple의 iTunes Podcast 형식(웹 사이트 http://www.apple.com/itunes/podcasts/specs.html 등)을 사용하면 더 나은 선택을 할 수 있다.

이러한 유형의 피드는 일반적으로 기본 형식에 추가 요소 및 속성을 추가하며 이러한 추가 속성을 얻기 위해 Syndication 피드가 호출하는 메서드 세트가 있다. 따라서 적절한 피드 생성기 클래스(Atom1Fced 또는 Rss201rev2Feed)를 하위 클래스화하고, 이러한 콜백을 확장할 수 있다. 이러한 콜백은 다음과 같다.

SyndicationFeed.root_attributes(self,)

루트 피드 요소(피드/채널)에 추가할 속성의 dict를 반환한다.

SyndicationFeed.add_root_elements(self, handler)

루트 피드 요소(피드/채널) 내부에 요소를 추가하는 콜백이다. handler는 파이썬에 내장된 SAX 라이브러리의 XMLGenerator다. 여러분은 그것의 메서드를 호출해 진행 중인 XML 문서에 추가할 것이다.

SyndicationFeed.item_attributes(self, item)

각 아이템(아이템/엔트리) 요소에 추가하는 속성의 dict를 돌려준다. 인수 item은 SyndicationFeed.add_item( )에 전달된 모든 데이터의 딕셔너리다.

SyndicationFeed.add_item_elements(self, handler, item)

각 항목(항목/입력) 요소에 요소를 추가하는 콜백이다. 핸들러와 아이템은 위와 같다.

 이 메서드 중 하나를 대체하는 경우, 각 피드 형식에 필수 요소를 추가하기 때문에 슈퍼 클래스 메서드를 호출해야 한다.

예를 들어, 다음과 같이 iTunes RSS 피드 생성기를 구현할 수 있다.

```python
class iTunesFeed(Rss201rev2Feed):
    def root_attributes(self):
        attrs = super(iTunesFeed, self).root_attributes()
        attrs['xmlns:itunes'] =
                'http://www.itunes.com/dtds/podcast-1.0.dtd'
        return attrs

    def add_root_elements(self, handler):
        super(iTunesFeed, self).add_root_elements(handler)
        handler.addQuickElement('itunes:explicit', 'clean')
```

분명히 완전한 커스텀 피드 클래스를 위해 더 많은 작업이 필요하겠지만, 위의 예제는 기본 아이디어를 보여줘야 한다.

▌Sitemap 프레임워크

웹 사이트 맵은 검색 엔진 색인 작성자에게 웹 페이지가 변경되는 빈도와 특정 웹 페이지가 웹 사이트의 다른 웹 페이지와 관련해 얼마나 중요한지를 알려주는 XML 파일이다. 이 정보는 검색 엔진이 웹 사이트 색인을 생성하는 데 도움이 된다. 웹 사이트 맵에 대한 좀 더 자세한 내용은 sitemaps.org를 참조하라.

장고 웹 사이트 맵 프레임워크는 이 정보를 파이썬 코드로 표현함으로써 XML 파일의 생성을 자동화한다. 장고의 신디케이션 프레임워크와 매우 유사하다. 웹 사이트 맵을 만들려면 사이트 맵 클래스를 작성하고 URLconf에 지정해야 한다.

설치

웹 사이트 맵 앱을 설치하려면 다음 단계를 따라야 한다.

- INSTALLED_APPS 설정에 "django.contrib.sitemaps"를 추가한다.
- TEMPLATES 설정에 APP_DIRS 옵션이 True로 설정된 DjangoTemplates 백엔드가 있는지 확인한다. 이것은 기본적으로 TEMPLATES에 설정돼 있다. 따라서 여러분이 해당 설정을 변경했다면 이를 변경해야 한다.
- 웹 사이트 프레임워크를 설치했는지 확인한다.

초기화

장고 웹 사이트에서 웹 사이트 맵 생성을 활성화하려면 다음 행을 URLconf에 추가해야 한다.

```
from django.contrib.sitemaps.views import sitemap

url(r'^sitemap\.xml$', sitemap, {'sitemaps': sitemaps},
        name='django.contrib.sitemaps.views.sitemap')
```

이것은 클라이언트가 /sitemap.xml에 접근할 때 장고에게 웹 사이트 맵을 생성하게 한다. 웹 사이트 맵 파일의 이름은 중요하지 않지만, 위치는 중요하다. 검색 엔진은 현재 URL 수준과 그 이하의 웹 사이트 맵에 있는 링크만 색인을 생성한다. 예를 들어, sitemap.xml이 루트 디렉터리에 있는 경우, 웹 사이트의 모든 URL을 참조할 수 있다.

그러나 웹 사이트 맵이 /content/sitemap.xml에 있는 경우에는 /content/로 시작하는 URL만 참조할 수 있다.

웹 사이트 맵 뷰는 {'sitemaps': sitemaps}라는 추가 인수가 필요하다. 사이트 맵은 짧은 섹션 레이블(예: 블로그 또는 뉴스)을 사이트 맵 클래스(예: BlogSitemap 또는 NewsSitemap)에 매핑하는 딕셔너리여야 한다. 또한 사이트 맵 클래스의 인스턴스(예: BlogSitemap(some_var))에 매핑될 수도 있다.

웹 사이트 맵 클래스

사이트 맵 클래스는 웹 사이트 맵의 항목 섹션을 나타내는 간단한 파이썬 클래스다. 예를 들어, 하나의 사이트 맵 클래스는 웹 로그의 모든 항목을 나타낼 수 있고, 다른 사이트 맵 클래스는 이벤트 캘린더의 모든 이벤트를 나타낼 수 있다.

가장 간단한 경우, 이 섹션들은 모두 하나의 sitemap.xml로 묶일 수 있지만, 프레임워크를 사용해 섹션당 하나씩 개별 웹 사이트 맵 파일을 참조하는 웹 사이트 맵 인덱스를 생성할 수도 있다. 다음의 "웹 사이트 맵 색인 만들기"를 참조하라.

웹 사이트 맵 클래스는 django.contrib.sitemaps.Sitemap의 하위 클래스여야 한다. 이 것은 여러분의 코드 베이스 어디에서나 살 수 있다.

간단한 예

블로그 시스템과 엔트리 모델이 있고, 웹 사이트 맵에 개별 블로그 항목에 대한 모든 링크가 포함되길 원한다고 가정해보자. 웹 사이트 맵 클래스의 모습은 다음과 같다.

```
from django.contrib.sitemaps import Sitemap
from blog.models import Entry

class BlogSitemap(Sitemap):
```

```
changefreq = "never"
priority = 0.5

def items(self):
    return Entry.objects.filter(is_draft=False)

def lastmod(self, obj):
    return obj.pub_date
```

참조:

- changefreq와 priority는 <changefreq>와 <priority> 요소에 각각 대응하는 클래스 속성이다. lastmod가 예제에 있는 것처럼 함수를 호출 가능하도록 만들 수 있다.
- items( )는 단순히 객체 목록을 반환하는 메서드다. 반환된 객체는 웹 사이트 맵 속성(location, lastmod, changefreq 및 priority)에 해당하는 호출 가능 메서드로 전달된다.
- lastmod는 Python datetime 객체를 반환해야 한다.
- 이 예제에는 위치 지정 방법이 없지만, 객체의 URL을 지정하기 위해 제공할 수 있다. location( )은 기본적으로 각 객체에서 get_absolute_url( )을 호출하고 결과를 반환한다.

사이트 맵 클래스 참조

사이트 맵 클래스는 다음 메서드/속성을 정의할 수 있다.

항목

필수사항. 객체의 리스트를 돌려주는 메서드. 프레임워크는 자신이 어떤 유형의 객체인지는 신경 쓰지 않는다. 중요한 것은 이러한 객체가 location( ), lastmod( ), changefreq( ) 및 priority( ) 메서드에 전달된다는 것이다.

위치

선택사항. 메서드 또는 속성이다. 메서드인 경우 items( )에 의해 반환된 지정된 객체의 절대 경로를 반환해야 하고, 속성인 경우 그 값은 items( )에 의해 반환된 모든 객체에 사용할 절대 경로를 나타내는 문자열이어야 한다.

두 경우 모두 절대 경로는 프로토콜 또는 도메인을 포함하지 않는 URL을 의미한다. 예제는 다음과 같다.

- Good: '/foo/bar/'
- Bad: 'example.com/foo/bar/'
- Bad: 'http://example.com/foo/bar/'

위치가 제공되지 않으면 프레임워크는 items( )에 의해 반환된 각 객체에 대해 get_absolute_url( ) 메서드를 호출한다. http 이외의 프로토콜을 지정하려면 protocol을 사용해야 한다.

lastmod

선택사항. 메서드 또는 속성이다. 만약, 메서드라면 items( )에 의해 반환된 객체를 인수로 받아 마지막으로 수정한 날짜/시간을 Python datetime.datetime 객체로 반환해야 한다.

속성일 경우, 그 값은 items( )에 의해 반환된 모든 객체의 마지막으로 수정된 날짜/시간을 나타내는 Python datetime.datetime 객체여야 한다. 웹 사이트 맵의 모든 항목에 lastmod가 있으면 views.sitemap( )에 의해 생성된 웹 사이트 맵의 Last-Modified 헤더가 최신 lastmod와 같다.

ConditionalGetMiddleware를 활성화하면 장고가 변경되지 않은 경우, 사이트 맵을 보내지 못하도록 하는 If-Modified-Since 헤더로 요청에 적절하게 응답할 수 있다.

changefreq

선택사항. 메서드 또는 속성이다. 메서드라면 items( )에 의해 반환된 객체인 하나의 인자를 취해야 하고, 그 객체의 변경 빈도를 파이썬 문자열로 반환해야 한다. 속성이라면 그 값은 items( )에 의해 반환된 모든 객체의 변경 빈도를 나타내는 문자열이어야 한다. 메서드나 속성의 사용 여부에 관계없이 changefreq에 가능한 값은 다음과 같다.

- 'always'
- 'hourly'
- 'daily'
- 'weekly'
- 'monthly'
- 'yearly'
- 'never'

우선순위

선택사항. 메서드 또는 속성이다. 메서드인 경우, items( )에 의해 반환되는 하나의 인수 (문자열) 또는 플로트float로 해당 객체의 우선순위를 반환해야 한다.

속성일 경우, 값은 items( )에 의해 반환된 모든 객체의 우선순위를 나타내는 문자열 또는 부동 소수점이어야 한다. 우선순위값의 예는 0.4, 1.0이다. 웹 페이지의 기본 우선순위는 0.5이다. 좀 더 자세한 내용은 sitemaps.org 설명서를 참조하라.

프로토콜

선택사항. 이 속성은 웹 사이트 맵에 있는 URL의 프로토콜(http 또는 https)을 정의한다. 만약, 설정돼 있지 않으면 해당 웹 사이트 맵이 요청된 프로토콜이 사용된다. 웹 사이트 맵이 요청 콘텍스트 외부에 빌드된 경우, 기본값은 http다.

i18n

선택사항. 이 웹 사이트 맵의 URL이 모든 LANGUAGES를 사용해 생성돼야 하는지를 정의하는 부울 속성이다. 기본값은 False다.

바로 가기

sitemap 프레임워크는 일반적인 경우인 django.contrib.syndication.GenericSitemap에 대한 편리한 클래스를 제공한다.

django.contrib.sitemaps.Generic 사이트 맵 클래스를 사용하면 최소한 쿼리 세트 항목을 포함해야 하는 딕셔너리를 전달해 웹 사이트 맵을 작성할 수 있다. 이 쿼리 세트는 웹 사이트 맵의 항목을 생성하는 데 사용된다. 또한 쿼리 세트에서 검색된 객체의 날짜 필드를 지정하는 date_field 항목이 있을 수 있다.

이것은 생성된 웹 사이트 맵의 lastmod 속성에 사용된다. 또한 priority 및 changefreq 키워드 인수를 GenericSitemap 생성자에 전달해 모든 URL에 대해 이러한 속성을 지정할 수 있다.

예제

다음은 GenericSitemap을 사용하는 URLconf의 예제다.

```
from django.conf.urls import url
from django.contrib.sitemaps import GenericSitemap
from django.contrib.sitemaps.views import sitemap
from blog.models import Entry

info_dict = {
    'queryset': Entry.objects.all(),
    'date_field': 'pub_date',
}

urlpatterns = [
    # info_dict를 사용하는 일반적인 뷰
    # ...

    # the sitemap
    url(r'^sitemap\.xml$', sitemap,
        {'sitemaps': {'blog': GenericSitemap(info_dict, priority=0.6)}},
        name='django.contrib.sitemaps.views.sitemap'),
]
```

정적 뷰의 사이트 맵

종종 검색 엔진 크롤러가 객체 정보 웹 페이지나 플랫 웹 페이지가 아닌 뷰를 인덱싱하기 원할 것이다. 이 경우의 해결책은 항목에 뷰의 URL 이름을 명시적으로 나열하고 웹 사이트 맵의 위치 메서드에서 reverse()를 호출하는 것이다. 예제는 다음과 같다.

```
# sitemaps.py
from django.contrib import sitemaps
from django.core.urlresolvers import reverse

class StaticViewSitemap(sitemaps.Sitemap):
    priority = 0.5
```

```
        changefreq = 'daily'

        def items(self):
                return ['main', 'about', 'license']

        def location(self, item):
                return reverse(item)

# urls.py
from django.conf.urls import url
from django.contrib.sitemaps.views import sitemap

from .sitemaps import StaticViewSitemap
from . import views

sitemaps = {
    'static': StaticViewSitemap,
}

urlpatterns = [
    url(r'^$', views.main, name='main'),
    url(r'^about/$', views.about, name='about'),
    url(r'^license/$', views.license, name='license'),
    # ...
    url(r'^sitemap\.xml$', sitemap, {'sitemaps': sitemaps},
            name='django.contrib.sitemaps.views.sitemap')
]
```

웹 사이트 맵 색인 만들기

웹 사이트 맵 프레임워크에는 웹 사이트 맵 딕셔너리에 정의된 각 섹션마다 개별 웹 사이트 맵 파일을 참조하는 웹 사이트 맵 색인을 만드는 기능이 있다. 사용법의 유일한 차이점은 다음과 같다.

- 여러분은 URLconf에서 두 가지 뷰인 `django.contrib.sitemaps.views.index()`와 `django.contrib.sitemaps.views.sitemap()`을 사용한다.
- `django.contrib.sitemaps.views.sitemap()` 뷰는 섹션 키워드 인수를 취해야 한다.

위의 예와 관련해 URLconf 행이 다음과 같이 표시된다.

```
from django.contrib.sitemaps import views

urlpatterns = [
    url(r'^sitemap\.xml$', views.index, {'sitemaps': sitemaps}),
    url(r'^sitemap-(?P<section>.+)\.xml$', views.sitemap,
        {'sitemaps': sitemaps}),
]
```

이렇게 하면 sitemap flatpages.xml과 sitemap-blog.xml을 모두 참조하는 sitemap.xml 파일이 자동으로 생성된다. 사이트 맵 클래스 및 웹 사이트 맵 딕셔너리는 전혀 변경되지 않는다.

웹 사이트 맵 중 하나에 5만 개 이상의 URL이 있는 경우, 색인 파일을 만들어야 한다. 이 경우, 장고는 자동으로 사이트 맵의 웹 페이지를 매김으로써 색인에 반영된다. 바닐라 웹 사이트 맵 뷰(예: 캐싱 데커레이터로 래핑된 경우)를 사용하지 않는 경우, 웹 사이트 맵 뷰의 이름을 지정하고 sitemap_url_name을 색인 보기로 전달해야 한다.

```
from django.contrib.sitemaps import views as sitemaps_views
from django.views.decorators.cache import cache_page

urlpatterns = [
    url(r'^sitemap\.xml$',
        cache_page(86400)(sitemaps_views.index),
        {'sitemaps': sitemaps, 'sitemap_url_name': 'sitemaps'}),
```

```
    url(r'^sitemap-(?P<section>.+)\.xml$',
        cache_page(86400)(sitemaps_views.sitemap),
        {'sitemaps': sitemaps}, name='sitemaps'),
]
```

템플릿 사용자 정의

웹 사이트에서 사용할 수 있는 각 웹 사이트 맵 또는 웹 사이트 맵 색인에 대해 다른 템플릿을 사용하려면 template_name 파라미터를 URLconf를 통해 웹 사이트 맵 및 색인 뷰에 전달해 지정해야 한다.

```
from django.contrib.sitemaps import views

urlpatterns = [
    url(r'^custom-sitemap\.xml$', views.index, {
        'sitemaps': sitemaps,
        'template_name': 'custom_sitemap.html'
    }),
    url(r'^custom-sitemap-(?P<section>.+)\.xml$', views.sitemap, {
    'sitemaps': sitemaps,
    'template_name': 'custom_sitemap.html'
}),
]
```

콘텍스트 변수

index( ) 및 sitemap( ) 보기용 템플릿을 사용자 정의할 때 다음 콘텍스트 변수를 사용할 수 있다.

색인

변수 사이트 맵은 각 사이트 맵에 대한 절대 URL의 목록이다.

웹 사이트 맵

urlset 변수는 웹 사이트 맵에 표시돼야 하는 URL의 목록이다. 각 URL은 사이트 맵 클래스에 정의된 대로 속성을 노출한다.

- changefreq
- item
- lastmod
- location
- priority

구글 뉴스 웹 사이트 맵과 같은 템플릿을 좀 더 유연하게 사용자 정의할 수 있도록 각 URL에 항목 속성이 추가됐다. 사이트 맵의 items( )이 publication_data 및 tags 필드가 있는 항목 목록을 반환한다고 가정하면 다음과 같이 구글 호환 사이트 맵이 생성된다.

```
{% spaceless %}
{% for url in urlset %}
    {{ url.location }}
    {% if url.lastmod %}{{ url.lastmod|date:"Y-m-d" }}{% endif %}
    {% if url.changefreq %}{{ url.changefreq }}{% endif %}
    {% if url.priority %}{{ url.priority }}{% endif %}
        {% if url.item.publication_date %}{{
url.item.publication_date|date:"Y-m-d" }}{% endif %}
        {% it url.item.tags %}{{ url.item.tags }}{% endif %}
{% endfor %}
{% endspaceless %}
```

구글 핑하기

웹 사이트 맵이 변경되면 구글에서 핑^{ping}을 수행해 웹 사이트의 색인을 다시 생성하도록 할 수 있다. 사이트 맵 프레임워크는 다음과 같은 기능을 제공한다.

django.contrib.syndication.ping_google()

ping_google()은 선택적인 인수인 sitemap_url을 취한다. 이 인수는 웹 사이트 맵에 대한 절대 경로여야 한다(예: '/sitemap.xml'). 이 인수가 제공되지 않으면 ping_google()은 URLconf에서 역방향 보기를 수행해 웹 사이트 맵을 알아내려고 시도한다. ping_google()은 웹 사이트 맵 URL을 확인할 수 없는 경우 django.contrib.sitemaps. SitemapNotFound 예외를 발생시킨다.

ping_google()을 호출하는 유용한 방법은 모델의 save() 메서드에서 가져오는 것이다.

```python
from django.contrib.sitemaps import ping_google

class Entry(models.Model):
    # ...
    def save(self, force_insert=False, force_update=False):
        super(Entry, self).save(force_insert, force_update)
        try:
            ping_google()
        except Exception:

        # 다양한 HTTP 관련 예외를 얻을 수 있기 때문에 '예외'만 남았다.
        pass
```

그러나 좀 더 효율적인 해결책은 cron 스크립트나 다른 예약된 작업에서 ping_google()을 호출하는 것이다. 이 함수는 구글 서버에 HTTP 요청을 하므로 save()를 호출할 때마다 해당 네트워크 오버 헤드를 도입하고 싶지 않을 수도 있다.

manage.py를 통해 구글에 핑하기

사이트 맵 응용 프로그램이 프로젝트에 추가되면 ping_google 관리 명령을 사용해 구글에 핑 실행할 수도 있다.

```
python manage.py ping_google [/sitemap.xml]
```

 먼저 구글에 등록한다
ping_google( ) 명령은 구글 웹 마스터 도구로 웹 사이트를 등록한 경우에만 작동한다.

▌ 15장에서 무엇을 설명하는가?

다음으로 장고 세션 프레임워크를 자세히 살펴봄으로써 장고가 제공하는 내장 도구를 계속해서 깊이 알아본다.

15

장고 세션

다른 웹 페이지로 이동할 때마다 웹 사이트에 다시 로그인해야 한다고 생각하거나 즐겨 찾는 웹 사이트가 여러분의 모든 설정을 잊어버려 방문할 때마다 다시 입력해야 한다고 상상해보자.

현대 웹 사이트는 여러분이 누구인지 그리고 웹 사이트에서 이전 활동을 기억할 수 있는 방법 없이는 사용성과 편의성을 제공하지 못했다. HTTP는 의도적으로 하나의 요청과 다음 요청 사이에 지속성이 없으므로 서버가 연속 요청이 동일한 사람으로부터 왔는지의 여부를 알 수 있는 방법이 없다.

이러한 현 상태의 부족은 웹 브라우저와 웹 서버 간의 반영구적인 양방향 통신인 세션을 사용해 관리된다. 현대 웹 사이트를 방문하면 대부분의 경우 웹 서버가 익명 세션을 사용해 방문과 관련된 데이터를 계속 추적한다. 웹 서버는 자신이 누구인지 기록할 수 있기 때문에 해당 세션을 익명으로 호출한다.

이미 우리는 나중에 전자 상거래 웹 사이트로 되돌아와서 개인 정보를 제공하지 않았지만, 장바구니에 넣은 품목이 아직 남아 있는 것을 발견했을 때 이러한 모든 것을 경험했다. 세션은 자주 악의적이지만, 익숙하지 않은 쿠키를 사용해 지속적으로 유지된다. 장고는 쿠키를 다른 모든 웹 프레임워크와 마찬가지로 사용하지만 더 똑똑하고 안전한 방식으로 사용한다.

장고는 익명 세션을 완벽하게 지원한다. 세션 프레임워크를 사용하면 웹 사이트 방문자별로 임의의 데이터를 저장하고 검색할 수 있다. 서버 측에 데이터를 저장하고 쿠키 송수신을 추상화한다. 쿠키에는 데이터 자체가 아닌 세션 ID가 포함돼 있다(쿠키 기반 백엔드를 사용하지 않는 경우). 이 점이 몇 가지 다른 프레임워크보다 쿠키를 구현하는 더 안전한 방법이다.

▌ 세션 활성화

세션은 미들웨어를 통해 구현된다. 세션 기능을 사용하려면 MIDDLEWARE_CLASSES 설정을 편집하고 'django.contrib.sessions.middleware.SessionMiddleware'가 포함돼 있는지 확인해야 한다. django-admin startproject가 만든 기본 settings.py에는 SessionMiddleware가 활성화돼 있다.

세션을 사용하지 않으려면 MIDDLEWARE_CLASSES에서 SessionMiddleware 행을 제거하고 INSTALLED_APPS에서 'django.contrib.sessions'를 제거해야 한다. 약간의 오버 헤드를 줄일 수 있다.

▌ 세션 엔진 구성

기본적으로, 장고는 데이터베이스에 세션을 저장한다(django.contrib.sessions.models. Session 모델 사용). 이 설정은 편리하지만 일부 설정에서는 세션 데이터를 다른 곳에 저장

하는 것이 더 빠르기 때문에 장고를 파일 시스템이나 캐시에 세션 데이터를 저장하도록
구성할 수 있다.

Using database-backed sessions

데이터베이스 기반 세션 사용

데이터베이스 기반 세션을 사용하려면 INSTALLED_APPS 설정에 'django.contrib.
sessions'를 추가해야 한다. 설치를 구성한 후에는 manage.py migrate를 실행해 세션
데이터를 저장하는 단일 데이터베이스 테이블을 설치한다.

캐시된 세션 사용

성능 향상을 위해, 캐시 기반 세션 백엔드를 사용하고 싶을 것이다. 장고의 캐시 시스템
을 사용해 세션 데이터를 저장하려면 먼저 캐시를 구성했는지 확인해야 한다. 좀 더 자세
한 내용은 캐시 설명서를 참조하라.

Memcached 캐시 백엔드를 사용하는 경우에만 캐시 기반 세션을 사용해야 한다. 로컬-메
모리 캐시 백엔드는 좋은 선택이 될 만큼 충분히 길게 데이터를 유지하지 않으며, 파일 또는
데이터베이스 캐시 백엔드를 통해 모든 것을 보내는 대신 직접 파일 또는 데이터베이스 세션
을 사용하는 것이 빠르다. 또한 로컬 메모리 캐시 백엔드는 다중-프로세스 안전이 아니므로
프로덕션 환경에 적합하지 않을 수 있다.

CACHES에 정의된 캐시가 여러 개인 경우, 장고는 기본 캐시를 사용한다. 다른 캐시를 사
용하려면 SESSION_CACHE_ALIAS를 해당 캐시의 이름으로 설정해야 한다. 캐시가 구성되
면 캐시에 데이터를 저장하는 방법에는 두 가지 선택사항이 있다.

- 간단한 캐싱 세션 스토어에 대해 SESSION ENGINE을 "django.contrib. sessions.backends.cache"로 설정한다. 세션 데이터는 캐시에 직접 저장된다. 그러나 세션 데이터가 지속되지 않을 수 있다. 캐시가 가득 차거나 캐시 서버가 다시 시작되면 캐시된 데이터가 제거될 수 있다.
- 지속적이고 캐시된 데이터의 경우, SESSION_ENGINE을 "django.contrib. sessions.backends.cached_db"로 설정한다. 이렇게 하면 캐시를 통한 쓰기 기능을 사용한다. 캐시에 대한 모든 쓰기도 데이터베이스에 기록된다. 세션 읽기는 데이터가 캐시에 없는 경우에만 데이터베이스를 사용한다.

두 세션 저장소는 모두 빠르지만, 지속성을 무시하기 때문에 단순한 캐시가 빠르다. 대부분의 경우, cached_db 백엔드는 충분히 빠르지만, 마지막 성능 비트가 필요하고 수시로 세션 데이터를 소멸시키려 한다면 캐시 백엔드가 적합하다. cached_db 세션 백엔드를 사용하는 경우, 데이터베이스 지원 세션 사용에 대한 구성 지침을 따라야 한다.

파일 기반 세션 사용

파일 기반 세션을 사용하려면 SESSION_ENGINE 설정을 "django.contrib.sessions. backends.file"로 설정해야 한다. 장고가 세션 파일을 저장하는 곳을 제어하기 위해 SESSION_FILE_PATH를 설정(tempfile.gettempdir()에서의 출력에 대한 기본값은 /tmp)할 수도 있다. 웹 서버에 이 위치를 읽고 쓸 수 있는 권한이 있는지 확인한다.

▌ 쿠키 기반 세션 사용

쿠키 기반 세션을 사용하려면 SESSION_ENGINE 설정을 "django.contrib.sessions. backends.signed_cookies"로 설정해야 한다. 세션 데이터는 장고의 암호화 서명 도구와 SECRET_KEY 설정을 사용해 저장된다.

자바스크립트에 저장된 데이터에 액세스하지 못하게 하려면 SESSION_COOKIE_HTTPONLY 설정을 True로 유지하는 것이 좋다.

SECRET_KEY가 비밀로 유지되지 않고 PickleSerializer를 사용하는 경우에는 임의의 원격 코드 실행으로 이어질 수 있다

SECRET_KEY를 소유한 공격자는 웹 사이트에서 신뢰할 수 있는 위조된 세션 데이터를 생성할 수 있을 뿐만 아니라 데이터가 pickle을 사용해 직렬화되기 때문에 원격으로 임의의 코드를 실행할 수 있다. 쿠키 기반 세션을 사용하는 경우, 원격으로 액세스할 수 있는 시스템의 경우, 비밀 키가 항상 비밀로 유지된다.

세션 데이터는 서명됐지만 암호화되지는 않는다

쿠키 백엔드를 사용할 때, 클라이언트가 세션 데이터를 읽을 수 있다. MAC(Message Authentication Code)은 클라이언트에 의한 변경으로부터 데이터를 보호하기 위해 사용되므로 세션 데이터가 변조될 때 무효화된다. 쿠키를 저장하는 클라이언트(예: 사용자의 웹 브라우저)가 모든 세션 쿠키를 저장하고 데이터를 삭제할 수 없는 경우에도 동일한 무효화가 발생한다. 장고가 데이터를 압축하더라도 쿠키당 4096바이트의 공통 제한을 초과하는 것은 전적으로 가능하다.

최신 정보를 보장하지 못함

MAC은 데이터의 진위성(데이터가 웹 사이트에서 생성됐고, 이외의 다른 사람은 생성하지 않는다)과 데이터의 무결성(데이터가 모두 정확하다)을 보장할 수 있지만, 데이터의 최신 정보는 보장할 수 없다. 즉, 여러분은 지금 클라이언트에게 보낸 직전의 내용을 것을 다시 보내고 있는 것이다. 즉, 세션 데이터를 일부 사용하는 경우, 쿠키 백엔드가 재전송 공격을 받을 수 있다. 사용자가 로그아웃할 때, 각 세션의 서버 측 기록을 유지하고, 이를 무효화하는 다른 세션 백엔드와 달리 사용자가 로그아웃할 때 쿠키-기반 세션은 무효화되지 않는다. 따라서 해커가 사용자의 쿠키를 훔치면 해당 사용자가 로그아웃을 하더라도 해당 쿠키를 사용해 로그인할 수 있다. 쿠키가 SESSION_COOKIE_AGE보다 오래된 경우, 쿠키는 '부실함(stale)'으로만 감지된다.

마지막으로 위의 경고가 쿠키 기반 세션을 사용하지 못하게 한다고 가정한다. 쿠키의 크기가 웹 사이트 속도에도 영향을 미칠 수 있다.

▌ 뷰에서 세션 사용하기

SessionMiddleware가 활성화되면 각 HttpRequest 객체(장고 뷰 함수의 첫 번째 인수)는 딕셔너리와 유사한 객체인 session 속성을 갖는다. 뷰에서 언제든지 request.session을 읽고 쓰기할 수 있다. 여러분은 이것을 여러 번 편집할 수 있다.

모든 세션 객체는 기본 클래스 backends.base.SessionBase에서 상속된나. 이 클래스는 다음과 같은 표준 딕셔너리 메서드를 갖는다.

- __getitem__(key)
- __setitem__(key, value)
- __delitem__(key)
- __contains__(key)
- get(key, default=None)
- pop(key)
- keys()
- items()
- setdefault()
- clear()

또한 다음과 같은 방법이 있다.

flush()

세션에서 현재 세션 데이터를 삭제하고 세션 쿠키를 삭제한다. 이것은 사용자의 웹 브라우저에서 이전 세션 데이터에 다시 액세스할 수 없도록 하는 경우에 사용한다(예: `django.contrib.auth.logout()` 함수가 이를 호출한다).

set_test_cookie()

사용자의 웹 브라우저가 쿠키를 지원하는지 여부를 결정하는 테스트 쿠키를 설정한다. 쿠키가 작동하는 방식 때문에 사용자가 다음 웹 페이지 요청을 할 때까지 이를 테스트할 수 없다. 좀 더 자세한 내용은 다음 테스트 쿠키 설정을 참조하라.

test_cookie_worked()

사용자 웹 브라우저가 테스트 쿠키를 수락했는지 여부에 따라 True 또는 False를 반환한다. 쿠키가 작동하는 방식 때문에 이전의 별도의 웹 페이지 요청에서 `set_test_cookie()`를 호출해야 한다. 좀 더 자세한 내용은 다음 테스트 쿠키 설정을 참조하라.

delete_test_cookie()

테스트 쿠키를 삭제한다. 이것을 사용해 스스로 정리한다.

set_expiry(값)

세션의 만기 시간을 설정한다. 다양한 값을 전달할 수 있다.

- 값이 정수인 경우, 세션은 몇 초 동안 사용하지 않으면 만료된다. 예를 들어, `request.session.set_expiry(300)`를 호출하면 세션이 5분 내에 만료된다.

- value가 datetime 또는 timedelta 객체인 경우, 해당 특정 날짜/시간에 세션이 만료된다. PickleSerializer를 사용하는 경우, datetime 및 timedelta 값은 시리얼화할 수만 있다.
- 값이 0이면 사용자의 웹 브라우저가 닫힐 때 세션 쿠키가 만료된다.
- 값이 None이면 세션은 전역 세션 만료 정책을 사용하도록 되돌린다.

세션 읽기는 만료 목적의 활동으로 간주되지 않는다. 세션 만료는 세션이 마지막으로 수정된 시간부터 계산된다.

get_expiry_age()

이 세션이 만료될 때까지의 소요 시간(초)을 반환한다. 사용자 정의 만료가 없는 세션(또는 웹 브라우저를 닫을 때 만료된 세션)의 경우, SESSION_COOKIE_AGE와 같다.

이 함수는 2개의 선택적 키워드 인수를 허용한다.

- 수정modification: 세션의 마지막 수정 시간으로 datetime 객체다. 기본값은 현재 시간이다.
- 만료expiry: 세션의 만료 정보다. datetime 객체다. 값은 int(초 단위) 또는 None 이다. 기본값은 set_expiry()에 의해 세션에 저장된 값이며, 시간(초 단위) 또는 None이다.

get_expiry_date()

이 세션은 기한 마감일을 반환한다. 사용자 정의 만료가 없는 세션(또는 웹 브라우저를 닫을 때 만료된 세션)의 경우, 이 값은 지금부터 SESSION_COOKIE_AGE 초의 날짜와 같다. 이 함수는 get_expiry_age()와 동일한 키워드 인수를 허용한다.

get_expire_at_browser_close()

사용자의 웹 브라우저가 닫힐 때 세션 쿠키가 만료되는지 여부에 따라 True 또는 False 를 반환한다.

clear_expired()

만료된 세션을 세션 저장소에서 제거한다. 이 클래스 메서드는 clearsessions로 호출한다.

cycle_key()

현재 세션 데이터를 유지하면서 새로운 세션 키를 만든다. django.contrib.auth. login( )은 이 메서드를 호출해 세션 고정을 완화한다.

▌ 세션 객체 지침

- 일반적인 파이썬 문자열을 request.session의 딕셔너리 키로 사용한다. 이는 어렵고 빠른 규칙보다 많은 관례다.
- 밑줄로 시작하는 세션 딕셔너리 키는 장고에서 내부용으로 예약돼 있다.

request.session을 새 오브젝트로 대체하지 말고 속성에 액세스하거나 설정하지 않는다.

파이썬 딕셔너리처럼 사용한다.

▌ 세션 직렬화

1.6 버전 이전에는 장고가 pickle을 사용해 세션 데이터를 백엔드에 저장하기 전에 직렬화했다. 서명된 쿠키 세션 백엔드를 사용 중이며, 공격자가 SECRET_KEY를 알고 있고(누출의 원인이 되는 장고의 고유한 취약점이 없다) 언피클링될 경우, 세션에 문자열을 삽입해 서버상 임의의 코드를 실행한다. 그렇게 하기 위한 기술은 간단하고 인터넷에서 쉽게 이용할 수 있다.

쿠키 세션 저장소가 쿠키 저장 데이터에 서명해 변조를 방지하지만 SECRET_KEY 누수가 원격 코드 실행 취약점으로 즉시 에스컬레이션된다. 이 공격은 피클보다는 JSON을 사용해 세션 데이터를 직렬화해 완화할 수 있다. Django 1.5.3은 세션 직렬화 형식을 사용자 정의하기 위해 새로운 설정인 SESSION_SERIALIZER를 도입했다. 이전 버전과의 호환성을 위해 이 설정의 기본값은 Django 1.5.x에서 django.contrib.sessions.serializers.PickleSerializer를 사용하지만 보안 강화를 위해 Django 1.6 이후의 django.contrib.sessions.serializers.JSONSerializer가 기본 설정이다.

사용자 정의 serializer에 설명된 주의사항이 있더라도, 특히 쿠키 백엔드를 사용하는 경우에는 JSON 직렬화를 계속 사용하는 것이 좋다.

번들 직렬화

serializers.JSONSerializer

django.core.signing의 JSON 시리얼 라이저에 대한 래퍼. 기본 데이터 형식만 직렬화serialize할 수 있다. 또한 JSON은 문자열 키만 지원하므로 request.session에서 문자열이 아닌 기를 사용하면 예상대로 작동하시 않는다.

```
>>> # 초기 할당
>>> request.session[0] = 'bar'
```

```
>>> # 세션 데이터의 직렬화 & 비직렬화 다음에 발생하는
>>> # 후속 요청
>>> request.session[0] # KeyError
>>> request.session['0']
'bar'
```

JSON 직렬화의 제한사항에 대한 좀 더 자세한 내용은 custom-serializers 섹션을 참조하라.

serializer.PickleSerializer

임의의 파이썬 객체를 지원하지만 위에서 설명한 대로 SECRET_KEY가 공격자에게 알려지면 원격 코드 실행 취약점이 발생할 수 있다.

나만의 직렬 변환기를 작성하기

PickleSerializer와 달리 JSONSerializer는 임의의 파이썬 데이터 유형을 처리할 수 없다. 종종 그렇듯이, 편의성과 보안성 사이에는 상호 상충하는 경향이 있다. JSON 백업 세션에 datetime 및 Decimal을 포함한 고급 데이터 유형을 저장하려면 사용자 정의 직렬 변환기를 작성하거나 이러한 값을 request.session에 저장하기 전에 JSON 직렬화 가능한 객체로 변환해야 한다.

이러한 값을 직렬화하는 것은 상당히 간단한(django.core.serializers.json.DateTime AwareJSONEncoder가 도움이 될 수 있다) 반면, 여러분이 입력한 것과 똑같은 것을 확실히 되찾을 수 있는 디코더를 작성하는 것이 더욱 취약하다. 예를 들어, 실제로 datetime에 대해 선택된 동일한 형식으로 된 문자열인 datetime을 반환할 위험이 있다.

serializer 클래스는 세션 데이터 딕셔너리를 직렬화 및 비직렬화하는 두 가지 메서드인 dumps(self, obj) 및 loads(self, data)를 각각 구현해야 한다.

■ 테스트 쿠키 설정

편의상 장고는 사용자의 웹 브라우저가 쿠키를 허용하는지 테스트하는 쉬운 방법을 제공한다. 뷰에서 request.session의 set_test_cookie( ) 메서드를 호출하고, 동일한 뷰 호출이 아닌 후속 뷰에서 test_cookie_worked( )를 호출하면 된다.

쿠키가 작동하는 방식 때문에 set_test_cookie( )와 test_cookie_worked( ) 사이의 어색한 분리가 필요하다. 쿠키를 설정하면 웹 브라우저의 다음 요청이 있을 때까지 웹 브라우저가 쿠키를 허용했는지 여부를 실제로 알 수 없다. delete_test_cookie( )를 사용해 직접 정리하는 것이 좋다. 테스트 쿠키가 작동하는지 확인한 후에 이 작업을 수행한다.

다음은 일반적인 사용 예다.

```python
def login(request):
    if request.method == 'POST':
        if request.session.test_cookie_worked():
            request.session.delete_test_cookie()
            return HttpResponse("You're logged in.")
        else:
            return HttpResponse("Please enable cookies and try again.")
    request.session.set_test_cookie()
    return render_to_response('foo/login_form.html')
```

■ 뷰에서 세션 사용

이 섹션의 예제는 django.contrib.sessions.backends.db 백엔드에서 직접 SessionStore 객체를 가져온다. 자신의 코드에서 다음과 같이 SESSION_ENGINE에 의해 지정된 세션 엔진에서 SessionStore를 가져오는 것을 고려해야 한다.

496

```
>>> from importlib import import_module
>>> from django.conf import settings
>>> SessionStore = import_module(settings.SESSION_ENGINE).SessionStore
```

뷰 외부에서 세션 데이터를 조작하는 데 사용할 수 있는 API는 다음과 같다.

```
>>> from django.contrib.sessions.backends.db import SessionStore
>>> s = SessionStore()
>>> # datetime은 JSON에서 직렬화할 수 없으므로 이 시간 이후 초로 저장한다.
>>> s['last_login'] = 1376587691
>>> s.save()
>>> s.session_key
'2b1189a188b44ad18c35e113ac6ceead'
>>> s = SessionStore(session_key='2b1189a188b44ad18c35e113ac6ceead')
>>> s['last_login']
1376587691
```

세션 고정 공격을 완화하기 위해, 존재하지 않는 세션 기가 재생성된다.

```
>>> from django.contrib.sessions.backends.db import SessionStore
>>> s = SessionStore(session_key='no-such-session-here')
>>> s.save()
>>> s.session_key
'ff882814010ccbc3c870523934fee5a2'
```

django.contrib.sessions.backends.db 백엔드를 사용한다면 각 세션은 정상적인 장고 모델일 뿐이다. Session 모델은 django/contrib/sessions/models.py에 정의돼 있다. 정상적인 모델이기 때문에 여러분이 정상적인 장고 데이터베이스 API를 사용하는 세션을 액세스할 수 있다.

```
>>> from django.contrib.sessions.models import Session
>>> s = Session.objects.get(pk='2b1189a188b44ad18c35e113ac6ceead')
>>> s.expire_date
datetime.datetime(2005, 8, 20, 13, 35, 12)
```

세션 딕셔너리를 가져오려면 get_decoded( )를 호출해야 한다.

이는 딕셔너리가 인코딩된 형식으로 저장되기 때문에 필요하다.

```
>>> s.session_data
'KGRwMQpTJ19hdXRoX3VzZXJfaWQnCnAyCkkxCnMuMTExY2ZjODI2Yj...'
>>> s.get_decoded( )
{'user_id': 42}
```

▋ 세션 저장 시

기본적으로 장고는 세션이 변경된 경우, 즉 딕셔너리 값 중 하나가 지정되거나 삭제된 경우에 세션 데이터베이스에만 저장한다.

```
# 세션 변경됨.
request.session['foo'] = 'bar'

# 세션 변경됨.
del request.session['foo']

# 세션 변경됨.
request.session['foo'] = {}

# Gotcha: 세션이 변경되기 때문에 세션 변경되지 않음.
# request.session 대신 request.session [ 'foo']을 사용함.
```

498

```
request.session['foo']['bar'] = 'baz'
```

위 예제의 마지막 사례에서 세션 객체에 수정된 속성을 설정해 세션 객체가 명시적으로 변경됐음을 세션 객체에 알릴 수 있다.

```
request.session.modified = True
```

이 기본 동작을 변경하려면 SESSION_SAVE_EVERY_REQUEST 설정을 True로 설정해야 한다. True로 설정하면 장고는 매 요청마다 데이터베이스에 해당 세션을 저장한다. 세션 쿠키는 세션이 생성되거나 수정된 경우에만 전송된다. SESSION_SAVE_EVERY_REQUEST가 True이면 모든 요청에 세션 쿠키가 전송될 것이다. 이와 마찬가지로 세션 쿠키의 만료 부분은 세션 쿠키가 전송될 때마다 업데이트된다. 응답의 상태 코드가 500이면 해당 세션은 저장되지 않는다.

▌ 웹 브라우저-길이 세션 vs. 영구적 세션

세션 프레임워크가 SESSION_EXPIRE_AT_BROWSER_CLOSE 설정으로 웹 브라우저-길이 세션과 지속 세션을 사용할지 여부를 제어할 수 있다. 기본적으로 SESSION_EXPIRE_AT_BROWSER_CLOSE는 False로 설정돼, 세션 쿠키가 SESSION_COOKIE_AGE이면 사용자의 웹 브라우저에 저장될 것이다. 사람들이 웹 브라우저를 열 때마다 로그인하지 못하도록 하려면 이 옵션을 사용해야 한다.

SESSION_EXPIRE_AT_BROWSER_CLOSE를 True로 설정하면 장고는 사용자가 웹 브라우저를 종료하자마자 만료되는 쿠키인 웹 브라우저 길이의 쿠키를 사용한다.

일부 웹 브라우저(예: Chrome)는 사용자가 웹 브라우저를 닫았다가 다시 열어 세션을 계속 탐색할 수 있도록 하는 설정을 제공한다. 경우에 따라 SESSION_EXPIRE_AT_ BROWSER_CLOSE 설정을 방해하고 웹 브라우저가 닫히면 세션이 만료되지 않도록 할 수 있다. SESSION_EXPIRE_AT_BROWSER_CLOSE 설정이 활성화된 장고 응용 프로그램을 테스트하는 동안 이 사실을 알고 있어야 한다.

■ 세션 저장소 지우기

사용자가 웹 사이트에서 새 세션을 만들면 세션 데이터가 세션 저장소에 축적될 수 있다. 장고는 만료된 세션을 자동으로 삭제하지 않는다. 따라서 만료된 세션을 정기적으로 제거하는 것이 좋다. 장고는 이를 위해 클린업 관리 명령인 clearsessions를 제공한다. 일상적인 cron 작업과 같이 이 명령을 정기적으로 호출하는 것이 좋다.

캐시는 자동으로 오래된 데이터를 삭제하기 때문에 캐시 백엔드는 이러한 문제에 취약하지 않다. 세션 데이터는 사용자의 웹 브라우저에 저장되기 때문에 쿠키 백엔드도 이와 마찬가지로 취약하지 않다.

■ 16장에서 무엇을 설명하는가?

다음으로 장고의 캐싱 백엔드를 검토해 좀 더 고급화한 장고 항목을 계속 살펴보자.

16

장고 캐시 프레임워크

역동적인 웹 사이트와 근본적으로 상충되는 점은 동적이라는 것이다. 웹 서버는 사용자가 웹 페이지를 요청할 때마다 데이터베이스 쿼리부터 비즈니스 로직, 템플릿 렌더링, 비즈니스 로직에 이르기까지 모든 종류의 계산을 수행해 웹 사이트 방문자가 볼 수 있는 웹 페이지를 만든다. 이것은 처리-오버 헤드 관점에서 봤을 때 표준 read-file-off-the-filesystem 서버 배열보다 훨씬 비싸다.

대부분의 웹 응용 프로그램에서 이 오버 헤드는 큰 문제가 아니다. 대부분의 웹 응용 프로그램은 www.washingtonpost.com 또는 www.slashdot.org가 아니다. 이것은 너무나 소통량이 적은 중소 규모의 웹 사이트일 뿐이다. 하지만 중간 규모 이상의 트래픽이 많은 웹 사이트의 경우, 가능한 한 많은 오버 헤드를 줄이는 것이 필수적이다.

이것이 캐싱이 들어오는 곳이다. 어떤 것을 캐시하려면 다음 번에 계산을 수행할 필요가 없도록 결과를 저장해야 한다. 다음은 동적으로 생성된 웹 페이지에서 이것이 어떻게 작동하는지 설명하는 의사 코드다.

```
given a URL, try finding that page in the cache
if the page is in the cache:
    return the cached page
else:
    generate the page
    save the generated page in the cache (for next time)
    return the generated page
```

장고에는 동적 웹 페이지를 저장할 수 있는 강력한 캐시 시스템이 있기 때문에 각 요청을 계산할 필요가 없다. 편의상 장고는 다른 수준의 캐시 세분성을 제공한다. 특정 뷰의 결과물을 캐싱할 수 있고, 제작하기 어려운 부분만 캐시할 수 있으며, 전체 웹 사이트를 캐싱할 수 있다.

장고는 Squid(자세한 정보는 http://www.squid-cache.org/를 방문한다) 및 웹 브라우저 기반 캐시와 같은 다운 스트림 캐시에서도 잘 작동한다. 이들은 직접 제어하지 않지만, 웹 사이트의 어느 부분이 캐시돼야 하는지와 캐시 방법에 대한 힌트(HTTP 헤더를 통해)를 제공할 수 있는 캐시의 유형이다.

■ 캐시 설정

캐시 시스템은 약간의 설정이 필요하다. 즉, 캐시된 데이터가 어디에 있어야 하는지를 알려줘야 한다. 데이터베이스에서든, 파일 시스템에서든, 직접 메모리에서든 알려줘야 한다.

이는 캐시의 성능에 영향을 미치는 중요한 결정이다.

캐시 환경 설정은 설정 파일의 캐시 설정에 있다.

Memcached

장고가 기본적으로 지원하는 가장 빠르고 효율적인 캐시 유형인 Memcached(자세한 정보는 http://memcached.org/ 참조)는 전적으로 메모리 기반 캐시 서버로, 원래는 LiveJournal.com에서 높은 부하를 처리하기 위해 개발됐으며, 이후에 Danga 인터앤티브가 오픈소스화했다. 이것은 페이스북이나 위키피디아와 같은 웹 사이트에서 데이터베이스 액세스를 줄이고 웹 사이트 성능을 크게 향상시키는 데 사용된다.

Memcached는 데몬으로 실행되며 지정된 양의 RAM이 할당된다. 캐시에서 데이터를 추가, 검색 및 삭제하기 위한 빠른 인터페이스를 제공한다. 모든 데이터는 메모리에 직접 저장되므로 데이터베이스 또는 파일 시스템 사용에 따른 오버 헤드가 없다.

Memcached 자체를 설치한 후에는 Memcached 바인딩을 설치해야 한다. 파이썬 Memcached 바인딩이 여러 개가 있다. 가장 일반적인 두 가지는 python memcached(ftp://ftp.tummy.com/pub/python-memcached/) 및 pylibmc(http://sendapatch.se/projects/pylibmc/)다.

장고와 함께 Memcached를 사용하려면

- BACKEND를 `django.core.cache.cache.backends.memcached.MemcachedCache` 또는 `django.core.cache.backends.memcached.PyLibMCCache`로 설정해야 한다 (선택한 memcached 바인딩에 따라 다르다).
- LOCATION을 `ip:port` 값으로 설정한다. 여기서 `ip`는 Memcached 데몬의 IP 주소고, `port`는 Memcached가 실행되는 포트 또는 `unix:path` 값이다. 여기서 `path`는 Memcached Unix 소켓 파일의 경로다.

이 예제에서 Memcached는 **python-memcached** 바인딩을 사용해 localhost(127.0.0.1) 포트 11211에서 실행된다.

```
CACHES = {
    'default': {
        'BACKEND': 'django.core.cache.backends.memcached.MemcachedCache',
        'LOCATION': '127.0.0.1:11211',
    }
}
```

이 예제에서 Memcached는 Python-memcached 바인딩을 사용하는 로컬 유닉스 소켓 파일 /tmp/memcached.sock을 통해 사용할 수 있다.

```
CACHES = {
    'default': {
        'BACKEND': 'django.core.cache.backends.memcached.MemcachedCache',
        'LOCATION': 'unix:/tmp/memcached.sock',
    }
}
```

Memcached의 뛰어난 기능 중 하나는 여러 서버에서 캐시를 공유할 수 있다는 것이다. 즉, 여러 컴퓨터에서 Memcached 데몬을 실행할 수 있으며, 프로그램은 각 시스템의 캐시 값을 복제하지 않고도 컴퓨터 그룹을 단일 캐시로 처리한다. 이 기능을 활용하려면 LOCATION에 모든 서버 주소를 세미콜론이나 목록으로 구분해 포함해야 한다.

이 예에서 캐시는 IP 주소 172.19.26.240 및 172.19.26.242에서 실행 중인 Memcached 인스턴스에서 포트 11211에서 공유된다.

```
CACHES = {
    'default'. {
        'BACKEND': 'django.core.cache.backends.memcached.MemcachedCache',
        'LOCATION': [
            '172.19.26.240:11211',
            '172.19.26.242:11211',
        ]
```

```
        }
    }
}
```

다음 예제에서 캐시는 IP 주소 172.19.26.240(포트 11211), 172.19.26.242(포트 11212) 및 172.19.26.244(포트 11213)에서 실행 중인 Memcached 인스턴스에서 공유된다.

```
CACHES = {
    'default': {
        'BACKEND': 'django.core.cache.backends.memcached.MemcachedCache',
        'LOCATION': [
            '172.19.26.240:11211',
            '172.19.26.242:11212',
            '172.19.26.244:11213',
        ]
    }
}
```

Memcached에 대한 마지막 요점은 메모리 기반 캐싱에는 단점이 있다는 것이다. 캐싱된 데이터가 메모리에 저장되기 때문에 서버가 충돌하면 데이터는 손실될 것이다.

분명히 메모리는 영구적인 데이터 저장을 위한 것이 아니기 때문에 유일한 데이터 저장 공간으로 메모리 기반 캐싱에 의존하지 않도록 한다. 의심의 여지 없이, 장고 캐싱 백엔드 중 어느 것도 영구 저장을 위해 사용돼서는 안 된다. 이것은 저장소가 아니라 캐싱을 위한 솔루션이다. 그러나 메모리 기반 캐싱이 특히 일시적이기 때문에 여기서 설명한다.

데이터베이스 캐싱

장고는 캐싱된 데이터를 데이터베이스에 저장할 수 있다. 이것은 빠르게 잘 색인된 데이터베이스 서버를 갖고 있다면 가장 잘 작동한다. 캐시 백엔드로 데이터베이스 테이블을 사용하려면 다음과 같이 해야 한다.

- BACKEND를 django.core.cache.backends.db.DatabaseCache로 설정한다.
- LOCATION을 데이터베이스 테이블의 이름인 tablename으로 설정한다. 이 이름은 데이터베이스에서 아직 사용되지 않고 있는 유효한 테이블 이름이면 원하는 이름이 될 수 있다.

이 예제에서 캐시 테이블의 이름은 my_cache_table이다.

```
CACHES = {
    'default': {
        'BACKEND': 'django.core.cache.backends.db.DatabaseCache',
        'LOCATION': 'my_cache_table',
    }
}
```

캐시 테이블 만들기

데이터베이스 캐시를 사용하기 전에 다음 명령으로 캐시 테이블을 만들어야 한다.

```
python manage.py createcachetable
```

이렇게 하면 장고의 데이터베이스 캐시 시스템이 기대하는 적절한 형식의 테이블이 데이터베이스에 생성된다. 표의 이름은 LOCATION에서 가져온 것이다. 여러 데이터베이스 캐시를 사용하는 경우 createcachetable은 각 캐시에 대해 하나의 테이블을 만든다. 여러 데이터베이스를 사용하는 경우, createcachetable은 데이터베이스 라우터의 allow_migrate() 메서드를 관찰한다(아래 참조). createcachetable은 migrate와 마찬가지로 기존 테이블을 건드리지 않고, 누락된 테이블만 생성한다.

다중 데이터베이스

여러 데이터베이스에서 데이터베이스 캐싱을 사용하는 경우, 데이터베이스 캐시 테이블에 대한 라우팅 지침도 설정해야 한다. 라우팅을 위해 데이터베이스 캐시 테이블은 django_cache라는 응용 프로그램에 CacheEntry라는 모델로 나타난다. 이 모델은 모델 캐시에 나타나지 않지만, 모델 정보를 라우팅 용도로 사용할 수 있다.

예를 들어, 다음 라우터는 모든 캐시 읽기 작업을 cache_replica로 지시하고, 모든 쓰기 작업을 cache_primary로 보낸다. 캐시 테이블은 cache_primary에만 동기화된다.

```
class CacheRouter(object):
"""A router to control all database cache operations"""

def db_for_read(self, model, **hints):
    # 모든 캐시 읽기 작업은 복제본으로 이동한다.
    if model._meta.app_label in ('django_cache',):
        return 'cache_replica'
    return None

def db_for_write(self, model, **hints):
    # 모든 캐시 쓰기 작업은 기본으로 이동한다.
    if model._meta.app_label in ('django_cache',):
        return 'cache_primary'
    return None

def allow_migrate(self, db, model):
    # 기본 캐시 모델만 설치한다.
    if model._meta.app_label in ('django_cache',):
        return db == 'cache_primary'
    return None
```

데이터베이스 캐시 모델에 대한 라우팅 경로를 지정하지 않으면 캐시 백엔드는 기본 데이터베이스를 사용한다. 물론 데이터베이스 캐시 백엔드를 사용하지 않는다면 데이터베이스 캐시 모델에 대한 라우팅 지침 제공에 대해 걱정할 필요가 없다.

파일 시스템 캐싱

파일 기반 백엔드는 각 캐시 값을 직렬화해 개별 파일로 저장한다. 이와 같은 백엔드를 사용하려면 BACKEND을 'django.core.cache.backends.filebased.FileBasedCache'로 설정하고 LOCATION을 적절한 디렉터리에 설정해야 한다.

예를 들어, /var/tmp/django_cache에 캐시된 데이터를 저장하려면 다음 설정을 사용해야 한다.

```
CACHES = {
    'default': {
        'BACKEND': 'django.core.cache.backends.filebased.FileBasedCache',
        'LOCATION': '/var/tmp/django_cache',
    }
}
```

윈도우의 경우, 다음과 같이 경로의 시작 부분에 드라이브 문자를 넣는다.

```
CACHES = {
    'default': {
        'BACKEND': 'django.core.cache.backends.filebased.FileBasedCache',
        'LOCATION': 'c:/foo/bar',
    }
}
```

디렉터리 경로는 절대적이어야 한다. 즉, 파일 시스템의 루트에서 시작해야 한다. 설정의 마지막에 슬래시를 넣을지 여부는 중요하지 않다. 이 설정이 가리키는 디렉터리가 존재하고 웹 서버가 실행되는 시스템 사용자가 읽고 쓸 수 있는지 확인하자. 위의 예제를 계속 진행하면서 서버가 사용자 아파치로 실행된다면 /var/tmp/django_cache 디렉터리가 존재하고 사용자 아파치가 읽고 쓸 수 있는지 확인한다.

로컬-메모리 캐싱

설정 파일에 다른 캐시가 지정돼 있지 않으면 로컬-메모리 캐싱이 기본 캐시다. 인메모리 캐싱의 속도 장점을 원하지만 Memcached를 실행할 수 있는 기능이 없으면 로컬 메모리 캐시 백엔드를 고려한다. 이를 사용하려면 BACKEND를 django.core.cache.backends.locmem.LocMemCache로 설정해야 한다. 예제는 다음과 같다.

```
CACHES = {
    'default': {
        'BACKEND': 'django.core.cache.backends.locmem.LocMemCache',
        'LOCATION': 'unique-snowflake'
    }
}
```

캐시 LOCATION은 개별 메모리 저장소를 식별하는 데 사용된다. 하나의 locemem 캐시만 있으면 LOCATION을 생략할 수 있다. 그러나 둘 이상의 로컬 메모리 캐시가 있는 경우, 이를 분리하려면 최소한 하나의 이름을 지정해야 한다.

각 프로세스는 고유한 개인 캐시 인스턴스를 갖고 있으므로 상호 프로세스 캐싱이 불가능한다는 것을 알아두기 바란다. 이것은 분명히 로컬 메모리 캐시가 메모리 측면에서 효율성이 높지 않기 때문에 프로덕션 환경에 적합하지 않는다는 것을 의미하기도 한다. 고유한 캐시 인스턴스는 개발 용도로 적합하다.

더미 캐싱(개발용)

마지막으로 장고에는 실제로 캐시되지 않는 더미 캐시가 있다. 아무것도 하지 않고 캐시 인터페이스 만 구현한다. 이 기능은 다양한 장소에서 견고한 캐싱을 사용하는 제작 웹 사이트가 있지만, 캐시하지 않고 특수한 경우 코드를 변경하지 않으려는 개발/테스트 환경에 유용하다. 더미 캐싱을 활성화하려면 BACKEND을 다음과 같이 설정해야 한다.

```
CACHES = {
    'default': {
        'BACKEND': 'django.core.cache.backends.dummy.DummyCache',
    }
}
```

사용자 정의 캐시 백엔드 사용

장고는 여러 캐시 백엔드를 즉시 지원하지만 때때로 사용자 정의 캐시 백엔드를 사용할 수도 있다. 장고에서 외부 캐시 백엔드를 사용하려면 다음과 같이 Python import 경로를 캐시 설정의 BACKEND으로 사용해야 한다.

```
CACHES = {
    'default': {
        'BACKEND': 'path.to.backend',
    }
}
```

본인만의 백엔드를 작성한다면 표준 캐시 백엔드를 레퍼런스 구현으로 사용할 수 있다. 여러분은 장고 소스의 django/core/cache/backends/ 디렉터리에서 해당 코드를 발견할 것이다.

 장고를 지원하지 않는 호스트와 같은 정말로 강력한 이유가 없다면 장고에 포함된 캐시 백엔드를 고수해야 한다. 이는 잘 검증됐고 사용하기도 쉽다.

캐시 인수

각 캐시 백엔드에는 캐싱 비헤이비어를 제어하는 추가 인수가 제공될 수 있다. 이러한 인수는 캐시 설정에서 추가 키로 제공된다. 유효한 인수는 다음과 같다.

- 타임아웃: 캐시에 사용할 기본 제한 시간(초)이다. 이 인수의 기본값은 300초(5분)다. TIMEOUT을 None으로 설정하면 기본적으로 캐시 키가 만료되지 않는다. 값이 0이면 키가 즉시 만료된다(효과적으로 캐시되지 않는다).

- 옵션: 캐시 백엔드로 전달돼야 하는 옵션. 유효한 옵션 목록은 각 백엔드마다 다르며, 제삼자 라이브러리가 지원하는 캐시 백엔드는 옵션을 기본 캐시 라이브러리에 직접 전달한다.

- 자체 컬링 전략을 구현하는 캐시 백엔드(즉 locemem, 파일 시스템 및 데이터베이스 백엔드)는 다음과 같은 옵션을 제공한다.

- MAX_ENTRIES: 이전 값이 삭제되기 전에 캐시에 허용되는 최대 항목 수다. 이 인수의 기본값은 300이다.

- CULL_FREQUENCY: MAX_ENTRIES에 도달할 때 추려진 항목의 비율이다. 실제 비율은 1/CULL_FREQUENCY이므로 CULL_FREQUENCY를 2로 설정하면 MAX_ENTRIES에 도달할 때 항목의 절반을 처리할 수 있다. 이 인수는 정수여야 하며 기본값은 3이다.

- CULL_FREQUENCY의 값이 0이면 MAX_ENTRIES에 도달할 때 전체 캐시가 덤프된다는 것을 의미한다. 일부 백엔드(특히 데이터베이스)에서 더 많은 캐시 미스를 희생시키면서 좀 더 빨리 제거할 수 있다.

- KEY_PREFIX: 장고 서버에서 사용하는 모든 캐시 키에 자동으로 포함되는 문자열(기본값 앞에 붙인다).

- VERSION: 장고 서버에 의해 생성된 캐시 키의 기본 버전 번호

- KEY_FUNCTION: 접두어, 버전 및 키를 최종 캐시 키로 작성하는 방법을 정의하는 함수에 대한 점으로 구분된 경로가 포함된 문자열

이 예에서 파일 시스템 백엔드는 시간 초과 60초 및 최대 용량 1,000개 항목으로 구성된다.

```
CACHES = {
    'default': {
        'BACKEND': 'django.core.cache.backends.filebased.FileBasedCache',
        'LOCATION': '/var/tmp/django_cache',
        'TIMEOUT': 60,
        'OPTIONS': {'MAX_ENTRIES': 1000}
    }
}
```

▌ 웹 사이트별 캐시

캐시가 설정되면 캐싱을 사용하는 가장 간단한 방법은 전체 웹 사이트를 캐싱하는 것이다. 다음 예제와 같이 'django.middleware.cache.UpdateCacheMiddleware' 및 'django.middleware.cache.FetchFromCacheMiddleware'를 MIDDLEWARE_CLASSES 설정에 추가해야 하다.

```
MIDDLEWARE_CLASSES = [
    'django.middleware.cache.UpdateCacheMiddleware',
    'django.middleware.common.CommonMiddleware',
    'django.middleware.cache.FetchFromCacheMiddleware',
]
```

 업데이트 미들웨어가 목록에서 제일 먼저 나와야 하며, 가져오기(fetch) 미들웨어가 마지막에 있어야 하므로 이것은 오타가 아니다. 좀 더 자세한 내용은 다소 모호하지만 전체 스토리를 원한다면 17 장의 Order of MIDDLEWARE_CLASSES를 참조하라.

다음으로 장고 설정 파일에 다음 필수 설정을 추가한다.

- CACHE_MIDDLEWARE_ALIAS: 저장 영역에 사용할 캐시 별명
- CACHE_MIDDLEWARE_SECONDS: 각 웹 페이지를 캐시해야 하는 시간(초)
- CACHE_MIDDLEWARE_KEY_PREFIX-: 동일한 장고 설치를 사용해 여러 웹 사이트에서 캐시를 공유하는 경우, 이를 웹 사이트 이름 또는 장고 인스턴스에 고유한 다른 문자열로 설정해 키 충돌을 방지한다. 상관없다면 빈 문자열을 사용한다.

FetchFromCacheMiddleware는 요청 및 응답 헤더에서 허용하는 상태 200의 GET 및 HEAD 응답을 캐시한다. 서로 다른 쿼리 파라미터를 사용하는 동일한 URL 요청에 대한 응답은 고유한 웹 페이지로 간주돼 별도로 캐시된다. 이 미들웨어는 HEAD 요청이 해당 GET 요청과 동일한 반응 헤더로 응답될 것으로 기대한다. 이 경우 HEAD 요청에 대해 캐시된 GET 응답을 반환할 수 있다. 또한 UpdateCacheMiddleware는 각 HttpResponse에 몇 개의 헤더를 자동으로 설정한다.

- 캐시되지 않은 최신 버전의 웹 페이지가 요청될 때, Last-Modified 헤더를 현재 날짜/시간으로 설정한다.
- Expires 헤더를 현재 날짜/시간에 정의된 CACHE_MIDDLEWARE_SECONDS를 더한 날짜로 설정한다.
- CACHE_MIDDLEWARE_SECONDS 설정에서 웹 페이지의 최대 유효 기간을 다시 제공하도록 Cache-Control 헤더를 설정한다.

뷰가 자체 캐시 만료 시간을 설정하면(즉, Cache-Control 헤더에 max-age 섹션이 있는 경우), 해당 웹 페이지는 CACHE_MIDDLEWARE_SECONDS가 아닌 만료 시간까지 캐시될 것이다. django.views.decorators.cache의 데커레이터를 사용하면 cache_control 데커레이터를 사용해 뷰의 만료 시간을 쉽게 설정하거나 never_cache 데커레이터를 사용해 뷰의 캐싱을 비활성화할 수 있다. 이러한 데커레이터에 대한 좀 더 자세한 내용은 다른 헤더 사용 섹션을 참조하라.

USE_I18N이 True로 설정된 경우 생성된 캐시 키에 활성화된 언어의 이름이 포함된다. 이렇게 하면 캐시 키를 직접 만들 필요 없이 다국어 웹 사이트를 쉽게 캐시할 수 있다.

캐시 키에는 USE_L10N이 True로 설정된 경우나 활성 언어와 USE_TZ가 True로 설정된 경우, 현재 시간대가 포함된다.

▌ 뷰별 캐시

캐싱 프레임워크를 사용하는 좀 더 세밀한 방법은 개별 뷰의 출력을 캐싱하는 것이다. django.views.decorators.cache는 뷰의 응답을 자동으로 개시될 cache_page 네거레이터를 정의한다. 이것은 사용하기 쉽다.

```python
from django.views.decorators.cache import cache_page

@cache_page(60 * 15)
def my_view(request):
    ...
```

cache_page는 하나의 인수, 즉 캐시 시간 초과(초)를 취한다. 위의 예제에서 my_view() 뷰의 결과는 15분 동안 캐시된다. 참조로 가독성을 위해 60*15로 작성했으므로 60*15는 900으로 계산된다(즉, 분당 15×60초다).

웹 사이트별 캐시와 마찬가지로, 뷰별 캐시는 URL에서 키 입력된다. 여러 URL이 동일한 뷰를 가리키면 각 URL이 별도로 캐시된다. URLconf가 다음과 같은 경우 my_view 예제를 계속 사용한다.

```python
urlpatterns = [
    url(r'^foo/([0-9]{1,2})/$', my_view),
]
```

/foo/1/ 및 /foo/23/에 대한 요청은 예상대로 따로 캐시된다. 그러나 특정 URL(예: /foo/23/)이 요청되면 해당 URL에 대한 후속 요청은 캐시를 사용한다.

cache_page는 선택적 키워드 인수인 캐시를 사용할 수도 있다. 이 캐시는 뷰 결과를 캐싱할 때 데커레이터가 특정 캐시(CACHES 설정에서)를 사용하도록 지시한다.

기본적으로, 기본 캐시가 사용되지만 원하는 모든 캐시를 지정할 수 있다.

```
@cache_page(60 * 15, cache="special_cache")
def my_view(request):
    ...
```

뷰당 기준으로 캐시 접두어를 재정의할 수도 있다. cache_page는 선택적 키워드 인수인 key_prefix를 취하는데, 이는 미들웨어에 대한 CACHE_MIDDLEWARE_KEY_PREFIX 설정과 동일한 방식으로 작동한다. 이것은 다음과 같이 사용할 수 있다.

```
@cache_page(60 * 15, key_prefix="site1")
def my_view(request):
    ...
```

key_prefix 및 캐시 인수는 함께 지정할 수 있다. key_prefix 인수와 CACHES에 지정된 KEY_PREFIX는 연결된다.

URLconf에 per-view 캐시 지정하기

이전 섹션의 예제는 cache_page가 my_view 함수를 제자리에서 변경하기 때문에 뷰가 캐시된다는 사실을 하드코딩했다. 이 접근법은 캐시 시스템에 뷰를 연결하기 때문에 여러 가지 이유로 이상적이지 않다. 예를 들어, 캐시 기능이 없는 다른 웹 사이트에서 뷰 기능을 재사용하거나 캐시하지 않고 뷰 기능을 사용하고자 하는 사람들에게 뷰 기능을 배포할 수 있다.

이러한 문제를 해결하는 방법은 view 함수 자체가 아닌 URLconf에 뷰 단위 캐시를 지정하는 것이다. 이렇게 하는 것은 간단하다. URLconf에서 이를 참조할 때, cache_page로 뷰 기능을 간단히 래핑할 수 있다.

이전 URLconf는 다음과 같다.

```
urlpatterns = [
    url(r'^foo/([0-9]{1,2})/$', my_view),
]
```

다음은 cache_page에 my_view가 래핑된 것과 동일한 내용이다.

```
from django.views.decorators.cache import cache_page

urlpatterns = [
    url(r'^foo/([0-9]{1,2})/$', cache_page(60 * 15)(my_view)),
]
```

▌ 템플릿 조각 캐싱

더 많은 제어가 필요한 경우, 캐시 템플릿 태그를 사용해 템플릿 조각을 캐시할 수도 있다. 템플릿에 이 태그에 대한 액세스 권한을 부여하려면 {% load cache %}를 템플릿의 맨 위에 둬야 한다. {% cache %} 템플릿 태그는 주어진 시간 동안 블록 내용을 캐시한다.

최소한 2개의 인수(캐시 시간 초과(초))와 캐시 조각을 제공하는 이름이 필요하다. 이름은 그대로 사용하고, 변수는 사용하지 않는다.

예제는 다음과 같다.

```
{% load cache %}
{% cache 500 sidebar %}
    .. sidebar ..
{% endcache %}
```

때로는 단편 내부에 나타나는 일부 동적 데이터에 따라 단편의 여러 복사본을 캐시할 수 있다.

예를 들어, 웹 사이트의 모든 사용자에 대해 앞의 예제에서 사용한 세로 막대의 별도 캐시된 사본을 원할 수 있다. 캐시 조각을 특별하게 식별하기 위해 {% cache %} 템플릿 태그에 추가 인수를 전달해 이 작업을 수행한다.

```
{% load cache %}
{% cache 500 sidebar request.user.username %}
    .. sidebar for logged in user ..
{% endcache %}
```

단편을 식별하기 위해 하나 이상의 인수를 지정하는 것은 괜찮다. 필요한 만큼 {% cache %}에 많은 인수를 전달한다. USE_I18N이 True로 설정되면 웹 사이트당 미들웨어 캐시는 활성 언어를 사용한다.

캐시 템플릿 태그의 경우 템플릿에서 사용할 수 있는 번역 관련 변수 중 하나를 사용해 동일한 결과를 얻을 수 있다.

```
{% load i18n %}
{% load cache %}

{% get_current_language as LANGUAGE_CODE %}

{% cache 600 welcome LANGUAGE_CODE %}
    {% trans "Welcome to example.com" %}
{% endcache %}
```

템플릿 변수가 정수값으로 해석되는 한, 캐시 시간 초과는 템플릿 변수가 될 수 있다.

예를 들어, 템플릿 변수 my_timeout의 값을 '600'으로 설정하면 다음 두 예제가 동일하다.

```
{% cache 600 sidebar %} ... {% endcache %}
{% cache my_timeout sidebar %} ... {% endcache %}
```

이 기능은 템플릿 반복 방지에 유용하다. 하나의 변수에서 시간 초과를 설정하고 그 값을 재사용하면 된다. 기본적으로 캐시 태그는 template_fragments라는 캐시를 사용하려고 시도한다. 그러한 캐시가 없으면 기본 캐시를 사용한다. 여러분은 using 키워드 인수와 함께 사용할 대체 캐시 백엔드를 선택할 수 있으며, 이 인수는 태그의 마지막 인수여야 한다.

```
{% cache 300 local-thing ... using="localcache" %}
```

구성되지 않은 캐시 이름을 지정하는 것은 오류로 간주된다.

캐시된 조각에 사용된 캐시 키를 얻으려면 make_template_fragment_key를 사용할 수 있다. fragment_name은 캐시 템플릿 태그의 두 번째 인수와 같다. vary_on은 태그에 전달된 모든 추가 인수 목록이다. 이 함수는 캐시된 항목을 무효화하거나 덮어 쓸 때 유용하다. 예제는 다음과 같다.

```
>>> from django.core.cache import cache
>>> from django.core.cache.utils import make_template_fragment_key
# {% cache 500 sidebar username %}에 대한 캐시 키
>>> key = make_template_fragment_key('sidebar', [username])
>>> cache.delete(key) # 캐시된 템플릿의 일부분(fragment)을 무효화한다.
```

▌ 저수준 캐시 API

때로는 렌더링된 웹 페이지 전체를 캐싱해도 그리 큰 이득을 얻지 못하고, 실제로 불필요한 부담이 된다. 예를 들어, 여러분의 웹 사이트는 여러 검색어에 따라 결과가 나타나는 뷰를 포함하고 있으며, 검색 결과는 다양하게 변경된다. 이 경우, 웹 사이트별 또는 뷰별 캐시 전략에서 제공하는 전체 웹 페이지 캐싱을 사용하는 것이 이상적이지는 않다. 왜냐하면 데이터의 일부가 자주 변경되어 여러분이 전체 결과를 캐시하기 원하지 않기 때문이다. 하지만 여러분은 거의 변경되지 않는 결과에 대해서는 캐시하고 싶을 것이다.

이런 경우, 장고는 간단한 저수준 캐시 API를 노출한다. 이 API를 사용해 원하는 수준의 세분 수준으로 캐시에 객체를 저장할 수 있다. 안전하게 저장할 수 있는 파이썬 객체(문자열, 딕셔너리, 모델 객체 목록 등)를 캐시할 수 있다. 가장 일반적인 파이썬 객체는 저장할 수 있으며, pickling에 대한 좀 더 자세한 내용은 파이썬 문서를 참조하면 된다.

캐시 액세스

딕셔너리형 객체인 django.core.cache.caches를 통해 CACHES 설정에서 구성된 캐시에 액세스할 수 있다. 동일한 스레드에서 동일한 별칭에 대한 반복 요청은 동일한 객체를 반환한다.

```
>>> from django.core.cache import caches
>>> cache1 = caches['myalias']
>>> cache2 = caches['myalias']
>>> cache1 is cache2
True
```

명명된 키가 존재하지 않으면 InvalidCacheBackendError가 발생한다. 스레드 안전성을 제공하기 위해 캐시 백엔드의 다른 인스턴스가 각 스레드에 반환된다.

단축 방안으로, 기본 캐시는 django.core.cache.cache로 사용할 수 있다.

```
>>> from django.core.cache import cache
```

이 객체는 캐시 ['default']와 같다.

기본 사용법

기본 인터페이스는 set(key, value, timeout)과 get(key)이다.

```
>>> cache.set('my_key', 'hello, world!', 30)
>>> cache.get('my_key')
'hello, world!'
```

timeout 인수는 선택사항이며, CACHES 설정(위 설명 참조)에서 적절한 백엔드의 시간 초과 인수를 기본값으로 한다. 이것은 캐시에 저장해야 하는 시간(초)이다. 시간 초과에 대해 None을 건네주면 값을 영원히 캐싱한다. 시간 초과 0은 값을 캐시하지 않는다. 만약, 객체가 캐시에 없으면 cache.get()은 None을 반환한다.

```
# 'my_key'이 만료될 때까지 30초 동안 기다린다. ...

>>> cache.get('my_key')
None
```

저장한 None 값과 None.cache.get()의 반환 값으로 표시된 캐시 누락을 구분할 수 없기 때문에 리터럴 값 None을 캐시에 저장하지 않는 것이 좋다. 객체가 캐시에 없는 경우 반환할 값을 설정한다.

```
>>> cache.get('my_key', 'has expired')
'has expired'
```

키가 없는 경우에만 키를 추가하려면 add( ) 메서드를 사용해야 한다. set( )과 동일한 파라미터를 사용한다. 하지만 지정된 키가 이미 있는 경우에는 해당 캐시를 업데이트하지 않는다.

```
>>> cache.set('add_key', 'Initial value')
>>> cache.add('add_key', 'New value')
>>> cache.get('add_key')
'Initial value'
```

add( )가 캐시에 값을 저장했는지 여부를 알아야 하는 경우, 여러분은 반환 값을 확인하면 된다. 값이 저장되면 True를 반환하고, 그렇지 않으면 False를 반환한다. 또한 한 번만 캐시하는 get_many( ) 인터페이스도 있다. get_many( )는 요청한 모든 키가 실제로 캐시에 존재하며, 만료되지 않은 딕셔너리를 반환한다.

```
>>> cache.set('a', 1)
>>> cache.set('b', 2)
>>> cache.set('c', 3)
>>> cache.get_many(['a', 'b', 'c'])
{'a': 1, 'b': 2, 'c': 3}
```

여러 값을 좀 더 효율적으로 설정하려면 set_many( )를 사용해 키 값 딕셔너리를 전달해야 한다.

```
>>> cache.set_many({'a': 1, 'b': 2, 'c': 3})
>>> cache.get_many(['a', 'b', 'c'])
{'a': 1, 'b': 2, 'c': 3}
```

cache.set()과 마찬가지로 set_many()는 선택적 timeout 파라미터를 사용한다. delete()를 사용해 명시적으로 키를 삭제할 수 있다. 이러한 방법은 특정 객체에 대한 캐시를 지우는 쉬운 방법이다.

```
>>> cache.delete('a')
```

한 번에 여러 개의 키를 지우려면 delete_many()가 삭제하고자 하는 키 목록을 인수로 가져올 수 있다.

```
>>> cache.delete_many(['a', 'b', 'c'])
```

마지막으로, 캐시의 모든 키를 삭제하려면 cache.clear()를 사용해야 한다. 이 경우에는 주의한다. 즉, clear()는 응용 프로그램에서 설정한 키뿐만 아니라 캐시의 모든 것도 제거한다.

```
>>> cache.clear()
```

incr() 또는 decr() 메서드를 사용해 이미 존재하는 키를 각각 증가시키거나 감소시킬 수도 있다. 기본적으로 기존 캐시 값은 1씩 증가 또는 감소한다. 다른 증가/감소값은 증가/감소 호출에 인수를 제공해 지정할 수 있다.

존재하지 않는 캐시 키를 증가시키거나 감소시키려고 하면 ValueError가 발생한다.

```
>>> cache.set('num', 1)
>>> cache.incr('num')
2
>>> cache.incr('num', 10)
12
>>> cache.decr('num')
```

```
11
>>> cache.decr('num', 5)
6
```

캐시 백엔드로 구현된 경우, close()를 사용해 캐시 연결을 닫을 수 있다.

```
>>> cache.close()
```

close 메서드를 구현하지 않는 캐시의 경우 close()는 no-op이 된다.

캐시 키 프리픽스

서버 간 또는 프로덕션 환경과 개발 환경 간에 캐시 인스턴스를 공유하는 경우, 한 서버에서 캐시된 데이터를 다른 서버에서 사용할 수 있다. 만약, 서버 간에 캐시된 데이터의 형식이 다른 경우, 문제를 진단하기가 매우 어려워질 수 있다.

이를 방지하기 위해, 장고는 서버가 사용하는 모든 캐시 키의 접두어를 붙이는 기능을 제공한다. 특정 캐시 키가 저장되거나 검색되면 장고는 자동으로 KEY_PREFIX 캐시 설정의 값에 캐시 키를 접두사로 붙인다. 각 장고 인스턴스가 다른 KEY_PREFIX를 갖도록 보장함으로써 캐시 값에 충돌이 없다는 것을 보장할 수 있다.

캐시 버전 관리

캐시된 값을 사용하는 실행 코드를 변경하면 기존의 캐시된 값을 제거해야 할 수 있다. 이를 수행하는 가장 쉬운 방법은 전체 캐시를 비우는 것이지만, 여전히 유효하고 유용한 캐시 값이 손실될 수 있다. 장고는 개별 캐시 값을 대상으로 하는 더 좋은 방법을 제공한다.

장고의 캐시 프레임워크에는 VERSION 캐시 설정을 사용해 지정된 시스템 전체 버전 식별자가 있다. 이 설정의 값은 자동으로 캐시 접두어 및 사용자 제공 캐시 키와 결합돼 최종 캐시 키를 얻어낸다.

기본적으로 모든 키 요청에는 웹 사이트 기본 캐시 키 버전이 자동으로 포함된다. 그러나 기본 캐시 함수에는 모두 버전 인수가 포함돼 있으므로 설정하거나 가져올 특정 캐시 키 버전을 지정할 수 있다. 예제는 다음과 같다.

```
# 캐시 키의 버전 2 설정
>>> cache.set('my_key', 'hello world!', version=2)
# 기본 버전 가져오기(버전=1이라고 가정)
>>> cache.get('my_key')
None
# 동일한 키의 버전 2 가져오기
>>> cache.get('my_key', version=2)
'hello world!'
```

특정 키의 버전은 incr_version() 및 decr_version() 메서드를 사용해 증가 및 감소시킬 수 있다. 이렇게 하면 특정 키가 새 버전으로 바뀌고, 다른 키는 그대로 유지할 수 있다. 이전 예제를 계속 이어서 적용하면 다음과 같다.

```
# 'my_key'의 버전을 증가시킨다.
>>> cache.incr_version('my_key')
# 아직 기본 버전을 사용할 수 없다.
>>> cache.get('my_key')
None
# 버전 2를 사용할 수 없다.
>>> cache.get('my_key', version=2)
None
# 하지만 버전 3 *is*를 사용할 수 있다.
>>> cache.get('my_key', version=3)
'hello world!'
```

캐시 키 변환

앞의 두 섹션에서 설명한 것처럼 사용자가 제공한 캐시 키는 그대로 사용되지 않으며, 최종 캐시 키를 제공하기 위해 캐시 접두사 및 키 버전과 결합된다. 기본적으로 세 부분은 콜론을 사용해 결합돼 최종 문자열을 생성한다.

```python
def make_key(key, key_prefix, version):
    return ':'.join([key_prefix, str(version), key])
```

다른 방법으로 파트를 결합하거나 최종 키에 다른 처리를 적용하려는 경우(예: 핵심 파트의 해시 다이제스트), 사용자 정의 키 기능을 제공할 수 있다. KEY_FUNCTION 캐시 설정은 위의 make_key() 프로토타입과 일치하는 함수의 점선 경로를 설정한다. 제공되는 경우 기본 키 결합 함수 대신 사용자 정의 키 기능이 사용될 것이다.

캐시 키 경고

가장 일반적으로 사용되는 프로덕션 캐시 백엔드인 Memcached는 250자보다 긴 캐시 키 또는 공백이나 제어 문자를 포함하는 캐시 키를 허용하지 않으며, 이러한 키를 사용하면 예외가 발생한다. 캐시 가능 코드를 권장하고 불쾌한 놀라움을 최소화하기 위해 memcached에서 오류를 일으킬 키가 사용되면 다른 내장 캐시 백엔드가 경고(django.core.cache.backends.base.CacheKeyWarning)를 발생시킨다.

더 넓은 범위의 키(사용자 정의 백엔드 또는 memcached가 아닌 내장된 백엔드 중 하나)를 사용할 수 있는 프로덕션 백엔드를 사용하고 경고 없이 이 넓은 범위를 사용하려면 INSTALLED_APPS 중 하나의 관리 모듈에서 이 코드와 CacheKeyWarning을 숨길 수 있다.

```python
import warnings

from django.core.cache import CacheKeyWarning
```

```
warnings.simplefilter("ignore", CacheKeyWarning)
```

내장된 백엔드 중 하나에 대한 사용자 정의 키 유효성 검사 논리를 대신 제공하려는 경우, 서브 클래스를 작성하고 `validate_key` 메서드만 대체한 후 사용자 정의 캐시 백엔드 사용에 대한 지시 사항을 따르도록 한다.

예를 들어, `locemem` 백엔드에서 이를 수행하려면 다음 코드를 모듈에 넣어야 한다.

```
from django.core.cache.backends.locmem import LocMemCache

class CustomLocMemCache(LocMemCache):
    def validate_key(self, key):
        # 사용자 정의 유효성 검사, 필요에 따라 예외 또는 경고 발생
        # ...
```

여기서 CACHES 설정의 BACKEND 부분에서 이 클래스에 점선으로 된 파이썬 경로를 사용한다.

▌ 다운 스트림 캐시

이 장에서는 자신의 데이터를 캐싱하는 데 중점을 뒀다. 그러나 또 다른 유형의 캐싱인 다운 스트림 캐시에 의해 수행되는 캐싱은 웹 개발과도 관련이 있다. 이것은 요청이 웹 사이트에 도착하기 전에도 사용자를 위해 웹 페이지를 캐싱하는 시스템이다. 다운 스트림 캐시의 몇 가지 예제는 다음과 같다.

- ISP가 특정 웹 페이지를 캐시할 수 있으므로 http://example.com/에서 웹 페이지를 요청한 경우 ISP는 example.com에 직접 액세스할 필요 없이 여러분에게 해당 웹 페이지를 보낸다. example.com의 관리자는 이 캐싱에 대해 알지 못한다. ISP는 example.com과 웹 브라우저 사이에 위치해 모든 캐싱을 투명하게 처리한다.

- 장고 웹 사이트는 성능을 위해 웹 페이지를 캐시하는 Squid 웹 프록시 캐시(자세한 정보는 http://www.squid-cache.org/)와 같은 프록시 캐시 이면에 있을 수 있다. 이 경우, 각 요청은 먼저 프록시에 의해 처리되고 필요할 경우에만 응용 프로그램에 전달된다.

- 웹 브라우저는 웹 페이지도 캐시한다. 웹 페이지가 적절한 정보를 보내는 경우, 웹 브라우저는 이후 요청에 대해 로컬 캐시된 사본을 사용한다. 따라서 웹 페이지가 다시 변경됐는지의 여부를 확인하기 위해 웹 페이지에 다시 접속하지 않아도 된다.

다운 스트림 캐싱은 효율성을 높이는 좋은 방법이지만, 위험이 있다. 많은 웹 페이지의 내용은 인증 및 다른 변수 그리고 캐시 시스템을 기반으로 한다. 순전히 URL을 기반으로 웹 페이지를 맹목적으로 저장하는 캐시 시스템은 부적절하거나 중요한 데이터를 해당 웹 페이지에 대한 후속 방문자에게 노출시킬 수 있다.

예를 들어, 웹 전자 메일 시스템을 운영한다고 가정하면 받은 편지함 웹 페이지의 내용은 로그인한 사용자에 따라 분명히 다르다. ISP가 맹목적으로 웹 사이트를 캐시하면 해당 ISP를 통해 로그인한 첫 번째 사용자는 사용자─특정 받은 편지함 웹 페이지는 이후 방문자를 위해 캐시된다. 이것은 좋지 않다.

다행히도 HTTP는 이 문제에 대한 해결책을 제공한다. 하류 캐시가 지정된 변수에 따라 캐시 내용을 달리 하도록 지시하고, 특정 웹 페이지를 캐시하지 않도록 캐시 메커니즘에 알리기 위해 다수의 HTTP 헤더가 존재한다. 다음 섹션에서 이러한 헤더 중 일부를 살펴보자.

▌ 다양한 헤더 사용

Vary 헤더는 캐시 키를 작성할 때 캐시 메커니즘이 고려해야 하는 요청 헤더를 정의한다.

예를 들어, 웹 페이지의 내용이 사용자의 언어 환경 설정에 따라 다르면 해당 웹 페이지가 언어에 따라 달라진다. 기본적으로 장고의 캐시 시스템은 요청된 정규화된 URL(예: http://www.example.com/stories/2005/?order_by=author)을 사용해 캐시 키를 생성한다.

즉, 쿠키 또는 언어 기본 설정과 같은 사용자 에이전트의 차이에 관계없이 해당 URL에 대한 모든 요청은 동일한 캐시된 버전을 사용한다. 그러나 이 웹 페이지가 쿠키, 언어 또는 사용자 에이전트와 같은 요청 헤더의 차이에 따라 다른 콘텐츠를 생성하는 경우, Vary 헤더를 사용해 웹 페이지 출력이 의존하는 캐싱 메커니즘에 대해 알려야 한다.

장고에서 이렇게 하려면 다음과 같이 편리한 django.views.decorators.vary.vary_on_headers() 뷰 데커레이터를 사용해야 한다.

```
from django.views.decorators.vary import vary_on_headers

@vary_on_headers('User-Agent')
def my_view(request):
    # ...
```

이 경우 캐싱 메커니즘(예: 장고의 자체 캐시 미들웨어)은 고유한 각 사용자 에이전트에 대해 별도의 웹 페이지 버전을 캐싱한다. Vary 헤더(response ['Vary'] = 'user-agent'와 같은 것을 사용)를 수동으로 설정하는 대신 vary_on_headers 데커레이터를 사용하는 이점은 처음부터 이것을 설정하고 잠재적으로 이미 거기에 있던 것을 무시하기보다는 데커레이터가 (이미 존재할 수도 있는) Vary 헤더를 추가한다는 점이다. 여러분은 vary_on_headers()에 여러 헤더를 전달할 수 있다.

```
@vary_on_headers('User-Agent', 'Cookie')
def my_view(request):
    # ...
```

이것은 다운 스트림 캐시가 둘 다 변하는 것을 알려준다. 즉, 사용자 에이전트와 쿠키의 각 조합이 자체 캐시 값을 갖게 된다. 예를 들어, Mozilla 사용자 에이전트와 foo = bar 쿠키 값의 요청은 Mozilla 사용자 에이전트와 foo = ham의 쿠키 값과 다른 것으로 간주된다. 쿠키가 다양하기 때문에 django.views.decorators.vary.vary_on_cookie( ) 데커레이터가 있다. 이 2개의 뷰는 동등하다.

```
@vary_on_cookie
def my_view(request):
    # ...

@vary_on_headers('Cookie')
def my_view(request):
    # ...
```

vary_on_headers에 전달하는 헤더는 대소 문자를 구분하지 않는다. User-Agent는 user-agent와 동일하다. 도우미 함수 django.utils.cache.patch_vary_headers( )를 직접 사용할 수도 있다. 이 함수는 Vary 헤더를 설정하거나 추가한다. 예제는 다음과 같다.

```
from django.utils.cache import patch_vary_headers

def my_view(request):
    # ...
    response = render_to_response('template_name', context)
    patch_vary_headers(response, ['Cookie'])
    return response
```

patch_vary_headers는 첫 번째 인수로 HttpResponse 인스턴스를 사용하고 두 번째 인수로 대소 문자를 구분하지 않는 헤더 이름의 목록/튜플을 사용한다. Vary 헤더에 대한 좀 더 자세한 내용은 공식 Vary 사양을 참조하라(http://www.w3.org/Protocols/rfc2616/rfc2616-sec14.html#sec14.44 참조).

▌ 캐시 제어: 다른 헤더 사용

캐싱의 다른 문제는 데이터의 프라이버시와 캐시의 캐스케이드에 데이터를 저장해야 하는 위치에 관한 문제다. 사용자는 보통 자신의 웹 브라우저 캐시(개인 캐시)와 공급자의 캐시(공용 캐시)인 두 종류의 캐시를 사용한다.

공용 캐시는 여러 사용자가 사용하며, 다른 사용자가 제어한다. 이는 민감한 데이터를 갖는 문제가 있다. 예를 들어, 공용 캐시에 저장된 은행 계좌 번호는 원하지 않을 것이다. 따라서 웹 응용 프로그램은 어떤 데이터가 비공개이고, 어느 것이 공개인지를 캐시에 알려주는 방법이 필요하다.

해결책은 웹 페이지의 캐시를 비공개로 지정하는 것이다. 장고에서 이를 수행하려면 cache_control 뷰 데커레이터를 사용해야 한다. 예제는 다음과 같다.

```
from django.views.decorators.cache import cache_control

@cache_control(private=True)
def my_view(request):
    # ...
```

이 데커레이터는 적절한 HTTP 헤더를 전송하는 것을 처리한다. 캐시 제어 설정 private 및 public은 상호 배타적이다. 데커레이터가 비공개로 설정돼야 한다면 공용 지시어가 제거되도록 보장한다(반대의 경우도 마찬가지다).

두 가지 지시어의 사용 예로는 비공개 및 공개 입력을 모두 제공하는 블로그 웹 사이트가 있다. 공용 항목은 모든 공유 캐시에 캐시될 수 있다. 다음 코드는 캐시 제어 헤더를 수동으로 변경하는 django.utils.cache.patch_cache_control()을 사용한다(이것은 내부적으로 cache_control 데커레이터에 의해 호출된다).

```
from django.views.decorators.cache import patch_cache_control
from django.views.decorators.vary import vary_on_cookie

@vary_on_cookie
def list_blog_entries_view(request):
    if request.user.is_anonymous():
        response = render_only_public_entries()
        patch_cache_control(response, public=True)
    else:
        response = render_private_and_public_entries(request.user)
        patch_cache_control(response, private=True)

    return response
```

캐시 파라미터를 제어하는 몇 가지 다른 방법이 있다. 예를 들어, HTTP를 사용하면 응용 프로그램에서 다음을 수행할 수 있다.

- 웹 페이지를 캐시해야 하는 최대 시간을 정의한다.
- 캐시가 항상 최신 버전을 확인해야 하는지, 변경 사항이 없을 때 캐시된 콘텐츠만 제공할지 여부를 설정한다. 일부 캐시는 캐시 복사본이 아직 만료되지 않았기 때문에 서버 웹 페이지가 변경된 경우에도 캐시된 콘텐츠를 제공할 수 있다.

장고에서는 cache_control 뷰 데커레이터를 사용해 이러한 캐시 파라미터를 설정한다. 이 예제에서 cache_control은 모든 액세스에서 캐시의 유효성을 다시 검사하고 캐시된 버전을 최대한 3,600초 동안 저장하도록 지시한다.

```
from django.views.decorators.cache import cache_control

@cache_control(must_revalidate=True, max_age=3600)
def my_view(request):
    # ...
```

모든 유효한 Cache-Control HTTP 지정 문은 cache_control()에서 유효하다. 다음은 전체 목록이다.

- public=True
- private=True
- no_cache=True
- no_transform=True
- must_revalidate=True
- proxy_revalidate=True
- max_age=num_seconds
- s_maxage=num_seconds

Cache-Control HTTP 지시문에 대한 설명은 Cache-Control 사양을 참조하라(좀 더 자세한 내용은 http://www.w3.org/Protocols/rfc2616/rfc2616-ec14.html#sec14.9 참조). 캐싱 미들웨어는 이미 캐시 헤더의 최대 수명을 CACHE_MIDDLEWARE_SECONDS 설정값으로 설정한다. cache_control 데커레이터에서 사용자 정의 max_age를 사용하면 해당 데커레이터가 우선시되고 헤더 값이 올바르게 병합된다.

헤더를 사용해 캐싱을 모두 비활성화하기 원한다면 django.views.decorators.cache. never_cache는 웹 브라우저 또는 다른 캐시에서 해당 응답을 캐시하지 않도록 헤더를 추가하는 뷰 데커레이터가 된다.

예제:

```
from django.views.decorators.cache import never_cache

@never_cache
def myview(request):
    # ...
```

▌ 17장에서 무엇을 설명하는가?

17장에서는 장고 미들웨어를 살펴본다.

17

장고 미들웨어

미들웨어는 장고의 요청/응답 처리를 위한 프레임워크다. 장고의 입출력을 전역으로 변경하기 위한 가볍고, 낮은 수준의 플러그인 시스템이다.

각 미들웨어 구성 요소는 특정 기능을 담당한다. 예를 들어, 장고에는 사용자가 세션을 사용해 요청과 연결하는 미들웨어 구성 요소인 AuthenticationMiddleware가 포함돼 있다.

이 문서는 미들웨어의 작동 방식, 미들웨어 활성화 방법 및 자체 미들웨어 작성 방법을 설명한다.   장고에는 기본적으로 제공되는 미들웨어가 포함돼 있으며, 즉시 사용할 수 있다. 이 장 뒷부분의 사용할 수 있는 미들웨어를 참조하라.

▌ 미들웨어 활성화

미들웨어 구성 요소를 활성화하려면 이를 장고 설정의 MIDDLEWARE_CLASSES 목록에 추가해야 한다.

MIDDLEWARE_CLASSES에서 각 미들웨어 구성 요소는 문자열(미들웨어 클래스 이름에 대한 전체 파이썬 경로)로 표현된다. 예를 들어, django-admin startproject가 생성하는 기본값은 다음과 같다.

```
MIDDLEWARE_CLASSES = [
    'django.contrib.sessions.middleware.SessionMiddleware',
    'django.middleware.common.CommonMiddleware',
    'django.middleware.csrf.CsrfViewMiddleware',
    'django.contrib.auth.middleware.AuthenticationMiddleware',
    'django.contrib.messages.middleware.MessageMiddleware',
    'django.middleware.clickjacking.XFrameOptionsMiddleware',
]
```

장고 설치에는 미들웨어가 필요하지 않다. MIDDLEWARE_CLASSES는 비어 있을 수 있지만, 원하는 경우 CommonMiddleware를 사용하는 것이 좋다.

미들웨어가 다른 미들웨어에 의존할 수 있기 때문에 MIDDLEWARE_CLASSES의 순서가 중요하다. 예를 들어, AuthenticationMiddleware는 인증된 사용자를 세션에 저장한다. 따라서 SessionMiddleware를 따라 실행해야 한다. 장고 미들웨어 클래스의 순서에 대한 일반적인 힌트는 이 장의 뒷부분에 있는 미들웨어 순서를 참조하라.

▌ 후크 및 응용 프로그램 주문

장고는 요청 단계에서 뷰를 호출하기 전에 MIDDLEWARE_CLASSES에 정의된 순서로 미들웨어를 적용한다. 2개의 후크를 사용할 수 있다.

- process_request( )
- process_view( )

응답 단계에서 뷰를 호출한 후 미들웨어가 아래에서 위로(역순으로) 적용된다. 다음 세 가지를 사용할 수 있다.

- process_exception( )
- process_template_response( )
- process_response( )

원하는 경우, 여러분은 이를 양파라고 생각할 수도 있다. 각 미들웨어 클래스는 뷰를 래핑하는 레이어다.

각 후크의 비헤이비어는 다음에 설명돼 있다.

▌ 자신의 미들웨어 작성하기

자신의 미들웨어를 작성하는 것은 쉽다. 각 미들웨어 구성 요소는 다음 방법 중 하나 이상을 정의하는 단일 파이썬 클래스다.

process_request

메서드: process_request(요청)

- 요청은 HttpRequest 객체다.
- 장고가 어떤 뷰를 실행할지 결정하기 전에 각 요청에 대해 process_request( ) 가 호출된다.

None 또는 HttpResponse 객체를 반환해야 한다. None을 반환하면 장고는 다른 process_request() 미들웨어를 실행한 후, process_view() 미들웨어를 실행하고 마지막으로 적절한 뷰를 실행해 이 요청을 계속 처리한다.

HttpResponse 객체를 반환하면 장고는 다른 요청, 뷰 또는 예외 미들웨어 또는 적절한 뷰를 호출하지 않는다. 해당 HttpResponse에 응답 미들웨어를 적용하고 결과를 반환한다.

process_view

메서드: process_view (request, view_func, view_args, view_kwargs)

- 요청은 HttpRequest 객체다.
- view_func는 장고가 사용할 파이썬 함수다(실제 함수 객체이며, 함수 이름은 문자열이 아니다).
- view_args는 뷰에 전달될 위치 인수의 목록이다.
- view_kwargs는 뷰에 전달될 키워드 인수 딕셔너리다.
- view_args와 view_kwargs는 첫 번째 뷰 인수(요청)를 포함하지 않는다.

process_view()는 장고가 뷰를 호출하기 바로 전에 호출된다. None 또는 HttpResponse 객체를 반환해야 한다. None을 반환하면 장고는 이 요청을 처리하고, 다른 process_view() 미들웨어를 실행한 후 적절한 뷰를 실행한다.

HttpResponse 객체를 반환하면 장고는 다른 뷰 또는 예외 미들웨어 또는 적절한 뷰를 호출하지 않는다. 해당 HttpResponse에 응답 미들웨어를 적용하고 결과를 반환한다.

 process_request 또는 process_view에서 request.POST를 미들웨어 내부에 액세스하면 미들웨어 다음에 실행되는 모든 뷰가 요청에 대한 업로드 처리기를 수정할 수 없게 되며, 일반적으로 피해야 한다.

538

csrf_exempt( ) 및 csrf_protect( ) 데커레이터를 제공하므로 CsrfViewMiddleware 클래스는 예외로 간주될 수 있다. 이것은 뷰에서 CSRF 유효성 검사를 수행해야 하는 시점을 명시적으로 제어할 수 있도록 한다.

process_template_response

Method: process_template_response(request, response)

- 요청은 HttpRequest 객체다.
- 응답은 장고 뷰 또는 미들웨어에 의해 반환된 TemplateResponse 객체(또는 이에 상응하는 객체)다.

response 인스턴스가 TemplateResponse 또는 이와 동등한 것을 나타내는 render( ) 메서드를 갖고 있다면, process_template_response( )는 뷰가 실행을 마친 직후에 호출된다.

process_template_response( )는 render 메서드를 구현하는 응답 객체를 반환해야한다. 또한 process_template_response( )는 response.template_name과 response.context_data를 변경해 주어진 응답을 변경할 수 있거나 새로운 TemplateResponse이나 이와 동등한 것을 작성해 반환할 수 있다.

명시적으로 응답을 렌더링할 필요가 없다. 모든 템플릿 응답 미들웨어가 호출되면 응답이 자동으로 렌더링된다.

미들웨어는 process_template_response( )를 포함해 응답 단계에서 역순으로 실행된다.

process_response

Method: process_response(request, response)

- 요청은 HttpRequest 객체다.
- 응답은 장고 뷰 또는 미들웨어에 의해 반환된 HttpResponse 또는 Streaming HttpResponse 객체다.

process_response( )는 웹 브라우저에 반환되기 전에 모든 응답에 대해 호출된다. 이 것은 HttpResponse 또는 StreamingHttpResponse 객체를 반환해야 한다. 주어진 응답을 변경하거나 새로운 HttpResponse 또는 StreamingHttpResponse를 생성하고 반환할 수 있다. 이전 미들웨어 메서드가 HttpResponse를 반환했기 때문에 동일한 미들웨어 클래스의 process_request( ) 및 process_view( ) 메서드가 생략된 경우에도 process_request( ) 및 process_view( ) 메서드와 달리 process_response( ) 메서드가 항상 호출된다. 특히 이것은 process_response( ) 메서드가 process_request( )에서 완료된 설정에 의존할 수 없다는 것을 의미한다.

마지막으로, 응답 단계에서 미들웨어가 아래에서 위로(역순으로) 적용된다는 점을 기억하라. 즉, MIDDLEWARE_CLASSES 끝에 정의된 클래스가 먼저 실행된다는 점을 알아두자.

스트리밍 응답 다루기

HttpResponse와 달리 StreamingHttpResponse에는 content 특성이 없다. 결과적으로 미들웨어는 더 이상 모든 응답에 콘텐츠 속성이 있다고 가정할 수 없다. 콘텐츠에 대한 액세스가 필요한 경우, 스트리밍 응답을 테스트하고 그에 따라 행동을 조정해야 한다.

```
if response.streaming:
     response.streaming_content =
wrap_streaming_content(response.streaming_content)
else:
     response.content = alter_content(response.content)
```

streaming_content는 너무 커서 메모리에 저장할 수 없다고 가정해야 한다. 응답 미들웨어는 새로운 생성기에서 이를 래핑할 수 있지만, 메모리를 소비하면 안 된다. 래핑은 일반적으로 다음과 같이 구현된다.

```
def wrap_streaming_content(content):
    for chunk in content:
        yield alter_content(chunk)
```

process_exception

메서드: process_exception(요청, 예외)

- request는 HttpRequest 객체다.
- Exception은 view 함수에 의해 생성된 Exception 객체다.

장고는 뷰가 예외를 발생시킬 때 process_exception( )을 호출한다. process_exception( )은 None 또는 HttpResponse 객체를 반환해야 한다. HttpResponse 객체를 반환하면 템플릿 응답 및 응답 미들웨어가 적용되고 결과 응답이 웹 브라우저에 반환된다. 그렇지 않으면 기본 예외 처리가 시작된다.

다시 말하면 미들웨어는 process_exception을 포함하는 응답 단계에서 역순으로 실행된다. 예외 미들웨어가 응답을 반환하면 해당 미들웨어 위의 미들웨어 클래스는 전혀 호출되지 않는다.

__init__

대부분의 미들웨어 클래스는 미들웨어 클래스가 기본적으로 process_* 메서드의 자리표시자이므로 인셜라이저^{initializer}가 필요하지 않다. 어떤 전역 상태가 필요하다면 __init__을 사용해 설정할 수 있다. 그러나 다음 몇 가지 주의사항을 명심하길 바란다.

1. 장고는 파라미터 없이 미들웨어를 초기화하므로 __init__를 인수가 필요하다고 정의할 수 없다.

2. __init_gets는 요청당 한 번 호출되는 process_* 메서드와 달리 웹 서버가 첫 번째 요청에 응답할 때 한 번만 호출한다.

미들웨어를 미사용으로 표시

미들웨어의 사용 여부를 런타임 시 결정하는 것이 때로는 유용하다. 이러한 경우, 미들웨어의 __init__ 메서드는 django.core.exceptions.MiddlewareNotUsed를 발생시킬 수 있다. 그러면 장고는 미들웨어 프로세스에서 해당 미들웨어 일부를 제거하고, DEBUG가 True로 설정된 경우 디버그 메시지는 django.request 로거에 기록된다.

추가 지침

- 미들웨어 클래스는 아무것도 서브 클래싱할 필요가 없다.
- 미들웨어 클래스는 파이썬 경로의 어느 곳에서나 사용할 수 있다. 모든 장고는 MIDDLEWARE_CLASSES 설정에 경로가 포함돼 있다는 점을 염두에 둔다.
- 장고의 사용할 수 있는 미들웨어를 예제로 살펴보자.
- 다른 사람에게 유용하다고 생각되는 미들웨어 구성 요소를 작성하려면 커뮤니티에 기여하기 바란다. 해당 내용을 우리에게 알려준다면 장고에 추가하도록 하겠다.

■ 사용할 수 있는 미들웨어

캐시 미들웨어

django.middleware.cache.UpdateCacheMiddleware;와 django.middleware.cache.FetchFromCacheMiddleware

웹 사이트 전체 캐시를 사용하도록 설정한다. 이 옵션을 활성화하면 CACHE_MIDDLEWARE_SECONDS 설정이 정의하는 한 장고가 탑재된 각 웹 페이지가 캐싱된다. 다음 캐시 문서를 참조하라.

일반적인 미들웨어

django.middleware.common.CommonMiddleware

완벽 주의자를 위한 몇 가지 편의를 추가한다.

- DISALLOWED_USER_AGENTS 설정에서 사용자 에이전트에 대한 액세스를 금지한다. 이 사용자 에이전트는 컴파일된 정규 표현식 개체의 목록이어야 한다.
- APPEND_SLASH 및 PREPEND_WWW 설정에 따라 URL 재작성을 수행한다.
- APPEND_SLASH가 True고, 초기 URL이 슬래시로 끝나지 않고 URLconf에 없으면 끝에 슬래시를 추가해 새 URL을 형성한다. 새로운 URL이 URLconf에 있으면 장고는 요청을 새로운 URL로 리디렉션한다. 그렇지 않으면 초기 URL이 평소대로 처리된다.
- 예를 들어, foo.com/bar에 대한 유효한 URL 패턴이 없지만, foo.com/bar/에 대한 유효한 패턴을 갖고 있는 경우에는 foo.com/bar는 foo.com/bar/로 리디렉션된다.
- PREPEND_WWW가 True이면 www.가 없는 URL은 www.를 갖는 동일한 URL로 리디렉션된다.
- 이 두 옵션 모두 URL을 표준화하기 위한 것이다. 철학은 각 URL이 하나의 장소에 존재해야 한다는 것이다. 기술적으로 URL foo.com/bar는 foo.com/bar/-와 별개다. 검색 엔진 인덱서는 2개의 URL을 별도의 URL로 취급하므로 URL을 표준화하는 것이 가장 좋다.
- USE_ETAGS 설정에 따라 ETag를 처리한다. USE_ETAGS를 True로 설정하면 장고는 웹 페이지 내용을 MD5로 해싱해 각 요청에 대해 ETag를 계산한다. 게다가

필요하다면 Not Modified 응답을 보낸다.

- HttpResponsePermanentRedirect에 대한 기본값이다. CommonMiddleware를 서브 클래스화하고 속성을 대체해 미들웨어가 발행한 리디렉션을 사용자 정의한다.

- django.middleware.common.BrokenLinkEmailsMiddleware다. MANAGERS에 깨진 링크 알림 전자 메일을 보낸다.

GZip 미들웨어

django.middleware.gzip.GZipMiddleware

 보안 연구원은 최근 압축 기술(GZipMiddleware 포함)이 웹 사이트에서 사용될 때, 해당 웹 사이트가 여러 가지 가능한 공격에 노출된다는 사실을 밝혀냈다. 이러한 접근 방식은 장고의 CSRF 보호와 관련해 타협하는 데 사용될 수 있다. 웹 사이트에서 GZipMiddleware 를 사용하기 전에, 여러분은 이러한 공격의 대상이 되는지 여부를 매우 신중하게 고려해야 한다. 영향을 받는지 여부가 의심스럽다면 GZipMiddleware를 사용하지 않아야 한다. 좀 더 자세한 내용은 breachattack.com을 참조하라.

GZip 압축을 이해하는 웹 브라우저의 콘텐츠를 압축한다(모두 현대식 웹 브라우저).

이러한 미들웨어는 응답 본문을 읽거나 쓰는 다른 미들웨어보다 먼저 배치해야 나중에 압축이 수행된다.

다음 중 하나라도 해당되면 콘텐츠를 압축하지 않는다.

- 콘텐츠 본문의 길이는 200바이트 미만이다.
- 응답에서 이미 Content-Encoding 헤더를 설정했다.
- 요청(웹 브라우저)은 gzip을 포함하는 Accept-Encoding 헤더를 보내지 않았다.

gzip_page( ) 데커레이터를 사용해 개별 뷰에 GZip 압축을 적용할 수 있다.

조건부 GET 미들웨어

django.middleware.http.ConditionalGetMiddleware

조건부 GET 조작을 처리한다. 응답이 ETag 또는 Last-Modified 헤더를 갖고, 해당 요청에 If-None-Match 또는 If-Modified-Since가 있으면 해당 응답은 HttpResponseNot Modified로 바뀐다.

또한 Date 및 Content-Length 응답 헤더를 설정한다.

로케일 미들웨어

django.middleware.locale.LocaleMiddleware

요청 데이터를 기반으로 해 언어 선택을 가능한다. 각 사용자에 대한 콘텐츠를 사용자 정의한다. 국제화 문서를 참조하라.

LocaleMiddleware.response_redirect_class

기본값은 HttpResponseRedirect다. LocaleMiddleware를 서브 클래스화하고, 속성을 대체해 미들웨어가 행한 경로를 재설정한다.

메시지 미들웨어

django.contrib.messages.middleware.MessageMiddleware

쿠키 및 세션 기반 메시지 지원을 가능하게 한다. 메시지 설명서를 참조하라.

보안 미들웨어

 배포 상황에서 허용되는 경우, 프론트-엔드 웹 서버에서 SecurityMiddleware가 제공하는 기능을 수행하도록 하는 것이 좋다. 이렇게 해 장고가 제공하지 않는 요청(예: 정적 미디어 또는 사용자 업로드 파일)이 있으면, 장고 응용 프로그램에 대한 요청과 동일한 보호 기능을 갖게 된다.

django.middleware.security.SecurityMiddleware는 요청/응답 주기에 대한 몇 가지 보안 향상 기능을 제공한다. SecurityMiddleware는 특수 헤더를 웹 브라우저에 전달해 이를 수행한다. 각 설정은 개별적으로 활성화 또는 비활성화할 수 있다.

HTTP 엄격한 전송 보안

설정:

- SECURE_HSTS_INCLUDE_SUBDOMAINS
- SECURE_HSTS_SECONDS

HTTPS를 통해서만 액세스해야 하는 웹 사이트의 경우, Strict-Transport-Security 헤더를 설정해 최신 웹 브라우저가 안전하지 않은 연결(일정 기간 동안)을 통해 도메인 이름에 연결하지 못하게 할 수 있다. 이렇게 하면 일부 SSL-stripping man-in-the-middle(MITM) 공격에 노출될 위험이 줄어든다.

SecurityMiddleware는 SECURE_HSTS_SECONDS 설정을 0이 아닌 정수값으로 설정하면 모든 HTTPS 응답에 대해 이 헤더를 설정한다.

HSTS를 활성화할 때, 먼저 테스트에 작은 값을 사용하는 것이 좋다(예: SECURE_HSTS_ SECONDS = 3600, 1시간). 웹 브라우저가 여러분의 웹 사이트에서 HSTS 헤더를 볼 때마다 지정된 시간 동안 도메인과 HTTP를 사용해 불안전하게 통신하는 것을 거부한다.

여러분의 웹 사이트에 모든 자산이 안전하게 제공됐다는 것을 확인하면(즉, HSTS가 아무것도 깨지 않았다), 이 값을 증가시켜 가끔 방문자를 보호할 수 있도록 하는 것이 좋다 (31,536,000초, 즉 1년이 일반적이다).

또한 SECURE_HSTS_INCLUDE_SUBDOMAINS 설정을 True로 설정하면 SecurityMiddleware 가 Strict-Transport Security 헤더에 includeSubDomains 태그를 추가한다. 모든 하위 도메인이 HTTPS만을 사용해 제공된다고 가정할 때 권장된다. 그렇지 않으면 하위 도메인에 대한 안전하지 않은 연결을 통해 웹 사이트가 여전히 취약할 수 있다.

 HSTS 정책은 헤더를 설정한 응답의 URL이 아닌 전체 도메인에 적용된다. 따라서 전체 도메인이 HTTPS를 통해서만 제공되는 경우에만 사용해야 한다.

HSTS 헤더를 올바르게 준수하는 웹 브라우저는 사용자가 경고를 무시하고 만료됐거나, 자체 서명됐거나, 유효하지 않은 SSL 인증서가 있는 웹 사이트에 연결할 수 없도록 차단한다. HSTS를 사용하는 경우, 인증서가 양호한 상태인지 확인한다.

X-content-type-options: nosniff

설정:

- SECURE_CONTENT_TYPE_NOSNIFF

일부 웹 브라우저는 가져온 장치의 콘텐츠 유형을 추측하려고 하거나 Content-Type 헤더를 재정의하려고 한다. 이렇게 하면 부적절하게 구성된 서버가 있는 웹 사이트를 표시하는 데 도움이 될 수 있지만, 보안상 위협이 될 수도 있다.

웹 사이트에서 사용자가 업로드한 파일을 제공하는 경우, 악의적인 사용자는 무해한 것으로 예상할 때 웹 브라우저에서 HTML 또는 자바스크립트로 해석되는 특수 제작된 파일을 업로드할 수 있다.

웹 브라우저가 콘텐츠 유형을 추측하지 못하도록 하고 Content-Type 헤더에 제공된 유형을 항상 사용하도록 강제하려면 X-Content-Type-Options : nosniff 헤더를 전달하면 된다. SecurityMiddleware는 SECURE_CONTENT_TYPE_NOSNIFF 설정이 True이면 모든 응답에 대해 이 작업을 수행한다.

장고가 사용자가 업로드한 파일을 제공하는 데 관여하지 않는 대부분의 배포 상황에서 이러한 설정은 도움이 되지 않는다. 예를 들어, MEDIA_URL이 프런트-엔드 웹 서버(nginx, Apache 등)에서 직접 제공되는 경우, 이 헤더를 설정해야 한다.

반면, 장고를 사용해 파일을 다운로드하기 위해서는 권한 부여가 필요하고, 웹 서버를 사용해 헤더를 설정할 수 없는 경우에는 이러한 설정이 유용하다.

X-XSS- 보호

설정:

- SECURE_BROWSER_XSS_FILTER

일부 웹 브라우저는 XSS 공격으로 보이는 콘텐츠를 차단할 수 있다. 이러한 웹 브라우저는 웹 페이지의 GET 또는 POST 파라미터에서 자바스크립트 콘텐츠를 찾음으로써 작동한다. 자바스크립트가 서버의 응답에서 재생되면 해당 웹 페이지의 렌더링이 차단되고, 그 대신 오류 웹 페이지가 나타난다.

X-XSS- 보호 헤더는 XSS 필터의 작동을 제어하는 데 사용된다.

웹 브라우저에서 XSS 필터를 활성화하고 의심되는 XSS 공격을 항상 차단하도록 하기 위해 X-XSS-Protection: 1; mode=block header를 전달할 수 있다. SECURE_BROWSER_XSS_FILTER 설정이 True이면 SecurityMiddleware는 모든 응답에 대해 이 작업을 수행한다.

웹 브라우저 XSS 필터는 유용한 방어책이지만, 독점적으로 의존해서는 안 된다. 모든 XSS 공격을 탐지할 수 없으며, 모든 웹 브라우저가 헤더를 지원하지는 않는다. XSS 공격을 막기 위해 아직 유효성을 검사하고 모든 입력을 하고 있는지 확인한다.

SSL 리다이렉트

설정:

- SECURE_REDIRECT_EXEMPT
- SECURE_SSL_HOST
- SECURE_SSL_REDIRECT

웹 사이트에서 HTTP 및 HTTPS 연결을 모두 제공하는 경우, 대부분의 사용자는 기본적으로 보안되지 않은 연결로 끝난다. 최상의 보안을 위해 모든 HTTP 연결을 HTTPS로 리다이렉션해야 한다.

SECURE_SSL_REDIRECT 설정을 True로 설정하면 SecurityMiddleware가 모든 HTTP 연결을 HTTPS로 영구 리다이렉션한다(HTTP 301).

성능상의 이유로, 이러한 리다이렉트는 장고 외부, nginx와 같은 프런트엔드로드 밸런서 또는 역방향 프록시 서버에서 수행하는 것이 바람직하다. SECURE_SSL_REDIRECT는 이것이 옵션이 아닌 배포 상황을 위한 것이다.

SECURE_SSL_HOST 설정에 값이 있으면, 모든 리다이렉션이 원래 요청된 호스트가 아닌 해당 호스트로 전송된다.

웹 사이트에서 HTTP를 통해 사용할 수 있어야 하며, HTTPS로 리다이렉션되지 않는 웹 페이지가 몇 개 있는 경우, SECURE_REDIRECT_EXEMPT 설정에서 해당 URL과 일치하는 정규식을 나열할 수 있다.

로드-밸런서 또는 리버스-프록시 서버 뒤에 배포되고 장고가 요청이 실제로 안전한 지를 알 수 없는 것처럼 보이면 SECURE_PROXY_SSL_HEADER 설정을 지정해야 할 필요가 있다.

세션 미들웨어

django.contrib.sessions.middleware.SessionMiddleware

세션 지원을 사용할 수 있다. 좀 더 자세한 내용은 "15장, 장고 세션"을 참조하라.

웹 사이트 미들웨어

django.contrib.sites.middleware.CurrentSiteMiddleware

들어오는 모든 HttpRequest 객체에 현재 웹 사이트를 나타내는 특성을 추가한다. 좀 더 자세한 내용은 웹 사이트 설명서(https://docs.djangoproject.com/en/1.8/ref/cont rib/site/) 를 참조하라.

인증 미들웨어

django.contrib.auth.middleware는 인증에 사용할 수 있는 세 가지 미들웨어를 제공 한다.

- *.AuthenticationMiddleware. 들어오는 모든 HttpRequest 객체에 현재 로그 인한 사용자를 나타내는 user 속성을 추가한다.
- *.RemoteUserMiddleware. 웹 서버 제공 인증을 위한 미들웨어
- *.SessionAuthenticationMiddleware. 암호가 변경되면 사용자의 세션을 무 효화할 수 있다. 이 미들웨어는 MIDDLEWARE_CLASSES에서 *.Authentication Middleware 뒤에 나타나야 한다.

장고에서의 사용자 인증에 대한 좀 더 자세한 내용은 "11장, 장고에서 사용자 인증"을 참조하라.

CSRF 보호 미들웨어

`django.middleware.csrf.CsrfViewMiddleware`

숨겨진 양식 필드를 POST 양식에 추가하고 올바른 값에 대한 요청을 확인해 CSRF[Cross Site Request Forgeries]에 대한 보호 기능을 추가한다. CSRF 보호에 대한 좀 더 자세한 정보는 "19장, 장고 보안"을 참조하라.

X-Frame-options 미들웨어

`django.middleware.clickjacking.XFrameOptionsMiddleware`

X-Frame-Options 헤더를 통한 간단한 클릭 방어

▌ 미들웨어 주문

[표 17.1]은 다양한 장고 미들웨어 클래스의 순서에 대한 힌트를 제공한다.

[표 17.1] 미들웨어 클래스의 순서

클래스	노트
UpdateCacheMiddleware	Vary 헤더(SessionMiddleware, GZipMiddleware, Locale Middleware)를 수정한 클래스 앞에
GZipMiddleware	응답 본문을 변경하거나 사용할 수 있는 미들웨어 앞에. Update CacheMiddleware 다음에 : Vary 헤더를 수정한다.

클래스	노트
ConditionalGetMiddleware	CommonMiddleware 앞에 : USE_ETAGS = True이면 Etag 헤더를 사용한다.
SessionMiddleware	UpdateCacheMiddleware 다음에 : Vary 헤더를 수정한다.
LocaleMiddleware	SessionMiddleware(세션 데이터 사용) 및 CacheMiddleware(Vary 헤더 수정) 다음으로 최상위 클래스 중 하나다.
CommonMiddleware	– 응답을 변경할 수 있는 미들웨어(이 미들웨어는 ETags를 계산한다)의 앞에. – gzipped 내용에 ETag 헤더를 계산하지 않기 위해 GZipMiddleware 다음에.
CsrfViewMiddleware	CSRF 공격이 처리됐다고 가정하는 뷰 미들웨어의 앞에
AuthenticationMiddleware	SessionMiddleware 다음에 : 세션 저장소를 사용한다.
MessageMiddleware	SessionMiddleware 다음에 : 세션–기반 저장소를 사용할 수 있다.
FetchFromCacheMiddleware	Vary 헤더를 수정하는 미들웨어 다음에 : 해당 헤더는 캐시 해시–키의 값을 선택하는 데 사용된다.
FlatpageFallbackMiddleware	최후의 수단인 미들웨어 유형이므로 맨 아래에 있어야 한다.
RedirectFallbackMiddleware	최후의 수단인 미들웨어 유형이므로 맨 아래에 있어야 한다.

▌ 18장에서 무엇을 설명하는가?

18장에서는 장고의 국제화를 살펴본다.

18

국제화

자바스크립트 소스 코드에서 메시지 파일을 만들 때, 장고는 원래 미국 중서부 지역에서 개발됐다. 즉, 개발된 지역 캔자스 주 로렌스가 미국 본토의 지리적 중심으로부터 40마일 이내에 있다. 하지만 대부분의 오픈소스 프로젝트처럼 장고의 커뮤니티에는 전 세계의 사람들이 포함됐다. 장고의 커뮤니티가 점점 다양해지면서 국제화와 현지화가 점차 중요해졌다.

장고 자체는 완전히 국제화돼 있다. 모든 문자열은 번역용으로 표시되며, 설정은 날짜와 시간과 같은 지역에 영향을 받는 값의 표시를 제어한다. 장고는 50개 이상의 다른 현지화 파일이 함께 제공된다. 영어가 모국어가 아닌 경우, 장고는 이미 여러분의 모국어로 번역돼 있다는 점이 좋은 기회가 된다.

이러한 현지화에 사용되는 것과 동일한 국제화 프레임워크를 자신의 코드 및 템플릿에서 사용할 수 있다.

많은 개발자들이 국제화와 현지화가 실제로 의미하는 것을 모호하게 이해하고 있기 때문에 몇 가지 정의부터 시작한다.

▌ 정의

국제화

모든 지역의 잠재적인 사용을 위한 프로그램을 설계하는 프로세스를 참조하라. 이 프로세스는 일반적으로 소프트웨어 개발자가 수행한다. 국제화에는 향후 번역을 위한 텍스트(예: UI 요소 및 오류 메시지) 표시, 다른 지역 표준이 준수될 수 있도록 하기 위한 날짜 및 시간 표시 요약, 다른 시간대에 대한 지원 제공 및 일반적으로 코드에 사용자의 위치 정보에 대한 가정이 없음을 확인하는 것이 포함된다. 종종 국제화가 I18N으로 축약된 것을 보게 될 것이다(18은 초기 I와 N 사이에 생략된 글자 수를 나타낸다).

현지화

특정 로케일에서 사용하기 위해 국제화된 프로그램을 실제로 번역하는 프로세스를 나타낸다. 이 작업은 보통 번역자가 수행한다. 간혹 현지화가 L10N이라는 약어로 나타난다.

다음은 공통 언어를 처리하는 데 도움이 되는 다른 용어다.

로케일 이름

11 형식의 언어 명세 또는 11_CC 형식의 결합된 언어 및 국가 명세 중 하나인 로케일 이름이다(사용 예: it, de_AT, es, pt_BR). 언어 부분은 항상 소문자이고 국가 부분은 대문자다. 구분 기호는 밑줄이다.

언어 코드

언어의 이름을 나타낸다. 웹 브라우저는 Accept-Language HTTP 헤더에서 허용하는 언어의 이름을 이 형식으로 보낸다(사용 예: it, de-at, es, pt-br). 언어 코드는 일반적으로 소문자로 나타나지만, HTTP Accept-Language 헤더는 대소 문자를 구분하지 않는다. 구분기호는 대시다.

메시지 파일

메시지 파일은 단일 언어를 나타내는 일반 텍스트 파일로, 사용할 수 있는 모든 번역 문자열과 해당 언어로 표현되는 방법을 포함한다. 메시지 파일의 확장자는 .po다.

번역 문자열

번역될 수 있는 리터럴

형식 파일

형식 파일은 주어진 로케일에 대한 데이터 형식을 정의하는 파이썬 모듈이다.

▌번역

장고 프로젝트를 번역할 수 있도록 만들려면 파이썬 코드와 템플릿에 최소한의 후크를 추가해야 한다. 이러한 후크^{hook}를 '번역 문자열^{translation strings}'라고 한다. 이러한 후크는 장고에게 "이러한 텍스트를 해당 언어로 번역할 수 있으면, 이 텍스트를 최종 사용자의 언어로 번역해야 한다."라고 말한다. 번역 가능한 문자열을 표시하는 것은 여러분의 책임이다. 즉, 시스템은 알고 있는 문자열만 번역할 수 있다.

그런 다음 상고는 번역 문자열을 메시지 파일로 추출하는 유틸리티를 제공한다. 이 파일은 번역자가 번역 문자열을 대상 언어로 제공하는 편리한 방법이다. 변환기가 메시지 파일에 채워지면 컴파일해야 한다. 이 프로세스는 GNU gettext 도구 세트를 사용한다.

이 작업이 완료되면 장고는 사용자의 언어 환경 설정에 따라 웹 응용 프로그램을 사용할 수 있는 언어로 즉시 번역한다.

본질적으로 장고는 다음 두 가지 작업을 수행한다.

- 개발자와 템플릿 작성자는 응용 프로그램의 어느 부분을 번역할 수 있는지 지정할 수 있다.
- 이 정보는 해당 언어의 기본 설정에 따라 특정 사용지의 웹 응용 프로그램을 번역하는 데 사용된다.

장고의 국제화 훅hook은 기본적으로 켜져 있다. 즉, 프레임워크의 특정 위치에 약간의 i18n 관련 오버 헤드가 있다는 것을 의미한다. 여러분이 국제화를 사용하지 않는다면 설정 파일에서 USE_I18N = False로 설정하는 데 2초를 할애하는 것이 좋다. 그러면 장고는 국제화 기계를 적재하지 않도록 약간의 최적화를 할 것이며, 이러한 이유로 인해 오버 헤드를 줄일 수 있다. 장고가 형식 현지화를 구현해야 하는지 여부를 제어하는 독립적이지만, 관련 있는 USE_L10N 설정도 있다.

▌ 국제화: 파이썬 코드

표준 번역

ugettext( ) 함수를 사용해 번역 문자열을 설정한다. 번역 문자열을 줄이기 위해 더 짧은 별칭alias인 밑줄 "_"로 임포트하는 것이 관행이다.

파이썬의 표준 라이브러리 gettext 모듈은 gettext( )의 별칭으로, 전역 네임 스페이스에 _( )를 설치한다. 장고에서는 몇 가지 이유 때문에 이러한 관행을 따르지 않기로 했다.

- 국제 문자 집합(유니코드) 지원의 경우, ugettext( )가 gettext( )보다 유용하다. 경우에 따라 특정 파일의 기본 변환 방법으로 ugettext_lazy( )를 사용해야 한다. 전역 네임 스페이스에서 _( )가 없으면 개발자는 가장 적합한 변환 함수가 무엇인지 생각해야 한다.
- 밑줄 문자(_)는 파이썬 대화형 셸 및 doctest 테스트에서 이전 결과를 나타내는 데 사용된다. global _( ) 함수를 설치하면 간섭이 발생한다. ugettext( )를 _( )로 가져오면 이 문제가 발생하지 않는다.

예제에서 텍스트 "Welcome to my site."는 번역 문자열로 나타난다.

```
from django.utils.translation import ugettext as _
from django.http import HttpResponse

def my_view(request):
    output = _("Welcome to my site.")
    return HttpResponse(output)
```

분명히 별칭을 사용하지 않고 코드를 작성할 수 있다. 이 예제는 이전 예제와 동일하다.

```
from django.utils.translation import ugettext
from django.http import HttpResponse

def my_view(request):
    output = ugettext("Welcome to my site.")
    return HttpResponse(output)
```

번역은 계산된 값에서도 작동한다. 다음 예제는 앞의 두 예제와 동일하다. 변수도 동일하다.

```
def my_view(request):
    words = ['Welcome', 'to', 'my', 'site.']
    output = _(' '.join(words))
    return HttpResponse(output)
```

또 다시 다음 예제도 동일하다.

```
def my_view(request):
    sentence = 'Welcome to my site.'
    output = _(sentence)
    return HttpResponse(output)
```

(앞의 두 예제에서와 같이 변수나 계산된 값을 사용하면 장고의 번역 문자열 감지 유틸리티인 django-admin makemessages에서 이러한 문자열을 찾을 수 없다. makemessages에 대한 추가 정보는 나중에 설명한다.)

_( ) 또는 ugettext( )에 전달한 문자열은 파이썬의 표준 명명된 문자열 보간 구문으로 지정된 자리표시자를 가져올 수 있다. 예제는 다음과 같다.

```
def my_view(request, m, d):
    output = _('Today is %(month)s %(day)s.') % {'month': m, 'day': d}
    return HttpResponse(output)
```

이 기술을 사용하면 언어별 번역을 통해 자리표시자 텍스트의 순서를 변경할 수 있다. 예를 들어, 영어 번역은 "Today is November 26."이 될 수 있지만, 스페인어 번역은 "Hoy es 26 de Noviembre"일 수 있다. 즉, 월 및 일 자리표시자가 바뀌어 번역된다. 따라서 하나 이상의 파라미터가 있을 때마다 위치 보간(예: %s 또는 %d) 대신 명명된 문자열 보간(예: %(day)s)을 사용해야 한다. 위치 보간을 사용한 경우, 번역은 자리표시자 텍스트를 다시 정렬할 수 없다.

번역기에 대한 코멘트

번역자가 번역할 수 있는 문자열에 대한 힌트를 제공하려는 경우, 문자열 앞의 줄에 Translators 키워드로 시작되는 주석을 추가할 수 있다. 사용 예제는 다음과 같다.

```
def my_view(request):
    # Translators: 이 메시지는 홈 웹 페이지에만 나타난다.
    output = ugettext("Welcome to my site.")
```

주석은 그 아래에 있는 번역 가능한 구문과 관련된 결과 .po 파일에 나타나며, 대부분의 번역 도구에서도 표시돼야 한다.

완결성 용도로, 이것은 결과 .po 파일의 해당 부분이다.

```
# 이 메시지는 홈 웹 페이지에만 나타난다.
# path/to/python/file.py : 123
msgid "Welcome to my site."
msgstr ""
```

이것은 템플릿에서도 작동한다. 좀 더 자세한 내용은 translator-comments-in-templates를 참조하라.

문자열을 No-Op로 표시

문자열을 번역하지 않고 번역 문자열로 표시하려면 django.utils.translation. ugettext_noop() 함수를 사용해야 한다. 해당 문자열은 나중에 변수에서 변환된다.

여러분이 소스 언어로 저장해야 하는 상수 문자열을 갖고 있다면 이 문자열을 사용한다. 그 이유는 상수 문자열이 시스템이나 사용자(예: 데이터베이스의 문자열)에 대해 교환돼야 하지만 문자열이 사용자에게 표시될 때와 같이 가능한 한 마지막 시점에서 변환돼야 하기 때문이다.

복수화

복수화[Pluralization]된 메시지를 지정하려면 django.utils.translation.ungettext() 함수를 사용해야 한다.

ungettext는 3개의 인수를 취한다. 즉, 단수 변환 문자열, 복수 번역 문자열 및 객체수다.

이 함수는 장고 응용 프로그램이 복수형의 수와 복잡성이 영어로 사용되는 두 가지 형식 (단수의 경우 'object', 그 값과 관계없이 카운트가 1과 다른 모든 경우 'objects')보다 큰 언어에 지역화될 필요가 있을 때 유용하다.

예제는 다음과 같다.

```python
from django.utils.translation import ungettext
from django.http import HttpResponse

def hello_world(request, count):
    page = ungettext(
            'there is %(count)d object',
            'there are %(count)d objects',
    count) % {
            'count': count,
    }
    return HttpResponse(page)
```

이 예에서 객체의 수는 카운트 변수로서 번역 언어로 전달된다.

복수화는 복잡하며 각 언어마다 다르게 작동한다. 카운트를 1과 비교하는 것이 항상 올바른 규칙은 아니다. 이 코드는 세련된 것처럼 보이지만, 일부 언어의 경우 잘못된 결과가 나타낸다.

560

```
from django.utils.translation import ungettext
from myapp.models import Report

count = Report.objects.count()
if count == 1:
     name = Report._meta.verbose_name
else:
     name = Report._meta.verbose_name_plural

text = ungettext(
     'There is %(count)d %(name)s available.',
     'There are %(count)d %(name)s available.',
     count
) % {
        'count': count,
        'name': name
}
```

여러분 자신의 단수 또는 복수 논리를 구현하지 않도록 한다. 이것은 부정확하다. 이러한 경우 다음을 고려하기 바란다.

```
text = ungettext(
     'There is %(count)d %(name)s object available.',
     'There are %(count)d %(name)s objects available.',
     count
) % {
        'count': count,
        'name': Report._meta.verbose_name,
}
```

ungettext()를 사용할 때 리터럴에 포함된 모든 외삽 변수extrapolated variable에 단일 이름을 사용해야 한다. 위 예제의 두 변환 문자열 모두에서 파이썬 변수 이름을 사용하는 방법에 유의하자. 위에서 볼 수 있듯이 일부 언어에서 부정확한 것 이외에도 이 예제는 제대로 작동하지 않는다.

```
text = ungettext(
        'There is %(count)d %(name)s available.',
        'There are %(count)d %(plural_name)s available.',
        count
        ) % {
                'count': Report.objects.count(),
                'name': Report._meta.verbose_name,
                'plural_name': Report._meta.verbose_name_plural
        }
```

django-admin 컴파일 메시지를 실행할 때 다음과 같은 오류가 발생한다.

```
a format specification for argument 'name', as in 'msgstr[0]', doesn't exist in
'msgid'
```

문맥 기호(contextual markers)

때때로 단어에는 월 이름과 동사를 나타내는 영어의 May와 같은 몇 가지 의미가 있다. 번역자가 다른 문맥에서 이러한 단어를 올바르게 번역할 수 있게 하려면 문자열에 복수화가 필요한 경우 django.utils.translation.pgettext() 함수 또는 django.utils.translation.npgettext() 함수를 사용해야 한다. 두 변수 모두 콘텍스트 문자열을 첫 번째 변수로 사용한다.

그 결과 나타나는 .po 파일에서 문자열은 동일한 문자열에 대한 다른 문맥 마커(문맥이 msgctxt 행에 표시된다)만큼 자주 표시돼 번역자가 각 단어에 대해 다른 번역을 제공할 수 있다.

562

예제는 다음과 같다.

```
from django.utils.translation import pgettext

month = pgettext("month name", "May")
```

또는 다음과 같다.

```
from django.db import models
from django.utils.translation import pgettext_lazy

class MyThing(models.Model):
    name = models.CharField(help_text=pgettext_lazy(
        'help text for MyThing model', 'This is the help text'))
```

.po 파일에서는 다음과 같이 나타난다.

```
msgctxt "month name"
msgid "May"
msgstr ""
```

문맥 마커는 trans 및 blocktrans 템플릿 태그에서도 지원된다.

지연 번역

번역 함수가 호출될 때보다는 해당 값에 액세스할 때, 문자열을 느리게 번역하기 위해 django.utils.translation(문자열 이름에 있는 지연 접미어로 쉽게 알아볼 수 있다)에 있는 번역 함수의 지연 버전을 사용한다. django.utils.translation의 lazy 버전의 번역 기능을 사용하면 문자열이 지연될 때(값이 호출될 때가 아니라 액세스될 때) 느리게 변환된다.

이 함수는 실제 번역이 아닌 문자열에 대한 지연 참조를 저장한다. 문자열 자체가 템플릿 렌더링과 같이 문자열 콘텍스트에서 사용될 때 변환 자체가 수행된다.

이러한 함수에 대한 호출이 모듈 로드 시간에 실행되는 코드 경로에 있는 경우, 필수적인 것이 된다.

장고는 모델, 폼 및 모델 폼을 정의할 때 쉽게 발생할 수 있는 사항이다. 장고는 필드를 실제로 클래스 수준의 속성으로 구현하기 때문이다. 이러한 이유 때문에 다음과 같은 경우에 성급하지 않은 번역^{lazy translations}을 사용해야 한다.

모델 필드 및 관계

예를 들어, 다음 모델에서 이름 필드의 도움말 텍스트를 번역하려면 다음을 수행해야 한다.

```
from django.db import models
from django.utils.translation import ugettext_lazy as _

class MyThing(models.Model):
    name = models.CharField(help_text=_('This is the help text'))
```

verbose_name 옵션을 사용해 ForeignKey, ManyToManyField 또는 OneToOneField 관계의 이름을 번역 가능한 것으로 표시할 수 있다.

```
class MyThing(models.Model):
    kind = models.ForeignKey(ThingKind, related_name='kinds', verbose_name=_
('kind'))
```

verbose_name에서 여러분이 수행하듯이, 필요하다면 장고가 자동으로 대문자로 표시하므로 해당 관계에 대해 소문자로 된 상세한 이름 텍스트를 제공해야 한다.

상세한 이름 지정 모델화

장고가 모델의 클래스 이름을 살펴봄으로써 수행하는 장황한 이름에 대한 영어 중심적이고 다소 순진한 결정에 의존하기보다는 항상 명시적인 verbose_name 및 verbose_name_plural 옵션을 제공하는 것이 좋다.

```python
from django.db import models
from django.utils.translation import ugettext_lazy as _

class MyThing(models.Model):
    name = models.CharField(_('name'), help_text=_('This is the help text'))

    class Meta:
        verbose_name = _('my thing')
        verbose_name_plural = _('my things')
```

모델 메서드 short_description 속성 값

모델 메서드의 경우, short_description 속성을 사용해 장고 및 관리 웹 사이트에 번역 결과를 제공할 수 있다.

```python
from django.db import models
from django.utils.translation import ugettext_lazy as _

class MyThing(models.Model):
    kind = models.ForeignKey(ThingKind, related_name='kinds', verbose_name=_('kind'))

    def is_mouse(self):
        return self.kind.type == MOUSE_TYPE
        is_mouse.short_description = _('Is it a mouse?')
```

지연 번역 객체로 작업하기

ugettext_lazy( )의 결과는 파이썬에서 유니코드 문자열(유니코드 유형의 객체)을 사용할 때마다 사용할 수 있다. bytestring(str 객체)가 예상되는 곳에서 사용하려고 하면 ugettext_lazy( ) 객체가 bytestring으로 변환하는 방법을 모르기 때문에 예상대로 작동하지 않는다. Bytestring 내에서 유니코드 문자열을 사용할 수 없으므로 이는 일반적인 파이썬 동작과 일치한다. 예제는 다음과 같다.

```
# 이 점은 괜찮다. 유니코드 프록시를 유니코드 문자열에 저장하는 것이다.
"Hello %s" % ugettext_lazy("people")

# 여러분이 유니코드 객체를 바이트 스트링(bytestring)에 삽입할 수 없고, 유니코드 프록시를 삽입할 수
없으므로 이것은 잘 작동하지 않는다.
b"Hello %s" % ugettext_lazy("people")
```

여러분이 "hello <django.utils.functional ...>"과 같은 출력을 봤다면 ugettext_lazy( )의 결과를 bytestring에 삽입하려고 시도했을 것이다. 이것은 여러분 코드의 버그다.

길이가 긴 ugettext_lazy 이름이 마음에 들지 않는다면 다음과 같이 별칭을 _(밑줄)로 지정할 수 있다.

```
from django.db import models
from django.utils.translation import ugettext_lazy as _

class MyThing(models.Model):
    name = models.CharField(help_text=_('This is the help text'))
```

모델 및 유틸리티 함수에서 문자열을 표시하기 위해 ugettext_lazy( ) 및 ungettext_lazy( )를 사용하는 것이 일반적인 작업이다. 코드에서 이 객체로 작업할 때, 실수로 문자열로 변환하지 않도록 해야 한다. 왜냐하면 정확한 로케일이 적용되려면 가능한 한 해당 객체가 늦게 변환돼야 하기 때문이다. 이때에는 다음에 설명한 helper 함수를 사용해야 한다.

지연 번역 및 복수형

복수 문자열([u]n[p]gettext_lazy)에 대해 지연 번역을 사용하는 경우, 일반적으로 문자열정의 시점에 number 인수를 알 수 없다. 따라서 여러분은 숫자 인수로 정수 대신 키 이름을 전달할 권한이 있다. 다음으로 문자열 보간 중에 해당 키 아래의 딕셔너리에서 숫자가조회된다. 예제는 다음과 같다.

```
from django import forms
from django.utils.translation import ugettext_lazy

class MyForm(forms.Form):
    error_message = ungettext_lazy("You only provided %(num)d
        argument", "You only provided %(num)d arguments", 'num')

    def clean(self):
        # ...
        if error:
            raise forms.ValidationError(self.error_message %
                {'num': number})
```

문자열에 정확히 1개의 이름 없는 자리표시자가 포함돼 있으면 number 인수로 직접 보간interpolate할 수 있다.

```
class MyForm(forms.Form):
    error_message = ungettext_lazy("You provided %d argument", "You provided
    %d arguments")

    def clean(self):
```

```
    # ...
    if error:
        raise forms.ValidationError(self.error_message % number)
```

문자열 조인: string_concat()

표준 파이썬 문자열 joins(''.join ([...]))은 지연 변환 객체가 포함된 목록에서 작동하지 않는다. 그 대신 django.utils.translation.string_concat()을 사용하면 내용을 연결하고 결과가 문자열에 포함될 때만 문자열로 변환하는 지연 객체를 만든다. 예제는 다음과 같다.

```
from django.utils.translation import string_concat
from django.utils.translation import ugettext_lazy
# ...
name = ugettext_lazy('John Lennon')
instrument = ugettext_lazy('guitar')
result = string_concat(name, ': ', instrument)
```

이 경우 결과의 지연 번역은 결과 자체가 문자열에 사용되는 경우(일반적으로 템플릿 렌더링 시간)에만 문자열로 변환된다.

지연된 번역에서의 지연의 다른 사용

번역을 지연^{lazy}하고 싶지만, 번역 가능한 문자열을 다른 함수의 인수로 전달해야 하는 경우에는 지연 호출 내에서 이 함수를 직접 래핑할 수 있다. 예제는 다음과 같다.

```
from django.utils import six # Python 3 호환
from django.utils.functional import lazy
from django.utils.safestring import mark_safe
from django.utils.translation import ugettext_lazy as _
```

```
mark_safe_lazy = lazy(mark_safe, six.text_type)
```

그리고 나서 나중에 다음과 같이 래핑한다.

```
lazy_string = mark_safe_lazy(_("<p>My <strong>string!</strong></p>"))
```

현지화된 언어 이름

get_language_info( ) 함수는 언어에 대한 자세한 정보를 제공한다.

```
>>> from django.utils.translation import get_language_info
>>> li = get_language_info('de')
>>> print(li['name'], li['name_local'], li['bidi'])
German Deutsch False
```

딕셔너리의 name 및 name_local 속성에는 영어와 언어 자체의 언어 이름이 가가 들어 있다. bidi 속성은 양방향 언어에 대해서만 True다.

언어 정보의 소스는 django.conf.locale 모듈이다. 이 정보에 대한 유사한 액세스는 템플릿 코드에서 사용할 수 있다. 다음을 참조하라.

▌ 국제화: 템플릿 코드에서

장고 템플릿의 번역은 2개의 템플릿 태그, 파이썬 코드, 약간 다른 구문을 사용한다. 템플릿에 이러한 태그에 대한 액세스 권한을 부여하려면 {% load i18n %}를 템플릿 상단에 배치해야 한다.

모든 템플릿 태그와 마찬가지로, 이 태그는 이미 i18n 태그를 로드한 다른 템플릿에서 확장된 템플릿까지 포함해 번역을 사용하는 모든 템플릿에 로드해야 한다.

트랜스 템플릿 태그

{% trans %} 템플릿 태그는 상수 문자열(작은 따옴표 또는 큰 따옴표로 묶는다) 또는 가변 내용을 변환한다.

```
<title>{% trans "This is the title." %}</title>
<title>{% trans myvar %}</title>
```

noop 옵션이 있으면 변수 룩업은 계속 발생하지만 번역은 건너뛴다. 이 점은 나중에 번역이 필요한 내용을 제거하는 경우에 유용하다.

```
<title>{% trans "myvar" noop %}</title>
```

내부적으로 인라인 변환은 ugettext() 호출을 사용한다.

템플릿 변수(위의 myvar)가 태그에 전달되는 경우, 해당 태그는 런타임에 해당 변수를 먼저 문자열로 변환한 후 메시지 카탈로그에서 해당 문자열을 조회한다.

{% trans %} 내의 문자열 안에 템플릿 변수를 섞을 수는 없다. 여러분의 번역에는 변수가 있는 문자열(자리표시자)이 필요하지만 이것 대신 {% blocktrans %}를 사용한다. 번역된 문자열을 표시하지 않고 검색하려면 다음 구문을 사용할 수 있다.

```
{% trans "This is the title" as the_title %}
```

실제로 이것을 사용해 여러 위치에서 사용되거나 다른 템플릿 태그 또는 필터에 대한 인수로 사용해야 하는 문자열을 가져온다.

```
{% trans "starting point" as start %}
{% trans "end point" as end %}
{% trans "La Grande Boucle" as race %}

<h1>
    <a href="/" >{{ race }}</a>
</h1>
<p>
{% for stage in tour_stages %}
    {% cycle start end %}: {{ stage }}{% if forloop.counter|divisibleby:2
%}<br />{% else %}, {% endif %}
{% endfor %}
</p>
```

{% trans %}는 context 키워드를 사용해 문맥과 관련된 마커를 지원한다.

```
{% trans "May" context "month name" %}
```


blocktrans 템플릿 태그

blocktrans 태그를 사용하면 자리표시자를 사용해 리터럴과 번역할 수 있는 내용으로 구성된 복잡한 문장을 표시할 수 있다.

```
{% blocktrans %}This string will have {{ value }} inside.{% endblocktrans%}
```

템플릿 속성을 액세스하거나 템플릿 필터를 사용해 템플릿 표현식을 번역하려면 변환 블록 내에서 사용하기 위해 표현식을 로컬 변수에 바인드해야 한다. 예제는 다음과 같다.

```
{% blocktrans with amount=article.price %}
```

```
That will cost $ {{ amount }}.
{% endblocktrans %}

{% blocktrans with myvar=value|filter %}
This will have {{ myvar }} inside.
{% endblocktrans %}
```

하나의 blocktrans 태그 안에 여러 표현식을 사용할 수 있다.

```
{% blocktrans with book_t = book | title author_t = author | title %}
This is {{ book_t }} by {{ author_t }}
{% endblocktrans %}
```

이전보다 자세한 형식이 계속 지원된다.

```
{% blocktrans with book|title as book_t and author|title as author_t %}
```

다른 블록 태크(예: {% for %} 또는 {% if %})는 blocktrans 태그 내에서 허용되지 않는다.

블록 인수 중 하나를 해결하지 못하면 blocktrans는 deactivate_all( ) 함수를 사용해 현재 활성화된 언어를 일시적으로 비활성화해 기본 언어로 되돌아간다.

이 태그는 복수형을 제공한다. 이를 사용하는 방법은 다음과 같다.

- 이름 수와 함께 카운터 값을 지정하고 바인드한다. 이 값은 올바른 복수형을 선택하는 데 사용된다.
- {% blocktrans %} 및 {% endblocktrans %} 태그 내에서 {% plural %} 태그로 구분하는 단 복수형을 모두 설정한다.

예제는 다음과 같다.

```
{% blocktrans count counter=list|length %}
There is only one {{ name }} object.
{% plural %}
There are {{ counter }} {{ name }} objects.
{% endblocktrans %}
```

좀 더 복잡한 예제는 다음과 같다.

```
{% blocktrans with amount=article.price count years=i.length %}
That will cost $ {{ amount }} per year.
{% plural %}
That will cost $ {{ amount }} per {{ years }} years.
{% endblocktrans %}
```

카운터 값 외에도 복수형 특징과 바인드 값을 모두 로컬 변수에 사용할 때는 blocktrans 구조가 내부적으로 ungettext 호출로 변환된다는 점에 유의한다. 즉, ungettext 변수에 관한 동일한 메모가 적용된다는 것을 의미한다.

역방향 URL 룩업은 blocktrans 내에서 수행될 수 없으므로 미리 검색(및 저장)해야 한다.

```
{% url 'path.to.view' arg arg2 as the_url %}
{% blocktrans %}
This is a URL: {{ the_url }}
{% endblocktrans %}
```

{% blocktrans %}는 context 키워드를 사용해 문맥 내용을 지원한다.

```
{% blocktrans with name=user.username context "greeting" %}
Hi {{ name }}{% endblocktrans %}
```

또 다른 기능 {% blocktrans %}은 정리된 옵션이다. 이 옵션은 {% blocktrans %} 태그 내용의 시작과 끝에서 개행 문자를 제거하고, 해당 줄의 시작과 끝에 있는 공백을 대체하고 공백 문자를 사용해 모든 행을 하나로 병합한다.

이것은 PO 파일의 해당 항목에 들여쓰기 문자 없이 {% blocktrans %} 태그의 내용을 들여쓰기할 때 매우 유용하다. 이렇게 하면 번역 프로세스가 좀 더 쉬워진다.

예를 들어, 다음 {% blocktrans %} 태그가 있다.

```
{% blocktrans trimmed %}
    First sentence.
    Second paragraph.
{% endblocktrans %}
```

위 예제는 PO 파일에서 트림된 옵션이 지정되지 않은 경우에는 "\ n First sentence. \n Second sentence.\n"과 비교해볼 때 "First sentence. Second paragraph"이라는 항목으로 나타난다.

태그 및 필터에 전달된 문자열 리터럴

다음과 같이 familiar_( ) 구문을 사용해 태그 및 필터에 인수로 전달된 문자열 리터럴을 변환할 수 있다.

```
{% some_tag _("Page not found") value|yesno:_("yes,no") %}
```

이 경우 태그와 필터 모두 번역된 문자열을 보게 되므로 번역을 인지할 필요는 없다.

이 예에서 번역 인프라는 개별 문자열 "yes" 및 "no"가 아닌 "yes, no"문자열이 전달된다. 번역된 문자열은 쉼표를 포함해야 필터를 구문 분석하는 코드가 인수를 분할하는 방법을 알게 된다. 예를 들어, 독일어 번역기는 문자열 "예, 아니요"를 "ja, nein"(쉼표를 그대로 유지)로 번역할 수 있다.

템플릿에서 번역기에 대한 코멘트

파이썬 코드와 마찬가지로, 번역기를 위한 노트는 주석 태그와 함께 주석을 사용해 지정할 수 있다.

```
{% comment %}Translators: View verb{% endcomment %}
{% trans "View" %}
{% comment %}Translators: Short intro blurb{% endcomment %}
<p>{% blocktrans %}
    A multiline translatable literal.
    {% endblocktrans %}
</p>
```

또는 다음과 같이 {#...#}한 행 주석 생성자를 함께 기입할 수 있다.

```
{# Translators: Label of a button that triggers search #}
<button type="submit">{% trans "Go" %}</button>

{# Translators: This is a text of the base template #}
{% blocktrans %}Ambiguous translatable block of text{% endblocktrans %}
```

완벽을 기하기 위해, 이러한 것들은 결과 .po 파일의 일부분이 된다.

```
#. Translators: View verb
# path/to/template/file.html:10
msgid "View"
msgstr ""
```

```
#. Translators: Short intro blurb
# path/to/template/file.html:13
msgid ""
"A multiline translatable"
"literal."
msgstr ""

# ...

# Translators: Label of a button that triggers search
# path/to/template/file.html:100
msgid "Go"
msgstr ""

# Translators: This is a text of the base template
# path/to/template/file.html:103
msgid "Ambiguous translatable block of text"
msgstr ""
```

템플릿에서 언어 전환

템플릿 내에서 언어를 선택하려면 다음과 같이 언어 템플릿 태그를 사용할 수 있다.

```
{% load i18n %}

{% get_current_language as LANGUAGE_CODE %}
<!-- Current language: {{ LANGUAGE_CODE }} -->
<p>{% trans "Welcome to our page" %}</p>

{% language 'en' %}

    {% get_current_language as LANGUAGE_CODE %}
    <!-- Current language: {{ LANGUAGE_CODE }} -->
```

```
<p>{% trans "Welcome to our page" %}</p>
```

```
{% endlanguage %}
```

"Welcome to our page"에 대해 처음에는 현재 언어를 사용하지만 두 번째는 항상 영어로 나타난다.

다른 태그

이 태그에는 {% load i18n %}이 필요하다.

- {% get_available_languages as LANGUAGES %}는 튜플 목록을 반환한다. 여기서 첫 번째 요소는 언어 코드이고, 두 번째 요소는 언어 이름(현재 활성화된 로케일로 변환된다)이다.
- {% get_current_language as LANGUAGE_CODE %}는 현재 사용자의 선호하는 언어 문자열이다. 예를 들어, en-us가 있다(18장의 뒷부분 "언어 기본 설정을 장고가 찾아내는 방법" 참조).
- {% get_current_language_bidi as LANGUAGE_BIDI %}는 현 로케일의 방향을 리턴한다. True이면 오른쪽에서 왼쪽으로 쓰는 언어다(예: 히브리어, 아라비아 언어). False이면 왼쪽에서 오른쪽으로 쓰는 언어다(예: 영어, 프랑스어, 독일어 등).

django.template.context_processors.i18n 콘텍스트 프로세서를 활성화하면 각 RequestContext는 위에 정의된 LANGUAGES, LANGUAGE_CODE 및 LANGUAGE_BIDI에 액세스할 수 있다.

새로운 프로젝트에서는 i18n 콘텍스트 프로세서가 기본적으로 활성화돼 있지 않다.

제공된 템플릿 태그 및 필터를 사용해 사용할 수 있는 언어에 대한 정보를 검색할 수도 있다. 단일 언어에 대한 정보를 얻으려면 {% get_language_info %} 태그를 사용해야 한다.

```
{% get_language_info for LANGUAGE_CODE as lang %}
{% get_language_info for "pl" as lang %}
```

다음으로 여러분은 해당 정보에 접근할 수 있다.

```
Language code: {{ lang.code }}<br />
Name of language: {{ lang.name_local }}<br />
Name in English: {{ lang.name }}<br />
Bi-directional: {{ lang.bidi }}
```

또한 {% get_language_info_list %} 템플릿 태그를 사용해 언어 목록(예: LANGUAGES에 지정된 활성화된 언어)에 대한 정보를 검색할 수 있다. {% get_language_info_list %}를 사용해 언어 선택기를 표시하는 방법의 예는 set_language 리디렉션 뷰에 대한 절을 참조하라.

LANGUAGES 스타일 목록 튜플 외에도 {% get_language infolist %}는 간단한 언어 코드 목록을 지원한다. 뷰에서 다음과 같이 하면,

```
context = {'available_languages': ['en', 'es', 'fr']}
return render(request, 'mytemplate.html', context)
```

여러분은 템플릿상의 언어를 반복 실행할 수 있다.

```
{% get_language_info_list for available_languages as langs %}
{% for lang in langs %} ... {% endfor %}
```

편의상 간단한 필터도 있다.

- {{ LANGUAGE_CODE|language_name }} (German)

- {{ LANGUAGE_CODE|language_name_local }} (Deutsch)
- {{ LANGUAGE_CODE|language_bidi }} (False)

▌ 국제화: 자바스크립트 코드

자바스크립트에 번역을 추가하면 몇 가지 문제가 발생한다.

- 자바스크립트 코드는 gettext 구현에 접근할 수 없다.
- 자바스크립트 코드는 .po 또는 .mo 파일에 액세스할 수 없다. 해당 파일은 서버에 의해 전달돼야 한다.
- 자바스크립트에 대한 번역 카탈로그는 가능한 한 작게 유지해야 한다.

장고는 이러한 문제에 대한 통합 솔루션을 제공한다. 장고는 번역을 자바스크립트로 전달하므로 여러분은 자바스크립트 내에서 gettext 등을 호출할 수 있다.

javascript_catalog 뷰

이러한 문제의 주요 해결책은 django.views.i18n.javascript_catalog() 뷰다. 이 뷰는 gettext 인터페이스를 모방한 함수와 변환 문자열 배열과 함께 자바스크립트 코드 라이브러리를 보낸다.

이러한 변환 문자열은 info_dict 또는 URL에서 지정한 내용에 따라 응용 프로그램이나 장고 코어에서 가져온다. LOCALE_PATHS에 나열된 경로도 포함된다. 여러분은 다음과 같이 연결한다.

```
from django.views.i18n import javascript_catalog

js_info_dict = {
```

```
        'packages': ('your.app.package',),
}

urlpatterns = [
    url(r'^jsi18n/$', javascript_catalog, js_info_dict),
]
```

패키지의 각 문자열은 파이썬 점선 패키지 구문(INSTALLED_APPS의 문자열과 동일한 형식)이어야 하며 로케일 디렉터리가 포함된 패키지를 참조해야 한다. 복수 개의 패키지를 지정하면 모든 카탈로그는 1개의 카탈로그로 병합된다. 이것은 다른 응용 프로그램의 문자열을 사용하는 자바스크립트가 있는 경우에 유용하다.

번역의 우선순위는 나중에 패키지 인수에 나타나는 패키지가 처음에 나타나는 패키지보다 우선순위가 높으며, 이는 동일한 리터럴에 대한 번역이 충돌하는 경우에 중요하다.

기본적으로 뷰는 djangojs gettext 도메인을 사용한다. 뷰는 도메인 인수를 변경해 변경될 수 있다.

여러분은 패키지를 URL 패턴에 넣어 뷰를 동적으로 만들 수 있다.

```
urlpatterns = [
    url(r'^jsi18n/(?P<packages>\S+?)/$', javascript_catalog),
]
```

이것으로 패키지를 URL에서 '+' 표시로 구분된 패키지 이름 목록으로 설정한다. 이 기능은 웹 페이지에서 여러 앱의 코드를 사용하며 이 변경 사항이 자주 발생하고 하나의 큰 카탈로그 파일을 가져오지 않으려는 경우에 특히 유용하다. 보안 수단으로, 이 값은 django.conf이거나 INSTALLED_APPS 설정의 패키지가 될 수 있다.

LOCALE_PATHS 설정에 나열된 경로에 있는 자바스크립트 번역도 항상 포함된다. 파이썬과 템플릿에 사용되는 번역 조회 순서 알고리즘과의 일관성을 유지하기 위해 LOCALE_

PATHS에 나열된 디렉터리가 가장 우선순위가 높고, 우선적으로 나타나는 디렉터리가 나중에 표시되는 디렉터리보다 우선순위가 높다.

자바스크립트 번역 카탈로그 사용

카탈로그를 사용하려면 다음과 같이 동적으로 생성된 스크립트를 가져와야 한다.

```
<script type="text/javascript" src="{% url
'django.views.i18n.javascript_catalog' %}"></script>
```

역방향 URL 조회를 사용해 자바스크립트 카탈로그 뷰의 URL을 찾아낸다. 카탈로그가 로드되면 자바스크립트 코드가 표준 gettext 인터페이스를 사용해 액세스할 수 있다.

```
document.write(gettext('this is to be translated'));
```

ngettext 인터페이스도 있다.

```
var object_cnt = 1 // or 0, or 2, or 3, ...
s = ngettext('literal for the singular case',
        'literal for the plural case', object_cnt);
```

게다가 문자열 보간 함수도 있다.

```
function interpolate(fmt, obj, named);
```

보간 구문은 파이썬에서 빌려오므로 보간 함수는 위치 및 이름 보간을 모두 지원한다.

- 위치 보간법: obj는 자바스크립트 배열 객체를 포함한다. 자바스크립트 요소의 값은 해당 fmt 자리표시자에서 나타나는 순서와 동일한 순서대로 보간된다.

사용 예제는 다음과 같다.

```
fmts = ngettext('There is %s object. Remaining: %s',
        'There are %s objects. Remaining: %s', 11);
s = interpolate(fmts, [11, 20]);
        // s is 'There are 11 objects. Remaining: 20'
```

● 명명된 보간법: 이 모드는 선택 부울의 이름이 지정된 파라미터를 true로 전달
해 선택한다. obj는 자바스크립트 객체 또는 연관 배열을 포함한다. 예제는 다음
과 같다.

```
d = {
        count: 10
        total: 50
};
fmts = ngettext('Total: %(total)s, there is %(count)s
        object',
        'there are %(count)s of a total of %(total)s objects',
                d.count);
s = interpolate(fmts, d, true);
```

문자열 보간법을 사용해 맨 위를 넘어가지 않아야 한다. 이것은 여전히 자바스크립트이
므로 해당 코드는 반복되는 정규 표현식을 대체해야 한다. 이것은 파이썬에서 문자열 보
간법만큼 빠르지 않으므로 실제로 필요로 하는 경우 (예를 들어, 적합한 복수형을 생성하기 위
해 ngettext와 함께) 보관한다.

성능에 대한 참조 사항

javascript_catalog() 뷰는 모든 요청에 대해 .mo 파일에서 카탈로그를 생성한다. 해당
출력은 일정하기 때문에 적어도 특정 버전의 웹 사이트에서는 캐싱을 위한 좋은 후보가
된다.

서버 측 캐싱은 CPU 로드를 줄인다. ache_page( ) 데커레이터로 쉽게 구현할 수 있다. 번역이 변경될 때, 캐시 무효화를 실행하려면 다음 예와 같이 버전 종속 키 접두어를 제공하거나 버전 종속 URL로 뷰를 매핑해야 한다.

```
from django.views.decorators.cache import cache_page
from django.views.i18n import javascript_catalog

# get_version( )에 의해 반환된 값은 번역이 변경될 때 반영돼야 한다.
@cache_page(86400, key_prefix='js18n-%s' % get_version( ))
def cached_javascript_catalog(request, domain='djangojs', packages=None):
        return javascript_catalog(request, domain, packages)
```

클라이언트 캐싱은 대역폭을 절약하고 웹 사이트를 더 빠르게 로드한다. ETags (USE_ETAGS = True)를 사용한다면 여러분은 클라이언트 캐싱을 이미 적용한 것이다. 그렇지 않으면 여러분은 조건부 장식을 적용할 수 있다. 다음 예제에서 응용 프로그램 서버를 다시 시작할 때마다 해당 캐시가 무효화된다.

```
from django.utils import timezone
from django.views.decorators.http import last_modified
from django.views.i18n import javascript_catalog

last_modified_date = timezone.now( )

@last_modified(lambda req, **kw: last_modified_date)
def cached_javascript_catalog(request, domain='djangojs', packages=None):
        return javascript_catalog(request, domain, packages)
```

또한 배포 절차의 일부로 자바스크립트 카탈로그를 미리 생성해 정적 파일로 제공할 수도 있다(http://django-statici18n.readthedocs.org/en/latest/).

▌국제화: URL 패턴

장고는 URL 패턴을 국제화하는 두 가지 메커니즘을 제공한다.

- LocaleMiddleware가 요청된 URL에서 활성화할 언어를 감지할 수 있도록 URL 패턴의 루트에 언어 접두어를 추가한다.
- django.utils.translation.ugettext_lazy() 함수를 통해 URL 패턴 자체를 번역할 수 있도록 한다.

이러한 기능 중 하나를 사용하려면 각 요청에 대해 활성 언어를 설정해야 한다. 즉, MIDDLEWARE_CLASSES 설정에 django.middleware.locale.LocaleMiddleware가 있어야 한다.

URL 패턴의 언어 접두사

이 함수는 루트 URLconf에서 사용할 수 있으며, 장고는 i18n_patterns()에 정의된 모든 URL 패턴에 현재 활성화된 언어 코드를 자동으로 추가한다.

예제 URL 패턴은 다음과 같다.

```
from django.conf.urls import include, url
from django.conf.urls.i18n import i18n_patterns
from about import views as about_views
from news import views as news_views
from sitemap.views import sitemap

urlpatterns = [
    url(r'^sitemap\.xml$', sitemap, name='sitemap_xml'),
]

news_patterns = [
    url(r'^$', news_views.index, name='index'),
```

```
        url(r'^category/(?P<slug>[\w-]+)/$',
            news_views.category,
            name='category'),
        url(r'^(?P<slug>[\w-]+)/$', news_views.details, name='detail'),
]

urlpatterns += i18n_patterns(
    url(r'^about/$', about_views.main, name='about'),
    url(r'^news/', include(news_patterns, namespace='news')),
)
```

이러한 URL 패턴을 정의한 후 장고는 i18n_patterns 함수로 추가된 URL 패턴에 언어
접두어를 자동으로 추가한다. 예제는 다음과 같다.

```
from django.core.urlresolvers import reverse
from django.utils.translation import activate

>>> activate('en')
>>> reverse('sitemap_xml')
'/sitemap.xml'
>>> reverse('news:index')
'/en/news/'

>>> activate('nl')
>>> reverse('news:detail', kwargs={'slug': 'news-slug'})
'/nl/news/news-slug/'
```

i18n_patterns( )는 루트 URLconf에서만 허용된다. 포함된 URLconf 내에서 이를 사용
하면 ImproperlyConfigured 예외가 발생한다.

번역된 URL 패턴

URL 패턴은 ugettext_lazy( ) 함수를 사용해 번역 가능으로 표시할 수도 있다. 예제는
다음과 같다.

```python
from django.conf.urls import include, url
from django.conf.urls.i18n import i18n_patterns
from django.utils.translation import ugettext_lazy as _

from about import views as about_views
from news import views as news_views
from sitemaps.views import sitemap

urlpatterns = [
    url(r'^sitemap\.xml$', sitemap, name='sitemap_xml'),
]

news_patterns = [
    url(r'^$', news_views.index, name='index'),
    url(_(r'^category/(?P<slug>[\w-]+)/$'),
        news_views.category,
        name='category'),
        url(r'^(?P<slug>[\w-]+)/$', news_views.details, name='detail'),
]

urlpatterns += i18n_patterns(
    url(_(r'^about/$'), about_views.main, name='about'),
    url(_(r'^news/'), include(news_patterns, namespace='news')),
)
```

번역을 작성한 후 reverse( ) 함수는 URL을 활성 언어로 리턴한다. 예제는 다음과 같다.

```python
>>> from django.core.urlresolvers import reverse
>>> from django.utils.translation import activate
```

586

```
>>> activate('en')
>>> reverse('news:category', kwargs={'slug': 'recent'})
'/en/news/category/recent/'

>>> activate('nl')
>>> reverse('news:category', kwargs={'slug': 'recent'})
'/nl/nieuws/categorie/recent/'
```

대부분의 경우, 부주의하게 번역된 URL이 번역되지 않은 URL 패턴과 충돌을 일으킬 가능성을 피하기 위해 i18n_patterns( )를 사용해 언어-코드-접두사가 있는 패턴 블록 내에서만 번역된 URL을 사용하는 것이 가장 좋다.

템플릿 반전

현지화된 URL을 템플릿에서 되돌릴 경우, 항상 현재 언어가 사용된다. 다른 언어로 된 URL에 링크하려면 언어 템플릿 태그를 사용해야 한다. 이 태그는 동봉된 템플릿 섹션에서 설정된 언어를 사용할 수 있도록 해준다.

```
{% load i18n %}

{% get_available_languages as languages %}

{% trans "View this category in:" %}
{% for lang_code, lang_name in languages %}
    {% language lang_code %}
    <a href="{% url 'category' slug=category.slug %}">{{ lang_name }}</a>
    {% endlanguage %}
{% endfor %}
```

language 태그는 유일한 인수로 언어 코드를 요구한다.

▌ 지역화: 언어 파일을 만드는 방법

응용 프로그램의 문자열 리터럴에 나중에 번역할 수 있도록 태그가 지정되면 번역 자체를 작성해야 한다. 이것이 작동하는 방법은 다음과 같다.

메시지 파일

첫 번째 단계는 새 언어에 대한 메시지 파일을 만드는 것이다. 메시지 파일은 단일 언어를 나타내는 일반 텍스트 파일로 사용할 수 있는 모든 번역 문자열과 해당 언어로 표현되는 방법을 포함한다. 메시지 파일의 확장자는 .po다.

장고에는 django-admin makemessages 도구가 함께 제공돼 이러한 파일의 생성과 유지를 자동화한다.

makemessages 명령(및 나중에 설명할 컴파일 메시지)은 GNU gettext 도구 세트의 명령인 xgettext, msgfmt, msgmerge 및 msguniq를 사용한다.

지원된 gettext 유틸리티의 최소 버전은 0.15다.

메시지 파일을 생성하거나 업로드 시에는 다음 명령을 실행한다.

```
django-admin makemessages -l de
```

여기서 de는 작성하려는 메시지 파일의 로케일 이름이다. 예를 들어, 브라질 포르투갈어의 경우 pt_BR, 오스트리아 독일어의 경우 de_AT 또는 인도네시아인에 대한 ID 또는 호주 독일과 같은 de의 ID다.

스크립트는 다음 두 위치 중 하나에서 실행해야 한다.

- 장고 프로젝트의 루트 디렉터리(manage.py가 들어 있는 디렉터리)
- 장고 앱 중 하나의 루트 디렉터리

스크립트는 프로젝트 소스 트리 또는 응용 프로그램 소스 트리를 실행하고 번역 표시된 모든 문자열을 추출한다(how-django-discovers-translations 및 LOCALE_PATHS가 올바르게 구성됐는지 확인한다). locale/LANG/LC_MESSAGES 디렉터리에 메시지 파일을 작성(또는 갱신) 한다. 예에서 해당 파일은 locale/de/LC_MESSAGES/django.po가 된다.

프로젝트의 루트 디렉터리에서 makemessages를 실행하면 추출된 문자열이 적절한 메시지 파일에 자동으로 배포된다. 즉, 로케일 디렉터리가 포함된 응용 프로그램 파일에서 추출된 문자열은 해당 디렉터리 아래의 메시지 파일로 이동한다. 로케일 디렉터리가 없는 응용 프로그램의 파일에서 추출된 문자열은 LOCALE_PATHS에 처음 나열된 디렉터리 아래의 메시지 파일에 저장되거나 LOCALE_PATHS가 비어 있으면 오류가 발생한다.

기본적으로, django-admin makemessages는 .html 또는 .txt 파일 확장자 이름을 가진 모든 파일을 검사한다. 해당 기본값을 덮어 쓰려면 --extension 또는 -e 옵션을 사용해 검사할 파일 확장자를 지정해야 한다.

```
django-admin makemessages -l de -e txt
```

여러 개의 확장자를 쉼표로 구분하거나 -e 또는 --extension을 여러 번 사용한다.

```
django-admin makemessages -l de -e html,txt -e xml
```

 자바스크립트 소스 코드에서 메시지 파일을 만들 때, e js가 아닌 특별한 'djangojs' 도메인을 사용해야 한다.

gettext 유틸리티가 설치돼 있지 않으면 makemessages는 빈 파일을 생성한다. 이 경우 gettext 유틸리티를 설치하거나 영어 메시지 파일(locale/en/LC_MESSAGES/django.po)이 있으면 복사해 시작점으로 사용한다. 이 파일은 단지 빈 번역 파일일 뿐이다.

윈도우를 사용 중이며 makemessages가 작동하도록 GNU gettext 유틸리티를 설치해야 하는 경우, 좀 더 자세한 내용은 18장의 뒷부분에 나오는 "gettext"를 참조하라.

.po 파일의 형식은 간단하다. 각 .po 파일에는 번역 관리자의 연락처 정보와 같은 작은 메타 데이터가 포함돼 있지만, 파일의 대부분은 메시지 목록이다. 즉, 번역 문자열과 특정 언어에 대한 실제 번역된 텍스트 간의 간단한 매핑이다.

예를 들어, 장고 앱에 "Welcome to my site"라는 텍스트의 번역 문자열이 포함된 경우는 다음과 같다.

```
_("Welcome to my site.")
```

이와 같은 경우 django-admin makemessages는 다음 스니펫 메시지를 포함하는 .po 파일을 생성한다.

```
# path/to/python/module.py:23
msgid "Welcome to my site."
msgstr ""
```

간단한 설명:

- msgid는 원본에 나타나는 번역 문자열이다. 변경하면 안 된다.
- msgstr는 언어별 번역을 저장하는 곳이다. 빈 상태로 시작하기 때문에 변경하는 것은 여러분의 책임이다. 번역본 주위에는 인용 부호를 넣는다.
- 편의상 각 메시지는 #가 앞부분에 위치한 주석 행의 형태로 msgid 행 위에 위치하며, 번역 문자열이 수집된 파일 이름과 행 번호를 포함한다.

긴 메시지는 특별한 경우다. 여기서 msgstr(또는 msgid) 바로 뒤의 첫 번째 문자열은 빈 문자열이다. 다음으로 내용 자체는 다음 몇 줄에 걸쳐 한 행에 하나의 문자열로 쓰여진다. 이러한 문자열은 직접 연결된다. 문자열 내에서 후행 공백을 잊지 않도록 한다.

그렇지 않으면 공백 없이 함께 묶어 버리게 된다.

gettext 도구가 내부적으로 작동하는 방식과 여러분이 장고의 핵심 및 응용 프로그램에서 비ASCII 소스 문자열을 허용하기 희망하기 때문에 PO 파일(PO 파일을 만들 때의 기본값)의 인코딩으로 UTF-8을 사용해야 한다. 이것은 모두 장고가 PO 파일을 처리할 때 중요한 동일한 인코딩을 사용한다는 것을 의미한다.

새 번역 문자열에 대한 모든 소스 코드 및 템플릿을 재검사하고 모든 언어의 모든 메시지 파일을 업데이트하려면 다음과 같이 실행해야 한다.

```
django-admin makemessages -a
```

메시지 파일 컴파일

메시지 파일을 만든 후에는 변경할 때마다 gettext에서 사용할 수 있도록 좀 더 효율적인 형식으로 컴파일해야 한다. django-admin compilemessages 유틸리티로 이를 실행한다.

이 도구는 사용할 수 있는 모든 .po 파일을 실행하고 gettext에서 사용하도록 최적화된 이진 파일인 .mo 파일을 만든다. django-admin makemessages를 실행한 디렉터리에서 다음과 같이 실행한다.

```
django-admin compilemessages
```

이게 전부다. 여러분의 번역물은 이미 사용할 준비가 됐다.

여러분이 윈도우를 사용하고 있고, GNU gettext 유틸리티를 설치해 django-admin compilemessages가 작동하는 경우, 좀 더 자세한 내용은 다음 윈도우의 gettext를 참조하라.

장고는 UTF −8로 인코딩됐고 BOM^{Byte Order Mark}이 없는 .po 파일만 지원하므로 기본적으로 파일 시작 부분에 텍스트 편집기가 이러한 표시를 추가하면 이를 재구성해야 한다.

자바스크립트 소스 코드에서 메시지 파일 만들기

django-admin makemessages 도구를 사용해 다른 장고 메시지 파일과 동일한 방법으로 메시지 파일을 작성하고 업데이트한다. 유일한 차이점은 다음과 같이 -d djangojs 파라미터를 제공해 gettext 구문을 도메인(이 경우 djangojs 도메인)으로 명시적으로 지정해야 한다는 점이다.

```
django-admin makemessages -d djangojs -l de
```

이렇게 하면 독일어용 자바스크립트 메시지 파일이 작성되거나 갱신된다. 메시지 파일을 업데이트한 후 일반 장고 메시지 파일에서와 같은 방식으로 django-admin 컴파일 메시지를 실행하면 된다.

윈도우상의 gettext

이는 메시지 ID를 추출하거나 메시지 파일(.po)을 컴파일하려는 사용자에게만 필요하다. 번역 작업 자체에는 이 유형의 기존 파일을 편집하는 작업만 포함되지만, 사용자가 직접 메시지 파일을 만들거나 변경된 메시지 파일을 테스트하거나 컴파일하려면 gettext 유틸리티가 필요하다.

- GNOME 서버(https://download.gnome.org/binaries/win32/dependencies/)에서 다음 zip 파일을 다운로드한다.
  - gettext-runtime-X.zip
  - gettext-tools-X.zip

X는 버전 번호다. 버전 0.15 이상이 필요하다.

- 두 파일에 있는 bin\ 디렉터리의 내용을 시스템(C:\Program Files\gettext-utils) 상의 같은 폴더로 추출한다.
- 시스템 경로를 갱신한다.
  - 제어판^{Control Panel} > 시스템^{System} > 고급^{Advanced} > 환경 변수^{Environment Variables}
  - 시스템 변수 목록에서 경로 및 편집을 클릭한다.
  - 변숫값 필드 끝에 "C:\Program Files\gettext-utils\bin"을 추가한다.

xgettext --version 명령이 제대로 작동하는 한, 다른 곳에서 얻은 gettext 바이너리를 사용할 수도 있다. 윈도우 명령 프롬프트에서 xgettext --version 명령을 입력하면 "xgettext.exe에서 오류가 발생해 윈도우를 닫는다"는 팝업 창이 표시되므로 gettext 패키지와 함께 장고 번역 유틸리티를 사용하지 않도록 한다.

makemessages 명령 사용자 정의

추가 파라미터를 xgettext에 전달하려면 사용자 정의 makemessages 명령을 작성하고 xgettext_options 속성을 대체해야 한다.

```
from django.core.management.commands import makemessages

class Command(makemessages.Command):
    xgettext_options = makemessages.Command.xgettext_options +
        ['--keyword=mytrans']
```

유연성이 더 필요하면 사용자 정의 makemessages 명령에 새 인수를 추가할 수도 있다.

```
from django.core.management.commands import makemessages

class Command(makemessages.Command):
```

```
    def add_arguments(self, parser):
        super(Command, self).add_arguments(parser)
        parser.add_argument('--extra-keyword',
                                dest='xgettext_keywords',
                                action='append')
def handle(self, *args, **options):
xgettext_keywords = options.pop('xgettext_keywords')
if xgettext_keywords:
    self.xgettext_options = (
        makemessages.Command.xgettext_options[:] +
        ['--keyword=%s' % kwd for kwd in xgettext_keywords]
    )
super(Command, self).handle(*args, **options)
```

▌명시적으로 활성화 언어 설정

현재 세션의 활성화 언어를 명시적으로 설정할 수 있다. 예를 들어, 사용자의 언어 환경 설정이 다른 시스템에서 검색된 것일 수 있다. django.utils.translation.activate()에 이미 소개된 내용으로 이것은 스레드에만 적용된다. 전체 세션의 언어를 유지하려면 세션의 LANGUAGE_SESSION_KEY도 수정해야 한다.

```
from django.utils import translation
user_language = 'fr'
translation.activate(user_language)
request.session[translation.LANGUAGE_SESSION_KEY] = user_language
```

여러분은 일반적으로 다음 두 가지를 사용하기 원할 것이다. django.utils.translation. activate()는 스레드 언어를 변경하고, 세션을 수정하면 기본 설정이 이후 요청에서도 유지된다.

세션을 사용하지 않는 경우, 해당 언어는 LANGUAGE_COOKIE_NAME에 구성된 쿠키로 유지된다. 사용 예제는 다음과 같다.

```
from django.utils import translation
from django import http
from django.conf import settings
user_language = 'fr'
translation.activate(user_language)
response = http.HttpResponse(...)
response.set_cookie(settings.LANGUAGE_COOKIE_NAME, user_language)
```

█ 뷰와 템플릿 외부에서의 번역 사용

장고는 뷰와 템플릿에서 사용할 수 있는 풍부한 국제화 도구 세트를 제공하지만 사용법을 장고 관련 코드로 제한하지는 않는다. 장고 번역 메커니즘은 장고가 지원하는 언어로 임의의 텍스트를 번역하는 데 사용될 수 있다(물론, 적절한 번역 카탈로그가 존재하는 경우에 한 한다).

번역 카탈로그를 로드하고 활성화한 후 선택한 언어로 텍스트를 번역할 수 있지만, 원래 언어로 전환해야 한다. 번역 카탈로그 활성화는 스레드별로 이뤄지며 이러한 변경은 동일한 스레드에서 실행되는 코드에 영향을 미친다.

사용 예제는 다음과 같다.

```
from django.utils import translation
def welcome_translated(language):
    cur_language = translation.get_language()
    try:
        translation.activate(language)
        text = translation.ugettext('welcome')
```

```
finally:
        translation.activate(cur_language)
    return text
```

이 함수를 'de' 값과 함께 호출하면 LANGUAGE_CODE 및 미들웨어에서 설정한 언어와 상관없이 "Willkommen"을 제공한다.

특별히 흥미로운 함수는 현재 스레드에서 사용되는 언어를 반환하는 django.utils.translation.get_language(), 현재 스레드에서 번역 카탈로그를 활성화하는 django.utils.translation.activate() 및 주어진 언어가 장고에 의해 지원되는지 확인하는 django.utils.translation.check_for_language()이다.

▌ 구현 정보

장고 번역 전문

장고의 번역 기계는 파이썬과 함께 제공되는 표준 gettext 모듈을 사용한다. gettext를 안다면 장고가 번역하는 방식에 이러한 특기사항을 적어둘 수 있다.

- 문자열 도메인은 django 또는 djangojs다. 이 문자열 도메인은 데이터를 공통 메시지 파일 라이브러리(보통 /usr/share/locale/)에 저장하는 서로 다른 프로그램을 구별하는 데 사용된다. django 도메인은 파이썬 및 템플릿 변환 문자열에 사용되며, 전역 번역 카탈로그에 로드된다. djangojs 도메인은 자바스크립트 번역 카탈로그에만 사용돼 가능한 한 작게 돼 있는지 확인한다.
- 장고는 xgettext만을 사용하지 않는다. xgettext와 msgfmt를 중심으로 파이썬 래퍼를 사용한다. 이것은 주로 편의를 위한 것이다.

장고가 언어 선호도를 찾아내는 방법

장고와 함께 제공되는 번역을 준비했거나 장고와 함께 제공되는 번역만 사용하려는 경우 앱의 번역을 활성화해야 한다.

여러분이 보는 화면 뒤에서 장고는 특정 사용자 또는 둘 다를 위해 어떤 언어가 사용돼야 하는지를 결정하는 매우 유연한 모델을 갖고 있다.

설치 전체 언어 환경을 설정하려면 LANGUAGE_CODE를 설정해야 한다. 장고는 이 언어를 기본 번역으로 사용한다. 로케일 미들웨어(아래 참조)가 사용되는 메서드 중 하나를 통해 더 잘 맞는 번역이 없는 경우 최종 시도인 기본 번역을 사용한다.

여러분이 원하는 것이 장고를 여러분의 모국어로 실행하는 것이라면 LANGUAGE_CODE를 설정하고 해당 메시지 파일 및 컴파일 버전(.mo)을 확인한다.

각 개별 사용자가 선호하는 언어를 지정하려면 LocaleMiddleware를 사용해야 한다. LocaleMiddleware는 요청 데이터를 기반으로 언어 선택을 가능하게 한다. 이것은 각 사용자에 대한 콘텐츠를 사용자가 정의한다.

LocaleMiddleware를 사용하려면 MIDDLEWARE_CLASSES 설정에 'django.middleware. locale.LocaleMiddleware'를 추가해야 한다. 이때 미들웨어 순서가 중요하기 때문에 다음 지침을 따라야 한다.

- 설치한 최초의 미들웨어 중 하나인지 확인한다.
- LocaleMiddleware가 세션 데이터를 사용하기 때문에 SessionMiddleware를 따라야 한다. CommonMiddleware는 요청된 URL을 해결하기 위해 활성화된 언어가 필요하기 때문에 CommonMiddleware 앞에 와야 한다.
- CacheMiddleware를 사용하는 경우 이것 다음에 LocaleMiddleware를 입력한다.

예를 들어, MIDDLEWARE_CLASSES는 다음과 같이 될 수 있다.

```
MIDDLEWARE_CLASSES = [
'django.contrib.sessions.middleware.SessionMiddleware',
'django.middleware.locale.LocaleMiddleware',
'django.middleware.common.CommonMiddleware',
]
```

미들웨어에 대한 좀 더 자세한 내용은 "17장, 장고 미들웨어"를 참조하라.

LocaleMiddleware는 다음 알고리즘을 사용해 사용자의 언어 기본 설정을 확인한다.

- 먼저 요청된 URL에서 언어 접두사를 찾는다. 이것은 루트 URLconf에서 i18n_patterns 함수를 사용할 때만 수행된다. 언이 접두사 및 URL 패턴을 국제화하는 방법에 대한 좀 더 자세한 내용은 국제화를 참조하라.
- 실패하면 현재 사용자 세션에서 LANGUAGE_SESSION_KEY 키를 찾는다.
- 실패하면 쿠키를 찾는다. 사용된 쿠키의 이름은 LANGUAGE_COOKIE_NAME 설정으로 한다. 기본 이름은 django_language다. 실패하면 Accept-Language HTTP 헤더를 찾는다.
- 이 헤더는 웹 브라우저에 의해 보내지고 선호하는 언어를 우선순위에 따라 서버에 알려준다. 장고는 사용할 수 있는 번역이 있는 언어를 찾을 때까지 헤더의 각 언어를 대상으로 시도한다.
- * 실패하면 전역 LANGUAGE_CODE 설정이 사용된다.

참조:

- 이 각각의 언어 환경 설정은 문자열 형식의 표준 언어 형식이어야 한다. 예를 들어, 브라질 포르투갈어는 pt-br이다.
- 기본 언어를 사용할 수 있지만, 지정된 하위 언어가 아닌 경우, 장고는 기본 언어를 사용한다. 예를 들어, 사용자가 de-at(오스트리아 독일어)를 지정했지만, 장고가 de만을 갖는 경우, 장고는 de를 사용한다.

- LANGUAGES 설정에 나열된 언어만 선택할 수 있다. 언어 선택을 제공된 언어의 서브 세트로 제한하려면(응용 프로그램이 모든 언어를 제공하지 않으므로) LANGUAGES 를 언어 목록으로 설정해야 한다. 예제는 다음과 같다.

```
LANGUAGES = [
        ('de', _('German')),
        ('en', _('English')),
]
```

이 예에서는 자동 선택에 사용할 수 있는 언어를 독일어 및 영어(de-ch 또는 en-us와 같은 모든 하위 언어)로 제한한다.

- 이전 글머리 기호에서 설명한 대로 사용자 지정 LANGUAGES 설정을 정의하면 언어 이름을 번역 문자열로 표시할 수 있지만, ugettext( ) 대신 ugettext_lazy( ) 를 사용하면 순환 가져오기가 발생하지 않는다.

다음은 샘플 설정 파일이다.

```
from django.utils.translation import ugettext_lazy as _

LANGUAGES = [
    ('de', _('German')),
    ('en', _('English')),
]
```

LocaleMiddleware가 사용자의 기본 설정을 결정하면 이 기본 설정을 각 HttpRequest에 대한 request.LANGUAGE_CODE로 사용할 수 있다. 뷰 코드에서 이 값을 자유롭게 읽을 수 있다. 다음은 간단한 예다.

```
from django.http import HttpResponse
```

```
def hello_world(request, count):
    if request.LANGUAGE_CODE == 'de-at':
            return HttpResponse("You prefer to read Austrian German.")
    else:
            return HttpResponse("You prefer to read another language.")
```

정적(미들웨어가 필요 없는) 번역의 경우, 해당 언어가 settings.LANGUAGE_CODE에 있는 반면, 동적(미들웨어) 번역의 경우 request.LANGUAGE_CODE에 있다.

장고가 번역을 찾는 방법

런타임에서 장고는 리터럴 번역의 인-메모리 통합 카탈로그를 작성한다. 이를 실행하기 위해 여러 파일 경로를 검사해 컴파일된 메시지 파일(.mo)과 동일한 리터럴에 대해 여러 번역의 우선순위를 로드하는 순서와 관련된 알고리즘을 따라 번역을 찾는다.

- LOCALE_PATHS에 나열된 디렉터리가 우선순위가 가장 높으며, 처음 나타나는 디렉터리는 나중에 표시되는 디렉터리보다 우선순위가 높다.
- 다음으로 INSTALLED_APPS에 나열된 설치된 각 앱의 로케일 디렉터리가 있는지 찾아서 사용한다. 처음 나타나는 것이 나중에 나타나는 것보다 우선순위가 높다.
- 마지막으로 django/conf/locale에서 장고가 제공한 기본 번역이 대체 수단으로 사용된다.

모든 경우에서 번역이 들어 있는 디렉터리명은 로케일 이름 표기법을 사용해 명명돼야 한다. 예를 들어, de, pt_BR, es_AR 등이 있다.

이렇게 하면 자체 번역이 포함된 응용 프로그램을 작성하고, 프로젝트의 기본 번역을 대체할 수 있다. 또는 여러 앱에서 큰 프로젝트를 만들고 모든 번역을 작성 중인 프로젝트와 관련된 하나의 큰 공통 메시지 파일에 넣을 수 있다. 이러한 선택 작업은 여러분 스스로 한다.

모든 메시지 파일 리포지터리는 같은 방식으로 구성된다.

- 설정 파일의 LOCALE_PATHS에 나열된 모든 경로는 <language>/LC_MESSAGES/ django.(po|mo)로 검색된다.
- $APPPATH/locale/<language>/LC_MESSAGES/django.(po|mo)
- $PYTHONPATH/django/conf/locale/<language>/LC_MESSAGES/django.(po|mo)

메시지 파일을 만들려면 django-admin makemessages 도구를 사용해야 한다. 그리고 django-admin compilemessages를 사용해 gettext가 사용하는 바이너리 .mo 파일을 생성한다.

컴파일러가 LOCALE_PATHS 설정의 모든 디렉터리를 처리하도록 django-admin compilemessages를 실행할 수도 있다.

▌ 19장에서 무엇을 설명하는가?

19장에서는 "장고 보안"을 알아본다.

19

장고 보안

구축하는 웹 사이트가 안전한지 확인하는 것은 전문 웹 응용 프로그램 개발자에게 가장 중요하다.

장고 프레임워크는 이제 매우 성숙했으며 대부분의 일반적인 보안 문제는 프레임워크 자체에서 어떤 방식으로든 해결되지만, 100% 보장되는 보안 조치는 없으며 항상 새로운 위협이 나타나기 때문에 여러분의 웹 사이트와 응용 프로그램의 보안을 유지하는 것은 웹 개발자로서의 책임이다.

웹 보안은 1개의 장chapter에서 깊게 다루기에는 너무 광범위한 주제다. 이 장에서는 장고의 보안 기능에 대한 개요와 99%의 시간 동안 웹 사이트를 보호할 장고 기반 웹 사이트 보안에 대한 조언을 제공하지만 웹 보안의 변경 사항을 파악하는 것은 사용자의 몫이다.

장고의 보안 문세 아카이브인 웹 보안에 대한 상세 내용(좀 더 자세한 내용은 https://docs.djangoproject.com/en/1.8/releases/security/ 참조)은 위키피디아의 웹 응용 프로그램 보안 웹 페이지(https://en.wikipedia.org/wiki/web_application_security)와 함께 시작하기에 좋은 부분이다.

▌ 장고의 내장된 보안 기능

XSS 보호

XSS^{Cross Site Scripting} 공격을 통해 사용자는 다른 사용자의 웹 브라우저에 클라이언트 측 스크립트를 주입할 수 있다.

악의적인 스크립트는 데이터베이스에 저장돼 다른 사용자에게 검색 및 표시되거나 사용자의 웹 브라우저에서 공격자의 자바스크립트가 실행되는 링크를 클릭하도록 유도해 일반적으로 실행된다. 그러나 XSS 공격은 웹 페이지에 포함되기 전에 해당 데이터의 안전성을 충분히 확보하지 못한 경우라면 언제나 쿠키 또는 웹 서비스와 같이 신뢰할 수 없는 데이터 원본에서 발생한다.

장고 템플릿을 사용하면 대다수의 XSS 공격으로부터 사용자를 보호할 수 있다. 그러나 이것이 제공하는 보호와 그 한계를 이해하는 것이 중요하다.

장고 템플릿은 HTML에 특히 위험한 문자를 이스케이프 처리한다. 이렇게 하면 대부분의 악의적인 입력으로부터 사용자를 보호할 수 있지만, 완전히 간단하지는 않다. 예를 들어, 다음을 보호해주지 않는다.

```
<style class>={{ var }}>...</style>
```

var가 'class1 onmouseover=javascript:func()'로 설정되면 웹 브라우저가 불완전한 HTML을 렌더링하는 방식에 따라 승인되지 않은 자바스크립트 실행이 발생할 수 있다.

속성 값을 인용해 이러한 사례를 수정한다.

또한 `autoescape`가 꺼져 있는 경우 사용자 정의 템플릿 태그, 안전한 템플릿 태그, `mark_safe`로 `is_safe`를 사용할 때 특히 주의해야 한다.

게다가 HTML이 아닌 다른 것을 출력하기 위해 템플릿 시스템을 사용하는 경우, 완전히 분리된 문자와 이스케이프가 필요한 단어가 있을 수 있다.

HTML을 데이터베이스에 저장할 때, 특히 HTML이 검색되고 표시될 때 매우 주의해야 한다.

교차 웹 사이트 요청 위조 보호

CSRF^{Cross Site Request Forgery} 공격은 악의적인 사용자가 해당 사용자의 지식이나 동의 없이 다른 사용자의 자격 증명을 사용해 작업을 실행할 수 있게 한다.

장고는 대부분의 CSRF 공격에 대해 보호 기능을 내장하고 있다. 그러나 어떤 완화 기법과 마찬가지로 한계가 있다.

예를 들어, CSRF 모듈을 전역 또는 특정 뷰에 대해 비활성화할 수 있다. 자신이 하는 일을 알고 있는 경우에만 이 작업을 수행해야 한다. 웹 사이트에 여러분의 통제 범위를 벗어나는 하위 도메인이 있는 경우 다른 제한사항이 있다.

CSRF 보호는 각 `POST` 요청에서 nonce를 확인해 작동한다. 이렇게 하면 악의적인 사용자가 단순히 웹 사이트에 양식 `POST`를 재생하고 로그인한 다른 사용자가 무의식적으로 해당 양식을 제출하도록 할 수 있다. 악의적인 사용자는 nonce를 알아야 할 것이다. 이 nonce는 사용자(쿠키를 사용)에 따라 다르다.

HTTPS와 함께 배포되면 `CsrfViewMiddleware`는 HTTP 참조 헤더가 동일한 출처(하위 도메인 및 포트 포함)의 URL로 설정돼 있는지 확인한다. HTTPS는 추가적인 보안 기능을 제공하므로 안전하지 않은 연결 요청을 전달하고 지원되는 웹 브라우저에 HSTS를 사용해 HTTPS를 사용할 수 있는 연결을 보장해야 한다.

꼭 필요한 경우가 아니라면 csrf_exempt 데커레이터로 뷰를 표시하는 데 매우 주의한다.

장고의 CSRF 미들웨어 및 템플릿 태그는 Cross Site Request Forgeries에 대한 사용하기 쉬운 보호 기능을 제공한다.

CSRF 공격에 대한 첫 번째 방어 방법은 GET 요청(그리고 9.1.1 안전 메서드, HTTP 1.1, RFC 2616, 좀 더 자세한 내용은 https://tools.ietf.org/html/rfc2616.html#section-9.1.1 참조)에 정의된 다른 '안전' 메서드)이 부작용이 없도록 한다. POST, PUT 및 DELETE와 같은 '안전하지 않은' 메서드를 통한 요청은 다음 단계에 따라 보호될 수 있다.

사용 방법

뷰에서 CSRF 보호를 활용하려면 다음 단계를 수행해야 한다.

1. CSRF 미들웨어는 기본적으로 MIDDLEWARE_CLASSES 설정에서 활성화된다. 이 설정을 무시하면 CSRF 공격이 처리됐다고 가정하는 뷰 미들웨어가 나오기 전에 'django.middleware.csrf.CsrfViewMiddleware'가 와야 한다.

2. 권장하지 않는 기능을 비활성화한 경우, 보호하려는 특정 뷰에 대해 csrf_protect()를 사용할 수 있다(아래 참조).

3. POST 양식을 사용하는 모든 서식 파일에서 양식이 내부 URL용인 경우 <form> 요소에서 csrf_token 태그를 사용한다. 예제는 다음과 같다.

```
<form action = "." method = "post"> {% csrf_token %}
```

4. 외부 URL을 대상으로 하는 POST 양식의 경우, CSRF 토큰이 유출돼 취약점으로 이어질 수 있으므로 이를 수행해서는 안 된다.

5. 해당 뷰 기능에서 'django.template.context_processors.csrf' 콘텍스트 프로세서가 사용되고 있는지 확인한다. 일반적으로 다음 두 가지 방법 중 하나로 수행할 수 있다.

6. 항상 'django.template.context_processors.csrf'(TEMPLATES 설정에서 템플릿 콘텍스트 프로세서가 구성되더라도 상관 없다)을 사용하는 RequestContext를 사용한다. 일반 뷰 또는 앱을 사용하는 경우, 이 앱은 전체적으로 RequestContext를 사용하기 때문에 이미 다뤄져 있다.

7. 프로세서를 수동으로 가져와서 사용해 CSRF 토큰을 생성하고 템플릿 콘텍스트에 추가한다. 예제는 다음과 같다.

```python
from django.shortcuts import render_to_response
from django.template.context_processors import csrf

def my_view(request):
    c = {}
    c.update(csrf(request))
    # ... 뷰 코드
    return render_to_response("a_template.html", c)
```

8. 당신을 위해 이 단계를 살펴봐야 하며, 여러분이 스스로 만든 render_to_response() 래퍼를 작성한다.

AJAX

위의 메서드는 AJAX POST 요청을 하는 용도로 사용할 수 있지만, 몇 가지 불편함이 있다. 여러분은 POST 요청마다 CSRF 토큰을 POST 데이터로 전달해야 한다는 것을 기억해야 한다. 이러한 이유로, 다른 대안 메서드가 있다. 각 XMLHttpRequest에서 사용자 정의 X CSRFToken 헤더를 CSRF 토큰의 값으로 설정한다. 많은 자바스크립트 프레임워크가 모든 요청에 대해 헤더를 설정할 수 있는 후크를 제공하기 때문에 이것은 종종 더 쉽다.

첫 번째 단계에서는 CSRF 토큰 자체를 가져와야 한다. 토큰의 권장 소스는 csrftoken 쿠키다. 이 쿠키는 위에서 설명한 대로 CSRF 보호를 활성화한 경우 설정된다.

CSRF 토큰 쿠키의 이름은 기본적으로 csrftoken이지만, CSRF_COOKIE_NAME 설정을 통해 쿠키 이름을 제어할 수 있다.

토큰을 얻는 것은 간단하다.

```
// jQuery 사용하기
function getCookie(name) {
    var cookieValue = null;
    if (document.cookie && document.cookie != '') {
        var cookies = document.cookie.split(';');
        for (var i = 0; i < cookies.length; i++) {
            var cookie = jQuery.trim(cookies[i]);
            //이 쿠기 문사열은 우리가 원하는 이름으로 시작하는가?
            if (cookie.substring(0, name.length + 1) == (name + '=')) {
                cookieValue =
decodeURIComponent(cookie.substring(name.length + 1));
                break;
            }
        }
    }
    return cookieValue;
}
var csrftoken = getCookie('csrftoken');
```

위의 코드는 jQuery 쿠키 플러그인(http://plugins.jquery.com/cookie/)을 사용해 getCookie를 대체함으로써 간단하게 만들 수 있다.

```
var csrftoken = $.cookie('csrftoken');
```

 CSRF 토큰은 DOM에도 있지만, 템플릿에 csrf_token을 사용해 명시적으로 포함된 경우에만 표시된다. 쿠키는 정식(canonical) 토큰을 포함한다. CsrfViewMiddleware는 쿠키를

DOM의 토큰에 우선한다. 어쨌든 토큰이 DOM에 있는 경우, 쿠키가 있어야 하므로 여러분은 쿠키를 사용해야 한다.

뷰가 csrf_token 템플릿 태그를 포함하는 템플릿을 렌더링하지 않으면 장고는 CSRF 토큰 쿠키를 설정하지 않을 수 있다. 이것은 양식이 웹 페이지에 동적으로 추가되는 경우에 일반적인 일이다. 장고는 이러한 사례를 해결하기 위해 쿠키 설정을 강제하는 뷰 데커레이터 ensure_csrf_cookie( )를 제공한다.

마지막으로, 실제로는 AJAX 요청에 헤더를 설정해야 하며, 반면 CSRF 토큰이 jQuery 1.5.1 이상에서 settings.crossDomain을 사용해 다른 도메인으로 보내지 않도록 보호해야 한다.

```
function csrfSafeMethod(method) {
    // 이러한 HTTP 메서드에는 CSRF 보호가 필요하지 않다.
    return (/^(GET|HEAD|OPTIONS|TRACE)$/.test(method));
}
$.ajaxSetup({
    beforeSend: function(xhr, settings) {
        if (!csrfSafeMethod(settings.type) && !this.crossDomain) {
            xhr.setRequestHeader("X-CSRFToken", csrftoken);
        }
    }
});
```

기타 템플릿 엔진

장고의 내장 엔진보다 다른 템플릿 엔진을 사용하는 경우, 템플릿 콘텍스트에서 사용할 수 있는지 확인한 후 수동으로 여러분의 폼에서 해당 토큰을 설정할 수 있다.

예를 들어, Jinja2 템플릿 언어에는 양식에 다음이 포함될 수 있다.

```
<div style="display:none">
        <input type="hidden" name="csrfmiddlewaretoken" value="{{ csrf_token
}}">
</div>
```

위의 AJAX 코드와 유사한 자바스크립트를 사용해 CSRF 토큰의 값을 얻을 수 있다.

데커레이터 메서드

CsrfViewMiddleware를 블랭킷blanket 보호로 추가하는 대신, 여러분은 보호가 필요한 특정 뷰에서 정확히 동일한 기능을 가진 csrf_protect 데커레이터를 사용할 수 있다. CSRF 토큰을 출력에 삽입하는 뷰와 POST 양식 데이터를 승인하는 뷰 모두에서 사용해야 한다(이들은 종종 동일한 뷰 함수이지만, 항상 그런 것은 아니다).

데커레이터를 사용하는 것을 잊어버리면 보안에 구멍이 생길 수 있으므로 데커레이터 자체의 사용은 권장하지 않는다. 두 가지를 모두 사용하는 벨트 및 브레이스 전략은 좋으며, 최소한의 오버 헤드가 발생한다.

django.views.decorators.csrf.csrf_protect(view)

뷰에 CsrfViewMiddleware 보호 기능을 제공하는 데커레이터다.

사용법은 다음과 같다.

```
from django.views.decorators.csrf import csrf_protect
from django.shortcuts import render


@csrf_protect
def my_view(request):
        c = {}
        # ...
```

610

```
        return render(request, "a_template.html", c)
```

클래스 기반 뷰를 사용하는 경우, 클래스 기반 뷰 꾸미기를 참조할 수 있다.

거부된 요청

들어오는 요청이 CsrfViewMiddleware에 의해 수행된 검사에 실패하면 기본적으로 403 오류 응답이 사용자에게 전송된다. 이것은 일반적으로 크로스 웹 사이트 요청 위조가 진짜이거나 프로그래밍 오류로 인해 CSRF 토큰이 POST 양식에 포함되지 않은 경우에만 표시돼야 한다.

그러나 오류 웹 페이지는 그다지 친숙하지 않으므로 이 조건을 처리하기 위한 자체 뷰를 제공할 수 있다. 이렇게 하려면 CSRF_FAILURE_VIEW 설정을 간단히 설정해야 한다.

어떻게 작동하는가?

CSRF 보호는 다음 사항을 기반으로 한다.

- 다른 웹 사이트에서 액세스할 수 없는 임의의 값(세션 독립적인 nonce)으로 설정된 CSRF 쿠키

- 이 쿠키는 CsrfViewMiddleware에 의해 설정된다. 영속적인 것을 의미하지만 만료되지 않는 쿠키를 설정할 방법이 없으므로 django.middleware.csrf.get_token( )(CSRF 토큰을 검색하기 위해 내부적으로 사용되는 함수)을 호출한 모든 응답과 함께 전송된다.

- 모든 발신 POST 양식에 csrfmiddlewaretoken이라는 이름의 숨겨진 양식 필드가 있다. 이 필드의 값은 CSRF 쿠키의 값이다.

- 이 부분은 템플릿 태그에 의해 수행된다.

- HTTP GET, HEAD, OPTIONS 또는 TRACE를 사용하지 않는 모든 들어오는 요청의 경우, CSRF 쿠키가 있어야 하며, csrfmiddlewaretoken 필드가 존재해야 하며 정확해야 한다. 그렇지 않은 경우 사용자에게 403 오류가 나타난다.

- 이 검사는 CsrfViewMiddleware에 의해 수행된다.
- 또한 HTTPS 요청의 경우 엄격한 참조자^{referrer} 확인은 CsrfViewMiddleware에 의해 수행된다. 이것은 HTTP 'Set-Cookie'헤더가 (불행하게도) HTTPS의 웹 사이트와 대화하는 클라이언트가 수용하기 때문에 세션 독립적인 nonce를 사용할 때 HTTPS에서 가능한 Man-In-The-Middle 공격을 처리하는 데 필요하다. Referer 헤더의 존재가 HTTP에서 충분히 신뢰할 수 없기 때문에 HTTP 요청에 대해 Referer 확인이 수행되지 않는다.

이렇게 하면 웹 사이트에서 보낸 양식만 POST 데이터를 다시 사용할 수 있다.

GET 요청(및 RFC 2616에 의해 '안전'으로 정의된 다른 요청)을 의도적으로 무시한다. 이러한 요청은 절대로 잠재적으로 위험한 부작용을 가져서는 안 되기 때문에 CSRF의 GET 요청에 대한 공격은 무해해야 한다. RFC 2616은 POST, PUT 및 DELETE를 '안전하지 않은^{unsafe}' 것으로 정의하고, 다른 모든 메서드는 최대 p일 때 안전하지 않다고 가정한다.

캐싱

템플릿에서 csrf_token 템플릿 태그를 사용하면(또는 get_token 함수가 다른 방법으로 호출되는 경우), CsrfViewMiddleware는 쿠키와 Vary : Cookie 헤더를 응답에 추가한다. 즉, 지시에 따라 사용하면 미들웨어가 캐시 미들웨어와 잘 작동한다는 것을 의미한다 (UpdateCacheMiddleware는 다른 미들웨어보다 먼저 사용된다).

그러나 개별 뷰에서 캐시 데커레이터를 사용하는 경우, CSRF 미들웨어는 아직 Vary 헤더 또는 CSRF 쿠키를 설정할 수 없으며, 응답도 둘 중 하나 없이 캐시된다.

이 경우 CSRF 토큰이 삽입돼야 하는 뷰에서 django.views.decorators.csrf.csrf_protect() 데커레이터를 먼저 사용해야 한다.

```
from django.views.decorators.cache import cache_page
from django.views.decorators.csrf import csrf_protect
```

```
@cache_page(60 * 15)
@csrf_protect
def my_view(request):
    ...
```

클래스 기반 뷰를 사용하고 있다면 장고 문서(https://docs.djangoproject.com/en/1.8/topics/class-based-views/intro/#decorating-class-based-views)에서 클래스 기반 뷰를 참조할 수 있다.

테스트

CsrfViewMiddleware는 일반적으로 모든 POST 요청과 함께 보내야 하는 CSRF 토큰에 대한 필요성 때문에 뷰 함수 테스트에 큰 장애가 된다. 이러한 이유로 장고의 HTTP 클라이언트는 요청에 대한 플래그를 설정해 미들웨어와 csrf_protect 데커레이터를 완화해 더 이상 요청을 거부하지 않도록 한다. 이러한 클라이언트는 다른 모든 요청에서(예: 쿠키 보내기 등) 동일하게 비헤이브behave한다.

어떤 이유로 테스트 클라이언트가 CSRF 검사를 수행하도록 하려는 경우, CSRF 검사를 시행하는 테스트 클라이언트의 인스턴스를 만들 수 있다.

```
>>> from django.test import Client
>>> csrf_client = Client(enforce_csrf_checks=True)
```

제한사항

웹 사이트 내의 하위 도메인은 전체 도메인에 대해 클라이언트에서 쿠키를 설정할 수 있다. 쿠키를 설정하고 해당 토큰을 사용하면 하위 도메인이 CSRF 보호를 우회할 수 있다. 이를 피할 수 있는 유일한 방법은 신뢰할 수 있는 사용자가 하위 도메인을 제어하는지(또는 적어도 쿠키를 설정할 수 없는지) 확인하는 것이다.

CSRF가 없더라도, 세션 고정과 같이 신뢰할 수 없는 당사자에게 하위 도메인을 제공하는 것은 나쁜 생각이다. 게다가 이러한 취약점은 현재 웹 브라우저에서 쉽게 해결할 수 없다.

엣지 케이스

특정 뷰는 비정상적인 요구사항을 가질 수 있다. 즉, 여기에 있는 정상적인 패턴에 맞지 않다. 이러한 상황에서 많은 유틸리티가 유용할 수 있다. 필요한 시나리오는 다음 섹션에서 설명한다.

유틸리티

다음 예제는 함수 기반 뷰를 사용한다고 가정한다. 클래스-기반 뷰를 사용하고 있다면 장고 문서에서 클래스-기반 뷰를 참조할 수 있다.

django.views.decorators.csrf.csrf_exempt(뷰)

대부분의 뷰는 CSRF 보호가 필요하지만 그렇지 않은 경우도 있다. 미들웨어를 비활성화하고 필요로 하는 모든 뷰에 `csrf_protect`를 적용하는 대신 미들웨어를 활성화하고 `csrf_exempt()`를 사용한다.

이 데커레이터는 뷰를 미들웨어가 보장하는 보호에서 면제된 것으로 표시한다. 예제는 다음과 같다.

```
from django.views.decorators.csrf import csrf_exempt
from django.http import HttpResponse

@csrf_exempt
def my_view(request):
    return HttpResponse('Hello world')
```

django.views.decorators.csrf.requires_csrf_token(뷰)

뷰가 실행되기 전에 `CsrfViewMiddleware.process_view`가 실행되지 않을 수 있다(예: 404 핸들러 및 500 핸들러). 하지만 여전히 양식에는 CSRF 토큰이 필요하다.

일반적으로 `csrf_token` 템플릿 태그는 `CsrfViewMiddleware.process_view` 또는 `csrf_protect`와 같은 기능이 실행되지 않은 경우 작동하지 않는다. 뷰 데커레이터는 `requires_csrf_token`을 사용해 템플릿 태그가 작동하는지 확인할 수 있다. 이 데커레이터는 `csrf_protect`와 유사하게 작동하지만 들어오는 요청을 거부하지 않는다.

예제는 다음과 같다.

```
from django.views.decorators.csrf import requires_csrf_token
from django.shortcuts import render

@requires_csrf_token
def my_view(request):
    c = {}
    # ...
    return render(request, "a_template.html", c)
```

보호되지 않고 `csrf_exempt`에 의해 면제됐지만, 여전히 CSRF 토큰을 포함해야 하는 뷰가 있을 수 있다. 이 경우 `csrf_exempt()` 다음에 `requires_csrf_token()`을 사용한다(즉, `requires_csrf_token`은 가장 안쪽의 데커레이터여야 한다).

마지막 예는 뷰가 한 가지 조건에서만 CSRF 보호가 필요하며 나머지 시간에는 CSRF 보호가 필요하지 않은 경우다. 해결 방법은 전체 뷰 함수에 대해 `csrf_exempt()`를 사용하고 보호가 필요한 경로에 대해 `csrf_protect()`를 사용하는 것이다.

예제는 다음과 같다.

```
from django.views.decorators.csrf import csrf_exempt, csrf_protect

@csrf_exempt
def my_view(request):

    @csrf_protect
    def protected_path(request):
        do_something()

    if some_condition():
        return protected_path(request)
    else:
        do_something_else()
```

django.views.decorators.csrf.ensure_csrf_cookie(view)

이 데커레이터는 뷰가 CSRF 쿠키를 보내도록 한다. 이것이 사용되는 시나리오는 웹 페이지가 AJAX를 통해 POST 요청을 하고, 웹 페이지가 필수 CSRF 쿠키가 전송되도록 하는 csrf_token을 갖는 HTML 양식을 갖지 못하는 경우다. 이러한 문제에 대한 해결책은 웹 페이지를 보내는 뷰에서 ensure_csrf_cookie()를 사용하는 것이다.

기여(Contrib) 및 재사용할 수 있는(reusable) 앱

개발자가 CsrfViewMiddleware를 끄는 것이 가능하기 때문에 contrib 앱 내의 연관된 모든 뷰는 csrf_protect 데커레이터를 사용해 CSRF에 대한 이러한 응용 프로그램의 보안을 보장한다. 동일한 보증을 원하는 재사용할 수 있는 다른 앱의 개발자도 해당 뷰에서 csrf_protect 데커레이터를 사용하는 것이 좋다.

CSRF 설정

장고의 CSRF 동작을 제어하는 데 사용할 수 있는 설정은 많다.

- CSRF_COOKIE_AGE
- CSRF_COOKIE_DOMAIN
- CSRF_COOKIE_HTTPONLY
- CSRF_COOKIE_NAME
- CSRF_COOKIE_PATH
- CSRF_COOKIE_SECURE
- CSRF_FAILURE_VIEW

각 설정에 대한 좀 더 자세한 내용은 "부록 D, 설정"을 참조하라.

SOL 삽입 보호

SQL 삽입은 악의적이 사용자가 데이터베이스에서 임의의 SQL 코드를 실행할 수 있는 공격 유형이다. 이로 인해 레코드가 삭제되거나 데이터가 누출될 수 있다.

장고의 쿼리 세트를 사용하면, 결과 SQL은 기본 데이터베이스 드라이버에 의해 적절하게 이스케이프된다. 그러나 장고는 개발자에게 원시 쿼리를 작성하거나 사용자 정의 SQL을 실행할 수 있는 권한도 부여한다. 이러한 기능은 드물게 사용해야 하며, 사용자가 제어할 수 있는 모든 파라미터를 항상 올바르게 이스케이프 처리해야 한다. 또한 extra()를 사용할 때는 주의해야 한다.

클릭 재킹 보호

클릭 재킹clickjacking은 악의적인 웹 사이트가 프레임 내 다른 웹 사이트를 래핑하는 공격 유형이다. 이 유형의 공격은 악의적인 웹 사이트가 숨겨진 프레임이나 iframe에 로드한 또 다른 웹 사이트의 숨겨진 요소를 사용자가 클릭하도록 유노할 때 발생한다.

장고는 X-Frame-Options 미들웨어의 형태로 클릭 재킹 보호 기능을 포함하고 있다. 이 미들웨어는 지원 웹 브라우저에서 웹 사이트가 프레임 내부에서 렌더링되는 것을 막을 수 있다. 뷰^{view}별로 보호를 사용하지 않거나 보낸 정확한 헤더 값을 구성할 수 있다.

미들웨어는 타사 사이트에서 웹 페이지를 프레임으로 래핑된^{wrapped} 웹 페이지를 가질 필요가 없거나 해당 웹 사이트의 작은 섹션에만 허용하는 웹 사이트에 강력히 권장된다.

클릭 재킹의 예

온라인 상점에 로그인한 사용자가 Buy Now를 클릭해 항목을 구입할 수 있는 웹 페이지가 있다고 가정한다. 사용자는 항상 편의를 위해 상점에 로그인한 상태로 있다. 공격자 웹 사이트는 자신의 웹 페이지 중 하나에서 I Like Ponies 버튼을 만들고, 투명 iframe에 해당 상점의 웹 페이지를 로드해 Buy Now 버튼이 I Like Ponies 버튼에서 보이지 않게 겹쳐 표현할 수 있다. 사용자가 공격자의 웹 사이트를 방문한다면 I Like Ponies 클릭은 Buy Now의 부주의한 클릭을 유발하며, 모르는 사이에 해당 품목을 구매하게 된다.

클릭 재킹 방지

최신 웹 브라우저는 X-Frame-Options(좀 더 자세한 내용은 https://developer.mozilla.org/en/The_X-FRAME-OPTIONS_response_header 참조) HTTP 헤더를 준수한다. 이러한 헤더는 리소스가 프레임 또는 iframe 내에서 로드될 수 있는지 여부를 나타내는 HTTP 헤더다. 응답에 SAMEORIGIN 값이 있는 헤더가 포함돼 있으면 요청이 동일한 웹 사이트에서 발생한 경우 웹 브라우저는 프레임의 리소스를 로드만 한다. 헤더가 DENY로 설정되면 해당 웹 브라우저는 어떤 웹 사이트가 요청했는지에 관계없이 프레임에서 리소스가 로드되는 것을 차단한다.

장고는 웹 사이트의 응답에 이 헤더를 포함시키는 몇 가지 간단한 방법을 제공한다.

- 모든 응답에 헤더를 설정하는 간단한 미들웨어
- 미들웨어를 오버라이드하거나 특정 뷰의 헤더만 설정하는 데 사용할 수 있는 뷰 데커레이터 집합

사용 방법

모든 응답에 대한 X-프레임 설정 옵션

웹 사이트의 모든 응답에 동일한 X-Frame-Options 값을 설정하려면 'django. middleware.clickjacking.XFrameOptionsMiddleware'를 MIDDLEWARE_CLASSES에 입력해야 한다.

```
MIDDLEWARE_CLASSES = [
    # ...
    'django.middleware.clickjacking.XFrameOptionsMiddleware',
    # ...
]
```

이 미들웨어는 startproject에 의해 생성된 설정 파일에서 사용할 수 있다.

기본적으로 미들웨어는 외부로 나가는 모든 HttpResponse에 대해 X-Frame-Options 헤더를 SAMEORIGIN으로 설정한다. 그 대신 DENY를 원하면 X_FRAME_OPTIONS 설정을 설정한다.

```
X_FRAME_OPTIONS = 'DENY'
```

미들웨어를 사용할 때 X 프레임-옵션 헤더 세트를 원하지 않는 뷰가 있을 수 있다. 이 경우 미들웨어가 헤더를 설정하지 않도록 지시하는 뷰 데커레이터를 사용할 수 있다.

```
from django.http import HttpResponse
from django.views.decorators.clickjacking import xframe_options_exempt

@xframe_options_exempt
def ok_to_load_in_a_frame(request):
    return HttpResponse("This page is safe to load in a frame on any site.")
```

뷰별로 X-프레임 옵션 설정하기

장고는 뷰 기준으로 X-Frame-Options 헤더를 설정하기 위해 다음과 같은 데커레이터를
제공한다.

```
from django.http import HttpResponse
from django.views.decorators.clickjacking import xframe_options_deny
from django.views.decorators.clickjacking import xframe_options_sameorigin

@xframe_options_deny
def view_one(request):
    return HttpResponse("I won't display in any frame!")

@xframe_options_sameorigin
def view_two(request):
    return HttpResponse("Display in a frame if it's from the same
            origin as me.")
```

데커레이터는 미들웨어와 함께 사용할 수 있다는 것을 기억하자. 데커레이터를 사용하면
미들웨어가 재정의된다.

제한사항

X-Frame-Options 헤더는 최신 웹 브라우저에서 클릭 재킹을 방지하기만 한다. 오래된
웹 브라우저는 헤더를 무시하고 다른 클릭 재킹 방지 기술을 필요로 한다.

X-Frame-Options를 지원하는 웹 브라우저

- Internet Explorer 8+

- Firefox 3.6.9+

- Opera 10.5+

- Safari 4+

- Chrome 4.1+

- SSL/HTTPS

SSL / HTTPS

언제나 실용적인 것은 아니지만, 보안을 위해 항상 HTTPS 뒤편에서 웹 사이트를 배포하는 것이 좋다. 이 기능이 없으면 악의적인 네트워크 사용자가 인증 자격 증명이나 클라이언트와 서버 간에 전송된 다른 정보(어떤 경우에는 능동 네트워크 공격자)를 스니핑하고, 어떤 사례에서는 양방향으로 전송되는 데이터를 변경할 수 있다.

HTTPS에서 제공하는 보호 기능을 원하고 서버에서 사용할 수 있도록 설정해야 할 경우에 필요한 추가 단계는 다음과 같다.

- 필요한 경우 SECURE_PROXY_SSL_HEADER를 설정해 경고를 철저하게 이해했는지 확인한다. 이렇게 하지 않으면 CSRF 취약점이 발생할 수 있으며, 올바르게 수행하지 않으면 위험할 수 있다.

- HTTP를 통한 요청이 HTTPS로 다시 돌아가도록 리디렉션[redirection]을 설정한다.

- 이 작업은 사용자 정의 미들웨어를 사용해 수행할 수 있다. SECURE_PROXY_SSL_HEADER에 대한 주의사항을 확인하라. 역방향 프록시의 경우, HTTPS로 리디렉션하도록 메인 웹 서버를 구성하는 것이 더 쉽거나 안전할 수 있다.

- 안전한 쿠키를 사용한다. 대부분의 웹 브라우저에서 기본값으로 HTTP를 통해 처음에 웹 브라우저를 연결하면 기존 쿠키가 유출될 수 있다. 이러한 이유 때문

에 SESSION_COOKIE_SECURE 및 CSRF_COOKIE_SECURE를 True로 설정해야 한다. 이렇게 하면 웹 브라우저가 HTTPS 연결을 통해 이 쿠키를 보내도록 지시한다. 이는 세션이 HTTP를 통해 작동하지 않으며, CSRF 보호로 인해 HTTP를 통해 모든 POST 데이터가 수신되는 것을 방지한다는 것을 의미한다(모든 HTTP 트래픽을 HTTPS로 리디렉션하는 것이 좋다).

- HTTP 엄격한 전송 보안^{Http Strict Transport Security, HSTS}을 사용한다. HSTS는 특정 웹 사이트에 대한 이후의 모든 연결이 항상 HTTPS를 사용해야 한다는 것을 웹 브라우저에 알려주는 HTTP 헤더다(아래 참조). HTTP를 통해 HTTPS로 요청을 리디렉션하는 것과 결합하면 연결이 성공적으로 이뤄질 때마다 연결에 SSL의 보안이 강화된다. HSTS는 일반적으로 웹 서버에서 구성된다.

HTTP 엄격한 전송 보안

단지 HTTPS를 통해 액세스해야 하는 웹 사이트의 경우, 엄격 전송 보안 헤더를 설정해 (주어진 시간 동안) 안전하지 않은 연결을 통해 도메인 이름에 대한 연결을 거부하는 최신 웹 브라우저를 지시할 수 있다. 이렇게 하면 일부 SSL-stripping Man-In-The-Middle(MITM) 공격에 노출될 위험이 줄어든다.

SecurityMiddleware는 SECURE_HSTS_SECONDS를 0이 아닌 정수값으로 설정하면 모든 HTTPS 응답에서 이 헤더를 설정한다.

HSTS를 활성화할 때, 먼저 테스트에 작은 값을 사용하는 것이 좋다(예: 1시간에 대해 SECURE_HSTS_SECONDS = 3600). 웹 브라우저가 여러분의 웹 사이트에서 HSTS 헤더를 볼 때마다 지정된 시간 동안 여러분의 도메인과 안전하지 않게(HTTP를 사용해) 통신하는 것을 거부한다.

여러분의 웹 사이트에 모든 자산이 안전하게 제공됐다는 것을 확인하면(즉, HSTS가 아무것도 깨지 않았다), 이 값을 증가시켜 방문 빈도가 높지 않은 방문자를 보호할 수 있다(31,536,000초, 즉 1년은 일반적이다).

또한 SECURE_HSTS_INCLUDE_SUBDOMAINS 설정을 True로 설정하면 SecurityMiddleware가 Strict-Transport Security 헤더에 includeSubDomains 태그를 추가한다. 이것은 모든 하위 도메인이 HTTPS를 사용해 전적으로 제공된다고 가정할 때 권장된다. 그렇지 않으면 하위 도메인에 대한 안전하지 않은 연결을 통해 여러분의 웹 사이트가 여전히 취약할 수 있다.

HSTS 정책은 헤더를 온(On)으로 설정한 응답의 URL이 아닌 전체 도메인에 적용된다. 따라서 전체 도메인이 HTTPS를 통해 제공되는 경우에만 사용해야 한다.

HSTS 헤더를 올바르게 준수하는 웹 브라우저는 사용자가 경고를 무시하고 만료됐거나 자체 서명됐거나 유효하지 않은 SSL 인증서가 있는 웹 사이트에 연결할 수 없도록 차단한다. HSTS를 사용하는 경우, 인증서가 양호한 상태인지 확인하고 이 방법을 실행한다.

로드-밸런서 또는 리버스-프록시 서버 뒤에 배포되고, Strict-Transport-Security 헤더가 응답에 추가되지 않으면 장고가 보안 연결에 있다는 것을 인식하지 못하기 때문일 수 있다. 따라서 SECURE_PROXY_SSL_HEADER 설정을 지정해야 한다.

호스트 헤더 유효성 검사

장고는 URL을 클라이언트가 제공한 Host 헤더를 사용해 생성한다. 크로스 웹 사이트 스크립팅 공격을 막기 위해 이러한 값을 삭제하지만 교차 웹 사이트 요청 위조, 캐시 중독 공격 및 전자 메일의 중독 링크에 가짜 호스트 값을 사용할 수 있다. 겉으로 보기에는 안전한 웹 서버 설정조차 가짜 호스트 헤더의 영향을 받기 쉽기 때문에 장고는 django.http.HttpRequest.get_host() 메서드의 ALLOWED_HOSTS 설정에 대해 호스트 헤더의 유효성을 검사한다. 이 유효성 검사는 get_host()를 통해서만 적용된다. 코드가 request.META에서 직접 Host 헤더에 액세스하면 이 보안 보호를 우회하는 것이다.

세션 보안

신뢰할 수 없는 사용자가 모든 하위 도메인에 액세스할 수 없도록 웹 사이트를 배포해야 하는 CSRF 제한사항과 마찬가지로, `django.contrib.sessions`에도 한계가 있다. 좀 더 자세한 내용은 보안에 관한 세션 토픽 가이드 섹션을 참조하라.

사용자가 업로드한 콘텐츠

 이러한 문제를 방지하려면 클라우드 서비스 또는 CDN에서 정적 파일을 제공하는 것을 고려해야 한다.

- 웹 사이트에서 파일 업로드를 허용하는 경우에는 서비스 거부(DOS) 공격을 방지하기 위해 웹 서버 구성의 이러한 업로드를 적절한 크기로 제한하는 것이 좋다. 아파치에서는 `LimitRequestBody` 지시문을 사용해 쉽게 설정할 수 있다.
- 자신만의 정적 파일을 제공하는 경우, 정적 파일을 코드로 실행하는 `Apache mod_php`와 같은 핸들러가 비활성화돼 있는지 확인한다. 여러분은 사용자가 특수하게 조작된 파일을 업로드하고 요청해 임의 코드를 실행할 수 있도록 하는 것을 원하지 않을 것이다. 장고의 미디어 업로드 처리는 보안 모범 사례를 따르지 않는 방식으로 미디어가 제공될 때 몇 가지 취약점을 나타낸다. 특히 해당 파일에 유효한 PNG 헤더와 그 뒤에 악성 HTML이 포함돼 있으면 HTML 파일을 이미지로 업로드할 수 있다. 이 파일은 장고가 `ImageField` 이미지 처리[Pillow]에 사용하는 라이브러리의 검증을 통과시킨다. 이 파일이 사용자에게 표시되면 웹 서버의 유형 및 구성에 따라 HTML로 표시될 수 있다.

프레임워크 레벨에는 모든 사용자 업로드 파일 내용의 유효성을 안전하게 확인하는 방어 기술 솔루션이 없지만, 이러한 공격을 완화하기 위해 취할 수 있는 몇 가지 다른 단계가 있다.

624

1. 별개의 최상위 또는 두 번째 수준 도메인에서 사용자가 업로드한 콘텐츠를 항상 제공해 공격의 한 등급을 예방할 수 있다. 이렇게 하면 웹 사이트 간 스크립팅과 같은 동일한 출처 정책(좀 더 자세한 내용은 http://en.wikipedia.org/wiki/Same-origin_policy 참조) 보호로 차단된 악용을 방지한다. 예를 들어, 웹 사이트가 example.com에서 실행되는 경우, 유저 콘텐츠인 example.com과 같은 항목에서 업로드된 콘텐츠(MEDIA_URL 설정)를 제공해야 한다.

2. 이외에도 응용 프로그램은 사용자가 업로드한 파일에 허용되는 파일 확장자 이름의 허용 목록을 정의하고 이러한 파일을 제공하도록 웹 서버를 구성할 수 있다.

▌ 추가 보안 팁

- 장고는 좋은 보안 기능을 기본적으로 제공하지만 응용 프로그램을 적절하게 배포하고 웹 서버, 운영체제 및 기타 구성 요소의 보안 보호 기능을 활용하는 것이 중요하다.
- 여러분의 파이썬 코드가 웹 서버의 루트 밖에 있는지 확인한다. 이렇게 하면 파이썬 코드가 우연히 일반 텍스트(또는 실수로 실행된 코드)로 제공되지 않는다는 것을 확인할 수 있다.
- 사용자가 업로드한 모든 파일에 주의한다.
- 장고는 사용자를 인증하라는 요청을 제한하지 않는다. 인증 시스템에 대한 무차별 공격으로부터 보호하려면 장고 플러그인 또는 웹 서버 모듈을 배치해 이러한 요청을 제한하는 것을 고려할 수 있다.
- SECRET_KEY는 비밀로 유지한다.
- 방화벽을 사용해 캐싱 시스템과 데이터베이스의 액세스 가능성을 제한하는 것이 좋다.

보안 문제의 아카이브

장고 개발 팀은 장고의 보안 정책에서 설명한 대로 보안 관련 문제에 대한 책임 있는 보고 및 공개에 전념하고 있다. 이러한 약속의 일부로, 수정 및 공개된 문제점의 이력 목록을 유지한다. 최신 목록은 보안 문제 아카이브(https://docs.djangoproject.com/en/1.8/releases/security/)를 참조하라.

암호화 서명

웹 응용 프로그램 보안의 황금 룰은 신뢰할 수 없는 출처의 데이터를 절대 신뢰하지 않는 것이다. 때로는 신뢰할 수 없는 매체를 통해 네이너를 전달하는 것이 유용할 수 있다. 암호화된 서명값은 임의의 변조가 감지된다는 사실을 알기 때문에 신뢰할 수 없는 채널을 통해 전달될 수 있다.

장고는 서명값에 대해 저수준 API와 서명된 쿠키를 설정하고 있는 높은 수준의 API를 제공한다. 이 API는 웹 응용 프로그램의 가장 일반적인 서명 용도 중 하나다. 서명은 다음과 같은 경우에 유용하다.

- 비밀번호를 잊어버린 사용자에게 보낼 계정 URL을 복구한다.
- 숨겨진 양식 필드에 저장된 데이터가 변경되지 않았는지 확인한다.
- 보호된 리소스(예: 사용자가 비용을 지불한 다운로드 가능한 파일)에 대한 임시 액세스를 허용하기 위해 일회성 비밀 URL을 생성한다.

SECRET_KEY 보호

startproject를 사용해 새로운 장고 프로젝트를 만들면 settings.py 파일이 자동으로 생성되고 임의의 SECRET_KEY 값을 얻는다. 이 값은 서명된 데이터를 안전하게 유지하는 핵심 요소다. 이 보안을 유지하는 것이 중요하다. 보안을 유지하지 않는다면 공격자가 스스로 서명된 값을 생성하는 데 사용할 수 있다.

저수준 API 사용하기

장고의 서명 방법은 django.core.signing 모듈에 있다. 값에 서명하려면 먼저 Signer 인스턴스를 인스턴스화해야 한다.

```
>>> from django.core.signing import Signer
>>> signer = Signer()
>>> value = signer.sign('My string')
>>> value
'My string:GdMGD6HNQ_qdgxYP8yBZAdAIV1w'
```

콜론 다음의 문자열 끝에 서명을 추가한다. 부호가 없는 메서드를 사용하면 원래 값을 검색할 수 있다.

```
>>> original = signer.unsign(value)
>>> original
'My string'
```

서명이나 값이 어떤 식으로든 변경되면 django.core.signing.BadSignature 예외가 발생한다.

```
>>> from django.core import signing
>>> value += 'm'
>>> try:
...    original = signer.unsign(value)
... except signing.BadSignature:
... print("Tampering detected!")
```

Signer 클래스는 기본적으로 SECRET_KEY 설정을 사용해 시그니처를 생성한다. 여러분은 이 값을 Signer 생성자에 전달해 다른 비밀secret을 사용할 수 있다.

```
>>> signer = Signer('my-other-secret')
>>> value = signer.sign('My string')
>>> value
'My string:EkfQJafvGyiofrdGnuthdxImIJw'
```

django.core.signing.Signer는 key를 사용해 서명을 생성하고 sep를 사용해 별도의 값으로 구분하는 서명자를 반환한다. sep는 URL 안전 base64 알파벳에 있어서는 안 된다. 이 알파벳에는 영숫자, 하이픈 및 밑줄이 포함된다.

salt 인수 사용하기

여러분이 특정 문자열의 모든 출현이 동일한 서명 해시를 가지길 원하지 않는다면 선택적 salt 인수를 Signer 클래스에 사용할 수 있다. salt를 사용하면 서명 해시 함수에 salt와 SECRET_KEY가 모두 포함된다.

```
>>> signer = Signer()
>>> signer.sign('My string')
'My string:GdMGD6HNQ_qdgxYP8yBZAdAIV1w'
>>> signer = Signer(salt='extra')
>>> signer.sign('My string')
'My string:Ee7vGi-ING6n02gkcJ-QLHg6vFw'
>>> signer.unsign('My string:Ee7vGi-ING6n02gkcJ-QLHg6vFw')
'My string'
```

이 방법으로 salt를 사용하면 서로 다른 서명을 다른 이름 공간에 넣을 수 있다. 1개의 네임 스페이스(특정 salt 값)에서 오는 서명을 사용해 다른 salt 설정을 사용하는 다른 네임 스페이스의 동일한 일반 텍스트 문자열은 유효성 검사를 할 수 없다. 그 결과 공격자가 코드의 한 위치에서 생성된 서명 문자열을 다른 salt를 사용해 서명을 생성하고 확인하는 다른 코드의 입력으로 사용하는 것을 방지한다.

SECRET_KEY와 달리, salt 인수는 비밀로 유지할 필요가 없다.

타임 스탬프 값 확인

TimestampSigner는 값에 서명된 타임 스탬프를 추가하는 Signer의 하위 클래스다. 이렇게 하면 지정된 기간 내에 서명된 값이 생성됐는지 확인할 수 있다.

```
>>> from datetime import timedelta
>>> from django.core.signing import TimestampSigner
>>> signer = TimestampSigner()
>>> value = signer.sign('hello')
>>> value 'hello:1NMg5H:oPVuCqlJWmChm1rA2lyTUtelC-c'
>>> signer.unsign(value)
'hello'
>>> signer.unsign(value, max_age=10)
...
SignatureExpired: Signature age 15.5289158821 > 10 seconds
>>> signer.unsign(value, max_age=20)
'hello'
>>> signer.unsign(value, max_age=timedelta(seconds=20))
'hello'
```

sign(value)는 값에 부호를 붙이고, 현재 timestamp를 추가한다.

unsign(value, max_age = None)은 값이 max_age 초 전에 서명됐는지 검사하고 그렇지 않으면 SignatureExpired를 발생시킨다. max_age 파라미터는 정수 또는 datetime. timedelta 객체를 사용할 수 있다.

복잡한 데이터 구조 보호

목록, 튜플 또는 딕셔너리를 보호하려면 서명 모듈의 덤프 및 로드 함수를 사용해야 한다. 이들은 파이썬의 피클 모듈을 모방하지만 JSON 직렬화를 사용한다. JSON은

SECRET_KEY가 도난당한 경우에도 공격자가 피클 형식을 악용해 임의의 명령을 실행할 수 없도록 한다.

```
>>> from django.core import signing
>>> value = signing.dumps({"foo": "bar"})
>>> value 'eyJmb28iOiJiYXIifQ:1NMg1b:zGcDE4-TCkaeGzLeW9UQwZesciI'
>>> signing.loads(value) {'foo': 'bar'}
```

튜플을 전달하면 JSON의 속성(목록과 튜플 사이에 고유한 구분이 없다) 때문에 signing. loads(object)에서 목록을 가져온다.

```
>>> from django.core import signing
>>> value = signing.dumps(('a','b','c'))
>>> signing.loads(value)
['a', 'b', 'c']
```

django.core.signing.dumps(obj, key=None, salt='django.core.signing', compress=False)

URL에 안전한 sha1 signed base64 압축 JSON 문자열을 반환한다. 직렬화된 객체는 TimestampSigner를 사용해 서명된다.

django.core.signing.loads(string, key=None, salt='django.core.signing', max_age=None)

dumps()의 반대는 서명이 실패할 경우 BadSignature를 발생시킨다. dumps()의 반대 reverse가 주어진 경우에는 max_age(초)를 확인해야 한다.

보안 미들웨어

 배포 상황에서 허용되는 경우, 일반적으로 프런트엔드 웹 서버에서 SecurityMiddleware
가 제공하는 기능을 수행하도록 하는 것이 좋다.

이렇게 하면 장고가 제공하지 않는 요청(예: 정적 미디어 또는 사용자 업로드 파일)이 있을
경우, 해당 요청은 장고 응용 프로그램에 대한 요청과 동일한 보호 기능을 갖게 된다.

django.middleware.security.Security Middleware는 요청/응답 주기에 대한 몇 가지
보안 향상 기능을 제공한다. 각 요청과 응답은 개별적으로 활성화 또는 비활성화로 설정
할 수 있다.

- SECURE_BROWSER_XSS_FILTER
- SECURE_CONTENT_TYPE_NOSNIFF
- SECURE_HSTS_INCLUDE_SUBDOMAINS
- SECURE_HSTS_SECONDS
- SECURE_REDIRECT_EXEMPT
- SECURE_SSL_HOST
- SECURE_SSL_REDIRECT

보안 헤더와 설정에 대한 좀 더 자세한 내용은 "17장, 장고 미들웨어"를 참고하라.

▌ 20장에서 무엇을 설명하는가?

20장에서는 "1장, 장고 소개 및 시작하기"의 빠른 설치 가이드를 확장 전개하고 장고에
대한 몇 가지 추가 설치 및 구성 옵션을 살펴본다.

20

장고 설치에 대한 추가 정보

20장에서는 장고 설치 및 유지보수와 관련된 일반적인 추가 옵션과 시나리오의 일부를 다룬다. 먼저, SQLite 이외의 데이터베이스를 사용하기 위한 설치 구성을 살펴본 후 장고를 수동으로 설치할 수 있는 방법과 업그레이드하는 방법을 설명한다. 마지막으로 장고 개발의 최첨단 기술을 시도해 싶을 때를 대비해 장고의 개발 버전을 설치하는 방법을 설명한다.

▌다른 데이터베이스 실행하기

장고의 데이터베이스 API 기능을 사용하려면 데이터베이스 서버가 실행 중인지 확인해야 한다. 장고는 여러 데이터베이스 서버를 지원하며, PostgreSQL, MySQL, Oracle 및 SQLite에서 공식적으로 지원한다.

"21장, 고급 데이터베이스 관리"에는 장고를 각 데이터베이스에 연결하는 데 필요한 추가 정보가 포함돼 있지만, 설치 방법은 이 책의 범위를 벗어난다. 각 프로젝트 웹 사이트에서 데이터베이스 문서를 참조하라.

프로덕션 환경에서 배포할 계획이 아닌 간단한 프로젝트를 개발할 경우, SQLite는 일반적으로 별도의 서버를 실행하지 않아도 되므로 가장 간단한 옵션이다. 그러나 SQLite는 다른 데이터베이스와 많은 차이점이 있기 때문에 상당한 무언가를 작업하고 있다면 개발 단계에서 실제로 사용할 계획과 동일한 데이터베이스로 개발하는 것이 좋다.

데이터베이스 백엔드 외에도 파이썬 데이터베이스 바인딩이 설치돼 있는지 확인해야 한다.

- PostgreSQL을 사용하는 경우, `postgresql_psycopg2`(http://initd.org/psycopg/) 패키지가 필요하다. 여러분은 이 데이터베이스와 관련된 추가 기술 정보는 PostgreSQL 노트를 참조할 수 있다. 윈도우 사용자인 경우에는 비공식 컴파일 된 윈도우 버전(http://stickpeople.com/projects/python/win-psycopg/)을 확인한다.
- MySQL을 사용한다면 `MySQL-python` 패키지 버전 1.2.1p2가 필요하다. 여러분은 또한 MySQL 백엔드에 대한 데이터베이스 노트를 읽는 것이 좋다.
- SQLite를 사용하는 경우 SQLite 백엔드 노트를 읽을 수 있다.
- 오라클을 사용하는 경우에는 `cx_Oracle`(http://cx-oracle.sourceforge.net/) 사본이 필요하다. 그러나 오라클 및 `cx_Oracle`의 지원되는 버전에 관한 중요한 정보는 오라클 백엔드에 대한 데이터베이스별 참조 사항을 읽도록 한다.
- 비공식적으로 다른 회사의 백엔드를 사용하는 경우, 제공된 추가 설명서를 참조하라.

장고의 `manage.py migrate` 명령을 사용해 모델에 대한 데이터베이스 테이블을 자동으로 생성하려는 경우(장고를 처음 설치하고 프로젝트를 생성 한 후), 장고가 데이터베이스의 테이블을 만들고 변경할 수 있는 권한이 있는지 확인해야 한다. 테이블을 수동으로 생성하려면 장고에 SELECT, INSERT, UPDATE 및 DELETE 권한을 부여해야 한다. 이러한 권한을 가진 데이터베이스 사용자를 만든 후에 프로젝트 설정 파일에 세부사항을 설정한다. 좀 더 자세한 내용은 "데이터베이스"를 참조하라.

장고의 테스트 프레임워크를 사용해 데이터베이스 쿼리를 테스트하는 경우에는 테스트 데이터베이스를 만들 수 있는 권한이 필요하다.

▌ 장고 수동 설치

1. 장고 프로젝트 다운로드 웹 페이지(https://www.djangoproject.com/download/)에서 최신 릴리스를 다운로드한다.
2. 다운로드한 파일의 압축을 푼다(예: tar xzvf Django-X.Y.tar.gz. 2. 여기서 X.Y는 최신 릴리스의 버전 번호다). 윈도우를 사용하는 경우, 명령 행 도구 bsdtar를 다운로드해 작업을 수행하거나 7-zip(http://www.7-zip.org/)과 같은 GUI 기반 도구를 사용할 수 있다.
3. 2단계에서 만든 디렉터리로 변경한다(예: cd Django-X.Y).
4. Linux, Mac OS X 또는 Unix의 다른 기능을 사용하는 경우, 셸 프롬프트에서 sudo python setup.py install 명령을 입력한다. 윈도우를 사용하는 경우, 관리자 권한으로 명령 셸을 시작하고 python setup.py install 명령을 실행한다. 이렇게 하면 파이썬 설치의 site-packages 디렉터리에 장고가 설치된다.

구버전을 제거한다

이 설치 기법을 사용한다면 먼저 장고 설치를 제거하는 것이 중요하다(아래 참조). 그렇지 않으면 장고에서 제거된 이전 버전의 파일을 포함하는 손상된 설치로 끝날 수 있다.

█ 장고 업그레이드

장고의 이전 버전을 제거한다

이전 버전에서 장고 설치를 업그레이드하는 경우, 새 버전을 설치하기 전에 이전 장고 버전을 제거해야 한다.

이전에 pip 또는 easy_install을 사용해 장고를 설치한 경우, pip 또는 easy_install을 사용해 다시 설치하면 자동으로 이전 버전이 처리되므로 직접하지 않아도 된다.

이전에 수동으로 장고를 설치했다면 제거는 파이썬 웹 사이트 패키지에서 장고 디렉터리를 삭제하는 것만큼 간단하다. 제거해야 하는 디렉터리를 찾으려면 대화식 파이썬 프롬프트가 아닌 셸 프롬프트에서 다음을 실행해야 한다.

```
python -c "import sys; sys.path = sys.path[1:]; import django;
print(django.__path__)"
```

█ 배포판 전용 패키지 설치

플랫폼/배포판이 공식적으로 장고 패키지와 설치 프로그램을 제공하는지 확인하려면 배포 관련 노트를 확인해야 한다. 배포판에서 제공하는 패키지는 일반적으로 의존성 및 쉬운 업그레이드 경로의 자동 설치가 가능하다. 그러나 이 패키지는 장고의 최신 릴리스가 거의 포함돼 있지 않을 것이다.

▌ 개발 버전 설치

최신 개발 버전의 장고를 사용하기로 결정했다면 개발 일정에 세심한 주의를 기울여야한다. 게다가 앞으로 출시될 릴리스 노트를 계속 보고 싶을 것이다. 이렇게 하면 장고를업데이트할 때 코드에 필요한 모든 변경 사항뿐만 아니라 사용하고자 하는 새로운 기능을 유지하는 데 도움이 된다. 안정적인 릴리스의 경우, 필요한 변경 사항은 릴리스 정보에 설명돼 있다.

최신 버그 수정 및 개선 사항으로 장고 코드를 가끔 업데이트하려면 다음 지침을 따라야한다.

1. 깃^{Git}이 설치돼 있고 셸에서 명령을 실행할 수 있는지 확인한다(이를 시험하려면 셸 프롬프트에서 git help를 입력해야 한다).

2. 장고의 주요 개발 브랜치(트렁크 또는 마스터)를 다음과 같이 체크아웃한다.

```
git clone
git://github.com/django/django.git django-trunk
```

3. 현재 위치에 django-trunk 폴더가 새로 생성된다.

4. 파이썬 인터프리터가 장고 코드를 로드할 수 있는지 확인한다. 이렇게 하는 제일 편리한 방법은 pip를 사용하는 것이다. 다음 명령을 실행한다.

```
sudo pip install -e django-trunk/
```

5. (virtualenv를 사용하거나 윈도우를 사용하는 경우, sudo를 생략할 수 있다.)

이렇게 하면 장고의 코드를 가져오거나 django-admin 유틸리티 명령을 사용할 수 있다.즉, 여러분은 모두 준비가 돼 있다.

단계 3에서 이미 동일한 작업을 수행했으므로 sudo python setup.py install을 실행하지
않는다.

장고 소스 코드의 복사본을 업데이트하려면 django-trunk 디렉터리에서 git pull 명령을
실행해야 한다. 이렇게 하면 깃은 모든 변경 사항을 자동으로 다운로드한다.

▌21장에서 무엇을 설명하는가?

21장에서는 특정 데이터베이스와 함께 장고를 실행하는 데 필요한 추가 정보를 다룬다.

21

고급 데이터베이스 관리

21장에서는 장고에서 지원되는 각 관계형 데이터베이스에 대한 추가 정보와 레거시 데이터베이스에 연결하기 위한 참조 사항 및 팁을 제공한다.

▌ 일반적인 메모

장고는 모든 데이터베이스 백엔드에서 최대한 많은 기능을 지원하려고 시도한다. 그러나 모든 데이터베이스 백엔드가 유사하지는 않으며, 장고 개발자는 지원할 기능과 가정을 안전하게 실행할 수 있는 설계 결정을 내려야만 했다.

이 파일은 장고 사용과 관련된 몇 가지 기능을 설명한다. 물론 서버별 설명서 또는 참조 설명서를 대체하기 위한 것은 아니다.

영구 연결

영구 연결은 각 요청에서 데이터베이스에 대한 연결을 다시 설정하는 오버 헤드를 피한다. 이것은 연결의 최대 수명을 정의하는 CONN_MAX_AGE 파라미터에 의해 제어된다. 이는 각 데이터베이스에 대해 독립적으로 설정할 수 있다. 기본값은 0이며, 각 요청이 끝날 때 데이터베이스 연결을 닫는 동작을 유지한다. 영구적 연결을 사용하려면 CONN_MAX_AGE를 양의 시간(초)으로 설정해야 한다. 무제한 영구 연결의 경우에는 None으로 설정한다.

연결 관리

장고는 데이터베이스 쿼리를 처음 만들 때 데이터베이스에 대한 연결을 오픈한다. 이 연결은 열린 상태를 유지하고 후속 요청에서 다시 사용한다. 장고는 CONN_MAX_AGE에 의해 정의된 최대 수명을 초과하거나 더 이상 사용할 수 없는 경우, 연결을 닫는다.

자세히 말하면 장고는 필요할 때마다 데이터베이스에 대한 연결을 자동으로 연다. 이 연결은 첫 번째 연결이거나 이전 연결이 닫혀 있기 때문에 이미 연결돼 있다.

장고는 각 요청이 시작될 때 최대 허용 시간에 도달하면 연결을 종료한다. 잠시 후 데이터베이스가 유휴 연결을 종료하면 CONN_MAX_AGE를 더 낮은 값으로 설정해 장고가 데이터베이스 서버에 의해 종료된 연결을 사용하지 않도록 해야 한다. 이 문제는 트래픽이 매우 낮은 웹 사이트에만 영향을 미친다.

장고는 각 요청이 끝날 때, 최대 시간에 도달했거나 복구할 수 없는 오류 상태에 있는 경우 연결을 닫는다. 요청을 처리하는 동안 데이터베이스 오류가 발생하면 장고는 연결이 여전히 작동하는지 확인하고 그렇지 않으면 연결을 닫는다. 따라서 데이터베이스 오류는 최대 하나의 요청에 영향을 미친다. 연결을 사용할 수 없게 되면 다음 요청은 새로운 연결을 얻는다.

주의사항

각 스레드는 자체 연결을 유지하므로 데이터베이스는 적어도 작업자 스레드와 동일한 수의 동시 연결을 지원해야 한다.

예를 들어, 외부 시스템의 데이터베이스나 캐싱 덕분에 대다수의 뷰에서 데이터베이스에 액세스하지 못하는 경우가 있다. 이런 경우에는 CONN_MAX_AGE를 낮은 값 또는 0으로 설정해야 한다. CONN_MAX_AGE는 재사용 가능성이 낮은 연결을 유지하는 것이 적절하지 않기 때문에 0으로 설정해야 한다. 이렇게 하면 이 데이터베이스에 대한 동시 연결 수를 적게 유지하는 데 도움이 된다.

개발 서버는 처리하는 각 요청에 대해 새 스레드를 생성해 영구 연결 효과를 무효화한다. 개발 중에는 활성화하지 않는다.

장고는 데이터베이스와의 연결을 설정할 때 사용되는 백엔드에 따라 적절한 파라미터를 설정한다. 지속적 연결을 활성화하면 이 설정은 더 이상 모든 요청을 반복하지 않는다. 연결의 격리 수준이나 시간대와 같은 파라미터를 수정하는 경우에는 각 요청이 끝날 때 장고의 기본값을 복원하거나, 각 요청이 시작될 때 적절한 값을 설정하거나, 영구적인 연결을 해제해야 한다.

부호화

장고는 모든 데이터베이스가 UTF-8 인코딩을 사용한다고 가정한다. 다른 인코딩을 사용하면 장고에서 유효한 데이터에 대해 데이터베이스에서 너무 긴 오류 값과 같은 예기치 않은 동작이 발생할 수 있다. 데이터베이스를 올바르게 설정하는 방법에 대한 정보는 다음 데이터베이스 관련 참조 사항을 참조하라.

▌ postgreSQL 노트

장고는 PostgreSQL 9.0 이상을 지원하며, Psycopg2 2.0.9 이상을 사용해야 한다.

postgreSQL의 설정 최적화

장고는 데이터베이스 연결을 위해 다음과 같은 파라미터가 필요하다.

- client_encoding: 'UTF8',
- default_transaction_isolation: 기본적으로 'read committed' 또는 연결 옵션(여기 참조)에 설정된 값
- timezone: USE_TZ가 True인 경우 'UTC', 그렇지 않으면 TIME_ZONE 값

이 파라미터에 이미 올바른 값이 있으면 장고는 새로운 연결마다 설정하지 않으므로 성능이 약간 향상된다. postgresql.conf에서 직접 구성하거나 ALTER ROLE을 사용해 데이터베이스 사용자별로 편리하게 구성할 수 있다.

장고는 이러한 최적화 없이 정상적으로 작동하지만 각각의 새로운 연결은 이러한 파라미터를 설정하기 위해 몇 가지 추가 쿼리를 수행한다.

격리 수준

장고는 PostgreSQL 자체와 마찬가지로 READ COMMITTED 격리 수준을 기본값으로 사용한다. REPEATABLE READ 또는 SERIALIZABLE과 같은 높은 격리 수준이 필요한 경우, 데이터베이스 구성의 OPTIONS 부분에 설정한다.

```
import psycopg2.extensions

DATABASES = {
```

```
    # ...
    'OPTIONS': {
            'isolation_level':
psycopg2.extensions.ISOLATION_LEVEL_SERIALIZABLE,
    },
}
```

높은 격리 수준에서 응용 프로그램이 직렬화 실패 시 발생하는 예외를 처리할 수 있도록 준비해야 한다. 이 옵션은 고급 용도로 설계됐다.

varchar 및 text 열의 인덱스

모델 필드에서 db_index = True를 지정할 때, 장고는 일반적으로 단일 CREATE INDEX 문을 출력한다. 그러나 필드의 데이터베이스 유형이 varchar 또는 text(예: CharField, FileField 및 TextField에서 사용된다)인 경우, 장고는 해당 열에 적합한 PostgreSQL 운영자 클래스를 사용하는 추가 색인을 만든다. 추가 인덱스는 contains 및 startswith 조회 유형과 마찬가지로 SQL에서 LIKE 연산자를 사용하는 조회를 올바르게 수행하는 데 필요하다.

▌ MySQL 노트

버전 지원

장고는 MySQL 5.5 이상을 지원한다.

장고의 inspectdb 특징은 모든 데이터베이스 스키마에 대한 자세한 데이터가 들어 있는 information_schema 데이터베이스를 사용한다.

장고는 데이터베이스기 유니코드(UTF-8 인코딩)를 지원하고 트랜잭션 및 참조 무결성을 적용하는 작업을 위임한다고 기대한다. MyISAM 스토리지 엔진을 사용할 때 두 개의 후자가 실제로 MySQL에 의해 시행되지 않는다는 사실을 알고 있어야 한다(다음 섹션 참조).

스토리지 엔진

MySQL에는 여러 스토리지 엔진이 있다. 기본 스토리지 엔진은 서버 구성에서 변경할 수 있다.

MySQL 5.5.4까지, 기본 엔진은 MyISAM이었다. MyISAM의 주요 단점은 트랜잭션을 지원하지 않거나 외래 키 제약 조건을 적용한다는 것이다. MySQL 5.6.4까지는 전체 텍스트 인덱싱 및 검색을 지원하는 유일한 엔진이다.

MySQL 5.5.5 이후 디폴트 스토리지 엔진은 InnoDB이다. 이 엔진은 완전 트랜잭션이며, 외부 키 참조를 지원한다. 이 시점에서 아마도 최선의 선택일 것이다. 그러나 InnoDB auto_increment 카운터는 `AUTO_INCREMENT` 값을 기억하지 못하기 때문에 MySQL을 재시작할 때 잃어버리며, 그 대신 `max (id) +1`로 다시 생성된다.

이로 인해 실수로 AutoField 값이 재사용될 수 있다. 기존 프로젝트를 MySQL 5.5.5로 업그레이드하고 이후에 테이블을 추가하는 경우에는 테이블이 동일한 스토리지 엔진(MyISAM 대 InnoDB)을 사용하고 있는지 확인해야 한다. 특히 외부 키가 있는 테이블이 서로 다른 저장소 엔진을 사용하는 경우에는 마이그레이션을 실행할 때 다음과 같은 오류가 표시될 수 있다.

```
_mysql_exceptions.OperationalError: (
    1005, "Can't create table '\\db_name\\.#sql-4a8_ab' (errno: 150)"
)
```

MySQL DB API 드라이버

Python Database API는 PEP 249에 설명돼 있다. MySQL에는 이 API를 구현하는 세 가지 중요한 드라이버가 있다.

- MySQLdb(https://pypi.python.org/pypi/MySQL-python/1.2.4)는 Andy Dustman 이 10년 이상 개발하고 지원해온 고유 드라이버다.
- mySQLclient(https://pypi.python.org/pypi/mysqlclient)는 Python 3를 지원하는 **MySQLdb**의 포크이며, MySQLdb의 드롭-인drop-in 대체품으로 사용할 수 있다. 이 글을 쓰는 시점에서 이것은 장고와 함께 MySQL을 사용할 때 권장되는 선택 이다.
- MySQL Connector/Python(http://dev.mysql.com/downloads/connector/python) 은 MySQL 클라이언트 라이브러리나 표준 라이브러리 외부의 파이썬 모듈을 필 요로 하지 않는 Oracle의 순수 파이썬 드라이버다.

이러한 모든 드라이버는 스레드로부터 안전하며 연결 풀링을 제공한다. MySQLdb는 현 재 Python 3를 지원하지 않는 유일한 데이터베이스다.

장고는 DB API 드라이버 외에도 ORM에서 데이터베이스 드라이버에 액세스하기 위해 어댑터가 필요하다. 장고는 MySQLdb/mysqlclient를 위한 어댑터를 제공하고 MySQL Connector/Python은 itsown을 포함한다.

mySQLdb

장고는 MySQLdb 버전 1.2.1p2 이상이 필요하다.

장고를 사용하려고 할 때 `ImportError : ImmutableSet` 이름을 가져올 수 없다면 MySQLdb 설치 시 Python 2.4 이상과 같은 이름의 내장 모듈과 충돌하는 구식 `sets.py` 파일이 있을 수 있다. 이 문제를 해결하려면 MySQLdb 버전 1.2.1p2 또는 이보다 최신 버전을 설치했는지 확인한 후, 이전 버전에서 남겨진 MySQLdb 디렉터리의 `sets.py` 파 일을 삭제해야 한다.

MySQLdb가 날짜 문자열을 datetime 객체로 변환하는 방법에 대해서는 알려진 문제가 있다. 특히 0000-00-00 값을 갖는 날짜 문자열은 MySQL에 대해서는 유효하지만 MySQLdb에 의해 None으로 변환된다.

즉, 0000-00-00 값을 가질 수 있는 행이 있는 loaddata/dumpdata를 사용할 때 주의해야 한다. 왜냐하면 이 값은 None으로 변환되기 때문이다.

이 글을 쓰는 시점에서 MySQLdb(1.2.4)의 최신 버전은 Python 3를 지원하지 않는다. Python 3에서 MySQLdb를 사용하려면 `mysqlclient`를 설치해야 한다.

mySQLclient

장고는 mysqlclient 1.3.3 이상이 필요하다. Python 3.2는 지원되지 않는다. Python 3.3+ 지원을 제외하고, mysqlclient는 대부분 MySQLdb와 동일하게 동작해야 한다.

mySQL 커넥터/python

MySQL Connector/Python은 웹 페이지에서 다운로드할 수 있다. 장고 어댑터는 버전 1.1.X 이상에서 사용할 수 있다. 최신 버전의 장고를 지원하지 않을 수 있다.

표준 시간대 정의

장고의 시간대 지원을 사용하려면 `mysql_tzinfo_to_sql`을 사용해 시간을 로드해야 한다. 영역 테이블을 MySQL 데이터베이스에 저장한다. 이 작업은 데이터베이스가 아닌 MySQL 서버에 대해 한 번만 수행하면 된다.

데이터베이스 만들기

커맨드 라인 도구와 다음 SQL을 사용하면 데이터베이스를 만들 수 있다.

```
CREATE DATABASE <dbname> CHARACTER SET utf8;
```

이렇게 하면 모든 테이블과 열이 기본적으로 UTF-8을 사용한다.

데이터 정렬 설정

열에 대한 데이터 정렬 설정은 데이터가 정렬되는 순서는 물론, 동등한 문자열 비교를 제어한다. 데이터 정렬 설정은 데이터베이스 차원 및 테이블 단위 및 열 단위로 설정할 수 있다. 이 내용은 MySQL 문서에 자세히 설명돼 있다. 모든 경우에 데이터베이스 테이블을 직접 조작해 데이터 정렬을 설정한다. 장고는 모델 정의에서 데이터 정렬을 설정하는 방법을 제공하지 않는다.

기본적으로 UTF-8 데이터베이스를 사용하면 MySQL은 utf8_general_ci 데이터 정렬을 사용한다. 따라서 모든 문자열 비교가 대소 문자를 구분하지 않고 수행된다. 즉, "Fred"와 "freD"는 데이터베이스 레벨에서 동등한 것으로 간주된다. 필드에서 고유한 제한 조건이 있는 경우, "aa"와 "AA"를 같은 열에 삽입하려면 기본 정렬과 동일한 것으로 (비유일) 비교하기 때문에 위반이 된다.

대부분의 경우, 이 기본값은 문제가 되지 않는다. 그러나 특정 열이나 테이블에서 대소 문자를 구분하는 비교를 원하면 열 또는 테이블을 변경해 utf8_bin 데이터 정렬을 사용해야 한다. 이 경우에 알아둬야 할 주요 사항은 MySQLdb 1.2.2를 사용하는 경우, 장고의 데이터베이스 백엔드가 데이터베이스에서 수집한 모든 문자 필드에 대해 유니코드 문자열 대신 bytestrings을 반환한다는 것이다. 이것은 항상 유니코드 문자열을 리턴하는 장고의 일반적인 관행과 크게 다르다.

테이블을 utf8_bin 데이터 정렬을 사용하도록 구성한 경우 바이트 스트링을 수신한다는 점은 개발자에게 달려 있다. 장고 자체는 대부분 열(물론 여기에 설명된 contrib.sessionsSession 및 contrib.adminLogEntry 테이블 제외)을 사용해 원활하게 작동해야 하지만 실제로 일관성 있는 데이터로 작업하려는 경우 django.utils.encoding.smart_text( ) 를 호출할 수 있도록 코드를 준비해야 한다. 장고는 여러분을 위해 이러한 작업을 하지는 않을 것이다(데이터베이스 백엔드 계층과 모델 모집단 계층은 내부적으로 분리되므로 데이터베이스 계층은 이 특별한 경우에 이러한 변환을 수행해야 한다는 것을 알지 못한다).

MySQLdb 1.2.1p2를 사용한다면, 장고의 표준 CharField 클래스는 utf8_bin 데이터 정렬을 사용하더라도 Unicode 문자열을 반환한다. 그러나 TextField 필드는 (파이썬 의 표준 배열 모듈에서) array.array 인스턴스로 반환된다. 장고가 할 수 있는 일은 많지 않다. 데이터가 데이터베이스에서 읽혀질 때 필요한 변환을 하기 위해 필요한 정보를 사용할 수 없기 때문이다. 이 문제는 MySQLdb 1.2.2에서 수정됐으므로 utf8_bin 데이터 정렬을 사용해 TextField를 사용하려면 앞에서 기술한 깃 처럼 버전 1.2.2로 업ㅗ레이드 한 후 바이트 문자열(너무 어렵지 않아야 한다)을 처리하는 것이 좋다.

MySQLdb 1.2.1p2 또는 1.2.2를 사용해 utf8_bin 데이터 정렬을 일부 테이블에 사용하 려는 경우 django.contrib.sessions.models.Session 테이블(일반적으로 django_session) 과 django.contrib.admin.models.LogEntry 테이블(일반적으로 django_admin_log)에 utf8_ general_ci(기본값) 데이터 정렬을 사용한다. MySQL 유니코드 문자 집합에 따르면 utf8_ unicode_ci에 대한 비교보다 utf8_general_ci 데이터 정렬에 대한 비교가 빠르지만, 정확하지는 않다. 응용 프로그램에 적합하면 utf8_general_ci를 사용하는 것이 더 빠르다. 이것을 채택할 수 없는 경우(예를 들어, 독일어 사전 상의 순서가 필요한 경우), utf8_ unicode_ci를 사용하는 것이 더 정확하다.

 모델 서식 세트는 대소 문자를 구분해 고유한 필드의 유효성을 검사한다. 따라서 대소 문자 를 구분하지 않는 데이터 정렬을 사용하는 경우, 대소 문자만 다른 고유한 필드 값을 가진 formset은 유효성 검사를 통과하지만 save()를 호출하면 IntegrityError가 발생한다.

데이터베이스에 연결

연결 설정은 다음 순서로 사용된다.

- OPTIONS
- NAME, USER, PASSWORD, HOST, PORT
- MySQL option files

즉, OPTIONS에서 데이터베이스 이름을 설정하면 이것은 MySQL 옵션 파일의 내용을 재정의한 NAME보다 우선적으로 적용된다. 다음은 MySQL 옵션 파일을 사용하는 샘플 구성이다.

```python
# settings.py
DATABASES = {
    'default': {
        'ENGINE': 'django.db.backends.mysql',
        'OPTIONS': {'read_default_file': '/path/to/my.cnf',},
    }
}

# my.cnf
[client]
database = NAME
user = USER
password = PASSWORD
default-character-set = utf8
```

ssl, init_command 및 sql_mode와 같은 몇 가지 다른 MySQLdb 연결 옵션이 유용할 수 있다. 좀 더 자세한 내용은 MySQLdb 문서를 참조하라.

표 만들기

장고는 스키마를 생성할 때, 저장소 엔진을 지정하지 않으므로 데이터베이스 서버가 구성된 기본 저장소 엔진으로 테이블이 만들어진다.

가장 쉬운 해결책은 데이터베이스 서버의 기본 저장소 엔진을 원하는 엔진으로 설정하는 것이다.

호스팅 서비스를 사용 중이고 서버의 기본 저장소 엔진을 변경할 수 없는 경우, 몇 가지 옵션이 있다.

- 테이블이 생성된 후 ALTER TABLE문을 실행해 테이블을 새로운 스토리지 엔진 (예: InnoDB)으로 변환한다.

```
ALTER TABLE <tablename> ENGINE=INNODB;
```

- 하지만 테이블이 많으면 이 작업은 지루할 수 있다.
- 또 다른 옵션은 테이블을 생성하기 전에 MySQLdb에 대해 init_command 옵션을 사용하는 것이다.

```
'OPTIONS': {
        'init_command': 'SET storage_engine=INNODB',
}
```

데이터베이스에 연결할 때는 기본 저장소 엔진을 설정한다. 테이블을 만든 후에는 테이블 생성 중에 만 필요한 쿼리를 각 데이터베이스 연결에 추가하므로 이 옵션을 제거해야 한다.

테이블 이름

특정 조건하에서 특정 SQL문이 실행될 때, 테이블 이름의 대소 문자가 변경될 수 있는 최신 버전의 MySQL에도 알려진 문제점이 있다. 이 비헤이비어로 인해 발생할 수 있는 문제를 방지하려면 가능한 한 소문자 테이블 이름을 사용하는 것이 좋다. 장고는 모델로부터 테이블 이름을 자동 생성할 때, 소문자 테이블 이름을 사용한다. 따라서 db_table 파라미터를 통해 테이블 이름을 재정의하는 것이 주요 고려 사항이다.

Savepoints

Django ORM과 MySQL(InnoDB 스토리지 엔진 사용 시)은 데이터베이스 savepoints를 지원한다.

MyISAM 스토리지 엔진을 사용하는 경우, 트랜잭션 API의 savepoint 관련 메서드를 사용하려면 데이터베이스 생성 오류가 발생한다는 사실을 알고 있어야 한다. 그 이유는 MySQL 데이터베이스/테이블의 스토리지 엔진을 탐지하는 것이 값비싼 작업이므로 이러한 검색 결과에 기반해 아무 삭업도 하지 않고 해당 메서드를 동적으로 변환할 가치가 없다고 판단했기 때문이다.

특정 분야에 대한 주의사항

문자 필드

필드에 대해 unique = True를 사용하는 경우, VARCHAR 열 유형으로 저장된 모든 필드는 max_length가 255자로 제한된다. CharField, SlugField 및 CommaSeparatedIntegerField에 영향을 미친다.

time 및 datetime 필드에 대한 분수 초 지원

MySQL 5.6.4 이후 버전에서는 컬럼 정의에 분수 표시(예: DATETIME(6))가 포함돼 있으면, 단 몇 초만 저장할 수 있다. 이전 버전은 전혀 지원하지 않는다. 또한 1.2.5 이전 버전의 MySQLdb에는 MySQL에서 분수 초^{seconds}의 사용을 막는 버그가 있다.

장고는 databaseserver가 지원하는 경우 소수 컬럼 수를 포함하도록 기존 컬럼을 업그레이드하지 않는다.

기존 데이터베이스에서 이 기능을 활성화하려면 다음과 같은 명령을 실행하거나 데이터 이전에서 RunSQL을 사용해 대상 데이터베이스의 열을 수동으로 업데이트해야 한다.

```
ALTER TABLE 'your_table' MODIFY 'your_datetime_column' DATETIME(6)
```

기본적으로, 새 `DateTimeField` 또는 `TimeField` 열은 MySQL 5.6.4 이상에서 mysqlclient 또는 MySQLdb 1.2.5 이상을 일부 지원해 생성된다.

TIMESTAMP 열

`TIMESTAMP` 열이 포함된 레거시 데이터베이스를 사용하는 경우, 데이터 손상을 방지하려면 `USE_TZ = False`로 설정해야 한다. `inspectdb`는 이 열을 `DateTimeField`에 매핑하고, 시간대 지원을 활성화하면 MySQL과 장고가 UTC에서 현지 시간으로 값을 변환하려고 시도한다.

Queryset.Select_For_Update()로 행 잠금

MySQL은 `SELECT ... FOR UPDATE`문에 `NOWAIT` 옵션을 지원하지 않는다. `select_for_update()`가 `nowait = True`로 사용되면 `DatabaseError`가 발생한다.

자동 형 변환은 예기치 않은 결과를 초래할 수 있다

문자열 유형에 대해 정수값을 사용해 쿼리를 수행하면 MySQL은 비교를 수행하기 전에 테이블의 모든 값 유형을 정수로 변환한다. 테이블에 "abc", "def" 값이 있고 WHERE mycolumn = 0을 쿼리하면 두 행이 일치한다. 이와 마찬가지로 WHERE mycolumn = 1은 "abc1" 값과 일치한다. 따라서 장고에 포함된 문자열 유형 필드는 쿼리에서 사용하기 전에 항상 값을 문자열로 변환한다.

Field에서 직접 상속하는 사용자 정의 모델 필드를 구현하거나, get_prep_value( )를 재정의하거나, extra( ) 또는 raw( )를 사용하는 경우에는 적절한 유형 변환을 수행해야 한다.

▌ SQLite 노트

SQLite는 주로 읽기 전용이거나 설치 면적이 작은 응용 프로그램을 위한 훌륭한 개발 대안을 제공한다. 하지만 모든 데이터베이스 서버와 마찬가지로 알고 있어야 하는 SQLite와 관련된 몇 가지 차이점이 있다.

하위 문자열 일치 및 대소 문자 구분

모든 SQLite 버전에는 일부 유형의 문자열을 일치시키려고 할 때, 약간의 직관적인 비헤이비어가 있다. 이것들은 iexact를 사용할 때 트리거되거나 쿼리 세트에 필터를 포함한다. 이 비헤이비어는 두 가지 경우로 나뉜다.

1. 부분 문자열 일치의 경우, 모든 일치는 대소 문자를 구분하지 않고 수행된다. (name__contains = "aa")와 같은 필터는 "Aabb"의 이름과 일치한다.

2. ASCII 범위를 벗어나는 문자가 포함된 문자열의 경우, 대소 문자를 구분하지 않는 옵션이 쿼리에 전달되는 경우에도 모든 정확한 문자열 일치가 대소 문자로

수행된다. 따라서 이러한 경우 iexact 필터는 정확한 필터와 정확히 동일하게 작동한다.

이것에 대한 가능한 해결책은 sqlite.org에 문서화돼 있지만, 장고의 기본 SQLite 백엔드에서 활용되지는 않는다. 통합은 매우 어렵다. 따라서 장고는 기본 SQLite 비헤이비어를 노출하므로 대소 문자를 구분하지 않거나 하위 문자열 필터링을 수행할 때 이를 알고 있어야 한다

이전 SQLite 및 CASE 표현식

SQLite 3.6.23.1 및 이전 버진에는 ELSE 및 산술을 포함하는 CASE식의 쿼리 파라미터를 처리할 때 버그가 있다.

SQLite 3.6.23.1은 2010년 3월에 릴리스됐으며, 다른 플랫폼용 최신 바이너리 배포판에는 윈도우용 Python 2.7 설치 프로그램을 제외한 새로운 버전의 SQLite가 포함돼 있다.

이 글을 쓰는 시점에서 Windows-Python 2.7.10의 최신 릴리스에는 SQLite 3.6.21이 포함돼 있다. pysqlite2를 설치하거나 sqlite3.dll(기본적으로 C:\Python27\DLL에 설치된다)을 sqlite.org의 최신 버전으로 대체하면 이 문제를 해결할 수 있다.

최신 버전의 SQLite DB-API 2.0 드라이버 사용

장고는 파이썬 표준 라이브러리와 함께 제공되는 sqlite3보다 pysqlite2 모듈을 사용한다(사용할 수 있는 경우).

이것은 필요한 경우 DB-API 2.0 인터페이스 또는 SQLite 3 자체를 특정 파이썬 바이너리 배포판에 포함된 버전보다 새로운 버전으로 업그레이드할 수 있는 기능을 제공한다.

데이터베이스 잠김 오류

SQLite는 가벼운 데이터베이스이기 때문에 높은 수준의 동시성을 지원할 수 없다. `OperationalError : database is locked` 오류는 SQLite가 기본 구성에서 처리할 수 있는 것보다 응용 프로그램이 더 많은 동시성을 경험하고 있다는 것을 나타낸다. 이 오류는 하나의 스레드 또는 프로세스가 데이터베이스 연결에 대해 독점적인 잠금을 갖고 있고, 또 다른 스레드가 해제될 잠금을 기다리는 동안 시간 초과됐음을 의미한다.

파이썬의 SQLite 래퍼는 타임 아웃되기 전에 두 번째 스레드가 잠금을 기다릴 수 있는 시간을 결정하고, `OperationalError : database is locked` 오류를 발생시키는 기본 시간 제한값을 갖는다.

이 오류가 발생하는 경우에는 다음을 수행해 해결할 수 있다.

- 또 다른 데이터베이스 백엔드로 전환한다. 특정 시점에서 SQLite는 실제 응용 프로그램에 비해 너무 가볍다. 이러한 종류의 동시성 오류는 사용자가 그 시점에 도달했다는 것을 나타낸다.
- 코드를 재자성해 동시성을 줄이고 데이터베이스 트랜잭션의 수명을 단축시킨다.
- 제한 시간 데이터베이스 옵션을 설정해 기본 제한 시간값을 늘린다.

  ```
  'OPTIONS': { # ... '타임아웃': 20, # ... }
  ```

이렇게 하면 데이터베이스가 잠긴 오류를 던지기 전에 SQLite가 좀 더 오래 기다릴 것이다. 그(것)들을 해결하기 위해 진짜로 아무것도 하지 않을 것이다.

지원하지 않는 queryset.Select_For_Update()

SQLite는 `SELECT ... FOR UPDATE` 구문을 지원하지 않는다. 이것을 호출해도 아무런 효과가 없다.

지원되지 않는 원시 쿼리의 pyformat 파라미터 스타일

대부분의 백엔드의 경우, 원시 쿼리(Manager.raw( ) 또는 cursor.execute( ))는 pyformat 파라미터 스타일을 사용할 수 있다. 여기서 쿼리의 자리표시자는 '%(이름)s'으로 주어지며, 파라미터는 리스트 대신 딕셔너리로 전달된다. SQLite는 이것을 지원하지 않는다.

connection.queries에서 인용되지 않은 파라미터

SQLite 3는 파라미터를 인용 및 대체한 후 SQL을 검색하는 방법을 제공하지 않는다. 그 대신 connection.queries의 SQL은 간단한 문자열 보간으로 다시 작성된다. 정확하지 않을 수 있다. 쿼리를 SQLite 셸에 복사하기 전에 필요에 따라 따옴표를 추가한다.

▌ 오라클 노트

장고는 Oracle Database Server 11.1 이상을 지원한다. cx_Oracle(http://cx-oracle.sourceforge.net/) 파이썬 드라이버 버전 4.3.1 이상이 필요하다. 하지만 Python 3를 지원하는 버전 5.1.3 이상을 권장한다.

cx_Oracle 5.0의 유니코드 손상으로 인해 장고에서 해당 버전의 드라이버를 사용해서는 안 된다. cx_Oracle 5.0.1은 이 문제를 해결했으므로 최신 cx_Oracle을 사용하려면 버전 5.0.1을 사용해야 한다.

cx_Oracle 5.0.1 이상은 WITH_UNICODE 환경 변수로 선택해 컴파일될 수 있다. 이러한 사실은 권장 사항이지만 필수 사항은 아니다.

python manage.py migrate 명령을 사용하려면 Oracle 데이터베이스 사용자에게 다음 명령을 실행할 수 있는 권한이 있어야 한다.

- CREATE TABLE
- CREATE SEQUENCE

- CREATE PROCEDURE

- CREATE TRIGGER

프로젝트의 테스트 스위트를 실행하려면 일반적으로 다음과 같은 추가 권한이 필요하다.

- CREATE USER

- DROP USER

- CREATE TABLESPACE

- DROP TABLESPACE

- CREATE SESSION WITH ADMIN OPTION

- CREATE TABLE WITH ADMIN OPTION

- CREATE SEQUENCE WITH ADMIN OPTION

- CREATE PROCEDURE WITH ADMIN OPTION

- CREATE TRIGGER WITH ADMIN OPTION

RESOURCE의 역할에는 필수 CREATE TABLE, CREATE SEQUENCE, CREATE PROCEDURE 및 CREATE TRIGGER 권한이 있고, RESOURCE WITH ADMIN OPTION을 부여받은 사용자는 RESOURCE를 부여할 수 있지만, 이러한 사용자는 개별 권한(예: CREATE TABLE)을 부여할 수 없다. 따라서 RESOURCE WITH ADMIN OPTION은 테스트를 실행하는 데 있어 대개 충분하지 않다.

일부 테스트 스위트도 뷰를 작성한다. 이를 실행하려면 CREATE VIEW WITH ADMIN OPTION 권한도 필요하다. 특히 이것은 장고의 자체 테스트 스위트에 필요하다.

이러한 모든 권한은 DBA 역할에 포함돼 있으며, 비공개 개발자의 데이터베이스에서 사용하기에 적합하다.

Oracle 데이터베이스 백엔드는 SYS.DBMS_LOB 패키지를 사용하므로 사용자는 실행 권한이 필요하다. 일반적으로 모든 사용자가 기본적으로 액세스할 수 있지만, 그렇지 않은 경우 다음과 같이 권한을 부여해야 한다.

```
GRANT EXECUTE ON SYS.DBMS_LOB TO user;
```

데이터베이스에 연결

Oracle 데이터베이스의 서비스 이름을 사용해 연결하려면 settings.py 파일이 다음과
같아야 한다.

```
DATABASES = {
    'default': {
        'ENGINE': 'django.db.backends.oracle',
        'NAME': 'xe',
        'USER': 'a_user',
        'PASSWORD': 'a_password',
        'HOST': '',
        'PORT': '',
    }
}
```

이 경우, 호스트와 포트를 비워둬야 한다. 그러나 tnsnames.ora 파일이나 유사한 이름
지정 메서드를 사용하지 않고 SID(이 예에서는 xe)를 사용해 연결하려면 호스트와 포트를
다음과 같이 입력해야 한다.

```
DATABASES = {
    'default': {
        'ENGINE': 'django.db.backends.oracle',
        'NAME': 'xe',
        'USER': 'a_user',
        'PASSWORD': 'a_password',
        'HOST': 'dbprod01ned.mycompany.com',
        'PORT': '1540',
```

```
    }
}
```

HOST와 PORT를 모두 제공하거나 두 문자열을 빈 문자열로 남겨둬야 한다. 장고는 그 선택에 따라 다른 연결 디스크립터를 사용할 것이다.

스레드 옵션

멀티 스레드 환경(예: 최신 운영체제의 기본 MPM 모듈을 사용하는 아파치)에서 장고를 실행하려면 Oracle 데이터베이스 구성의 스레드 옵션을 True로 설정해야 한다.

```
'OPTIONS': {
    'threaded': True,
},
```

이 작업을 수행하지 않으면 충돌 및 기타 이상한 동작이 발생할 수 있다.

INSERT … RETURNING INTO

기본적으로 오라클 백엔드는 RETURNING INTO 절을 사용해 새 행을 삽입할 때 AutoField 값을 효율적으로 검색한다. 이 비헤이비어는 원격 테이블에 삽입할 때나 INSTEAD OF 트리거를 갖는 뷰와 같은 특정 구성에서 DatabaseError를 초래할 수 있다.

RETURNING INTO 절은 데이터베이스 구성의 use_returning_into 옵션을 False로 설정해 비활성화할 수 있다.

```
'OPTIONS': {
    'use_returning_into': False,
},
```

이 경우 오라클 백엔드는 별도의 SELECT 쿼리를 사용해 AutoField 값을 검색한다.

이름 지정 문제

오라클은 이름 길이 제한을 30자로 제한한다.

이를 수용하기 위해, 백엔드는 잘린 이름의 마지막 4자를 반복 가능한 MD5 해시 값으로 대체해 데이터베이스 식별자를 잘라낸다. 또한 백엔드는 데이터베이스 식별자를 모두 대문자로 바꾼다.

이러한 변환을 방지하려면(대개 레거시 데이터베이스를 다루거나 다른 사용자에게 속한 테이블에 액세스할 때만 필요히디) db_table 값으로 인용된 이름을 사용해야 한나.

```
class LegacyModel(models.Model):
    class Meta:
        db_table = '"name_left_in_lowercase"'

class ForeignModel(models.Model):
    class Meta:
        db_table = '"OTHER_USER"."NAME_ONLY_SEEMS_OVER_30"'
```

인용된 이름은 장고의 다른 지원 데이터베이스 백엔드와 함께 사용할 수도 있다. 그러나 오라클을 제외하면 인용 부호는 아무런 효과가 없다.

마이그레이션을 실행할 때, 특정 Oracle 키워드가 모델 필드의 이름이나 db_column 옵션의 값으로 사용되면 ORA-06552 오류가 발생할 수 있다. 장고는 대부분의 이러한 문제를 방지하기 위해 쿼리에 사용된 모든 식별자를 인용하지만 Oracle 데이터 형식이 열 이름으로 사용되는 경우에도 이 오류가 계속 발생할 수 있다. 특히 날짜, 타임 스탬프, 숫자 또는 실수값을 필드 이름으로 사용하지 않도록 주의해야 한다.

NULL 및 빈 문자열

장고는 일반적으로 NULL 대신 빈 문자열(" ")을 사용하는 것을 선호하지만 오라클은 이를 동일하게 취급한다. 이 문제를 해결하기 위해, 오라클 백엔드는 빈 문자열을 가능한 값으로 갖는 필드에서 명시적인 null 옵션을 무시하고 null=True인 것처럼 DDL을 생성한다. 데이터베이스에서 가져올 때[fetch], 이 필드 중 하나의 NULL 값은 실제로 빈 문자열을 의미하며, 데이터는 이 가정을 반영하도록 변환된다.

텍스트 필드 제한사항

오라클 백엔드는 TextField를 NCLOB 열로 저장한다. 오라클은 일반적으로 이러한 LOB 컬럼의 사용에 몇 가지 제한을 두고 있다.

- LOB 컬럼은 기본 키로 사용할 수 없다.
- LOB 컬럼은 인덱스에서 사용될 수 없다.
- SELECT DISTINCT 목록에서 LOB 열을 사용할 수 없다. 즉, TextField 열이 포함된 모델에서 QuerySet.distinct 메서드를 사용하면 오라클을 실행할 때 오류가 발생한다. 이 문제를 해결하려면 distinct( )와 함께 QuerySet.defer 메서드를 사용해 TextField 열이 SELECT DISTINCT 리스트에 포함되지 않도록 해야 한다.

■ 다른 회사 데이터베이스 백엔드 사용

공식적으로 지원되는 데이터베이스 외에도 장고에서 다른 데이터베이스를 사용할 수 있게 해주는 다른 회사의 백엔드가 있다.

- SAP SQL Anywhere

- IBM DB2

- Microsoft SQL Server

- Firebird

- ODBC

- ADSDB

이러한 비공식 백엔드가 지원하는 장고 버전과 ORM 기능은 매우 다양하다. 지원 쿼리와 함께 이러한 비공식 백엔드의 특정 기능에 대한 쿼리는 각각 다른 회사 프로젝트에서 제공하는 지원 채널로 이동해야 한다.

▌ 장고와 레거시 데이터베이스의 통합

장고는 새로운 응용 프로그램을 개발하는 데 가장 적합하지만 레거시 데이터베이스에 통합할 수 있다. 장고는 가능한 한 이 프로세스를 자동화하는 몇 가지 유틸리티를 포함한다.

장고 설치가 끝나면 이 일반적인 프로세스를 따라 기존 데이터베이스와 통합할 수 있다.

장고에 데이터베이스 파라미터를 설정한다

장고에 데이터베이스 연결 파라미터가 무엇인지, 데이터베이스 이름이 무엇인지 알려줄 필요가 있다. DATABASES 설정을 편집하고 '기본' 연결을 위해 다음 키에 값을 할당한다.

- NAME

- ENGINE <DATABASE-ENGINE>

- USER
- PASSWORD
- HOST
- PORT

모델 자동 생성

장고에는 inspectdb라는 유틸리티가 있다. 이 유틸리티는 기존 데이터베이스를 검사해 모델을 만들 수 있다. 다음 명령을 실행해 해당 출력을 볼 수 있다.

```
python manage.py inspectdb
```

이것을 표준 Unix 출력 재지정을 사용해 파일로 저장한다.

```
python manage.py inspectdb > models.py
```

이 기능은 최종 모델 생성이 아닌 바로 가기를 의미한다. 좀 더 자세한 내용은 inspectdb 의 설명서를 참조하라.

모델을 정리했으면 models.py라는 파일 이름을 지정하고 앱을 보유하고 있는 파이썬 패 키지에 넣는다. 그런 다음, INSTALLED_APPS 설정에 해당 앱을 추가한다.

기본적으로 inspectdb는 관리되지 않는 모델을 만든다. 즉, 모델의 메타 클래스에서 managed = False는 장고에게 각 테이블의 생성, 수정 및 삭제를 관리하지 말라고 지시 한다.

```
class Person(models.Model):
    id = models.IntegerField(primary_key=True)
    first_name = models.CharField(max_length=70)
```

```
class Meta:
    managed = False
    db_table = 'CENSUS_PERSONS'
```

장고가 테이블의 수명 주기를 관리하게 하려면 True 이전의 관리 옵션을 변경해야 한다 (즉, True가 기본값이므로 간단히 이를 제거한다).

핵심 장고 테이블 설치하기

다음으로 migrate 명령을 실행해 관리자 권한 및 콘텐츠 유형과 같이 추가로 필요한 데이터베이스 레코드를 설치한다.

```
python manage.py migrate
```

생성된 모델 정리

예상대로 데이터베이스 내부 검사가 완벽하지 않으므로 결과 모델 코드를 약간 정리해야 한다. 다음은 생성된 모델을 처리하기 위한 몇 가지 지침이다.

- 각 데이터베이스 테이블은 모델 클래스로 변환된다(즉, 데이터베이스 테이블과 모델 클래스 사이에 일대일 매핑이 있다). 즉, ManyToManyField 객체로의 다대다 조인 테이블에 대한 모델을 리팩터링해야 한다.
- 생성된 각 모델에는 id 기본 키 필드를 포함해 모든 필드에 대한 속성이 있다. 그러나 모델에 기본 키가 없으면 장고는 id 기본 키 필드를 자동으로 추가한다. 따라서 다음과 같은 행을 제거하기 원할 것이다.

```
id = models.IntegerField(primary_key=True)
```

- 이러한 행은 중복될 뿐만 아니라 응용 프로그램이 이 테이블에 새 레코드를 추가할 때 문제를 일으킬 수 있다.

- 각 필드의 유형(예: CharField, DateField)은 데이터베이스 열 유형(예: VARCHAR, DATE)을 보고 결정한다. inspectdb가 열 유형을 모델 필드 유형에 매핑할 수 없다면 TextField를 사용하고 파이썬 주석인 '이 필드 유형은 추측이다.'를 생성된 모델의 필드 옆에 삽입한다. 이에 대해 주의를 기울여야 하며, 필요한 경우 필드 유형을 적절하게 변경해야 한다.

- 데이터베이스에 있는 필드가 장고에 상응하는 것을 갖지 않는다면 이를 안전하게 생략할 수 있다. 장고 모델 계층은 테이블의 모든 필드를 포함할 필요가 없다.

- 데이터베이스 열 이름이 파이썬 예약어(예: pass, class 또는 for)인 경우, inspectdb는 속성 이름에 "_field"를 추가하고 db_column 속성을 실제 필드 이름(예: pass, class 또는 for)에 설정한다.

- 예를 들어, 테이블에 INT 열이 있는 경우, 생성된 모델은 다음과 같은 필드를 갖는다.

```
for_field = models.IntegerField(db_column='for')
```

- inspectdb는 파이썬 주석인 '파이썬 예약어이기 때문에 이름이 변경된 필드'를 필드 옆에 삽입한다.

- 대부분의 데이터베이스에서처럼 데이터베이스에 다른 테이블을 참조하는 테이블이 있는 경우, 생성된 모델의 순서를 재배열해야 다른 모델을 참조하는 모델이 올바르게 정렬될 수 있다. 예를 들어, 모델 북에 작성자를 모델링하기 위한 외래 키가 있으면 모델 작성자는 모델 북 앞에 정의돼야 한다. 아직 정의되지 않은 모델에 관계를 만들어야 하는 경우, 모델 오브젝트 자체가 아닌 모델 이름이 들어 있는 문자열을 사용할 수 있다.

- inspectdb는 PostgreSQL, MySQL 및 SQLite의 기본 키를 감지한다. 즉, 적합한 경우 primary_key = True를 삽입한다. 다른 데이터베이스의 경우, 장고 모델에는 primary_key = True 필드가 있어야 하기 때문에 각 모델에 적어도 하나의 필드에 primary_key = True를 삽입해야 한다.
- 외래 키 검색은 PostgreSQL과 특정 유형의 MySQL 테이블에서만 작동한다. 다른 경우, 외래 키 열이 INT 열이라고 가정할 때 외래 키 필드가 IntegerField로 생성된다.

테스트 및 조정

이것은 기본 단계다. 여기에서 장고가 원하는 방식으로 작동될 때까지 생성한 모델을 조정하기 원할 것이다. 장고 데이터베이스 API를 통해 데이터에 액세스하고, 장고의 관리 웹 사이트를 통해 객체를 편집해보고 이에 따라 모델 파일을 편집한다.

▌ 다음에는 무엇을 설명하는가?

지금까지 내용이 내가 전달하고자 하는 전부다. 여러분이 이 책을 읽고 많은 것을 배웠으면 좋겠다. 이 책은 장고에 대한 완벽한 참조서로 사용되지만, 평범한 구식 연습을 대신할 수는 없으므로 장고 개발 경력으로 코딩과 모든 것을 얻어내도록 하라.

나머지 장은 참조용으로, 장고의 모든 함수와 필드에 대한 부록과 빠른 참조가 포함돼 있다.

모델 정의 참조

"4장 모델"은 모델 정의의 기본 사항을 설명하고 이 책의 나머지 부분에서 이를 사용한다. 그러나 다른 곳에서는 다루지 않는 엄청난 범위의 모델 옵션이 있다. 이 부록에서는 가능한 한 개별 모델 정의 옵션을 설명한다.

▌ 필드

모델에서 가장 중요한 부분(모델의 유일한 필수 부분)은 모델이 정의하는 데이터베이스 필드의 목록이다.

필드 이름 제한

장고는 모델 필드 이름에 두 가지 제한만 배치한다.

1. 필드 이름은 파이썬 구문 오류가 발생하기 때문에 파이썬 예약어가 될 수 없다.
   예제는 다음과 같다.

```
class Example(models.Model):
pass = models.IntegerField() # 'pass' 는 예약어다!
```

2. 필드 이름은 장고의 쿼리 조회 구문이 작동하는 방식으로, 한 행에 하나 이상의
   밑줄을 포함할 수 없다. 예제는 다음과 같다.

```
class Example(models.Model):
    # 'foo__bar'는 2개의 밑줄을 갖는다!
    foo__bar = models.IntegerField()
```

모델의 각 필드는 해당 Field 클래스의 인스턴스여야 한다. 장고는 필드 클래스 유형을
사용해 몇 가지를 결정한다.

- 데이터베이스 칼럼 유형(예: INTEGER, VARCHAR)
- 장고 양식 및 관리 웹 사이트에서 사용하는 위젯(예: <input type = "text">,
  <select>)
- 장고 관리 인터페이스와 양식에 사용되는 최소 유효성 검증 요구사항

각 필드 클래스는 옵션 인수 목록을 전달할 수 있다. 예를 들어, "4장 모델"에서 책[book]모
델을 작성할 때 num_pages 필드는 다음과 같다.

```
num_pages = models.IntegerField(blank=True, null=True)
```

이 경우 필드 클래스에 대해 공백 및 null 옵션을 설정한다. [표 A.2]는 장고의 모든 필드 옵션을 나열한다.

또한 여러 필드에서 해당 클래스에 대한 추가 옵션을 정의한다. 예를 들어, CharField 클래스에는 max_length라는 필수 옵션이 있으며, 기본값은 None이다. 예제는 다음과 같다.

```
title = models.CharField(max_length=100)
```

이 경우 max_length 필드 옵션을 100으로 설정해 책 제목을 100자로 제한한다.

필드 클래스의 전체 목록은 [표 A.1]에 알파벳순으로 정렬돼 있다.

[**표 A.1**] 장고 모델 필드 참조

필드	기본	위젯설명
AutoField	N/A	사용할 수 있는 ID에 따라 자동으로 증가하는 IntegerField이다.
BigIntegerField	NumberInput	−9223372036854775808에서 922337203 6854775807까지의 숫자를 보장한다는 점을 제외하고는 IntegerField와 매우 유사한 64
BinaryField	N/A	원시 이진 데이터를 저장하는 필드다. 바이트 할당만 지원한다. 이 필드는 기능이 제한돼 있다.
BooleanField	CheckboxInput	참/거짓 필드. null 값을 받아들일 필요가 있다면 이것 대신 NullBooleanField를 사용한다.
CharField	TextInput	작은 ~ 큰 크기의 문자열을 나타내는 문자열 필드다. 많은 양의 텍스트를 사용하려면 TextField. CharField에 하나의 추가 인수인 max_length가 필요하다. 필드의 최대 길이(문자 수)다.
DateField	DateInput	파이썬에서 datetime.date 인스턴스로 표현되는 날짜다. 객체를 저장할 때마다 자동으로 필드를 설정하는 auto_now와 객체가 처음 생성될 때 자동으로 필드를 설정하는 auto_now_add라는 두 가지 추가 옵션 인수가 있다.

필드	기본	위젯설명
DateTimeField	DateTimeInput	파이썬에서 datetime.datetime 인스턴스로 표현되는 날짜와 시간. DateField와 동일한 추가 인수를 사용한다.
DecimalField	TextInput	고정 소수점 이하의 십진수로, 파이썬에서 Decimal 인스턴스로 나타낸다. 필수 인수에는 max_digits와 decimal_places가 있다.
DurationField	TextInput	timedelta가 파이썬으로 모델링을 수행한 시간을 저장하는 필드.
EmailField	TextInput	EmailValidator를 사용해 입력의 유효성을 검사하는 CharField다. max_length의 기본값은 254다.
FileField	ClearableFileInput	파일 업로드 필드. FileField에 대한 좀 더 자세한 내용은 다음 절을 참조하라.
FilePathField	Select	CharField는 파일 시스템의 특정 디렉터리에 있는 파일 이름으로 제한된다.
FloatField	NumberInput	float 인스턴스에 의해 파이썬으로 표현된 부동 소수점 숫자. field.localize가 False이면 기본 위젯은 TextInput이다.
ImageField	ClearableFileInput	FileField의 모든 특성과 메서드를 상속하지만 업로드된 객체가 유효한 이미지인지 확인해야 한다. 추가 높이 및 너비 속성. http://pillow.readthedocs.org/en/latest/에서 Pillow 라이브러리가 필요하다.
IntegerField	NumberInput	정수. −2147483648에서 2147483647까지의 값은 장고가 지원하는 모든 데이터베이스에서 안전하다.
GenericIPAddress Field	TextInput	문자열 형식의 IPv4 또는 IPv6 주소(예: 192.0.2.30 또는 2a02:42fe::4).
NullBooleanField	NullBooleanSelect	BooleanField와 유사하지만 NULL을 옵션 중 하나로 허용한다.
PositiveIntegerField	NumberInput	정수. 0에서 2147483647 사이의 값은 장고가 지원하는 모든 데이터베이스에서 안전하게 사용된다.
SlugField	TextInput	Slog는 신문 용어다. slug는 글자, 숫자, 밑줄 또는 하이픈만 포함하는 짧은 레이블이다.

필드	기본	위젯설명
SmallIntegerField	NumberInput	IntegerField와 같지만, 특정 지점 아래의 값만 허용한다. −32768에서 32767 사이의 값은 장고가 지원하는 모든 데이터베이스에서 안전하게 사용된다.
TextField	Textarea	큰 텍스트 필드. max_length 속성을 지정하면 자동 생성 양식 필드의 Textarea 위젯에 반영된다.
TimeField	TextInput	파이썬에서 datetime.time 인스턴스로 표현되는 시간이다.
URLField	URLInput	URL의 CharField이다. 선택적 max_length 인수다.
UUIDField	TextInput	보편적으로 유일한 식별자를 저장하기 위한 필드. 파이썬의 UUID 클래스를 사용한다.

FileField notes

primary_key 및 unique 인수는 지원되지 않으며, 사용되는 경우 TypeError를 발생시킨다.

- 선택적 인수로 FileField.upload_to, FileField.storage와 같이 2개가 있다.

FileField FileField.upload_to

url 속성의 값을 결정하기 위해 MEDIA_ROOT 설정에 추가될 로컬 파일 시스템 경로다. 이 경로에는 파일 업로드 날짜/시간으로 대체되는 strftime() 형식이 포함될 수 있다(업로드된 파일이 지정된 디렉터리를 채우지 않도록 하기 위한 것이다). 파일 이름을 포함해 업로드 경로를 얻기 위해 호출되는 함수와 같은 호출 가능 함수일 수도 있다. 이 호출 가능 객체는 2개의 인수를 받아들일 수 있어야 하며, 유닉스 스타일 경로(슬래시 포함)를 반환해 스토리지 시스템에 전달할 수 있어야 한다.

전달될 두 가지 인수는 다음과 같다.

- 인스턴스: FileField가 정의된 모델의 인스턴스다. 좀 더 구체적으로 말해, 이것은 현재 파일이 첨부된 특정 인스턴스다. 대부분의 경우, 이 객체는 아직 데이터베이스에 저장되지 않았으므로 기본 자동 필드를 사용하는 경우, 기본 키 필드의 값이 아직 없을 수 있다.
- 파일 이름: 원래 파일에 주어진 파일 이름이다. 최종 목적지 경로를 결정할 때 고려할 수도 있고, 고려하지 않을 수도 있다.

FileField.storage

파일의 저장 및 검색을 처리하는 저장 객체다. 이 필드의 기본 양식 위젯은 `Clearable FileInput`이다. 모델에서 `FileField` 또는 `ImageField`(아래 참조)를 사용하려면 몇 단계가 필요하다.

- 설정 파일에서 장고가 업로드된 파일을 저장할 디렉터리의 전체 경로로 `MEDIA_ROOT`를 정의해야 한다. 성능을 위해 이 파일은 데이터베이스에 저장하지 않는다. `MEDIA_URL`을 해당 디렉터리의 기본 공개 URL로 정의한다. 이 디렉터리가 웹 서버의 사용자 계정으로 기록 가능한지 확인한다.
- 모델에 `FileField` 또는 `ImageField`를 추가하고, `upload_to` 옵션을 정의해 업로드된 파일에 사용할 `MEDIA_ROOT`의 하위 디렉터리를 설정한다.
- 데이터베이스에 저장되는 것은 모두 파일에 대한 경로다(`MEDIA_ROOT` 기준). 장고가 제공하는 편리한 url 속성을 사용하고 싶을 것이다. 예를 들어, `ImageField`의 이름이 `mug_shot`인 경우, `{{object.mug_shot.url}}` 템플릿을 사용해 이미지의 절대 경로를 가져올 수 있다.

업로드된 파일을 다룰 때마다 업로드할 파일의 위치와 대상 파일의 유형에 주의를 기울여 보안상의 위험을 피한다. 업로드한 모든 파일의 유효성을 검사하여 해당 파일이 여러

672

분이 생각하는 파일임을 확인한다. 예를 들어, 여러분이 웹 서버의 문서 루트 내에 있는 디렉터리에 유효성 검증 없이 맹목적으로 파일을 업로드하도록 허용한 경우, 누군가는 CGI 또는 PHP 스크립트를 업로드하거나 웹 사이트의 URL을 방문해 해당 스크립트를 실행할 수 있다. 이러한 것을 허용하지 않도록 한다.

또한 업로드된 HTML 파일은 해당 웹 브라우저가 (서버가 아니더라도) 실행할 수 있기 때문에 XSS 또는 CSRF 공격과 동일한 보안 위협을 제기할 수 있다. FileField 인스턴스는 기본 최대 길이가 100자인 varchar 열로, 데이터베이스에 만들어진다. 다른 필드와 마찬가지로, max_length 인수를 사용해 최대 길이를 변경할 수 있다.

FileField 및 FieldFile

모델에서 FileField에 액세스하면 FieldFile 인스턴스가 기본 파일에 액세스하기 위한 프록시로 제공된다. django.core.files.File에서 상속받은 기능 외에도 이 클래스는 파일 데이터와 상호작용하는 데 사용할 수 있는 몇 가지 속성과 메서드가 있다.

FieldFile.url

기본 Storage 클래스의 url( ) 메서드를 호출해 파일의 상대 URL에 액세스하는 읽기 전용 속성이다.

FieldFile.open(mode='rb')

표준 Python open( ) 메서드와 유사하게 동작하고 이 인스턴스와 관련된 파일을 mode로 지정된 모드로 오픈한다.

FieldFile.close( )

표준 파이썬 file.close( ) 메서드와 유사하게 동작하고, 이 인스턴스와 관련된 파일을 닫는다.

FieldFile.save(name, content, save = True)

이 메서드는 파일 이름과 파일 내용을 가져와서 필드의 저장소 클래스에 전달한 후, 저장된 파일을 모델 필드와 연결한다. 모델의 FileField 인스턴스에 파일 데이터를 수동으로 연결하려면 save( ) 메서드를 사용해 해당 파일 데이터를 유지해야 한다.

2개의 필수 인수를 취한다. name은 파일 이름이고, content는 파일 내용을 포함하는 객체다. 선택적 save 인수는 이 필드와 연관된 파일이 변경된 후에 해당 모델 인스턴스가 저장되는지 여부를 제어한다. 기본값은 True다.

content 인수는 파이썬의 내장 파일 객체가 아닌 django.core.files.File의 인스턴스여야 한다. 다음과 같이 기존 파이썬 파일 객체에서 File을 생성할 수 있다.

```
from django.core.files import File
# 파이썬의 내장 open( )을 사용해 기존 파일을 오픈한다.
f = open('/tmp/hello.world')
myfile = File(f)
```

또는 다음과 같이 파이썬 문자열로부터 만들 수 있다.

```
from django.core.files.base import ContentFile
myfile = ContentFile("hello world")
```

FieldFile.delete(save=True)

이 인스턴스와 관련된 파일을 삭제하고 필드의 모든 특성을 지운다. 이 메서드는 delete( )가 호출될 때 열려 있을 경우 해당 파일을 닫는다.

선택적 save 인수는 이 필드와 연관된 파일이 삭제된 후, 모델 인스턴스가 저장되는지 여부를 제어한다. 기본값은 True다.

674

모델을 삭제하면 관련 파일이 삭제되지 않는다. 삭제되지 않은 파일을 정리해야 하는 경우에는 직접 처리해야 한다(예: 수동으로 실행하거나 cron을 통해 주기적으로 실행하도록 예약한 사용자 지정 관리 명령).

▌ 범용 필드 옵션

[표 A.2]는 장고의 모든 선택적 필드 인수를 나열한 것이다. 모든 필드 유형에서 사용할 수 있다.

[표 A.2] 장고 범용 필드 옵션

옵션	설명
null	True이면 장고는 빈 값을 NULL로 데이터베이스에 저장한다. 기본값은 False다. 빈 문자열값은 항상 NULL이 아닌 빈 문자열로 저장되므로 CharField 및 TextField와 같은 문자열 기반 필드에서는 null을 사용하지 않는다. 문자열-기반 및 비문자열-기반 필드의 경우, 폼에서 빈 값을 허용하려면 blank = True로 설정해야 한다. BooleanField로 null 값을 허용하려면 NullBooleanField를 대신 사용해야 한다.
blank	True이면 필드를 비워둘 수 있다. 기본값은 False다. 이것은 null과는 다르다. null은 순전히 데이터베이스와 관련된 반면, blank는 유효성 검사와 관련이 있다.
choices	이 필드에 대한 선택사항으로 사용할 정확히 두 항목(예: [(A, B), (A, B) ...])의 이터러블(iterables)로 구성된 이터러블(예: 목록 또는 튜플)이다. 이것이 주어지면 기본 양식 위젯은 표준 텍스트 필드 대신 선택 항목을 갖는 선택 상자가 된다. 각 튜플의 첫 번째 요소는 모델에 설정할 실제 값이고, 두 번째 요소는 사람이 읽을 수 있는 이름이다.
db_column	이 필드에 사용할 데이터베이스 열의 이름이다. 이것이 주어지지 않으면 장고는 필드의 이름을 사용한다.
db_index	True이면 이 필드에 대해 데이터베이스 색인이 작성된다.
db_tablespace	이 필드의 색인이 작성된 경우, 해당 색인에 사용할 데이터베이스 테이블 공간의 이름이다. 기본값은 프로젝트의 DEFAULT_INDEX_TABLESPACE 설정(설정된 경우) 또는 모델의 db_tablespace(있는 경우)다. 백엔드가 인덱스의 테이블 공간을 지원하지 않으면 이 옵션은 무시된다.

옵션	설명
default	필드의 기본값이다. 값 또는 호출 가능 객체일 수 있다. 호출 가능하면 새로운 객체가 생성될 때마다 호출된다. 기본값은 변경 가능한 객체(모델 인스턴스, 리스트, 세트 등)일 수 없다. 왜냐하면 이 객체의 동일한 인스턴스에 대한 참조가 모든 신규 모델 인스턴스의 기본값으로 사용되기 때문이다.
editable	False인 경우, 대상 필드는 관리자 또는 다른 ModelForm에 나타나지 않을 것이다. 또한 모델 유효성 검사 중에 생략된다. 기본값은 True다.
error_messages	error_messages 인수를 사용하면 필드에서 발생시키는 기본 메시지를 대체할 수 있다. 덮어 쓰려는 오류 메시지와 일치하는 키가 있는 딕셔너리를 전달하자. 오류 메시지 키에는 null, blank, invalid, invalid_choice, unique 및 unique_for_date가 있다.
help_text	양식 위젯과 함께 표시할 추가 도움말 텍스트다. 양식에서 여러분의 필드를 사용하지 않아도 문서화에 유용하다. 이 값은 자동 생성 양식에서 HTML 이스케이프 처리되지 않는다. 원하는 경우 help_text에 HTMl 을 포함시킬 수 있다.
primary_key	True이면 이 필드는 모델의 기본 키이다. 모델의 모든 필드에 대해 primary_key=True를 지정하지 않으면 장고는 기본 키를 보유하기 위해 AutoField를 자동으로 추가하므로 기본 주요-키 동작을 재정의하려는 경우가 아니라면 어떤 필드에서든지 primary_key=True를 설정할 필요가 없다. 기본 키 필드는 읽기 전용이다.
unique	True이면 이 필드는 테이블 전체에서 고유해야 한다. 이는 데이터베이스 레벨 및 모델 검증에 의해 시행된다. 이 옵션은 ManyToManyField, OneToOneField 및 FileField를 제외한 모든 필드 유형에 유효하다.
unique_for_date	이것을 DateField 또는 DateTimeField의 이름으로 설정해 이 필드가 날짜 필드의 값에 대해 고유해야 한다. 예를 들어, unique_for_date="pub_date" 인 필드 제목이 있으면 장고는 동일한 제목과 pub_date를 가진 2개의 레코드 입력을 허용하지 않는다. 이는 모델 유효성 검사 중에 Model.validate_unique()에 의해 적용되지만, 데이터베이스 수준에서는 적용되지 않는다.
unique_for_month	unique_for_date와 같지만, 월을 기준으로 필드가 고유해야 한다.
unique_for_year	unique_for_date와 같지만, 필드는 연도와 관련해 고유해야 한다.
verbose_name	사람이 읽을 수 있는 필드 이름이다. 자세한 이름이 주어지지 않으면 장고는 필드의 속성 이름을 사용해 자동으로 필드 이름을 생성하며, 밑줄을 공백으로 변환한다.
validators	이 필드에 대해 실행하는 유효성 검사기 목록이다.

▌ 필드 속성 참조

모든 Field 인스턴스에는 동작을 관할 수 있는 여러 속성이 있다. 필드의 기능에 따라 코드를 작성해야 할 때 isinstance 검사 대신 이러한 속성을 사용한다. 해당 속성은 Model._meta API와 함께 사용해 특정 필드 유형에 대한 검색 범위를 좁힐 수 있다. 사용자 정의 모델 필드는 이러한 플래그를 구현해야 한다.

필드의 속성

field.auto_created

모델 상속에 사용되는 OneToOneField와 같이 필드가 자동으로 만들어졌는지 여부를 나타내는 부울 플래그다.

Field.concrete

필드에 연결된 데이터베이스 열이 있는지 여부를 나타내는 부울 플래그다.

Field.hidden

필드가 숨겨진 필드가 아닌 다른 기능(예: GenericForeignKey를 구성하는 content_type 및 object_id 필드)을 백업하는 데 사용되는지 여부를 나타내는 부울 플래그다. 숨겨진 플래그는 모델의 공용 필드 서브 세트를 구성하는 항목과 모델의 모든 필드를 구별하는 데 사용된다.

Field.is_relation

필드에 기능에 대한 하나 이상의 다른 모델에 대한 참조가 들어 있는지 나타내는 부울 플래그(예: ForeignKey, ManyToManyField, OneToOneField 및 기타)다.

Field.model

필드가 정의되된 모델을 리턴한다. 필드가 모델의 슈퍼 클래스에 정의된 경우, 모델은 인스턴스의 클래스가 아니라 슈퍼 클래스를 참조하라.

Attributes for fields with relations

이러한 속성은 카디널리티 및 관계의 기타 세부사항을 쿼리하는 데 사용된다. 이 속성은 모든 필드에 존재한다. 그러나 필드가 관계 유형(Field.is_relation = True)인 경우에만 의미 있는 값을 갖는다.

Field.many_to_many

필드가 다대다 관계를 갖는 경우 True인 부울 플래그다. 그렇지 않으면 False다. True인 경우 장고에 포함된 유일한 필드는 ManyToManyField다.

Field.many_to_one

필드에 다대일 관계가 있는 경우, 부울 플래그(예: ForeignKey)다. 그렇지 않으면 False다.

Field.one_to_many

필드에 일대다 관계가 있는 경우(예: GenericRelation 또는 ForeignKey의 역순) 부울 플래그다. 그렇지 않으면 False다.

Field.one_to_one

Field가 OneToOneField와 같이 일대일 관계를 갖는 경우 부울 플래그다. 그렇지 않으면 False다.

Field.related_model

필드가 관련돼 있는 모델을 가리킨다. 예를 들어, ForeignKey(작성자)에서 작성자가 있다. 필드에 GenericForeignKey 또는 GenericRelation과 같은 일반적인 관계가 있는 경우 related_model은 None이다.

▌ Relationships

장고는 또한 관계를 나타내는 일련의 필드를 정의한다.

외래 키

다대일 관계다. 위치 인수가 필요하다. 모델이 관련돼 있는 클래스다. 스스로와 다대일 관계를 갖는 객체인 회귀 관계를 생성하기 위해 ForeignKey('self')을 사용한다.

아직 정의되지 않은 모델에서 관계를 생성해야 하는 경우, 모델 오브젝트 자체가 아닌 모델 이름을 사용할 수 있다.

```python
from django.db import models

class Car(models.Model):
    manufacturer = models.ForeignKey('Manufacturer')
    # ...
class Manufacturer(models.Model):
    # ...
    pass
```

다른 응용 프로그램에 정의된 모델을 참조하려면 전체 응용 프로그램 레이블로 모델을 지정할 수 있다. 예를 들어, 위의 제조업체 모델이 생산이라는 다른 응용 프로그램에 정의돼 있는 경우, 다음을 사용해야 한다.

```
class Car(models.Model):
    manufacturer = models.ForeignKey('production.Manufacturer')
```

이러한 종류의 참조는 두 응용 프로그램 간의 순환 가져오기 종속성을 해결할 때 유용할 수 있다. 데이터베이스 인덱스는 ForeignKey에 자동으로 생성된다. db_index를 3로 설정해 이 기능을 비활성화할 수 있다.

조인이 아닌 일관성을 위해 외부 키를 작성하거나 부분 또는 다중 컬럼 색인과 같은 대체 색인을 작성할 경우 색인의 오버 헤드를 피하고 싶은 경우가 있다.

데이터베이스 표현

배후에서 장고는 필드 이름에 "_id"를 추가해 데이터베이스 열 이름을 만든다. 위의 예에서 Car 모델에 대한 데이터베이스 테이블은 manufacturer_id 열을 갖는다.

db_column을 지정해 이를 명시적으로 변경할 수는 있지만, 사용자 정의 SQL을 작성하지 않으면 코드가 데이터베이스 열 이름을 처리하지 않아도 된다. 여러분은 항상 모델 객체의 필드 이름으로 처리할 것이다.

Arguments

ForeignKey는 관계가 작동하는 방법에 대한 세부 정보를 정의하는 추가 인수 집합(모두 선택사항)을 허용한다.

limit_choices_to

ModelForm 또는 admin을 사용해 이 필드를 렌더링할 때 이 필드에 사용할 수 있는 선택 항목에 대해 제한을 설정한다(기본적으로 쿼리 세트의 모든 객체를 선택할 수 있다). 딕셔너리,

Q 오브젝트 또는 호출 가능한 리턴 딕셔너리 또는 Q 오브젝트가 사용될 수 있다. 예제는 다음과 같다.

```
staff_member = models.ForeignKey(User, limit_choices_to={'is_staff': True})
```

`staff_member = models.ForeignKey(User, limit_choices_to={'is_staff': True})`
는 ModelForm의 해당 필드가 is_staff = True인 사용자만 나열한다. 이것은 장고 관리자에게 도움이 될 수 있다. 예를 들어, Python datetime 모듈과 함께 사용해 날짜 범위에 따라 선택을 제한하는 경우, 호출 가능 형식이 유용할 수 있다. 예제는 다음과 같다.

```
def limit_pub_date_choices():
    return {'pub_date__lte': datetime.date.utcnow()}
limit_choices_to = limit_pub_date_choices
```

limit_choices_to가 복잡한 쿼리에 유용한 Q 객체이거나 이를 반환하면 모델의 ModelAdmin에서 필드가 raw_id_fields에 나열돼 있지 않을 때 관리자가 사용할 수 있는 선택 항목에만 영향을 미친다.

related_name

관련 객체에서 이 객체에 대한 관계에 사용할 이름이다. 또한 related_query_name(대상 모델의 역필터 이름에 사용할 명칭)의 기본값이다. 전체 설명과 예제는 관련 오브젝트 문서를 참조하라. 추상 모델에 대한 관계를 정의할 때 이 값을 설정해야 한다. 이렇게 실행할 때, 몇 가지 특별 구문을 사용할 수 있다. 장고가 뒤로 관계를 생성하지 않길 원한다면 related_name을 '+'로 설정하거나 '+'로 끝낸다. 예를 들어, 이렇게 하면 User 모델이 이 모델에 대한 역방향 관계를 갖지 않게 된다.

```
user = models.ForeignKey(User, related_name='+')
```

related_query_name

대상 모델에서 역방향 필터 이름에 사용할 명칭이다. related_name이 설정된 경우, 기본적으로 related_name의 값으로, 그렇지 않은 경우 모델 이름으로 설정된다.

```python
# related_query_name로 외래 키를 선언한다.
class Tag(models.Model):
    article = models.ForeignKey(Article, related_name="tags",
            related_query_name="tag")
    name = models.CharField(max_length=255)

# 이제 역필터의 이름이다.
Article.objects.filter(tag__name="important")
```

to_field

관계가 있는 관련 객체의 필드다. 기본적으로 장고는 관련 객체의 기본 키를 사용한다.

db_constraint

이 외래 키에 대해 데이터베이스에 제약 조건을 만들지 여부를 관리한다. 기본값은 True 이며, 거의 확실하게 원하는 결과다. 이것을 False로 설정하면 데이터 무결성이 매우 나쁠 수 있다. 즉, 여러분이 원할지도 모르는 몇 가지 시나리오는 다음과 같다.

- 유효하지 않은 기존 데이터가 있다.
- 여러분은 데이터베이스를 샤딩^{sharding}하고 있다.

이 값을 False로 설정하면 존재하지 않는 관련 객체에 액세스해 해당 DoesNotExist 예외가 발생한다.

on_delete

외래 키가 참조하는 객체가 삭제되면 장고는 기본적으로 SQL 제약 조건 ON DELETE CASCADE의 동작을 에뮬레이션하고 외래 키가 포함된 객체도 삭제한다. 이 동작은 on_delete 인수를 지정해 무시할 수 있다. 예를 들어, nullable ForeignKey가 있고 참조된 객체가 삭제될 때 null로 설정되길 원할 경우다.

```
user = models.ForeignKey(User, blank=True, null=True,
on_delete=models.SET_NULL)
```

on_delete에 가능한 값은 django.db.models에 있다.

- CASCADE: 계단식 삭제: 기본값
- PROTECT: django.db.IntegrityError의 하위 클래스인 ProtectedError를 발생시켜 참조된 객체의 삭제를 방지한다.
- SET NULL: 외래 키 null 설정; null이 True 인 경우에만 가능하다.
- SET_DEFAULT: 외래 키를 기본값으로 설정한다. 외래 키의 기본값을 설정해야한다.

swappable

이 외래 키가 스왑 가능 모델을 가리키는 경우 마이그레이션 프레임워크의 반응을 제어한다. True(기본값)인 경우 외래 키가 settings.AUTH_USER_MODEL(또는 다른 스왑 가능 모델 설정)의 현재 값과 일치하는 모델을 가리킨다면 해당 관계가 모델을 직접적으로 참조하지 않고 설정에 대한 참조를 사용해 마이그레이션에 저장한다.

모델이 항상 스왑된 모델(예: 사용자 정의 모델용으로 특별히 설계된 프로파일 모델인 경우)을 가리켜야 한다고 확신하는 경우에만 이 값을 False로 재변경하려고 할 것이다. 심지어 스왑아웃swapped out됐더라도, False로 설정한다고 해서 스왑 가능한 모델을 참조할 수 있다는 것을 의미하지는 않는다. False는 외래 키를 사용한 마이그레이션이 항상 사용자가 설정한 정확한 모델을 참조한다는 것을 의미한다(띠리시 예를 들어, 사용자가 시원하지 않는 모델로 실행하려고 하면 실패한다). 조심스럽다면 기본값인 True로 두도록 한다.

ManyToManyField

다대다 관계다. 위치 지정 인수가 필요하다. 모델이 관련돼 있는 클래스이며, 재귀 및 지연 관계를 포함해 외래 키에서와 동일하게 작동한다. 관련 객체는 필드의 Related Manager를 사용해 추가, 제거 또는 생성할 수 있다.

데이터베이스 표현

배후에서 장고는 다대다 관계를 나타내기 위해 중간 조인 테이블을 생성한다. 기본적으로 이 테이블 이름은 다대다 필드의 이름과 해당 테이블을 포함하는 모델의 테이블 이름을 사용해 생성된다.

일부 데이터베이스는 특정 길이 이상의 테이블 이름을 지원하지 않으므로 이러한 테이블 이름은 자동으로 64자로 잘리고 고유성 해시가 사용된다. 이러한 사실은 여러분이 author_books_9cdf4와 같은 테이블 이름을 볼 수 있다는 것을 의미한다. 여러분은 db_table 옵션을 사용해 조인 테이블의 이름을 수동으로 제공할 수 있다.

Arguments

ManyToManyField는 관계가 작동하는 방식을 제어하는 추가 인수 세트(모두 선택사항)를 허용한다.

related_name

ForeignKey.related_name과 동일하다.

related_query_name

`ForeignKey.related_query_name`과 동일하다.

limit_choices_to

`ForeignKey.limit_choices_to`와 동일하다. `limit_choices_to`는 `through` 파라미터를 사용해 지정된 사용자 지정 중간 테이블이 있는 `ManyToManyField`에서 사용될 때 아무런 영향을 미치지 않는다.

symmetrical

자체에 관련된 `ManyToManyFields`의 정의에만 사용된다. 다음 모델을 고려해보자.

```python
from django.db import models

class Person(models.Model):
    friends = models.ManyToManyField("self")
```

장고는 이 모델을 처리할 때, `ManyToManyField`가 있다는 것을 식별하므로 `Person` 클래스에 `person_set` 속성을 추가하지 않는다. 그 대신 `ManyToManyField`는 대칭이라고 가정한다. 즉, "내가 여러분의 친구라면 여러분은 내 친구다"와 같다.

자신과의 many-to-many 관계에서 대칭을 원하지 않는다면 `symmetrical`을 `False`로 설정하라. 이렇게 하면 장고가 역방향 관계에 대한 설명자를 추가해 `ManyToManyField` 관계가 비대칭non-symmetrical이 되도록 한다.

through

장고는 다대다 관계를 관리하기 위한 테이블을 자동으로 생성한다. 그러나 중개 테이블을 수동으로 지정하려면 `through` 옵션을 사용해 사용하기 원하는 중간 테이블을 나타내는 장고 모델을 지정할 수 있다.

이 옵션의 가장 일반적인 용도는 추가 데이터를 다대다 관계와 연관시키려는 경우다. 명시적 through 모델을 지정하지 않으면 연관성을 유지하기 위해 작성된 테이블에 직접 액세스하는 데 사용할 수 있는 암시적 through 모델 클래스가 계속 존재한다. through 모델 클래스는 세 가지 필드를 갖는다.

- id: 관계의 기본 키
- <containing_model> _id: ManyToManyField를 선언한 모델의 ID다.
- <other_model> _id: ManyToManyField가 가리키는 모델의 ID다.

이 클래스는 일반 모델과 같이 주어진 모델 인스턴스에 대한 관련 레코드를 쿼리하는 데 사용할 수 있다.

through_fields

사용자 지정 매개 모델이 지정된 경우에만 사용된다. 장고는 일반적으로 다대다 관계를 자동으로 설정하기 위해 사용할 중개 모델의 필드가 어떤 것인지 결정한다.

db_table

다대다 데이터를 저장하기 위해 작성할 테이블의 이름이다. 이것이 제공되지 않으면 장고는 관계를 정의하는 모델의 테이블 이름과 필드 자체의 이름을 기반으로 기본 이름을 사용한다.

db_constraint

중개 테이블의 외래 키에 대해 데이터베이스에 제약 조건을 만들어야 하는지 여부를 제어한다. 기본값은 True이며, 거의 확실하게 원하는 것이다. 이것을 False로 설정하면 데이터 무결성이 매우 나쁠 수 있다.

즉, 다음과 같은 시나리오가 있다.

- 유효하지 않은 기존 데이터가 있다.
- 여러분은 데이터베이스를 sharding하고 있다.

db_constraint와 through를 모두 전달하는 것은 오류다.

swappable

이 ManyToManyField가 스왑 가능 모델을 가리키는 경우, 마이그레이션 프레임워크의 반응을 제어한다. 이것이 True(기본값)인 경우 ManyToManyField가 settings.AUTH_USER_MODEL(또는 다른 스왑 가능 모델 설정)의 현재 값과 일치하는 모델을 가리키면 모델을 직접적으로 하지 않고 관계가 설정에 대한 참조를 사용해 마이그레이션에 저장된다.

모델이 항상 스왑된 모델(예: 사용자 정의 사용자 모델 용으로 설계된 프로파일 모델인 경우)을 가리켜야 한다고 확신하는 경우에만 이 값을 False로 바꾸려 할 것이다. 의심스러운 경우에 기본값 인 True로 두도록 한다. ManyToManyField는 검사기를 지원하지 않는다. 데이터베이스 레벨에서 관계를 요구할 방법이 없기 때문에 null은 아무런 효과가 없다.

OneToOneField

일대일 관계다. 이는 개념적으로 unique=True인 ForeignKey와 유사하지만 관계의 뒷면은 단일 객체를 직접 반환한다. 이것은 어떤 방식으로 다른 모델을 확장하는 모델의 기본 키로 가장 유용하다. 예를 들어, 다중 테이블 상속은 하위 모델에서 상위 모델로 암시적 일대일 관계를 추가해 구현한다.

모델이 관련될 클래스인 하나의 위치 인수가 필요하다. 이 순환하고 지연된 관계에 대한 모든 옵션을 포함해, 외래 키의 경우와 같이 정확히 동일하게 작동한다. 여러분이 OneToOneField의 related_name 인수를 지정하지 않으면 장고는 기본값으로 현재 모델의 소문자 이름을 사용한다. 다음 예제를 참조하라.

```
from django.conf import settings
from django.db import models

class MySpecialUser(models.Model):
    user = models.OneToOneField(settings.AUTH_USER_MODEL)
    supervisor = models.OneToOneField(settings.AUTH_USER_MODEL,
            related_name='supervisor_of')
```

최종 사용자 모델에는 다음과 같은 속성이 있다.

```
>>> user = User.objects.get(pk=1)
>>> hasattr(user, 'myspecialuser')
True
>>> hasattr(user, 'supervisor_of')
True
```

관련 테이블의 항목이 없는 경우, 역방향 관계에 액세스할 때 DoesNotExist 예외가 발생한다. 예를 들어, 사용자가 MySpecialUser에 의해 지정된 관리자가 없는 경우다.

```
>>> user.supervisor_of
Traceback (most recent call last):
    ...
DoesNotExist: User matching query does not exist.
```

또한 OneToOneField는 외래 키에서 허용하는 모든 추가 인수와 하나의 추가 인수를 허용한다.

parent_link

True이면 다른 모델을 상속한 모델에서 이 필드를 서브 클래싱해 일반적으로 암시적으로

688

생성되는 여분의 `OneToOneField`가 아니라 부모 클래스에 대한 링크로 사용해야 한다는 것을 나타낸다. `OneToOneField`의 사용 예는 다음 장의 일대일 관계를 참조하라.

▌ 모델 메타 데이터 옵션

[표 A.3]은 내부 클래스 메타에서 모델에 부여할 수 있는 모델 메타 옵션의 전체 목록이다. 각 메타 옵션과 예제에 대한 좀 더 자세한 내용은 장고 문서(https://docs.djangoproject.com/en/1.8/ref/models/options/)를 참조하라.

[표 A.3] 모델 메타 데이터 옵션

옵션	노트
abstract	abstract = True이면 이 모델은 추상 기본 클래스가 된다.
app_label	모델이 INSTALLED_APPS에서 응용 프로그램 외부에 정의된 경우, 해당 모델이 어떤 앱에 속해 있는지 선언해야 한다.
db_table	모델에 사용할 데이터베이스 테이블의 이름이다.
db_tablespace	이 모델에 사용할 데이터베이스 테이블 공간의 이름이나. 기본값은 프로젝트의 DEFAULT_TABLESPACE 설정이다(설정돼 있는 경우). 백엔드가 테이블 공간을 지원하지 않으면 이 옵션은 무시된다.
default_related_name	관련 객체에서 이 객체까지 관계에 기본적으로 사용될 이름이다. 기본값은 <model_name> _set이다.
get_latest_by	모델에서 주문 가능한 필드의 이름으로, 일반적으로 DateField, DateTimeField 또는 IntegerField이다.
managed	기본값은 True다. 즉, 장고는 마이그레이트 또는 마이그레이션의 일부로 적절한 데이터베이스 테이블을 만들고 플러시 관리 명령의 일부로 이들을 제거한다.
order_with_respect_to	이 객체를 지정된 필드에 대해 정렬 가능하게 표시한다.
ordering	객체의 기본 순서이며, 객체 목록을 가져올 때 사용한다.
permissions	이 객체를 만들 때 사용 권한 테이블에 입력할 수 있는 추가 사용 권한이다.
default_permissions	기본값은 ('추가', '변경', '삭제')다.

옵션	노트
proxy	proxy = True이면 다른 모델을 하위 클래스로 만드는 모델이 프록시 모델로 취급된다.
select_on_save	장고가 1.6 버전 이전의 django.db.models.Model.save() 알고리즘을 사용할지 결정한다.
unique_together	함께 취한 필드 이름 집합은 고유해야 한다.
index_together	함께 취한 필드 이름 세트는 색인화된다.
verbose_name	사람이 읽을 수 있는 객체의 이름으로 단수다.
verbose_name_plural	객체의 복수 명칭이다.

데이터베이스 API 참조

장고의 데이터베이스 API는 부록 A에서 논의한 모델 API의 나머지 절반이다. 모델을 정의한 후에는 데이터베이스에 액세스해야 할 때마다 이 API를 사용한다. 이 책 전체에서 이러한 API의 사용 예를 봤을 것이다. 부록 B에서는 다양한 옵션을 자세히 설명한다.

부록 B에서는 웹 로그 응용 프로그램을 구성하는 다음 모델을 참조한다.

```python
from django.db import models

class Blog(models.Model):
    name = models.CharField(max_length=100)
    tagline = models.TextField()

    def __str__(self):
        return self.name
```

```
class Author(models.Model):
    name = models.CharField(max_length=50)
    email = models.EmailField()

    def __str__(self):
        return self.name

class Entry(models.Model):
    blog = models.ForeignKey(Blog)
    headline = models.CharField(max_length=255)
    body_text = models.TextField()
    pub_date = models.DateField()
    mod_date = models.DateField()
    authors = models.ManyToManyField(Author)
    n_comments = models.IntegerField()
    n_pingbacks = models.IntegerField()
    rating = models.IntegerField()

    def __str__(self):
        return self.headline
```

▍ 객체 만들기

장고는 파이썬 객체에서 데이터베이스 테이블 데이터를 나타내기 위해 직관적인 시스템을 사용한다. 모델 클래스는 데이터베이스 테이블을 나타내며, 클래스의 인스턴스는 데이터베이스 테이블의 특정 레코드를 나타낸다.

객체를 생성하려면 키워드 인자를 사용해 모델 클래스에 인스턴스화한 후 **save( )**를 호출해 객체를 데이터베이스에 저장해야 한다.

모델이 **mysite/blog/models.py** 파일에 있다고 가정하면 다음과 같은 예를 들 수 있다.

```
>>> from blog.models import Blog
>>> b = Blog(name='Beatles Blog', tagline='All the latest Beatles news.')
>>> b.save()
```

위 코드는 INSERT SQL문을 실행한다. 장고는 명시적으로 save( )를 호출할 때까지 데이터베이스에 접근하지 않는다.

save( ) 메서드에는 반환값이 없다.

한 번의 단계로 객체를 만들고 저장하려면 create( ) 메서드를 사용해야 한다.

▌ 객체에 대한 변경 사항 저장하기

데이터베이스에 있는 객체의 변경 사항을 저장하려면 save( )를 사용해야 한다.

이미 데이터베이스에 저장된 Blog 인스턴스 b5가 주어지면 이 예제는 이름을 변경하고 데이터베이스에서 해당 레코드를 업데이트한다.

```
>>> b5.name = 'New name'
>>> b5.save()
```

위 코드는 UPDATE SQL문을 수행한다. 장고는 명시적으로 save( )를 호출할 때까지 데이터베이스에 접근하지 않는다.

ForeignKey 및 ManyToManyField 필드 저장하기

ForeignKey 필드 업데이트는 정상 필드를 저장하는 것과 똑같은 방식으로 작동한다. 대상 필드에 적합한 유형의 객체를 지정하면 된다. 이 예제는 Entry 인스턴스의 Blog 속성을 업데이트한다. Entry 및 Blog의 적합한 인스턴스가 이미 데이터베이스에 저장돼 있다고 가정한다(다음에서 해당 항목을 검색할 수 있다).

```
>>> from blog.models import Entry
>>> entry = Entry.objects.get(pk=1)
>>> cheese_blog = Blog.objects.get(name="Cheddar Talk")
>>> entry.blog = cheese_blog
>>> entry.save()
```

ManyToManyField를 업데이트하는 것은 약간 다른 방식으로 작동한다. 필드에 add( ) 메서드를 사용해 해당 관계에 레코드를 추가한다. 이 예제에서는 저자 인스턴스 joe를 엔트리 객체에 추가한다.

```
>>> from blog.models import Author
>>> joe = Author.objects.create(name="Joe")
>>> entry.authors.add(joe)
```

한 번에 ManyToManyField에 여러 레코드를 추가하려면 다음과 같이 add( ) 호출에 여러 인수를 포함시켜야 한다.

```
>>> john = Author.objects.create(name="John")
>>> paul = Author.objects.create(name="Paul")
>>> george = Author.objects.create(name="George")
>>> ringo = Author.objects.create(name="Ringo")
>>> entry.authors.add(john, paul, george, ringo)
```

장고는 잘못된 유형의 객체를 할당하거나 추가하려고 하면 오류를 발생시킬 것이다.

▌ 객체 검색

데이터베이스에서 객체를 검색하려면 모델 클래스의 Manager를 통해 QuerySet을 생성해야 한다.

QuerySet는 데이터베이스의 객체 컬렉션을 표시한다. QuerySet은 0개, 1개 또는 여러 개의 필터를 가질 수 있다. 필터는 주어진 파라미터를 기반으로 쿼리 결과의 범위를 좁힌다. SQL 용어에서 QuerySet은 SELECT문과 같고, 필터는 WHERE 또는 LIMIT와 같은 제한 절이다.

모델의 Manager를 사용해 QuerySet을 얻는다. 각 모델에는 최소한 하나의 Manager가 있으며 기본적으로 객체라고 한다. 다음과 같이 모델 클래스를 통해 직접 액세스한다.

```
>>> Blog.objects
<django.db.models.manager.Manager object at ...>
>>> b = Blog(name='Foo', tagline='Bar')
>>> b.objects
Traceback:
    ...
AttributeError: "Manager isn't accessible via Blog instances."
```

모든 객체 검색하기

테이블에서 객체를 검색하는 가장 간단한 방법은 모든 개체를 가져오는 것이다. 이렇게 하려면 Manager에서 all( ) 메서드를 사용해야 한다.

```
>>> all_entries = Entry.objects.all()
```

all( ) 메서드는 데이터베이스에 있는 모든 객체의 QuerySet을 반환한다.

필터를 사용해 특정 객체 가져오기

all( )에 의해 반환된 QuerySet은 데이터베이스 테이블의 모든 객체를 설명한다. 그러나 일반적으로 개체의 전체 집합 중 일부만 선택해야 한다.

이러한 하위 집합을 생성하려면 필터 조건을 추가해 초기 QuerySet을 구체화해야 한다. QuerySet을 구체화하는 가장 일반적인 두 가지 방법은 다음과 같다.

- 필터(** kwargs). 지정된 검색 파라미터와 일치하는 객체가 포함된 신규 QuerySet을 반환한다.
- 제외(** kwargs). 지정된 조회 파라미터와 일치하지 않는 객체가 포함된 신규 QuerySet을 반환한다.

위의 함수 정의에서 조회 파라미터(** kwargs)는 이 장 뒷부분의 필드 조회[Field lookups]에 설명된 형식이어야 한다.

필터 연결

QuerySet의 정제 결과는 QuerySet 그 자체이므로 상세 검색을 함께 연결할 수 있다. 예제는 다음과 같다.

```
>>> Entry.objects.filter(
... headline__startswith='What'
... ).exclude(
... pub_date__gte=datetime.date.today()
... ).filter(pub_date__gte=datetime(2005, 1, 30)
... )
```

이것은 데이터베이스의 모든 항목에 대한 초기 QuerySet을 가져와서 필터를 추가한 후 제외 항목을 추가하고 또 다른 필터를 추가한다. 최종 결과는 What로 시작하고 2005년 1월 30일과 현재 사이에 발행된 제목을 갖는 모든 항목을 포함하는 QuerySet이다.

필터링된 쿼리 세트는 고유하다

QuerySet을 정제할 때마다 이전 QuerySet에 바인딩된 새로운 QuerySet을 얻게 된다. 각각의 정제는 저장하고 사용하고 재사용할 수 있는 별도의 고유한 QuerySet을 만든다.

예제는 다음과 같다.

```
>>> q1 = Entry.objects.filter(headline__startswith="What")
>>> q2 = q1.exclude(pub_date__gte=datetime.date.today())
>>> q3 = q1.filter(pub_date__gte=datetime.date.today())
```

이 세 가지 QuerySet은 개별적이다. 첫 번째는 What으로 시작하는 제목을 포함하는 모든 항목을 갖고 있는 기본 QuerySet이다. 두 번째는 첫 번째 레코드의 하위 집합이며, pub_date가 현재 또는 미래인 레코드를 제외하는 추가 기준을 갖는다. 세 번째는 첫 번째 레코드의 하위 집합이며, pub_date가 현재 또는 미래인 레코드만 선택하는 추가 기준을 갖는다. 초기 QuerySet(q1)은 정제 프로세스의 영향을 받지 않는다.

QuerySets은 늦다

QuerySet을 만드는 행위는 데이터베이스 활동을 포함하지 않는다. 하루 종일 필터를 함께 쌓을 수 있으며, 장고는 QuerySet이 평가될 때까지 실제로 쿼리를 실행하지 않는다. 다음 예제를 살펴보자.

```
>>> q = Entry.objects.filter(headline__startswith="What")
>>> q = q.filter(pub_date__lte=datetime.date.today())
>>> q = q.exclude(body_text__icontains="food")
>>> print(q)
```

이 데이터베이스는 3개의 데이터베이스 히트와 유사하지만 마지막 행(print (q))에서 데이터베이스에 한 번만 도달한다. 일반적으로 QuerySet의 결과는 요청할 때까지 데이터베이스에서 가져오지 않는다. 여러분이 쿼리 명령을 실행하면 QuerySet이 데이터베이스에 액세스해 평가된다.

get을 사용해 단일 객체 검색

filter( )는 항상 QuerySet을 제공한다. 이 경우 단일 객체만 쿼리와 일치하더라도 단일 요소를 포함하는 QuerySet이 된다.

쿼리와 일치하는 객체가 하나뿐인 경우, 객체를 직접 반환하는 Manager에서 get( ) 메서드를 사용할 수 있다.

```
>>> one_entry = Entry.objects.get(pk=1)
```

filter( )와 마찬가지로 get( )과 함께 모든 쿼리 식을 사용할 수 있다. 부록 B의 다음 절에서 필드 조회를 참조하라.

get( )을 사용하는 것과 [0] 슬라이스로 filter( )를 사용하는 것의 차이점에 유의한다. 쿼리와 일치하는 결과가 없으면 get( )은 DoesNotExist 예외를 발생시킨다. 이 예외는 쿼리가 수행되는 모델 클래스의 속성이므로 위의 코드에서 기본 키가 1인 Entry 객체가 없으면 장고는 Entry.DoesNotExist를 발생시킨다.

이와 마찬가지로 장고는 하나 이상의 아이템이 get( ) 쿼리와 일치하면 오류를 발생시킨다. 이 경우 MultipleObjectsReturned가 발생하며, 이것은 다시 모델 클래스 자체의 특성이다.

기타 QuerySet 방법

대부분 데이터베이스에서 객체를 검색해야 할 때 all( ), get( ), filter( ) 및 exclude( )를 사용한다. 그러나 이것은 그곳에 있는 모든 것과는 거리가 멀다. 모든 다

698

양한 QuerySet 메서드의 전체 목록을 보려면 QuerySet API Reference(https://docs.djangoproject.com/en/1.8/ref/models/querysets/)를 참조하라.

제한된 QuerySet

파이썬의 배열–슬라이스 구문의 서브세트를 사용해 QuerySet을 특정 개수의 결과로 제한한다. 이것은 SQL의 **LIMIT** 및 **OFFSET** 절과 동일하다.

예를 들어, 처음 5개의 객체(LIMIT 5)를 반환한다.

```
>>> Entry.objects.all()[:5]
```

위 명령은 여섯 번째부터 열 번째까지의 객체를 반환한다(OFFSET 5 LIMIT 5).

```
>>> Entry.objects.all()[5:10]
```

음수 인덱싱(즉, Entry.objects.all()[-1])은 지원하지 않는다.

일반적으로 QuerySet을 슬라이스하면 새로운 QuerySet이 반환된다. 이 경우 해당 쿼리를 평가하지 않는다. 예외는 파이썬 슬라이스 구문의 step 파라미터를 사용하는 경우다. 예를 들어, 첫 열 번째의 두 번째 객체 목록을 반환하기 위해 실제로 해당 쿼리를 실행한다.

```
>>> Entry.objects.all()[:10:2]
```

목록 대신 단일 객체를 검색하려면(예: SELECT foo FROM bar LIMIT 1) 슬라이스 대신 간단한 색인을 사용해야 한다.

예를 들어, 항목을 제목의 알파벳순으로 정렬한 후 데이터베이스의 첫 번째 항목을 반환한다.

```
>>> Entry.objects.order_by('headline')[0]
```

위 명령은 대략적으로 다음과 동일한 결과를 만들어낸다.

```
>>> Entry.objects.order_by('headline')[0:1].get()
```

그러나 첫 번째는 IndexError를 발생시키고, 두 번째는 지정된 기준과 일치하는 객체가 없는 경우 DoesNotExist를 발생시킨다. 좀 더 자세한 내용은 get()을 참조하라.

필드 조회

필드 조회는 SQL WHERE 절의 핵심을 지정하는 방법이다. 이것은 QuerySet 메서드 filter(), exclude() 및 get()에 대한 키워드 인수를 설정한다. 기본 검색 키워드 인수는 field__lookuptype =value 형식을 취한다. 대상 필드에는 2개의 밑줄이 있다. 예제는 다음과 같다.

```
>>> Entry.objects.filter(pub_date__lte='2006-01-01')
```

(대략적으로) 다음 SQL로 변환한다.

```
SELECT * FROM blog_entry WHERE pub_date <= '2006-01-01';
```

검색에 지정된 필드는 모델 필드의 이름이어야 한다. 그러나 한 가지 예외가 있다. 외래 키의 경우 _id 접미사로 필드 이름을 지정할 수 있다. 이 경우, value 파라미터에는 외부 모델의 기본 키의 원시 값이 포함될 것으로 예상된다. 예제는 다음과 같다.

```
>>> Entry.objects.filter(blog_id=4)
```

잘못된 키워드 인수를 전달하면 조회 함수가 TypeError를 발생시킨다.

필드 조회의 전체 목록은 다음과 같다.

- exact
- iexact
- contains
- icontains
- in
- gt
- gte
- lt
- lte
- startswith
- istartswith
- endswith
- iendswith
- range
- year
- month
- day
- week_day
- hour
- minute
- second
- isnull
- search

- regex
- iregex

각 필드 조회에 대한 예제를 포함해 완전한 참조는 https://docs.djangoproject.com/ en/1.8/ref/models/querysets/#field-lookups의 필드 조회 참조에서 찾을 수 있다.

관계를 포괄하는 조회

장고는 백그라운드에서 자동으로 SQL JOIN을 처리하면서 조회 시 관계를 추적할 수 있 는 강력하고 직관적인 방법을 제공한다. 관계를 확장하려면 원하는 필드를 찾을 때까지 2개의 밑줄로 구분된 모델에 대한 연관된 필드의 명칭을 사용해야 한다.

이 예제는 블로그 이름이 'Beatles Blog'인 모든 입력 항목 객체를 검색한다.

```
>>> Entry.objects.filter(blog__name='Beatles Blog')
```

이러한 검색은 원하는 만큼 깊게 할 수 있다.

거꾸로도 작동한다. 역방향 관계를 참조하려면 해당 모델의 소문자 이름을 사용해야 한다.

이 예에서는 제목이 'Lennon'인 하나 이상의 항목을 갖는 모든 Blog 객체를 검색한다.

```
>>> Blog.objects.filter(entry__headline__contains='Lennon')
```

여러 관계를 거쳐 필터링하고 중간 모델 중 하나가 필터 조건을 만족하는 값을 갖지 않 는다면 장고는 이것을 공백(모든 값은 NULL이다)으로 취급하지만 유효한 객체로 처리한다. 이 모든 것은 오류가 발생하지 않는다는 것을 의미한다. 예를 들어, 필터에서 다음을 실 행한다.

```
Blog.objects.filter(entry__authors__name='Lennon')
```

(관련 저자 모델이 있는 경우) 입력 항목과 관련된 저자가 없는 경우, 누락된 작성자로 인해 오류가 발생하지 않고 저자 이름이 첨부되지 않은 것으로 처리된다. 대개 이것은 정확히 여러분이 원하는 것이다. 혼란스러울 수 있는 유일한 경우는 isnull을 사용하는 것이다.

```
Blog.objects.filter(entry__authors__name__isnull=True)
```

따라서 Blog.objects.filter(entry__authors__name__isnis = True)는 저자의 이름이 비어 있는 Blog 객체와 입력 항목에 저자 이름이 없는 Blog 객체를 반환한다. 후자의 객체를 원하지 않으면 다음과 같이 작성할 수 있다.

```
Blog.objects.filter(entry__authors__isnull=False, entry__authors__name__
isnull=True)
```

다중값 관계 확장

ManyToManyField 또는 역방향 외래 키를 기반으로 객체를 필터링할 때, 여러분이 관심 있어 할 만한 두 가지 종류의 필터가 있다. 이때에는 블로그/입력 항목 관계를 고려해야 한다(입력 항목에 대한 블로그는 일대다 관계다). 우리는 헤드라인에 Lennon이 있고, 2008년에 출판된 입력 항목을 갖는 블로그를 찾는 데 관심이 있을 수 있다.

또는 헤드라인에서 Lennon라는 입력을 갖는 블로그와 2008년에 출간된 입력을 갖는 블로그를 찾아내고 싶을 수도 있다. 단일 블로그와 관련된 항목이 여러 개 있기 때문에 두 가지 검색어 모두 가능하며 일부 상황에서는 의미가 있다.

ManyToManyField와 동일한 유형의 상황이 발생한다. 예를 들어, 어떤 항목이 ManyToManyField라는 태그를 갖는 경우, 음악 및 밴드라는 태그에 연결된 항목을 찾거나 음악 이름 및 공개 상태 태그가 포함된 항목을 찾기 원할 수 있다.

장고는 이러한 상황을 모두 처리하기 위해 filter() 및 exclude() 호출을 일관된 방식으로 처리한다. 단일 filter() 호출 내부의 모든 항목이 동시에 적용돼 모든 요구사항과 일치하는 항목을 필터링한다.

연속적인 filter() 호출은 객체 세트를 추가로 제한하지만 다중값 관계는 이전 filter() 호출로 선택된 객체가 아닌 기본 모델에 링크된 모든 객체에 적용된다.

약간 혼란스러워 보일지도 모른다. 따라서 예제는 여러분의 이해를 좀 더 명확하게 할 것이다. 헤드라인의 Lennon과 2008년에 출판된 항목을 포함하는 모든 블로그를 선택하려면(두 조건을 모두 충족하는 동일한 항목) 다음과 같이 작성해야 한다.

```
Blog.objects.filter(entry__headline__contains='Lennon', entry__pub_date__
year=2008)
```

제목에 Lennon이 포함된 블로그와 2008년에 출간된 항목을 포함하는 모든 블로그를 선택하려면 다음과 같이 작성해야 한다.

```
Blog.objects.filter(entry__headline__contains='Lennon').filter(entry__pub_
date__year=2008)
```

Lennon을 포함하는 항목과 2008의 항목을 모두 포함하는 블로그가 하나만 있지만, 2008년 항목에는 Lennon이 포함돼 있지 않다고 가정해보자. 첫 번째 쿼리는 해당 블로그를 반환하지 않지만, 두 번째 쿼리는 반환한다.

두 번째 예에서 첫 번째 필터는 Queryset을 헤드라인의 Lennon 항목에 링크된 모든 블로그로 제한한다. 두 번째 필터는 블로그 집합을 2008년에 게시된 항목과 연결되는 블로그 집합으로 제한한다.

두 번째 필터에서 선택한 항목은 첫 번째 필터의 항목과 같을 수도 있고, 아닐 수도 있다.

입력 항목이 아닌 각 필터 문으로 블로그 항목을 필터링하고 있다. 이 모든 동작은 exclude( )에도 적용된다. 단일 exclude( )문의 모든 조건이 단일 인스턴스에 적용된다 (조건이 동일한 다중값 관계에 대해 이야기하는 경우). 동일한 관계를 참조하는 후속 filter( ) 또는 exclude( ) 호출의 조건이 다른 연결된 객체에서 필터링을 종료할 수 있다.

필터는 모델의 필드를 참조할 수 있다

지금까지는 모델 필드의 값과 상수를 비교하는 필터를 만들었다. 그러나 모델 필드의 값을 같은 모델의 다른 필드와 비교하려면 어떻게 해야 할까?

장고는 이러한 비교를 허용하는 F식을 제공한다. F( )의 인스턴스는 쿼리 내의 모델 필드에 대한 참조로 작동한다. 그런 다음, 이러한 참조를 쿼리 필터에 사용해 동일한 모델 인스턴스 2개의 다른 필드 값을 비교할 수 있다.

예를 들어, pingback보다 많은 코멘트가 있는 모든 블로그 항목의 목록을 찾으려면 핑백pingback 카운트를 참조하는 F( ) 객체를 생성하고, 쿼리에서 해당 F( ) 객체를 사용해야 한다.

```
>>> from django.db.models import F
>>> Entry.objects.filter(n_comments__gt=F('n_pingbacks'))
```

장고는 상수와 다른 F( ) 객체를 사용해 덧셈, 뺄셈, 곱셈, 나눗셈, 모듈러스modulos 및 지수 연산을 지원한다. 핑백pingback보다 2배 많은 주석이 있는 모든 블로그 항목을 찾으려면 쿼리를 다음과 같이 수정해야 한다.

```
>>> Entry.objects.filter(n_comments__gt=F('n_pingbacks') * 2)
```

엔트리의 등급이 핑백 카운트와 코멘트 카운트의 합보다 작은 모든 엔트리를 찾으려면 다음과 같은 쿼리를 발행해야 한다.

```
>>> Entry.objects.filter(rating__lt=F('n_comments') + F('n_pingbacks'))
```

이중 밑줄 표기법을 사용해 F( ) 객체의 관계를 확장할 수도 있다. 이중 밑줄이 있는 F( ) 객체는 관련 객체에 액세스하는데 필요한 조인을 도입한다.

예를 들어, 저자 이름이 블로그 이름과 동일한 모든 항목을 검색하기 위해 다음과 같은 쿼리를 발행할 수 있다.

```
>>> Entry.objects.filter(authors__name=F('blog__name'))
```

날짜 및 날짜/시간 필드의 경우, timedelta 객체를 더하거나 뺄 수 있다. 다음은 게시 후 3일 이상 수정된 모든 항목을 반환한다.

```
>>> from datetime import timedelta
>>> Entry.objects.filter(mod_date__gt=F('pub_date') + timedelta(days=3))
```

F( ) 객체는 .bitand( ) 및 .bitor( )에 의한 비트 연산을 지원한다. 예제는 다음과 같다.

```
>>> F('somefield').bitand(16)
```


pk 조회 바로 가기

편의상 장고는 기본 키를 의미하는 pk 조회 바로 가기를 제공한다.

예제 블로그 모델에서 기본 키는 id 필드이므로 다음 세 가지 명령문은 동일하다.

```
>>> Blog.objects.get(id__exact=14) # 명시적 양식
>>> Blog.objects.get(id=14) # __exact는 암시적이다
>>> Blog.objects.get(pk=14) # pk는 id__exact를 의미한다
```

pk의 사용은 __exact 쿼리에만 국한되지 않는다. 쿼리 용어를 pk와 결합해 모델의 기본 키에 대한 쿼리를 수행할 수 있다.

```
# 1, 4, 7번 id로 블로그 항목 가져오기
>>> Blog.objects.filter(pk__in=[1,4,7])
#   id>14인 모든 블로그 항목을 가져오기
>>> Blog.objects.filter(pk__gt=14)
```

pk 조회는 조인 전체에서 작동한다. 예를 들어, 다음 세 문장은 동일하다.

```
>>> Entry.objects.filter(blog__id__exact=3) # 명시적 양식
>>> Entry.objects.filter(blog__id=3) # __exact는 암시적이다
>>> Entry.objects.filter(blog__pk=3) # pk는 id__exact를 의미한다
```

LIKE문에서 백분율 기호 및 밑줄 이스케이프

LIKE SQL문(iexact, contains, icontains, startswith, endswith 및 iendswith)괴 같은 필드 조회는 LIKE문에 사용된 2개의 특수 문자(백분율 기호 및 밑줄)를 자동으로 이스케이프한다 (LIKE문에서 백분율 기호는 여러 문자 와일드 카드를 나타내며, 밑줄 문자는 한 문자 와일드 카드를 나타낸다).

즉, 직관적으로 작동해야 하므로 추상화가 누출되지 않는다. 예를 들어, 퍼센트 기호가 포함된 모든 항목을 검색하려면 백분율 기호를 아무 문자를 대상으로 사용해야 한다.

```
>>> Entry.objects.filter(headline__contains='%')
```

장고는 여러분을 위해 인용 부호를 주의해 사용한다. 따라서 SQL은 다음과 같다.

```
SELECT ... WHERE headline LIKE '%\%%';
```

밑줄에 대해서도 동일하다. 백분율 기호와 밑줄은 모두 투명하게 처리된다.

캐싱과 QuerySet

각 QuerySet은 데이터베이스 액세스를 최소화하는 캐시를 포함한다. 어떻게 작동하는지 이해하면 가장 효율적인 코드를 작성할 수 있다.

새로 생성된 QuerySet에서 캐시는 비어 있다. 처음으로 QuerySet이 평가되고 따라서 데이터베이스 쿼리가 발생하면 장고는 쿼리 결과를 QuerySet 클래스의 캐시에 서장하고 명시적으로 요청된 결과를 반환한다(예: QuerySet이 반복되는 경우 다음 요소 위에). QuerySet의 후속 평가는 캐시된 결과를 다시 사용한다.

이 캐싱 동작을 염두에 두자. 쿼리 세트를 올바르게 사용하지 않으면 쿼리가 제대로 작동하지 않을 수 있다. 예를 들어, 다음은 2개의 QuerySet을 생성하고 평가하고 버릴 것이다.

```
>>> print([e.headline for e in Entry.objects.all()])
>>> print([e.pub_date for e in Entry.objects.all()])
```

즉, 동일한 데이터베이스 쿼리가 두 번 실행돼 데이터베이스로드가 두 배로 늘어난다. 또한 항목이 두 요청 사이에 분할된 초에 추가되거나 삭제됐을 수 있기 때문에 두 목록에 동일한 데이터베이스 레코드가 포함되지 않을 수도 있다.

이 문제를 피하려면 단순히 QuerySet을 저장하고 다시 사용하면 된다.

```
>>> queryset = Entry.objects.all()
>>> print([p.headline for p in queryset]) # QuerySet 평가하기
```

```
>>> print([p.pub_date for p in queryset]) # 평가에서 캐시를 재사용하기
```

Queryset이 캐시되지 않은 경우

Queryset은 항상 결과를 캐시하지 않는다. Queryset의 일부만 평가할 때, 해당 캐시는 검사되지만, 채워지지 않은 경우 후속 쿼리에서 반환되는 항목은 캐시되지 않는다. 특히 배열 슬라이스나 인덱스를 사용해 Queryset을 제한해도 캐시가 채워지지 않는다는 것을 의미한다.

예를 들어, Queryset 객체에서 반복적으로 특정 인덱스를 얻어내면 매번 데이터베이스를 쿼리한다.

```
>>> queryset = Entry.objects.all()
>>> print queryset[5] # 데이터베이스 쿼리하기
>>> print queryset[5] # 데이터베이스를 다시 쿼리하기
```

그러나 전체 Queryset이 이미 평가된 경우, 해당 캐시가 대신 검토될 것이다.

```
>>> queryset = Entry.objects.all()
>>> [entry for entry in queryset] # 데이터베이스 질의
>>> print queryset[5] # 캐시 사용
>>> print queryset[5] # 캐시 사용
```

다음은 전체 Queryset을 평가해 캐시를 채우는 다른 작업의 몇 가지 예다.

```
>>> [entry for entry in queryset]
>>> bool(queryset)
>>> entry in queryset
>>> list(queryset)
```

▍ Q 객체를 사용한 복잡한 조회

filter( )와 같은 키워드 인수 쿼리는 서로 AND 연산된다. 더 복잡한 쿼리(예: OR문을 사용하는 쿼리)를 실행해야 하는 경우, Q 객체를 사용할 수 있다.

Q 객체(django.db.models.Q)는 키워드 인수 모음을 캡슐화하는 데 사용하는 객체다. 이러한 키워드 인수는 위 필드 조회에서와 같이 지정된다.

예를 들어, Q 객체는 단일 LIKE 쿼리를 캡슐화한다.

```
from django.db.models import Q
Q(question__startswith='What')
```

Q 객체는 &와 |를 사용해 결합할 수 있다. 하나의 연산자가 두 객체에 사용되면 새로운 Q 객체가 생성된다.

예를 들어, 이 명령은 2개의 "question__startswith" 쿼리의 OR을 나타내는 단일 Q 객체를 생성한다.

```
Q(question__startswith='Who') | Q(question__startswith='What')
```

이것은 다음 SQL WHERE 절과 동일하다.

```
WHERE question LIKE 'Who%' OR question LIKE 'What%'
```

Q 객체를 &와 |로 결합해 임의의 복잡성을 갖는 문장을 작성하거나 괄호 그룹화를 사용할 수 있다. 또한 Q 객체는 ~ 연산자를 사용해 무효화할 수 있으므로 일반 쿼리와 부정(NOT) 쿼리를 결합한 조회가 가능하다.

```
Q(question__startswith='Who') | ~Q(pub_date__year=2005)
```

키워드 인수(예: filter( ), exclude( ), get( ))를 사용하는 각 조회 함수는 하나 이상의 Q 객체를 위치 인수(이름은 설정되지 않는다)로 전달할 수도 있다. 조회 함수에 여러 개의 Q 객체 인수를 제공하면 해당 인수는 함께 AND 처리된다. 예제는 다음과 같다.

```
Poll.objects.get(
    Q(question__startswith='Who'),
    Q(pub_date=date(2005, 5, 2)) | Q(pub_date=date(2005, 5, 6))
)
    ...
```

대략 SQL로 변환된다.

```
SELECT * from polls WHERE question LIKE 'Who%'
    AND (pub_date = '2005-05-02' OR pub_date = '2005-05-06')
```

조회 함수는 Q 객체와 키워드 인수의 사용을 혼합할 수 있다. lookup 함수(키워드 인수 또는 Q 객체)에 제공된 모든 인수는 함께 AND 연산된다. 하지만 Q 객체가 제공되면 키워드 인수의 정의 앞에 와야 한다. 예제는 다음과 같다.

다음 예제는 유효한 쿼리이다.

```
Poll.objects.get(
    Q(pub_date=date(2005, 5, 2)) | Q(pub_date=date(2005, 5, 6)),
    question__startswith='Who')
    ...
```

그러나 다음은 유효하지 않다.

```
# 유효하지 않은 쿼리
Poll.objects.get(
```

```
    question__startswith='Who',
    Q(pub_date=date(2005, 5, 2)) | Q(pub_date=date(2005, 5, 6)))
    ...
```

객체 비교하기

2개의 모델 인스턴스를 비교하려면 표준 파이썬 비교 연산자인 2개의 등호 부호(==)를 사용해야 한다. 해당 화면 뒤에서 두 모델의 기본 키 값을 비교한다.

위의 입력 항목 예제를 사용하면 다음 두 문장은 동일하다.

```
>>> some_entry == other_entry
>>> some_entry.id == other_entry.id
```

모델의 기본 키가 id가 아닌 경우 크게 문제될 것은 없다. 비교에서는 항상 기본 키를 사용한다. 예를 들어, 모델의 기본 키 필드가 name인 경우 이 다음 두 명령은 동일하다.

```
>>> some_obj == other_obj
>>> some_obj.name == other_obj.name
```

개체 삭제

delete 메서드는 편리하게 delete( )라는 이름을 갖는다. 이 메서드는 즉시 개체를 삭제하고 아무것도 반환하지 않는다. 예제는 다음과 같다.

```
e.delete( )
```

객체를 대량으로 삭제할 수도 있다. 모든 QuerySet은 해당 QuerySet의 모든 멤버를 삭제하는 delete( ) 메서드를 갖는다.

예를 들어, 다음 명령은 pub_date 연도가 2005인 모든 Entry 객체를 삭제한다.

```
Entry.objects.filter(pub_date__year=2005).delete( )
```

가능할 때마다 이것은 SQL로만 실행되므로 개개의 객체 인스턴스의 delete( ) 메서드는 반드시 프로세스 중에 호출되지는 않는다는 것을 기억하자. 모델 클래스에 사용자 정의 delete( ) 메서드를 제공하고, 이것이 호출되도록 하려면 쿼리 집합의 대량 delete( ) 메서드를 사용하는 대신 해당 모델의 인스턴스를 수동으로 삭제할 것이다(예를 들어, 각 객체에 대해 QuerySet을 반복하고 delete( )를 호출한다).

장고는 객체를 삭제할 때, 기본적으로 SQL 제약조건 ON DELETE CASCADE SQL의 동작을 에뮬레이트 한다. 즉, 삭제될 객체가 가리키는 외래 키를 갖는 모든 객체도 함께 삭제된다. 예제는 다음과 같다.

```
b = Blog.objects.get(pk=1)
# 블로그와 모든 입력 항목의 객체를 삭제한다.
b.delete( )
```

이 계단식 동작은 외래 키에 대한 on_delete 인수를 통해 사용자 정의할 수 있다.

delete( )는 Manager 자체에 노출되지 않는 유일한 QuerySet 메서드라는 것을 알아두기 바란다. delete( )는 실수로 Entry.objects.delete( )를 요청하지 않고 모든 입력 항목을 삭제하지 못하게 하는 안전 메커니즘이다. 모든 개체를 삭제하려면 명시적으로 전체 QuerySet을 요청해야 한다.

```
Entry.objects.all( ).delete( )
```

▌ 모델 인스턴스 복사

모델 인스턴스를 복사하는 기본 제공 방법은 없지만, 모든 필드의 값을 복사해 새 인스턴스를 쉽게 만들 수 있다. 가장 단순한 경우 pk를 None으로 설정할 수 있다. 블로그 예제를 사용하면 다음과 같다.

```
blog = Blog(name='My blog', tagline='Blogging is easy')
blog.save() # blog.pk == 1

blog.pk = None
blog.save() # blog.pk == 2
```

상속을 사용하면 상황이 더욱 복잡해진다. 블로그의 하위 클래스를 생각해보자.

```
class ThemeBlog(Blog):
    theme = models.CharField(max_length=200)

django_blog = ThemeBlog(name='Django', tagline='Django is easy',
theme='python')
django_blog.save() # django_blog.pk == 3
```

상속이 작동하는 방식 때문에 여러분은 pk와 id를 None으로 설정해야 한다.

```
django_blog.pk = None
django_blog.id = None
django_blog.save() # django_blog.pk == 4
```

이 프로세스는 관련 객체를 복사하지 않는다. 관계를 복사하려면 좀 더 많은 코드를 작성해야 한다. 예에서와 같이, 입력 항목은 저자에 대한 많은 필드를 갖는다.

```
entry = Entry.objects.all()[0] # 몇 개의 이전 입력 항목
```

```
old_authors = entry.authors.all()
entry.pk = None
entry.save()
entry.authors = old_authors # 신규 다대다 관계를 저장한다.
```

▌ 한 번에 여러 객체 업데이트

때로는 QuerySet의 모든 객체에 대해 특정 값으로 필드를 설정하려고 할 것이다.
update() 메서드를 사용해 이 작업을 수행할 수 있다. 예제는 다음과 같다.

```
# 2007년에 pub_date를 갖는 모든 헤드라인을 업데이트한다.
Entry.objects.filter(pub_date__year=2007).update(headline='Everything is
the same')
```

이 방법을 사용해 비관계 필드와 외래 키 필드만 설정할 수 있다. 비관계 필드를 업데이
트하려면 새 값을 상수로 제공해야 한다. 외래 키 필드를 입데이트히려면 여러분이 가리
키고자 하는 새로운 모델의 인스턴스가 되도록 신규값을 설정해야 한다. 사용 예제는 다
음과 같다.

```
>>> b = Blog.objects.get(pk=1)
# 이 블로그에 속한 모든 입력 항목(Entry)을 변경한다.
>>> Entry.objects.all().update(blog=b)
```

update() 메서드는 즉시 적용되며 쿼리와 일치하는 행의 개수를 반환한다. 일부 행에 이
미 새 값이 있는 경우, 업데이트된 행 수와 다를 수 있다.

업데이트될 QuerySet에 대한 유일한 제한은 모델의 주 테이블인 1개의 데이터베이스 테
이블에 액세스만 할 수 있다는 점이다. 여러분은 관련 필드에 근거해 필터링할 수 있지만,

```
```

모델의 주요 테이블의 열만 업데이트할 수 있다. 예제는 다음과 같다.

```
>>> b = Blog.objects.get(pk=1)
# 이 블로그에 속한 모든 헤드라인을 갱신한다.
>>> Entry.objects.select_related().filter(blog=b).update
(headline='Everything is the same')
```

update( ) 메서드는 SQL문으로 직접 변환된다. 직접 업데이트를위한 대량 작업이다. 모델에서 save( ) 메서드를 실행하지 않거나 save( )를 호출한 결과인 pre_save 또는 post_save 신호를 내보내지 않거나 auto_now 필드 옵션을 사용한다. QuerySet의 모든 항목을 저장하고 각 인스턴스에서 save( ) 메서드가 호출되도록 하려면 해당 함수를 처리하는 데 특별한 함수가 필요하지 않다. 그냥 루프를 돌리고 save( )를 호출하면 된다.

```
for item in my_queryset:
item.save( )
```

업데이트 호출은 F 표현식을 사용해 모델의 다른 필드 값에 근거한 1개의 필드를 업데이트할 수도 있다. 이것은 현재 값에 따라 카운터counter를 증가시킬 때 특히 유용하다. 예를 들어, 블로그의 모든 입력 항목에 대한 핑백pingback* 카운트를 증가시키려면 다음과 같이 해야 한다.

```
>>> Entry.objects.all( ).update(n_pingbacks=F('n_pingbacks') + 1)
```

그러나 필터 및 제외 절의 F( ) 개체와 달리, 업데이트에서 F( ) 개체를 사용할 때 조인을 사용할 수는 없다. 업데이트되는 모델의 로컬 필드를 참조만 할 수 있다. F( ) 객체를 사용해 조인을 사용하려고 하면 FieldError가 발생한다.

---

* 블로거 항목 중 하나가 다른 블로거에 의해 참조될 때 블로그에 자동으로 전송되는 메시지를 말한다.—옮긴이

```
# 다음 명령은 필드 오류(FieldError)를 발생시킨다.
>>> Entry.objects.update(headline=F('blog__name'))
```

▌ 관련 객체

모델(즉, ForeignKey, OneToOneField 또는 ManyToManyField)에서 관계를 정의하면 해당 모델의 인스턴스는 관련 객체에 액세스하기 위한 API를 갖게 된다.

예를 들어, 이 웹 페이지 상단의 모델을 사용하면 Entry 객체 e는 블로그 속성인 e.blog 에 액세스해 관련 Blog 객체를 가져올 수 있다. 배후에서 이러한 기능은 파이썬 설명자로 구현된다. 이 내용은 사용자에게 중요하지 않지만, 호기심을 유발하기 위해 여기에서 설명한다.

장고는 관계의 다른 쪽에 대한 API 접근자(관련 모델에서 해당 관계를 정의하는 모델까지의 연결)도 만든다. 예를 들어, Blog 객체 b는 entry_set 속성을 통해 관련된 모든 Entry 객체의 목록에 액세스할 수 있다.

```
b.entry_set.all().
```

이 섹션의 모든 예제는 웹 페이지의 맨 위에 정의된 샘플 Blog, Author 및 Entry 모델을 사용한다.

일대다 관계

포워드(Forward)

모델에 외래 키가 있는 경우, 해당 모델의 인스턴스는 모델의 단순 속성을 통해 관련(외래) 객체에 액세스할 수 있다. 예제는 다음과 같다.

```
>>> e = Entry.objects.get(id=2)
>>> e.blog # 관련된 블로그 객체를 반환한다.
```

외래 키 속성을 통해 가져오고 설정할 수 있다. 예상대로 외래 키에 대한 변경 사항은
save( )를 호출할 때까지 데이터베이스에 저장되지 않는다. 예제는 다음과 같다.

```
>>> e = Entry.objects.get(id=2)
>>> e.blog = some_blog
>>> e.save( )
```

외래 키 필드에 null=True가 설정돼 있으면(즉, NULL 값을 허용하는 경우), 관계를 제거하기
위해 None를 설정할 수 있다. 예제는 다음과 같다.

```
>>> e = Entry.objects.get(id=2)
>>> e.blog = None
>>> e.save( ) # "UPDATE blog_entry SET blog_id = NULL ...;"
```

관련 객체에 처음 액세스할 때 일대다 관계에 대한 전달forward 액세스가 캐시된다. 동일
한 객체 인스턴스에서 외래 키에 대한 후속 액세스가 캐시된다. 예제는 다음과 같다.

```
>>> e = Entry.objects.get(id=2)
>>> print(e.blog) # 관련 블로그를 검색하기 위해 데이터베이스를 건드린다.
>>> print(e.blog) # 데이터베이스를 건드리지 않는다. 캐시 버전을 사용한다.
```

select_related( )QuerySet 메서드는 모든 일대다 관계의 캐시를 재귀적으로 미리 채우
게 된다는 것을 알아두자. 예제는 다음과 같다.

```
>>> e = Entry.objects.select_related( ).get(id=2)
>>> print(e.blog) # 데이터베이스를 건드리지 않는다. 캐시 버전을 사용한다.
```

```
>>> print(e.blog) # 데이터베이스를 건드리지 않는다. 캐시 버전을 사용한다.
```

백워드 관계를 따라 하기

모델에 외래 키가 있는 경우, 외래 키 모델의 인스턴스는 첫 번째 모델의 모든 인스턴스를 반환하는 관리자에 액세스할 수 있다. 기본적으로 Manager의 이름은 foo_set이며, 여기서 foo는 소문자인 소스 모델 이름이다. Manager는 위의 객체 검색 섹션에서 설명한 대로 필터링하고 조작할 수 있는 QuerySet을 반환한다.

예제는 다음과 같다.

```
>>> b = Blog.objects.get(id=1)
>>> b.entry_set.all() # 블로그에 관한 모든 입력 객체를 반환한다.
# b.entry_set는 QuerySet을 반환하는 관리자다.
>>> b.entry_set.filter(headline__contains='Lennon')
>>> b.entry_set.count()
```

ForeignKey 정의에서 related_name 파라미터를 설정하면 foo_set 이름을 재정의할 수 있다. 예를 들어, 입력 항목 모델이 blog = ForeignKey (Blog, related_name = 'entries')로 변경된 경우, 위의 예제 코드는 다음과 같게 된다.

```
>>> b = Blog.objects.get(id=1)
>>> b.entries.all() # 블로그에 관한 모든 입력 객체를 반환한다.
# b.entries는 QuerySet을 반환하는 관리자다.
>>> b.entries.filter(headline__contains='Lennon')
>>> b.entries.count()
```

사용자 지정 역방향 관리자 사용

역관계에 사용되는 기본 설정인 RelatedManager는 해당 모델에 대한 기본 관리자의 서브 클래스다. 주어진 쿼리에 대해 서로 다른 관리자를 지정하려면 다음 구문을 사용할 수 있다.

```
from django.db import models

class Entry(models.Model):
    # ...
    objects = models.Manager() # 기본 설정 관리자
    entries = EntryManager() # 사용자 정의 관리자

b = Blog.objects.get(id=1)
b.entry_set(manager='entries').all()
```

EntryManager가 get_queryset() 메서드에서 기본 필터링을 수행하면 해당 필터링은 all() 호출에 적용된다.

물론 사용자 지정 역방향 관리자를 지정하면 사용자 지정 메서드를 호출할 수도 있다.

```
b.entry_set(manager='entries').is_published()
```

관련 객체를 처리하기 위한 추가 메서드

이전에 객체 검색에서 정의한 QuerySet 메서드 외에도 ForeignKeyManager에는 관련 객체 세트를 처리하는 데 사용되는 추가 메서드가 있다. 각각의 개요는 다음과 같다(좀 더 자세한 내용은 https://docs.djangoproject.com/en/1.8/ref/models/relations/#related-objects-reference의 관련 객체 참조).

- add(obj1, obj2, ...) 지정된 모델 객체를 관련 객체 세트에 추가한다.
- create (** kwargs) 새 객체를 만들어 저장하고 관련 객체 세트에 저장한다. 새로 생성된 객체를 반환한다.
- remove (obj1, obj2, ...) 관련 객체 세트에서 지정된 모델 객체를 제거한다.
- clear( ) 관련된 객체 세트에서 모든 객체를 제거한다.
- set (objs) 관련 객체 세트를 대체한다.

하나의 관련 세트의 멤버를 할당하려면 반복 가능한 모든 객체에서 이 세트에 할당해야 한다. 반복가능한 것(iterable)에는 객체 인스턴스 또는 기본 키 값의 목록만 포함될 수 있다. 예제는 다음과 같다.

```
b = Blog.objects.get(id=1)
b.entry_set = [e1, e2]
```

이 예에서 e1 및 e2는 전체 Entry 인스턴스 또는 정수 기본 키 값이 될 수 있다.

clear( ) 메서드를 사용할 수 있는 경우, iterable(이 경우 목록)의 모든 객체가 세트에 추가되기 전에 기존 객체가 entry_set에서 제거된다. clear( ) 메서드를 사용할 수 없는 경우, 반복 가능한 모든 객체는 기존 요소를 제거하지 않고 추가된다.

이 섹션에서 설명하는 각각의 역행 작업은 데이터베이스에 즉각적인 영향을 미친다.

모든 추가, 생성 및 삭제가 즉시 자동으로 데이터베이스에 저장된다.

다대다 관계

다대다 관계의 양 끝은 상대방에 대한 자동 API 액세스를 얻는 것이다. 이 API는 위의 백워드 일대다 관계와 마찬가지로 작동한다.

유일한 차이점은 속성 이름 지정에 있다. ManyToManyField를 정의한 모델은 해당 필드 자체의 속성 이름을 사용하지만 역모델에서는 원래 모델의 소문자 모델 이름에 '_set'을 사용한다(역행 일대다 관계에서와 같이).

예를 들어, 다음은 이해하기가 상대적으로 쉽다.

```
e = Entry.objects.get(id=3)
e.authors.all() # 이 엔트리에 대해 모든 저자 객체를 반환한다.
e.authors.count()
e.authors.filter(name__contains='John')

a = Author.objects.get(id=5)
a.entry_set.all() # 이 저자에 대해 모든 엔트리 객체를 반환한다.
```

ManyToManyField는 외래 키와 마찬가지로 related_name을 지정할 수 있다. 위의 예에서 Entry의 ManyToManyField가 related_name='entries'를 지정한 경우, 각 Author 인스턴스는 entry_set 대신 entries 속성을 갖는다.

일대일 관계

일대일 관계는 다대일 관계와 매우 유사하다. 모델에 OneToOneField를 정의하면 해당 모델의 인스턴스는 모델의 단순 속성을 통해 관련 객체에 액세스할 수 있다. 예제는 다음과 같다.

```
class EntryDetail(models.Model):
    entry = models.OneToOneField(Entry)
    details = models.TextField()

ed = EntryDetail.objects.get(id=2)
ed.entry # 관련 입력 항목 객체를 반환한다.
```

차이점은 역검색어다. 일대일 관계의 관련 모델도 Manager 객체에 액세스할 수 있다. 하지만 Manager는 객체 컬렉션이 아닌 단일 객체를 나타낸다.

```
e = Entry.objects.get(id=2)
e.entrydetail # 관련된 EntryDetail 객체를 반환한다.
```

이 관계에 어떤 객체도 할당돼 있지 않으면 장고는 DoesNotExist 예외를 발생시킨다. 전달 관계[forward relationship]를 지정하는 것과 같은 방법으로 인스턴스를 역관계로 지정할 수 있다.

```
e.entrydetail = ed
```

관련 객체에 대한 질의

관련 객체를 포함하는 질의는 정상값 필드를 포함하는 질의와 동일한 규칙을 따른다. 일치시킬 쿼리 값을 지정할 때, 객체 인스턴스 자체나 객체의 기본 키 값을 사용할 수 있다.

예를들어, id가 5인 Blog 객체 b가 있는 경우, 다음 세 가지 쿼리가 동일하다.

```
Entry.objects.filter(blog=b) # 객체 인스턴스를 이용한 쿼리
Entry.objects.filter(blog=b.id) # 인스턴스에서 id를 이용한 쿼리
Entry.objects.filter(blog=5) # id를 직접 사용한 쿼리
```

▌ 원래 SQL로 돌아가기

장고의 database-mapper가 처리하기에는 너무 복잡한 SQL 질의를 작성해야 할 필요가 있는 경우, SQL을 수동으로 작성할 수 있다.

마지막으로 장고 데이터베이스 레이어는 데이터베이스에 대한 인터페이스일 뿐이라는 것을 알고 있는 것이 중요하다. 다른 도구, 프로그래밍 언어 또는 데이터베이스 프레임워크를 통해 데이터베이스에 액세스할 수 있다. 여러분의 데이터베이스에 대해 장고에만 특정적인 것은 없다.

부록 **C**

일반 뷰 참조

"10장, 일반 뷰"에서는 일반적인 뷰를 소개했지만, 일부 세부사항을 생략했다. 이 부록에서는 개별 뷰가 취할 수 있는 옵션 요약과 함께 개별 일반 뷰를 설명한다. 뒤따르는 참조 자료를 이해하기 전에 "10장, 일반 뷰"를 반드시 읽어보자. 해당 챕터에서 정의한 Book, Publisher 및 Author 객체를 다시 참조할 수 있다. 다음 예제는 이 모델을 사용한다. 클래스 기반 뷰와 함께 mixins를 사용하는 것과 같은 좀 더 고급스러운 일반 뷰 항목을 더 깊이 알고 싶다면 장고 프로젝트 웹 사이트(https://docs.djangoproject.com/en/1.8/topics/class-based- views/)를 참조하라.

▌ 일반 뷰에 대한 공통 인수

이러한 뷰의 대부분은 일반 뷰의 동작을 변경할 수 있는 많은 인수를 사용한다. 이러한 인수 중 상당수는 여러 뷰에서 동일하게 작동한다. [표 C.1]에서는 이러한 공통 인수를 설명한다. 일반 뷰의 인수 목록에서 이러한 인수 중 하나를 볼 때마다 표에 설명한 대로 작동한다.

[표 C.1] 공통 일반 뷰 인수

인수	설명
allow_empty	사용할 수 있는 객체가 없는 경우, 웹 페이지를 표시할지 여부를 지정하는 것은 불린이다. 이 값이 False이고 사용할 수 있는 객체가 없다면, 뷰는 빈 웹 페이지를 표시하는 대신 404 오류를 발생시킨다. 기본적인 설정은 True나.
context_processors	뷰 템플릿에 적용할 추가 템플릿 콘텍스트 프로세서 목록(기본값 외)이다. 템플릿 콘텍스트 프로세서에 대한 좀 더 자세한 내용은 "9장, 고급 모델"을 참조하라.
extra_context	템플릿 콘텍스트에 추가할 값 딕셔너리다. 기본적으로 이것은 비어 있는 딕셔너리다. 딕셔너리의 값을 호출할 수 있는 경우, 일반 뷰는 템플릿을 렌더링하기 직전에 이를 호출한다.
mimetype	결과 문서에 사용할 MIME 유형이다. 기본값은 DEFAULT_MIME_TYPE 설정의 값으로, 변경하지 않은 경우 text/html이다.
queryset	객체를 읽을 수 있는 QuerySet(즉, Author.objects.all()과 같은 것이다. QuerySet 객체에 대한 좀 더 자세한 내용은 부록 B를 참조하라. 대부분의 일반적인 뷰는 이 인수가 필요하다.
template_loader	템플릿을 로드할 때 사용할 템플릿 로더다. 기본적으로 django.template.loader다. 템플릿 로더에 대한 좀 더 자세한 내용은 "9장, 고급 모델"을 참조하라.
template_name	웹 페이지를 렌더링할 때 사용할 템플릿의 전체 이름이다. 이를 통해 QuerySet에서 파생된 기본 템플릿 이름을 대체할 수 있다.
template_object_name	템플릿 콘텍스트에서 사용할 템플릿 변수 이름이다. 기본적으로 '객체'다. 2개 이상의 객체(즉, object_list 뷰 및 날짜 뷰에 대한 객체)를 나열하는 뷰는 이 파라미터의 값에 '_list'를 추가한다.

▌ 단순 일반 뷰

`django.views.generic.base` 모듈은 뷰 로직이 필요 없는 템플릿을 렌더링하고 리디렉션을 발행하는 두 가지 일반적인 경우를 처리하는 간단한 뷰를 포함한다.

템플릿 렌더링 – 템플릿 뷰

이 뷰는 지정된 템플릿을 렌더링하고, URL에서 캡처된 키워드 인수를 갖는 콘텍스트를 전달한다.

예제는 다음과 같다.

URLconf가 주어진다면 다음과 같다.

```
from django.conf.urls import url

    from myapp.views import HomePageView

    urlpatterns = [
        url(r'^$', HomePageView.as_view(), name='home'),
    ]
```

그리고 view.py의 샘플은 다음과 같다.

```
from django.views.generic.base import TemplateView
from articles.models import Article

class HomePageView(TemplateView):

    template_name = "home.html"

    def get_context_data(self, **kwargs):
        context = super(HomePageView, self).get_context_data(**kwargs)
```

```
        context['latest_articles'] = Article.objects.all()[:5]
        return context
```

/에 대한 요청은 템플릿 home.html을 렌더링하고, 상위 5개 기사의 목록이 포함된 콘텍스트를 반환한다.

다른 URL로 리디렉션

django.views.generic.base.RedirectView( )는 지정된 URL로 리디렉션한다.

주어진 URL은 딕셔너리 스타일의 문자열 형식을 포함할 수 있으며, 이 형식은 URL에 캡처된 파라미터에 대해 보간된다. 키워드 보간은 (인수가 전달되지 않아노) 항상 수행되기 때문에 URL의 "%"문자는 "%%"로 작성돼야 한다. 그러면 파이썬이 출력에서 단일 백분율 기호로 변환한다.

주어진 URL이 None이면 장고는 HttpResponseGone(410)을 반환한다.

예제 view.py:

```
from django.shortcuts import get_object_or_404

from django.views.generic.base import RedirectView
from articles.models import Article

class ArticleCounterRedirectView(RedirectView):

    permanent = False
    query_string = True
    pattern_name = 'article-detail'

    def get_redirect_url(self, *args, **kwargs):
        article = get_object_or_404(Article, pk=kwargs['pk'])
        article.update_counter()
```

```
                return super(ArticleCounterRedirectView,
                              self).get_redirect_url(*args, **kwargs)
```

예제 urls.py:

```
from django.conf.urls import url
from django.views.generic.base import RedirectView

from article.views import ArticleCounterRedirectView, ArticleDetail

urlpatterns = [
    url(r'^counter/(?P<pk>[0-9]+)/$',
        ArticleCounterRedirectView.as_view(),
        name='article-counter'),
    url(r'^details/(?P<pk>[0-9]+)/$',
        ArticleDetail.as_view(),
        name='article-detail'),
    url(r'^go-to-django/$',
        RedirectView.as_view(url='http://djangoproject.com'),
        name='go-to-django'),
]
```

속성

url

문자열로 리디렉션할 URL이다. 또는 None의 경우에는 410(Gone) HTTP 오류가 발생한다.

pattern_name

리디렉션할 URL 패턴 이름이다. 반전reversing은 이 뷰에 대해 전달된 동일한 *args 및 **kwargs를 사용해 수행된다.

permanent

리디렉션이 영구적이어야 하는지 여부다. 유일한 차이점은 반환된 HTTP 상태 코드다. True이면 리디렉션은 상태 코드 301을 사용한다. False면 리디렉션은 상태 코드 302를 사용한다. 기본적으로 영구적인 것은 True다.

query_string

GET 쿼리 문자열을 새 위치로 전달할지에 대한 여부다. True면 해당 쿼리 문자열이 URL에 추가되고, False면 쿼리 문자열이 무시된다. 기본적으로 query_string은 False다.

메서드

get_redirect_url(* args, ** kwargs)는 리디렉션의 대상 URL을 구성한다.

기본 구현에서는 url을 시작 문자열로 사용하고, URL에 캡처된 명명된 그룹을 사용해 해당 문자열에서 % 명명된 파라미터를 확장한다.

url이 설정되지 않은 경우, get_redirect_url()은 URL에서 캡처된 것을 사용해 pattern_name을 반전시키려고 시도한다(이름이 지정된 그룹과 이름이 지정되지 않은 그룹이 모두 사용된다).

query_string에 의해 요청된 경우, 쿼리 문자열을 생성된 URL에 추가한다. 서브 클래스는 해당 메서드가 리디렉션 가능한 URL 문자열을 반환한다면 원하는 모든 동작을 구현할 수 있다.

▌ List/detail 일반 뷰

list/detail 일반 뷰는 1개의 뷰에서 항목 목록을 표시하고 다른 항목에서 해당 항목의 개별 상세 뷰를 표시하는 일반적인 경우를 처리한다.

객체 목록

django.views.generic.list.ListView

이 뷰를 사용하면 객체 목록을 나타내는 웹 페이지를 표시할 수 있다.

예제 views.py

```
from django.views.generic.list import ListView
from django.utils import timezone
from articles.models import Article

class ArticleListView(ListView):

    model = Article

    def get_context_data(self, **kwargs):
        context = super(ArticleListView, self).get_context_data(**kwargs)
        context['now'] = timezone.now()
        return context
```

예제 myapp/urls.py:

```
from django.conf.urls import url

from article.views import ArticleListView

urlpatterns = [
    url(r'^$', ArticleListView.as_view(), name='article-list'),
]
```

예제 myapp/article_list.html:

```
<h1>Articles</h1>
<ul>
{% for article in object_list %}
```

```
    <li>{{ article.pub_date|date }}-{{ article.headline }}</li>
{% empty %}
    <li>No articles yet.</li>
{% endfor %}
</ul>
```

상세 뷰

django.views.generic.detail.DetailView

이 뷰는 단일 객체에 대한 상세 뷰를 제공한다.

예제 myapp/views.py:

```
from django.views.generic.detail import DetailView
from django.utils import timezone

from articles.models import Article

class ArticleDetailView(DetailView):

    model = Article

    def get_context_data(self, **kwargs):
        context = super(ArticleDetailView, self).get_context_data(**kwargs)
        context['now'] = timezone.now()
        return context
```

예제 myapp/urls.py:

```
from django.conf.urls import url

from article.views import ArticleDetailView
```

```
urlpatterns = [
    url(r'^(?P<slug>[-_\w]+)/$',
        ArticleDetailView.as_view(),
        name='article-detail'),
]
```

예제 myapp/article_detail.html:

```
<h1>{{ object.headline }}</h1>
<p>{{ object.content }}</p>
<p>Reporter: {{ object.reporter }}</p>
<p>Published: {{ object.pub_date|date }}</p>
<p>Date: {{ now|date }}</p>
```

▮ 날짜 기반 일반 뷰

django.views.generic.dates에서 제공되는 날짜 기반 일반 뷰는 날짜 기반 데이터의 드릴 다운 웹 페이지를 표시하기 위한 뷰다.

ArchiveIndexView

최신 개체를 날짜별로 보여주는 최상위 인덱스 웹 페이지다. allow_future를 True로 설정하지 않으면 장래에 날짜가 있는 객체가 포함되지 않는다.

콘텍스트

django.views.generic.list.MultipleObjectMixin(django.views.generic.dates. BaseDateListView를 통해)에서 제공하는 콘텍스트 외에도 템플릿의 콘텍스트는 다음과 같다.

- date_list : datetime.datetime 객체로 표현되는 QuerySet에 따라 사용할 수 있는 객체를 갖는 모든 연도를 내림차순으로 포함하는 DateQuerySet 객체다.

참조사항

- 최신의 기본 context_object_name을 사용한다.
- 기본 template_name_ suffix of_archive를 사용한다.
- 기본적으로 date_list를 연도별로 제공하지만 date_list_period 속성을 사용해 월 또는 일로 변경할 수 있다. 이것은 모든 서브 클래스 뷰에도 적용된다.

예제 myapp/urls.py:

```python
from django.conf.urls import url
from django.views.generic.dates import ArchiveIndexView

from myapp.models import Article

urlpatterns = [
    url(r'^archive/$',
        ArchiveIndexView.as_view(model=Article, date_field="pub_date"),
        name="article_archive"),
]
```

예제 myapp/article_archive.html:

```html
<ul>
    {% for article in latest %}
        <li>{{ article.pub_date }}: {{ article.title }}</li>
    {% endfor %}
</ul>
```

위 코드는 모든 기사를 출력한다.

YearArchiveView

특정 연도의 사용할 수 있는 모든 달month을 보여주는 연간 아카이브 웹 페이지다. allow_future를 True로 설정하지 않으면 미래에 날짜가 있는 객체가 나타나지 않는다.

콘텍스트

django.views.generic.list.MultipleObjectMixin(django.views.generic.dates.BaseDateListView를 통해)에서 제공하는 콘텍스트 외에도 템플릿의 콘텍스트는 다음과 같다.

- date_list: datetime.datetime 객체로 표시되는 QuerySet에 따라 사용할 수 있는 객체를 갖는 모든 달을 오름차순으로 포함하는 DateQuerySet 객체다.
- year: 주어진 해year를 나타내는 날짜 객체
- next_year: allow_empty 및 allow_future에 따라 다음 해 첫 번째 날짜를 나타내는 날짜 객체
- previous_year: allow_empty 및 allow_future에 따라 전년도의 첫 번째 날짜를 나타내는 날짜 객체

참조사항

- 기본 template_name_suffix of_archive_year를 사용한다.

예제 myapp/views.py:

```
from django.views.generic.dates import YearArchiveView

from myapp.models import Article

class ArticleYearArchiveView(YearArchiveView):
    queryset = Article.objects.all()
    date_field = "pub_date"
    make_object_list = True
    allow_future = True
```

예제| myapp/urls.py:

```python
from django.conf.urls import url

from myapp.views import ArticleYearArchiveView

urlpatterns = [
    url(r'^(?P<year>[0-9]{4})/$',
        ArticleYearArchiveView.as_view(),
        name="article_year_archive"),
]
```

예제| myapp/article_archive_year.html:

```html
<ul>
    {% for date in date_list %}
        <li>{{ date|date }}</li>
    {% endfor %}
</ul>
<div>
    <h1>All Articles for {{ year|date:"Y" }}</h1>
    {% for obj in object_list %}
        <p>
            {{ obj.title }}-{{ obj.pub_date|date:"F j, Y" }}
        </p>
    {% endfor %}
</div>
```

MonthArchiveView

특정 달의 모든 객체를 보여주는 월간 아카이브 웹 페이지다. allow_future를 True로 설정하지 않으면 미래에 날짜가 있는 객체가 나타나지 않는다.

콘텍스트

BaseDateListView를 통해 MultipleObjectMixin에서 제공하는 콘텍스트 외에도 템플릿의 콘텍스트는 다음과 같다.

- date_list: datetime.datetime 객체로 표시되는 QuerySet에 따라 지정된 월month에 사용할 수 있는 객체가 있는 모든 요일을 오름차순으로 포함하는 DateQuerySet 객체다.
- month: 주어진 달month을 나타내는 날짜 객체
- next_month: allow_empty 및 allow_future에 따라 다음 달의 첫 번째 날을 나타내는 날짜 객체
- previous_month: allow_empty 및 allow_future에 따라 이전 달의 첫 번째 날을 나타내는 날짜 객체

참조사항

- 기본 template_name_suffix of_archive_month를 사용한다.

예제 myapp/views.py:

```
from django.views.generic.dates import MonthArchiveView

from myapp.models import Article

class ArticleMonthArchiveView(MonthArchiveView):
    queryset = Article.objects.all()
    date_field = "pub_date"
    make_object_list = True
    allow_future = True
```

예제| myapp/urls.py:

```python
from django.conf.urls import url

from myapp.views import ArticleMonthArchiveView

urlpatterns = [
    # 예제 : /2012/aug/
    url(r'^(?P<year>[0-9]{4})/(?P<month>[-\w]+)/$',
        ArticleMonthArchiveView.as_view(),
        name="archive_month"),

    # 예제 : /2012/08/
    url(r'^(?P<year>[0-9]{4})/(?P<month>[0-9]+)/$',
        ArticleMonthArchiveView.as_view(month_format='%m'),
        name="archive_month_numeric"),
]
```

예제| myapp/article_archive_month.html:

```html
<ul>
    {% for article in object_list %}
        <li>{{ article.pub_date|date:"F j, Y" }}:
            {{ article.title }}
        </li>
    {% endfor %}
</ul>

<p>
    {% if previous_month %}
        Previous Month: {{ previous_month|date:"F Y" }}
    {% endif %}
    {% if next_month %}
        Next Month: {{ next_month|date:"F Y" }}
    {% endif %}
</p>
```

738

WeekArchiveView

주어진 주간의 모든 객체를 보여주는 주간 아카이브 웹 페이지다. allow_future를 True
로 설정하지 않으면 미래에 날짜가 있는 객체가 나타나지 않는다.

콘텍스트

BaseDateListView를 통해 MultipleObjectMixin이 제공하는 콘텍스트 외에도 템플릿의
콘텍스트는 다음과 같다.

- week: 주어진 주^{week}의 첫째 날을 나타내는 날짜 객체
- next_week: allow_empty와 allow_future에 따라 다음 주의 첫째 날을 나타내
  는 날짜 객체
- previous_week: allow_empty 및 allow_future에 따라 이전 주 첫째 날을 나타
  내는 날짜 객체

참조사항

- 기본 template_name_suffix of_archive_week를 사용한다.

예제 myapp/views.py

```python
from django.views.generic.dates import WeekArchiveView

from myapp.models import Article

class ArticleWeekArchiveView(WeekArchiveView):
    queryset = Article.objects.all()
    date_field = "pub_date"
    make_object_list = True
    week_format = "%W"
    allow_future = True
```

예제 myapp/urls.py

```python
from django.conf.urls import url

from myapp.views import ArticleWeekArchiveView

urlpatterns = [
    # 예제 : /2012/week/23/
    url(r'^(?P<year>[0-9]{4})/week/(?P<week>[0-9]+)/$',
        ArticleWeekArchiveView.as_view(),
        name="archive_week"),
]
```

예제 myapp/article_archive_week.html

```html
<h1>Week {{ week|date:'W' }}</h1>

<ul>
    {% for article in object_list %}
        <li>{{ article.pub_date|date:"F j, Y" }}: {{ article.title }}</li>
    {% endfor %}
</ul>

<p>
    {% if previous_week %}
        Previous Week: {{ previous_week|date:"F Y" }}
    {% endif %}
    {% if previous_week and next_week %}--{% endif %}
    {% if next_week %}
        Next week: {{ next_week|date:"F Y" }}
    {% endif %}
</p>
```

이 예에서는 주^{week} 번호를 출력한다. WeekArchiveView의 기본 week_format은 일요일에 해당 주간을 시작하는 미국 주간 시스템을 기반으로 하는 주 형식 "% U"를 사용한다. "%W" 형식은 ISO 주 형식을 사용하고, 해당 주는 월요일에 시작된다. "%W" 형식은 strftime( ) 과 날짜 모두에서 동일하다.

그러나 날짜 템플릿 필터는 미국 기반 요일 시스템을 지원하는 것과 동일한 출력 형식을 갖지 않는다. 날짜 필터 "%U"는 유닉스 시대 이후의 시간(초)을 출력한다.

DayArchiveView

주어진 날짜의 모든 객체를 보여주는 1일 아카이브 웹 페이지다. allow_future를 True 로 설정하지 않으면 미래의 날짜는 미래의 어떤 객체가 존재하는지 여부에 관계없이 404 오류를 발생시킨다.

콘텍스트

MultipleObjectMixin이 제공하는 콘텍스트(BaseDateListView를 통해) 외에도 템플릿의 콘텍스트는 다음과 같다.

- day: 주어진 날짜를 나타내는 날짜 객체
- next_day: allow_empty 및 allow_future에 따라 다음 요일을 나타내는 날짜 객체
- previous_day: allow_empty 및 allow_future에 따라 전날을 나타내는 날짜 객체
- next_month: allow_empty 및 allow_future에 따라 다음 달의 첫 번째 날을 나타내는 날짜 객체
- previous_month: allow_empty 및 allow_future에 따라 이전 달의 첫 번째 날을 나타내는 날짜 객체

참조사항

- 기본 template_name_suffix of _archive_day를 사용한다.

예제 myapp/views.py:

```python
from django.views.generic.dates import DayArchiveView

from myapp.models import Article

class ArticleDayArchiveView(DayArchiveView):
    queryset = Article.objects.all()
    date_field = "pub_date"
    make_object_list = True
    allow_future = True
```

예제 myapp/urls.py:

```python
from django.conf.urls import url

from myapp.views import ArticleDayArchiveView

urlpatterns = [
    # 예제 : /2012/nov/10/
    url(r'^(?P<year>[0-9]{4})/(?P<month>[-\w]+)/(?P<day>[0-9]+)/$',
        ArticleDayArchiveView.as_view(),
        name="archive_day"),
]
```

예제 myapp/article_archive_day.html:

```html
<h1>{{ day }}</h1>

<ul>
```

742

```
{% for article in object_list %}
        <li>
        {{ article.pub_date|date:"F j, Y" }}: {{ article.title }}
        </li>
{% endfor %}
</ul>

<p>
    {% if previous_day %}
        Previous Day: {{ previous_day }}
    {% endif %}
    {% if previous_day and next_day %}--{% endif %}
    {% if next_day %}
        Next Day: {{ next_day }}
    {% endif %}
</p>
```

TodayArchiveView

오늘의 모든 객체를 보여주는 요일 아카이브 웹 페이지다. 이는 `django.views.generic.dates.DayArchiveView`와 정확히 동일하지만 연/월/일 인수 대신 오늘 날짜가 사용된다는 점만 다르다.

참조사항

- 기본 template_name_suffix of_archive_today를 사용한다.

예제 myapp/views.py:

```
from django.views.generic.dates import TodayArchiveView

from myapp.models import Article
```

```
class ArticleTodayArchiveView(TodayArchiveView):
    queryset = Article.objects.all()
    date_field = "pub_date"
    make_object_list = True
    allow_future = True
```

예제 myapp/urls.py:

```
from django.conf.urls import url

from myapp.views import ArticleTodayArchiveView

urlpatterns = [
    url(r'^today/$',
        ArticleTodayArchiveView.as_view(),
        name="archive_today"),
]
```

TodayArchiveView용 예제 템플릿은 어디에 있는가?

이 뷰는 기본적으로 이전 예제의 DayArchiveView와 동일한 템플릿을 사용한다. 다른 템플릿이 필요하면 template_name 속성을 신규 템플릿 이름으로 설정한다.

DateDetailView

개별 객체를 나타내는 웹 페이지다. 나중에 오브젝트에 날짜값이 있으면 allow_future를 True로 설정하지 않는 한 해당 뷰는 기본적으로 404 오류를 발생시킨다.

콘텍스트

- DateDetailView에 지정된 모델과 연관된 단일 객체를 포함한다.

- 기본 template_name_suffix of_detail을 사용한다.

예제 myapp/urls.py:

```python
from django.conf.urls import url
from django.views.generic.dates import DateDetailView

urlpatterns = [
    url(r'^(?P<year>[0-9]+)/(?P<month>[-\w]+)/(?P<day>[0-9]+)/
            (?P<pk>[0-9]+)/$',
            DateDetailView.as_view(model=Article, date_field="pub_date"),
            name="archive_date_detail"),
]
```

예제 myapp/article_detail.html:

```html
<h1>{{ object.title }}</h1>
```

▌클래스 기반 뷰를 사용한 폼 핸들링

폼 처리에는 일반적으로 세 가지 경로가 있다.

- 초기 GET(공백 또는 미리 채워진 양식)
- 유효하지 않은 데이터가 있는 POST(일반적으로 오류가 있는 폼을 다시 표시)
- 유효한 데이터가 있는 POST(데이터 처리 및 일반적으로 리디렉션)

이것을 직접 구현하면 많은 반복적인 상용구 코드가 생긴다(뷰에서 양식 사용 참조). 이를 피하기 위해 장고는 폼 처리를 위한 일반적인 클래스 기반 뷰를 제공한다.

기본 폼

간략 계약 폼이 주어짐.

```python
# forms.py

from django import forms

class ContactForm(forms.Form):
    name = forms.CharField()
    message = forms.CharField(widget=forms.Textarea)

    def send_email(self):
        # self.cleaned data 딕셔너리를 사용해 전자 메일을 보낸다.
        pass
```

뷰는 FormView를 사용해 구축할 수 있다.

```python
# views.py

from myapp.forms import ContactForm
from django.views.generic.edit import FormView

class ContactView(FormView):
    template_name = 'contact.html'
    form_class = ContactForm
    success_url = '/thanks/'

    def form_valid(self, form):
        # 유효한 폼 데이터가 POST됐을 때 이 메서드가 호출된다.
        # HttpResponse를 리턴해야 한다.
        form.send_email()
        return super(ContactView, self).form_valid(form)
```

참조사항:

- `TEMPLATE_NAME` 여기에 사용할 수 있도록 `FormView`는 `TemplateResponseMixin`을 상속한다.
- `form_valid()`의 기본 구현은 단순히 `success_url`로 리디렉션된다.

모델 폼

일반 뷰는 모델 작업 시 진가가 들어난다. 이러한 일반 뷰는 사용할 모델 클래스를 결정할 수 있는 한 `ModelForm`을 자동으로 만든다.

- `model` 속성이 주어지면 해당 모델 클래스가 사용된다
- `get_object()`가 객체를 반환하면 해당 객체의 클래스가 사용된다.
- `queryset`이 주어지면 해당 `queryset`에 대한 모델이 사용될 것이다.

모델 폼 뷰는 자동으로 모델을 저장하는 `form_valid()` 구현을 제공한다. 특별한 요구사항이 있는 경우 이 값을 재정의할 수 있다. 예를 들어, 다음을 참조하라. `CreateView` 또는 `UpdateView`에 `success_url`을 제공할 필요조차 없다. 사용 가능하다면 모델 객체에서 `get_absolute_url()`을 사용한다.

사용자 정의 `ModelForm`(예: 추가 검증을 추가하는 경우)을 사용하려면 뷰에서 `form_class`를 설정해야 한다.

 사용자 정의 폼 클래스를 지정할 때, `form_class`가 `ModelForm`이라도 모델을 지정해야 한다.

먼저 `Author` 클래스에 `get_absolute_url()`을 추가해야 한다.

```
# models.py

from django.core.urlresolvers import reverse
from django.db import models

class Author(models.Model):
    name = models.CharField(max_length=200)

    def get_absolute_url(self):
        return reverse('author-detail', kwargs={'pk': self.pk})
```

다음으로 CreateView와 friends을 사용해 실제 작업을 수행할 수 있다. 여기에 일반 클래스 기반 뷰를 구성하는 방법에 대해 알아본다. 우리 스스로 어떠한 로직을 작성할 필요는 없다.

```
# views.py

from django.views.generic.edit import CreateView, UpdateView, DeleteView
from django.core.urlresolvers import reverse_lazy
from myapp.models import Author

class AuthorCreate(CreateView):
    model = Author
    fields = ['name']

class AuthorUpdate(UpdateView):
    model = Author
    fields = ['name']

class AuthorDelete(DeleteView):
    model = Author
    success_url = reverse_lazy('author-list')
```

파일을 가져올 때 url이 로드되지 않으므로 reverse_lazy( )를 사용해야 한다.

fields 속성은 ModelForm의 내부 Meta 클래스에 있는 fields 속성과 동일한 방식으로 작동한다. 다른 방법으로 폼 클래스를 정의하지 않는 한 속성은 필수이며, 뷰는 ImproperlyConfigure 예외가 발생한다.

fields와 form_class 속성을 모두 지정하면 ImproperlyConConfigured 예외가 발생한다.

마지막으로 이러한 새로운 뷰를 URLconf에 연결한다.

```python
# urls.py


from django.conf.urls import url
from myapp.views import AuthorCreate, AuthorUpdate, AuthorDelete

urlpatterns = [
    # ...
    url(r'author/add/$', AuthorCreate.as_view(), name='author_add'),
    url(r'author/(?P<pk>[0-9]+)/$', AuthorUpdate.as_view(),
        name='author_update'),
    url(r'author/(?P<pk>[0-9]+)/delete/$', AuthorDelete.as_view(),
        name='author_delete'),
]
```

이 예제에서

- CreateView 및 UpdateView는 myapp/author_form.html을 사용한다.
- DeleteView는 myapp/author_confirm_delete.html을 사용한다.

CreateView 및 UpdateView에 대해 별도의 템플릿을 사용하려면 뷰 클래스에 template_name 또는 template_name_suffix를 설정할 수 있다.

모델 및 request.user

CreateView를 사용해 객체를 만든 사용자를 추적하려면 사용자 정의 모델 폼을 사용해 이 작업을 수행할 수 있다. 우선 외래 키 관계를 모델에 추가한다.

```
# models.py

from django.contrib.auth.models import User
from django.db import models

class Author(models.Model):
    name = models.CharField(max_length=200)
    created_by = models.ForeignKey(User)

    # ...
```

뷰에서 편집할 필드 목록에 created_by를 포함하지 않고, form_valid( )를 재정의해 사용자를 추가한다.

```
# views.py

from django.views.generic.edit import CreateView
from myapp.models import Author

class AuthorCreate(CreateView):
    model = Author
    fields = ['name']

    def form_valid(self, form):
        form.instance.created_by = self.request.user
        return super(AuthorCreate, self).form_valid(form)
```

login_required( )를 사용해 이 뷰를 꾸미거나 form_valid( )에서 승인되지 않은 사용자를 처리해야 한다.

750

AJAX 예제

다음은 AJAX 요청 및 일반 폼 POST에서 작동하는 폼을 구현하는 방법을 보여주는 간단한 예제다.

```python
from django.http import JsonResponse
from django.views.generic.edit import CreateView
from myapp.models import Author

class AjaxableResponseMixin(object):
    def form_invalid(self, form):
        response = super(AjaxableResponseMixin, self).form_invalid(form)
        if self.request.is_ajax():
            return JsonResponse(form.errors, status=400)
        else:
            return response

    def form_valid(self, form):
        # 몇 가지 처리를 할 수 있으므로 부모의 form_valid() 메서드를 호출해야 한다(예를 들어, CreateView의 경우 form.save()를 호출한다).
        response = super(AjaxableResponseMixin, self).form_valid(form)
        if self.request.is_ajax():
            data = {
                'pk': self.object.pk,
            }
            return JsonResponse(data)
        else:
            return response

class AuthorCreate(AjaxableResponseMixin, CreateView):
    model = Author
    fields = ['name']
```

설정

장고 설정 파일에는 장고 설치의 모든 설정이 들어 있다. 부록 D에서는 설정이 작동하는 방식과 사용할 수 있는 설정을 설명한다.

▌ 설정 파일이란 무엇인가?

설정 파일은 모듈 수준 변수가 있는 파이썬 모듈일 뿐이다. 다음은 몇 가지 예제 설정이다.

```
ALLOWED_HOSTS = ['www.example.com'] DEBUG = False DEFAULT_FROM_EMAIL =
'webmaster@example.com'
```

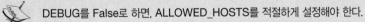 DEBUG를 False로 하면, ALLOWED_HOSTS를 적절하게 설정해야 한다.

설정 파일은 파이썬 모듈이므로 다음이 적용된다.

- 파이썬 구문 오류는 허용하지 않는다.
- 예를 들어, 다음과 같이 일반적인 파이썬 구문을 사용해 동적으로 설정을 지정할 수 있다.

```
MY_SETTING = [str(i) for i in range(30)]
```

- 다른 설정 파일에서 값을 가져올 수 있다.

기본 설정

장고 설정 파일은 필요하지 않은 경우, 설정을 정의할 필요가 없다. 각 설정에는 적절한 기본값이 있다. 이러한 기본값은 django/conf/global_settings.py 모듈에 있다. 다음은 장고가 설정을 컴파일할 때 사용하는 알고리즘이다.

- global_settings.py에서 로드 설정
- 필요한 설정을 무시하고 지정된 설정 파일에서 로드 설정

설정 파일은 global_settings에서 가져오지 않아야 한다. 이는 중복돼 있기 때문이다.

변경한 설정 보기

어떤 설정이 기본 설정에서 벗어나는지 쉽게 볼 수 있다. python manage.py diffsettings 명령은 현재 설정 파일과 장고의 기본 설정 간의 차이점을 표시한다. 좀 더

자세한 내용은 diffsettings 설명서를 참조하라.

▌ 파이썬 코드에서 설정 사용하기

장고 응용 프로그램에서 django.conf.settings 객체를 가져와 설정을 사용한다.

예제:

```
from django.conf import settings
if settings.DEBUG:
        # 뭔가를 실행한다.
```

django.conf.settings는 모듈이 아니라 객체다. 따라서 개별 설정을 가져올 수 없다.

```
from django.conf.settings import DEBUG # 이 명령은 작동하지 않는다.
```

또한 코드는 global_settings 또는 사용자 자신의 설정 파일에서 가져오지 않아야 한다. django.conf.settings는 기본 설정과 웹 사이트별 설정의 개념을 추상화한다. 이것은 단일 인터페이스를 제공한다. 또한 설정을 사용하는 코드와 설정 위치를 분리한다.

▌ 런타임 시 설정 변경

런타임 시 응용 프로그램의 설정을 변경하면 안 된다. 예를 들어, 뷰에서는 이렇게 하지 않는다.

```
from django.conf import settings
settings.DEBUG = True # 이것을 실행하지 않는다.
```

설정에 지정해야 하는 유일한 장소는 설정 파일이다.

▌ 보안

설정 파일에는 데이터베이스 암호와 같은 중요한 정보가 포함돼 있으므로 액세스를 제한하려는 모든 시도를 해야 한다. 예를 들어, 여러분과 여러분의 웹 서버 사용자만 읽을 수 있도록 파일 권한을 변경한다. 특히 이는 공유 호스팅 환경에서 중요하다.

▌ 나만의 설정 만들기

장고 앱을 위해 자신만의 설정을 만드는 것을 막을 수 있는 방법은 없다. 다음 규칙을 따른다.

- 설정 이름은 모두 대문자다.
- 기존 설정을 다시 작성하지 않는다.

시퀀스인 설정의 경우, 장고 자체는 리스트 대신 튜플을 사용하지만 이는 단지 규칙일 뿐이다.

▌ DJANGO_SETTINGS_MODULE

장고를 사용하면 어떤 설정을 사용하고 있는지 말해야 한다. 환경 변수 DJANGO_SETTINGS_MODULE의 값을 사용해 이 작업을 수행한다. DJANGO_SETTINGS_MODULE은 파이썬 경로 구문(예: mysite.settings)이어야 한다.

django-admin 유틸리티

django-admin을 사용할 때 환경 변수를 한 번 설정하거나 유틸리티를 실행할 때마다 설정 모듈을 명시적으로 전달할 수 있다.

예제(유닉스 배시 셸):

```
export DJANGO_SETTINGS_MODULE = mysite.settings
django-admin runserver
```

예제(윈도우 셸):

```
set DJNGO_SETTINGS_MODULE=mysite.settings
django-admin runserver
```

--settings 명령 줄 인수를 사용해 설정을 수동으로 설정한다.

```
django-admin runserver --settings = mysite.settings
```

서버(mod_wsgi)

라이브 서버 환경에서 WSGI 응용 프로그램에 사용할 설정 파일을 알려줘야 한다. os.environ로 실행한다.

```
import os
os.environ['DJANGO_SETTINGS_MODULE'] = 'mysite.settings'
```

Django WSGI 응용 프로그램에 대한 좀 더 자세한 내용과 다른 공통 요소들은 "13장, 장고 배포"를 참조하라.

▌ 설정 없이 설정 사용하기

DJANGO_SETTINGS_MODULE

어떤 경우에는 DJANGO_SETTINGS_MODULE 환경 변수를 생략할 수 있다. 예를 들어, 템플릿 시스템을 단독으로 사용하는 경우, 설정 모듈을 가리키는 환경 변수를 설정하지 않아도 된다. 이 경우 장고의 설정을 수동으로 설정할 수 있다. 이것을 호출로 실행한다.

```
django.conf.settings. Configure(default_settings, **settings)
```

예제:

```
from django.conf import settings
settings.conconfigure(DEBUG=True, TEMPLATE_DEBUG=True)
```

configure에 원하는 만큼 많은 키워드 인수를 설정 및 해당 값을 나타내는 각 키워드 인수와 함께 전달한다. 각 인수 이름은 위에서 설명한 설정과 동일한 이름의 대문자여야한다. 특정 설정이 configure에 전달되지 않고 나중에 필요한 경우, 장고는 기본 설정값을 사용한다.

장고를 이러한 방식으로 구성하는 것은 대용량 응용 프로그램 내부에서 프레임워크를 사용할 때 대부분 필요하다(실제로 권장된다). 결과적으로, settings.configure으로 구성할 경우, 장고는 프로세스 환경 변수를 수정하지 않는다(이것이 일반적으로 발생하는 이유는 TIME_ZONE 문서 참조). 이 경우에 여러분은 이미 환경을 완벽하게 제어하고 있다고 가정한다.

사용자 정의 기본 설정

기본값을 django.conf.global_settings가 아닌 다른 곳에서 가져오려면 default_

settings 인수(또는 첫 번째 위치 인수)로 기본 설정을 제공하는 모듈이나 클래스를 configure에 대한 호출에 전달할 수 있다. 이 예제에서 기본 설정은 myapp_defaults에서 가져오고, DEBUG 설정은 myapp_defaults의 값에 관계없이 True로 설정한다.

```
from django.conf import settings
from myapp import myapp_defaults

settings. Configure(default_settings=myapp_defaults, DEBUG=True)
```

myapp_defaults를 위치 인수로 사용한 후 예제는 동일하다.

```
settings.conconfigure(myapp_defaults, DEBUG=True)
```

일반적으로 이 방식으로 기본값을 재정의할 필요는 없다. 장고 기본값은 안전하게 사용할 수 있도록 충분히 설정돼 있다. 새로운 기본 모듈을 전달하면 장고 기본값을 완전히 대체하므로 임포트하는 코드에서 사용할 수 있는 모든 가능한 설정에 대해 값을 지정해야 한다. 전체 목록은 django.conf.settings.global_settings에서 확인한다.

configure 또는 DJANGO_SETTINGS_MODULE이 필요하다

DJANGO_SETTINGS_MODULE 환경 변수를 설정하지 않은 경우, 설정을 읽는 코드를 사용하기 전 어느 시점에서 configure를 호출해야 한다. DJANGO_SETTINGS_MODULE을 설정하지 않고 configure를 호출하지 않으면 장고는 처음 설정에 액세스할 때 ImportError 예외를 발생시킨다. DJANGO_SETTINGS_MODULE을 설정하고 설정값에 어떻게든 액세스한 후, configure를 호출하면 장고가 설정이 이미 구성됐음을 나타내는 RuntimeError를 발생시킨다. 이 목적에 대한 속성은 다음과 같다.

```
django.conf.settings.configured
```

예제는 다음과 같다.

```
from django.conf import settings
if not settings.conconfigured:
    settings.conconfigure(myapp_defaults, DEBUG=True)
```

또한 configure를 두 번 이상 호출하거나 설정에 액세스한 후 configure를 호출하는 것은 오류다. 이것은 최종적으로 다음과 같다. configure 또는 DJANGO_SETTINGS_MODULE 중 하나를 정확하게 사용한다. 둘 모두가 아니라 2개 중 하나다.

▌ 사용할 수 있는 설정

장고에는 많은 설정이 있다. 쉬운 이해를 위해, 이러한 설정을 6개의 섹션으로 나눴다. 각 섹션은 부록의 해당 테이블과 함께 제공된다.

- 핵심 설정([표 D.1])
- 인증 설정([표 D.2])
- 메시지 설정([표 D.3])
- 세션 설정([표 D.4])
- 장고 웹 사이트 설정([표 D.5])
- 정적 파일 설정([표 D.6])

각 표에는 사용할 수 있는 설정 및 기본값이 나열돼 있다. 각 설정에 대한 추가 정보 및 사용 사례는 장고 프로젝트 웹 사이트(https://docs.djangoproject.com/en/1.8/ref/settings/)를 참조하라.

특히 기본값이 MIDDLEWARE_CLASSES 및 STATICFILES_FINDERS와 같이 비어 있지 않은 리스트나 딕셔너리인 경우 설정을 재정의할 때 주의한다. 여러분이 사용하고자 하는 장고의 기능에 필요한 구성 요소들을 갖고 있는지 확인한다.

핵심 설정

[표 D.1] 장고 핵심 설정

설정	기본값
ABSOLUTE_URL_OVERRIDES	{} (Empty dictionary)
ADMINS	[] (Empty list)
ALLOWED_HOSTS	[] (Empty list)
APPEND_SLASH	True
CACHE_MIDDLEWARE_ALIAS	default
CACHES	{ 'default': { 'BACKEND': 'django.core.cache.backends.locmem.LocMemCache', } }
CACHE_MIDDLEWARE_KEY_PREFIX	' ' (empty string)
CACHE_MIDDLEWARE_SECONDS	600
CSRF_COOKIE_AGE	31449600 (1 year, in seconds)
CSRF_COOKIE_DOMAIN	None
CSRF_COOKIE_HTTPONLY	False
CSRF_COOKIE_NAME	Csrftoken
CSRF_COOKIE_PATH	'/'
CSRF_COOKIE_SECURE	False

설정	기본값
DATE_INPUT_FORMATS	['%Y-%m-%d', '%m/%d/%Y', '%m/%d/%y', '%b %d %Y', '%b %d, %Y', '%d %b %Y','%d %b, %Y', '%B %d %Y', '%B %d, %Y', '%d %B %Y', '%d %B, %Y',]
DATETIME_FORMAT	'N j, Y, P' (for example, Feb. 4, 2003, 4 p.m.)
DATETIME_INPUT_FORMATS	['%Y-%m-%d %H:%M:%S', '%Y-%m-%d %H:%M:%S.%f', '%Y-%m-%d %H:%M', '%Y-%m-%d', '%m/%d/%Y %H:%M:%S', '%m/%d/%Y %H:%M:%S.%f', '%m/%d/%Y %H:%M', '%m/%d/%Y', '%m/%d/%y %H:%M:%S', '%m/%d/%y %H:%M:%S.%f', '%m/%d/%y %H:%M', '%m/%d/%y',]
DEBUG	False
DEBUG_PROPAGATE_ EXCEPTIONS	False
DECIMAL_SEPARATOR	'.' (Dot)
DEFAULT_CHARSET	'utf-8'
DEFAULT_CONTENT_TYPE	'text/html'
DEFAULT_EXCEPTION_ REPORTER_FILTER	django.views.debug. SafeExceptionReporterFilter
DEFAULT_FILE_STORAGE	django.core.files.storage. FileSystemStorage
DEFAULT_FROM_EMAIL	'webmaster@localhost'.
DEFAULT_INDEX_TABLESPACE	' ' (Empty string)
DEFAULT_TABLESPACE	' ' (Empty string)
DISALLOWED_USER_AGENTS	[] (Empty list)
EMAIL_BACKEND	django.core.mail.backends.smtp. EmailBackend
EMAIL_HOST	'localhost'
EMAIL_HOST_PASSWORD	' ' (Empty string)
EMAIL_HOST_USER	' ' (Empty string)

설정	기본값
EMAIL_PORT	25
EMAIL_SUBJECT_PREFIX	'[Django] '
EMAIL_USE_TLS	False
EMAIL_USE_SSL	False
EMAIL_SSL_CERTFILE	None
EMAIL_SSL_KEYFILE	None
EMAIL_TIMEOUT	None
FILE_CHARSET	'utf-8'
FILE_UPLOAD_HANDLERS	['django.core.files.uploadhandler.MemoryFileUploadHandler', 'django.core.files.uploadhandler.TemporaryFileUploadHandler']
FILE_UPLOAD_MAX_MEMORY_SIZE	2621440 (that is, 2.5 MB)
FILE_UPLOAD_DIRECTORY_PERMISSIONS	None
FILE_UPLOAD_PERMISSIONS	None
FILE_UPLOAD_TEMP_DIR	None
FIRST_DAY_OF_WEEK	0 (Sunday)
FIXTURE_DIRS	[] (Empty list)
FORCE_SCRIPT_NAME	None
FORMAT_MODULE_PATH	None
IGNORABLE_404_URLS	[] (Empty list)
INSTALLED_APPS	[] (Empty list)
INTERNAL_IPS	[] (Empty list)
LANGUAGE_CODE	'en-us'
LANGUAGE_COOKIE_AGE	None (expires at browser close)
LANGUAGE_COOKIE_DOMAIN	None

설정	기본값
LANGUAGE_COOKIE_NAME	'django_language'
LANGUAGES	A list of all available languages
LOCALE_PATHS	[] (Empty list)
LOGGING	A logging configuration dictionary
LOGGING_CONFIG	'logging.config.dictConfig'
MANAGERS	[] (Empty list)
MEDIA_ROOT	' ' (Empty string)
MEDIA_URL	' ' (Empty string)
MIDDLEWARE_CLASSES	['django.middleware.common. CommonMiddleware', 'django.middleware.csrf. CsrfViewMiddleware']
MIGRATION_MODULES	{ } (empty dictionary)
MONTH_DAY_FORMAT	'F j'
NUMBER_GROUPING	0
PREPEND_WWW	False
ROOT_URLCONF	Not defined
SECRET_KEY	' ' (Empty string)
SECURE_BROWSER_XSS_ FILTER	False
SECURE_CONTENT_TYPE_ NOSNIFF	False
SECURE_HSTS_INCLUDE_ SUBDOMAINS	False
SECURE_HSTS_SECONDS	0
SECURE_PROXY_SSL_HEADER	None
SECURE_REDIRECT_EXEMPT	[] (Empty list)
SECURE_SSL_HOST	None
SECURE_SSL_REDIRECT	False
SERIALIZATION_MODULES	Not defined

설정	기본값
SERVER_EMAIL	'root@localhost'
SHORT_DATE_FORMAT	m/d/Y (for example, 12/31/2003)
SHORT_DATETIME_FORMAT	m/d/Y P (for example, 12/31/2003 4 p.m.)
SIGNING_BACKEND	'django.core.signing.TimestampSigner'
SILENCED_SYSTEM_CHECKS	[] (Empty list)
TEMPLATES	[] (Empty list)
TEMPLATE_DEBUG	False
TEST_RUNNER	'django.test.runner.DiscoverRunner'
TEST_NON_SERIALIZED_APPS	[] (Empty list)
THOUSAND_SEPARATOR	, (Comma)
TIME_FORMAT	'P' (for example, 4 p.m.)
TIME_INPUT_FORMATS [	'%H:%M:%S', '%H:%M:%S.%f', '%H:%M',]
TIME_ZONE	'America/Chicago'
USE_ETAGS	False
USE_I18N	True
USE_L10N	False
USE_THOUSAND_SEPARATOR	False
USE_TZ	False
USE_X_FORWARDED_HOST	False
WSGI_APPLICATION	None
YEAR_MONTH_FORMAT	'F Y'
X_FRAME_OPTIONS	'SAMEORIGIN'

인증 설정(Auth)

[표 D.2] 장비 인증 설정

설정	기본값
AUTHENTICATION_ BACKENDS	'django.contrib.auth.backends.ModelBackend'
AUTH_USER_MODEL	'auth.User'
LOGIN_REDIRECT_URL	'/accounts/profile/'
LOGIN_URL	'/accounts/login/'
LOGOUT_URL	'/accounts/logout/'
PASSWORD_RESET_ TIMEOUT_DAYS	3
PASSWORD_HASHERS	['django.contrib.auth.hashers.PBKDF2PasswordHasher', 'django.contrib.auth.hashers. PBKDF2SHA1PasswordHasher', 'django.contrib.auth.hashers.BCryptPasswordHasher', 'django.contrib.auth.hashers.SHA1PasswordHasher', 'django.contrib.auth.hashers.MD5PasswordHasher', 'django.contrib.auth.hashers. UnsaltedMD5PasswordHasher', 'django.contrib.auth.hashers.CryptPasswordHasher']

메시지 설정(Messages)

[표 D.3] 장고 메시지 설정

설정	기본값
MESSAGE_LEVEL	messages
MESSAGE_STORAGE	'django.contrib.messages.storage.fallback. FallbackStorage'

설정	기본값
MESSAGE_TAGS	{ messages.DEBUG: 'debug', messages.INFO: 'info', messages.SUCCESS: 'success', messages.WARNING: 'warning', messages.ERROR: 'error' }

세션 설정(Sessions)

[표 D.4] 장고 세션 설정

설정	기본값
SESSION_CACHE_ALIAS	default
SESSION_COOKIE_AGE	1209600 (2 weeks, in seconds).
SESSION_COOKIE_DOMAIN	None
SESSION_COOKIE_HTTPONLY	True.
SESSION_COOKIE_NAME	'sessionid'
SESSION_COOKIE_PATH	'/'
SESSION_COOKIE_SECURE	False
SESSION_ENGINE	'django.contrib.sessions.backends.db'
SESSION_EXPIRE_AT_BROWSER_CLOSE	False
SESSION_FILE_PATH	None
SESSION_SAVE_EVERY_REQUEST	False
SESSION_SERIALIZER	'django.contrib.sessions.serializers.JSONSerializer'

웹 사이트 설정(Sites)

[표 D.5] 장고 웹 사이트 설정

설정	기본값
SITE_ID	SITE_ID

정적 파일 설정(Static files)

[표 D.6] 장고 정적 파일 설정

설정	기본값
STATIC_ROOT	None
STATIC_URL	None
STATICFILES_DIRS	[ ] (Empty list)
STATICFILES_STORAGE	'django.contrib.staticfiles.storage.StaticFilesStorage'
STATICFILES_FINDERS	["django.contrib.staticfiles.finders.FileSystemFinder", "django.contrib.staticfiles.finders. AppDirectoriesFinder"]

내장 템플릿 태그와 필터

"3장, 템플릿"은 가장 유용한 내장 템플릿 태그와 필터를 나열한다. 그러나 장고에는 더 많은 태그와 필터가 내장돼 있다. 부록 E에서는 장고의 모든 템플릿 태그와 필터에 대한 요약을 제공한다. 좀 더 자세한 정보와 사용 사례는 장고 프로젝트 웹 사이트(https://docs.djangoproject.com/en/1.8/ref/templates/builtins/)를 참조하라.

▌ 내장 태그

자동 이스케이프

현재 자동 이스케이프^{autoescaping} 동작을 제어한다. 이 태그는 인수로 on 또는 off를 취하며 자동 이스케이프가 블록 내부에서 적용되는지 여부를 결정한다. 이 블록은 endautoescape 종료 태그로 닫힌다.

자동 이스케이프가 실행 중일 때, 결과를 출력에 배치하기 전에 모든 가변 내용에 HTML 이스케이프가 적용된다(다만 모든 필터가 적용된 후다). 이는 각 변수에 수동으로 이스케이프 필터를 적용하는 것과 같다.

유일한 예외는 변수를 채우는 코드에 의해 이스케이프로부터 안전하다고 이미 표시된 변수이거나 안전 또는 이스케이프 필터가 적용됐기 때문이다. 샘플 사용법은 다음과 같다.

```
{% autoescape on %}
    {{ body }}
{% endautoescape %}
```

블록

하위 템플릿으로 덮어쓸 수 있는 블록^{block}을 정의한다. 자세한 정보는 "3장, 템플릿"의 "템플릿 상속"을 참조하라.

코멘트

{% comment %}와 {% endcomment %} 사이의 모든 것을 무시한다. 선택적 노트가 첫 번째 태그에 삽입될 수 있다. 예를 들어, 이는 코드가 사용되지 않는 이유를 문서화하기 위한 코드를 주석 처리할 때 유용하다.

코멘트 태그는 중첩될 수 없다.

csrf_token

이 태그는 CSRF 보호에 사용된다. CSRF^{Cross Site Request Forgeries}에 대한 좀 더 자세한 내용은 "3장, 템플릿" 및 "19장, 장고 보안"을 참조하라.

주기

이 태그가 발생할 때마다 인수 중 하나를 생성한다. 첫 번째 인수는 첫 번째 발생에서 생성되고, 두 번째 인수는 두 번째 발생에서 생성된다. 나머지도 동일하다. 모든 인수가 사용되면 해당 태그는 첫 번째 인수로 이동해 다시 인수를 생성한다. 이 태그는 루프에서 특히 유용하다.

```
{% for o in some_list %}
    <tr class="{% cycle 'row1' 'row2' %}">
        ...
    </tr>
{% endfor %}
```

첫 번째 반복은 클래스 row1을 참조하는 HTML을 생성하고, 두 번째 반복은 클래스 row2, 세 번째 행은 클래스 row1을 다시 참조하며 각각의 루프마다 계속 반복된다. 변수도 사용할 수 있다. 예를 들어, 2개의 템플릿 변수인 rowvalue1과 rowvalue2가 있는 경우, 다음과 같이 해당 값을 번갈아 가며 사용할 수 있다.

```
{% for o in some_list %}
    <tr class="{% cycle rowvalue1 rowvalue2 %}">
        ...
    </tr>
{% endfor %}
```

변수와 문자열을 혼합할 수도 있다.

```
{% for o in some_list %}
    <tr class="{% cycle 'row1' rowvalue2 'row3' %}">
        ...
    </tr>
{% endfor %}
```

주기 태그에 공백으로 구분된 여러 개의 값을 사용할 수 있다. 작은 따옴표(') 나 큰 따옴표(")로 묶인 값은 문자열 리터럴로 취급되는 반면, 따옴표가 없는 값은 템플릿 변수로 취급된다.

debug

현재 콘텍스트 및 임포트한 모듈을 포함해 전체 로드의 디버깅 정보를 출력한다.

extends

해당 템플릿이 상위 템플릿을 확장한 신호다. 태그는 다음 두 가지 방법으로 사용할 수 있다.

- {% extends "base.html"%}(따옴표 포함)은 리터럴 값 "base.html"을 확장할 상위 템플릿 이름으로 사용한다.
- {% extends variable %}는 변숫값을 사용한다. 변수가 문자열로 평가되면 장고는 해당 문자열을 부모 템플릿 이름으로 사용한다. 변수가 템플릿 객체로 평가되면 장고는 해당 객체를 부모 템플릿으로 사용한다.

filter

하나 이상의 필터를 통해 블록의 내용을 필터링한다. 장고의 필터 목록은 부록의 후반부에 있는 내장 필터 섹션을 참조하라.

firstof

False가 아닌 첫 번째 인수 변수를 출력한다. 전달된 모든 변수가 False이면 아무것도 출력하지 않는다. 샘플 사용법은 다음과 같다.

```
{% first1 var1 var2 var3 %}
```

위 내용은 다음과 같다.

```
{% if var1 %}
    {{ var1 }}
{% elif var2 %}
    {{ var2 }}
{% elif var3 %}
    {{ var3 }}
{% endif %}
```

for

배열의 각 항목을 루프해 해당 항목을 콘텍스트 변수에서 사용할 수 있도록 한다. 예를 들어, athlete_list에 제공된 선수 리스트를 표시하려면 다음과 같이 입력해야 한다.

```
<ul>
{% for athlete in athlete_list %}
```

```
    <li>{{ athlete.name }}</li>
{% endfor %}
</ul>
```

{% for obj in list reversed %}를 사용해 역순으로 리스트에 대해 반복할 수 있다. 여러 리스트를 반복해야 하는 경우, 각 하위 리스트의 값을 개별 변수로 압축 해제할 수 있다. 이러한 내용은 딕셔너리의 해당 항목에 액세스해야 하는 경우에도 유용할 수 있다. 예를 들어, 콘텍스트에 딕셔너리 데이터가 포함된 경우, 다음은 딕셔너리의 키와 값을 표시한다.

```
{% for key, value in data.items %}
    {{ key }}: {{ value }}
{% endfor %}
```

for··· empty

for 태그는 지정된 배열이 비어 있거나 찾을 수 없는 경우, 텍스트가 표시된 선택적 {% empty %} 절을 사용할 수 있다.

```
<ul>
{% for athlete in athlete_list %}
    <li>{{ athlete.name }}</li>
{% empty %}
    <li>Sorry, no athletes in this list.</li>
{% endfor %}
</ul>
```

if

{% if %} 태그는 변수를 평가하고, 해당 변수가 true(즉, 존재하고 비어 있지 않으며, 거짓 부울 값이 아닌 경우)이면 블록의 내용이 출력된다.

```
{% if athlete_list %}
    Number of athletes: {{ athlete_list|length }}
{% elif athlete_in_locker_room_list %}
    Athletes should be out of the locker room soon!
{% else %}
    No athletes.
{% endif %}
```

위의 경우 athlete_list가 비어 있지 않으면 선수의 수는 {{athlete_list|length}} 변수로 나타난다. if 태그는 하나 이상의 {% elif %} 절뿐만 아니라 이전 조건이 모두 실패한 경우 표시될 {% else %} 절을 사용할 수 있다. 이 절은 선택사항이다.

Boolean operators

if 태그는 여러 변수를 테스트하거나 주어진 변수를 무효화하기 위해 and, or 또는 not 를 사용할 수 있다.

```
{% if athlete_list and coach_list %}
    Both athletes and coaches are available.
{% endif %}

{% if not athlete_list %}
    There are no athletes.
{% endif %}

{% if athlete_list or coach_list %}
    There are some athletes or some coaches.
{% endif %}
```

동일한 태그 내에서 and와 or 절을 모두 사용할 수 있으며, and가 or보다 상대적으로 높은 우선순위를 갖는다.

{% if athlete_list and coach_list or cheerleader_list %}는 다음과 같이 해석할 수 있다.

```
if (athlete_list and coach_list) or cheerleader_list
```

---

if 태그에서 실제 괄호 사용은 잘못된 구문이다. 우선순위를 표시해야 하려면 중첩된 if 태그를 사용해야 한다.

if 태그는 [표 E.1]에 나열된 것과 같이 작동하는 연산자 ==, !=, <, >, <=, >=을 사용할 수도 있다.

[표 E.1] 템플릿 태그의 불린 연산자

연산자	예제
==	{% if somevar == "x" %} …
!=	{% if somevar != "x" %} …
<	{% if somevar < 100 %} …
>	{% if somevar > 10 %} …
<=	{% if somevar <= 100 %} …
>=	{% if somevar >= 10 %} …
In	{% if "bc" in "abcdef" %}

복잡한 표현식

위의 모든 것을 결합해 복잡한 표현식을 구성할 수 있다. 그러한 표현식의 경우, 표현식이 평가될 때 연산자가 그룹화되는 방식, 즉 선행 규칙을 알아야 한다. 연산자의 우선순위는 가장 낮은 것에서 가장 높은 것까지 다음과 같다.

776

- or
- and
- not
- in
- ==, !=, <, >, <=, and >=

이 우선순위는 파이썬이 정확히 따른다.

Filters

if 식에서 필터를 사용할 수도 있다. 예제는 다음과 같다.

```
{% if messages|length >= 100 %}
    You have lots of messages today!
{% endif %}
```

ifchanged

값이 루프의 마지막 반복에서 변경됐는지 확인한다. {% ifchanged %} 블록 태그는 루프 내에서 사용된다. 이러한 블록 태그에는 두 가지 용도가 있다.

- 렌더링된 내용을 이전 상태와 비교해 내용이 변경된 경우에만 내용을 표시한다.
- 하나 이상의 변수가 주어진 경우, 변수가 변경됐는지 확인한다.

ifequal

2개의 인수가 서로 같은 경우, 블록의 내용을 출력한다. 예제는 다음과 같다.

```
{% ifequal user.pk comment.user_id %}
    ...
{% endifequal %}
```

ifequal 태그의 대안은 if 태그와 == 연산자를 사용하는 것이다.

ifnotequal

2개의 인수가 동등하지 않다는 것을 제외하면 if equal과 같다. ifnotequal 태그의 대안은 if 태그와 != 연산자를 사용하는 것이다.

include

템플릿을 로드하고 현재 콘텍스트로 렌더링한다. 이것은 템플릿 내에 다른 템플릿을 포함시키는 방법이다. 템플릿 이름은 변수일 수 있다.

```
{% include template_name %}
```

또는 인용 부호가 붙은 코드 문자열일 수 있다.

```
{% include "foo/bar.html" %}
```


load

사용자 정의 템플릿 태그 세트를 로드한다. 예를 들어, 다음 템플릿은 패키지에 있는 somelibrary 및 otherlibrary에 등록된 모든 태그와 필터를 로드한다.

패키지:

```
{% load somelibrary package.otherlibrary %}
```

from 인수를 사용해 라이브러리의 개별 필터 또는 태그를 선택적으로 로드할 수도 있다. 이 예제에서 foo와 bar라는 템플릿 태그/필터는 somelibrary에서 로드한다.

```
{% load foo bar from somelibrary %}
```

좀 더 자세한 내용은 사용자 정의 태그 및 필터 라이브러리를 참조하라.

lorem

임의의 lorem ipsum 라틴 텍스트를 표시한다. 이는 템플릿에 샘플 데이터를 제공할 때 유용하다. 사용법은 다음과 같다.

```
{% lorem [count] [method] [random] %}
```

{% lorem %} 태그는 0, 1, 2 또는 3개의 인수와 함께 사용할 수 있다. 인수는 다음과 같다.

- Count: 생성할 단락 또는 단어 수를 포함하는 숫자 또는 변수다(기본값은 1이다).
- Method: 단어의 경우 w, HTML 단락의 경우 p, 일반 텍스트 단락 블록의 경우 b(기본값은 b)다.
- Random: 주어진 경우 단어 random은 텍스트를 생성할 때 일반 단락(Lorem ipsum dolor sitting amet ...)을 사용하지 않는다.

예를 들어, {% lorem 2 w random %}는 2개의 random 라틴어 단어를 출력한다.

now

주어진 문자열에 따라 형식을 사용해 현재 날짜 및/또는 시간을 표시한다. 이러한 문자열은 날짜 필터 섹션에서 설명한 대로 형식 지정자 문자를 포함할 수 있다.

예제:

```
It is {% now "jS F Y H:i" %}
```

전달된 형식은 DATE_FORMAT, DATETIME_FORMAT, SHORT_DATE_FORMAT 또는 SHORT_DATETIME_FORMAT 중 하나일 수 있다. 예를 들어, 미리 정의된 형식은 현재 로케일^{locale}에 따라 달라질 수 있으며 형식-로컬리제이션^{format-localization}이 설정된 경우 다음과 같다.

```
It is {% now "SHORT_DATETIME_FORMAT" %}
```

regroup

공통 속성에 의해 모든 객체의 목록을 재그룹화한다.

{% regroup %}은 그룹 객체의 목록을 생성한다. 각 그룹 객체에는 두 가지 속성이 있다.

- 그룹화^{grouper}: 그룹별로 그룹화된 항목(예: 인도 또는 일본 문자열)
- 리스트^{list}: 그룹의 모든 항목 목록(예: country = "India"인 모든 도시 목록)

{% regroup %}은 입력을 정렬하지 않는다.

유효한 템플릿 조회는 메서드, 속성, 딕셔너리 키 및 리스트 항목을 포함해 재그룹 태그에 대한 합법적인 그룹화 속성이다.

spaceless

HTML 태그 사이의 공백을 제거한다. 여기에는 탭 문자와 개행 문자가 포함된다.

예제 사용법:

```
{% spaceless %}
    <p>
        <a href="foo/">Foo</a>
    </p>
{% endspaceless %}
```

이 예제는 HTML을 반환한다.

```
<p><a href="foo/">Foo</a></p>
```

templatetag

템플릿 태그를 작성하는 데 사용되는 구문 문자 중 하나를 출력한다. 템플릿 시스템에는 이스케이프 개념이 없으므로 템플릿 태그에 사용된 비트 중 하나를 표시하려면 {% templatetag %} 태그를 사용해야 한다. 인수는 출력할 템플릿 비트를 알려준다.

- openblock outputs: {%
- closeblock outputs: %}
- openvariable outputs: {{
- closevariable outputs: }}
- openbrace outputs: {
- closebrace outputs: }
- opencomment outputs: {#
- closecomment outputs: #}

샘플 사용법:

```
{% templatetag openblock %} url 'entry_list' {% templatetag closeblock %}
```

url

지정된 뷰 함수 및 선택적 파라미터와 일치하는 절대 경로 참조(도메인 이름이 없는 URL)를
반환한다. 결과 경로의 특수 문자는 iri_to_uri( )를 사용해 인코딩된다. 이렇게 하면 템
플릿의 URL을 하드코딩해야 하므로 DRY 원칙을 위반하지 않고 링크를 출력할 수 있다.

```
{% url 'some-url-name' v1 v2 %}
```

첫 번째 인수는 package.package.module.function 형식의 뷰 함수에 대한 경로다. 이
인수로는 따옴표가 붙은 리터럴 또는 다른 콘텍스트 변수가 가능하다. 추가 인수는 선택
사항이며, URL에서 인수로 사용되는 공백으로 구분된 값이어야 한다.

verbatim

템플릿 엔진이 블록 태그의 내용을 렌더링하는 것을 중지한다. 일반적인 용도는 장고의
문법과 충돌하는 자바스크립트 템플릿 레이어를 허용하는 것이다.

widthratio

막대형 차트 등을 만들 때, 해당 태그는 주어진 값과 최댓값의 비율을 계산한 후 해당 비
율을 상수에 적용한다. 예제는 다음과 같다.

```
<img src="bar.png" alt="Bar"
     height="10" width="{% widthratio this_value max_value max_width %}" />
```

with

좀 더 단순한 이름하에서 복잡한 변수를 캐시한다. 이렇게 하면 자원 소모가 많은 메서드에 여러 번 접근할 때 유용하다(예: 데이터베이스를 건드리는 메서드). 예제는 다음과 같다.

```
{% with total=business.employees.count %}
    {{ total }} employee{{ total|pluralize }}
{% endwith %}
```

▌ 내장 필터

add

인수를 값에 추가한다. 예제는 다음과 같다.

```
{{ value|add:"2" }}
```

값이 4이면, 출력은 6이 된다.

addslashes

따옴표 앞에 슬래시를 추가한다. 예를 들어, CSV에서 문자열을 이스케이프하는 데 유용하다. 예제는 다음과 같다.

```
{{ value|addslashes }}
```

값이 "I'm using Django"이면, 출력은 "I'm using Django"가 된다.

capfirst

값의 첫 번째 문자를 대문자로 시작한다. 첫 번째 문자가 대문자가 아닌 경우, 이 필터는 아무런 효과가 없다.

center

주어진 폭의 필드에 값의 중심을 맞춘다. 예제는 다음과 같다.

```
"{{ value|center:"14" }}"
```

만약, 값이 장고이면 출력은 장고가 된다.

cut

arg의 모든 값을 주어진 문자열에서 제거한다.

date

지정된 형식에 따라 날짜 형식을 설정한다. PHP의 date( ) 함수와 유사한 형식을 사용한다.

이러한 형식 문자는 템플릿 외부 장고에서 사용되지 않는다. 이것은 설계자가 쉽게 변환하기 위해 PHP와 호환되도록 설계됐다. 형식 문자열의 전체 목록은 장고 프로젝트 웹 사이트(https://docs.djangoproject.com/en/dev/ref/templates/builtins/#date)를 참조하라.

예제는 다음과 같다.

{{ value|date:"D d M Y" }}

value가 datetime.datetime.now( )의 결과와 같은 datetime객체인 경우, Fri 01 Jul 2016 문자열이 출력된다. 전달된 형식은 DATE_FORMAT, DATETIME_FORMAT, SHORT_DATE_FORMAT 또는 SHORT_DATETIME_FORMAT 또는 날짜 형식 지정자를 사용하는 사용자 정의 형식이다.

default

value가 False로 평가되면 지정된 기본값을 사용한다. 그렇지 않으면 값을 사용한다. 사용 예제는 다음과 같다.

{{ value|default:"nothing" }}

default_if_none

value가 None인 경우, 지정된 기본값을 사용한다. 그렇지 않으면 값을 사용한다.

dictsort

딕셔너리 목록을 가져와서 인수에서 주어진 키별로 정렬된 목록을 반환한다. 사용 예제는 다음과 같다.

```
{{ value|dictsort:"name" }}
```

dictsortreversed

딕셔너리 목록을 가져와서 인수에서 주어진 키에 의해 역순으로 정렬된 목록을 반환한다.

divisibleby

인수로 값을 나눌 수 있는 경우 True를 반환한다. 사용 예제는 다음과 같다.

```
{{ value|divisibleby:"3" }}
```

값이 21이면 출력은 True다.

escape

문자열의 HTML을 이스케이프한다. 특히 다음 대체 작업을 수행한다.

- <는 & lt;로 변환된다.
- >는 & gt;로 변환된다.
- '(작은 따옴표)는 '로 변환된다.

- "(큰 따옴표)는 "로 변환된다.
- &는 & amp로 변환된다.

이스케이프는 문자열이 출력될 때만 적용되므로 이스케이프 처리된 연속된 필터 시퀀스의 위치는 중요하지 않다. 마지막 필터인 것처럼 항상 적용된다.

escape.js

자바스크립트 문자열에 사용할 문자를 이스케이프 처리한다. 이렇게 하면 HTML에서 사용할 수 있는 문자열이 안전하지는 않지만, 템플릿을 사용해 JavaScript/JSON을 생성할 때 구문 오류로 부터 보호할 수 있다.

filesizeformat

값을 '사람이 읽을 수 있는' 파일 크기(즉, '13KB', '4.1MB', '102바이트' 등)와 같이 형식화한다. 예제는 다음과 같다.

```
{{ value|filesizeformat }}
```

값이 123456789이면, 출력은 117.7MB가 된다.

first

리스트의 첫째 항목을 반환한다.

floatformat

인수 없이 사용하면 표시할 소수 부분만 있는 경우에만 부동 소수점 숫자를 하나의 소수 자리로 반올림한다. 숫자형 정수 인수와 함께 사용하는 경우, floatformat는 해당 소수 자리까지 숫자를 반올림한다.

예를 들어, 값이 34.23234이면 {{value|floatformat:3}}은 34.232이 된다.

get_digit

전체 숫자가 주어지면 요청된 숫자를 반환한다. 여기서 1은 맨 오른쪽 숫자다.

iriencode

국제화된 리소스 식별자(IRI)를 URL에 포함하기에 적합한 문자열로 변환한다.

join

파이썬의 str.join(list)와 같은 문자열로 리스트를 조인한다.

last

리스트의 마지막 항목을 반환한다.

length

값의 길이를 리턴한다. 이것은 문자열과 리스트 모두에서 작동한다.

length_is

값의 길이가 인수이면 True를 반환하고, 그렇지 않으면 False를 반환한다. 예제는 다음과 같다.

```
{{ value|length_is:"4" }}
```

linebreaks

일반 텍스트의 줄 바꿈을 적절한 HTML로 바꾼다. 한 줄 바꿈은 HTML 줄 바꿈(<br />) 이 되고 빈 줄이 뒤따르는 새 줄은 문단 구분(</p>)이 된다.

linebreaksbr

일반 텍스트의 모든 개행 문자를 HTML 줄 바꿈으로 변환한다(<br />).

linenumbers

줄 번호가 있는 텍스트를 표시한다.

ljust

주어진 너비의 필드에서 값을 왼쪽 정렬한다. 예제는 다음과 같다.

```
{{ value|ljust:"10" }}
```

값이 장고면, 출력은 장고가 된다.

lower

문자열을 모두 소문자로 변환한다.

make_list

리스트로 변환된 값을 리턴한다. 문자열의 경우, 문자 리스트다. 정수의 경우 해당 인수는 리스트를 만들기 전에 유니코드 문자열로 형 변환된다.

phone2numeric

전화번호(문자 포함 가능)를 해낭 숫자로 변환한다. 입력이 유효한 전화번호일 필요는 없다. 이것은 큰 무리 없이 모든 문자열을 변환한다. 예제는 다음과 같다.

```
{{ value|phone2numeric }}
```

값이 800-COLLECT면, 출력은 800-2655328이 된다.

pluralize

값이 1이 아니면 복수 접미어를 반환한다. 기본적으로 접미어는 s다.

간단한 접미사로 복수화되지 않는 단어의 경우, 단수 또는 복수 접미사를 쉼표로 구분해 지정할 수 있다. 예제는 다음과 같다.

```
You have {{ num_cherries }} cherr{{ num_cherries|pluralize:"y,ies" }}.
```

pprint

디버깅을 위한 pprint.pprint( )에 대한 래퍼다.

random

지정된 리스트로부터 임의 항목을 반환한다.

rjust

주어진 너비의 필드에서 값을 오른쪽 정렬한다. 예제는 다음과 같다.

```
{{ value|rjust:"10" }}
```

값이 장고면, 출력은 장고가 된다.

safe

문자열을 출력하기 전에 더 이상 HTML 이스케이프가 필요하지 않은 것으로 표시한다.
오토이스케이프가 꺼져 있으면 이 필터는 효과가 없다.

safeseq

시퀀스의 각 요소에 안전 필터를 적용한다. 조인과 같이 시퀀스에서 작동하는 다른 필터
와 함께 사용하면 유용하다. 예제는 다음과 같다.

```
{{ some_list|safeseq|join:", " }}
```

이 경우 시퀀스의 개별 요소로 작업하기보다는 우선 변수를 문자열로 변환하기 때문에 안전 필터를 직접 사용할 수 없다.

slice

리스트의 일부를 반환한다. 파이썬 리스트 분할^{slicing}과 동일한 구문을 사용한다.

slugify

ASCII로 변환한다. 공백을 하이픈으로 변환한다. 영숫자, 밑줄 또는 하이픈이 아닌 문자를 제거한다. 소문자로 변환한다. 또한 앞과 뒤의 공백을 제거한다.

stringformat

문자열 형식 지정자인 인수에 따라 변수를 형식화한다. 이 설정자는 파이썬 문자열 포맷팅 구문을 사용한다(단, 선행 %는 제외된다).

striptags

모든 [X]HTML 태그를 제거할 수 있도록 모든 노력을 기울인다. 예제는 다음과 같다.

```
{{ value|striptags }}
```

time

주어진 형식에 따라 시간을 포맷한다. 지정된 형식은 미리 정의된 TIME_FORMAT 또는 사용자 정의 형식일 수 있으며, 날짜 필터와 동일하다.

timesince

날짜를 해당 날짜 이후의 시간(예: 4일, 6시간)으로 형식화한다. 비교 지점으로 사용하는 날짜를 갖고 있는 변수를 선택적 인수로 취한다(인수가 없으면 비교 지점은 현재다).

timeuntil

지금부터 주어진 날짜 또는 날짜 시간까지의 시간을 측정한다.

title

단어를 대문자로 시작하고 나머지 문자는 소문자 상태로 해 문자열을 타이틀 사례로 변환한다.

truncatechars

지정된 문자 수보다 긴 경우, 문자열을 자른다. 살린 문자열은 번역 가능한 줄임표 시퀀스(...)로 끝난다. 예제는 다음과 같다.

```
{{ value|truncatechars:9 }}
```

truncatechars_html

HTML 태그를 인식한다는 점만 제외하면 truncatechars와 유사하다.

truncatewords

특정 수의 단어 뒤에 있는 문자열을 자른다.

truncatewords_html

HTML 태그를 인식하는 점만 제외하면 truncatewords와 유사하다.

unordered_list

재귀적으로 자체 중첩 리스트를 가져와 열기 및 닫기 태그 없이 HTML 정렬이 안 된 리스트를 반환한다.

upper

문자열을 모두 대문자로 변환한다.

urlencode

URL에 사용할 값을 이스케이프 처리한다.

urlize

텍스트의 URL 및 전자 메일 주소를 클릭 가능한 링크로 변환한다. 이 템플릿 태그는 http://, https:// 또는 www.가 앞에 있는 링크에서 작동한다.

urlizetrunc

URL 및 전자 메일 주소를 urlize와 같은 클릭 가능한 링크로 변환하지만 주어진 글자 수 제한보다 길이가 긴 URL은 잘라 버린다. 예제는 다음과 같다.

```
{{value | urlizetrunc : 15}}
```

값이 Check out www.djangoproject.com이면 출력은 Check out <a href="http://www.djangoproject.com" rel="nofollow"> www.djangopr ... </a>다. urlize와 마찬가지로 이 필터는 일반 텍스트에만 적용해야 한다.

wordcount

단어의 개수를 반환한다.

wordwrap

지정된 행 길이로 단어를 줄 바꿈한다.

yesno

yes, no, maybe 또는 쉼표로 구분된 리스트로 전달된 사용자 지정 매핑 문자열에 true, false 및 None(선택사항) 값을 매핑하고, 값에 따라 해당 문자열 중 하나를 반환한다. 예제는 다음과 같다.

```
{{ value|yesno:"yeah,no,maybe" }}
```

▌ Internationalization tags and filters

장고는 템플릿 국제화의 각 측면을 제어하는 템플릿 태그와 필터를 제공한다. 이 템플릿 태그와 필터를 이용하면 변환, 형식 지정 및 표준 시간대 변환을 세부적으로 제어할 수 있다.

i18n

이 라이브러리는 템플릿에 번역 가능한 텍스트를 지정할 수 있게 한다. 이 라이브러리를 사용하려면 USE_I18N을 True로 설정한 후 {% load i18n %}로 로드해야 한다.

l10n

이 라이브러리는 템플릿의 값의 지역화를 제어한다. {% load l10n %}을 사용해 라이브러리를 로드하면 되지만, 현지화가 기본적으로 활성화되도록 USE_L10N을 True로 설정하는 경우가 많다.

tz

이 라이브러리는 템플릿의 시간대 변환을 제어한다. l10n과 마찬가지로, {% load tz %}를 사용해 라이브러리를 로드하면 되지만, 일반적으로 USE_TZ를 True로 설정해 로컬 시간으로의 변환이 기본적으로 발생한다. time-zones-in-templates를 참조하라.

▌ 다른 태그 및 필터 라이브러리

static

장고는 STATIC_ROOT에 저장된 정적 파일에 연결하기 위해 정적 템플릿 태그를 제공한다.
RequestContext를 사용하는지 여부에 관계없이 이 값을 사용할 수 있다.

```
{% load static %}
<img src="{% static "images/hi.jpg" %}" alt="Hi!" />
```

예를 들어, user_stylesheet 변수가 템플릿에 전달됐다고 가정할 때, 표준 콘텍스트 변수를 사용할 수도 있다.

```
{% load static %}
<link rel="stylesheet" href="{% static user_stylesheet %}" type="text/css"
media="screen" />
```

정적 URL을 표시하지 않고 검색하려는 경우, 약간 다른 호출을 사용할 수 있다.

```
{% load static %}
{% static "images/hi.jpg" as myphoto %}
<img src="{{ myphoto }}"></img>
```

staticfiles contrib 앱은 정적 파일인 STATICFILES_STORAGE를 사용해 주어진 경로의
URL(간단히 STATIC_URL 설정과 주어진 경로로 urllib.parse.urljoin()을 사용하지 않고)을 작성
하는 정적 템플릿 태그를 제공한다. 클라우드 서비스를 사용해 정적 파일을 제공하는 등
의 고급 사용 사례가 있는 경우 이를 대신 사용한다.

```
{% load static from staticfiles %}
<img src="{% static "images/hi.jpg" %}" alt="Hi!" />
```

get_static_prefix

정적 템플릿 태그를 선호해야 하지만 STATIC_URL이 템플릿에 삽입되는 위치와 방법을 정확히 제어해야 하는 경우 get_static_prefix 템플릿 태그를 사용할 수 있다.

```
{% load static %}
<img src="{% get_static_prefix %}images/hi.jpg" alt="Hi!" />
```

값이 여러 번 필요한 경우 추가 처리를 피하기 위해 사용할 수 있는 두 번째 형식은 다음과 같다.

```
{% load static %}
{% get_static_prefix as STATIC_PREFIX %}

<img src="{{ STATIC_PREFIX }}images/hi.jpg" alt="Hi!" />
<img src="{{ STATIC_PREFIX }}images/hi2.jpg" alt="Hello!" />
```


get_media_prefix

get_static_prefix와 마찬가지로, get_media_prefix는 템플릿 변수에 미디어 접두어 MEDIA_URL을 채운다. 예제는 다음과 같다.

```
<script type="text/javascript" charset="utf-8">
var media_path = '{% get_media_prefix %}';
</script>
```

장고는 INSTALLED_APPS 설정에서 명시적으로 활성화하고 {% load %} 태그로 템플릿에서 활성화해야 하는 몇 가지 다른 템플릿 태그 라이브러리가 제공된다.

요청 및 응답 객체

장고는 시스템을 통해 상태를 전달하기 위해 요청과 응답 객체를 사용한다.

웹 페이지가 요청되면 장고는 요청에 대한 메타 데이터가 포함된 HttpRequest 객체를 생성한다. 그런 다음, 장고는 적절한 뷰를 로드하고, HttpRequest를 뷰 함수의 첫 번째 인수로 전달한다. 각 뷰는 HttpResponse 객체를 반환한다.

이 문서는 django.http 모듈에 정의된 HttpRequest 및 HttpResponse 객체에 대한 API를 설명한다.

▋ HttpRequest 객체

속성

다음에서 달리 언급하지 않는 한, 모든 속성은 읽기 전용으로 간주돼야 한다. 세션은 주목할 만한 예외다.

HttpRequest.scheme

요청의 체계를 나타내는 문자열(일반적으로 http 또는 https)이다.

HttpRequest.body

원시 HTTP는 바이트 문자열을 요구한다. 바이너리 이미지, XML 페이로드 등 기존 HTML 양식과 다른 방식으로 데이터를 처리하는 데 유용하다. 기존 양식 데이터를 처리하려면 HttpRequest.POST를 사용해야 한다.

파일과 같은 인터페이스를 사용해 HttpRequest에서 읽을 수 있다. HttpRequest.read( )을 살펴보기 바란다.

HttpRequest.path

도메인을 제외하고 요청한 웹 페이지에 대한 전체 경로를 나타내는 문자열이다.

예제: /music/bands/the_beatles/

HttpRequest.path_info

일부 웹 서버 구성에서는 호스트 이름 뒤의 URL 부분이 스크립트 접두어 부분과 경로 정보 부분으로 나뉜다. path_info 속성은 사용 중인 웹 서버에 상관없이 항상 경로의 정보 부분을 포함한다. 경로 대신 이 코드를 사용하면 코드를 테스트 서버와 배포 서버 사이를 쉽게 이동할 수 있다.

예를 들어, 응용 프로그램의 WSGIScriptAlias가 /minfo로 설정된 경우, path는 /minfo/

music/bands/thebeatles/가 될 수 있으며, path_info는 /music/bands/thebeatles/가 된다.

HttpRequest.method

HTTP 메서드를 나타내는 문자열은 요청에서 사용된다. 이것은 대문자로 보장되며, 예제는 다음과 같다.

```
if request.method == 'GET':
    do_something() elif request.method == 'POST':
    do_something_else()
```

HttpRequest.encoding

양식 제출 데이터를 디코딩하는 데 사용되는 현 인코딩을 나타내는 문자열(또는 없음, 즉 DEFAULT_CHARSET 설정 사용)이다. 양식 데이터에 액세스할 때 사용되는 인코딩을 변경하려면 이 속성에 쓸 수 있다.

모든 후속 속성 액세스(예: GET 또는 POST에서 읽기)는 새 인코딩 값을 사용한다. 양식 데이터가 DEFAULT_CHARSET 인코딩에 없다는 것을 알고 있는 경우에 유용하다.

HttpRequest.GET

주어진 모든 HTTP GET 파라미터를 포함하는 딕셔너리형 객체다. QueryDict 문서를 참조하라.

HttpRequest.POST

요청에 양식 데이터가 포함돼 있으면 모든 지정된 HTTP POST 파라미터를 포함하는 딕셔너리형 객체다. QueryDict 문서를 참조하라.

그 대신 요청에 게시된 원시 또는 비형식 데이터에 액세스해야 하는 경우, HttpRequest.body 특성을 통해 액세스해야 한다.

예를 들어, POST HTTP 메서드를 통해 양식이 요청됐지만, 양식 데이터를 포함하지 않는 경우, 요청은 빈 POST 딕셔너리를 갖는 POST를 통해 들어올 수 있다. 따라서 POST 메서드의 사용을 위해 if request.POST를 사용하지 않도록 한다. 그 대신 if request. method == 'POST'(위 참조)를 사용한다.

참조: POST는 파일 업로드 정보를 포함하지 않는다. 파일을 참조하라.

HttpRequest.COOKIES

모든 쿠키를 포함하고 있는 표준 파이썬 딕셔너리다. 키와 값은 문자열이다.

HttpRequest.FILES

업로드된 모든 파일을 포함하는 딕셔너리형 객체다. FILES의 각 키는 <input type = "file"name = "" />의 이름이다. FILES의 각 값은 UploadedFile이다.

FILES는 요청 메서드가 POST이고, 요청에 게시된 <form>에 enctype = "multipart / form-data"가 있는 경우에만 데이터를 포함한다. 그렇지 않으면 FILES은 빈 딕셔너리형 객체가 된다.

HttpRequest.META

사용할 수 있는 모든 HTTP 헤더를 포함하는 표준 파이썬 딕셔너리다. 사용할 수 있는 헤더는 클라이언트와 서버에 따라 다르다. 몇 가지 예제는 다음과 같다.

- CONTENT_LENGTH: 요청 본문의 길이(문자열)
- CONTENT_TYPE: 요청 본문의 MIME 유형
- HTTP_ACCEPT_ENCODING: 응답에 허용되는 인코딩
- HTTP_ACCEPT_LANGUAGE: 응답에 허용되는 언어
- HTTP_HOST: 클라이언트가 보낸 HTTP 호스트 헤더
- HTTP_REFERER: 참조 웹 페이지(있는 경우)
- HTTP_USER_AGENT: 클라이언트의 사용자 에이전트 문자열

- QUERY_STRING: 단일(분석되지 않은) 문자열인 쿼리 문자열
- REMOTE_ADDR: 클라이언트의 IP 주소
- REMOTE_HOST: 클라이언트의 호스트 이름
- REMOTE_USER: 웹 서버에 의해 인증된 사용자(있는 경우)
- REQUEST_METHOD: "GET" 또는 "POST"와 같은 문자열.
- SERVER_NAME: 서버의 호스트 이름
- SERVER_PORT: 서버의 포트(문자열)

위에서 주어진 CONTENT_LENGTH 및 CONTENT_TYPE을 제외하면 요청의 모든 HTTP 헤더는 모든 문자를 대문자로 변환하고 하이픈을 밑줄로 바꾸며, 이름에 HTTP_ 접두사를 추가해 META 키로 변환된다. 예를 들어, X-Bender라는 헤더가 META 키 HTTP_X_BENDER에 매핑된다.

HttpRequest.user

현재 로그인한 사용자를 나타내는 AUTH_USER_MODEL 유형의 객체다. 사용자가 현재 로그인하지 않은 경우, 사용자는 django.contrib.auth.models.AnonymousUser의 인스턴스로 설정된다. 다음과 같이 is_authenticated( )를 구별할 수 있다.

```
if request.user.is_authenticated( ):
    # 로그인한 사용자에게 뭔가를 실행한다.
    # 아닌 경우에는 익명의 사용자를 위해 뭔가를 실행한다.
```

user는 장고 설치 시 AuthenticationMiddleware가 활성화된 경우에만 사용할 수 있다

HttpRequest.session

현재 세션을 나타내는 읽고 쓸 수 있는 딕셔너리형 객체다. 이것은 장고 설치 시 세션 지원이 활성화된 경우에만 사용할 수 있다.

HttpRequest.urlconf

장고 자체에서는 정의되지 않지만, 다른 코드(예: 사용자 정의 미들웨어 클래스)가 이를 설정한다면 읽는다. 이 URL이 발생됐다면 이 URL은 루트 URLconf로 사용된다. 현재 요청에 대한 root URLconf을 무시하고 ROOT_URLCONF 설정을 재정의한다.

HttpRequest.resolver_match

해결된 URL을 나타내는 ResolverMatch의 인스턴스다. 이 속성은 URL 해석이 발생된 이후에만 설정된다. 즉, 모든 뷰에서 사용할 수 있지만, URL 해결을 수행하기 전에 실행되는 미들웨어 메서드에서는 사용할 수 없다(process_request와 같이 process_view를 대신 사용할 수 있다).

Methods

HttpRequest.get_host()

HTTP_X_FORWARDED_HOST(USE_X_FORWARDED_HOST가 사용할 수 있는 경우) 및 HTTP_HOST 헤더의 정렬된 정보를 사용해 요청의 원래 호스트를 반환한다. 값을 제공하지 않으면 PEP 3333에 설명된 SERVER_NAME 및 SERVER_PORT 조합을 사용한다(예: 127.0.0.1:8000).

참조

호스트가 여러 프록시 뒤에 있을 경우 get_host() 메서드가 기능 구현에 실패한다. 이에 대한 한 가지 해결책은 다음 예와 같이 미들웨어를 사용해 프록시 헤더를 다시 작성하는 것이다.

```
class MultipleProxyMiddleware(객체):
    FORWARDED_FOR_FIELDS = [
            'HTTP_X_FORWARDED_FOR',
            'HTTP_X_FORWARDED_HOST',
            'HTTP_X_FORWARDED_SERVER',
```

```
        ]
    def process_request(self, request):
        """
        Rewrites the proxy headers so that only the most
        recent proxy is used.
        """
        for field in self.FORWARDED_FOR_FIELDS:
            if field in request.META:
                if ',' in request.META[field]:
                    parts = request.META[field].split(',')
                    request.META[field] = parts[-1].strip()
```

이 미들웨어는 CommonMiddleware 또는 CsrfViewMiddleware와 같은 get_host() 값에 의존하는 다른 미들웨어보다 먼저 배치돼야 한다.

HttpRequest.get_full_path()

적용 가능한 경우 경로와 추가된 쿼리 문자열을 반환한다. 예제는 다음과 같다.

```
/music/bands/the_beatles/?print = true
```

HttpRequest.build_absolute_uri(위치)

위치의 절대 URI 형식을 돌려준다. 위치가 제공되지 않으면 location.get_full_path() 로 설정된다.

위치가 이미 절대 URI이면 변경되지 않는다. 다른 경우에는 절대 URI는 이 요청에서 사용할 수 있는 서버 변수를 사용해 작성된다. 예제는 다음과 같다.

```
http://example.com/music/bands/the_beatles/?print=true
```

HttpRequest.get_signed_cookie()

서명된 쿠키에 대한 쿠키 값을 반환하거나 서명이 더 이상 유효하지 않으면 django. core.signing.BadSignature 예외를 발생시킨다. 기본 인수를 제공하면 예외가 나타나지 않고, 그 대신 기본값이 반환된다.

선택적 salt 인수는 비밀 키에 대한 무차별 공격에 대응해 추가 보호를 제공하는 데 사용될 수 있다. 추가 보호가 제공되는 경우, max_age 인수는 쿠키 값에 첨부된 서명된 타임스탬프와 비교해 쿠키가 max_age(초)보다 오래 됐는지 확인한다. 예제는 다음과 같다.

```
>>> request.get_signed_cookie('name')
'Tony'
>>> request.get_signed_cookie('name', salt='name-salt')
'Tony' # 동일한 salt를 사용해 쿠키를 설정했다고 가정한다.
>>> request.get_signed_cookie('non-existing-cookie')
...
KeyError: 'non-existing-cookie'
>>> request.get_signed_cookie('non-existing-cookie', False)
False
>>> request.get_signed_cookie('cookie-that-was-tampered-with')
...
BadSignature: ...
>>> request.get_signed_cookie('name', max_age=60)
...
SignatureExpired: Signature age 1677.3839159 > 60 seconds
>>> request.get_signed_cookie('name', False, max_age=60)
False
```

HttpRequest.is_secure()

요청이 안전하면 True를 반환한다. 즉, HTTPS로 만들어졌는지 여부다.

HttpRequest.is_ajax()

HTTP_X_REQUESTED_WITH 헤더에서 "XMLHttpRequest" 문자열을 검사해 요청이 XMLHttpRequest를 통해 이뤄진 경우 True를 반환한다. 대부분의 최신 자바스크립트 라이브러리는 이 헤더를 보낸다. 웹 브라우저 측에서 XMLHttpRequest 호출을 직접 작성하는 경우, is_ajax()가 작동하도록 하려면 이 헤더를 수동으로 설정해야 한다.

응답이 AJAX를 통해 요청됐는지 여부와 장고의 캐시 미들웨어와 같은 캐싱 형식을 사용하는지 여부에 따라 응답이 달라지는 경우, 응답을 적절히 캐시할 수 있도록 뷰를 vary_on_headers('HTTP_X_REQUESTED_WITH')로 꾸며야 한다.

HttpRequest.read(size=None)

HttpRequest.readline()

HttpRequest.readlines()

HttpRequest.xreadlines()

HttpRequest .__ iter__()

HttpRequest 인스턴스로부터 읽기 위한 파일형 인터페이스를 구현하는 메서드다. 이로 인해 들어오는 요청을 스트리밍 방식으로 소비할 수 있다. 일반적인 사용 예는 전체 XML 트리를 메모리에 구성하지 않고 반복 파서로 큰 XML 페이로드를 처리하는 것이다.

이 표준 인터페이스가 주어지면 HttpRequest 인스턴스를 ElementTree와 같은 XML 파서에 직접 전달할 수 있다.

```
import xml.etree.ElementTree as ET
for element in ET.iterparse(request):
    process(element)
```

▌QueryDict 개체

HttpRequest 객체에서 GET 및 POST 속성은 django.http.QueryDict의 인스턴스이며, 동일한 키에 대해 여러 값을 처리하도록 사용자 정의된 딕셔너리형 클래스다. 이것이 필요한 이유는 일부 HTML 양식 요소, 특히 <select multiple>이 동일한 키에 대해 여러 값을 전달하기 때문이다.

Request.POST 및 request.GET의 QueryDict는 일반 요청/응답 주기에서 액세스할 때 변경되지 않는다. 변경 가능한 버전을 얻으려면 .copy()를 사용해야 한다.

메서드

QueryDict는 다음 예제를 갖는 딕셔너리의 하위 클래스이므로 모든 표준 딕셔너리 메서드를 구현한다.

QueryDict .__ init __()

query_string을 기반으로 QueryDict 개체를 인스턴스화한다.

```
>>> QueryDict ( 'a = 1 & a = 2 & c = 3')
 <QueryDict : { 'a': [ '1', '2'] 'c': [ '3']}>
```

query_string이 전달되지 않으면 결과 QueryDict는 비어 있게 된다(키 또는 값이 없다).

발생하는 대부분의 QueryDicts, 특히 request.POST와 request.GET에서 QueryDicts는 변경할 수 없다. 자신을 인스턴스화하는 경우, mutable=True를 __init __()에 전달해 이를 변경할 수 있다.

키와 값을 모두 설정하는 문자열은 인코딩에서 유니코드로 변환된다. 인코딩이 설정되지 않은 경우, 기본값은 DEFAULT_CHARSET이다.

QueryDict.__getitem__(키)

지정된 키의 값을 반환한다. 키에 둘 이상의 값이 있는 경우, __getitem__( )은 마지막 값을 반환한다. 키가 존재하지 않으면 django.utils.datastructures.MultiValueDictKeyError를 발생시킨다.

QueryDict.__setitem__(키, 값)

주어진 키를 [value](값이 단일 요소인 파이썬 리스트)로 설정한다. 부작용이 있는 다른 딕셔너리 함수처럼 이 함수는 변경할 수 있는 QueryDict(예: copy( )를 통해 작성된 함수)에서만 호출할 수 있다.

QueryDict.__contains__(키)

지정된 키가 설정돼 있으면 True를 반환한다. 예를 들어, "foo"가 request.GET에 있으면 이를 수행한다.

QueryDict.get(키, 기본값)

위의 __getitem__( )과 같은 논리를 사용하며, 키가 존재하지 않으면 기본값을 반환하기 위한 훅을 사용한다.

QueryDict.setdefault(키, 기본값)

내부적으로 __setitem__( )을 사용한다는 점을 제외하면 표준 딕셔너리 setdefault( ) 메서드와 유사하다.

QueryDict.update(other_dict)

QueryDict 또는 표준 딕셔너리를 사용한다. 표준 딕셔너리 update( ) 메서드와 유사하지만 현 딕셔너리 항목을 대체하는 대신 추가한다. 예제는 다음과 같다.

```
>>> q = QueryDict('a=1', mutable=True)
>>> q.update({'a': '2'})
```

```
>>> q.getlist('a')
['1', '2']
>>> q['a'] # 마지막 값을 반환한다
['2']
```

QueryDict.items()

__getitem__()과 동일한 마지막 값 논리를 사용한다는 점을 제외하면, 표준 딕셔너리 items() 메서드와 유사하다. 사용 예제는 다음과 같다.

```
>>> q = QueryDict('a=1&a=2&a=3')
>>> q.items()
[('a', '3')]
```

QueryDict.iteritems()

표준 딕셔너리 iteritems() 메서드와 유사하다. QueryDict.items()처럼 QueryDict.__getitem__()과 동일한 마지막 값 논리를 사용한다.

QueryDict.iterlists()

QueryDict.iteritems()와 마찬가지로 딕셔너리의 각 구성원에 대한 모든 값을 리스트로 포함한다.

QueryDict.values()

__getitem__()과 동일한 마지막 값 논리를 사용한다는 점을 제외하면 표준 딕셔너리 values() 메서드와 유사하다. 예제는 다음과 같다.

```
>>> q = QueryDict('a=1&a=2&a=3')
>>> q.values()
['3']
```

QueryDict.itervalues()

반복자를 제외하고는 QueryDict.values( )와 같다. 또한 QueryDict에는 다음과 같은 메서드가 있다.

QueryDict.copy()

파이썬 표준 라이브러리에서 copy.deepcopy( )를 사용해 객체의 복사본을 반환한다. 이 복사본은 원래 원본이 아니더라도 변경할 수 있다.

QueryDict.getlist(key, default)

요청한 키를 가진 데이터를 파이썬 리스트로 반환한다. 키가 존재하지 않고 기본값이 제공되지 않은 경우, 비어 있는 리스트를 반환한다. 디폴트 값이 리스트가 아닌 한, 일종의 리스트를 반환하는 것을 보장한다.

QueryDict.setlist(key, list)

지정된 키를 list_에 설정한다(__setitem__( )와는 다름).

QueryDict.appendlist(key, item)

키와 연관된 내부 목록에 항목을 추가한다.

QueryDict.setlistdefault(key, default_list)

단일 값 대신 값 리스트를 사용한다는 점을 제외하면 setdefault와 동일하다.

QueryDict.lists()

items( )과 유사하지만 딕셔너리의 각 멤버에 대한 모든 값을 리스트로 포함한다. 예제는 다음과 같다.

```
>>> q = QueryDict('a=1&a=2&a=3')
>>> q.lists()
[('a', ['1', '2', '3'])]
```

QueryDict.pop(키)

지정된 키의 값 리스트를 반환하고 딕셔너리에서 제거한다. 키가 존재하지 않으면 KeyError를 발생시킨다. 예제는 다음과 같다.

```
>>> q = QueryDict('a=1&a=2&a=3', mutable=True)
>>> q.pop('a')
['1', '2', '3']
```

QueryDict.popitem()

딕셔너리의 임의의 멤버를 삭제(순서의 개념이 없기 때문에)하고 키와 해당 키의 모든 값 리스트를 포함한 2개의 값 튜플을 반환한다. 빈 딕셔너리에서 호출될 때 KeyError를 발생시킨다. 예제는 다음과 같다.

```
>>> q = QueryDict('a=1&a=2&a=3', mutable=True)
>>> q.popitem()
('a', ['1', '2', '3'])
```

QueryDict.dict()

QueryDict의 dict 표현을 반환한다. QueryDict의 모든(키, 리스트) 쌍에 대해 dict는(key, item)을 가지며, item은 QueryDict.__getitem__()과 동일한 로직을 사용해 리스트의 한 요소가 된다.

```
>>> q = QueryDict('a=1&a=3&a=5')
>>> q.dict()
{'a': '5'}
```

QueryDict.urlencode([안전])

쿼리 문자열 형식의 데이터 문자열을 반환한다. 예제는 다음과 같다.

```
>>> q = QueryDict('a=2&b=3&b=5')
>>> q.urlencode()
'a=2&b=3&b=5'
```

선택적으로 urlencode는 인코딩이 필요 없는 문자를 전달할 수 있다. 예제는 다음과 같다.

```
>>> q = QueryDict(mutable=True)
>>> q['next'] = '/a&b/'
>>> q.urlencode(safe='/')
'next=/a%26b/'
```

▌ HttpResponse 객체

장고에 의해 자동으로 생성되는 HttpRequest 객체와 달리, HttpResponse 객체는 사용자의 책임이다. 작성한 각 뷰는 HttpResponse의 인스턴스화, 채우기 및 리턴을 담당한다.

HttpResponse 클래스는 django.http 모듈에 있다.

사용법

문자열 전달

일반적인 사용법은 웹 페이지의 내용을 HttpResponse 생성자에 문자열로 전달하는 것이다.

```
>>> from django.http import HttpResponse
>>> response = HttpResponse("Here's the text of the Web page.")
>>> response = HttpResponse("Text only, please.",
content_type="text/plain")
```

그러나 점진적으로 내용을 추가하려면 응답을 파일과 같은 객체로 사용해야 한다.

```
>>> response = HttpResponse()
>>> response.write("<p>Here's the text of the Web page.</p>")
>>> response.write("<p>Here's another paragraph.</p>")
```

반복자 전달

마지막으로 HttpResponse에 문자열이 아닌 반복기를 전달할 수 있다. HttpResponse는 반복기를 즉시 소비하고 내용을 문자열로 저장하고 폐기한다.

응답을 반복기에서 클라이언트로 스트리밍해야 하는 경우, StreamingHttpResponse 클래스를 대신 사용해야 한다.

헤더 필드 설정하기

응답에서 헤더 필드를 설정하거나 제거하려면 딕셔너리처럼 취급해야 한다.

```
>>> response = HttpResponse()
>>> response['Age'] = 120
>>> del response['Age']
```

딕셔너리와 달리 헤더 필드가 없으면 del은 KeyError를 발생시키지 않는다.

Cache-Control 및 Vary 헤더 필드를 설정하려면 django.utils.cache의 patch_cache_control() 및 patch_vary_headers() 메서드를 사용하는 것이 좋다. 이 필드는 여러 개

의 쉼표로 구분된 값을 가질 수 있기 때문이다. 패치 메서드는 다른 값(예: 미들웨어에 의해 추가된 값)이 제거되지 않도록 한다.

HTTP 헤더 필드는 개행을 포함할 수 없다. 개행 문자(CR 또는 LF)를 포함하는 헤더 필드를 설정하려면 BadHeaderError가 발생한다.

응답을 파일 첨부로 처리하도록 웹 브라우저에 알리기

응답을 파일 첨부로 처리하도록 웹 브라우저에 알리려면 content_type 인수를 사용하거나 Content-Disposition 헤더를 설정해야 한다. 예를 들어, Microsoft Excel 스프레드시트를 반환하는 방법은 다음과 같다.

```
>>> response = HttpResponse
        (my_data, content_type='application/vnd.ms-excel')
>>> response['Content-Disposition'] = 'attachment; filename="foo.xls"'
```

장고의 Content-Disposition 헤더에 관한 것은 없지만, 구문을 잊어버리기 쉽기 때문에 여기에 포함시켰다.

속성

HttpResponse.content

필요한 경우 유니코드 객체에서 인코딩된 내용을 나타내는 바이트 스트링이다.

HttpResponse.charset

응답이 인코딩될 charset을 나타내는 문자열이다. HttpResponse 인스턴스화 시간에 주어지지 않은 경우, content_type에서 추출된다. 그리고 추출이 성공적이지 않으면 DEFAULT_CHARSET 설정이 사용된다.

HttpResponse.status_code

응답에 대한 HTTP 상태 코드다.

HttpResponse.reason_phrase

응답에 대한 HTTP reason 구문이다.

HttpResponse.streaming

항상 False다. 이 속성은 미들웨어가 일반 응답과 다르게 스트리밍 응답을 처리할 수 있
도록 하기 위해 존재한다.

HttpResponse.closed

응답이 닫혀 있으면 True다.

Methods

HttpResponse.__init__()

```
HttpResponse.__init__(content='',
    content_type=None, status=200, reason=None, charset=None)
```

지정된 웹 페이지 콘텐츠 및 콘텐츠 유형으로 HttpResponse 오브젝트를 인스턴스화
한다. content는 반복자 또는 문자열이어야 한다. iterator인 경우, 문자열을 반환해야
하며 해당 문자열은 함께 결합돼 응답 내용을 구성한다. iterator 또는 문자열이 아닌
경우, 액세스할 때 문자열로 변환된다. 네 가지 파라미터는 다음과 같다.

- content_type은 문자 집합 인코딩에 의해 선택적으로 완료되는 MIME 유
  형이며, HTTP Content-Type 헤더를 채우는 데 사용된다. 지정되지 않은
  경우, DEFAULT_CONTENT_TYPE 및 DEFAULT_CHARSET, default: text/html;
  charset=utf-8로 설정된다.

- status는 응답의 HTTP 상태 코드다.

- reason은 HTTP 응답 구문이다. 제공되지 않으면 기본 구문이 사용된다.

- charset는 응답이 인코딩되는 charset이다. 지정되지 않으면 content_type에서 추출되며, 실패하면 DEFAULT_CHARSET 설정이 사용된다.

HttpResponse.__setitem__(헤더, 값)

지정된 헤더 이름을 지정된 값으로 설정한다. header와 value는 모두 문자열이어야 한다.

HttpResponse.__delitem__(헤더)

지정된 이름의 헤더를 삭제한다. 헤더가 존재하지 않으면 자동으로 실패한다. 대소 문자를 구분하지 않는다.

HttpResponse.__ getitem__(헤더)

지정된 헤더 이름의 값을 반환한다. 대소 문자를 구별하지 않는다.

HttpResponse.has_header(헤더)

주어진 이름의 헤더에 대해 대소 문자를 구분하지 않는 체크를 기반으로 True 또는 False를 반환한다.

HttpResponse.setdefault(헤더, 값)

헤더가 이미 설정돼 있지 않으면 설정한다.

HttpResponse.set_cookie( )

```
HttpResponse.set_cookie(key, value='',
    max_age=None, expires=None, path='/',
    domain=None, secure=None, httponly=False)
```

쿠키를 설정한다. 파라미터는 파이썬 표준 라이브러리의 `Morsel` 쿠키 객체와 동일하다.

- `max_age`는 초 단위여야 하며, 쿠키가 클라이언트의 웹 브라우저 세션만큼 지속돼야 하는 경우 `None`(기본값)이어야 한다. 만기가 설정되지 않으면 계산된다.
- 만료 expires는 "`Wdy, DD-Mon-YY HH:MM:SS GMT`" 형식에서는 문자열, UTC에서는 `datetime.datetime` 객체여야 한다. 만료가 `datetime` 객체인 경우, `max_age`가 계산된다.
- 도메인 간 쿠키를 설정하려면 도메인을 사용해야 한다. 예를 들어, `domain=".`lawrence.com"`은 도메인 www.lawrence.com, blogs.lawrence.com 및 calendars.lawrence.com에서 읽을 수 있는 쿠키를 설정한다. 그렇지 않으면 쿠키를 설정한 도메인에서만 읽을 수 있다.
- 클라이언트 측 자바스크립트와 쿠키에 접근하지 못하도록 하려면 `httponly=True`를 사용해야 한다.

HTTPOnly는 Set-Cookie HTTP 응답 헤더에 포함된 플래그다. 쿠키에 대한 RFC 2109 표준의 일부가 아니며, 모든 웹 브라우저에서 일관되게 적용되는 것도 아니다. 그러나 이것이 인정되면 클라이언트 측 스크립트가 보호된 쿠키 데이터에 액세스하는 위험을 완화하는 유용한 방법이 될 수 있다.

HttpResponse.set_signed_cookie()

`set_cookie()`와 유사하지만 쿠키를 설정하기 전에 서명하는 것이 좋다. `HttpRequest.get_signed_cookie()`와 함께 사용한다. 선택적 salt 인수를 추가된 키 강도 key strength에 사용할 수 있지만, 이를 해당 `HttpRequest.get_signed_cookie()` 호출에 전달해야 한다는 것을 기억해야 한다.

HttpResponse.delete_cookie()

지정된 키를 사용해 쿠키를 삭제한다. 키가 존재하지 않으면 자동으로 실패한다.

쿠키가 작동하는 방식으로 인해, path와 domain은 set_cookie( )에서 사용한 것과 같은 값이어야 한다. 그렇지 않으면 쿠키가 삭제되지 않을 수 있다.

HttpResponse.write(content)

HttpResponse.flush( )

HttpResponse.tell( )

이 메서드는 HttpResponse를 사용해 파일과 같은 인터페이스를 구현한다. 이것은 해당 파이썬 파일 메서드와 동일한 방식으로 작동한다.

HttpResponse.getvalue( )

HttpResponse.content의 값을 돌려준다. 이 메서드는 HttpResponse 인스턴스를 스트림형 객체로 만든다.

HttpResponse.writable( )

항상 True다. 이 메서드는 HttpResponse 인스턴스를 스트림형 객체로 만든다.

HttpResponse.writelines(lines)

응답에 행 목록을 쓴다. 행 구분 기호는 추가하지 않는다. 이 메서드는 HttpResponse 인스턴스를 스트림형 객체로 만든다.

HttpResponse 서브 클래스

장고에는 다양한 유형의 HTTP 응답을 처리하는 여러 개의 HttpResponse 서브 클래스가 있다. 이 서브 클래스는 HttpResponse와 마찬가지로 django.http에 있다.

HttpResponseRedirect

생성자의 첫 번째 인수는 필수 항목으로 리디렉션할 경로다. 이것은 정규화된 URL

(예: http://www.yahoo.com/search/)이거나 도메인이 없는 절대 경로(예: / search /)일 수 있다. 다른 선택적 생성자 인수에 대해서는 HttpResponse를 참조하라. 이 경우 HTTP 상태 코드 302가 반환된다.

HttpResponsePermanentRedirect

HttpResponseRedirect와 유사하지만 발견된 리디렉션(상태 코드 302) 대신 영구 리디렉션(HTTP 상태 코드 301)을 반환한다.

HttpResponseNotModified

생성자는 인수를 취하지 않으며, 이 응답에 내용을 추가해야 한다. 사용자의 마지막 요청(상태 코드 304) 이후 웹 페이지가 수정되지 않았음을 지정하려면 이 옵션을 사용해야 한다.

HttpResponseBadRequest

HttpResponse와 마찬가지로 작동하지만 400 상태 코드를 사용한다.

HttpResponseNotFound

HttpResponse와 마찬가지로 작동하지만 404 상태 코드를 사용한다.

HttpResponseForbidden

HttpResponse와 마찬가지로 작동하지만 403 상태 코드를 사용한다.

HttpResponseNotAllowed

HttpResponse와 유사하지만 405 상태 코드를 사용한다. 생성자에 대한 첫 번째 인수는 필수 항목으로 허용된 메서드 목록이다. 예를 들어 ['GET', 'POST']가 있다.

HttpResponseGone

HttpResponse와 마찬가지로 작동하지만 410 상태 코드를 사용한다.

HttpResponseServerError

HttpResponse와 마찬가지로 작동하지만 500개의 상태 코드를 사용한다.

HttpResponse의 커스텀 서브 클래스가 render 메서드를 구현한다면 장고는 이 메서드를 SimpleTemplateResponse 에뮬레이션으로 취급할 것이고, render 메서드는 그 자체로 유효한 응답 객체를 리턴해야 한다.

▌ JsonResponse Objects

---

class JsonResponse(data, encoder=DjangoJSONEncoder, safe=True, **kwargs)

JSON 인코딩된 응답을 만드는 데 도움이 되는 HttpResponse 하위 클래스다. 몇몇 차이를 갖고 있는 슈퍼 클래스에서 대부분의 동작을 상속받는다.

- 기본 Content Type 헤더는 application/json으로 설정된다.
- 첫 번째 파라미터인 data는 dict 인스턴스여야 한다. 안전 파라미터가 False로 설정된 경우(아래 참조), 모든 JSON 직렬화 가능 객체가 될 수 있다.
- 인코더는 기본적으로 django.core.serializers.json.DjangoJSONEncoder로 데이터를 직렬화하는 데 사용된다. safe 부울 파라미터의 기본값은 True다. False로 설정하면 직렬화를 위해 모든 객체를 전달할 수 있다(그렇지 않으면 dict 인스턴스만 허용된다). safe가 True고, dict가 아닌 객체[non-dict object]가 첫 번째 인수로 전달되면 TypeError가 발생한다.

사용법

일반적인 사용법은 다음과 같다.

```
>>> from django.http import JsonResponse >>> response =
JsonResponse({'foo': 'bar'}) >>> response.content '{"foo": "bar"}'
```

비딕셔너리 객체 직렬화

dict 이외의 객체를 직렬화하려면 safe 파라미터를 False로 설정해야 한다.

```
response = JsonResponse ([1, 2, 3], safe = False)
```

Safe=False를 건네주지 않으면 TypeError가 발생한다.

기본 JSON 인코더 변경하기

다른 JSON 인코더 클래스를 사용해야 하는 경우, 인코더 파라미터를 생성자 메서드에 전달할 수 있다.

```
response = JsonResponse(data, encoder=MyJSONEncoder)
```

▌ StreamingHttpResponse 객체

StreamingHttpResponse 클래스는 장고에서 웹 브라우저로 응답을 스트리밍하는 데 사용된다. 응답을 생성하는 데 너무 오래 걸리거나 너무 많은 메모리를 사용하는 경우, 이 작업을 수행하는 것이 좋다. 예를 들어, 큰 CSV 파일을 생성할 때 유용하다.

성능 고려 사항

장고는 단명short-lived 요청을 위해 설계됐다. 스트리밍 응답은 전체 응답 기간 동안 작업자 프로세스를 연결한다. 이로 인해 성능이 저하될 수 있다.

일반적으로 스트리밍된 응답을 사용하는 대신 요청 응답 주기 이외의 상당한 작업을 수행해야 한다.

StreamingHttpResponse는 약간 다른 API이기 때문에 HttpResponse의 하위 클래스가 아니다. 그러나 다음과 같은 주목할 만한 차이점은 거의 동일하다.

- 문자열을 내용으로 생성하는 반복자를 제공해야 한다.
- 응답 객체 자체를 반복하는 것을 제외하고는 해당 내용에 액세스할 수 없다. 이 것은 응답이 클라이언트에 리턴될 때만 발생해야 한다.
- 어떠한 콘텐츠 속성도 갖지 않는다. 그 대신 streaming_content 특성을 갖는다.
- 파일형 객체 tell() 또는 write() 메서드는 사용할 수 없다. 그렇게 하면 예외 가 발생한다.

StreamingHttpResponse는 데이터를 클라이언트로 전송하기 전에 전체 내용을 반복하 지 않아야 하는 상황에서만 사용해야 한다. 콘텐츠에 액세스할 수 없기 때문에 많은 미들 웨어가 정상적으로 작동하지 않는다. 예를 들어, 스트리밍 응답의 경우 ETag 및 Content Length 헤더를 생성할 수 없다.

속성

StreamingHttpResponse에는 다음과 같은 속성이 있다.

- * * .streaming_content. 내용을 나타내는 문자열 반복자^{iterator}.
- * * .status_code. 응답용 HTTP 상태 코드
- * * .reason_phrase. 응답에 대한 HTTP reason 구문
- * *. streaming. 이것은 항상 True다.

FileResponse 객체

FileResponse는 이진 파일에 최적화된 StreamingHttpResponse의 하위 클래스다. wsgi 서버가 제공된 경우에는 wsgi.file_wrapper를 사용하고, 그렇지 않으면 작은 청크로 파일을 스트리밍한다.

FileResponse는 파일이 바이너리 모드에서 다음과 같이 오픈될 것으로 예상한다.

```
>>> from django.http import FileResponse
>>> response = FileResponse(open('myfile.png', 'rb'))
```

오류 뷰

장고는 HTTP 오류를 처리하기 위해 기본적으로 몇 가지 뷰를 제공한다. 이를 사용자 정의 뷰로 재정의하려면 customizing-error-views를 참조하라.

404(웹 페이지를 찾을 수 없음) 뷰

defaults.page_not_found (request, template_name = '404.html')

뷰 내에서 Http404를 발생시키면 장고는 404 에러 처리에 대한 특별한 뷰를 로드한다. django.views.defaults.page_not_found( ) 뷰는 기본적으로 매우 간단한 Not Found 메시지를 생성하거나 루트 템플릿 디렉터리에 생성한 경우, 템플릿 404.html을 로드해 렌더링한다.

기본 404 뷰는 하나의 변수를 템플릿에 전달한다. request_path는 오류가 발생한 URL 이다.

404개의 뷰에 대해 알아야 할 사항은 다음과 같다.

- 404 뷰는 장고가 URLconf의 모든 정규식을 검사한 후 일치 항목을 찾지 못하는 경우에도 호출된다.
- 404 뷰는 RequestContext를 전달받고 템플릿 콘텍스트 프로세서에서 제공하는 변수에 액세스할 수 있다(예: MEDIA_URL).
- DEBUG가 True(설정 모듈에서)로 설정된 경우, 404 뷰가 사용되지 않고, 그 대신 일부 디버그 정보와 함께 URLconf가 나타난다.

500(서버 오류) 뷰

```
defaults.server_error (request, template_name = '500.html')
```

장고는 이와 유사하게 뷰 코드의 런타임 오류의 경우, 특별한 동작을 실행한다.

뷰에서 예외가 발생하면 장고는 기본적으로 django.views.defaults.server_error 뷰를 호출한다. 이 뷰는 매우 간단한 서버 오류 메시지를 생성하거나 루트 템플릿 디렉터리 내에 500.html을 만든 경우, 해당 템플릿 500.html을 렌더링한다.

기본 500 뷰는 변수를 500.html 템플릿에 전달하지 않고, 빈 콘텍스트로 렌더링돼 추가 오류의 가능성을 줄인다.

DEBUG가 True(설정 모듈에서)로 설정된 경우, 500 뷰는 사용되지 않고, 그 대신 일부 디버그 정보와 함께 추적 표시[traceback]가 나타난다.

403(HTTP 금지) 뷰

```
defaults.permission_denied (request, template_name = '403.html')
```

404 뷰와 500 뷰와 같은 맥락에서 장고는 403 오류를 처리할 수 있는 뷰를 갖고 있다. 뷰가 403 예외가 되면 장고는 기본적으로 django.views.defaults.permission_denied 뷰를 호출한다.

이 뷰는 루트 템플릿 디렉터리에 403.html 템플릿을 로드하고 렌더링한다. 이 파일이 없으면 RFC 2616(HTTP 1.1 사양)에 대해 403 오류 텍스트를 제공한다.

django.views.defaults.permission_denied는 PermissionDenied 예외에 의해 트리거된다. 뷰에서 접근을 거부하려면 다음과 같은 코드를 사용해야 한다.

```
from django.core.exceptions import PermissionDenied

def edit(request, pk):
    if not request.user.is_staff:
        raise PermissionDenied
    # ...
```

400(잘못된 요청) 뷰

defaults.bad_request (request, template_name = '400.html')

장고에서 SuspiciousOperation이 발생하면 장고의 구성 요소(예: 세션 데이터 재설정)에서 SuspiciousOperation을 처리할 수 있다. 특별히 처리하지 않으면 장고는 현재 요청을 서버 오류 대신 '잘못된 요청'으로 간주한다.

django.views.defaults.bad_request는 server_error 뷰와 매우 유사하지만 오류 상태가 클라이언트 작업의 결과라는 것을 나타내는 상태 코드 400과 함께 반환된다.

bad_request 뷰는 DEBUG가 False인 경우에만 사용된다.

▌ 사용자 정의 오류 뷰

장고의 기본 오류 뷰는 대부분의 웹 응용 프로그램에서 충분하지만 사용자 정의 동작이 필요할 경우 쉽게 재정의할 수 있다. URLconf에서 다음과 같이 핸들러를 지정하면 된다 (그 밖의 다른 곳에서는 설정하지 않아도 된다).

page_not_found() 뷰는 핸들러 404에 의해 재정의된다.

```
handler404 = 'mysite.views.my_custom_page_not_found_view'
```

server_error() 뷰는 핸들러 500에 의해 재정의된다.

```
handler500 = 'mysite.views.my_custom_error_view'
```

permission_denied() 뷰는 핸들러 403에 의해 재정의된다.

```
handler403 = 'mysite.views.my_custom_permission_denied_view'
```

bad_request() 뷰는 핸들러 400에 의해 재정의된다.

```
handler400 = 'mysite.views.my_custom_bad_request_view'
```

비주얼 스튜디오로
장고 개발하기

비주얼 스튜디오는 인터넷 환경에서 여러분이 어떤 정보를 얻었는지에 관계없이 항상 매우 강력하고 강력한 통합 개발 환경IDE이다. 나는 여러 플랫폼용 개발자로서 그 밖의 모든 것을 다룬 후 항상 VS로 끝을 맺었다.

과거에 VS의 광범위한 이해에 대한 가장 큰 장벽은 (개인적인 의견으로는) 다음과 같다.

- Microsoft의 에코 시스템(C++, C# 및 VB) 외의 언어에 대한 지원은 부족하다.
- 모든 기능을 갖춘 IDE의 비용이 소요된다. Microsoft '무료' IDE의 이전 버전은 전문 개발에 도움이 되지 않았다.

몇 년 전 Visual Studio Community Edition이 출시되고 PTVS^{Python Tools for Visual Studio}가 출시되면서 이러한 상황이 크게 개선됐다. 이제는 마이크로소프트 기술, 파이썬 및 장고 모두에서 모든 개발 작업을 수행할 수 있게 됐다.

나는 VS의 장점을 고려하지 않을 것이다. 마이크로소프트의 상업적인 소리처럼 들리지 않도록 하기 위해 적어도 VS와 PTVS를 go 언어에서 사용하기로 결정했다고 가정해보자.

우선, 나는 윈도우 박스에 VS와 PTVS를 설치하는 방법을 설명한 후, 여러분이 처분할 수 있는 멋진 장고와 파이썬 도구에 대한 간단한 개요를 설명한다.

▌ 비주얼 스튜디오 설치

시작하기 전에

여전히 마이크로소프트이기 때문에 VS가 큰 설치라는 사실을 지나칠 수 없다. 탄식과 슬픔을 최소화하려면 다음을 수행해야 한다.

1. 설치하는 동안 바이러스 백신을 끄도록 한다.
2. 인터넷 연결 상태가 양호한지 확인한다. 유선이 무선보다 낫다.
3. OneDrive 및 Dropbox와 같은 다른 메모리/디스크 호그(hog)를 일시 중지한다.
4. 오픈할 필요가 없는 모든 응용 프로그램 닫기를 실행한다.

위의 경고를 주의 깊게 살펴본 후, 비주얼 스튜디오 웹 사이트(https://www.visualstudio.com/)로 이동해 무료 Visual Studio Community Edition 2015([그림 G.1])를 다운로드 한다.

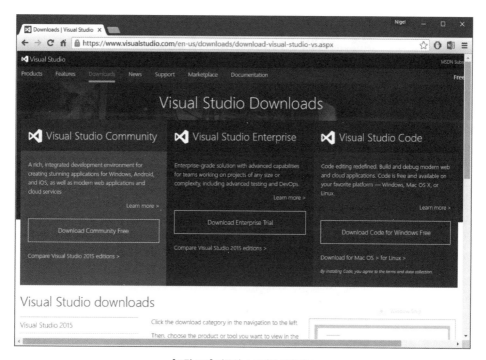

[그림 G.1] 비주얼 스튜디오 다운로드

다운로드한 설치 프로그램 파일을 실행하고 기본 설치 옵션이 선택됐는지 확인한 후([그림 G.2]) 설치를 클릭한다.

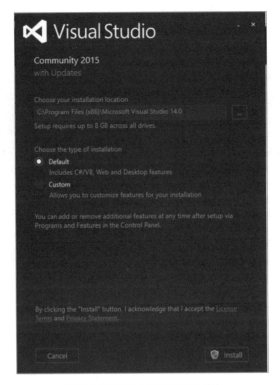

[그림 G.2] 비주얼 스튜디오의 기본 설치

지금은 커피를 마실 때다. 즉, 7시다. 마이크로소프트, 기억하라. 시간이 좀 걸릴 것이다. 인터넷 연결에 따라 15분에서 1시간 이상 걸릴 수 있다.

드문 경우지만, 오류가 발생하기도 한다. 이것은 (나의 경험상) 항상 인터넷 연결에서 바이러스 백신을 끄거나 순간적으로 중단되는 것을 잊어버리는 경우다. 운 좋게도 VS의 복구 프로세스는 매우 강력하며 매번 실패한 후에 재부팅하고 설치를 다시 시작하는 것을 알게 됐다. VS는 어디까지 설치했는지 기억하고 있으므로 처음부터 다시 시작할 필요가 없다.

PTVS 및 Web Essentials 설치

VS를 설치했으면 Visual Studio(PTVS)용 Python Tools와 Visual Studio Web Essentials를 추가할 차례다. 최상위 메뉴에서 Tools > Extensions and Updates([그림 G.3])를 선택한다.

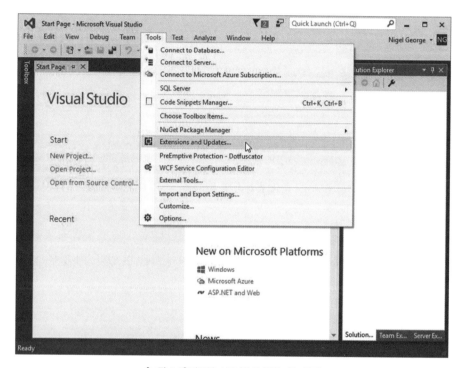

[그림 G.3] 비주얼 스튜디오의 확장 기능 설치

확장 프로그램 및 업데이트 창이 열리면 왼쪽의 드롭다운에서 온라인을 선택해 VS 온라인 응용 프로그램 갤러리로 이동한다. 오른쪽 상단의 검색 상자에 파이썬을 입력하면 PTVS 확장자가 리스트 상단에 나타난다([그림 G.4]).

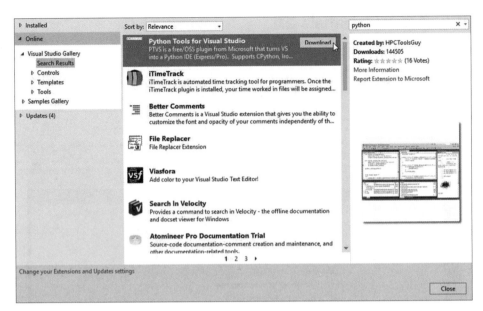

[그림 G.4] PTVS 확장 설치

VS Web Essentials에 대해 동일한 프로세스를 반복한다([그림 G.5]). VS 빌드 및 이전에 설치된 확장 기능에 따라 Web Essentials가 이미 설치돼 있을 수 있다. 이 경우, 다운로드 버튼이 녹색 눈금 아이콘으로 바뀐다.

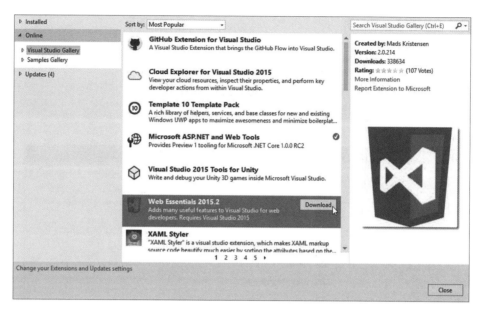

[그림 G.5] Web Essentials 확장 설치

장고 프로젝트 만들기

장고 개발을 위해 VS를 사용하는 것에 대한 훌륭한 점 중 하나는 VS 외에 파이썬만 설치하면 된다는 점이다. 따라서 "1장, 장고 소개 및 시작하기"의 지침을 따라 파이썬을 설치했다면 수행할 업무는 없다. 즉, VS는 가상 환경을 처리하고, 필요한 모든 파이썬 모듈을 설치하며 심지어 IDE에 내장된 모든 장고 관리 명령을 갖는다.

이러한 기능을 시연하기 위해 "1장, 장고 소개 및 시작하기"의 나의 웹 사이트 프로젝트를 생성한다. 하지만 이번에는 VS 내부에서 모든 것을 다룬다.

장고 프로젝트 시작하기

최상위 메뉴에서 File ＞ New ＞ Project를 선택하고 왼쪽의 드롭다운에서 파이썬 웹 프로젝트를 선택한다. 여러분은 [그림 G.6]과 같은 것을 볼 수 있게 될 것이다. 빈 장고 웹 프로젝트를 선택하고 프로젝트 이름을 지정한 후 OK를 누른다.

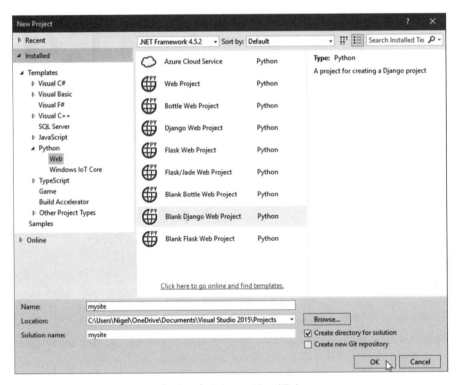

[그림 G.6] 빈 장고 프로젝트 만들기

그런 다음, 비주얼 스튜디오는 이 프로젝트에 외부 패키지가 필요하다는 팝업 창을 표시한다(그림 G.7). 가장 간단한 옵션은 가상 환경(옵션 1)에 직접 설치하는 것이다. 그러나 이것은 장고의 최신 버전을 설치한다. 이 버전은 작성 당시 1.9.7이다. 이 책은 1.8 LTS 버전을 기준으로 작성했기 때문에 옵션 3을 선택하고 직접 설치해 requirements.txt 파일을 수정할 수 있도록 한다.

[그림 G.7] 외부 패키지 설치

프로젝트가 설치되면 VS 스크린의 오른쪽에 있는 솔루션 탐색기에서 완전한 장고 프로젝트 구조가 생성된다. 다음 단계는 Django 1.8을 실행하는 가상 환경을 추가하는 것이다. 작성 시점에서의 최신 버전은 1.8.13이므로 requirements.txt 파일을 편집해 첫 번째 행을 읽어야 한다.

```
django==1.8.13
```

파일을 저장한 후 솔루션 탐색기에서 파이썬 환경을 마우스 오른쪽 단추로 클릭한 후 **가상 환경 추가...**를 선택한다([그림 G.8]).

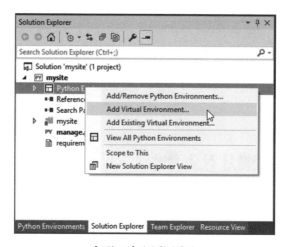

[그림 G.8] 가상 환경 추가

팝업 창에서 기본 환경 이름을 env에서 좀 더 의미 있는 이름으로 변경한다("1장, 장고 소개 및 시작하기"의 예제에서 env_mysite를 사용하는 경우). Create를 클릭하면 VS가 가상 환경을 생성한다([그림 G.9]).

VS를 사용할 때 가상 환경을 명시적으로 활성화할 필요가 없다. 사용자가 실행하는 모든 코드는 솔루션 탐색기의 활성 가상 환경에서 자동으로 실행된다. 이것은 파이썬 2.7 및 3.4에 대한 코드 테스트와 같은 경우에 유용하다. 마우스 오른쪽 버튼을 클릭한 후 실행하려는 환경을 활성화한다.

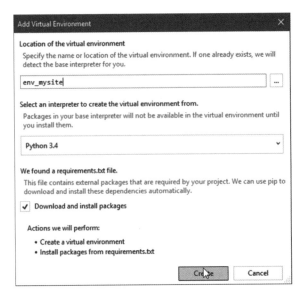

[그림 G.9] 가상 환경 만들기

■ 비주얼 스튜디오에서 장고 개발

마이크로소프트는 VS에서 파이썬 응용 프로그램을 개발할 때 가능한 한 간단하고 문제 없이 사용할 수 있도록 하기 위해 많은 노력을 기울였다. 초급 프로그래머를 위한 문제

해결 기능은 모든 파이썬 및 장고 모듈에 대한 IntelliSense이다. 이렇게 하면 모듈 구현을 위해 문서를 조사할 필요가 없기 때문에 다른 모든 기능보다 학습 속도가 빨라진다.

VS가 정말 단순하게 하는 파이썬/장고 프로그래밍의 다른 주요 측면은 다음과 같다.

- 장고 관리 명령 통합
- 파이썬 패키지의 쉬운 설치
- 새로운 장고 응용 프로그램의 쉬운 설치

장고 관리 명령 통합

장고의 일반적인 관리 명령은 모두 Project 메뉴에서 사용할 수 있다([그림 G.10]).

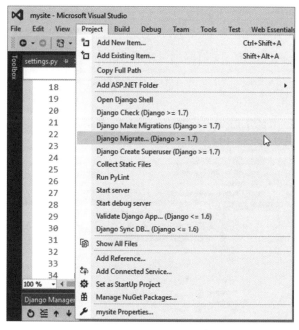

[그림 G.10] 프로젝트 메뉴의 일반적인 장고 명령

이 메뉴에서 마이그레이션을 실행하고 슈퍼 유저를 만들며 장고 셸을 열고 개발 서버를
실행할 수 있다

파이썬 패키지의 쉬운 설치

파이썬 패키지는 솔루션에서 직접 모든 가상 환경에 설치할 수 있다. 인터넷 익스플로러
에서 환경을 마우스 오른쪽 버튼으로 클릭한 후 Install Python Package...를 선택한다([그
림 G.11]).

패키지는 pip 또는 easy_install로 설치할 수 있다.

새로운 장고 응용 프로그램을 쉽게 설치할 수 있다

그리고 마지막으로 프로젝트에 새로운 장고 앱을 추가하는 것은 프로젝트를 오른쪽 클릭
한 후 Add > Django app...를 선택하는 것처럼 간단하다([그림 G.12]). 앱 이름을 지정한 후
확인(OK)을 클릭하면 VS가 새 앱을 여러분의 프로젝트에 추가한다.

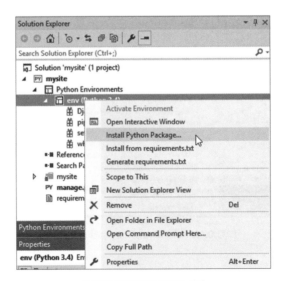

[그림 G.11] 파이썬 패키지 설치

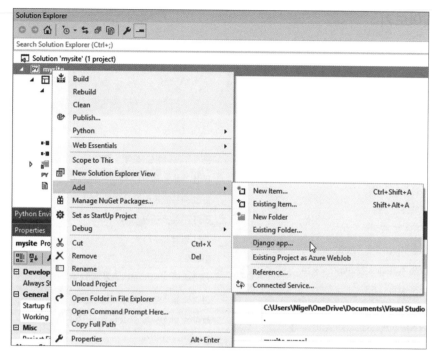

[그림 G.12] 장고 앱 추가

이것은 비주얼 스튜디오로 할 수 있는 일에 대한 간략한 개요다. 그냥 시작해보자. 탐구해볼 만한 가치가 있는 다른 일들은 다음과 같다.

- VS의 저장소 관리 – 로컬 Git repos와 GitHub와의 완벽한 통합을 포함한다.
- 무료 MSDN 개발자 계정으로 Azure에 배포한다(MySQL 및 SQLite과 작성 시간을 지원한다).
- 내장된 혼합 모드 디버거. 예를 들어, 같은 디버거에서 장고와 자바스크립트를 디버깅한다.
- 테스트를 위한 내장 지원을 한다.
- IntelliSense를 완전히 지원한다.

찾아보기

ㄱ

간단한 검증　217

간단한 태그　289

간단한 테스트 케이스　400

간단한 폼-처리 예제　209

간단한 폼 처리 예제 개선하기　214

개발 버선 설지　637

개발 서버 시작하기　179

개별 변수　271

개체 삭제　712

객체 검색　695

객체 만들기　692

객체 목록　731

객체 비교하기　712

객체 사용 권한 처리　386

객체 삭제　173

객체 선택　163

객체에 대한 변경 사항 저장하기　693

객체의 일반 뷰　332

객체의 하위 집합 보기　337

객체 히스토리 웹 페이지　183

거부된 요청　611

격리 수준　642

고급 사용자 정의 템플릿 태그　294

고정물 로딩　403

과제 태그　294

관계를 포괄하는 조회　702

관련 객체　309, 717

관련 객체를 처리하기 위한 추가 메서드　720

관련 객체에 대한 질의　723

관리 명령　411

관리자　312

관리자 웹 사이트 들어가기　179

관리자 웹 사이트 사용하기　178

관리자 웹 사이트 작동 방법　183

관리자 파일 검색　429

교차 웹 사이트 요청 위조 보호　605

구글 핑하기　483

구현 정보　596

국제화　554

국제화: URL 패턴　584

국제화: 자바스크립트 코드　579

국제화: 템플릿 코드에서　569

국제화: 파이썬 코드　556

권한 캐싱　349

기본 JSON 인코더 변경하기　822

기본 권한　348

기본 데이터 액세스　157

기본 사항: 뷰 및 MIME 유형　446

기본 설정　754

기본 오류 보기 사용자 정의　421

기본 테스트 전략　393

기본 테스트 클라이언트   402
기본 템플릿 태그 및 필터   109
기본 폼   746
기여 및 재사용할 수 있는 앱   616
기존 사용자 모델 확장   387
기타 Bcrypt 구현   377
기타 QuerySet 방법   698
기타 로더기   276
기타 인증 소스   380
기타 텍스트 기반 형식   451
기타 템플릿 엔진   609
끄는 방법   270

ㄴ

나만의 설정 만들기   756
나만의 직렬 변환기를 작성하기   495
날짜 기반 일반 뷰   733
날짜 및 숫자 필드를 선택적으로 만들기   187
내부 템플릿 로드 중   274
내장 양식   368
내장 태그   769
내장 템플릿 태그   133
내장 필터   783
내장 필터 재사용 시 XSS 취약점 방지   288
네임 스페이스 URL 반전   254
높은 수준의 프레임워크   457
누락된 템플릿 오류 웹 페이지   130

ㄷ

다대다 관계   721
다대일 값 액세스   312

다른 URL로 리디렉션   728
다른 URL 환경 포함   245
다른 가능성   455
다른 데이터베이스 실행하기   633
다른 블록 태그까지 구문 분석하기   306
다른 블록 태그까지 파싱하고 내용을 저장   307
다른 태그   577
다른 태그 및 필터 라이브러리   797
다른 테스트 프레임워크 사용   413
다른 회사 데이터베이스 백엔드 사용   661
다양한 헤더 사용   527
다운 스트림 캐시   526
다중값 관계 확장   703
다중 데이터베이스   507
다중 콘텍스트, 동일한 템플릿   102
단순 일반 뷰   727
단일 객체 검색   166
단일 서버에서 실행   435
대용량 CSV 파일 스트리밍   448
더미 캐싱(개발용)   509
데이터베이스   419
데이터베이스 구성   145
데이터베이스 기반 세션 사용   487
데이터베이스 만들기   646
데이터베이스 서버 분리하기   435
데이터베이스에 연결   649, 658
데이터베이스 잠김 오류   655
데이터베이스 캐싱   505
데이터베이스 표현   680, 684
데이터 삽입 및 업데이트   161
데이터 정렬   167
데이터 정렬 설정   647
데이터 조각내기   170
데이터 필터링   165

데커레이터 메서드   610

동일한 서버에서 웹 사이트 및 정적 파일 제공   431

동적 필터링   338

디버그   266

디버그 모드의 특수 케이스 URL   239

딕셔너리 및 콘텍스트   100

딕셔너리 정의된 모델 메서드 오버라이드   318

딕셔너리형 객체   209

ㄹ

런타임 시 설정 변경   755

레이블 지정   231

렌더러 작성하기   297

로그아웃   360

로그인   359

로그인한 사용자에 대한 접근을 제한   352

로깅   421

로더 유형   275

로드 균형 조정 및 중복 구현   438

로컬-메모리 캐싱   509

로케일 미들웨어   545

룩업 체이닝   170

ㅁ

맞춤 템플릿 태그 및 필터   280

맞춤 피드 생성기   470

메서드   730, 808

메서드 호출 비헤이비어   107

메시지 미들웨어   545

메시지 설정   766

메시지 파일   588

메시지 파일 컴파일   591

명명된 그룹 미리 보기   239

명시적으로 활성화 언어 설정   594

모델 메서드   317

모델 메서드 short_description 속성 값   565

모델 메타 데이터 옵션   689

모델 문자열 표현 추가   159

모델 및 request.user   750

모델 인스턴스 복사   714

모델 자동 생성   663

모델 테이블 이름   321

모델 폼   747

모델 필드 및 관계   564

모델 필드에 쿼리 필드 매핑   322

모델 필드 시연   323

모든 객체 검색하기   695

모든 응답에 대한 X-프레임 설정 옵션   619

문맥 기호   562

문자열을 No-Op로 표시   559

문자열을 예상하는 템플릿 필터   283

문자열 조인: string_concat()   568

문자 필드   651

미들웨어를 미사용으로 표시   542

미들웨어 주문   551

미들웨어 활성화   536

ㅂ

배포 체크리스트   416

배포판 전용 패키지 설치   636

백워드 관계를 따라 하기   719

버전 지원   643

번들 직렬화   494

번역   555

번역기에 대한 코멘트   559

번역된 URL 패턴   586

범용 필드 옵션   675

변경 목록 사용자 정의   190

변경한 설정 보기   754

별도의 미디어 서버 실행   437

보안   756

보안 문제의 아카이브   626

보안 미들웨어   546, 631

복수화   560

복잡한 PDF   453

복잡한 데이터 구조 보호   629

복잡한 표현식   776

부호화   641

뷰별로 X-프레임 옵션 설정하기   620

뷰별 캐시   514

뷰에서 세션 사용   496

뷰에서 세션 사용하기   490

뷰에서 템플릿 사용   124

뷰와 템플릿 외부에서의 번역 사용   595

뷰 인수에 대한 기본값 지정   243

뷰 작성   452

뷰 함수에 추가 옵션 전달   248

블록   770

비딕셔너리 객체 직렬화   822

비밀번호 변경 시 세션 무효화   357

비주얼 스튜디오 설치   830

비주얼 스튜디오에서 장고 개발   838

비활성 사용자에 대한 권한 부여   385

ㅅ

사용자 객체   345

사용자, 그룹 및 사용 권한   201

사용자 로그아웃하는 방법   352

사용자 로그인 방법   351

사용자 만들기   346, 371

사용자 모델 관리 클래스   190

사용자 변경 목록   181

사용자의 암호를 수동으로 관리하기   379

사용자 정의 SQL 직접 실행하기   326

사용자 정의 모델 대체   389

사용자 정의 백엔드에서 권한 부여 처리   384

사용자 정의 오류 뷰   827

사용자 정의 캐시 백엔드 사용   510

사용자 정의 템플릿 태그 작성   288

사용자 정의 템플릿 필터 작성   281

사용자 정의 필터 등록   282

사용자 지정 권한   386

사용자 지정 역방향 관리자 사용   720

사용자 지정 유효성 검사 규칙   230

사용사 편집 양식   182

사용할 수 있는 미들웨어   542

사용할 수 있는 설정   760

사이트 맵 클래스 참조   474

상세 뷰   732

상세한 이름 지정 모델화   565

색인 조회   323

생성된 모델 정리   664

서버   757

서버 오류   825

설정 없이 설정 사용하기   758

설정 파일이란 무엇인가?   753

성능   245

성능에 대한 참조 사항   582

성능 최적화   420

성능 튜닝   441

세션 객체 지침   493

세션 미들웨어   550

세션 보안   624

세션 설정   767

세션 엔진 구성   486

세션 저장소 지우기   500

세션 직렬화   494

세션 활성화   486

속성   729

슈퍼 유저 만들기   345

스레드 안전 고려 사항   299

스레드 옵션   659

스케일링   434

스토리지 엔진   644

스트리밍 응답 다루기   540

신디케이션 피드 프레임워크   456

ㅇ

아파치와 mod_wsgi로 장고 배포하기   426

암호 변경   346, 373

암호 업그레이드   379

암호화 서명   626

앱 디렉터리 로더   275

양식 객체를 뷰로 묶기   225

양식 설계 사용자 정의   232

어설션   408

언어   464

엣지 케이스   614

여분의 관리자 메서드 추가   313

연결 및 커서   327

연락처 양식 만들기   220

영구 연결   640

오라클 노트   656

오류를 표시하는 편집 양식   183

오류 보고   421

오류 뷰   824

오류 처리   245

오버라이드 설정   404

옵션   689

외래 키   679

외래 키 값 액세스   311

요청 객체로부터 데이터 얻기   205

요청에 대한 기타 정보   207

요청 콘텍스트 및 콘텍스트 프로세서   261

우선순위   476

원래 SQL로 돌아가기   724

원시 SQL 쿼리 실행   320

원시적 방법   352

원시 쿼리 수행   320

웹 브라우저-길이 세션 vs. 영구적 세션   499

웹 사이트 루트에 대한 퀵 노트   77

웹 사이트 맵 색인 만들기   479

웹 사이트 맵 클래스   473

웹 사이트 미들웨어   550

웹 사이트별 캐시   512

웹 사이트 설정   768

웹 요청의 인증   350

웹 페이지를 찾을 수 없음   824

윈도우상의 gettext   592

유틸리티   614

이름 지정 문제   660

이전 SQLite 및 CASE 표현식   654

익명 사용자에 대한 권한 부여   385

인증 미들웨어　550

인증 백엔드 작성　382

인증 백엔드 지정　381

인증 뷰　358

인증 설정　766

인클로저　464

일대다 관계　717

일대일 관계　722

일반 뷰에 대한 공통 인수　726

일반적인 베뇨　639

일반적인 미들웨어　543

일치/그룹화 알고리즘　242

ㅈ

자동 HTML 빠져나가기　269

자동 이스케이프　769

자동 이스케이프 고려 사항　298

자동화된 테스트 소개　392

자바스크립트 번역 카탈로그 사용　581

자바스크립트 소스 코드에서 메시지 파일 만들기
　　592

자신의 미들웨어 작성하기　537

자체 콘텍스트 프로세서 작성 지침　268

작업 요소 증가　378

잘못된 변수 처리 방법　108

잘못된 요청　826

장고가 번역을 찾는 방법　600

장고가 언어 선호도를 찾아내는 방법　597

장고가 요청을 처리하는 방법　77

장고 번역 전문　596

장고 설정　61

장고 설치하기　49, 57

장고 수동 설치　635

장고 암호 저장 방법　374

장고 업그레이드　636

장고에 데이터베이스 파라미터를 설정한다　662

장고에서 인증 사용자 정의하기　380

장고와 레거시 데이터베이스의 통합　662

장고와 함께 Bcrypt 사용하기　376

장고의 내장된 보안 기능　604

장고의 암호 관리　374

장고의 역사　47

장고의 오류 웹 페이지　88

장고 인증 시스템 사용　345

장고 프로젝트 만들기　835

장고 핵심 설정　761

저수준 API 사용하기　627

저수준 캐시 API　519

전용 서버에서 정적 파일 제공　432

전자 메일 서비스　410

정규 표현식　74

정적 뷰의 사이트 맵　478

정적 파일 설정　768

제공된 TestCase 클래스　399

제출된 데이터에 대한 정보　209

제한된 QuerySet　699

제한사항　613

조건부 GET 미들웨어　545

주기　771

주석　119

지역화: 언어 파일을 만드는 방법　588

지연된 번역에서의 지연의 다른 사용　568

지연 번역　563

지연 번역 객체로 작업하기　566

지연 번역 및 복수형　567

지원되지 않는 원시 쿼리의 pyformat 파라미터
　　스타일　656

ㅊ

첫 번째 URLconf　69
첫 번째 뷰　68
첫 번째 양식 클래스　221
초기 관리자 QuerySets 수정　315
초깃값 설정　229
최대 길이 설정　228
최신 버전의 SQLite DB-API 2.0 드라이버 사용
　　654
추가 관리자 메서드 추가　328
추가 리소스　455
추가 보안 팁　625
추가 콘텍스트 추가　336
"친숙한" 템플릿 콘텍스트 만들기　335

ㅋ

캐시　418
캐시된 세션 사용　487
캐시 미들웨어　542
캐시 버전 관리　523
캐시 설정　502
캐시 액세스　519
캐시 인수　511
캐시 제어: 다른 헤더 사용　530
캐시 키 경고　525
캐시 키 변환　525
캐시 키 프리픽스　523
캐시 테이블 만들기　506

캐싱　612, 708
캡처 파라미터　247
콘텍스트 및 forloop 변수　117
콘텍스트 변수　481
콘텍스트 변수 조회　103
콘텍스트에서 변수 설정　303
콘텍스트의 가변 범위　304
컴파일 기능 작성　295
코드 레이아웃　277
코멘트　770
쿠키 기반 세션 사용　488
쿼리 문자열 파라미터　212
클라우드 서비스 또는 CDN에서 정적 파일 검색
　　433
클래스 기반 뷰를 사용한 폼 핸들링　745
클릭 재킹 방지　618
클릭 재킹 보호　617
클릭 재킹의 예　618
키워드 인수 대 위치 인수　244

ㅌ

타임 스탬프 값 확인　629
태그　109
태그 등록하기　301
태그 및 필터에 전달된 문자열 리터럴　574
태그에 템플릿 변수 전달하기　302
테스트　613
테스트 건너뛰기　412
테스트 데이터베이스　412
테스트 도구　398
테스트를 통과한 로그인한 사용자에 대한 액세스 제한
　　355

테스트 만들기　396

테스트 및 조정　666

테스트 실행 중　397

테스트 작성하기　394

테스트 케이스 기능　402

테스트 쿠키 설정　496

테스트 클라이언트　399

테이블 이름　651

텍스트 필드 제한사항　661

템플릿　421

템플릿 객체 만들기　98

템플릿 디렉터리　127

템플릿 라이브러리 만들기　278

템플릿 렌더링　99

템플릿 렌더링 – 템플릿 뷰　727

템플릿 로딩　126

템플릿 반전　587

템플릿 블록　271

템플릿 사용자 정의　481

템플릿 상속　135

템플릿 시스템 기초　94

템플릿 시스템 사용　97, 449

템플릿 시스템 확장　277

템플릿 언어 검토　260

템플릿에서 번역기에 대한 코멘트　575

템플릿에서 언어 전환　576

템플릿의 데이터 인증　369

템플릿 조각 캐싱　516

템플릿 태그의 불린 연산자　776

템플릿 하위 디렉터리　132

트랜스 템플릿 태그　570

트랜잭션 테스트 사례　400

특별한 파이썬 프롬프트　100

특수 효과 추가하기　324

특정 분야에 대한 주의사항　651

ㅍ

파라미터를 raw()에 전달　325

파이썬 가상 환경 설치하기　54

파이썬 리스트　106

파이썬 설치하기　50

파이썬에서 모델 정의하기　148

파이썬 코드에서 설정 사용하기　755

파일 기반 세션 사용　488

파일 시스템 캐싱　508

파일 제공　428

편집 양식 사용자 정의　197

포워드　717

표 만들기　650

표준 번역　556

표준 시간대 정의　646

프로그래밍 방식으로 사용 권한 만들기　349

프로덕션 서버에 장고 배포　425

프로덕션에 다른 설정 사용　423

프로덕션에서 정적 파일 제공　431

프로덕션을 위한 코드 베이스 준비하기　416

프로토콜　477

피드 유형 지정　463

피드 클래스　457

필드　667

필드 레이블 사용자 정의　189

필드 렌더링 방법 변경하기　227

필드를 선택적으로 만들기　186

필드 속성 참조　677

필드의 속성　677

필드 이름 제한　668

필드 조회 700

필터 119

필터는 모델의 필드를 참조할 수 있다 705

필터를 사용해 특정 객체 가져오기 696

필터링된 쿼리 세트는 고유하다 697

필터 및 자동 이스케이프 283

필터 및 표준 시간대 287

필터 연결 696

필터 인수에서 문자열 리터럴의 자동 이스케이프 처리
273

ㅎ

하나의 명령문으로 여러 객체 업데이트 171

하위 문자열 일치 및 대소 문자 구분 653

하위 수준 프레임워크 466

한 번에 여러 객체 업데이트 715

함수 임포트 합리화 238

핵심 장고 테이블 설치하기 664

허가 및 권한 부여 347

현지화 554

현지화된 언어 이름 569

호스트 헤더 유효성 검사 623

환경별 설정 418

후크 및 응용 프로그램 주문 536

A

abstract 689

add 783

addslashes 783

ADMIN 및 관리자 421

admin에서 사용자 관리 371

admin 웹 사이트에 모델 추가 184

AJAX 607

AJAX 예제 751

ALLOWED_HOSTS 418

allow_empty 726

all() 메서드 174

app_label 689

ArchiveIndexView 733

Arguments 680, 684

Atom 및 RSS Feeds를 함께 게시하기 464

Attributes for fields with relations 678

auth 265

Auth 766

AuthenticationMiddleware 552

AutoField 669

B

BCryptPasswordHasher를 사용한 암호 정리
377

BigIntegerField 669

BinaryField 669

blank 675

blocktrans 템플릿 태그 571

BooleanField 669

Boolean operators 775

C

capfirst 784

center 784

Chaining lookups 170

changefreq 476

CharField 669

choices 675

clear_expired() 493

CommonMiddleware 552

ConditionalGetMiddleware 552

connection.queries에서 인용되지 않은 파라미터
656

CONN_MAX_AGE 420

context_processors 726

contextual markers 562

csrf 267

CSRF_COOKIE_SECURE 420

csrf_token 771

CsrfViewMiddleware 552

CSRF 보호 미들웨어 551

CSRF 설정 617

CSV 제작 447

cut 784

cycle_key() 493

D

date 784

DateDetailView 744

DateField 669

DateTimeField 670

DayArchiveView 741

db_column 675

db_constraint 682, 686

db_index 675

db_table 686, 689

db_tablespace 675, 689

debug 772

DecimalField 670

default 676, 785

default_if_none 785

default_permissions 689

default_related_name 689

delete() 173

delete_test_cookie() 491

dictsort 786

dictsortreversed 786

DIRS 옵션 274

divisibleby 786

Django administrator 로그인 180

Django administrator 홈 180

django-admin 유틸리티 757

django.contrib.messages.middleware.
MessageMiddleware 545

django.middleware.cache.
UpdateCacheMiddleware;
와 django.middleware.cache.
FetchFromCacheMiddleware 542

django.middleware.common.
CommonMiddleware 543

django.middleware.gzip.GZipMiddleware
544

django.middleware.http.
ConditionalGetMiddleware 545

django.middleware.locale.LocaleMiddleware
545

django.middleware.security.
SecurityMiddleware 546

DJANGO_SETTINGS_MODULE 756

django.views.decorators.csrf.csrf_exempt(뷰)
614

django.views.decorators.csrf.ensure_csrf_
　　　cookie(view)　616
django.views.decorators.csrf.requires_csrf_
　　　token(뷰)　615
django.views.generic.list.ListView　731
DurationField　670

E

editable　676
EMAIL_BACKEND 및 관련 설정　419
EmailField　670
error_messages　676
escape　786
escapejs　787
extends　772
extra_context　726

F

FetchFromCacheMiddleware　552
field.auto_created　677
Field.concrete　677
FieldFile.close()　673
FieldFile.delete(save=True)　674
FieldFile.open(mode='rb')　673
FieldFile.save(name, content, save = True)
　　　674
FieldFile.url　673
Field.hidden　677
Field.is_relation　677
Field.many_to_many　678
Field.many_to_one　678

Field.model　678
Field.one_to_many　678
Field.one_to_one　678
Field.related_model　679
FileField　670
FileField FileField.upload_to　671
FileField notes　671
FileField.storage　672
FileField 및 FieldFile　673
FilePathField　670
FileResponse 객체　824
filesizeformat　787
filter　773
Filters　777
filter() 메서드　165
first　787
firstof　773
FlatpageFallbackMiddleware　552
FloatField　670
floatformat　788
flush()　491
for　773
for… empty　774
forloop.counter　115
forloop.counter0　115
forloop.first　115
forloop.last　115
forloop.parentloop　116
forloop.revcounter　115
forloop.revcounter0　115
Forward　717

G

GenericIPAddressnField   670

get_context_data   336

get_digit   788

get_expire_at_browser_close()   493

get_expiry_age()   492

get_expiry_date()   492

get_latest_by   689

get_media_prefix   798

get_static_prefix   798

get을 사용해 단일 객체 검색   698

GZip 미들웨어   544

H

help_text   676

HttpRequest.body   800

HttpRequest.build_absolute_uri(위치)   805

HttpRequest.COOKIES   802

HttpRequest.encoding   801

HttpRequest.FILES   802

HttpRequest.GET   801

HttpRequest.get_full_path()   805

HttpRequest.get_host()   804

HttpRequest.get_signed_cookie()   806

HttpRequest.is_ajax()   807

HttpRequest.META   802

HttpRequest.method   801

HttpRequest.path   800

HttpRequest.path_info   800

HttpRequest.POST   801

HttpRequest.resolver_match   804

HttpRequest.scheme   800

HttpRequest.session   803

HttpRequest.urlconf   804

HttpRequest.user   803

HttpRequest 객체   800

HttpResponseBadRequest   820

HttpResponse.charset   815

HttpResponse.closed   816

HttpResponse.content   815

HttpResponse.delete_cookie()   818

HttpResponse.__delitem__(헤더)   817

HttpResponse.flush()   819

HttpResponseForbidden   820

HttpResponse.__getitem__(헤더)   817

HttpResponse.getvalue()   819

HttpResponseGone   820

HttpResponse.has_header(헤더)   817

HttpResponse.__init__()   816

HttpResponseNotAllowed   820

HttpResponseNotFound   820

HttpResponseNotModified   820

HttpResponsePermanentRedirect   820

HttpResponse.reason_phrase   816

HttpResponseRedirect   819

HttpResponseServerError   821

HttpResponse.set_cookie()   817

HttpResponse.setdefault(헤더, 값)   817

HttpResponse.__setitem__(헤더, 값)   817

HttpResponse.set_signed_cookie()   818

HttpResponse.status_code   816

HttpResponse.streaming   816

HttpResponse.tell()   819

HttpResponse.writable()   819

HttpResponse.write(content)   819

HttpResponse.writelines(lines)   819

HttpResponse 객체   813

HttpResponse 서브 클래스   819

HTTPS   419

HTTP 금지   825

HTTP 엄격한 전송 보안   622

I

i18n   266, 796

if   775

ifchanged   777

ifequal   777

ifequal / ifnotequal   117

ifnotequal   778

if 태그   111

ImageField   670

include   778

include()에 추가 옵션 전달   249

Inclusion 태그   291

index_together   690

init   541

INSERT … RETURNING INTO   659

IntegerField   670

IntegrityError   648

Internationalization tags and filters   796

iriencode   788

J

javascript_catalog 뷰   579

join   788

JsonResponse Objects   821

K

Keep-Alive   442

L

l10n   796

last   788

lastmod   475

length   788

length_is   789

LIKE문에서 백분율 기호 및 밑줄 이스케이프   707

limit_choices_to   680, 685

linebreaks   789

linebreaksbr   789

linenumbers   789

List/detail 일반 뷰   730

LiveServerTestCase   401

ljust   789

load   778

LocaleMiddleware   552

login_required 데커레이터   353

Logout_then_login   361

lorem   779

lower   790

M

make_list   790

makemessages 명령 사용자 정의   593

managed   689

ManyToManyField   684

MEDIA   267

MEDIA_ROOT 및 MEDIA_URL   419

Memcached   442, 503

MessageMiddleware   552

messages   267

Messages   766

Methods   804

mimetype   726

Model-View-Controller(MVC) 설계 패턴   64

modify_settings( )   407

mod_wsgi   757

mod_wsgi 데몬 모드 사용하기   427

MonthArchiveView   736

MTV 개발 패턴   65

mySQLclient   646

mySQLdb   645

MySQL DB API 드라이버   645

MySQL 노트   643

mySQL 커넥터/python   646

N

now   780

null   675

NullBooleanField   670

NULL 및 빈 문자열   661

O

on_delete   683

OneToOneField   687

ordering   689

order_with_respect_to   689

P

parent_link   688

Password_change   362

Password_change_done   363

Password_reset   363

Password_reset_complete   367

Password_reset_confirm   366

Password_reset_done   366

pattern_name   729

PDF 생성   451

permanent   730

permission_required( ) 데커레이터   356

permissions   689

phone2numeric   790

pip install django   58

pk 조회 바로 가기   706

pluralize   790

PositiveIntegerField   670

postgreSQL 노트   642

postgreSQL의 설정 최적화   642

pprint   791

primary_key   676

process_exception   541

process_request   537

process_response   539

process_template_response   539

process_view   538

proxy   690

PTVS 및 Web Essentials 설치   833

Q

QueryDict.appendlist(key, item)   811

QueryDict.__contains__(키) 809

QueryDict.copy() 811

QueryDict.dict() 812

QueryDict.__getitem__(키) 809

QueryDict.getlist(key, default) 811

QueryDict.get(키, 기본값) 809

QueryDict.__init__() 808

QueryDict.items() 810

QueryDict.iteritems() 810

QueryDict.itervalues() 811

QueryDict.lists() 811

QueryDict.popitem() 812

QueryDict.pop(키) 812

QueryDict.setdefault(키, 기본값) 809

QueryDict.__setitem__(키, 값) 809

QueryDict.setlistdefault(key, default_list) 811

QueryDict.setlist(key, list) 811

QueryDict.update(other_dict) 809

QueryDict.urlencode((안전)) 813

QueryDict.values() 810

QueryDict 개체 808

queryset 726

QuerySet 708

Queryset.Select_For_Update()로 행 잠금 652

Queryset이 캐시되지 않은 경우 709

query_string 730

Q 객체를 사용한 복잡한 조회 710

R

random 791

RedirectFallbackMiddleware 552

redirect_to_login 도우미 함수 368

regroup 780

related_name 681, 684

related_query_name 682, 685

Relationships 679

render() 131

ReportLab 설치 451

Request 267

rjust 791

runserver의 자동 재로드 63

S

safe 791

safeseq 791

salt 인수 사용하기 628

Savepoints 651

SECRET_KEY 417

select_on_save 690

SESSION_COOKIE_SECURE 420

SessionMiddleware 552

Sessions 767

set_expiry(값) 491

set_test_cookie() 491

settings() 405

Sitemap 프레임워크 471

Sites 768

slice 792

SlugField 670

slugify 792

SmallIntegerField 671

SOL 삽입 보호 617

spaceless 781

SQLite 노트 653

SQL LIKE문   166

SQL = 연산자   166

SSL / HTTPS   621

SSL 리다이렉트   549

static   267, 797

Static files   768

STATIC_ROOT 및 STATIC_URL   419

StreamingHttpResponse 객체   822

stringformat   792

striptags   792

swappable   683, 687

symmetrical   685

Syndication 피드 클래스   466

T

templatetag   781

TestCase   401

test_cookie_worked()   491

TextField   671

through   685

through_fields   686

time   792

TimeField   671

timesince   793

TIMESTAMP 열   652

timeuntil   793

time 및 datetime 필드에 대한 분수 초 지원   652

title   793

TodayArchiveView   743

to_field   682

truncatechars   793

truncatechars_html   793

truncatewords   794

truncatewords_html   794

tz   796

U

ueryDict.iterlists()   810

UnicodEncodError   430

unique   676

unique_for_date   676

unique_for_month   676

unique_for_year   676

unique_together   690

unordered_list   794

update() 메서드   173

upper   794

url   729, 782

URL   464

URLconfs 및 약결합   81

URLconf가 검색하는 대상   242

URLconf에 per-view 캐시 지정하기   515

URLconf 팁 및 요령   237

urlencode   794

URLField   671

urlize   794

urlizetrunc   795

URL 네임 스페이스   253

URL 네임 스페이스 및 포함된 URLconfs   255

URL 반전 해결   250

URL에 대한 정보   206

URL 패턴의 언어 접두사   584

URL 패턴 이름 지정   253

UUIDField   671

V

validators   676

varchar 및 text 열의 인덱스   643

verbatim   782

verbose_name   676, 690

verbose_name_plural   690

virtualenv 사용하기   422

W

WeekArchiveView   739

widthratio   782

with   783

wordcount   795

wordwrap   795

X

X-content-type-options: nosniff   547

X-Frame-Options를 지원하는 웹 브라우저   621

X-Frame-options 미들웨어   551

XSS 보호   604

X-XSS- 보호   548

Y

YearArchiveView   735

yesno   795

기호

{% for %} 태그   112

{% if %} 태그   109

번호

400 뷰   826

403 뷰   825

404 뷰   824

404 오류에 대한 간단한 참조 사항   75

500 뷰   825

에이콘출판의 기틀을 마련하신 故 정완재 선생님 (1935-2004)

장고 마스터하기

장고 전문가가 되기 위한 핵심 가이드

발 행 | 2018년 1월 2일

지은이 | 나이젤 조지
옮긴이 | 정 사 범

펴낸이 | 권 성 준
편집장 | 황 영 주
편 집 | 이 지 은
디자인 | 박 주 란

에이콘출판주식회사
서울특별시 양천구 국회대로 287 (목동)
전화 02-2653-7600, 팩스 02-2653-0433
www.acornpub.co.kr / editor@acornpub.co.kr

한국어판 © 에이콘출판주식회사, 2017, Printed in Korea.
ISBN 979-11-6175-078-1
ISBN 978-89-6077-210-6 (세트)
http://www.acornpub.co.kr/book/mastering-django-core

이 도서의 국립중앙도서관 출판시도서목록(CIP)은 서지정보유통지원시스템 홈페이지(http://seoji.nl.go.kr)와
국가자료공동목록시스템(http://www.nl.go.kr/kolisnet)에서 이용하실 수 있습니다.(CIP제어번호: CIP2017029173)

책값은 뒤표지에 있습니다.